Michael Peterson
Eine Zeit zum Töten

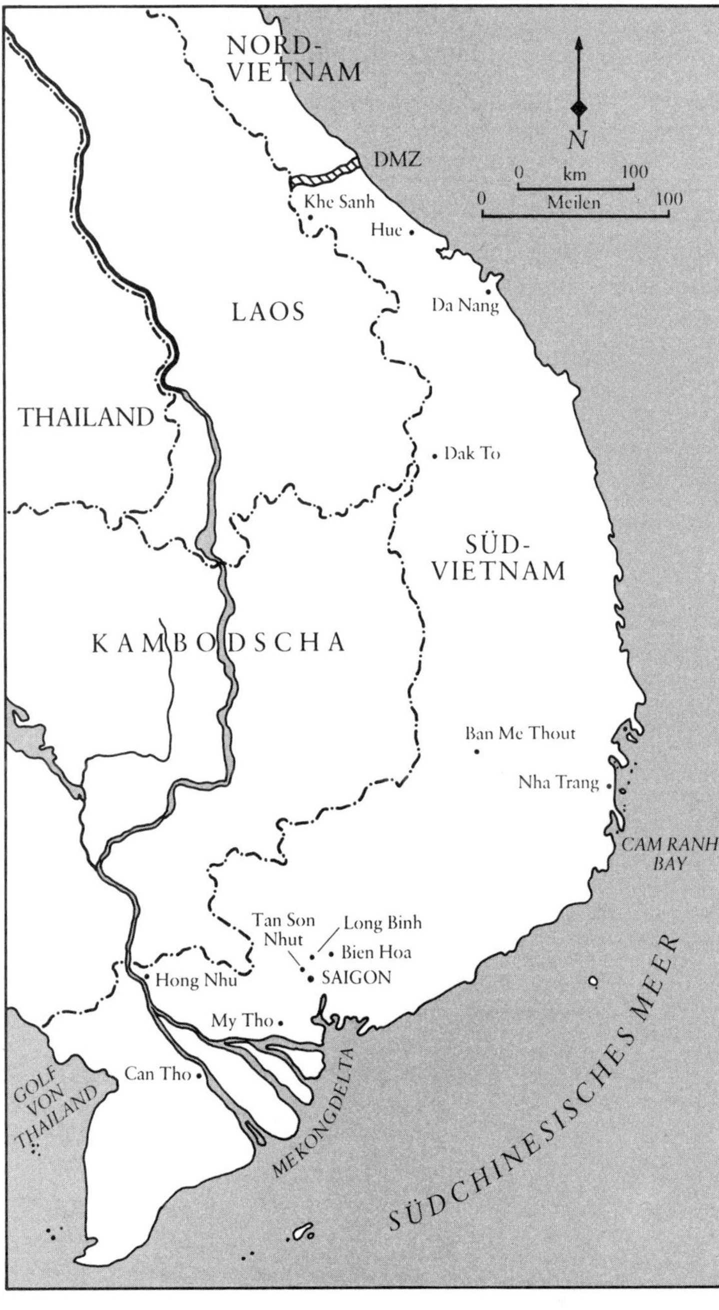

NORD-
VIETNAM
N
DMZ
0 km 100
0 Meilen 100
Khe Sanh
Hue
LAOS
Da Nang
THAILAND
Dak To
SÜD-
VIETNAM
KAMBODSCHA
Ban Me Thout
Nha Trang
CAM RANH
BAY
Tan Son
Nhut
Long Binh
Bien Hoa
SAIGON
Hong Nhu
My Tho
Can Tho
GOLF
VON
THAILAND
MEKONGDELTA
SÜDCHINESISCHES MEER

Michael Peterson

Eine Zeit zum Töten

Roman

Aus dem Amerikanischen von
Michael Bischoff

Piper
München Zürich

Die Originalausgabe erschien 1990 unter dem Titel »A Time Of War« bei Pocket Books, New York.

ISBN 3-492-03377-6
© 1990 by Michael Peterson
Deutsche Ausgabe:
© R. Piper GmbH & Co. KG, München 1991
Gesetzt aus der Sabon-Antiqua
Satz: Uhl + Massopust, Aalen
Druck und Bindung: May & Co., Darmstadt
Printed in Germany

Für Patty, die mit mir gelitten hat.
Für Clayton und Todd – ich bete darum, daß ihr Leid auf meine Alpträume beschränkt bleibt.
Für die Toten.
Und für alle, deren Qualen keine Linderung finden können.

Für Al Zuckerman,
ohne dessen Anleitung und Zuversicht
dieses Buch nicht zustande gekommen wäre.

Hinweis des Autors

Die Handlung dieses Romans ist in bestimmte Aspekte und Ereignisse der Auseinandersetzung zwischen den Vereinigten Staaten und Nordvietnam aus den Jahren 1967 und 1968 eingebettet; auch einige historische Persönlichkeiten der damaligen politischen und militärischen Führung treten namentlich auf. Dennoch ist dieses Buch kein Tatsachenbericht. Die Figur des Bradley Lawrence Marshall und die Umstände seiner politischen Mission in Saigon sind frei erfunden; dasselbe gilt für seine Gespräche mit realen Personen der Zeitgeschichte wie Lyndon B. Johnson und für seine Verwicklung in reale historische Ereignisse wie die Tet-Offensive. Diese fiktiven Dialoge, Reflexionen und Handlungen sind das Produkt meiner Phantasie; sie sollen dem Roman Authentizität und Dichte verleihen.

Alles hat seine Stunde, und eine Zeit ist bestimmt
für jedes Vorhaben unter der Sonne.
Eine Zeit zu lieben und eine Zeit zu hassen;
eine Zeit für den Krieg und eine Zeit für den Frieden.

Der Prediger Salomo, Buch 8, Psalm 3

Ach hätte dieser unglückselige Krieg doch niemals begonnen, sagte der König.

Sir Thomas Malory, Der Tod Arthurs

I

Durch die Glastüren des Oval Office beobachtete Marshall den Präsidenten, der gerade durch den Rosengarten schritt. Der große Mann – er wirkte dort so deplaziert wie ein Eisbär – stapfte durch den Garten, sein kraftvoller Gang seltsam unbeholfen, der dunkelblaue Anzug bereits jetzt zerknittert, und es war erst Mittag. Er blickte über die Blütenpracht hinweg. Wenn er jetzt noch einen Sonnenschirm hätte, dachte Marshall, könnte man meinen, ein verrückt gewordener Monet hätte die Szenerie gemalt.

Der Präsident stieg schnell die Stufen zur Terrasse hinauf und verschwand im Weißen Haus.

Allein im Oval Office, starrte Bradley Lawrence Marshall noch eine Weile in den Garten hinaus, dann wandte er sich ab. Wie immer löste der Anblick des Raumes Verwunderung in ihm aus; er war riesig und dennoch kleiner als erwartet, vielleicht weil ein Raum, der soviel Macht beherbergt, eigentlich grenzenlos sein sollte, viel größer, als daß Wände ihn einfassen könnten, ganz zu schweigen von den aufgereihten Fernsehgeräten und den Tischen, die mit Zeitungen und Telefonen übersät waren. Der elektronische Kram paßt nicht hierher, dachte Marshall, viel zu profan für diesen erhabenen Ort; aber Eleganz war gewiß das letzte, was man mit Lyndon Johnson verband. Kleine Bronzeskulpturen, die Bohrtürme und eine Rinderherde darstellen sollten, und eine Strohmatte mit einem Begrüßungsspruch, über den dicken Teppich mit dem Staatswappen der Vereinigten Staaten gelegt: das war schon eher Johnsons Stil.

Marshall empfand keine Verachtung. Nur tat es ihm leid, daß die Wirkung, die man sich von dieser sorgfältigen Inszenierung erhoffte, nicht eingetreten war. Mit Ehrfurcht und Demut hätte die Umgebung ihn erfüllen sollen, nicht mit abfälligen Gedanken über die Einrichtung.

Aber Marshall kannte den Präsidenten zu gut, hatte zu lange eng mit ihm zusammengearbeitet, als daß er sich von so plumpen Darbietungen hätte beeindrucken lassen, und die Vorstellung der letzten Stunde hätte nicht dilettantischer sein können – eine tolle

Show ohne Zweifel, großartiges Theater, aber der Applaus am Ende galt dem Schauspieler, nicht dem Stück.

Fast hätte Marshall laut aufgelacht, als er sich daran erinnerte, wie der Präsident ihm gegenüber gesessen, sich zu ihm vorgebeugt hatte, mit seinem Gesicht noch näher an ihn herangerückt war, die großen Hautlappen unter seinem Kinn zitternd, die Augen so traurig wie die eines Bassets, die Stimme ein müdes Flehen – »Bradley, Sie müssen mir helfen. Sie können mich nicht allein unter diesen Wölfen lassen.«

Doch das Bild verflog, und Marshall verzog das Gesicht. Sein Arm schmerzte. Er rieb ihn sanft; zumindest eine Prellung hatte er abbekommen, wenn der Arm nicht gar ausgerenkt war.

Obwohl mit einsachtundachtzig selbst von beachtlicher Größe und für seine zweiundvierzig Jahre in ausgezeichneter Verfassung, war er doch unter dem zermalmenden Griff des Präsidenten zusammengefahren. Johnson war ein Antatscher; während die eine große Hand zum Handschlag ausgestreckt wurde, begann die andere zu arbeiten – streichelnd, schmeichelnd, ziehend und zerrend, knetend und manipulierend. Eine Hand kniff in den Arm, prüfte die Festigkeit des Fleischs, dann legte sich ein Arm um die Schulter, zog den Gesprächspartner näher. Marshall hatte es schon erlebt, daß Johnson sein Gegenüber im Eifer seiner Überzeugungsbemühungen in den Schwitzkasten nahm und ihn buchstäblich durchs ganze Zimmer zerrte, während er ihn unter inständigem Bitten und Flehen mit blumigen Appellen an die Vernunft überschüttete.

Marshall hatte schon viele Vorstellungen dieser Art miterlebt, und obgleich er selbst immun dagegen war, genoß er das Schauspiel: politische Oper erster Qualität, übertrieben und falsch. Johnson, das war großes Theater – die Stimme hob sich im Zorn, senkte sich in tiefer Sorge, die schweren Augenlider, die durchlittenen Qualen, Ungerechtigkeit, Verrat, die flammenden Appelle an Pflichtgefühl und Ehre.

Wer konnte da widerstehen? Der Präsident der Vereinigten Staaten, weit vorgebeugt, fast Stirn an Stirn mit ihm, die Augen flehend, die freie Welt zwei Schritte vom Abgrund – »Helfen Sie mir!«

Sie hatten sich einander gegenüber in den Ledersesseln vor dem Kamin niedergelassen, und Johnson war sogleich zur Sache gekommen.

»Was wissen Sie über Vietnam, Bradley?«

»Ich könnte auf einer Karte zeigen, wo es liegt, Mr. President.«

Er begann mit den Armen zu rudern, und die Show ging los. »Das können Sie nur, weil es noch da ist, weil ich nicht zulassen werde, daß Curtis LeMay es in Grund und Boden stampft. Bombardieren, bombardieren, bombardieren, das ist alles, was ich höre«, rief er; seine Hände fuhren wie Dreschflegel durch die Luft, als wollten sie verhindern, daß die niederhagelnden Bomben auf dem Teppich explodierten.

Plötzlich wich der sorgenvolle Tonfall; die Augen wurden schmal.

»Sie wußten auch nichts über Mittelamerika, als ich Sie damals dorthin schickte, aber Sie haben den Dingen auf den Grund gesehen.« Er beugte sich vor. »Armut«, sagte er bedeutungsschwer.

»›Mit irgendwelchen Ismen hat der Hunger wenig zu tun‹, haben Sie damals zu mir gesagt. ›Die Marines können gegen den Hunger nichts ausrichten.‹ Ich erinnere mich genau, Bradley – ›die Bauern kümmern sich einen Scheißdreck um Kommunismus, sie wollen was zu essen.‹«

Wohl kaum mit diesen Worten, dachte Marshall.

»Und wie war das mit den Juden und den Arabern? Erinnern Sie sich, was Sie zu mir gesagt haben, als ich Sie in den Nahen Osten geschickt habe?«

Marshall richtete sich auf, gespannt, was aus seinem damaligen Rat inzwischen wohl geworden war.

»›Halten Sie sich raus!‹« rief Johnson.

Mehr oder weniger, dachte Marshall.

»›Sollen die dummen Schweine sich doch gegenseitig wegpusten.‹«

Marshall verzog keine Miene angesichts dieser unglaublichen Verzerrung.

»Ich erinnere mich genau: der einzige vernünftige Rat, den ich bekommen habe«, und er knetete voll Dankbarkeit Marshalls Arm. »›Halten Sie sich raus! – Seit tausend Jahren bekämpfen Christen, Moslems und Juden sich gegenseitig. Ein paar Marines werden die Probleme nicht lösen. Kaiser Augustus und Richard Löwenherz haben nichts ausrichten können, und Sie werden's auch nicht‹ – das haben Sie zu mir gesagt.«

Bemerkenswert korrekt, dachte Marshall. Bei Johnsons Erinnerungen war stets Vorsicht geboten, denn er hörte nur, was er

hören wollte, und er erinnerte sich nur an das, woran er sich erinnern wollte.

Plötzlich klang seine Stimme trauererfüllt. Der Präsident sank in seinen Sessel zurück; düsterer Schmerz legte sich über ihn.

»Erinnern Sie sich noch an die erste schreckliche Zeit nach Jacks Tod?«

Wer könnte das vergessen, dachte Marshall. Obgleich der Mord an Kennedy schon vier Jahre zurücklag, war alles noch ebenso lebendig, als wäre es gestern erst geschehen.

Marshall war unter John Kennedy in den Staatsdienst eingetreten; als Harvard-Kommilitone von Robert, dem jüngeren Bruder des Präsidenten, war er von diesem dazu überredet worden. Weil er Bobby kannte und weil er Rechtsanwalt war, erwartete er eigentlich, einen Posten im Justizministerium zu erhalten, wo es Unrecht wiedergutzumachen und dem Ausgleich der Gerechtigkeit zu dienen galt; statt dessen holte der Präsident ihn als stellvertretenden Protokollchef ins Weiße Haus.

Anfangs fühlte er sich geschmeichelt und genoß seine Position, doch dann schlich sich zunehmend Mißmut ein angesichts all der anmaßenden Würdenträger, die zu begrüßen, der Termine, die wahrzunehmen, und der Dinners, die zu besuchen waren. Außerdem wuchs das Gefühl, ausgenutzt zu werden, und der Ärger über die Gründe, weshalb man ihn ausgewählt hatte: wegen des Reichtums seiner Familie, der dem der Kennedys nicht nachstand und dazu noch älter war; wegen seiner Erscheinung und seines Betragens; wegen seiner Jugend schließlich – acht Jahre jünger als John Kennedy, ließ er den Präsidenten bei ausländischen Regierungschefs und Staatsoberhäuptern nicht so befremdlich jung erscheinen.

Er war fast schon entschlossen gewesen, den Staatsdienst zu verlassen und in seinen bürgerlichen Beruf zurückzukehren, als Kennedy ermordet wurde.

Natürlich konnte er sich an diese schreckliche Zeit erinnern – und an einen sehr unsicheren Lyndon Johnson, der sich abmühte, die Klippen dieser ersten Zeit zu umschiffen, der nach der angemessenen Haltung in den Tagen der Staatstrauer suchte, der das Ressentiment und die Befürchtungen, ja das Mißtrauen der Kennedy-Anhänger überwand und sich dann bemühte, bei den ausländischen Staats- und Regierungschefs Statur zu gewinnen, die zum Begräbnis nach Washington gekommen waren.

Später dankte Johnson ihm für die Dienste, die er ihm in diesen ersten Tagen erwiesen hatte.

»Sie waren einer der wenigen, und ich meine: einer der *verdammt* wenigen Kennedy-Leute, die wirklich versucht haben, mir zu helfen.«

Er ergriff Marshalls Hand und drückte sie voll Dankbarkeit. »Ich werde niemals vergessen, was Sie für mich getan haben, und wenn Sie eines Tages Hilfe brauchen, dann werde ich für Sie da sein.«

Nur daß es dazu nie gekommen ist, dachte Marshall. Immer war es Johnson gewesen, der ihn um Hilfe gebeten hatte, wie damals in Mittelamerika.

Die Schweinebucht war Kennedys schlimmster Mißgriff gewesen. Johnson war entschlossen, solch einen Fehler nicht noch einmal zu machen, und er bat Marshall, für ihn als Sonderbotschafter in die Länder Mittelamerikas zu fahren. Doch Marshall hatte gezögert, wegen seiner neuen Tätigkeit als Anwalt und weil er so wenig über diese Region wußte.

Johnson hatte seine Entschuldigungen beiseite gewischt. »Ich will niemanden, der über Mittelamerika Bescheid weiß. Ich will jemanden, der keine Vorurteile hat. Ich will einen neuen Anfang machen. Verstehen Sie doch, Bradley, ich *brauche* Sie. Ihr Land *braucht* Sie. Bradley, Sie brauchen doch nicht noch mehr Geld – Sie sind nur versessen darauf, für diese Anwaltskanzlei zu arbeiten und für diese Firmen, die Sie für fünfhundert Dollar die Stunde anheuern.«

So war er denn doch gegangen, obwohl er so gut wie nichts wußte über Honduras, Guatemala, El Salvador, und Monate später war er mit einem Sack voll Beobachtungen zurückgekehrt, die ein Blinder hätte machen können: Armut und soziale Ungerechtigkeit waren die Grundprobleme, eine Landreform war dringend erforderlich, politische Korruption und wirtschaftliche Ausbeutung mußten überwunden werden.

»Nicht Castro und der Kommunismus sind das Problem«, hatte er Johnson gesagt, »sondern Armut und Korruption. Wenn wir nichts unternehmen, um diesen Leuten zu helfen, wird der Kommunismus siegen. Es hat überhaupt keinen Sinn, Militär einzusetzen, wenn sie in Wirklichkeit Nahrungsmittel brauchen. Marines können gegen Armut und Unwissenheit nichts ausrichten.«

Vielleicht hatte Marshall auch gesagt: »Mit irgendwelchen Is-

men hat der Hunger wenig zu tun.« Er hoffte, er hatte es gesagt; es war ein guter Satz – und wahr.

Johnson hatte so gespannt zugehört, als hätte Marshall neue Steintafeln vom Berge Sinai mit heimgebracht, hatte ihm überschwenglich gedankt und gesagt, er habe alle Probleme gelöst. Drei Monate später schickte der Präsident Marines in die Dominikanische Republik, während Luci Baines zur Königin des Azaleenfests gekrönt wurde.

Marshall war weder überrascht noch wütend. Er mochte Johnson, und er verstand ihn. Obwohl sie in vielem verschieden waren, brachten sie doch im anderen eine Saite zum Klingen. Trotz all der Schwülstigkeit und Doppelzüngigkeit dieses Mannes glaubte Marshall, daß Lyndon Johnson ein tiefes und echtes Gefühl für Gerechtigkeit besaß. Seine *Great Society* war kein Schwindel; die Armen und Bedrängten lagen ihm wirklich am Herzen. Marshall wußte, daß Vietnam dem Präsidenten nichts bedeutete – seine *Great Society*, die zählte, und nicht irgendein Krieg in einem fernen Land, wo er nicht einmal auf den Stimmzetteln stand.

Dennoch verstand Marshall das Dilemma, in dem Johnson sich befand; er war ein Mann, der nicht einfach zugeben konnte, daß er sich geirrt hatte, und damit war die Sache erledigt. Johnson war Schritt für Schritt in die Sache hineingezogen worden, gezogen und gestoßen von Kennedys Beratern und seinen eigenen Generälen, bis er sich mitten in einem ausgewachsenen Krieg wiederfand. Obwohl er mit dem Herzen nicht dabei war, steckte er schon zu tief darin, als daß er einfach »hoppla sagen und nach Hause gehen« konnte, wie er selbst es ausdrückte.

Aber er hätte es gerne getan, das wußte Marshall. Vietnam interessierte ihn nicht; ihn interessierte seine *Great Society*. Gewiß, Johnson war von empörender Falschheit, ein notorischer Lügner und wahrscheinlich nebenher noch unlauter, denn wie schafft man es, mit den Bezügen aus staatlichen Ämtern zum Multimillionär aufzusteigen? Und dennoch, dieser Mann, der in Armut auf den Pedernales aufgewachsen und dessen erste Stelle die eines Lehrers in einer kleinen mexikanisch-amerikanischen Schule in Cotula, Texas, gewesen war, dieser schrecklich gebrochene Mann, rachsüchtig, gemein, kleinlich, argwöhnisch und getrieben, er sehnte sich danach, Menschen zu helfen.

Und obwohl Johnson den Patriziern von der Ostküste mißtraute

und Angst vor ihnen hatte, sah er in Marshall – der im Luxus aufgewachsen war, der aus der privilegiertesten Schicht stammte, der gut aussah und die besten Schulen besucht hatte, der von stolzen und reichen Frauen umgeben war – einen Mann, der Gutes tun und Menschen helfen wollte.

1966 bat Johnson Marshall, als Sonderbotschafter in den Nahen Osten zu gehen. »Sie müssen mir helfen, Bradley. Die ganze Region ist ein einziges Pulverfaß. Natürlich wissen Sie nichts über den Libanon – wem geht das anders? Fahren Sie hin, und sehen Sie, was los ist. Sagen Sie mir, was ich tun soll. Ihr Land zählt auf Sie.«

Sechs anstrengende Wochen lang flog er zwischen Kairo, Jerusalem, Beirut, Damaskus, Amman und Riad hin und her, sprach mit Nasser, Hussein, Eshkol, ja selbst mit Stammesfürsten in der Wüste, und berichtete schließlich, daß eine Lösung nicht in Sicht sei.

»Halten Sie sich raus«, das war sein Rat gewesen; »ein Bataillon Marines wird den jahrhundertealten Konflikt zwischen Christen, Moslems und Juden nicht beenden.« Er sagte Johnson, er könne keinen Erfolg erwarten, wo Kaiser Augustus und Richard Löwenherz gescheitert waren; aber er hatte nicht gesagt: »Sollen die dummen Schweine sich doch gegenseitig wegpusten.«

Das war nicht seine Art zu reden oder zu denken. Der Glaube anderer Menschen war eine ernste Sache; wer darauf herumtrampelte oder sich darin einmischte, der forderte den Krieg heraus, und das wollte er nicht noch einmal erleben.

Einmal hatte Johnson ihm die Akte mit seiner Sicherheitsüberprüfung gezeigt; er schob sie ihm nachlässig über den Tisch zu.

»Ich hoffe, Sie haben in Ihrem Leben mehr erlebt als das da«, hatte Johnson gesagt. »Das ist das verflucht langweiligste Zeug, das ich je gelesen habe.«

Mit leichter Beklemmung überflog Marshall den Bericht – so langweilig war sein Leben auch nicht gewesen, und ganz sicher gab es Dinge, die er dort nicht lesen wollte, geschweige denn, daß es ihm recht gewesen wäre, wenn andere sie läsen.

Aber Johnson hatte recht, der Bericht war langweilig. Als er einmal hörte, ein Sicherheitsbericht sei »kompromittierend«, war er ein wenig neidisch und mehr als ein wenig neugierig, was denn da als »kompromittierend« eingestuft wurde. Später erkannte er natürlich, daß die Unterschiede lediglich auf Stümpereien, Versehen und Fehlern der zuständigen Dienststellen beruhten.

Seine eigene Akte war von beispielhafter Prägnanz: »1942–1945 Militärdienst, ehrenvolle Entlassung.« Und noch einmal: »1951–1953 Militärdienst, ehrenvolle Entlassung«.

Weil er selten darüber nachdachte und niemals darüber sprach, erschienen die drei Worte »Militärdienst, ehrenvolle Entlassung« durchaus angemessen; hätte man indessen noch zwei Worte hinzugefügt: »Guadalcanal« und »Chosin«, so hätte der Kontext des Eintrags sich deutlich verschoben, und etwas von der Tiefe und Komplexität des späteren Mannes wäre sichtbar geworden.

Dazu hätte allerdings auch schon ein kurzes Nachdenken über den Eintrag genügt: Jahrgang 1925. Warum ging ein Siebzehnjähriger, der aus einer der ältesten Familien Amerikas stammte, in den Krieg? Und warum mit sechsundzwanzig Jahren gleich noch einmal?

Dann, bevor die Toten auf den Stränden und die Toten im Schnee ihn zu sich herabziehen konnten, schloß er die Akte und legte sie zurück auf den Tisch.

»Wollen Sie etwas hinzufügen?« fragte Johnson.

»Nein Sir, es ist alles da«, erwiderte er ruhig. »Es war kein sonderlich aufregendes Leben bisher.«

»Ja, verdammt noch mal«, sagte Johnson. »Tun Sie was!«

Jetzt war er wieder im Weißen Haus, saß dem Präsidenten gegenüber. Der Augenblick schweigenden Erinnerns war vorüber.

Johnsons Augen wurden schmal, wie ein Verschwörer blickte er um sich; seine Stimme wurde zu einem Flüstern, und Marshall mußte sich mit Gewalt daran hindern, einen Blick über die Schulter zu werfen, um sicherzugehen, daß sie allein waren, als ob Spione ungehindert durch die Korridore strichen.

Johnson rückte seinen Sessel näher heran, so daß ihre Knie einander berührten. Wenn er noch näher kommen wollte, dachte Marshall, müßte er sich auf meinen Schoß setzen. In den persönlichen Raum des anderen einzudringen, ihm buchstäblich auf den Leib zu rücken, gehörte zu Johnsons gern benutzten Kriegslisten, doch Marshall machte das nichts aus, denn er fühlte sich weder bedroht noch eingeschüchtert.

»Ich brauche Sie wieder«, sagte der Präsident.

»Vietnam.« Er nickte langsam mit dem Kopf und ließ das Wort einen Augenblick im Raum stehen, der Wirkung halber. »Ich muß aus diesem Scheißloch heraus.«

Johnson schoß vor, als hätte ihn die Bedrohung wieder zum

Leben erweckt, eine Bedrohung, die er persönlich nahm, wie alles – Gesetzgebung, Budgetverhandlungen, Raumfahrtprogramme, Kriege. Und Vietnam war ein persönlicher Affront, aber auch eine tödliche Gefahr für seinen Platz in der Geschichte und für seine Hoffnungen auf eine Wiederwahl.

Er schüttelte sorgenvoll den Kopf. »Oh, Bradley, ich habe getan, was ich konnte. Ich bin ihnen mehr als den halben Weg entgegengekommen, aber ich komme mit diesen Hunden einfach nicht zurecht.«

Marshall war sich nicht sicher, ob er damit Hanoi meinte oder seine eigenen Berater. »Dieses Scheißland wird noch meine Präsidentschaft ruinieren.« Er griff sich an sein gequältes Herz. »Nichts hat gewirkt. Ich habe bombardiert. Ich habe die Bombardierungen eingestellt. Ich habe es mit Bitten, mit Versprechungen und mit Drohungen versucht.« Er beugte sich vor. »Und mit Beten.«

Als hätte selbst Gott ihn verlassen und verraten, fuhr er mit müder Stimme fort: »Ich weiß nicht, was ich noch tun soll. Darum habe ich Sie rufen lassen.« Er sprang auf. »Was geht mich dieses gottverdammte Land an?«

Er begann durchs Zimmer zu stürmen. »Was habe ich denn da verloren?« Er sagte es, als stapfte er selbst mit geschultertem Gewehr über die Dämme der Reisfelder.

»Was hat das mit Armut und Hunger und Unwissenheit zu tun? Nichts!« rief er einer Lampe zu.

Er griff nach einem Stuhl und stützte sich darauf, als hätten verräterische Berater ihm einen Dolchstoß in den Rücken versetzt. »Seit ich hier bin, habe ich immer nur das eine gehört, bombardieren, die Häfen verminen, bombardieren, Napalm, schick mehr Männer, mehr Waffen, und wieder bombardieren.«

Er duckte sich, um einer Granate auszuweichen. »Nur noch ein wenig mehr und sie geben auf. Man sieht schon das Licht am Ende des Tunnels.« Wie ein Blinder tastete er sich auf das Licht zu.

»Und ich komme nicht voran.«

Marshall wußte, daß die Flugzeuge die silbrigen Särge in wachsender Zahl heimbrachten, und Johnson fürchtete, die Stimmung werde sich erbittert gegen den Krieg und gegen ihn selbst wenden, wenn der Sieg nicht bald kam. Und eine zweite Wahlperiode konnte er vergessen, wenn er nicht schnell eine Lösung fand.

»Ich stecke bis zum Hals in der Scheiße, Bradley.« Seine Hände

griffen in die Luft, dann packte er die Rückenlehne des Stuhls und schüttelte ihn. »Sie müssen mich aus diesem Krieg herausholen. Seit drei Jahren sitze ich hier und höre mir an, was die Leute mir über Vietnam sagen, und wissen Sie was? Kein Mensch hat auch nur die mindeste Ahnung. Alles, was sie wissen, ist Bomben und mehr Männer. Und das funktioniert nicht. Ich versinke immer tiefer in der Scheiße.«

Er griff sich an die Kehle, als bliebe ihm schon die Luft weg.

»Fahren Sie für mich hin. Sagen Sie mir, was ich tun soll. Sagen Sie mir die Wahrheit.« Wie von einer Tragödie gezeichnet, wirkte nun sein Gesicht; die Falten wurden tiefer, Wangen und Mund waren trauervoll. »Unsere Jungs sterben da drüben, Bradley. Sie sind selbst Vater, helfen Sie diesen Jungs. Ihr Land braucht Sie. Das ist das Wichtigste, was Sie tun können. Als Sie selbst Soldat waren, haben Sie Ihr Leben für Ihr Land eingesetzt. Jetzt bitte ich Sie als Oberster Befehlshaber, Ihrem Land noch einmal zu dienen. Ich möchte, daß Sie Leben retten.«

Am liebsten hätte Marshall applaudiert. Aber er saß nur still da und wartete.

Johnson schob das Gesicht noch näher an seines. »Gehen Sie für mich nach Vietnam. Sprechen Sie mit allen. Finden Sie heraus, was da vorgeht – ich kann hier niemandem mehr glauben. Die Joint Chiefs sagen mir dies, das Verteidigungsministerium sagt das, und die CIA sagt wieder etwas anderes. Ich brauche jemanden, dem ich vertrauen kann, der die Dinge klar sieht; jemanden, der sich nicht täuschen läßt und der mich dann nicht belügt – ich brauche Sie. Hören Sie sich an, was die da drüben zu sagen haben, und kommen Sie zurück und sagen mir, wie ich diesen Krieg beenden kann.«

Er verstummte einen Augenblick, dann legte er die Hände zusammen und hob sie wie im Gebet.

Jetzt die Trapeznummer, dachte Marshall.

»Es ist kein Geheimnis, daß einige Kabinettsmitglieder bald ausscheiden werden.« Er schwieg einen Moment, um seine Worte wirken zu lassen. »Tun Sie das für mich, und Sie können von mir haben, was Sie wollen.«

Als wäre dieses Angebot noch nicht genug, lehnte er sich zurück und fügte, scheinbar in Gedanken versunken, hinzu: »Sie wissen doch: Wer diesen Krieg beendet, dem ist der Friedensnobelpreis sicher.«

Kummer überzog sein Gesicht ob all der Ungerechtigkeit der Welt, sein bester Bassetblick. »Ausgenommen ich natürlich. Ich könnte auf Knien nach Hanoi kriechen und Ho Chi Minh am hellichten Tag mitten auf der Ding-Dong-Straße den Arsch küssen; sie würden mich trotzdem verschmähen.« Er starrte aus dem Fenster, als hielte ihn das Schauspiel des im Triumph durch die Straßen geleiteten Nobelpreisträgers gefangen.

Du lieber Himmel, dachte Marshall, bald werde ich mir Stiefel anziehen müssen. Kein Wunder, daß der Rosengarten so prächtig gedeiht; wahrscheinlich machen sie einfach die Türen auf und schaufeln es raus.

Die Show war zu Ende, aber Marshall blieb ruhig sitzen und sagte nichts. »Nun?« fragte Johnson argwöhnisch.

Immer noch antwortete Marshall nicht. Er wußte, wenn Johnson einmal angefangen hatte, würde er weitermachen. Und eine Abfuhr konnte er auf keinen Fall hinnehmen, jetzt, da er ihm eingestanden hatte, wie verzweifelt er war.

Johnson lehnte sich tiefer in seinen Sessel zurück und sank in sich zusammen; er wußte, daß er Marshalls Einwilligung weder durch Härte noch durch Schmeicheleien erzwingen konnte. Jetzt war es ein Pferdehandel ohne alle Umschweife, nur daß er den Fehler gemacht hatte, ihm zu zeigen, wie sehr er das Pferd brauchte, während Marshall nicht einmal hatte erkennen lassen, ob das Pferd überhaupt zum Verkauf stand.

»Bradley, am Geld kann's doch nicht liegen. Ich weiß, daß Sie in dieser vornehmen Kanzlei in einer Stunde mehr verdienen, als ich Ihnen am Tag zahlen kann; aber Sie sind ein reicher Mann, Bradley. Und kommen Sie mir nicht mit Ihrer Arbeit und all den Fällen, die auf Ihrem Schreibtisch liegen – ich rede von Menschenleben, nicht von Geschäften.«

Johnson blickte ihn erwartungsvoll an, dann explodierte er: »Ja, verdammt noch mal, was ist es dann?«

»Mr. President«, begann Marshall ungezwungen, »es ist nicht das Geld und auch nicht die Arbeit. Ich will nur nicht gehen. Ich traue Ihnen nicht.«

»Was?« Johnsons Erschütterung war echt. »Was soll das heißen, Sie wollen nicht gehen? Und was soll das heißen, Sie trauen mir nicht? Verflucht!«

»Ich glaube, Sie spielen nur, Mr. President; ich glaube, Sie sind

gar nicht bereit, ernsthafte Lösungen in Betracht zu ziehen oder schwierige Entscheidungen zu treffen.«

Johnson wollte schon aus dem Sessel hochfahren – noch nie hatte jemand so mit ihm gesprochen –, aber Marshall winkte ab, um weitere Aufritte zu vermeiden.

»Ich weiß, wie man dieses Spielchen spielt, Mr. President. Sie haben ein Problem, das Ihnen zu schwierig ist; also kaufen Sie sich etwas Zeit, indem Sie eine Kommission einsetzen, die das Problem prüfen soll, und Sie schicken jemanden los, damit er Ihnen weitere Informationen bringt. Sie wissen so gut wie ich, was mit Vietnam geschehen muß – Schluß machen. Wozu sollte ich meine Zeit vergeuden und Informationen sammeln, die Sie längst kennen. Sie benutzen mich nur dazu, etwas mehr Zeit zu schinden und sich um die Entscheidung zu drücken, von der Sie genau wissen, daß sie die einzig richtige ist.«

Johnson preßte die Hand an die Brust, als stünde er kurz vor einem Herzinfarkt, doch Marshall winkte nochmals ab.

»Ich habe Besseres zu tun, als dieses Spiel zu spielen. Da müssen Sie mir schon ein sehr viel besseres Angebot machen, und ich spreche nicht von einem Sitz im Kabinett oder einem Botschafterposten, denn auf mehr Prestige bin ich ebensowenig versessen wie auf mehr Geld, Mr. President.«

Johnson schaute verwirrt drein – wenn Marshall nichts an Prestige und Geld gelegen war, was war es dann?

»Ich werde gehen, Mr. President, und ich werde die Lage fair und objektiv prüfen, aber wenn ich dann mit einer Empfehlung zurückkomme, erwarte ich, daß etwas geschieht.«

»Aber natürlich, Bradley, das wissen Sie doch ...«

»Wenn ich zu dem Schluß komme, daß die Truppen abgezogen werden sollten, dann erwarte ich, daß Sie sie abziehen. Oder aber, daß Sie auf eine Wiederwahl verzichten.« Marshall wies auf die Fernsehapparate an der Wand: »Stellen Sie sich vor das Volk, und sagen Sie ihm, daß Sie nicht noch einmal kandidieren, daß Sie sich im Interesse des Friedens aus dem Rennen zurückziehen.«

Johnson wollte etwas sagen, öffnete den Mund und schloß ihn wieder.

»Und ich möchte das schriftlich haben. Jetzt haben wir September. Geben wir der Sache sechs Monate, also März. Wenn Sie nicht den Mut haben, die Truppen bis März zurückzuziehen, geben Sie

Ihren Verzicht bekannt. Vorausgesetzt natürlich, meine Empfehlung lautet tatsächlich auf Abzug der Truppen und es sind in der Zwischenzeit keine greifbaren Fortschritte im Krieg gemacht worden.«

Johnsons Miene hellte sich auf, als hätte er einen Ausweg erkannt. »Was meinen Sie mit ›greifbare Fortschritte‹?«

»Ich meine eine klare, eindeutig erkennbare und von allen als solche anerkannte Verbesserung der militärischen Lage. Ich meine nicht etwas mehr ›Licht am Ende des Tunnels‹ und solchen Unsinn, ich meine das Ende des Tunnels.«

Johnson schüttelte bekümmert den Kopf. »Ich bin schockiert, Bradley. Das ist ja Erpressung.«

»Nein, Sir. Juristisch nennt man das einen Vertrag: ›Wenn ich das und das tue, dann werden Sie als Gegenleistung für meine Bemühungen das und das tun.‹ So wissen wir beide, woran wir sind. Das ist eine ganz saubere Sache. Deshalb will ich es schriftlich haben, als Zeichen, daß wir es ehrlich meinen, daß wir nichts zu verbergen haben und daß wir uns gegenseitig nichts vormachen wollen.«

»Und dann können Sie mich mit diesem gottverdammten Stück Papier erpressen. Sie wollen mich doch nicht für dumm verkaufen.«

»Warum sollte ich das? Als Ehrenmann würden Sie die Bedingungen des Vertrages sowieso erfüllen.«

»Darüber muß ich erst nachdenken«, erwiderte Johnson verdrießlich.

»Schön«, sagte Marshall. »Sie melden sich.«

»Also gut, verdammt noch mal. Ich werd's machen.« Verärgert stand Johnson auf und blitzte Marshall an; dann verzog er das Gesicht zu einem Lächeln. »Wahrscheinlich sind Sie das viele Geld wert, das die Ihnen bezahlen.«

Marshall nickte bedeutungsschwer, in bester Johnson-Manier. »Wahrheit und Gerechtigkeit haben ihren Preis, Mr. President.«

»Na und Catherine?« fragte Johnson übertrieben laut und schlug ihm auf die Schulter. »Wie geht's Ihrer Frau? Hat sie vom vielen Schreiben nicht schon Krämpfe bekommen?« Er wies zu seinem Schreibtisch hinüber. »Da habe ich gut hundert Petitionen mit ihrer Unterschrift, die mich auffordern, aus Vietnam zu verschwinden, und mich einen Kriegsverbrecher schimpfen. Einen Kriegsverbrecher! Von ihr höre ich ebenso oft wie von dieser Fondue-Dame aus Hollywood und von dieser gottverdammten Sängerin, Joan Baez.

Ich wette, sie wird sich freuen, daß Sie dort rübergehen auf diese Erpressungsmission.«

Zum erstenmal lächelte Marshall. »Sie wird es für ganz unnötig halten, daß ich dahin gehe. Sie glaubt, alles, was Sie zu tun haben, ist: die Truppen sofort nach Hause zu holen.«

Johnson erwiderte nichts. Er ging ans Fenster und schaute über den Rasen hinter dem Haus. »Frauen haben ein verfluchtes Gespür, meinen Sie nicht auch? Lady Bird...« Er brach ab, schüttelte langsam den Kopf und sagte: »Sie haben Söhne, nicht?«

»Ja, zwei.«

»Möge Gott ihnen allen gnädig sein«, sagte Johnson sanft in Richtung auf das Fenster, und er sagte es mit solchem Ernst und solcher inneren Überzeugung, daß die Worte wie Licht durch die Scheiben hinaus in die Welt drangen.

Marshall stand neben ihm am Fenster. »Ja«, sagte er. Sie blickten über den Rasen und über Meere hinweg in weit entfernte Länder. Marshall konnte fühlen, welche Last auf dem Mann neben ihm lag. »Für mich war der zweite apokalyptische Reiter immer der schrecklichste«, sagte er.

Johnson nickte. »Das ist er.«

»Gegen die anderen können wir wenig ausrichten – Hunger, Pest und Tod raffen uns dahin, ob wir wollen oder nicht. Aber gegen den Krieg können wir etwas tun.«

Johnson wandte sich zu ihm und legte ihm die Hand auf die Schulter. »Gebe Gott, daß Sie recht haben«, sagte er aufrichtig. Dann lächelte er. »Also fahren Sie los und versuchen Sie, diesen Schweinehund Ho Chi Minh zu überzeugen. Und Westmoreland. Und Robert McNamara.«

Er ging zum Schreibtisch und schaltete die Gegensprechanlage ein. »Bringen Sie die Ernennungsurkunde für Botschafter Marshall. Ich gehe zum Essen.«

Er schüttelte Marshall die Hand. »Ich war so frei, sie schon im voraus zu unterzeichnen – Ihr Pflichtgefühl und Ihren Patriotismus voraussetzend«, sagte er heuchlerisch.

Dann ging er durch den Raum. An der Tür zum Rosengarten drehte er sich noch einmal um.

»Sie müssen dieses verdammte Durcheinander aufräumen«, sagte er und ging hinaus.

Ein Sekretär kam eilends herein – er ahnte wohl, wie ungeduldig

Marshall darauf wartete, gehen zu können, und reichte ihm eine Ledermappe, auf der das Siegel des Präsidenten prangte.

Marshall winkte ab und zeigte auf Johnsons Schreibtisch. »Lassen Sie sie dort liegen – er wird noch eine Ergänzung hinzufügen. Wenn das geschehen ist, lassen Sie sie mir zuschicken.«

»Ja, Sir. Ihre Amtsräume befinden sich gleich nebenan im Executive Office Building, Herr Botschafter. Sekretärinnen und Hilfskräfte stehen bereit. Wir werden uns auch um Besprechungstermine mit dem Außen- und dem Verteidigungsministerium, mit den Joint Chiefs und der CIA kümmern oder mit wem Sie sonst noch Kontakt aufnehmen möchten. Wenn Sie etwas wünschen oder eine Frage haben, wir sind immer für Sie da. Der Präsident läßt Ihnen sagen, daß er Ihnen jederzeit jede erdenkliche Unterstützung zukommen lassen wird.«

Als Marshall hinaus in das grelle Licht des Tages trat, hob er die Hand schützend vor die Augen; die drückende Feuchtigkeit ließ ihn nach Luft schnappen. Wenigstens würde er dem Sommer in Washington entkommen, dachte er. War in Saigon jetzt nicht Winter? Lag das nicht südlich des Äquators? Eine Merkatorprojektion der Erde tauchte in seinem Kopf auf; natürlich nicht, erkannte er sogleich, und er ärgerte sich über seinen Irrtum.

Ein Geheimdienstmann öffnete ihm die Tür seiner Limousine. »Guten Tag, Sir.«

Jetzt geht's los, dachte er. Jetzt stand wieder einmal die ganze Macht des Präsidenten hinter ihm – der ganze Troß, die Sicherheitsleute, die Ehrfurcht, die Limousinen, Hubschrauber und Flugzeuge: kristallisierte Geschwindigkeit, destillierte Macht.

Er würde sie für einen guten Zweck einsetzen.

Der Wagen entfernte sich vom Weißen Haus.

Er würde etwas Großes vollbringen; er würde diesem schrecklichen Krieg ein Ende setzen; er würde Menschenleben retten.

Gott sei Dank waren seine eigenen Söhne nicht im Krieg. Daran dachte er. Chris war erst fünfzehn, und Ryan war in seinem College sicher vor der Einberufung. Er wußte, das würde er nicht ertragen können, denn plötzlich sah er die Toten, die mit dem Gesicht nach unten im Wasser trieben, die aufgedunsen am Strand oder erfroren im Schnee lagen. Guadalcanal. Chosin.

Er wischte die Bilder beiseite und atmete tief ein. Er wandte den Kopf und schaute aus dem Fenster.

Ein herrlicher Sommertag. Seine Kinder waren in Sicherheit. Er würde eine Lösung finden. Die Welt würde besser werden.

Die Limousine passierte das Tor, bog in die Pennsylvania Avenue ein und beschleunigte. Marshall sah die Menschenmenge vor dem Weißen Haus. Das Volk. Für ihn war das kein schemenhaftes Gebilde, keine bloße Abstraktion. Er glaubte, daß die Menschen an sich gut waren, und er vertraute auf das Gute in ihnen.

Der Wagen fuhr rasch die Pennsylvania Avenue hinunter. Eine schöne Stadt, dachte er; sie stand für das Edelste, das den Geist des Menschen auszeichnet – für Freiheit, Gerechtigkeit und Gleichheit.

Er lehnte sich zurück. Saigon, dachte er; dann sprach er das Wort aus. Es klang exotisch und geheimnisvoll; und Vietnam – alles so fern.

Aber er war stark, sein Auge klar, sein Herz gut, und seine Ziele waren gerecht. Wie konnte er da scheitern?

2

Wenn Sung an das Land dachte, dann sah sie ein grünes Meer aus Dschungel und Regenwäldern, aber jetzt war der Boden mit Granattrichtern übersät und der Dschungel entlaubt. Die Reisfelder und die Gummiplantagen, deren jadefarbenes Muster wie gemalt erschien, waren nun zerschunden und entstellt, als hätte ein zorniger Gott darin gewütet.

Bomben hatten die Gräber ihrer Ahnen umgepflügt, die Toten ein zweites Mal vernichtet.

Die Tempel, in denen sie einst gebetet hatte, lagen in Schutt und Asche, armselige kleine Pantheons, in denen sie sich die niederen Götter vorstellen konnte; in dunklen Nischen verborgen, warteten sie begierig auf die dargebotenen Reste von Reis und kleinen grätenreichen Fischen, stritten sich um die Opfergaben.

Nun saß Sung abends mit ihrem Vater auf der Veranda und schaute hinüber zu dem schweren feuchten Dschungel, der nach und nach von der Nacht und dem Nebel verschlungen wurde.

»Wer sind diese Menschen, die mir mein Land und meine Ahnen nehmen wollen?« fragte er in die Dunkelheit. Seit Generationen gehörte das Land seiner Familie. Er konnte es nicht verlassen. Die Gräber seiner Ahnen waren hier. Wer würde sie ehren, wenn er fortging? Und was würde aus ihm selbst werden, ohne Land, auf dem man ihn begrübe, und ohne einen Menschen, der sein Grab versorgte?

Sung Le Vinh war siebzehn Jahre alt, mit einssiebzig war sie groß für eine Vietnamesin; ihr Gesicht, von langem schwarzen Haar eingerahmt, hatte etwas von der Schönheit einer Porzellanpuppe.

Sie war in diesem Haus in Ban Me Thuot geboren worden, in der Provinz Darlac im zentralen Hochland, nicht weit von den Jagdrevieren der früheren Kaiser. Sie war das letzte von fünf Kindern und die einzige Tochter. Ihr Vater stammte aus einer Familie von Grundherren und Mandarinen; ihre Mutter war entfernt verwandt mit dem Kaiser Bao Dai und hatte eine Zeitlang am Hof in Hue gelebt.

Als Sung noch ein kleines Kind war, hatte ihre Mutter sie einmal der Kaiserinwitwe vorgestellt. Sung konnte ihre Augen nicht von

den langen Fingernägeln der Kaiserin abwenden; sie waren so lang wie Messer, und als die uralte, winzige Frau die Hand nach ihr ausstreckte, war Sung erschrocken, aber die Berührung war so sanft wie die einer Feder.

Sie durfte sich neben die Kaiserin aufs Sofa setzen, es gab Obst und Tee, und die alte Frau erzählte von ihren Vorfahren.

»Schwache Männer, das ist die Geschichte unserer Dynastie«, sagte die Kaiserinwitwe mit leichtem Singsang in der Stimme. »Wenn wir regiert hätten«, und damit meinte sie die Frauen, »dann hätte es weder Franzosen noch Japaner gegeben, und wir säßen immer noch auf dem Thron.«

Ihr Enkel, der Kaiser Bao Dai, hatte vor zehn Jahren abgedankt und war nach Paris ins Exil gegangen; die alte Kaiserin blieb in Hue.

»Ich wurde während der Regierungszeit von Tu Duc, dem vierten Nguyen-Kaiser, geboren, und dem letzten, bevor die Franzosen uns unterjochten.«

Sie schüttelte den Kopf voller Abscheu. »Schwache Männer. Tausend Jahre chinesischer Herrschaft, und dann ein einziger starker Mann im Jahre 1802 – Gia Long. Minh Mang war sein Sohn, auch er war stark, aber danach ist das Blut immer schwächer geworden. Als die Franzosen kamen, versuchten unsere Kaiser, sich mit ihnen zu arrangieren, als arrangierte man sich mit einem Dieb, indem man ihm bereitwillig die Türen öffnet.«

Sie schloß die Augen und legte die Hände in den Schoß. Sie saß sehr gerade. »Die Franzosen suchten Gewürze, Seide und Edelsteine. Sie glaubten, wir wären wie Indien oder China; aber auch als sie erkannten, daß wir ihnen nichts zu bieten hatten, außer ihnen als Sklaven zu dienen, blieben sie und holten ihre Missionare hierher, verkommene Männer in schwarzen Kleidern, die das Land überschwemmten wie Kakerlaken.«

Sie öffnete die Augen; keine andere Bewegung hatte sie gemacht, aber der Zorn in ihren Augen und in ihrer Stimme ließ den Eindruck entstehen, als hätte sie sich in kühnem Trotz erhoben.

»Tu Duc war schwach und ängstlich; in seinen letzten Jahren gab er die Unabhängigkeit auf. Ich war in deinem Alter, als ich 1883 zur Sklavin wurde.«

»Wirklich eine Sklavin?« fragte Sung verwundert. Ihre Familie hatte viele Bedienstete; gewiß hatte die Kaiserinwitwe niemals den Rücken oder die Knie gebeugt, wie sie es taten.

»Vietnam wurde eine Kolonie. Ameisen leben in Kolonien; wenn Menschen wie Ameisen leben, nennt man sie Sklaven. Der Kaiser war nur noch eine Marionette, an deren Fäden die Franzosen zogen; nur während des Krieges waren die Fäden japanisch. Danach war die Puppe ruiniert; sie wurde in eine Ecke geworfen und vergessen.«

Sie erhob sich. »Schwache Männer«, sagte sie abschließend, dann ging sie zu einem alten Teakholzschrank und holte ihre Puppen hervor, um sie Sung zu zeigen. Sie rochen nach Kampfer.

Ein andermal nahm die Kaiserinwitwe Sung mit zum Fluß der Düfte. Am Ufer begann die Kaiserin zu beten. Obwohl alt und gebrechlich, duldete sie nicht, daß jemand ihr half. Sie betete zu den Geistern des Flusses. Sie erzählte Sung, daß die Krieger der alten Kaiser dies getan hatten, um das Böse zu vertreiben. Heute glauben die Soldaten nicht mehr an die Geister, und es gibt keine Kaiser mehr, sagte sie, aber das Böse gibt es immer noch.

Später erfuhr Sung, daß die Kaiserinwitwe aus Hue vertrieben und von ihren Bediensteten im Stich gelassen wurde – eine verstörte alte Frau, die ein Bündel frischer Wäsche gegen ihre Brust drückte, als sie sich zu Fuß auf die Flucht begab, gestoßen und beiseite gedrängt von desertierenden Soldaten, die lange zuvor schon die tote Dynastie verraten hatten.

Obwohl es Sungs Mutter war, in deren Adern das Blut dieser unentschlossenen Dynastie floß, zeigte sie am Ende mehr Entschlossenheit als ihr Vater.

»Wir müssen Ban Me Thuot verlassen«, sagte sie. »Wir können nicht länger hier bleiben.«

»Weggehen? Das Land verlassen? Die Ahnen im Stich lassen? Und wohin sollen wir gehen?«

Das große Gut mit seinen Reisfeldern und Gummibäumen ermöglichte ein luxuriöses Leben. Ihre vier Brüder konnten an der Universität in Hue studieren, und sie selbst hatte Privatunterricht erhalten, sprach ausgezeichnet Französisch und Englisch.

Weil ihr Vater Distanz zu den Franzosen gehalten hatte, konnte er seinen Besitz noch erweitern, als Dien Bien Phu fiel, doch danach war es ihm nicht mehr gelungen, zwischen all den Parteien zu lavieren. Saigon, Vietminh, Katholiken, Buddhisten, Cao Dai, Amerikaner – es waren zu viele.

»Es kann keinen Frieden geben«, sagte ihre Mutter. »Und es hat

keinen Sinn, wenn du dich für eine Partei entscheidest, denn dann stürzen die anderen sich auf dich. Wir müssen weg; unsere Zeit ist vorbei.«

»Aber wir haben nichts außer dem Land«, erwiderte ihr Vater.

»Das ist es, was sie wollen«, sagte sie. »Das ist es, weswegen sie uns umbringen. Das ist es, weswegen wir gehen müssen.«

Sung sah ihre Mutter an. Sie saß genauso, wie die Kaiserinwitwe gesessen hatte, aufrecht und die Hände im Schoß gefaltet. Voll Ruhe und Entschiedenheit sprach sie mit ihrem Mann.

Aber ihr Vater mochte nicht akzeptieren, was seine Frau sagte. Er war ein gerechter Mann, der seine Arbeiter gut behandelte; er reagierte mit Unverständnis, als sie ihn verließen.

»Sie haben Angst«, hatte seine Frau ihm gesagt. »Die Vietminh werden sie töten, wenn sie weiter für uns arbeiten.«

Dann liefen die Hausangestellten davon.

Andere Grundbesitzer flohen, und all ihre Verwandten mit ihnen.

Die Felder lagen brach. Sungs Brüder kamen aus Hue zurück, um zu helfen, aber das Land war zu einem Schlachtfeld geworden, auf dem die Soldaten der verschiedenen Seiten hausten, wie es ihnen beliebte.

Eines Tages kam eine Gruppe Vietcong. Sie waren höflich, aber beängstigend. Sie verlangten zehn Millionen Piaster, als Ausgleich für eine längst überfällige Schuld gegenüber dem Volk, sagten sie.

»Welche Schuld? Welches Volk?« fragte ihr Vater.

»Du und deine Familie, ihr seid Parasiten gewesen; ihr habt von der Arbeit anderer gelebt. Ihr müßt das Land seinem rechtmäßigen Eigentümer, dem Volk, zurückgeben; ihr müßt umgesiedelt und einer Umerziehung unterzogen werden. Es wird dir guttun, für andere zu arbeiten, und deinen Söhnen täte es gut, sich uns anzuschließen und die Schuld ihrer Familie auf diese Weise abzutragen.«

Als sie abgezogen waren, ging ihr Vater zum Provinzchef in Ban Me Thuot. Der Mann, ein Beamter aus Saigon, hörte ihn voller Mitgefühl an. Leider, sagte er, seien seine Truppen schon allzu überlastet. Natürlich, wenn ihr Vater bereit sei, die Kosten für die Soldaten zu übernehmen, dann könne er, der Provinzchef, möglicherweise etwas für ihn tun; aber das sei nicht billig.

»Ihr seid genauso schlimm wie die!« empörte sich ihr Vater. »Ihr seid alle Erpresser. Ihr seid alle korrupt.«

»Siehst du jetzt ein, daß wir fort müssen?« fragte ihn seine Frau.

Doch nun wollte er erst recht nicht nachgeben. Er würde dem Terror und der Korruption nicht weichen. Er würde solchen Menschen niemals sein Land überlassen.

An dem Morgen, als die Soldaten kamen, war Sung mit ihrer Mutter in der Küche.

»Lauf!« sagte ihre Mutter, und sie sagte es so ohne Nachdruck und in so normalem Ton, daß Sung zuerst gar nicht begriff, was sie meinte.

Dann sagte sie es noch einmal, diesmal laut und zornig.

Schließlich schrie sie Sung an, und Sung lief in Panik davon, aber sie wußte nicht, wohin sie fliehen sollte und warum. Sie lief zur Hintertür, in der Hoffnung, über die Felder in den Dschungel fliehen zu können, doch dann sah sie die Männer, sieben Soldaten mit Gewehren, und zwischen ihnen ihre Brüder und ihren Vater.

Im selben Augenblick sahen auch die Männer sie. Drei Soldaten schwärmten aus, um sie zu fangen, aber sie vermochte sich nicht von der Stelle zu rühren; sie war wie gebannt von der Szene, die sich vor ihren Augen abspielte.

Ihrem Vater und ihren Brüdern hatte man die Hände auf dem Rücken gefesselt. Sie stolperten und fielen zu Boden, während die Soldaten sie vor sich hertrieben. Selbst aus der Entfernung konnte sie sehen, daß sie bluteten.

Ihre Mutter erreichte Sung im selben Augenblick wie die Soldaten. Sie schlug auf die Soldaten ein und grub ihre Nägel in den Nacken des Soldaten, der Sung ergriffen hatte. Ein anderer Soldat stieß ihrer Mutter so heftig in die Seite, daß sie zu Boden fiel, doch sie raffte sich wieder auf und warf sich auf den Mann. Ihre Schreie zerrissen die Stille des Morgens. Schließlich schmetterte der dritte Soldat ihr den Kolben seines Gewehrs gegen den Kopf.

Sung konnte nichts für ihre Mutter tun, die vor ihr am Boden lag. Niemand konnte jetzt noch helfen. Das Schreckliche, von dem sie wußte, daß es geschehen würde, betäubte sie. In einem Akt von Selbstschutz löste ihr Geist sich von ihrem Körper; sie betrachtete die Szene wie eine ferne Beobachterin.

Ihr Vater und ihre Brüder hielten den Blick zu Boden gerichtet, als die Soldaten sie heranbrachten.

Ihre Mutter begann sich zu rühren, als sie ihre Söhne und ihren Mann über sich erkannte, und kroch zu ihnen. Sie schlang die Arme

um die Beine des nächststehenden Sohnes und versuchte sich aufzurichten. Aber einer der Soldaten trat auf ihre Arme. Sung hörte die Knochen brechen.

Die Soldaten sagten kein Wort. Einer packte ihre Mutter bei den Haaren und schleifte sie auf den Hof vor dem Haus, während die anderen Sung, ihren Vater und ihre Brüder dorthin trieben.

Die Soldaten zwangen ihren Vater und ihre Brüder, sich auf den Boden zu setzen, und lehnten ihre Mutter gegen sie, schlugen sie, bis sie reagierte. Drei Soldaten nahmen hinter ihnen Aufstellung, die Gewehre im Anschlag.

Die übrigen vier ergriffen Sung.

Sie rissen ihr die Kleider herunter. Ein Soldat, der jüngste, ein Junge, nicht älter als sie, streifte rasch seine Hose herunter, doch die anderen stießen ihn zur Seite.

Bevor sie über Sung herfielen, schleppten sie sie vor ihre Familie; sie zwangen alle, zu ihr hinzusehen, stießen ihnen die Gewehre in den Nacken und hoben ihnen das Kinn mit den Gewehrläufen. Ihr Vater und ihre Brüder hielten ihre blutunterlaufenen Augen fest verschlossen, doch ihre Mutter sah sie an.

Sung sah, wie ihr Mund sich entspannte, wie die Wut aus ihren Augen schwand, gleichsam versickerte, bis tiefe Trauer und Liebe ihren Platz eingenommen hatten. Sie sollte den Blick nicht mehr von ihrer Tochter wenden, und ihr Ausdruck sollte sich nicht mehr ändern.

Die Soldaten vergewaltigten sie in Scheide und Anus, und als sie fertig waren, legten sie ihren Brüdern und ihren Eltern die Mündung ihrer Gewehre an den Kopf und feuerten jeweils einmal.

Sung lag am Boden, sie wandte den Kopf ihrer Mutter zu; ihre Blicke verschmolzen, bis der Kopf ihrer Mutter zerbarst.

Über ihr stand der junge Soldat und grinste. Er stieß den Lauf seines Gewehrs in Sungs Scheide, stieß ihn noch tiefer, spießte sie auf wie ein Spanferkel, dann leuchteten seine Augen wild auf, und er zog den Abzug.

Das Klicken hallte durch die Stille des Morgens. Der Junge lachte auf und zog den Lauf heraus.

Das unablässige Summen der Fliegen brachte sie wieder zu Bewußtsein. Überall waren sie; ein Schwarm ließ sich auf dem Gemisch von Sperma und geronnenem Blut aus ihrer Scheide nieder. Sie waren in ihrem Mund, ihrer Nase, ihren Augen, und als sie mit der

Hand nach ihnen schlug, flogen sie nur kurz auf und kehrten sogleich gierig zurück.

Ihre Mutter lag im Schmutz, die Fliegen saßen auf ihren offenen Augen, doch als Sung versuchte, zu ihr zu kriechen, konnte sie sich nicht bewegen.

Dann sah sie ihren Vater.

Aber es war nicht ihr Vater.

Zuerst begriff sie nicht. Wo war sein Kopf?

Dann packte sie das Grauen mit voller Gewalt. Sie versuchte fortzukommen und grub wimmernd die Finger in den Morast.

Der Körper ihres Vaters lag kaum fünf Meter entfernt. Der Kopf war sauber vom Hals getrennt worden. Eine große Blutlache hatte sich um den Stumpf gebildet.

Plötzlich bewegte sich die Hand ihres Vaters. Die Finger streckten sich, als wollten sie nach ihr greifen. Sie schrie auf. Dann gerieten alle Körper in Bewegung. Sie krümmten sich auf dem Boden gleich neben ihr. Der Halsstumpf zuckte, und Blut schoß heraus.

Sie schrie, bis sie das Bewußtsein verlor.

Als sie wieder zu sich kam, fror sie. Die Sonne ging unter, und die Fliegen waren weg.

Sie wandte den Kopf der Stelle zu, wo ihr Vater lag. Die Finger seiner Hand waren starr, sein ganzer Körper wirkte merkwürdig steif in seiner Totenstarre. Bei ihren Brüdern und ihrer Mutter dasselbe.

Sie versuchte, sich zu bewegen, aber sie schien keine Macht mehr über ihren Körper zu haben. Es war, als wäre sie gleichfalls tot, nur daß sie solche Schmerzen hatte; und dann verlor sie wieder das Bewußtsein.

Als sie erwachte, schien der Mond so hell, daß sie die klaffenden Löcher in den Stirnen ihrer Brüder erkennen konnte, aus denen die Kugeln ausgetreten waren; doch unter dem sternenübersäten Himmel sah es so aus, als schliefen sie friedlich, und sie wagte nicht, sich zu rühren, aus Angst, sie könnte sie aufwecken. Sie barg den Kopf in den Armen und schlief ein.

Vögel weckten sie bei Sonnenaufgang. Ihre Arme waren so steif, daß sie schmerzten, aber kaum hatte sie sich ein wenig bewegt, da hörte sie ein hastiges Rascheln ganz in ihrer Nähe. Sie drehte sich um und schrie laut auf. Ratten hatten sich über die Leichen herge-

macht. Sie hatten sich in die Körperhöhlen hineingefressen. Eine Ratte kroch aus der Brust ihres Bruders und zeigte ihr die Zähne.

Sung ruderte mit den Armen und stieß sich fort, aber sie konnte nicht aufhören zu schreien. Dann rappelte sie sich hoch und stürzte über das Feld davon; die Hände schwenkte sie vor ihrem Gesicht, als wollte sie das Bild der Ratten vertreiben, die sich in die Leichen hineinfraßen.

Sie rannte blindlings weiter, bis sie keuchend und nach Luft ringend zusammenbrach. Die Felder waren feucht vom Morgentau, der Schmutz klebte an ihr. Sie lag zitternd am Boden, bis sie wieder zu Atem gekommen war.

Als sie das Haus eines Nachbarn erreichte – solange sie lebte, war er ein Freund ihres Vaters gewesen –, klopfte sie an die Tür. Sie hörte Menschen im Haus, aber niemand antwortete.

»Helft mir!« rief sie. »Bitte helft mir!«

Endlich wurde die Tür einen Spalt geöffnet, und sie sah den Freund ihres Vaters, der sich dahinter verbarg.

»Geh weg!« zischte er.

Er wußte Bescheid, erkannte sie sogleich. Alle wußten, was geschehen war, und sie hatten Angst.

»Geh!« sagte er und warf ihr ein paar Geldscheine hin.

Sie las sie auf und erwiderte ruhig: »Sie können mir nichts mehr tun.«

»Sie können immer noch etwas tun«, sagte er und schloß die Tür.

Nein, dachte sie, mir haben sie schon das Schlimmste angetan.

Ihre Mutter hatte gesagt, sie sollten nach Saigon flüchten; das sei der einzige sichere Ort. Sie würde nach Saigon gehen; dort würde sie Hilfe finden.

Sie stopfte die Geldscheine in ihre zerrissene Bluse und ging zur Straße. Selbst zu dieser frühen Stunde war schon Verkehr, ein paar Autos, aber meist Familien mit Handkarren, alle auf dem Weg nach Süden, nach Saigon.

Sie schloß sich ihnen an. Schon nach kurzer Zeit erreichte sie den Stadtrand von Ban Me Thuot. Am Straßenrand war ein kleiner Wald aus Stangen aufgestellt; auf jede hatte man einen abgeschnittenen Kopf gespießt, das Gesicht denen zugewandt, die in die Stadt gingen. Die Augen und die Zunge ihres Vaters traten hervor, wie zur Warnung an alle, die den Kommunisten nicht helfen mochten.

Sie wollte weinen, aber sie hatte keine Tränen mehr. Sie wandte sich ab. Ich will nicht denken, sagte sie zu sich selbst. Ich will nicht fühlen.

Mit der Zeit füllten immer mehr Menschen die Straße. Sung ging neben einer Frau, deren Mann bei der Armee gedient hatte und gefallen war; sie wollte nach Saigon, um dort vorzusprechen ... sie wußte nicht bei wem, denn sie hatte kein Geld, und die Bezirksregierung gab ihr keines für die beiden Kinder.

Sung half ihr, das Baby zu tragen; es war so schwach, daß es nicht einmal mehr schrie oder trank.

Am dritten Tag reichte ihr die Frau das Kind. Es war heiß und die Straße staubig. Seit Stunden hatten sie kein Wort mehr gewechselt, waren nur mit der Menge getrottet.

Sobald ihre Finger das Baby berührten, wußte Sung, daß es tot war. Erschrocken sprang sie zurück. Die Frau stand da, mit ausgestreckten Armen, und hielt Sung das tote Kind entgegen.

Sie starrte lange auf ihr totes Kind, dann legte sie es mitten auf die unbefestigte Straße, nahm ihr zweites Kind bei der Hand und ging weg, verschwand einfach über die Felder.

Menschen gingen an dem Kind vorbei, sahen nicht einmal nach ihm. Sein Bauch war aufgedunsen, der Leib von offenen Geschwüren bedeckt.

Ein paar Hunde näherten sich dem kleinen Leichnam, doch Sung trieb sie fort. Die Hunde liefen ins Feld, machten kehrt, kauerten sich auf den Boden, warteten.

Sung schaute von dem Kind auf der Straße zu den Menschen, die daran vorbeigingen, zu den Hunden, die auf der Lauer lagen; dann wandte sie sich ab und ging weiter. Sie blickte nicht zurück und hörte nicht auf die Hunde und dachte nichts und fühlte nichts.

Von Tag zu Tag wurde die Straße voller; es waren Tausende, die ihre Habseligkeiten auf dem Rücken trugen – Alte und Schwache, Kinder, Krüppel, Verwundete, Witwen und Waisen, und alle flohen von den Rändern der Katastrophe in deren Zentrum.

Sung zog mit den Tausenden nach Süden, sechs Tage auf der Straße, Freiwild für die »Box people«, die in ausgedienten hölzernen Munitionskisten längs der Straße hausten; sie stürzten sich auf die Flüchtlinge, entrissen ihnen, was sie trugen, zogen ihnen selbst noch die Kleider vom Leibe.

Saigon begann schon Kilometer vor der Stadtgrenze, mit einem Gewirr von Kartonbehausungen, vor denen zerlumpte Frauen und zu Skeletten abgemagerte Kinder hockten und teilnahmslos vor sich hin starrten. Zwei Millionen Flüchtlinge waren nach Saigon geflohen; die Stadt hatte sie aufgesaugt und wieder hinausgespült, denn es gab nichts für sie; die Stadt war übergelaufen, der Menschenstrudel floß zurück und ergoß sich über das verwüstete Sumpfland längs der staubigen Straßen.

In der Nähe der Stadt wurden die Straßen breiter. Riesige Militärlastwagen, mit Soldaten oder Munition beladen, rasten vorüber, gellende Hupen trieben kleinere Fahrzeuge, Karren und Flüchtlinge zur Seite. Die Auspuffgase stanken, der Lärm war fürchterlich. Soldaten verspotteten die Flüchtlinge und riefen ihnen Obszönitäten zu. Manchmal warfen sie ein paar Verpflegungsrationen herunter, doch damit vergrößerten sie nur das Chaos, denn die Flüchtlinge kämpften miteinander um das kostbare Gut.

Die Kartonbehausungen und Munitionskisten wichen Hütten, als der unbefestigte Weg in eine asphaltierte, von Schlaglöchern übersäte Ausfallstraße überging. Die Hütten wirkten wie aneinandergenagelt, aber dann fanden sich erste Anzeichen von Handel und Wandel – ein Nudelladen oder eine Fahrradreparaturwerkstatt. Dann Rikschas und Motorräder. Die Hütten wichen zerfallenen Einfamilienhäusern aus Stein und Beton, in denen jetzt fünf und zehn Familien hausten.

Die Ausfallstraße verwandelte sich nach und nach in einen Boulevard mit Wohnhäusern und Geschäften. Überall Müll und verfaulende Abfälle. Eine Unzahl von Bettlern, Krüppeln, Dieben und Kindern schoben und stießen Sung im Gedränge. Die Stadt war ein einziger Wirbel, die Menschen schienen von etwas angezogen wie Ratten von der Mitte eines überfüllten Käfigs.

Plötzlich wurde ihr bewußt, daß sie sich in eine Seitenstraße verirrt hatte, um sie herum Menschen mit schlauem, zielbewußtem Blick. Sie suchte den Weg zurück zum Boulevard, fand sich jedoch in immer neuen Seitenstraßen wieder.

Die ganze Zeit hatte sie sich gesagt, wenn ich erst in Saigon bin, wird alles gut werden – als gäbe es dort jemanden, der ihr Zuflucht böte; jetzt sah sie, daß da nichts und niemand war.

Den ganzen Tag wanderte sie durch die Straßen, und als sie sich spät am Abend hoffnungslos in den Gassen von Cholon verirrte,

bat sie zwei Mädchen, bei ihnen übernachten zu dürfen. Die beiden arbeiteten in den Bars und kehrten nachts nur dann in ihr Zimmer zurück, wenn sie keinen Soldaten fanden, der sie mit in ein Hotel nahm.

Die drei saßen auf dem Fußboden des leeren Raumes und tranken kalten Tee. Von der Decke hing eine nackte Glühbirne und verbreitete ihr hartes Licht; sie schaukelte in der leichten Brise, die von dem glaslosen Fenster herkam.

»Such dir einen Mann«, sagte die eine, ihr Haar war verdreckt, ein Auge blutunterlaufen und zugeschwollen. »Im Krieg haben Frauen nur ihre Fotze. Sieh zu, daß du lernst, wie du deine richtig einsetzt, und sei froh, wenn du einen findest, der sie will.«

»Wenn die Kommunisten kommen, wird es besser werden«, sagte die andere.

»Alles dasselbe«, fauchte die erste, »Knochen, Haut und Schwänze.«

»Geh zum Chinesen«, sagten beide. »Es gibt Schlimmeres, als eine Hure zu sein.«

Drei Tage später, als sie einsah, daß sie nichts tun konnte ohne Geld, ohne Essen und ohne ein Dach über dem Kopf, ging sie zu dem Chinesen.

Das Bordell war ein heruntergekommenes zweistöckiges Haus in einem Gewirr von kleinen Gassen. Hinter einer baufälligen Zementmauer lag ein kleiner, mit Abfällen übersäter Hof, in dem nichts wuchs, nur Katzen sonnten sich auf dem warmen Betonboden.

Der Chinese wies sie ab. »Ich habe Nutten genug«, sagte er.

Ängstlich stieg sie später nochmals die Treppe hinauf. »Ich habe kein Geld und weiß nicht wohin. Ich kann die Sprache der Amerikaner.«

Er lachte. Er war klein und sehr alt. Die wenigen Zähne, die er noch hatte, waren gelbe Stümpfe.

»Was nützen mir Wörter. Die Männer wollen dich stöhnen und winseln hören wie ein Tier. Ich brauche eine, die wie eine Hündin winselt.« Er lachte wieder. »Kannst du wie eine amerikanische Hündin winseln?«

Vier weitere Frauen waren in dem kleinen schmutzigen Zimmer, das nichts enthielt außer der Bank, auf der sie saßen. Sie schauten auf, als sie die Treppe heraufkam, blickten aber wieder weg, als sie sahen, daß sie kein Kunde war.

»Laß mal sehen!« sagte der Chinese mit schriller Stimme.

Er riß ihr Kleid herunter. Als er ihr zwei Finger in die Scheide stieß, lachte er auf. »Die Amerikaner werden dir weh tun. Da wirst du schon genug winseln.« Er ließ seine Hände über ihren Rücken gleiten und streichelte ihren Hintern.

»Blas mir einen«, sagte er.

Sie schrak zurück und weckte damit ein mattes Interesse bei den Frauen, die nun aufschauten.

»Dann verschwinde! Was glaubst du denn, was Nutten machen?«

Sie senkte den Kopf und rührte sich nicht; dann ließ sie sich vor ihm auf die Knie nieder.

»Denk daran, was heutzutage alles getan wird«, sagte er in gelangweiltem Ton. »Was zählt da schon, was du tust, Mädchen?«

Sie öffnete die Augen und sah ihn wenige Zentimeter vor sich. Die anderen Frauen betrachteten sie mit mäßiger Neugier, aber als sie ihn in den Mund nahm, verloren sie das Interesse und blickten weg.

»Du bist miserabel«, sagte er und zog sich zurück. »Aber sie zahlen dafür, daß du's ihnen machst, und nicht dafür, wie du's machst. Den Amerikanern ist das Wie immer egal.«

Er führte sie in den Raum nebenan; mit Tüchern hatte man dort fünfzehn Abteile abgetrennt, in jedem stand ein Feldbett. Er wies auf eines. »Das ist deins. Du mußt Töne von dir geben, du mußt wimmern und stöhnen, und bewege dich schnell, damit sie schnell kommen. Das ist leichte Arbeit.«

Er zeigte auf ein Waschbecken in der Ecke. »Wasch die Männer vorher und dich selbst nachher. Wenn du krank bist oder schwanger wirst, mußt du gehen. Ich zahle dir dreihundert Piaster für jeden Mann, das Essen ist frei.«

Dann brachte er sie in den Warteraum zurück, und sie setzte sich auf die Bank. Niemand sprach sie an. Sie zog ihr zerrissenes Kleid um die Schultern und lehnte sich gegen die Wand. Sie schämte sich und hatte solche Angst, daß sie den Blick nicht zu heben wagte. Was würden die Männer ihr antun? Was würde aus ihr werden? Dann dachte sie an ihre Mutter, und sie begann zu weinen.

Eine Hand drückte ihren Arm; als sie aufsah, blickte sie einer Frau in die Augen, die nicht älter als sie selbst war. Ihr Gesicht war stark geschminkt und so leblos wie das eines Kabuki-Schauspielers. Die Hand, die sie tätschelte, schien eine schwache, ganz losgelöste

Existenz zu besitzen, das letzte Lebenszeichen einer sterbenden Seele.

Sung ließ den Kopf sinken; die Hand streichelte weiter sanft ihren Arm, und sie schlief ein. Aber Träume quälten sie – ihr abgeschlachteter Vater, die Ratten, die Soldaten, das Baby –, und sie fuhr auf.

Schließlich lehnte sie den Kopf gegen die Wand und verschloß sich vollkommen. Sobald ein Gedanke oder eine Erinnerung auftauchte, brannte sie sie aus. Nur so konnte sie überleben. Sie würde wie die Frau neben ihr werden, ein Körper mit dann und wann aufflackernden Bewegungen und ohne Gedanken.

Als sie erwachte, spürte sie die Spannung im Raum. Es war dunkel; der Chinese kam herein, ging ans Fenster, schlurfte zur Treppe und schaute hinunter.

Dann hörte sie laute Stimmen und Gelächter im Hof; die Frauen rückten enger zusammen, ihre Gesichter strafften sich.

Einen Augenblick später stürmten vier Männer ins Zimmer, gefolgt von dem Chinesen. Sie waren so groß und laut, wie Sung es noch nie gesehen hatte; sie lachten und trieben ihre Späße miteinander. Einer legte den Arm um den Chinesen. »Wir wollen ficken, Papa-san. Wieviel willst du haben?«

»Tausend Piaster.« Er zeigte auf Sung. »Jungfrau, zweitausend Piaster.«

Die vier brachen in lautes Gelächter aus. »Es gibt keine Jungfrauen in Vietnam. Das ganze Land ist durchgefickt.«

»Willst du uns bescheißen, Papa-san? Zweitausend P für eine Fotze?«

Die Frauen rückten zusammen, sie verstanden nichts.

»Fünfhundert P, Papa-san. Fünfhundert.«

Der Chinese schüttelte heftig den Kopf. »Tausend, GI. Tausend. Klassemädchen. Können gut blasen. Erste Klasse.«

»Schon gut. Schon gut.« Die vier suchten sich ihre Frauen aus und verschwanden mit ihnen hinter dem Glasperlenvorhang.

Sung hörte das Wasser ins Becken fließen, unverständliche Worte, Lachen, dann die Geräusche der Kopulation und Schreie von den Frauen. »Zu groß, GI. Du fickst gut. Erste Klasse, GI.«

Die Mädchen auf der Bank lehnten sich zurück, achteten nicht auf die Geräusche aus dem Nebenraum, und wenn ein Mädchen zurückkam, gab der Chinese ihr eine Glasperle.

Später kam eine andere Gruppe Soldaten herein, und einer

wählte Sung. Sie blickte ihn nicht an, sah ihn überhaupt niemals oberhalb der Brust. Sie wusch ihn und führte ihn zu ihrem Bett. Sie ließ ihr Kleid fallen und schloß fest die Augen, als er sich auf sie legte. Sie versuchte, ihren Kopf völlig leer zu machen, aber der Schmerz war heftig, ein schreckliches Stechen, und die Soldaten kamen ihr in den Sinn. Sie wand sich unter ihm; er hielt es für Leidenschaft und bemerkte auch nicht, daß sie zu schreien begann.

Als er fertig war, lag er auf ihr, erdrückte sie fast mit seinem Gewicht, bis sie sich unter ihm herauswand und weglief, um sich zu waschen. Als sie herauskam, gab der Chinese ihr eine Perle. Sie wußte nicht, wohin damit; so hielt sie sie in der Hand und schloß die Faust so fest, daß sie die Perle gar nicht mehr spürte.

Später kamen vietnamesische Soldaten, und einer entschied sich für sie. Er redete kein Wort mit ihr, zwang nur ihren Mund über sich, als er auf dem Bett lag, faßte ihren Kopf mit beiden Händen und bewegte ihn auf und nieder. Sie mußte würgen, und als er sich in ihren Mund entlud, erbrach sie sich auf das Bett. Er lachte, zog sich an und schlenderte hinaus.

Als sie an diesem Abend auf die Bank sank, nahm eine Hand die ihre. Sung winselte und zog den Arm an den Leib, aber die Hand öffnete ihr die Finger und legte eine kleine Puppe hinein. Die Puppe hatte keine Kleider, und an den Stellen, wo die Knopfaugen gesessen hatten, hing die Füllung heraus.

Sie erfuhr niemals, wer ihr die Puppe gegeben hatte; vielleicht die Frau, die ihren Arm gestreichelt hatte; aber sie fragte nicht, und bald verschwand auch die Frau. Eine andere nahm ihren Platz ein, ging wieder weg; andere kamen und gingen; doch die Puppe behielt sie, streichelte sie, wenn sie auf der Bank saß, und legte sie vorsichtig unter das Bett, wenn sie mit einem Soldaten zusammen war – eine von hunderttausend Huren in der Stadt, die jeder haben konnte, für fünfzehn Minuten und fünf Dollar.

In der zweiten Woche gab der Chinese ihr Heroin, nachdem drei Soldaten fünftausend Piaster gezahlt hatten, damit sie es gleichzeitig mit ihr machen konnten. Sie taten ihr ebenso weh wie die Soldaten damals auf dem Hof vor dem Haus, und als sie gingen, konnte sie sich nicht bewegen. Sie mochte das Heroin; sie fühlte sich frei und erleichtert, und bald ließ sie dem Chinesen das ganze Geld, das sie verdiente. Den ganzen Tag lag sie träumend auf ihrem Bett, ging nur noch nachmittags hinaus in den anderen Raum; es

war ihr gleichgültig, was mit ihr geschah; sie dachte niemals lange darüber nach; sie wollte nicht denken, nur die Puppe streicheln, die eine schwache Erinnerung an den Geruch von Kampfer in ihr aufsteigen ließ.

3

Noch nie zuvor hatte Luke Bishop erfahren, was Angst ist. Es tat so weh, daß er dachte, er müsse gleich kotzen. Er hatte das Gefühl, als griffe eine große Hand in seine Magengrube und drückte zu; er wollte sich krümmen vor Schmerzen, aber er wagte nicht, sich zu rühren; er wußte, wenn er es tat, würde sein Schließmuskel ihn im Stich lassen.

Der Hubschrauber flog eine scharfe Kurve; durch die offenen Türen sah er den Dschungel unter sich.

Man hatte das Gebiet vorsichtshalber mit schwerem Artilleriefeuer belegt, weil man davon ausging, daß die Landezone heiß war; ein feindliches Bataillon war gesichtet worden. Die Hubschrauber sollten sie in einem höhergelegenen Gelände absetzen, auf einem Hügelkamm, auf dem jetzt die Brände schwelten, die durch den Beschuß entstanden waren.

Ihm erschien der Dschungel da unten wie ein grüner Drache, der Feuer und Rauch spie.

Erst seit sechs Tagen war er an der Front; dies war sein erster Einsatz, und er bekam kaum Luft. Nur mit größter Willensanstrengung vermochte er seine Beine auszustrecken und sich gegen die vibrierende Bordwand zu lehnen in dem Versuch, sich endlich zu beruhigen. Er durfte seinen Männern nicht zeigen, daß er Angst hatte.

Nicht einmal eine Woche, dachte er, genauso lange, wie Keith Sterne es geschafft hatte, der erste aus seiner Offiziersklasse, der gefallen war, und auch bei seinem ersten Einsatz; eine Kugel hatte seinen Kopf zerschmettert.

»Da hätten sie den dummen Hund auch gleich an der OCS erschießen können, dann hätte die Regierung wenigstens die Flugkosten gespart«, witzelte jemand, als die Rede darauf kam, daß Sternes Leichnam schon auf dem Rückweg war, noch bevor die meisten aus seiner Klasse überhaupt in Vietnam angelangt waren.

Auch über ihn würden sie ihre Witze machen, das wußte Luke Bishop, und er dachte an die Schande, die schlimmer war als die Aussicht zu sterben. Vielleicht war ja Ehrlosigkeit schlimmer als der

Tod, aber zur Witzfigur zu werden, war es bestimmt: Schon von Luke gehört? Der Dummkopf ist nicht einmal dazu gekommen, sein Gewehr abzufeuern.

Ganz sicher sahen seine Männer, wie er zitterte; sie mußten merken, wie groß seine Angst war.

Nur ein Mann in seinem Zug war ebenfalls noch nie im Gefecht gewesen, Scott Sutherland, aber der war nur ein Schütze, und niemand erwartete etwas von ihm; Sutherland mußte keine Entscheidungen treffen, keine Luftunterstützung oder Artillerieeinsätze anfordern und für die Evakuierung von Verwundeten sorgen.

Bishop schielte zu Sutherland hinüber, um zu sehen, ob auch er Angst hatte. Sutherland war neunzehn Jahre alt, blond und hager; seine grünen Augen verliehen ihm den stechenden Blick einer Katze. Seit er in diesem Zug war, hatte er sich an Ron Mead gehängt. Jetzt saß er neben Mead und versuchte vergebens, dessen Gelassenheit zu imitieren, aber der starre Blick und die fest zusammengeballten Fäuste verrieten ihn. Sutherland hatte Angst.

Mead dagegen schien zu schlafen, und nach allem, was er über ihn gehört hatte, tat er es vielleicht wirklich. Mead war ein Held; Präsident Johnson persönlich hatte ihn in der Cam Ranh Bay ausgezeichnet. Selbst der Gunnery Sergeant des Zuges, Anthony Brock, ließ sich offenbar von ihm einschüchtern, und Brock, der drei Ehefrauen, Korea und schon eine Runde Vietnam hinter sich hatte, war gewiß kein Mann, den man leicht einschüchtern konnte.

Bishop studierte Mead, weil er wissen wollte, ob seine Lässigkeit echt war. Er war das Bild von einem Marine, groß und athletisch gebaut, scharfkantiges Gesicht, aber soweit Bishop bislang erlebt hatte, fehlten ihm jede Freundlichkeit und jeder Sinn für Kameradschaft. Seit seinem zweiten Jahr im College hatte Bishop Football gespielt; er hatte mehr Zeit auf dem Spielfeld und in Umkleideräumen verbracht als irgendwo sonst, doch einem wie Mead war er noch nicht begegnet. Seit Bishop bei seinem Zug war, hatte er Mead noch mit niemandem reden sehen. Er blieb immer für sich, und zu Bishop hatte er noch nie etwas anderes gesagt als »Jawohl, Sir« und »Nein, Sir«.

»Redet der nie?« hatte Bishop sich bei Brock erkundigt.

»Nicht viel. Er tut, was man ihm sagt, er stellt keine Fragen; er hat den Verstand und den Mut eines Büffels. Mehr weiß ich auch nicht von ihm.«

»Und Sie mögen ihn nicht.«

Brock dachte nach. »Ich trau ihm nicht. Ich glaube, ihm gefällt das Töten. Solche Leute sind mir unangenehm.«

Obwohl Mead erst zwanzig war, wirkte er älter als die übrigen Männer, die ihn mit widerwilliger Ehrerbietung behandelten. Bishop wußte, wenn er diesen Zug gewinnen wollte, dann gab es nur eins: er mußte Mead beeindrucken, aber er zweifelte, daß ihm das gelingen könnte.

Plötzlich öffnete Mead die Augen und blickte Bishop an, als hätte er die ganze Zeit gemerkt, daß er beobachtet wurde. Als Bishop den Blick nicht abwendete, gähnte er und schloß die Augen wieder.

Bishop starrte weiter aus den offenstehenden Türen. Für ihn war der Dschungel da unten die unvermeidliche Erweiterung des Footballfeldes in Oklahoma, die Marines waren ihm vorherbestimmt, und der Krieg war nicht zu umgehen, denn dort, wo er herkam, war der Patriotismus nichts, das man erwarb, er war erblich. Da er für eine Profikarriere im Football nicht gut genug war, ging er zu den Marines, denn er glaubte an sein Land, und was sein Land tat, war richtig. Sein Glaube war so schlicht, daß er manchmal sogar selbst Witze darüber machte, und er verstand es gut, als ein Mädchen, das er gerne geheiratet hätte, die Beziehung wegen der Politik abbrach.

Nach einem Streit schrie sie ihn an: »Ich kann mit keinem Nazi ficken.« Dann lachten sie beide, denn natürlich war er kein Nazi, und das wußten sie beide. Sie blieben gute Freunde, denn niemand konnte Luke Bishop nicht mögen. Er war nur übereifrig. »Und was willst du jetzt machen?« hatte er sie gefragt, »willst du mich erschießen, weil ich ein Patriot bin?«

»Ich nicht, aber irgend jemand wird's wahrscheinlich tun, du blöder Hund«, hatte sie gesagt.

Und hier im Dschungel warteten sie nun wirklich darauf, ihn zu erschießen.

Plötzlich hatte er das Gefühl, daß alle ihn anstarrten.

Es stimmte, und Landis, sein Funker, der neben ihm saß, sagte etwas, aber die Maschine dröhnte so laut, daß er nichts verstehen konnte. Dann machte Brock ihm Zeichen. Er zeigte auf seinen Kopf und dann auf seinen Schoß.

Bishop schaute an sich hinunter und sah nach, ob sein Hosenstall geschlossen war; dann wurde ihm klar, wie verrückt das war – wer

würde sich in dieser Situation schon um so etwas kümmern? Schließlich klopfte Landis an Bishops Helm, griff sich fest an den Hodensack und machte mit der Hand eine Bewegung, als käme eine Kugel von unten herauf.

Bishop blickte auf und sah, daß alle auf ihren Helmen saßen, ausgenommen er selbst und Sutherland, und alle lachten.

Der Hubschrauber tauchte plötzlich ab, und sein Magen sprang in die Höhe. Es ging los.

Mead straffte sich, öffnete aber nicht die Augen. Alle übrigen starrten aus den Türen, in voller Bewaffnung, grimmig dreinschauende Krieger, bereit für den Kampf, doch die Angst und die Unschuld in ihren Augen strafte ihre schreckenerregende Erscheinung Lügen.

Er hatte nicht erwartet, daß seine Männer so jung sein würden. Sie waren noch Jugendliche, High-School-Boys. Obwohl er selbst erst einundzwanzig war, fühlte er sich eine ganze Generation älter als sie. Sie dürften nicht so jung sein, dachte er. Sie wissen nicht mal, warum sie hier sind. Du lieber Himmel, dachte er und lachte bei dem Gedanken an Kathy, die aufgehört hatte mit ihm zu vögeln, die sind noch dümmer als ich.

Dann spürte er Meads Blick auf sich, einen seltsamen Blick, der zu fragen schien, weshalb ein Mann, der gerade vor seinem ersten Kampfeinsatz stand, wohl lächelte.

Die Maschinengewehre des Hubschraubers ratterten los. Der Rumpf vibrierte so heftig, daß Bishop dachte, er würde gleich auseinanderbrechen.

Der Dschungel riß gähnend sein Maul auf. Die Männer griffen hastig nach den Sicherheitsgurten, lösten sie, sprangen auf die Füße und klammerten sich an die Griffleinen über ihren Köpfen, während der Hubschrauber schaukelte und rüttelte.

Bishop hörte nur noch das Maschinengewehrfeuer und das Dröhnen der Maschine.

Der Hubschrauber schwebte unmittelbar über dem Boden. Die Männer stürzten zur Tür, und Bishop sprang als vierter hinaus.

Er folgte denen, die auf den Waldrand zustürmten, unablässig aus ihren Waffen feuernd, die sie auf Automatik gestellt hatten. Seine hielt er in Hüfthöhe und bestrich damit im Laufen den Waldrand, in seinem Kopf kein einziger Gedanke.

Es war vorbei, bevor er überhaupt begriff, was geschehen war.

Die Hubschrauber waren weg und alles war ruhig; Landis kauerte neben ihm und hielt ihm den Hörer des Funkgeräts vor die Brust.

Als Bishop nicht zu verstehen schien, was er damit anfangen sollte, sagte er, als hätte er es mit einem Kind zu tun: »Sie müssen dem CO mitteilen, daß die LZ sicher ist.«

Jesus, dachte Bishop, jeder könnte den Zug besser führen als ich.

Er sprach über Funk mit dem Kompaniechef, dann gab er seinen Leuten Zeichen, sie sollten ausschwärmen, und mit einer gewissen Verwunderung stellte er fest, daß sie seinem Befehl folgten.

Seine Erleichterung darüber, daß sie auf keinen Widerstand gestoßen waren, grenzte an ein Hochgefühl, aber zugleich hätte er sich gewünscht, die Landezone wäre heiß gewesen, denn jetzt hatte er sein erstes Gefecht immer noch vor sich, die Feuerprobe war noch nicht bestanden.

Die erste Stunde schlugen sie sich kriechend durch den Busch; jeder tastete den Raum vor sich mit dem Gewehr ab. Kein Geräusch außer dem Summen von Insekten und dem Knacken der Zweige. Von feindlichen Soldaten keine Spur.

In der zweiten Stunde zog Bishop den Zug weiter auseinander und beschleunigte den Vormarsch. In der dritten Stunde überquerte sein Zug in klassischer V-Formation – zwei Gruppen vorne, eine hinten – den Höhenzug und erreichte um die Mittagszeit das Tagesziel, eine Höhe knapp dreißig Kilometer südlich der entmilitarisierten Zone, von der aus man das A-Shau-Tal nahe der laotischen Grenze überblicken konnte. Das Tal unter ihnen schimmerte wie eine grüne Metallfolie, das Blätterdach reflektierte die blendende Sonne.

»Da unten sind sie«, sagte Brock, der neben ihm stand. »Wenn der Zug da runter muß, stehen wir ganz schön nackt da.«

»Wir haben nicht den Auftrag, da runter zu gehen«, erwiderte Bishop.

»Heute nicht. Aber die werden uns bald genug runterschicken.« Brock wies auf die Männer, die von sich aus Verteidigungsstellung bezogen hatten. »Wir sollten eine Rast machen, Lieutenant. Vier Stunden durch den Busch sind eine lange Zeit.« Er sagte es mit leichter Mißbilligung, aber auch mit einer Spur Hochachtung und Erstaunen darüber, daß Bishop sich bei seinem ersten langen Einsatz so gut gehalten hatte und daß ihm die Hitze und die Anstrengungen anscheinend weniger ausmachten als allen anderen.

Bishop nahm seinen Helm ab und fuhr mit der Hand durch sein kurz geschnittenes Haar. »Gunny, das ist erst mein sechster Tag – ich weiß nicht, was zum Teufel ich tue. Sie müssen mir sagen, was los ist. Und verdammt noch mal, ich werde Ihnen zuhören.« Er lächelte so unbefangen, daß er selbst Brock damit gewann. »Ich hatte ganz schön Schiß, als wir da auf der LZ ankamen. Wenn ich einen Fehler mache, müssen Sie es mir sagen.«

»Keine Angst, Lieutenant, wenn Sie Scheiße bauen, kriegen Sie es sofort von mir zu hören.«

Brock rief den Männern zu, sie sollten eine Pause machen; sogleich ließen sie sich fallen, warfen Helme, Westen und Gewehre ab und tranken gierig aus ihren Feldflaschen.

Brock wandte sich wieder Bishop zu. Er warf sein eigenes Zeug ab und wischte sich den Schweiß vom Gesicht. Er war fünfunddreißig, ein harter Mann, der in zwei Kriegen gekämpft hatte, und gerade jetzt fühlte er, obwohl er es zu verbergen suchte, daß er doppelt so alt war wie einige seiner Leute. Er war mittelgroß, aber kräftig gebaut; sein Gesicht war fein geschnitten, mit einer Spur Herbheit darin.

Er konnte sehen, daß der neue Offizier vor ihm auf der Hut war, und nun sagte er beschwichtigend: »Lieutenant, *alle* hatten Schiß.«

»Mead nicht. Ich glaube, er hat geschlafen.«

»Dem ist es auch egal, wenn er draufgeht. Der ist schon zu lange hier – er sucht nur nach einer Kugel. Am besten, Sie versuchen, ihn bald loszuwerden. Ich habe solche Typen schon öfter getroffen. Einmal sind sie ein Held, und dann müssen sie es jeden Tag sein. Vor einiger Zeit hatten wir schon mal so einen in der Einheit – Bobby Yates – ein toller Bursche, hatte den Silver Star und jagte dem Navy Cross oder der Congressional Medal hinterher. Blödes Arschloch.«

»Und was ist aus ihm geworden?« fragte Bishop, obwohl er eigentlich keine Lust hatte, sich auf seinem ersten Fronteinsatz Geschichten von Gefallenen anzuhören.

Brock schüttelte den Kopf und schnippte die Asche von seiner Zigarette. Er zeigte auf den Boden: »Sehen Sie die Asche da? Das ist mehr, als von ihm heimgekommen ist.« Dann stand er auf und ging weg.

Bishop wollte sich gerade ausstrecken, da erschien der Funker. Er trug das Funkgerät und die Batterien, weil er der stärkste Mann in der Einheit war. Seit er aus der Schule war, hatte er – soweit Bishop

das sehen konnte – wohl die meiste Zeit in Bodybuildingstudios verbracht. Er hatte unglaubliche Muskeln, und neben der Last des Funkgeräts mußte er ständig auch die Anspielungen der anderen Männer ertragen, die ihm sagten, jeder wüßte, daß alle Bodybuilder homosexuell seien.

Matt Landis reichte Bishop das Mikrofon und sagte mit leichter Mißbilligung in der Stimme: »Zeit für den Lagebericht, Lieutenant. Sie müssen den CO informieren, wo wir sind und was wir machen.«

Als Bishop das erledigt hatte, machte er einen Rundgang bei seinen Leuten, die sich in Gruppen zu vier Mann in einer halbkreisförmigen Verteidigungsstellung niedergelassen hatten. Bei jeder Gruppe blieb er kurz, fragte, wie es ihnen ging, und beantwortete Fragen.

»Wir hätten ja sagen können, wir wären Mädchen, Sutherland«, sagte Bishop, als er dessen Gruppe erreichte. »Wissen nicht mal, wie wir unsere Eier schützen sollen.«

Selbst Mead ließ ein leichtes Lächeln sehen angesichts dieser Selbstherabsetzung.

»Ich glaub nicht, daß die Gooks so 'n winziges Ziel bei Sutherland getroffen hätten«, witzelte einer.

»Meine hätten sie auch nicht treffen können«, erwiderte Bishop. »Die saßen mir nämlich in der Kehle.«

Alles lachte, und Bishop kehrte an den Platz zurück, wo er sein Zeug gelassen hatte. Er öffnete gerade eine Büchse C-Rationen, als Brock zu ihm kam und sie ihm aus der Hand nahm.

»Essen Sie niemals Aprikosen im Feld, Lieutenant!«

Bishop hatte schon von diesem Aberglauben gehört, aber er konnte sich nicht vorstellen, daß Brock daran glaubte.

»Die letzten acht, die Aprikosen gegessen haben, sind alle draufgegangen. Die Woche, bevor Sie kamen, hab ich Lieutenant Taggert gesagt, er soll das Zeug nicht essen. Er hat mich ausgelacht. Am nächsten Tag hat's ihn erwischt. Wir haben nicht mal genug von ihm zusammenkratzen können, um einen Umschlag damit voll zu kriegen, schon gar nicht den Leichensack. Ich bin nur ein dummes Schwein. Hab nicht mal die Schule abgeschlossen. Aber ich hab mehr Zeit im Gefecht verbracht als Sie im College. Und das hab ich dabei gelernt« – er warf die Dose ins Tal hinunter –, »laß die Finger von Aprikosen!«

Er hockte sich neben Bishop auf den Boden. »Die Jungs beobach-

ten Sie aufmerksam, Lieutenant. Unser Leben hängt von Ihnen ab – wenn Sie Scheiße bauen, sind wir tot. Bis jetzt finden sie, daß Sie ganz in Ordnung sind. Sie haben Ihren ersten Einsatz gemacht, und nichts ist passiert. Vielleicht sind Sie einer, der Glück hat, und das ist mehr wert, als wenn Sie Gott wären. Und sie haben gesehen, wie Sie vier Stunden durch den Busch marschiert sind, ohne auch nur zu schwitzen, und wie Sie jeden gefragt haben, wie's ihm geht, bevor Sie was gegessen haben, und Sie haben mit ihnen geredet und sie zum Lachen gebracht. Bis jetzt haben Sie Ihre Sache ganz gut gemacht. Jetzt müssen Sie nur noch so weitermachen, damit wir alle heil nach Hause kommen.«

Er stand auf. »Ich mache Sie persönlich für meinen Arsch verantwortlich, Lieutenant. Also essen Sie nichts von diesen verdammten Aprikosen!«

Er ging weg, dann blieb er stehen und drehte sich um. »Sir.«

Weitere zwei Stunden arbeitete der Zug sich durch das Buschwerk, ohne auch nur die geringste Spur feindlicher Soldaten zu finden. Ein Bataillon von sechshundert Mann kann sich unmöglich in Luft auflösen, dachte Bishop, also muß die Aufklärung sich geirrt haben.

Langsam entspannte er sich. Seine Leute arbeiteten sich gekonnt vorwärts, und er hatte keine Schwierigkeiten, sie unter Kontrolle zu halten oder die Karte zu verfolgen. Er wußte, daß der Krieg zu neunzig Prozent aus Langeweile bestand, aus Tagen und Wochen solcher Patrouilleunternehmen, bei denen man sich ohne jede Feindberührung durch den Dschungel schlug. Er wußte auch um die Gefahr der Ermüdung und der Sorglosigkeit, und es war ihm klar, daß er seinen Männern bald Ruhe gönnen mußte.

Seine Einheit bewegte sich in V-Formation vorwärts, zwei Gruppen vorn auf dem linken und rechten Abhang des Höhenzuges.

Plötzlich knackte das Funkgerät, und Landis reichte ihm den Hörer.

»Bravo eins, wir haben hier was, das Sie sich ansehen sollten.«

»Mead ist dran«, sagte Landis unnötigerweise.

Bishop befahl den anderen Gruppen über Funk anzuhalten und machte sich auf den Weg zur linken Flanke.

Obwohl er so vorsichtig ging wie nur möglich, hatte er das Gefühl, als ritte er auf einem Elefanten durch den Busch. Seine eigenen Geräusche ließen ihn zusammenfahren, und beinahe wäre er an

Mead vorbeigelaufen, hätte der ihn nicht am Hosenbein gepackt und zu sich heruntergezogen.

Mead zeigte auf das Buschwerk vor ihnen. Bishop schaute angestrengt, entdeckte aber nichts. Mead zeigte noch einmal auf dieselbe Stelle, aber Bishop sah noch immer nichts. Mead formte mit seinen Händen einen Wall und legte einen Finger quer darüber. Bishop war klar, daß er damit einen feindlichen Hinterhalt mit einer schlitzförmigen Öffnung andeuten wollte, aber sosehr er seine Augen auch anstrengte, er konnte ihn nicht erkennen.

Mead, der neben ihm kauerte, das Gesicht nur wenige Zentimeter von dem seinen entfernt, legte ihm die Hand auf die Schulter und drückte ihn zu Boden. Obwohl er selbst über einsachtzig groß und kräftig war, fühlte er, daß er keine Chance gegen ihn hatte. Das war Meads Sache, und Mead wollte, daß er sich da raushielt.

Mead machte Sutherland ein Zeichen, daß er ihnen Deckung geben sollte, und bedeutete den anderen in seiner Gruppe, einen Kreis um den getarnten Bunker zu bilden.

Mead ließ Bishop in der Deckung zurück und kroch auf den Wall zu.

Zwei Männer, Coney und Frizzell, arbeiteten sich von rechts an den Hinterhalt heran, ein dritter, Dutton, von links. Nur Mead war ohne Deckung und kroch direkt Richtung Bunker.

Bishop hielt den Atem an, als Mead sich dem Wall näherte. Plötzlich sah er, daß Mead liegenblieb; fast eine Minute lang bewegte er sich nicht; dann griff er vorsichtig in das dichte Buschwerk und begann es tastend abzusuchen, die Augen geschlossen, seine ganze Aufmerksamkeit auf die Finger konzentriert. Zweimal zog er die Hände zurück, um sich den Schweiß abzuwischen. Dann sah Bishop, daß Mead einen Draht entdeckte und einen zweiten in Kniehöhe und daß er sie durchschnitt.

Er schlich sich geduckt hinter den Wall und signalisierte, daß er einen Eingang gefunden hatte.

Als er gerade eine Handgranate von seiner Weste loshakte, kam plötzlich ein feindlicher Soldat aus dem Loch hervor. Er lächelte, als hätte er eben einen Witz gehört, aber als er Mead entdeckte, erstarrte er. Dann griff er nach seinem Gewehr.

Da Mead keine Zeit mehr hatte, sein Gewehr auf den Mann zu richten, schleuderte er ihm mit aller Gewalt die Handgranate ins Gesicht, trat ihm in den Bauch und stieß ihn in den Bunker zurück.

Kaum war Mead in Deckung gesprungen, da erschütterte die Explosion den Boden.

Zwei Männer sprangen unmittelbar vor Sutherland aus einem getarnten Erdloch. Ein dritter tauchte hinter Dutton aus einer Fallgrube auf.

Sutherland riß das Gewehr hoch und feuerte auf den Mann, der ihm am nächsten war. Der zweite warf sein Gewehr weg und fiel vor ihm nieder.

Bishop wollte auf den Soldaten hinter Dutton schießen, aber Dutton stand in der Schußlinie. Er sprang auf und schrie ihm zu, er sollte sich ducken. Dutton blickte ihn verständnislos an, das Gewehr auf den Mann am Boden gerichtet. Und sein Ausdruck wurde noch ratloser, als Bishop ihm heftig zuwinkte, das Gewehr anlegte und auf ihn zielte. Dutton legte den Kopf schief, er wußte, daß der Lieutenant nicht auf ihn schießen würde, aber er verstand immer noch nicht. Dann hörte er das Klicken hinter sich. Er wirbelte herum, löste seinen Blick von dem traurigen, fast entschuldigenden Ausdruck, der auf Bishops Gesicht lag, und starrte in die Mündung des Gewehrs, ohne die geringste Chance, sein eigenes in Anschlag zu bringen; dann streckte ein Feuerstoß ihn zu Boden.

Als Dutton zusammenbrach, feuerte Bishop. Die Kugeln trafen den Mann im Rücken; ihre Wucht schleuderte ihn gegen einen Baum, und das Gewehr flog ihm aus den Händen.

Mead stürzte zu Dutton.

Er ließ sich neben ihm auf den Boden nieder und wußte sogleich, daß es zu spät war; Blut drang schon durch die Kleider. Er sah Dutton ins Gesicht; die Zähne hatten die Lippen durchbissen, und Blut floß aus dem Mund.

Mead stand auf.

Bishop konnte sich nicht rühren, als er Mead zu dem feindlichen Soldaten hinübergehen sah, der sich ergeben hatte. Der Mann kniete auf dem Boden, die Hände über dem Kopf zusammengelegt, und seine Augen flehten. Meads Gesicht war ausdruckslos.

Mead legte das Gewehr an, die Mündung nur wenige Zentimeter vom Kopf des Gefangenen. Der Mann starrte in die Mündung, dann blickte er zu Mead auf. Mead sah ihm tief in die Augen und zog ab.

Der Kopf des Mannes explodierte; Fleischfetzen, Knochensplitter und Blut spritzten auf Meads Kleider und Gewehr.

Coney und Frizzell kamen aus dem Dickicht gerannt und erstarrten, als sie sahen, wie Mead den Mann erschoß, der vor ihm kniete.

Bishop war der erste, der sich bewegte. Er lief zu Dutton hinüber und zerrte an dessen Kleidern.

Die Kugeln waren auf der einen Seite eingedrungen, hatten die Niere zerfetzt und beim Austritt auf der anderen Seite eine große Wunde gerissen. Dutton rang nach Luft und versuchte zu sprechen, doch nur Blutblasen drangen aus seinem Mund.

Mead kniete sich neben ihn und nahm seine Hände. Dutton griff nach Meads Händen, als wären sie das einzige, was ihn retten könnte. Seine Fingernägel gruben sich in Meads Handrücken, drangen durch die Haut, bis Blut kam, doch Mead verzog keine Miene.

Bishop riß seinen Erste-Hilfe-Beutel auf. Dutton blickte entsetzt hoch. Er richtete sich halb auf, seine Augen füllten sich mit Angst, dann krampfte er sich zusammen und fiel reglos zurück.

Der Rest des Zuges brach durch das Dickicht.

Bishop erhob sich langsam, seine Hände umklammerten blutiges Verbandszeug.

Sutherland ließ das Gewehr fallen, ging zu einem Baum und verbarg den Kopf in seinen Armen.

Immer noch wie betäubt, schaute Bishop sich um und sah seine Leute, die auf die blutige Szene starrten. Plötzlich stieg Wut in ihm auf, weil er einen Mann verloren hatte; Wut auf sich selbst, weil er Dutton nicht hatte retten können; Wut auch auf Mead.

»Im Halbkreis ausschwärmen!« rief er laut.

Dann fauchte er Landis an: »Geben Sie mir das Funkgerät!«

Während er den Lagebericht durchgab, beobachtete er Mead.

Mead drehte die Leichen der getöteten Feinde auf den Rücken, nur den letzten, den er erschossen hatte, überging er; dann sah er zu dem unterirdischen Bunker hinüber.

Brock trat neben Bishop und schob Landis beiseite.

»Sind Sie okay, Lieutenant?«

Bishop nickte.

»Sie hätten nichts tun können. Coney und Frizzell sagen, Dutton stand im Weg, und sie konnten auch nicht schießen, ohne ihn zu treffen. So ist das immer – es passiert einfach. Einer tritt auf 'ne Mine oder kriegt 'ne Kugel ab. Sie haben sich nichts vorzuwerfen.«

»Ich weiß. Es ging nur so ...«

»Schnell.«

Mead kam zu ihnen; sein Ausdruck war immer noch unverändert. »Da ist mindestens noch einer im Bunker, Lieutenant. Der Gook, dem ich die Granate an den Kopf geworfen habe, ist nicht dabei.«

Bishop konnte seinen Zorn nicht verhehlen: »Wie wollen Sie das wissen? Der, den Sie erschossen haben, hat doch gar kein Gesicht mehr.«

»Der im Bunker war älter«, erwiderte Mead gleichmütig. »Seine Zähne waren gelb vom Betelkauen.«

»Machst du 'ne Zahnuntersuchung, bevor du Leute erschießt, Mead?« fragte Brock ungläubig.

Mead achtete nicht auf ihn. »Der Kerl, den ich gesehen habe, ist noch da unten, Lieutenant. Vielleicht ist er tot; vielleicht auch nicht; aber er war viel älter, wie ein Offizier. Vielleicht ist da unten ein ganzes Bunkersystem.«

Bishop sah Brock an.

»Werfen Sie 'ne Ladung Handgranaten rein«, riet der Sergeant. »Sie können da niemand runterschicken.«

»Aber vielleicht ist das da unten, was wir gesucht haben. Die haben uns losgeschickt, damit wir einen Bataillonsgefechtsstand finden. Wir müssen nachsehen.«

»Dann fordern Sie Tunnelratten an, Leute, die wisssen, wie man so was macht. Das Bataillon hat welche; die sind dafür ausgebildet.«

»Es ist dunkel, bevor die da sind.«

Brock schöpfte noch einmal tief Atem. »Lieutenant, Sie geben die Befehle, und wir müssen gehorchen, aber ich würde niemand da runter schicken.« Seine Augen waren eine düstere Warnung.

»Sie sagen mir ...«

»Gar nichts«, erwiderte Brock.

Mead zündete sich eine Zigarette an und musterte Bishop aufmerksam. »Was er nicht sagen will, Sir, ist: Wenn dem Jungen, den Sie da runter schicken, was passiert, dann werden die anderen Sie fertigmachen. Und auch wenn ihm nichts passiert, haben Sie's bei denen verschissen. Niemand würde Ihnen mehr trauen.«

Mead ließ den Rauch aus seinem Mund strömen und sah Bishop in die Augen. »Die würden Ihnen eine Ladung verpassen.«

»Halt's Maul, Mead!« zischte Brock. »Du redest dich noch vors Kriegsgericht.«

Mead nahm den Blick nicht von Bishop. »Ich glaube, er ist ein guter Offizier. Ich versuche nur, seinen Arsch zu retten.«

Bishop sah in die unglaublich harten Augen, dann blickte er in die Runde seiner Leute, die alle schweigend zusahen.

Er atmete einmal tief ein, dann nahm er den Helm ab und löste den Munitionsgurt. Er wußte, was er zu tun hatte. Schließlich war er dazu da.

»Sie haben da unten nichts zu suchen, Lieutenant«, sagte Brock.

Bishop überprüfte seine Pistole und lud durch. »Das ist ganz einfach, Gunny – ich bin Offizier, und das bedeutet mir was. Ich könnte mir nicht mehr in die Augen sehen, wenn ich beim ersten Auftrag, den man mir gegeben hat, davonliefe. Ich habe den Auftrag, einen Bataillonsbefehlsstand aufzuspüren. Und das werde ich jetzt tun.«

»Verflucht, das ist kein John-Wayne-Film, Lieutenant«, explodierte Brock und zeigte auf den Dschungel rundum. »Das ist alles Scheiße. Dieser Krieg ist eine Riesenscheiße. Keiner von den Jungs da weiß, was das soll, und ich weiß es auch nicht. Das ist ein Spiel, Lieutenant. Cowboys und Indianer für große Kinder. Dutton ist tot. Wofür ist er gestorben? Für nichts, verdammt. Es ist nicht Ihre Schuld, daß er tot ist. Sie brauchen gar nichts zu beweisen.«

»Für mich ist es kein Spiel, Gunny, und ich versuche auch nichts zu beweisen.« Bishop wandte sich zum Bunker und ging los.

Mead trat ihm in den Weg. Er ließ Helm und Weste fallen und hielt Bishop die Hand hin. »Geben Sie mir die Pistole! Ich gehe.«

Bishop versuchte, ihn beiseite zu schieben, doch Mead rührte sich nicht von der Stelle.

»Lieutenant, ich kann das viel besser als Sie. Sie sind der einzige, der uns hier wieder rausbringen kann – wir wissen nicht mal, wo wir sind, und der Gunny kann die Karte genausowenig lesen wie *Krieg und Frieden*. Die Gooks würden uns hier zusammenschießen.«

Als Bishop keine Bewegung machte, setzte Mead hinzu: »Ich weiß, daß Sie alles glauben, was Sie gesagt haben. Das hab ich auch mal getan. Und der Gunny auch. Aber es ist das beste, wenn Sie hier oben bleiben.«

Er nahm Bishop die .45er aus der Hand und verschwand in dem Erdbunker.

Der enge Raum war feucht und stank nach Kordit. Er war wie ein

kleiner Unterstand gebaut, die Öffnung bot eine perfekte Schußlinie auf den einzigen Pfad, der durch den Dschungel führte. Obwohl er für mehrere Mann gebaut war, mußte Mead sich wegen der niedrigen Decke tief bücken, und als er den Tunnel entdeckte, war er sich nicht sicher, ob seine Schultern hindurchpaßten.

Der Bunker war kein Befehlsstand, denn es gab weder ein Funkgerät noch Drähte, die zu anderen Bunkern führten. Es war ein Horchposten, ein isolierter Bunker, von dem aus die Haupteinheit gewarnt werden sollte, wenn der Feind sich näherte. Inzwischen war die Hauptmacht längst geflohen, oder sie hatte die Zeit genutzt, um sich auf einen Angriff vorzubereiten. Die Männer hier waren gestorben, um die Haupteinheit zu schützen.

Und Dutton?

Mead dachte nicht mehr an ihn. In Arkansas als Sohn eines kleinen Landpächters geboren, war Mead nach der High-School zu den Marines gegangen, nicht weil er für etwas kämpfen, sondern weil er weg wollte – er hatte keine Lust, sein Leben lang als Pächter auf der Farm zu schuften, und andere Möglichkeiten gab es nicht.

Anfangs glaubte er an die großen Sprüche – aber sein Glaube starb im selben Augenblick wie sein engster Freund, sein einziger Freund, und danach verschloß er sich allen. Er verstand den Lieutenant und respektierte ihn wegen seines Glaubens, aber er wußte, daß der Gunny recht hatte – der Krieg war Scheiße. Aber das war Arkansas auch.

Schon in der dritten Woche wurde er zum Helden, als der Zug in einen Hinterhalt geriet. Die anderen rannten in Deckung, aber er ging auf den Feind los, tötete vier und trieb den Rest in die Flucht.

Man schlug ihn fürs Navy Cross vor, und Präsident Johnson dekorierte ihn in der Cam Ranh Bay.

Als er zu seiner Einheit zurückkehrte, war er mürrisch und sprach nie von seiner Auszeichnung. Anscheinend war ihm der Orden zuwider; er sonderte sich ab und wurde immer verbitterter. Er hatte keine Freunde, und obwohl alle im Zug mit ihm befreundet sein wollten und ihn mit Ehrfurcht betrachteten, hatten sie doch auch Angst vor ihm. Keiner von ihnen hätte sich in diesen Bunker gewagt.

Mead ließ sich auf den Boden nieder und begann mit gezogener Pistole in den Tunnel zu kriechen; seine Schultern berührten auf

beiden Seiten die Wände. Der Boden des Tunnels war naß und kalt. Mit der Hand faßte er in eine Lache, er hob die Hand und roch daran; es war Blut.

Dann hörte er einen schweren, keuchenden Atem.

Er mußte noch gut fünf Meter weiterkriechen, bis er den Mann erreichte. Der Tunnel verzweigte sich hier. Ein Gang führte zu der Fallgrube, der andere zu dem getarnten Ausgang, aus dem die zwei Männer vor Sutherland aufgetaucht waren.

An der Gabelung, den Rücken gegen die Wand gelehnt, das Gesicht ihm zugewandt, saß der feindliche Soldat. Mead konnte nur die Umrisse der zusammengesunkenen Gestalt erkennen und die gequälten, halbgeschlossenen Augen.

Mead wußte, daß der Mann keine Waffe hatte; das Gewehr hatte er am Bunkereingang fallen gelassen.

Plötzlich hörte Mead, wie ein Streichholz angerissen wurde, dann leuchtete die Flamme auf.

Das grelle Licht zwang ihn, die Augen zu schließen; als der Phosphor niedergebrannt war, öffnete er sie wieder.

Der Mann hob das Streichholz in die Höhe und brachte es neben sein Gesicht, so daß Mead ihn sehen konnte.

Es war eine Szene aus einem Horrorfilm.

Granatsplitter hatten sein Gesicht zerpflügt und das Kinn weggerissen. Blut floß aus dem Mund und aus den Wunden.

Dann erlosch das Streichholz.

Mead drückte sein Gesicht auf den Boden.

Der Mann zündete ein weiteres Streichholz an.

Mead sah auf. Der Mann führte das Streichholz an seine Brust; das Fleisch war von Granatsplittern durchsiebt, zwei klaffende Wunden trieben Blutblasen hervor und sogen sie wieder ein.

Das Streichholz verlosch. Das einzige Geräusch war nun das gepeinigte Keuchen des Mannes.

Dann stieß er einige Worte hervor, eine Bitte, und Mead verstand.

»Nein«, stöhnte Mead. »Nein.«

Und wieder die erstickte, flehentliche Stimme des Soldaten. Er riß ein weiteres Streichholz an, führte es an sein Gesicht. Er weinte, und seine Augen flehten Mead an, ihn zu erlösen.

»Mein Gott!« rief Mead aus. Er konnte ihn unmöglich im Tunnel

erschießen; der Knall würde ihm das Trommelfell zerfetzen. Er konnte ihn aber auch nicht so zurücklassen.

Der Mann schien ihn zu verstehen und versuchte wieder zu sprechen, stockend, gepeinigt, vom Blut fast erstickt, aber der Tonfall war ermutigend. Mead erkannte, daß der Mann betete. Mead gab sich einen Ruck und kroch zu ihm hin. Der Soldat schloß die Augen, betete aber weiter, als Mead sich vor ihm aufrichtete.

»Tut mir leid«, schrie Mead, und seine Tränen zwangen ihn, die Augen zu schließen, als er die Hände um den Hals des Mannes legte und zudrückte.

Der Soldat leistete keinen Widerstand.

Mead würgte ihn; seine Hände rutschten auf dem glitschigen Blut.

Als der Körper erschlaffte, griff Mead nach der Pistole und kroch durch den Tunnel zurück.

Am Bunkereingang rappelte er sich auf und sprang hinaus. Mit einem Aufschrei riß er die Hände vor die Augen, um sie vor dem blendenden Licht zu schützen.

Wie ein Ghul stand er zwischen ihnen, Hände und Gesicht troffen vor Blut.

Die anderen wichen entsetzt vor ihm zurück.

Er schwankte auf Bishop zu.

»Herr im Himmel«, stieß Bishop hervor, unfähig, sich zu rühren.

Mead stand vor ihm, mit unsicherem Blick und keuchendem Atem, und hielt ihm die Pistole hin.

Bishop starrte auf die blutbeschmierten Hände, auf das blutüberzogene Gesicht; dann nahm er die Pistole und steckte sie, ohne sie abzuwischen, in sein Halfter.

»Okay. In V-Formation ausschwärmen«, befahl er. Dann erstattete er über Funk dem Kompaniechef Bericht und bat um Evakuierung, weil ihre Position dem Feind nun bekannt sei und sie es nicht wagen konnten, die Nacht inmitten eines feindlichen Bataillons zu verbringen.

Nach der Rückkehr ins Basislager und der Meldung beim Kompaniechef bat Bishop um Ablösung für Mead.

»Ich weiß nicht, was in dem Bunker passiert ist, aber er muß zurück in die Etappe. Der Gunny hat recht, er sucht nach einer Kugel.«

»Sind Sie sicher, Luke? Er ist ein guter Soldat, Ihr bester Gruppenführer.«

»Ganz sicher, Sir. Er hat seine Pflicht getan, wir verdanken ihm viel.«

»Kein Problem«, sagte der Captain. »Er ist reif für die Ablösung. Das Bataillon hat eine Quote für Posten beim Botschaftsdienst in Saigon. Er hat die Statur dafür und die nötigen Auszeichnungen – und weiter zurück ins Hinterland geht es nicht. Schicken Sie ihn morgen raus!«

Er zeigte auf seine Karte. »Der Rest von uns geht dorthin.«

Bishop sah einen Kreis, der in einem abgelegenen Bergland eingezeichnet war: Khesanh.

Der Captain spie eine Ladung Kautabak gegen einen Sandsack. »Das wird ein verdammt langer Krieg, Lieutenant. Sie sind jetzt eine Woche hier, nicht? Denken Sie einfach daran, daß nur noch fünfundfünfzig weitere vor Ihnen liegen.«

Bishop ließ Mead holen, und die beiden schlenderten zu einer kleinen Anhöhe, von der aus man die Umgebung überblicken konnte. Die Nacht war kühl und von den Sternen so hell erleuchtet, daß sie die Berge sehen konnten, die sich über der Ebene erhoben.

Bishop nahm eine Handvoll Sand und ließ ihn durch die Finger rieseln. »Ich habe dafür gesorgt, daß Sie morgen zurückgehen. Sie sind schon zu lange im Feld.« Er lachte und warf den restlichen Sand gegen den Drahtzaun. »Ich auch. Sechs Tage sind schon lang. Aber Sie sind seit zehn Monaten hier. Das reicht.«

»Ich bin okay, Lieutenant.«

Bishop schüttelte den Kopf. »Sie haben heute meinen Arsch gerettet. Jetzt werde ich Ihren retten. Morgen gehen Sie zurück in die Etappe. Sie werden bei der Botschaft in Saigon Dienst tun – warmes Essen, Dusche, Mädchen. Ich hab mich freiwillig gemeldet, aber sie wollten keinen Offizier.«

»Ich will nicht nach Saigon, Lieutenant.«

»Ich will nicht nach Khesanh, Corporal.«

»Ist das ein Befehl, Sir?«

»Ja. Ich befehle Ihnen, warme Mahlzeiten zu essen, ein heißes Bad zu nehmen, sich zu betrinken und ein Mädchen flachzulegen. Werden Sie mir jetzt 'ne Ladung verpassen?«

Mead lächelte. »Ich denke, das läßt sich machen.« Er schwieg lange und sagte dann einfach, fast fragend: »Saigon.«

Aber Bishop hörte ihn nicht. Er starrte über den Zaun hinweg auf die Berge und dachte an weitere fünfundfünfzig Wochen, die vor ihm lagen.

4

Bernard Lacouture hastete über die Straße vor der Nationalversammlung in Saigon und vermied dabei ängstlich, nach links zu schauen, denn lieber ließ er sich von einer Fahrradrikscha anfahren, als daß er das graue Monstrum des Marines' Memorial eines Blikkes gewürdigt hätte.

Als er den gegenüberliegenden Bordstein sicher erreicht hatte, hob er die Augen und tat einen leisen Ausruf des Entzückens beim Anblick der von einer grünen Markise überspannten Terrasse des Continental Palace Hotel. Fast hätte er in die Hände geklatscht vor Freude.

Der Morgen war noch frisch, die allerbeste Zeit, dachte er, bevor die Hitze und die Amerikaner kamen und den Tag verdarben. Zehn Uhr morgens war eine zivilisierte Zeit, also nichts für Amerikaner. Er würde die ganze Terrasse für sich allein haben – die gräßlichen »Breakfasters« waren schon wieder weg, und die Journalisten waren noch nicht nüchtern genug, um zu dem noch gräßlicheren »Lunch« hereinzutorkeln. Lacouture schauderte bei dem Wort; es klang wie kauende Kiefer und paßte natürlich bestens zu der Art, wie Amerikaner aßen. *Déjeuner* – das war speisen: *Lunch* war lediglich essen.

Plötzlich kam ihm ein beängstigender Gedanke, und er verfiel in Depressionen – was, wenn er nicht alleine war? Im Geiste sah er Horden von Barbaren an jedem Tisch, und alle sprachen englisch.

Die Aussicht war grauenhaft, ein herrlicher, wolkenloser Tag ruiniert. Er hielt sich am Geländer fest und senkte den Kopf angesichts der möglichen Katastrophe; dann atmete er kräftig aus, als wollte er die Barbaren von der Terrasse vertreiben. Die Aufschläge seiner weißen Hosen waren bespritzt mit Schlamm und seine glänzenden Schuhe verschmiert mit – mein Gott, dachte er, hoffentlich ist es nur Schlamm.

Schwindel befiel ihn am Fuß der Treppe.

Dann war Trinh da, oben an der Treppe, und nickte ihm zu, in weißem Jackett mit schwarzer Fliege, eine Serviette über den Arm gelegt. Alles war in bester Ordnung, und er seufzte erleichtert auf.

Lacouture straffte seine Haltung, zog seine weiße Anzugjacke zurecht, strich sich über die Hosen und ging die Treppe hinauf.

»*Bonjour. Bonjour, Monsieur Lacouture*«, sagte Trinh in absolut korrektem Ton, der genau die Mitte zwischen Freundlichkeit und Ehrerbietung traf.

Die Terrasse war menschenleer. Die Horde hatte ihre Zelte abgebrochen, und ihr nächster Einfall war erst für die Mittagszeit zu erwarten. Kein Journalist hing über einem Tisch, kein GI war zu sehen, keine Nutte weit und breit.

»*Bonjour, garçon*«, erwiderte er den Gruß, und eine tiefe Befriedigung schwang darin, denn die leere Terrasse war ein Triumph; der Tag war gerettet.

Klein, tadellos gekleidet und für einen Franzosen von zweiundsechzig Jahren angemessen beleibt, folgte Lacouture dem noch kleineren, noch tadelloser gekleideten, noch beleibteren und älteren vietnamesischen Kellner an leeren Tischen vorbei zu seinem eigenen, der an der Rückseite der Terrasse ein wenig abgeschirmt von den anderen stand und eine ungehinderte Sicht auf die übrigen Tische wie auch auf die Straße davor bot.

Trinh hielt seinen Stuhl, dann verschwand er und kehrte schon wenige Augenblicke später mit einem silbernen Tablett zurück. Er stellte den Brotkorb auf den Tisch – ein Croissant, eine Brioche, zwei Schnitten Toast –, arrangierte die kleinen Porzellangefäße mit Butter und Konfitüre daneben und goß starken französischen Morgenkaffee in eine große Tasse.

Lacouture kostete davon, während Trinh wartete, wie es sonst nur Weinkellner tun. Das war nicht der Kaffee, den man den Amerikanern vorsetzte; diesen hier servierte man nur den Gästen aus der nahegelegenen französischen Botschaft, die ihre Mahlzeiten regelmäßig im Continental einnahmen und deren Zahl ständig abnahm, einigen wenigen hochgestellten Vietnamesen, die unter der Kolonialregierung gedient hatten, und Lacouture.

Der schloß die Augen und seufzte; der Zichoriengeschmack war nicht zu übertreffen. »*Bien. Très bien*«, murmelte er.

Trinh verbeugte sich und ließ die Kaffeekanne auf dem Tisch zurück.

Das wird ein wundervoller Tag, dachte Lacouture. Jetzt konnte nichts mehr schiefgehen; und selbst wenn, wäre es nicht mehr schlimm, nicht nach dem Kaffee und Trinhs Aufwartung.

Trinh kam zurück, mit einer Auswahl Zeitungen auf dem Tablett; er stellte es auf den Tisch, nicht so nah, daß es das Bild störte, aber doch bequem zu erreichen. Das *petit déjeuner* nahm man nicht ein, um dabei Zeitung zu lesen, vielmehr lagen die Zeitungen da, falls man neben dem *petit déjeuner* vielleicht auch Zeitung lesen wollte.

Besänftigt und gestärkt konnte Lacouture nun über die Terrasse hinweg auf das wilde Treiben schauen, vor dem er hier eine Zeitlang Zuflucht gefunden hatte; er glaubte nämlich, wie man des Höllenfeuers bedurfte, um die Kühle der Unschuld zu schätzen, so brauchte er diese stille Terrasse, um den saturnalischen Anblick zu genießen, den Saigon bot.

Er liebte Saigon. Für ihn war die Stadt eine köstliche *fleur du mal*, die einen schweren, einschläfernden Duft verströmte; eine überreife Schote, die vor Samenfülle barst. Sie war ein groteskes Karussell, sinnlich, grausam und brutal.

Er brach ein Stück von der Scheibe Toast, bestrich es mit Butter und Pflaumenmus, steckte es in den Mund und kaute genußvoll.

Dann nahm er eine Zeitung von dem Tablett.

Es waren französische Zeitungen, alle schon Wochen alt; die Nachrichten waren überholt, die großen Krisen längst gelöst. Er las mit Interesse, mit Amüsement und Distanz, wußte er doch, daß die Dinge, die dort mit solcher Wichtigkeit abgehandelt wurden, keinerlei Bedeutung mehr hatten.

Er liebte alte Zeitungen. Für ihn waren sie der Tod in gedruckter Gestalt, ein vergilbender, zerknitterter Grabstein zum Wegwerfen: Namen und Daten, ein paar Schnörkel – hochtrabend, bedeutungsschwanger, schicksalsschwer – nebensächlich und für den Müll bestimmt, zerrissen, zerfetzt, mit Scheiße und Pisse besudelt.

Er beendete sein Frühstück und tupfte sich den Mund mit der Serviette ab, dann blickte er erwartungsvoll auf die Straße. Wer wird heute wohl kommen, fragte er sich. Er saß da, ein geduldiger, aufmerksamer Zuschauer, offen für jedes Schauspiel, das ihm die Straße bieten mochte.

Und wie aufs Stichwort erschien Pater Dourmant. Wie schön, dachte Bernard Lacouture. Er wollte schon »*Allô, allô*« rufen und seinen lieben, lieben Freund Pater Dourmant begrüßen.

Der große, hagere, weißhaarige Priester – vielleicht fühlte er den Blick – sah zur Terrasse, schrak sichtbar zusammen, als er Lacouture erkannte, schaute weg, eilte zur Straßenecke und bog rechts ab.

Wohin mag er gehen, fragte Lacouture sich verwundert. Bestimmt nicht zur Kathedrale am Ende der Straße, denn der Jesuit weigerte sich standhaft, den Fuß dort hinein zu setzen, seit Rom den älteren Bruder von Präsident Diem zum Erzbischof ernannt hatte.

Lacouture vermißte die Diems. Solange es gedauert hatte, war es eine nette kleine Karnevalsveranstaltung gewesen – Diem, Madame Nhu, der Erzbischof, brennende Buddhistenmönche an jeder Straßenecke. Nach den Diems war die Vorstellung zum Schmierentheater verkommen. Er fand nichts Amüsantes mehr darin. All die Minhs – der große, der kleine und die sonstigen –, Thieu, die Kys, sie waren nur armseliger Ersatz, wenn er auch eine Zeitlang gewisse Hoffnungen in die Kys gesetzt hatte, mit ihren straßbesetzten Sonnenbrillen, den dazu passenden Fliegermonturen, den Reißverschlüssen und den schimmernden Knöpfen. Aber leider erwies Ky sich als Dummkopf, und sie war trotz der chirurgisch gerundeten Augen und ihres aufdringlichen Make-ups nur ein kleiner geschlechtsloser Gecko, verglichen mit der phantastischen Drachenlady – »gegrillte Buddhisten«, ja, daran dachte er immer noch mit Vergnügen. Liebe Madame Nhu, komm zurück! Wir brauchen dich.

»Ich weiß gar nicht, warum Sie seiner Eminenz dem Erzbischof so böse sind«, hatte Lacouture zu Pater Dourmant gesagt, als sie noch miteinander redeten. »Es ist doch nicht neu, was der Vatikan da getan hat. Seit Jahrhunderten verkaufen sie Ablässe, zusammen mit roten Hüten, Messen und Novenen; sie verschachern Himmel und Hölle, betreiben eine Himmelsbörse samt Fegefeuer – was ist da schon eine kleine Erzdiözese in Indochina? Sie sind nur widerborstig – gehen Sie zu ihm, küssen Sie seinen Ring und vergessen Sie Ihren Verdruß.«

Er liebte Pater Dourmant: so ein guter Mensch, ein wahrer Heiliger. Es bereitete ihm unendliches Vergnügen, den vergeblichen Mühen des Priesters zuzuschauen, die Niederlagen und Demütigungen zu verfolgen, die diesem selbstlosen Mann bei jeder Gelegenheit zugefügt wurden. An sich war nichts gegen einen Triumph des Guten einzuwenden, nur daß es so langweilig war. Das Gute hatte eben den Nachteil, nicht amüsant zu sein.

Er hatte zu Pater Dourmant gesagt: »Es wäre nicht nur besser, in der Hölle zu regieren als im Himmel zu dienen. Auch wenn man nur einen Stehplatz hätte, wäre das Schauspiel, das die Hölle bietet, ganz sicher unterhaltsamer.«

»Für Sie ist ohne Zweifel ein Logenplatz in der Hölle reserviert«, hatte Pater Dourmant ihm darauf geantwortet.

Ein Logenplatz, allerdings! Lacouture hob die Kaffeetasse und toastete dem davoneilenden Priester hinterher.

Wahrscheinlich kam der arme Jesuit wieder einmal von einem vergeblichen Versuch, in der französischen Botschaft Geld für sein Waisenhaus und die Klinik aufzutreiben, dachte Lacouture.

Der Gedanke, die französische Botschaft könnte irgend etwas herausrücken, machte ihn lachen; nur Pater Dourmant konnte das für möglich halten und immer noch auf dieses zerbrochene, stumpfe Schwert setzen.

Nein! hätte er fast laut geschrien: die Amerikaner halten es auch für möglich. Schließlich bezahlten sie die Sûreté Générale, um Informationen zu erhalten. Frankreich hatte sein Kolonialreich verloren, die Armee war völlig besiegt worden, ihre Informanten hatten sich als gänzlich unfähig und unzuverlässig erwiesen – da war es klar, daß die CIA für deren Wissen zahlte. Er klatschte in die Hände: Der Dumme lehrte den noch Dümmeren. Köstlich!

Lacouture kannte alle in der französischen Botschaft, alle Spione der Sûreté, alle Informanten; und er kannte alle amerikanischen Spione und deren Informanten und den Geheimdienst der vietnamesischen Regierung sowie dessen Spione und Informanten und alle Vietcong und alle Chinesen auch.

Er kannte jeden in Saigon; er war ein Kuppler; er brachte den richtigen Mann mit der richtigen Information zusammen, zu einem Preis, der dem Wert der Information und der Zahlungsfähigkeit des Käufers entsprach. Er war der schwarze Markt für Informationen.

Ohne Vaterland, Pflichten und Prinzipien, die ihn eingeengt hätten, getrieben allein von dem Wunsch nach Amüsement und geleitet von einem unbeirrbar pragmatischen Selbsterhaltungstrieb, war er Mittelsmann für alle Spione und Informanten, die Sammelstelle jeglicher Information, das eine unerläßliche Bindeglied in der schäbigen Kette aus lauter unverbundenen Gliedern.

Lacouture war 1904 in Saigon geboren, in der Regierungszeit des bizarren Marionettenkaisers Tahn Thai, den die Franzosen schon bald für geisteskrank erklärten und durch seinen siebenjährigen Sohn ersetzten.

Lacoutures Vater, der jüngste Sproß einer reichen Reederfamilie in Marseille, hatte das Familienunternehmen 1882 nach Indochina

gebracht. Und er brachte auch seine Frau hierher, die, anders als die anderen französischen Frauen, alles in dem exotischen Land ganz ansprechend fand. Ihr kolonialer Lebensstil war durch zügellose Freiheit und hemmungslosen Genuß gekennzeichnet, die von keiner Konvention beengt wurden, weder in moralischer noch in praktischer oder finanzieller Hinsicht.

Mit der Lust als dem einzig sinnvollen Ziel aufgewachsen und zudem an einem Ort, an dem das Abnorme die Regel war, empfand Lacouture die Einschränkungen und Erwartungen der Religion, des Vaterlandes und der Gesellschaft als Zumutung.

Als man ihn nach dem Ersten Weltkrieg zur weiteren Ausbildung nach Paris schickte, gingen ihm die Europäer mit ihrer Affektiertheit und ihrem *ennui* auf die Nerven, und er kehrte nach Indochina zurück, sobald er seine Ausbildung abgeschlossen hatte.

Europa schien ihm ohne Leben, während Indochina vor Lebenskraft barst. Saigon blühte und blühte und nahm sich nicht einmal die Zeit zur Erneuerung, sondern fügte einfach den alten neue und noch farbenprächtigere Blätter hinzu. Die Japaner waren gekommen und gegangen, seine eigenen Landsleute waren größtenteils gegangen, aber jetzt waren die Amerikaner da, brachten neues Leben und neue Herausforderungen – und leider auch sich selbst samt ihrem flegelhaften Benehmen ins Continental Palace, aber er wußte, daß alles seinen Preis hatte. Außerdem gab es Möglichkeiten, diesen Unannehmlichkeiten aus dem Wege zu gehen – er änderte einfach seinen Zeitplan, so daß er den Amerikanern nicht begegnete.

Diese Unannehmlichkeiten waren zu verkraften, wenn er bedachte, was die Amerikaner ihm brachten – einen unschätzbaren Aufschub. Sie würden ihm fünf weitere Jahre geben, bis 1972, rechnete er sich aus. Doch dann wäre er fast siebzig und reif für den Ruhestand in Nizza oder Antibes. Er glaubte nicht, daß die Amerikaner sich über 1972 hinaus würden halten können, aber bis dahin sollten sie es eigentlich schaffen. Dennoch sicherte er sich ab, indem er Geld ins Ausland überwies. Die Amerikaner waren nun einmal nicht besonders zuverlässig; sie waren allzu erregbar, wie Jugendliche. Sie verstanden nichts von der Kunst der Verführung, sie kannten nur Geilheit – wie sie auch nicht zu speisen verstanden, sondern nur zu essen.

Aber er war zuversichtlich, daß die Amerikaner ihm Zeit ver-

schaffen würden. Er wußte, die Kommunisten würde er nicht überleben. Die waren exakt und dogmatisch und prinzipientreu. Sie waren fanatisch, grausam und kompromißlos – rundherum dumm, absolut blind und ganz und gar tödlich. Aber am schlimmsten – sie waren langweilig.

Er tat einen tiefen Seufzer. Sein geliebtes wunderschönes Saigon würde verwelken und sterben; keine Freude mehr und kein Amüsement. Seine Miene hellte sich auf: Er würde an die Côte d'Azur gehen. Die Amerikaner würden nach Hause zurückkehren. Aber der arme Pater Dourmant, wohin würde der gehen? Und was sollte aus all den Waisenkindern werden?

Pater Dourmant war ebenso alt wie er. Vielleicht sollte er ihm anbieten, mit ihm nach Nizza zu kommen. Ja, beschloß er; sie würden beisammen sitzen, in Decken gehüllt, und von der Vergangenheit erzählen. Pater Dourmant war nicht langweilig oder selbstgerecht. Und was für Geschichten er nach vierzig Jahren in Vietnam erzählen konnte! Aber Pater Dourmant würde ihm versprechen müssen, niemals von dieser Frau, dieser Teresa Hawthorne, zu sprechen – es gab eine Grenze! Besser die Kommunisten, dachte Lacouture, als Geschichten von der heiligen Teresa und ihren verfluchten GI-Waisenkindern anhören zu müssen.

Als Lacouture zum erstenmal von dieser Amerikanerin und ehemaligen Nonne in Saigon hörte, da hatte er große Erwartungen; sie mußte eine amüsante Person sein. Sie arbeitete angeblich für eine Pearl S. Buck Foundation, eine Organisation, die unehelichen Kindern asiatischer Frauen und amerikanischer Soldaten half.

Natürlich hielt er das für eine Tarnung. Daß irgend jemand sich um die Bastarde amerikanischer GIs und asiatischer Huren kümmerte, konnte nur ein Märchen sein. Dann erfuhr er, daß es stimmte, aber immer noch hielt er an der Hoffnung fest, daß Teresa Hawthorne in Wirklichkeit eine CIA-Agentin oder eine Nymphomanin war oder ein anderes geheimes Ziel verfolgte. Aber leider hatte es immer mehr den Anschein, als wäre die ganze unappetitliche Geschichte – in seiner Vorstellung tauchten asiatische Babys aus Schmutzkübeln voll Sperma hervor – auf übelkeitserregende und langweilige Weise wahr.

»Ah«, rief Lacouture laut, als er Bui Cao Kim erblickte; nach Kim konnte man die Uhr stellen, und nun kam er und bewahrte ihn vor weiterem Nachdenken über Teresa Hawthorne.

Obwohl außer Lacouture niemand auf der Terrasse war und obwohl Kim jeden Morgen um diese Zeit herkam, blickte der kleine, runzlige Vietnamese sich verstohlen um, bevor er auf Lacoutures Tisch zuschoß.

Lacouture nannte ihn »die Fliege«, denn Bui Cao Kim war überall – in jeder Straße, an jeder Wand, auf Kot und Abfällen; er tauchte seine Fühler und Beine hinein, dann flog er los und brachte die winzigen Stückchen Unrat zu Lacouture, der sie sortierte, säuberte und polierte, um sie dann als Goldkörner zu verkaufen.

Sie brauchten einander, und durch den jahrelangen Umgang war fast ein Vertrauensverhältnis zwischen ihnen entstanden.

Kim trat nervös heran und legte ein sorgfältig mit japanischen Schriftzeichen beschriebenes Papier vor Lacouture auf den Tisch.

Das Blatt war so schmutzig, daß Lacouture es nicht anfassen mochte. Er beugte sich vor und las.

Kim hatte Japanisch gelernt, als er 1940 bis 1945 im Gefängnis saß; er war sehr stolz auf diese Fähigkeit, und fast tat es ihm leid, daß die Japaner fort waren. Sie waren nicht schlimmer gewesen als die Franzosen, und jetzt war er zu alt und zu müde, um noch Englisch zu lernen. Er hatte nun niemanden mehr, bei dem er seine Japanischkenntnisse anbringen konnte, außer Lacouture. Es war ihr Geheimcode.

Lacoutures Japanisch verdankte sich rein geschäftlichem Interesse, wie auch sein Englisch. Als er vor vierzig Jahren erkannte, daß die Japaner sich anschickten, zur beherrschenden Macht in Asien aufzusteigen, erlernte er ihre Sprache. Als die Amerikaner begannen, die Franzosen im Indochinakrieg zu unterstützen, wußte Lacouture, daß es nur noch eine Frage der Zeit war, bis die Amerikaner an die Stelle der Franzosen traten. Wenn sie schon bereit waren, *Geld* zu schicken, dann würden sie sich nicht scheuen, Soldaten zu schicken. So lernte er dann vorsorglich auch ihre Sprache. Das praktische Interesse hatte im übrigen noch einen weiteren Vorzug: Wenn er Englisch lernte, würde er sich nicht ihr verstümmeltes Französisch anhören müssen.

Zu seinem Entsetzen zeigte sich indessen, daß manche Amerikaner darauf bestanden, französisch zu sprechen, weil sie so stolz auf die Sprachkenntnisse waren, die sie an der Universität erworben hatten oder auch im »Ausland«, wie sie die zivilisierte Welt nannten.

Die Schlimmsten von allen, fand Lacouture, waren die höheren Chargen der CIA; da sie an den besten amerikanischen Universitäten studiert hatten, trugen sie gern ihre Bildung zur Schau. Der amüsante, aber ganz und gar unausstehliche CIA-Häuptling Wilson Abbot Lord war das vollkommenste Beispiel dafür. Wegen Lords Französisch hätte Lacouture beinahe jeden Kontakt mit ihm eingestellt. Der Mann kannte die Worte, und selbst die Grammatik war korrekt, aber der Lärm! Natürlich konnte man die *Ode an die Freude* auf einem Amboß hämmern und dabei noch alle Noten treffen, nur, welch ein Getöse!

Aber er war immer noch besser als sein Schützling Jeffrey Gibbon; auf Lacouture machte er den Eindruck, als wäre er aus einem schlechten Hollywoodfilm entlaufen, mit seinen kantigen, wie aus Granit gemeißelten Gesichtszügen und seinem sorgfältig zerzausten blonden Haar. Er war schön, dachte Lacouture, da gab es keinen Zweifel, aber er war es auf die funkelnde, kalte Art einer Kobra – man konnte sie bewundern, aber berühren mochte man sie nicht.

Hier an diesem Tisch, erinnerte sich Lacouture, hatte Gibbon einen unnachahmlichen Ausspruch getan – vielleicht der einzige, der Lacouture jemals sprachlos gemacht hatte.

Gibbon redete, und sein Mund tat dabei so merkwürdige Dinge, daß Lacouture unmöglich den Blick von den Lippen, den Zähnen und der Zunge wenden konnte, die sich in unerhörten Verrenkungen ergingen und einen obszönen Tanz vollführten.

»Ich liebe die französische Sprache«, hatte Gibbon gesagt. »Sie ist so feucht und weich und fleischig. Sie erinnert mich an eine Fotze.«

Lacoutures Kaffeetasse geriet so heftig ins Schwanken, daß seine Hosen Flecken abbekam. Das würde er Gibbon nie verzeihen, dachte Lacouture, trotz seiner Schönheit.

Lacouture nahm Kims vergilbtes, schmutziges Blatt Papier genauer in Augenschein: Verstärkte Infiltration von Vietcong; Angaben zur Lage mehrerer geheimer Waffenlager; die Südvietnamesen hatten General Tran zum Befehlshaber der Region Saigon ernannt; der nordvietnamesische Befehlshaber General Khanh war schwer an der Ruhr erkrankt.

Prächtige Nuggets, dachte Lacouture. Wie machte Kim das nur? Er griff nach seiner Brieftasche und legte vier Fünfhundertpiasterscheine auf das Papier.

Kim verbeugte sich, dankte auf japanisch. Lacouture nickte ihm zu, als Zeichen, daß er entlassen sei. Kim stopfte die Geldscheine in seine Hosentasche, aber das Blatt Papier, das er so mühsam beschrieben hatte, faltete er sorgsam zusammen und ließ es in seine Brusttasche gleiten. Er verbeugte sich nochmals kurz und ging.

Die Informationen über die Waffenlager waren allein schon zehnmal mehr wert, als er Kim dafür gegeben hatte; doch die eigentlich wichtige Nachricht betraf General Tran. Tran war ein aufrechter, kompetenter und couragierter Soldat – der letzte, von dem man erwarten konnte, daß Präsident Thieu ihn auf diesen Posten berief. Was war da los? Natürlich, dachte er, selbst wenn man Alexander den Großen ernannte, konnte man die Katastrophe nicht mehr verhindern. Aber Kompetenz konnte immer noch am ehesten zu einem Staatsstreich führen.

Und General Khanh krank? Er grübelte. Das war eine wichtige Nachricht und gut zu verkaufen – jetzt brauchte er nur noch die Information an den richtigen Mann zu bringen.

Vielleicht würde er sich zur Feier des Tages einen kleinen Cognac genehmigen, beschloß er. An sich trank er selten so früh, aber heute war ein besonderer Tag. Er sah auf, um Trinh ein Zeichen zu geben.

»Nein!« stöhnte er. Trinh führte gerade einen Offizier zu einem Tisch ganz in seiner Nähe.

Das kann doch nicht wahr sein, dachte Lacouture, und fast wäre er aufgestanden, um sie mit seiner Serviette wegzuscheuchen.

Was für ein Unglückstag, dachte er, den Tränen nahe. Was hatte ein amerikanischer Soldat um diese Zeit hier zu suchen? Er würde sich laut und beleidigend und anmaßend aufführen.

Und er würde englisch sprechen. Lacouture hätte am liebsten mit dem Fuß aufgestampft. Der Mann hatte kein Recht, ihm so den Tag zu verderben. Wie konnte Trinh das zulassen? O dieser gemeine kleine Gook!

Der Amerikaner wählte einen Platz, nur drei Tische von ihm entfernt; er setzte sich so, daß sie beide sich ansahen, und nickte ihm kurz, aber höflich zu, als er sich setzte.

Das Gesicht kam ihm bekannt vor. Er sieht aus wie ein besonders hübsches großes Baby, dachte Lacouture, und das kurz geschnittene blonde Haar verstärkte diesen Eindruck noch. Kurios, ein großes Baby in einer flotten, gutsitzenden Uniform, als wäre es darin geboren.

Aber was hatte er um diese Zeit hier verloren? Soldaten kamen nie so früh; sie wagten es nicht, ihre Dienststellen vor Mittag zu verlassen. Der Krieg geriet außer Kontrolle, wenn Offiziere schon vormittags im Continental erschienen. Das war einigermaßen gewagt für einen Oberstleutnant. Irgend etwas war mit diesem Mann nicht in Ordnung.

Plötzlich bemerkte Lacouture, daß Trinh und der amerikanische Offizier französisch miteinander sprachen. Er hörte genauer hin. Außergewöhnlich! Kein Amerikaner sprach so gut Französisch. Natürlich hatte er einen Akzent, aber nicht unangenehm; er zeigte nur an, daß es nicht die Muttersprache des Sprechers war.

Dann kam ihm die Erleuchtung. Natürlich kannte er das Gesicht. Er hatte es tausendmal gesehen, in Zeitungen und Magazinen, auf Plakaten und in Wochenschauen. Das war der große Kriegsheld, der Retter Frankreichs – Robert R. Romer.

Unsinn, dachte er. Romer war seit zwanzig Jahren tot. Das mußte sein Sohn sein.

Ein Irrtum war ausgeschlossen, die Ähnlichkeit allzu frappierend. Nach der Befreiung hatte man Romer fast ebenso gefeiert wie de Gaulle; jedes Schulkind kannte ihn. Er war nicht nur ein großer General, er war intelligent, gebildet, geschickt und geradeheraus, und er sprach ausgezeichnet Französisch. Der rasende Romer, so hatte man ihn genannt. Eine überragende Gestalt, die nach dem letzten Gefecht einfach sterben *mußte*; und er war auf eine völlig belanglose Art gestorben, Lacouture erinnerte sich nicht einmal, wie – durch irgendeinen Unfall.

Jetzt war also sein Sohn da, als Soldat in einem anderen Krieg. Wie konnte jemand Romers Sohn sein? fragte Lacouture sich. Wie konnte er mit solch einem Ruf und den Erwartungen, die sich daran knüpften, fertig werden? Die Uniform anziehen und sich auf dasselbe Feld wagen, auf dem der Vater Triumphe gefeiert hatte – das konnte nur ein sehr starker oder ein sehr schwacher Mann tun; ein psychologisch hochinteressanter Mann. Ein amüsanter Mann.

Das war aufregend! Er mußte gehen; wenn er jetzt noch einen Cognac nähme, würde er in Ohnmacht fallen.

Er legte einen Fünfhundertpiasterschein auf den Tisch, tupfte seinen Mund mit der Serviette ab, zog seinen Anzug zurecht und ging. Im Vorbeigehen nickte er Romer kurz zu.

Komische kleine Kröte, dachte Robert R. Romer III; nicht gerade, was man erwarten würde mitten im Krieg. Aber was war hier schon, wie er es erwartet hatte? Bisher jedenfalls nichts als Papierkram.

Dennoch erschien ihm ein Schreibtisch in Saigon immer noch besser als einer in Washington. Der wirkliche Krieg würde schon noch kommen; und er würde seinen Kommandoposten in jedem Falle erhalten, das wußte er. Aber er würde darum kämpfen müssen. Gewiß, er hatte Förderer, höhere Offiziere, die sich auch an seinen Vater erinnerten und ihn verehrten; aber er hatte auch Feinde, gleichfalls höhere Offiziere, die gerade wegen seines Vaters Vorurteile gegen ihn hatten.

Er wußte, daß er nicht als er selbst gesehen wurde, sondern als Romers Sohn. Damit hatte er sich seit langem abgefunden; das war die Grundtatsache seines Lebens, und es hatte keinen Sinn, gegen das Unabwendbare anzukämpfen.

Jetzt ging es ihm darum, aus der Arbeit an der Truppenstudie fortzukommen, mit der er gerade beschäftigt war, und zur kämpfenden Truppe versetzt zu werden.

General Arthur Shaw, der als Bataillonskommandeur unter Romers Vater gedient hatte und sich den Kriegshelden bis hin zu Pistolen und Zigarren zum Vorbild genommen hatte, war nach Vietnam geschickt worden, um zu prüfen, ob mit ein paar Divisionen mehr der Krieg gewonnen werden konnte.

Das Ergebnis – man fragte die militärischen Befehlshaber, ob sie mehr Männer und mehr Waffen haben wollten – stand im voraus fest. Oder wie General Shaw es ausdrückte: »Wir werden sie fragen, ob Bären in den Wald scheißen.«

Shaw hatte Romer aus seinem Stab im Pentagon mitgenommen. Seit einem Monat waren sie in Saigon und »sammelten Bärenscheiße«. Jetzt war Romer so weit, daß er den nächsten Schritt tun wollte.

Im Augenblick verhinderte die Tatsache, daß er Romers Sohn war, noch, daß man ihm ein Bataillon gab; das bot ihm aber auch die Möglichkeit, das Hauptquartier des Military Assistance Command, Vietnam, MACV, zu verlassen und sich hier auf die Terrasse des Continental zu setzen.

Irgend etwas würde passieren, das wußte er, oder besser, er würde dafür sorgen, daß etwas passierte. Bis dahin wollte er Saigon

genießen, so gut es ging, und sein Französisch pflegen, das er seit seiner Jugend in Frankreich nicht mehr gesprochen hatte.

Lacoutures Anblick hatte Pater Dourmant so sehr verwirrt, daß er über einen Beinamputierten stolperte, der auf dem Gehsteig saß.

»Verflucht«, sagte er. Seit Tagen hatte er sich darauf gefreut, eine Tasse Kaffee auf der Terrasse des Continental zu trinken, nicht einmal zur Belohnung, nur zur Stärkung. Eine schändliche Schwäche, das wußte er wohl, aber was konnte schon daran sein? Eine Menge offenbar. Nicht einmal diese kleine Freude wollte der Herr ihm gönnen; deshalb hatte er es eingerichtet, daß Lacouture auf der Terrasse saß. Was war nur los mit Gott? Das war doch keine mahnende Erinnerung an menschliche Torheit gewesen und auch keine Rüge – das war nur kleinlich, dachte der Priester.

Zu Gott unterhielt Pater Dourmant eine sehr persönliche Beziehung; schon vor langer Zeit war er von einem theologisch-philosophischen zu einem intimen Verhältnis übergegangen, und je älter er wurde, desto ärgerlicher und zorniger reagierte er auf die zunehmende Kleinlichkeit und Unfähigkeit des Herrn.

Nach vierzig Jahren Missionstätigkeit war es an der Zeit, den Tatsachen ins Auge zu blicken – diese mißlungene Welt mit all ihrem Elend, entweder hatte Gott sie so gewollt, oder Er konnte nichts daran ändern. Entweder Schurke oder Dummkopf. Den freien Willen konnte man vergessen, für die meisten Seelen gab es das gar nicht. Teresa Hawthornes Krankenhaus war nicht von Seelen überfüllt, die eine Wahl hatten; niemand dort hatte sich freiwillig ins Elend begeben.

Wütend blickte er zurück zum Hotel. Nur eine Tasse Kaffee, mehr wollte er doch gar nicht. Aber Gott wußte genau, daß Er die Auferstehung auf der Terrasse des Continental hätte geben können, und er, Pater Dourmant, wäre nicht zur Vorstellung erschienen, wenn Bernard Lacouture gleichfalls dagewesen wäre. Pure Boshaftigkeit war das, sonst nichts.

Er bog um die Ecke; am Ende der Straße sah er die Kathedrale.

Er blieb stehen und betrachtete sie. Dann seufzte er. Vielleicht war es doch eine Rüge gewesen. Was zählte es schon, wer Erzbischof war? Kümmerte Gott sich wirklich um solche Dinge? Oder um Waisenkinder und Amputierte? Das alles waren vergängliche Dinge. Und Kaffee? Pater Dourmant senkte den Kopf.

Er atmete tief ein. Er würde zurück ins Krankenhaus gehen. Zur Strafe für seine Verfehlung würde er den Abend in Teresa Hawthornes Krankenhaus verbringen; die Arbeit mit den unverheirateten Müttern und ihren zurückgebliebenen, syphilitischen Kindern würde seine Buße sein.

Er seufzte angesichts seiner Unwürdigkeit: ein Abend zur Buße, während sie sich Tag und Nacht dort abmühte.

So sehr sie ihm auf die Nerven ging und so wütend er auf sie werden konnte, er wußte, daß sie wahrscheinlich eine Heilige war.

Dann stieg wieder Zorn in ihm auf. Sie glaubte nicht einmal an Gott. Das verfluchte Weib war eine Ketzerin.

Noch so eine Boshaftigkeit, die Gott sich für ihn ausgedacht hatte. Voller Wut über Teresa Hawthorne, den Erzbischof und die Tasse Kaffee stürmte er weiter, mit fliegender Soutane.

In seinem Büro im Hauptquartier des Joint General Staff stand General Huy Chi Tran, der neuernannte Befehlshaber der Region Saigon, am Fenster und schaute hinüber zum amerikanischen Hauptquartier auf der anderen Seite der Straße.

Erst gestern abend hatte er von seiner Ernennung erfahren; die Amerikaner mußten sie durchgesetzt haben, gegen den heftigen Widerstand dienstälterer und höherrangiger Generäle und wahrscheinlich Präsident Thieus selbst.

Die Tür ging auf, und sein Adjutant trat ein, dem er aufgetragen hatte, ihn nicht zu stören, ganz gleich, wer anrief. »General Westmoreland möchte mit Ihnen sprechen, Herr General.«

Tran antwortete geduldig, denn er wußte, wieviel Zeit es brauchen würde, die Dinge zu ändern: »Major, ich habe *niemand* gesagt.«

Der Adjutant war verwirrt; er wußte nicht, was er Westmorelands Adjutanten antworten sollte.

»Sagen Sie General Westmoreland, daß ich zurückrufe, sobald ich kann.«

Der Adjutant zögerte einen Augenblick, salutierte und ging hinaus.

Tran war ein großer, kräftiger Mann mit harten, fast groben Gesichtszügen, doch seine ganze Art, sich zu geben, stand in krassem Gegensatz zu dieser äußeren Erscheinung. Er sprach ruhig, fast sanft, mit dem höflichen Gleichmut eines Mandarins. Seine Ruhe

schien gar nicht zu den zahllosen Kampfauszeichnungen auf seiner Brust zu passen.

Der General setzte sich in seinen dick gepolsterten Sessel, streckte die Beine aus und ließ den Kopf nach hinten sinken, ermutigt und erschöpft zugleich.

Obwohl er dieses Kommando gewollt hatte, fürchtete er sich davor. Er war der einzige, der dieses Land vielleicht noch retten konnte, der beste unter den Generälen, der einzige auch, der den Zerfall der Armee aufhalten konnte, das wußte er. Aber wenn er nun scheiterte?

Die Arbeit, die vor ihm lag, war gewaltig. Der Kampf war nicht nur gegen die Kommunisten zu führen, sondern auch gegen die Korruption und Schwäche seiner eigenen Regierung. Wie sollte er eine unerfahrene Armee, die von feigen, skrupellosen Offizieren geführt wurde, dazu bewegen, für ein korruptes Regime zu kämpfen?

Und dann waren da noch die Amerikaner. Er wußte um ihre Verachtung; er war der General der *gooks, slopes, dinks* und *zipperheads*. Sie lachten über seine Armee und seine Männer; er haßte ihre herablassende Überheblichkeit. Doch er schämte sich auch für das Versagen seiner Armee und für die selbstsüchtigen Männer, die sein Land führten.

Aber es war sein Land, und er liebte es. Er wollte Frieden und Freiheit für sein Volk. Nur – wie machte man andere zu tapferen, aufrechten Menschen?

Die Amerikaner begriffen nicht, wie kompliziert die Dinge lagen; sie verstanden nichts von Geschichte. Als ob Millionen von Menschen tausend Jahre chinesischer Herrschaft, Jahrhunderte der Unterdrückung durch korrupte Kaiser und französische Ausbeuter einfach abschütteln, eine Verfassung ausarbeiten, einen guten Präsidenten wählen und sofort eine freie, demokratische Gesellschaft errichten konnten.

Und jetzt war Westmoreland am Telefon. Was ist los mit euch Gooks? Warum könnt ihr Zipperheads euch nicht am Riemen reißen?

Westmoreland wollte ihm sagen, was er zu tun hatte und wo er seine Leute aufmarschieren lassen sollte. Westmoreland wollte nicht zuhören, und ganz bestimmt wollte er nichts von dem feindlichen Truppenaufmarsch und von Trans Befürchtungen hören, der

Feind könnte um Weihnachten oder während des Tet-Festes eine Offensive starten. Dennoch würde Tran es ihm sagen.

Er rief seinen Adjutanten. »Verbinden Sie mich jetzt bitte mit General Westmoreland.«

Wahrscheinlich würde Westmoreland es noch bereuen, daß er seine Ernennung durchgesetzt hatte, dachte Tran, denn er würde ihn bei jeder Gelegenheit auf die feindlichen Angriffsvorbereitungen hinweisen. Er wußte, daß sie einen Angriff planten – aber wie konnte ein Zipperhead einem Amerikaner irgend etwas zu sagen haben?

In einer strohgedeckten Hütte in einem abgelegenen Dorf, kaum hundert Kilometer von Saigon entfernt, lag der nordvietnamesische General Xuan Tien Khanh auf einer Strohmatte. Er mußte sich schon wieder erleichtern, aber er glaubte nicht, daß er aufstehen könnte. Selbst die schmachvolle Aussicht, in seinen eigenen Exkrementen zu liegen, vermochte ihm nicht die Kraft zu geben, sich von der Stelle zu rühren.

War es also dahin gekommen, fragte er sich, nach all den Mühen und Opfern aus dreißig Jahren Kampf?

Er war so nahe daran – nahe an den Außenbezirken von Saigon, nahe am Sieg –, nachdem die Japaner und Franzosen ihn fast zur Verzweiflung getrieben hatten, daß er schließlich über sich und seine Verbissenheit lachen mußte. Er nahm das alles zu persönlich und vergaß zu leicht die größere historische Perspektive.

Vor langer Zeit, noch bevor er sich Ho Chi Minh angeschlossen hatte, um gegen die Franzosen zu kämpfen, war er einmal Geschichtslehrer gewesen, ein gebildeter Mann, der auch jetzt noch nicht verlernt hatte, die Dinge aus historischem Blickwinkel zu betrachten.

Auf seine Strohmatte gestreckt, fragte er sich, wie Moses sich wohl gefühlt hatte, als man ihn auf den Berg führte, damit er das Gelobte Land sehen konnte, während er wußte, daß er selbst es niemals betreten würde. War er zornig gewesen? Hatte er sich noch etwas Humor bewahrt, um die Ironie zu erkennen, die darin lag?

Er selbst hatte durch jahrelange Entbehrungen jeden Sinn für Humor und Ironie verloren; er hatte ihn aufgebraucht in dem alle Kräfte aufzehrenden Kampf um die Unabhängigkeit.

Wahrscheinlich hatte auch Moses den Humor verloren, dachte er; wahrscheinlich war er am Ende ein böser, reizbarer alter Mann.

Konfuzius, Buddha und Laotse hatten sich ihren Humor bewahrt; aber die hatten auch nie für etwas gekämpft; sie waren keine Revolutionäre gewesen.

»Das wäre ein schönes Thema für ein Gespräch mit seinem ältesten Freund, General Vo Nguyen Giap«, dachte er: Revolutionäre und ihr Verhältnis zu Humor und Ironie. Er kannte Giap seit der Schulzeit in Hue vor nun vierzig Jahren. Sie hatten dann gemeinsam das Lycée Albert Sarrault in Hanoi besucht und anschließend an der Universität von Hanoi studiert.

Damals hatten sie beide noch Humor, erinnerte er sich. Giap verlor den seinen als erster – als seine Frau und sein Kind 1941 in einem französischen Gefängnis starben und seine Schwägerin in Saigon wegen terroristischer Aktivitäten guillotiniert wurde.

Wie konnte man danach noch lachen? Und hatte er selbst noch jemals lachen können, nachdem er seine eigenen Söhne begraben hatte?

Ho Chi Minh konnte immer noch lachen, aber der hatte keine Familie. Er hatte gelitten und gekämpft, doch einen persönlichen Verlust hatte er nicht hinnehmen müssen. So war er ein sanfter, freundlicher Mann geblieben.

Er und Giap waren es nicht; sie beide hatten zuviel verloren. Der Kampf war zu lang und zu hart gewesen. Dien Bien Phu war nur eine Etappe gewesen; dreizehn Jahre Kampf gegen Japaner und Franzosen, und nun waren schon wieder dreizehn Jahre vergangen.

Er wandte den Kopf dem Sonnenlicht zu, das durch die Tür hereinfiel. Die kleine Bewegung erschöpfte ihn, aber obwohl Ruhr und Malaria ihm zusetzten, hatte er seinen Lebenswillen nicht verloren. Er fühlte ihn jetzt geradeso wie in all den anderen schrecklichen Augenblicken – als Gefangener der Japaner, als die Franzosen ihn folterten, und am schlimmsten, als er seine Söhne begrub.

Er erinnerte sich, daß er mit bloßen Händen Tunnel gegraben hatte, daß er die Erde mit den Fingern loskratzte, bis kein Fleisch mehr auf den Knochen war und die anderen ihn zurückzerrten. Er erinnerte sich, daß er das Grab für einen seiner Söhne gegraben hatte.

Er hob die Hände und betrachtete sie. Sie waren schmutzig und zernarbt, und sie zitterten unkontrollierbar. Hände, mit denen er seine toten Söhne gehalten hatte, Hände, die getötet hatten; Hände,

die nicht mehr zärtlich gewesen waren oder geliebt hatten, solange er zurückdenken konnte. Blutige, geschundene, verbrannte Hände, die seit dreißig Jahren den Weg zur Freiheit bahnten.

Sie würden ihn auch jetzt nicht im Stich lassen. Er würde gewinnen; er würde seine Leute zum Sieg führen. Seine Söhne sollten nicht umsonst gestorben sein. Das Leiden mußte ein Ende haben.

Seine Hände tasteten nach dem Boden, er fühlte die kühle Erde; seine Finger gruben sich hinein und zogen ihn zur Tür, dem Sonnenlicht entgegen.

5

Das Morgenlicht strömte durch die Erkerfenster des Eßzimmers, spiegelte sich sanft in den Silberbestecken und spielte mit dem Kristall des Frühstücksgedecks.

Der große Raum war formell und dennoch gemütlich eingerichtet, ein Hauch von China und Europa haftete den Möbeln an, Rosenholz und Mahagoni. Auf dem Fußboden lag ein wertvoller alter Perser aus Isfahan, das Azurblau des feinen Schah-Abbas-Musters erinnerte Marshall an den Golf von Oman. An den Wänden, Welten entfernt, hingen flämische Gobelins mit höfischen Szenen und Jagdmotiven; sie bildeten einen stillen Hintergrund für blaßgrünes Porzellan und dazu passende Ming-Vasen.

Kunst war für Marshall keine bloße Dekoration; jedes Stück hatte Bedeutung für ihn und sein Leben. In dem Teppich sah er den Islam, Kalifen mit Krummsäbeln, er hörte den Ruf der Muezzins von den Minaretten, und er sah Dörfer unter brennender Sonne, in denen Frauen vor breiten Webstühlen saßen. In den Gobelins – unter den wilden Augen des blutüberströmten Keilers und dem melancholischen Einhorn lüsterne Herren und verführerische Damen – sah er gotische Kirchtürme, hörte er gregorianische Gesänge, schaute er auf winterlich erstarrte mittelalterliche Städte, in deren Werkstätten Weber vor ihren Webstühlen froren.

Die Kunst hatte Dauer und Bestand, sie vermittelte ihm ein Gefühl vom Adel und der Sinnfälligkeit menschlichen Tuns. Die Menschen konnten Schönes schaffen, nicht nur individuell – in einem Gemälde, einem Gedicht, einer Symphonie –, sondern auch gemeinschaftlich, in der Kunstfertigkeit, deren solche Teppiche, Gobelins oder Bauwerke bedurften.

Die Kunst war unvergänglich. Der Isfahan würde blutrünstige Mullahs, Schahs und Emire überdauern, die Gobelins würden Nato und Warschauer Pakt überleben wie all die anderen Allianzen, Tyrannen und Kriege.

Das einzelne Kunstwerk konnte zerstört – vernichtet, verdorben, verbrannt – werden, doch die Leistung wurde dadurch nicht geringer.

Wenn doch auch die Politik etwas mit Kunst zu tun hätte, dachte er. Überhaupt war wenig von Kunstfertigkeit zu spüren in den zwischenmenschlichen Beziehungen.

Er war kein Künstler. Auch in seiner Arbeit fehlte es an Kunst; er gehörte lediglich zur Zunft der Weber in den dunklen Werkstätten, die Schuß- und Kettfäden ineinander verflochten – eine kleine Mission hier und da, das Sammeln von Informationen, die Arbeit an einem Abkommen. Aber in Gedanken sah er den großen Entwurf, eine Welt des Friedens; da genügte es ihm, nur einer unter vielen Handwerkern in der Werkstatt zu sein.

Vielleicht würde er in Vietnam etwas erreichen. Übermorgen sollte es losgehen. Vielleicht konnte er etwas Feines und Sinnvolles weben, das dauerhaften Bestand hatte.

Über ihm, im Schlafzimmer, hörte er Catherine; in ein paar Minuten würde sie herunterkommen.

Der Gedanke an sie deprimierte ihn. Das Porzellan verwandelte sich in Plastik, aus den Ming-Vasen wurde buntes Glas.

Er lachte und griff nach seiner Kaffeetasse. Sie war ein wunderbarer Mensch, der den Armen gab, den Kranken half und echte Tränen vergoß über das Elend der Welt. Sie war intelligent und attraktiv; sie rauchte nicht, trank kaum und zeigte keinerlei pathologische Absonderlichkeiten. Sie war eine treue Ehefrau und eine liebende Mutter.

Aber heute morgen mochte er sie einfach nicht sehen. Die Ehe war ein Fehlschlag; es war seine Schuld, und er wollte nicht durch ihre Gegenwart daran erinnert werden.

Er hatte schon endlos über seine Ehe nachgedacht, war ebenso unermüdlich und obsessiv in die Tiefen seines Ich und seiner Ehe eingedrungen wie manche jüdischen Schriftsteller in ihr Judentum. Er hatte nach den Motiven gegraben und seine Stollen noch jenseits der Schwächen und Fehler vorangetrieben. Er hatte das taube Gestein beiseite geräumt und am Grunde war er so wenig auf Erz gestoßen wie die jüdischen Schriftsteller auf das Wesen ihres Judentums. Gesucht hatte er nach seiner ganz persönlichen Besonderheit, gefunden hatte er nur den Dreck, der an jedermanns Stecken klebt.

Das Problem war der Sex; nichts Großartiges, nichts besonders Exklusives. Das Scheitern war gewöhnlich und banal. Das Problem war immer dasselbe gewesen: nicht genug Sex. Als sie mit zweiundzwanzig heirateten, hätte er am liebsten den ganzen Tag im Bett

verbracht. Er liebte den Sex; der Sex nahm ihn ganz in Anspruch. Und das tat er immer noch.

Er war ein gebildeter, feinsinniger Mann, klug und geschliffen, das wußte er, aber er hatte das Glied eines Höhlenmenschen; er war ein Renaissancemensch mit dem Schwanz eines Hunnen. Mit Vernunft war seinem Glied nicht beizukommen, wenngleich es ansonsten auf alles anzusprechen schien.

Catherine war eine warmherzige, empfindsame Frau, erotisch und einfühlsam. Sie war sehr weiblich und frei von Hemmungen, aber sie war nicht vom Sex besessen; sie hatte keine Lust, den ganzen Tag im Bett zu verbringen.

Das Problem war nicht die Technik und auch nicht die Qualität, sondern die schiere Quantität. Er wollte im Sex schwelgen.

»Du sehnst dich im Grunde nach der Gosse«, hatte sie ihm gesagt, und das nicht einmal unfreundlich.

Sie hatte recht. Als junger Mann, bei den Marines, hatte er den vulgären, rohen Sex in den Bordellen geliebt, und er wollte dem gar nicht entwachsen. Als Sklave seines Hunnenschwanzes suchte er seine Befriedigung außerhalb der Ehe. Es hatte viele Frauen gegeben und auch Schuldgefühle. Er war nicht gerne untreu; der Ehebruch erfüllte ihn mit Gewissensbissen und Schuldgefühlen.

»Du bist ein Oberschichtmann mit Unterschichtbedürfnissen und einer Mittelschichtmoral«, hatte sie ihm gesagt.

Und auch damit hatte sie recht. Es trieb ihn, ihr untreu zu sein, und dann fühlte er sich schuldig.

»Ich habe ja gar nichts gegen andere Frauen, wenn du nur nett zu mir bist«, hatte sie einmal gesagt.

Aber das stimmte nicht. In Wirklichkeit konnte sie nicht ertragen, daß er andere Frauen hatte, und sie verzieh es ihm nie. Nicht sie hatte die Ehe gebrochen, sondern er. Er war der Betrüger; er hatte ihr unrecht getan – man sollte nicht ganze Tage im Bett verbringen.

Jetzt war die Ehe nur noch eine höfliche Fassade.

Hinter der Fassade hatte er Deborah. Er nannte das seine Midlife-crisis, und er wählte dieses fertige Etikett, weil es ihm eine akzeptable Entschuldigung für den besorgniserregenden Altersunterschied zwischen ihnen zu bieten schien. Sie war zweiundzwanzig, hatte gerade ihr Kunststudium abgeschlossen und arbeitete an der Smithsonian Institution, in deren Beirat er saß.

Vielleicht war es auch keine Midlife-crisis; er war nicht blind vor

Liebe, er war überhaupt nicht verliebt – Catherine war weitaus intelligenter und interessanter. Es war nur Sex. Er war nicht erwachsen, sondern nur älter geworden, und er wollte mit derselben Sorte Mädchen schlafen wie immer schon.

Deborah war beeindruckt von seinem Reichtum und seinem Auftreten; sie bewunderte ihn, weil er »Herr Botschafter« genannt wurde und mit dem Präsidenten zusammentraf. Sie war zu jung, und sie war nicht gut für ihn, das wußte er; vielleicht bot ihm die Vietnam-Mission eine günstige Gelegenheit, sich von ihr zu trennen. Sie würde wohl kaum verletzt sein, dachte er, denn er konnte sich nicht vorstellen, daß eine Frau ihres Alters sich in einen Mann seines Alters verliebte; jedenfalls sollte sie das nicht, es war nicht richtig, weder in physiologischer noch in psychologischer Hinsicht. Und außerdem war er gewiß nicht der einzige wohlhabende, einflußreiche Mann mittleren Alters in Washington.

Catherine hatte zahllose Interessen – die Kinder, Aktivitäten und Ziele aller Art, Beiräte, Stiftungen und Wohltätigkeitsveranstaltungen, an denen sie sich beteiligte. Jetzt hatte sie sich der Beendigung des Krieges verschrieben.

Sie arbeitet zuviel, dachte er; darin war sie so maßlos und obsessiv wie er im Sex. Sie war eine Perfektionistin in einer unvollkommenen Welt, so fanatisch wie ein Araber. In dem Versuch, allem eine Ordnung aufzuzwingen, forderte sie die Enttäuschung geradezu heraus. Nichts konnte vor ihren Augen bestehen. Sie machte alles nur schwierig. Es wäre besser für sie und alle anderen, wenn sie mehr Zeit im Bett verbrächte, dachte er.

»Ich wäre eine ausgezeichnete Königin für die Welt«, hatte sie einmal gesagt. »Es gäbe keine Armut, keine Ungerechtigkeit und keine Kriege mehr.«

Da hatte sie wohl recht, dachte er, aber in ihrer Welt hätten die Menschen auch bald keinen Kopf mehr, und sein Kopf würde als erster rollen. Das hatte er ihr gesagt.

Sie hatte gelacht. »Nein. Dir würde ich den Penis abschneiden lassen.« Und nach kurzer Überlegung: »Aber am Ende wäre das wohl dasselbe, oder?«

So war ihr Verhältnis, höflich und unversöhnlich, und sie hielten an ihrer Ehe fest, bis die Kinder aus dem Haus waren.

Ryan war achtzehn, er besuchte das College und war dort sicher vor der Einberufung. Mit der Schule hatte er keine Probleme. Von

Sarah, sechzehn, und Chris, fünfzehn, konnte man das nicht behaupten.

»Sex, Drogen und Hippies. Und alles wegen deines verdammten Krieges«, hatte Catherine gesagt. Im Grunde war seine Frau gar nicht so weit von Lyndon Johnson entfernt, dachte Marshall, und es hatte keinen Zweck, ihr auseinanderzusetzen, daß der Krieg nicht der seine war.

»Guten Morgen, Brad«, sagte Catherine, als sie ins Zimmer trat, zielstrebig und energisch wie immer, als gelte es, eine Herausforderung zu bestehen. Mit ihren einsfünfundsiebzig war sie groß für eine Frau; über die Jahre hatte sie ein wenig zugenommen, aber das gab ihrer Erscheinung etwas Weiches. Ihr großes, volles und ausdrucksstarkes Gesicht entsprach genau ihrem Alter, und es entsprach dem, was sie war: eine intelligente, selbstsichere, wohlhabende Frau.

Sie berührte ihn leicht an der Schulter, als sie an ihm vorbei zum Buffet ging.

»Du bist heute früh dran«, sagte er.

»Ja, ich habe eine Menge zu erledigen, bevor ich mich heute nachmittag am Tor des Weißen Hauses ankette.«

Marshall blickte von der Zeitung auf. Sie war durchaus fähig, so etwas zu tun, aber sie scherzte nur.

Er lächelte. »Das ist ganz unnötig. Er weiß, wie du denkst. Er hat alle deine Petitionen gelesen. Er sagt, er hört mehr von dir als von dieser Käse-Dame.«

Catherine brachte ihren Kaffee und ihre Eier mit Speck zum Tisch, wartete aber noch auf eine Erklärung, bevor sie sich setzte.

»Jane Fonda«, sagte er.

Sie wartete geduldig.

»Fonda – Fondue.«

Sie setzte sich. »Und du? Welcher Sumpf ist heute an der Reihe?«

»CIA.«

Sie hielt die Hand auf. »Ich hoffe, du bekommst einen Friedenspreis dafür. Letzte Woche die Joint Chiefs und das State Department, diese Woche die CIA.« Sie schüttelte den Kopf. »Vergiß den Preis, Brad. Frag ihn nach einem Botschafterposten. Ich hätte Lust, nach Frankreich zu gehen.«

»Ich dachte, du willst dich ans Tor ketten. Vielleicht läßt er dich da.«

»Lady Bird würde mich losmachen. Sie hätte Angst, daß ich ihr Verschönerungsprogramm ruiniere. Aber im Ernst, jetzt hast du alle Informationen vom Pentagon und vom State Department bekommen, und wenn die CIA dich heute informiert hat, solltest du eigentlich in der Lage sein, den Krieg bis Freitag zu beenden.«

Er lächelte.

»Das ist doch nicht so kompliziert, Brad. Es ist doch kein Geheimnis, um Himmels willen. Sie brauchen nur zuzugeben, daß sie sich geirrt haben.«

»Seltsam, das von dir zu hören, Catherine. Würde die Herzkönigin jemals einen Irrtum eingestehen?«

»Ich hätte solche Fehler erst gar nicht gemacht«, erwiderte sie ungehalten.

»Natürlich nicht. Wie dumm von mir!«

Doch um der Wahrheit die Ehre zu geben, sie hätte solch einen Fehler wohl wirklich nicht gemacht, dachte er. Und wenn sie ihn doch gemacht hätte, dann hätte sie sich ganz schnell aus der Affäre gezogen, nicht indem sie ihren Irrtum eingestanden hätte, das konnte sie so wenig wie Lyndon Johnson; sie hätte einfach ihre Meinung geändert. Das hatte nichts mit solchen Dingen zu tun wie »dieser Krieg paßt nicht zu meinem Kleid«, die Entscheidungen einer Frau waren einfach nicht so eng an ihr Ego gebunden wie bei einem Mann. Die Bereitschaft, die Meinung zu ändern, war keine Schwäche, sondern eine Stärke der Frauen; die Schwäche lag in der Unfähigkeit der Männer, es ihnen nachzutun, gelegentlich die Richtung zu ändern, ohne deshalb gleich zu befürchten, sie könnten das Gesicht oder ihre Ehre verlieren. Das ist doch kein Grund, den Penis ins Spiel zu bringen, hätte sie sagen können.

Doch in Vietnam schien es genau darum zu gehen. Schob man alles beiseite, was er im Außenministerium und im Pentagon erfahren hatte, dann kam hinter all den Daten, Tabellen und eisernen Vorhängen – nein, keine gewaltige Erektion, sondern eine sehr verletzliche Penisspitze zum Vorschein.

Im Pentagon hatten sie ihm die ganze »Hunde-und-Pferde-Show« geboten, wie sie das nannten, obwohl der Ausdruck kaum angemessen war für die Extravaganz der Lipizzaner, die man ihm vorgeführt hatte, eine turbulente Lightshow; es fehlte nur, daß sie ein Feuergefecht in den Korridoren des E-Rings veranstaltet und die Joint Chiefs die Fahne im War Room aufgepflanzt hätten.

Aber Marshall wußte, daß in all den Tabellen und Schaubildern etwas fehlte; er wußte, daß man nicht berechnen konnte, was er im Landungsboot vor Guadalcanal empfunden hatte; und auch die feindlichen Soldaten in Vietnam waren in den Zahlen und Diagrammen nicht präsent gewesen.

Die wirkliche Stärke, glaubte Marshall, hing nicht von der Zahl derer ab, die bereit waren zu töten, sondern von der Zahl derer, die bereit waren zu sterben, aber im Pentagon ließ man diese Frage völlig außer acht.

Im State Department gab man ihm eine ähnliche Vorstellung – andere Kostüme, andere Kulissen, weniger grelles Licht und gedämpftere Töne, aber die Geschichte war dieselbe. Man zeigte ihm das Bild einer Welt, die von fallenden Dominosteinen bedroht wurde, und er sah einen Diavortrag – Südvietnam auf dem Wege zur Demokratie.

Was dem allem fehlte, war die historische Perspektive. Er fragte sich, ob es in der ganzen Südostasienabteilung überhaupt ein Buch über die Geschichte Vietnams gab, und falls doch, ob irgend jemand es gelesen hatte.

»Du fliegst immer noch am Mittwoch?« fragte sie.

»Ja. Die CIA wird mir wohl nichts zu sagen haben, was ich nicht schon wüßte.«

»Ich glaube kaum, daß sie mehr wissen als du oder ich, es sei denn, sie verraten dir, was sie selbst so treiben. Aber das werden sie hübsch bleiben lassen.«

»Catherine, du arbeitest zuviel. Du bist schrecklich zynisch geworden.«

Sie beugte sich vor und tätschelte ihm die Wange. »Mein lieber Brad. Ich bin alt geworden. Da schon du in dem, was du in den letzten zwanzig Jahren getan hast, nicht sehr aufrichtig gewesen bist, habe ich wenig Hoffnung, daß die CIA bereit sein könnte, ihre eigenen kleinen Fehltritte zu bekennen.«

»Catherine, warum müssen wir immer wieder darauf zurückkommen?«

»Du meinst die Fehltritte?« fragte sie unschuldig. »Vielleicht weil es immer damit anfängt.«

»Mein Gott, es ist nicht mal acht Uhr morgens«, erwiderte er gereizt.

Sie lächelte, dann griff sie nach seiner Hand. »Das war nicht nett

von mir, ich gebe es zu. Kann ich noch etwas für dich tun, bevor du fährst?«

»Danke, ich glaube, alles ist soweit geregelt. Kann ich noch etwas für dich tun?«

Sie schüttelte den Kopf. »Ich bin nur froh, daß du bleiben konntest, bis die Kinder wieder in der Schule sind. Das macht es mir sehr viel leichter. Die Sorgen um die Schule sind geradezu eine Erleichterung gegenüber ...«

»... der ewigen Sorge, wo sie sich wohl jetzt schon wieder herumtreiben.«

»Das war ein schlimmer Sommer«, räumte sie ein.

Beide verfielen in Schweigen; was ihre Kinder betraf, hatten sie alles schon hundertmal durchgehechelt, ohne jemals zu einem Ergebnis zu kommen. Hatten sie als Eltern versagt, oder war es nur die Zeit? Oder gab es vielleicht gar keine Probleme, sondern nur übertriebene Ängste?

»Na ja«, meinte er resigniert, »jetzt ist jedenfalls nichts mehr zu ändern.«

»Mein Gott, Brad, du tust gerade so, als hätten wir Psychopathen großgezogen. Ryan macht sich gut im College. Sarah ... ist ...«

»Ganz sicher kein unschuldiges Kind mehr. Ich kann mir kaum vorstellen, daß sie mit Puppen spielen, wenn sie mit diesem – wie heißt er doch gleich? – diesem Bosco zusammen ist. Bosco, um Himmels willen!«

»Brad ...«

»Ich weiß, die Zeiten haben sich geändert. Ich weiß, heute haben alle lange Haare, und niemand wäscht sich. Die kleinen Mädchen haben Diaphragmen und Spermizide für ihre Barbie-Puppen, und Ken hat einen Ring für seinen Schwanz ...«

»Ich finde deine Empörung etwas scheinheilig«, erwiderte sie gelassen. »Nenne mir einen, der nicht promiskuitiv wäre, dein geliebter Jack Kennedy eingeschlossen. Welche Kinder erwartest du denn von solchen Eltern? Wenn *du* bessere Maßstäbe setzt, können deine Kinder sie eher erreichen. Und sieh dir unsere Gesellschaft an – seit Jahrhunderten Sklaverei und Rassentrennung und Vorurteile. Unsere Kinder rebellieren dagegen. Sie gehen auf die Straße und protestieren. Ich sage: großartig. Die Regierung erzählt ihnen eine Lüge nach der anderen über Vietnam und schickt junge Männer in den Tod. Unsere Kinder wehren sich dagegen. Gott sei Dank.«

Sie beugte sich zu ihm, und ihre Stimme wurde entschieden: »Ich bin froh, daß unsere Kinder das alles nicht akzeptieren. Ich bin nicht glücklich darüber, daß Sarah mit ihrem Freund schläft, aber sie ist ein guter Mensch. Ich bin wahrhaftig nicht mit allem einverstanden, was du tust; aber dennoch bist du ein guter Mensch. Ich bin froh, daß du nach Vietnam gehst. Ich wünsche mir sehnlichst, daß du Erfolg hast. Ich könnte es nicht ertragen, wenn Ryan oder Chris dahin müßten.«

»Als Student ist Ryan freigestellt, und Chris ... also, es ist kaum wahrscheinlich, daß er eingezogen würde.«

Catherine lehnte sich zurück und unterdrückte einen Seufzer. Sie waren beide verwirrt und unangenehm berührt von dem, was nun nicht länger nur Besorgnis, sondern Realität war: die Homosexualität ihres Sohnes. Chris hatte nie die Spiele der Jungen gemocht. Seit seiner Pubertät hatten die Anzeichen sich gemehrt, doch in diesem Sommer waren seine homosexuellen Neigungen offen zutage getreten.

Es hatte weder Tränen noch Vorwürfe gegeben, nur Sorge und Resignation. Man hatte es akzeptiert, aber nicht darüber gesprochen. Catherine sah ein, daß es ihren Mann noch stärker treffen mußte, und sie bewunderte den Gleichmut, mit dem er es ertrug. Selbst eine so knappe Anspielung kam ihm nur selten über die Lippen.

Marshall stand abrupt auf. »Ich muß los. Der Wagen wartet.«

Das Hauptquartier der CIA in Langley, Virginia, hatte etwas von einem Kloster; ein stilles Heiligtum voller Selbstvertrauen und Effizienz. Es stand in eindrucksvollem Gegensatz zu der Hochspannung, die im Pentagon herrschte, und zu der laschen Ruhe im State Department.

Die weiten Rasenflächen, die stillen Korridore und die fast schläfrige Atmosphäre vermittelten ein Gefühl der Ruhe und Gelassenheit. Gewiß würden in solch einer gesetzten Umgebung keine unbedachten oder überstürzten Entscheidungen getroffen; nur ein abwägendes, leidenschaftsloses, nüchternes Denken entsprach der friedlichen Ruhe des Ortes.

Man spürte nichts von Krisen und Heimlichkeiten; ein Augenblick an diesem Ort mußte jeden Gedanken an verdeckte Aktionen und Intrigen, an Staatsstreiche und Mordanschläge vertreiben.

Doch Marshall wußte, die Meisterposeure würden schon die richtige Pose zu treffen wissen; genau das schätzte er an Langley, die Aufführung war stets perfekt. Natürlich war ihm klar, daß sie ihm etwas vormachen würden, aber er hoffte, daß sie ihm ein genaueres und ausgewogeneres Bild präsentieren würden als Pentagon und State Department.

Er wurde nicht enttäuscht.

Der Direktor und einige leitende Beamte saßen um einen Konferenztisch und diskutierten mit ihm die Lage. Statt einer CIA-»Präsentation« gab es Argumente und Gegenargumente, theoretische Überlegungen und Meinungen – Zweifel und offene Fragen, aber keine endgültigen Schlüsse.

Natürlich war auch dies eine sorgfältig einstudierte Präsentation, die zu dem Ergebnis kam, daß die militärische Lage nicht so günstig war, wie das Pentagon sie darstellte, und daß die politische Lage schlimmer war, als das Außenministerium eingestand.

Das Bild, das gezeichnet wurde, war fast unverblümt negativ. Das gehörte, wie Marshall wußte, zur Pontius-Pilatus-Strategie der CIA – man wusch sich die Hände in Unschuld angesichts eines Debakels, vor dem man dennoch nicht recht warnen mochte. Sie brachten ihren Arsch in Sicherheit, während sie noch fleißig in der Scheiße rührten.

Die übereinstimmende Meinung ging dahin, daß mehr Soldaten und Waffen an der Lage nichts ändern konnten. Erfolg erwartete man nur von einer direkten militärischen, politischen und wirtschaftlichen Konfrontation mit dem Norden, und zwar auf dessen Territorium.

Zur Krönung des Ganzen ließ man Marshall mit Andrew Maynard allein; sie waren miteinander befreundet, seit sie gemeinsam als Leutnants bei den Marines in Korea gedient hatten. Maynard war inzwischen in die oberen Ränge der CIA-Führung aufgestiegen.

»Erwarten die etwa, daß ich dir glaube?« scherzte Marshall. »Du bist der größte Lügner, den ich kenne.«

»Sie wissen nicht, was sie von dir halten sollen, Brad«, erwiderte Maynard ernst. »Sie wissen weder, welches Spiel du spielst, noch welchen Einfluß du auf den Präsidenten ausübst, noch welche Schwächen du hast.«

»Mein Gott, das ist doch ganz einfach – ich spiele kein Spiel, ich übe keinen Einfluß aus, und ich habe keine Schwächen.«

»Das habe ich ihnen auch gesagt. Bradley Lawrence Marshall ist der hingebungsvollste, uneigennützigste Staatsdiener in Amerika, der keinerlei Interesse an Macht und Ansehen hat. Und von deinen Schwächen habe ich ihnen auch erzählt.«

»Ja?« sagte Marshall und wartete.

»Ich habe ihnen gesagt, daß du ganz verrückt nach Weibern bist.«

Marshall lachte.

»Ich hab ihnen von dem Puff in Seoul erzählt und von der Zeit, als du...«

»Du lieber Himmel, ist der Raum etwa verwanzt?«

»Wahrscheinlich. Du weißt doch, damit verdienen wir unseren Lebensunterhalt. Aber das ist jetzt ernst gemeint: Ich soll dir Fragen beantworten, die du in Anwesenheit der anderen vielleicht nicht stellen wolltest.«

»Und natürlich wirst du sie mir wahrheitsgemäß beantworten.«

Maynard dachte einen Augenblick nach. »Ich werde dich jedenfalls nicht belügen. Wenn ich eine Frage nicht beantworten kann, werde ich gar nichts sagen. Also überleg dir deine Fragen genau...«

»Sag mir, wie das mit Diem war!« sagte Marshall mit einem herausfordernden Lächeln.

»Wir hatten jedenfalls nicht den Finger am Abzug, als er und sein Bruder getötet wurden«, sagte Maynard ruhig. Sein Blick blieb auf Marshall gerichtet.

»Und Kambodscha?«

»Dasselbe wie in Laos. Wir arbeiten in beiden Ländern, aber es gibt nur geringe Aktivitäten – die sind sehr zerbrechlich: Versorgungsflüge, Abwürfe, Einfälle, Air-America-Verkehr. Thailand ist die Hauptbasis.«

»Thieu und Ky?«

»Der George Washington und der Ben Franklin von Vietnam.«

»Was machen eure Leute da drüben, was den Prinzipien des Anstands und der Demokratie zuwiderläuft?«

Maynard zuckte die Achseln. »Ein paar Morde hier, etwas Foltern da, etwas Gegenterror dann und wann – wir möchten nicht einrosten.«

»Und was will die CIA wirklich?«

»Aha, jetzt sind wir beim eigentlichen Punkt angelangt.«

»Bei der Frage, die du nicht beantworten kannst?«

»Bei der Frage, auf die es keine Antwort gibt – oder besser gesagt, mehrere. Manche halten Vietnam für einen Haufen Scheiße und meinen, wir sollten es sofort fallen lassen. Andere sehen lebenswichtige Interessen bedroht und verlangen, daß wir mit allen Mitteln daran festhalten. Du siehst, das ist nicht *unser* Krieg. Deshalb haben wir, anders als das Militär und das State Department, auch keine Politik. Wir helfen nur gelegentlich aus.«

»Und was meinst du persönlich?«

»Es ist ein Haufen Scheiße. Hol uns da raus!«

Marshall lächelte.

»Aber jetzt noch einen Rat, Bradley ... oder nein, eine Warnung. Nimm dich in acht, wenn du da drüben bist. Ich meine das wörtlich und ganz ernst. Ich habe dir gerade gesagt, daß die Agency in der Vietnamfrage gespalten ist; aber wenn die, die daran glauben, zu der Auffassung gelangen, daß du die Kriegsanstrengungen torpedierst – dann legen die dich um. Das meine ich ernst, Bradley, sie glauben an den Krieg. Und vergiß nicht, das sind Berufskiller. Merk dir diesen Namen: Wilson Abbot Lord.«

»Wilson Abbot Lord.«

»Wilson Abbot Lord. Nimm dich vor ihm in acht, Bradley. Er *glaubt.*«

Als die Limousine ihn spätnachmittags vor seinem Haus in McLean absetzte, wunderte Marshall sich, den Wagen seines Sohnes in der Einfahrt zu sehen. Es war September. Außer Labor Day gab es keine weiteren Feiertage, und für die Prüfungen war es noch zu früh, denn das Semester hatte gerade erst begonnen. Ryans zweites Jahr im College. Marshall sah keinen Grund, weshalb Ryan zu Hause sein sollte.

Zerstreut nickte er dem Hausmädchen zu, das ihm die Türe öffnete, als er die oberste Stufe erreicht hatte. »Ryan?« rief er besorgt.

Sein Sohn kam die Treppe herunter, in Jeans und einem buntkarierten Hemd, die schon Jahre alt sein mußten.

»Ist alles in Ordnung? Mein Gott, was ist mit deinen Haaren passiert?«

Ryan blieb auf der Treppe stehen, griff sich an den Kopf, dann lachte er und sprang die Treppenstufen hinunter.

Marshall drückte seinen Sohn an sich, faßte ihn im Nacken. »Bei

all den Haaren hatte ich schon ganz vergessen, daß du einen Hals hast. Und Ohren. Du lieber Himmel, Ryan, du hast ja Ohren.«

Ryan lachte und machte sich los. »Komm, Dad, so schlimm war's auch wieder nicht. Alle haben lange Haare.«

»Ryan, was machst du zu Hause«, wechselte Marshall das Thema. »Durchgefallen kannst du ja noch nicht sein.« Er konnte seine Besorgnis nicht verheimlichen. »Bist du in Schwierigkeiten?«

»Nein.«

»Du kannst es mir ruhig sagen, Ryan, das weißt du doch. Ich helfe dir, was es auch ist. Ich werde nicht mal böse. Also was ist los?«

Ryan senkte den Kopf, stocherte mit dem Fuß im Teppich. »Es ist wegen diesem Mädchen.« Er zuckte die Achseln. »Sie war schwanger und... also, wir hatten kein Geld... und nichts zu essen und... mein Gott, was sollten wir machen? Da haben wir eben in diesem 7-Eleven-Laden in Providence was mitgehen lassen...«

»Was!«

»Du hast gesagt, du wirst nicht böse, Dad.«

»Ach, hör mit dem Blödsinn auf, Ryan. Jetzt sag mir endlich, was du hier machst. Und warum hast du dir die Haare schneiden lassen. Du bist doch seit der Junior High School nicht beim Friseur gewesen. Du siehst vollkommen normal aus – also, was ist los mit dir?«

»Vielleicht sollten wir uns setzen und in Ruhe darüber reden«, erwiderte Ryan.

Marshall setzte sich in einen ledernen Lesesessel und bedeutete seinem Sohn, gegenüber Platz zu nehmen. »Werde ich einen Drink brauchen?«

»Du hast doch nie einen Drink gebraucht, Dad. Aber ich könnte einen brauchen.«

Marshall ging an die Hausbar. »Was möchtest du?«

Ryan zog die Schultern hoch. »Ich weiß nicht. Was trinkt man denn mit seinem alten Herrn?«

Marshall spürte, wie sein Herz sich zusammenkrampfte. Etwas Schreckliches war geschehen, das wußte er. Die Welt würde nie mehr so sein wie zuvor. Er brachte es nicht fertig, seinen Sohn anzusehen. Es war gar nicht wichtig, was geschehen war; jetzt zählte nur, daß der Augenblick gekommen war: Die geheimnis-

volle Grenze war plötzlich da, ohne jede Vorwarnung war sie aufgetaucht, hatte ihm keine Chance gelassen, sich darauf vorzubereiten oder Ryan zu beschützen, und der wehrlose Junge hatte sie überschritten. O Gott, dachte er, ich habe nicht gewußt, daß es so schnell kommen würde. Gestern noch war er ein Kind. Gib mir mehr Zeit.

Nervös hantierte er mit der Karaffe, stieß damit gegen die Gläser. Er versuchte, sich zu beruhigen. »Weiß ich auch nicht«, sagte er. »Da mein alter Herr ein Trinker war, hab ich nie ein Glas mit ihm getrunken. Wie wär's mit einem Bourbon?«

»Schön.«

Marshall reichte ihm ein Glas, setzte sich und hob das seine: »Auf dich.«

Ryan nahm einen kräftigen Schluck und verzog unwillkürlich das Gesicht. Ihre Blicke trafen sich. »Ich habe mit dem College Schluß gemacht, Dad.«

Marshall sagte nichts, wartete nur.

»Ich bin in die Armee eingetreten.«

Der Schlag ließ Marshall tief einatmen; er war schlimmer als jeder körperliche Schlag, der ihn hätte treffen können.

»Ich habe schon unterschrieben. Montag muß ich mich in Fort Bragg melden.« Er zog eine Kopie seines Marschbefehls heraus und hielt sie seinem Vater hin.

Marshall warf einen Blick darauf, dann nahm er einen Schluck und atmete aus. »Ich glaube, die Geschichte mit dem Mädchen hat mir besser gefallen«, erwiderte er und versuchte zu lächeln.

»Bist du jetzt sauer auf mich?« fragte Ryan besorgt.

»Sauer?«

»Böse.«

»Ich weiß, was ›sauer‹ ist, du Idiot.« Wütend sprang er auf. »Natürlich bin ich sauer. Was fällt dir eigentlich ein?«

Ryan lachte. »So ist es besser. Jetzt können wir das regeln, wie es sich gehört.«

Marshall kam sich dumm vor; er stand vor seinem Sohn, der verschüttete Bourbon tropfte von seinen Fingern. Er setzte sich wieder und wischte sich die Hände an seinen Hosenbeinen ab. »Wie du weißt, bin ich international berühmt für meine Ruhe. Ich bin weltberühmt dafür, daß ich niemals die Fassung verliere. Ich habe mir schon die notorischsten Arschlöcher der Welt angehört und

keine Miene dabei verzogen. Nur du und deine Mutter können mich in Sekunden in einen zitternden Wackelpudding verwandeln.« Er spritzte ein paar Tropfen Bourbon auf den Teppich.

Er blickte seinen Sohn an, dann packte ihn der ganze Schrecken. »Tu das nicht!« bat er.

»Ich muß, Dad.«

»Warum, Ryan? Um Gottes willen, warum?«

»Wenn ich nicht ginge, müßte ein anderer an meiner Stelle gehen. Damit könnte ich nicht leben.«

»Das verstehe ich nicht«, versetzte Marshall.

Ryan trank sein Glas aus und stellte es auf den Tisch. »Als ich zurück ins College kam, da machten sie überall Witze über Vietnam und die Einberufung und wie man sich davor drücken kann, wenn man studiert, und daß nur Dummköpfe gehen müssen, Dummköpfe und Schwarze – der Abschaum. ›Sollen sie doch Kanonenfutter spielen, niemand wird sie vermissen‹, sagen sie. Niemand im College muß gehen, und alle machen sich darüber lustig und reden davon, daß sie ihr Diplom machen werden und dann den Doktor – alles, nur damit sie hierbleiben können und nicht in den Krieg müssen.«

Er sah seinen Vater an. »Das ist nicht richtig. Du weißt, daß das nicht richtig ist, Dad. Ich muß nicht gehen. Niemand, den ich kenne, muß gehen. Wir alle können uns davor drücken. Jeder, der Geld und Beziehungen hat, kann das. Alle, die ich kenne, können ihren alten Herrn bitten, mal einen Anruf zu machen, oder sie gehen zum Arzt und lassen sich ein Attest geben. Das ist ein Witz. Aber irgend jemand muß gehen. Für jeden von uns, der verschont bleibt, muß ein anderer gehen. Auch für mich würde einer gehen. Und vielleicht wird er getötet. Das kann ich nicht zulassen.«

»Ryan ...«

»Dad, ich weiß, was du fühlst. Ich weiß, welche Sorgen du dir um uns machst. Und vielleicht auch, was du vom Krieg hältst. Du hast nie darüber gesprochen. Kein einziges Mal. Andere Väter zeigen alle ihre Orden in Vitrinen her und Fotos von sich in Uniform und in voller Ausrüstung, als wollten sie gleich den nächsten Strand stürmen, und sie erzählen dieselben alten Kriegsgeschichten immer und immer wieder.«

Marshall senkte den Kopf; er schloß die Augen und massierte sich die Schläfen.

»Ich verstehe dich, Dad.«

»Nein«, flüsterte Marshall. »Das kannst du nicht.« Er blickte auf; durch seine Tränen hindurch sah er nur einen blutigen Schleier, und in seinen Ohren gellten Schreie, dröhnten dumpfe Detonationen. Das Glas fiel ihm aus der Hand. »Mein Gott, Ryan, das darfst du nicht tun. Bitte.«

»Vater, ich muß.«

Das Wort traf ihn wie ein Schlag. *Vater*. Ja, das war es vor allem anderen, das stärkste männliche Band, das komplizierteste Gen, beschützend und zerstörerisch zugleich, großzügig und eifersüchtig, liebend und hassend, opferbereit und mörderisch. Ein Mann mochte seinen Kindern jeden Zoll ihres Wachstums, das ihn selbst verdrängte, mißgönnen, und dennoch würde er sein Leben für sie geben, würde er seinen Ruf und sein Vermögen für sie aufs Spiel setzen, würde er jeden Schmerz ertragen, würde er lügen, stehlen betrügen, und er würde für sie töten.

»Nein«, sagte er und stand zornig auf. »Du kannst nicht gehen. Ich lasse das nicht zu.«

»Dad...«

»Nein!«

Ryan stand auf. »Es ist zu spät, Dad. Ich habe mich entschieden. Das ist mein Leben.«

Marshall packte Ryan bei den Schultern. »Du verstehst nicht. Du weißt nicht, wie das ist.« Er schüttelte ihn. »Du wirst sterben. Mein Gott, Ryan, die werden dich töten. Ich weiß das genau.«

»Ich kann selbst auf mich aufpassen.«

»Der Krieg ist ganz anders. Du wirst sterben. Du bist genau der Typ. Menschen wie du schaffen das nicht. Ryan! Ryan!«

Ryan machte sich los und trat einen Schritt zurück. »Du glaubst, ich bin nicht stark genug? Du glaubst, du kannst gehen, aber ich nicht? Du meinst, die anderen können ruhig gehen? Anderer Leute Söhne sollen ruhig gehen und sich umbringen lassen? Ist der Krieg etwa nur schlecht, wenn er uns trifft?«

»Wenn du denkst, der Krieg ist ein Fehler, dann protestiere, marschiere, verbrenne deinen Einberufungsbescheid! Tu irgendwas!«

»Außer hingehen.«

»Ja!«

Ryan schüttelte den Kopf. »Der Krieg wird nur ein Ende finden,

wenn Leute wie wir betroffen sind. Ich muß gehen. Das weißt du genau.« Er ging zu seinem Vater und legte die Arme um ihn. »Was würdest du tun?«

Ryan löste seinen Griff, wandte sich ab und ging aus dem Zimmer.

Marshall sank in sich zusammen. Er starrte hinter seinem Sohn her, versuchte, die Hand zu heben, aber er konnte sich nicht rühren. Er wollte ihm hinterherlaufen, ihn packen, festhalten, nie mehr fort lassen, aber seine Beine gehorchten ihm nicht. Er mühte sich ab, aber er kam nicht von der Stelle, als liefe er in tiefem Wasser.

Und dann war er im Wasser, und rundherum explodierende Granaten, Schreie und Blut – und vor ihm ein Körper, der mit dem Gesicht nach unten im Wasser trieb, und er lief und lief und lief und erreichte ihn endlich, und als er ihn umdrehte und in den Armen hielt, da war es Ryan, es war sein Sohn, und er hob das Gesicht zum Himmel und schrie: Nein. Und immer wieder: Nein!

6

In seinem Büro im zweiten Stock der amerikanischen Botschaft in Saigon beendete Wilson Abbot Lord seine Lektüre des Berichts, den er aus Langley über Botschafter Marshalls Mission erhalten hatte, und legte ihn auf den Schreibtisch.

Die einzigen sonstigen Papiere auf seinem Tisch waren Marshalls Sicherheitsakte und sein Lebenslauf. Auch sie las er noch einmal durch und legte sie sorgfältig auf den Bericht aus Langley; dann lehnte er sich zurück, ein großer, hagerer, kantiger Mann von vierzig Jahren.

Über die Missionen, die Marshall früher für den Präsidenten übernommen hatte, wußte er in groben Zügen Bescheid, doch jetzt, nachdem er die gesamte Akte studiert hatte, war er zutiefst beunruhigt.

Trotz des leidenschaftslosen Tons, den er aus Langley gewöhnt war, hatte er das Gefühl, daß dieser Marshall keineswegs die Absicht hatte, eine objektive Analyse vorzunehmen – er kam her, um für Johnson einen Ausweg aus dem Krieg zu suchen.

Schon andere waren mit demselben Ziel hergekommen, das mochte die Sorglosigkeit erklären, die Langley an den Tag legte, aber Marshall war anders, das spürte Lord; er war gefährlicher, und alles, was er in den Akten gelesen hatte, bestätigte seine Befürchtungen.

»Militärdienst 1942–1945« und »Militärdienst 1951–1953«, für Lord sprach das Bände. Das war einer, mit dem man rechnen mußte, kein Karrierediplomat oder politischer Dilettant. Ihn würde so leicht niemand hinters Licht führen. Anders als die Bürokraten und Kongreßabgeordneten aus Washington würde er sich nicht von dem martialischen Spektakel beeindrucken lassen, mit dem das MACV angereiste Würdenträger einer »Gehirnwäsche« zu unterziehen verstand. Er würde das politische Fiasko ebenso erkennen wie die militärische Pattsituation.

Und er würde zu dem Schluß kommen, da war Lord ganz sicher, daß dieser Krieg nicht zu gewinnen sei und daß Johnson den Rückzug antreten solle. Er würde diese Empfehlung mit nach Washing-

ton zurück nehmen, dem Präsidenten unterbreiten und damit möglicherweise das Zünglein an der Waage bei dem Ausverkauf Vietnams durch Amerika spielen.

Lord saß reglos da, sein Gesicht zeigte keinerlei Ausdruck, nichts verriet den Zorn, den er empfand.

Auch er war in Korea gewesen. Dieser Kampf hatte mit einem Unentschieden geendet, und das war das beste, was Amerika jemals gegen die Kommunisten erreicht hatte – ansonsten nur Niederlagen, selbst in Kuba.

Hier nicht, schwor er sich. Er hatte nicht vier Jahre seines Lebens damit zugebracht, in Vietnam den Kommunismus zu bekämpfen, damit nun dieser Bradley Lawrence Marshall seine Arbeit zerstörte und mit ihr auch die Hoffnung, daß dieses Land frei blieb.

Seine Ehe war an Vietnam gescheitert; der Streß und die langen Trennungszeiten, die sein Beruf mit sich brachte, waren am Ende zuviel gewesen. Als er nach Vietnam geschickt wurde, stellte seine Frau ihn vor die Wahl: entweder Ehemann und Vater oder Spion. Er liebte seine Frau und seine Kinder; dennoch war er hergekommen. Noch im selben Jahr hatte seine Frau sich scheiden lassen. Er war verbittert, aber er verstand ihre Entscheidung und trug ihr nichts nach. Das Scheidungsurteil sprach ihr die Hälfte des Besitzes zu und bestimmte ein Drittel seines Gehaltes für den Unterhalt der Kinder – er überließ ihr den ganzen Besitz und überwies die Hälfte des Gehalts für die Kinder.

Er lastete die Scheidung weder Vietnam noch seiner Arbeit, noch seiner Frau an. Lord war ein pragmatischer Mensch und hielt nichts von Schuldzuweisungen. Er fragte sich selten, was richtig und falsch war; er fragte lieber nach Eignung und Anpassungsmöglichkeiten – weder Ziele noch Mittel hinderten ihn, für jedes Problem nach der besten Lösung zu suchen. Gegenüber seinem Schützling Jeffrey Gibbon hatte er seine Vorstellungen einmal so zusammengefaßt: »Nichts ist ›entweder-oder‹. Es gibt nur ›und‹ und ›aber‹.«

Er hatte sein Familienleben geopfert für seine Überzeugung, daß der Kommunismus das Böse sei und ausgerottet werden müsse – eines der wenigen Dinge, bei denen er nur Schwarz und Weiß kannte. Und nun kam dieser Marshall daher, um sein Opfer und seine ganze Arbeit zunichte zu machen.

Noch immer saß er regungslos da, aber seinen Zorn ersetzte er

durch einen eisernen Entschluß: Ich werde das nicht zulassen, schwor er sich.

Dann sah er auf die Uhr und runzelte die Stirn; es war schon nach sieben Uhr abends, viel später, als er eigentlich bleiben wollte, denn obwohl er Gibbon und seiner Sekretärin schon oft gesagt hatte, sie sollten um fünf gehen oder wann immer sie ihre Arbeit getan hatten, blieben sie stets, bis auch er ging. Oft verließ er schon frühzeitig die Dienststelle, nur damit er zurückkommen konnte, wenn sie gegangen waren.

Wilson Abbot Lord vermochte andere zu motivieren; wer für ihn arbeitete, tat das mit Hingabe.

Er nahm die Akten und stand auf; der Schmerz in seinem Rücken und seinen Beinen ließ ihn das Gesicht verziehen; wäre noch jemand im Raum gewesen, hätte er selbst diese Regung unterdrückt. Niemand, nicht einmal seine Frau, ahnte etwas von den Qualen, unter denen er manchmal litt. Den Schmerz vor seinen Folterern in Korea zu verbergen war die schwierigste und brutalste Aufgabe, vor der er jemals gestanden hatte; ihn seither vor allen übrigen zu verbergen, war dagegen leicht gewesen. In Augenblicken wie diesem konnte er dem Schmerz nachgeben, den qualvollen Empfindungen freien Lauf lassen. In Korea war ihm das nicht möglich gewesen, denn pausenlos hatte man ihn überwacht. Er hatte gelernt, selbst im Schlaf noch einen Teil seines Gehirns wachzuhalten, damit sein Gesicht ausdruckslos und seine Zunge stumm blieb.

Lord humpelte durch den Raum, aber als er die Tür erreichte, war sein Gang schon wieder kraftvoll und geschmeidig.

Er ging den Flur hinunter, sah, daß alle schon gegangen waren; die Lichter waren gelöscht, die Türen standen offen, wie es Vorschrift war – jegliches sensitive Material war wegzuschließen. Überall herrschte Stille, nur aus dem Zimmer seiner Sekretärin drang noch Schreibmaschinengeklapper.

»Carol«, sagte er, als er in den Raum trat, »wenn Sie nicht augenblicklich nach Hause gehen, werfe ich Ihre Schreibmaschine aus dem Fenster.«

»Oh, Mr. Lord, Sie haben mich erschreckt. Ich höre Sie nie kommen.«

»Haben Sie von Spionen etwas anderes erwartet?«

»Sonst hör ich jeden kommen«, erwiderte sie.

»Auch Jeffrey?«

»Ach, Jeff ganz besonders.«

»Ist er schon fort?«

»Nein, Sir, er ist noch in seinem Büro.«

»Also, Carol, ich möchte, daß Sie jetzt nach Hause gehen. Ich habe noch etwas mit Jeff zu besprechen, dann gehe ich auch.«

»Eigentlich war ich gerade dabei, Schluß zu machen«, sagte sie.

»Gut, dann gehen Sie jetzt nach Hause«, beendete Lord das Gespräch und ging hinaus. »Guten Abend, Carol.«

Lord klopfte leise an die einzige geschlossene Tür auf dem Flur und ging hinein.

Jeffrey Gibbon, barfuß und nur mit Turnhose bekleidet, lag auf dem Boden und trainierte seine Bauchmuskulatur. Er sprang auf die Füße, sein ganzer Körper war schweißüberströmt. Er grinste dämlich und nahm eine Haltung an, die entfernt an eine Habachtstellung erinnerte.

»Abend, Mr. Lord.«

»Jeff, es ist schon nach sieben – was machen Sie noch hier? Ich sehe, daß Sie trainieren, aber warum gehen Sie dazu nicht in den Cercle Sportif? Ich habe Ihnen doch die Mitgliedschaft besorgt.«

»Jawohl, Sir. Darüber habe ich mich sehr gefreut, Sir. Ich wollte nur... ein bißchen trainieren, bevor ich gehe.« Er stieg über seine Hanteln und griff nach einem Handtuch.

»Sie wissen, daß Sie mich damit nicht beeindrucken können – mit dem Trainieren schon, aber nicht, wenn Sie so lange bleiben.«

Gibbon wischte den Schweiß von seinem Oberkörper und grinste. Er war achtundzwanzig Jahre alt, groß, blond und athletisch gebaut, ehemals Offizier bei den Green Berets und Hubschrauberpilot; seit drei Jahren war er bei der CIA, und dies war sein erster Auslandsposten.

Er hatte keine Angst vor Wilson Abbot Lord; er hatte vor niemandem Angst. Und er blieb auch nicht so lange im Büro, um Lord zu beeindrucken; er blieb, weil er hoffte, er könne sich nützlich machen und etwas von Lord lernen. Gibbon wollte nicht, daß Lord wußte, wie sehr er ihn verehrte, ja, er fühlte sich selbst unwohl bei den Gefühlen, die er Lord entgegenbrachte – eine Bewunderung und einen Respekt, die er noch nie für jemanden empfunden hatte –, aber er nahm an, daß Lord das wußte. Überhaupt schien Lord alles zu wissen, aber niemand wußte genau, was Lord selbst tat.

Lord war der ranghöchste Agent an der Botschaft; theoretisch

unterstand er dem örtlichen CIA-Chef, aber Gibbon wußte, daß dies nur auf dem Papier stand. In Wirklichkeit operierte Lord völlig eigenständig; er erhielt seine Anweisungen direkt aus Langley und berichtete auch nur an die dortige Leitung.

Er hatte seine Sekretärin, und er hätte so viele Assistenten haben können, wie er nur wollte, aber er hatte sich nur einen ausgewählt, und seine Wahl war auf Gibbon gefallen. Er hatte Gibbon erlaubt, ihn mit dem Vornamen anzureden, aber Gibbon brachte das nicht fertig – für alle war er nur Mr. Lord, mit Ausnahme des Chefs und einiger weniger ranghoher, älterer Agenten.

In ihrer lichtscheuen Welt besaß Lord als einziger eine Aura, die ihn von allen anderen abhob.

Lord stieg über die Hanteln und setzte sich auf einen Klappstuhl aus Metall, das einzige Möbelstück im Raum, neben Gibbons Schreibtisch und Stuhl. Lord wußte, daß Gibbon damit sein eigenes, extrem spartanisch eingerichtetes Büro imitierte, in dem keinerlei persönliche Dinge zu finden waren.

Er machte eine kleine Kopfbewegung, und sogleich setzte Gibbon sich auf seinen Stuhl, zog ihn vorher jedoch ein gutes Stück vom Schreibtisch weg, damit keinesfalls der Eindruck entstand, daß er hier Lord befragte.

»Gibt's was Neues?« fragte Lord.

Es kam selten vor, daß Lord ihn in seinem Zimmer aufsuchte, und Gibbon fühlte sich geschmeichelt.

»Nein, Sir, außer daß Ihr Assistent heute ganz schön verarscht worden ist.«

»Wie das, Jeffrey?«

»Diese Tunte Lacouture hat's mir heute besorgt. Bei dem krieg ich regelmäßig 'ne Gänsehaut. Ein schleimiger Typ, und andauernd stiert der auf meinen Sack. Als wir fertig waren, bin ich gleich nach Hause und hab Ca Li gefickt – zweimal, sie wußte gar nicht, was los war; ich komm mitten am Tag nach Hause und leg sie gleich auf dem Teppich um. Aber ich mußte diesen Lacouture aus mir raus kriegen. Danach bin ich hierher zurückgekommen und habe rausgefunden, daß der Kerl mich verarscht hat. Darum hab ich eben mit den Hanteln trainiert, ich mußte einfach Dampf ablassen.«

»Dann war's ja kein totaler Reinfall für Sie. Offenbar wirkt er doch Wunder, was Ihre Libido und Ihre Muskeln angeht. Aber womit hat er Sie denn ›verarscht‹, Jeffrey?«

»Er hat mich angerufen und mir gesagt, daß er eine wertvolle Information zu verkaufen hat. Darum hab ich mich mit ihm getroffen. Ich hab mir den Sack gerieben, bis ich ihn runtergehandelt hatte.«

»Und was haben Sie für Ihre zerquetschten Eier bekommen?«

»Nichts als Scheiße, wie sich dann herausgestellt hat – der tolle Knüller war, daß NVA-General Khanh ernsthaft an der Amöbenruhr erkrankt ist.«

Lord blieb ausdruckslos sitzen. Die Beine lang ausgestreckt und die Arme vor der Brust verschränkt, saß er auf seinem Stuhl.

»Dann bin ich zurückgekommen und hab erfahren, daß Khanh tot ist; er ist vor zwei Tagen an Wundbrand gestorben – so steht's in einem Bericht der MACV-Feindaufklärung.«

Lord kratzte sich am Kinn; eine Minute lang sagte er gar nichts, den Blick teilnahmslos auf Gibbon gerichtet. »Sagen Sie mir, Jeffrey, weshalb sind Sie so sicher, daß General Khanh nicht an Ruhr erkrankt, sondern an Wundbrand gestorben ist?«

»Ich denke, Sir, die Feindaufklärung des MACV ist eine erstklassige Quelle und Lacouture höchstens ... eine zehntklassige Tunte.«

»Jeffrey, Jeffrey«, sagte Lord mit mildem Vorwurf. »Verwechseln Sie da nicht die Botschaft mit dem Boten?«

Gibbon schlug schuldbewußt die Augen nieder.

»Moralische Urteile«, fuhr Lord nachsichtig fort, »haben den schlimmen Nachteil, daß sie ...«

»... die Sicht versperren«, ergänzte Gibbon den Satz.

»... daß sie selbst die Sicht werden«, setzte Lord in schärferem Ton hinzu. »Wir wollen uns bemühen, daß unsere Sicht klar bleibt, und uns auf das konzentrieren, worauf es ankommt. Ich freue mich, daß Sie gerne Mädchen ficken, das ist gesund und heilsam. Aber Joe Stalin hat auch gerne Frauen gefickt. Was hat das schon mit irgendwas zu tun? Der Kommunismus ist böse, nicht die Kommunisten; die Demokratie ist gut, aber längst nicht jeder Demokrat.«

»Jawohl, Sir.«

Lord warf die Akten auf Gibbons Schreibtisch. »Da kommt Ärger auf uns zu. Ich möchte, daß Sie das sorgfältig durchlesen, aber nicht heute abend. Schließen Sie es in Ihren Safe ein, und lesen Sie es morgen mit klarem, mikroskopischem Blick.«

Er stieg über die Hanteln und ging zur Tür. »Und machen Sie das Fenster auf. Hier riecht's wie in einer Turnhalle.«

»Jawohl, Sir. Guten Abend, Mr. Lord.«

Als Lord sein Haus betrat, sprang ein kleiner Junge vom Teppich auf und lief ihm entgegen; Lord ergriff ihn lachend und warf ihn in die Luft, bis das Kind vor Freude jauchzte. Dann setzte er es wieder ab und spielte sein Lieblingsspiel mit ihm: Der Kleine versuchte, auf allen vieren davonzukommen, während Lord ihn an den Füßen oder dem Windelhöschen faßte und auf dem Bauch zurückzog, immer und immer wieder, bis das Kind sich in die Küche gerettet hatte, wo es sich in die ausgestreckten Arme seiner Mutter warf.

Lord strich über das schwarze Haar des Jungen und gab der Frau einen langen, tiefen Kuß. Der Junge wurde schließlich ungeduldig und stach Lord mit dem Finger ins Auge.

»Kleines ödipales Ungeheuer«, lachte Lord. »Tut mir leid, daß ich so spät komme, Ahne.«

»Du kommst immer spät«, erwiderte sie lachend.

»Das tut mir auch leid.«

»Gehst du heute noch einmal weg?«

»Nein. Sehen wir zu, daß wir den Kleinen loswerden und früh ins Bett gehen.«

»Haben wir noch Zeit zum Essen?«

Er lächelte. »Wenn wir uns beeilen – ich bin wirklich erschlagen. In meinem Alter solltest du lieber jede Gelegenheit nutzen.«

»Vierzig ist doch kein Alter, Wilson.«

»Das ist genau der Satz, den eine Geliebte sagen sollte. Danke schön. Aber ein Mann von vierzig weiß sehr gut, was das bedeutet, erst recht, wenn er dazu noch einen fünfzehn Monate alten Sohn hat. Wenn er mal anfängt, Football zu spielen, werde ich nicht mehr mithalten können – dann wird er mich auslachen.« Lord packte das Kind spielerisch am Nacken. »Das läßt du lieber bleiben, du kleiner Bastard.«

»Schsch!« Ahne schüttelte mißbilligend den Kopf. Sie mochte es nicht, wenn er solche Dinge sagte, und ganz besonders, wenn er auf die uneheliche Geburt des Kindes anspielte.

Lord nahm ihr den Jungen aus den Armen. »Ich gehe noch etwas mit ihm spielen, bis das Essen fertig ist.«

Im Wohnzimmer streckte Lord sich auf dem Teppich aus und legte bunte Bauklötze überall auf seinen Körper; der Junge nahm sie und versuchte, auf Lords Brust etwas damit zu bauen.

Er hatte das Kind nicht gewollt; er hatte versucht, Ahne zu einer Abtreibung zu bewegen, aber sie wollte ein Kind von ihm, und keines seiner Argumente – die gemischtrassigen Eltern, die uneheliche Geburt, sein Alter, die Ungewißheiten seines Berufes oder der Krieg – konnte sie umstimmen. Nur als sie dem Kind Lords Namen geben wollte, hatte er sich strikt geweigert. »Ich habe meinen Namen nie gemocht«, sagte er ihr. »Und bei einem halbvietnamesischen Kind würde er geradezu blödsinnig klingen.«

Da sie keinen vietnamesischen Namen wollte, hatte Lord schließlich Lancelot vorgeschlagen, und er gefiel ihr, vor allem, als sie erfuhr, wer Lancelot war. Er hatte ihn jedoch gewählt, weil das Kind dann Lance genannt würde, und das schien ihm immerhin ein wenig orientalisch zu klingen.

»Warum suchst du nicht auch für mich einen neuen Namen?« hatte Ahne ihn gefragt.

»Weil ich deinen Namen liebe. Wenn ich einen amerikanischen Namen aussuchen müßte, wäre er derselbe – Anna.«

Das hatte ihr gut gefallen; aber alles an ihm gefiel ihr, und so war es schon gewesen, als sie sich zum erstenmal begegneten.

Lord war vor vier Jahren, 1963, in den letzten Tagen des Diem-Regimes, nach Vietnam gekommen. Ahnes Vater, ein Oberst der südvietnamesischen Armee, war von den Diems bei einer ihrer Buddhistenverfolgungen zu Tode gebracht worden. Durch die Beziehungen ihrer Familie und weil sie fließend Französisch sprach, hatte Ahne eine Stelle an der französischen Botschaft bekommen, als sie achtzehn Jahre alt war. Sie begegnete Lord bei einem seiner ersten Verbindungsgespräche mit der Sûreté. Alle anderen Amerikaner hatten Pidgin-English mit ihr gesprochen, und sie hatte sie ebenso wie die Franzosen zurückgewiesen, denn sie war ein züchtiges, scheues Mädchen, das eine strenge Erziehung genossen hatte.

Lord behandelte sie freundlich, und obwohl sein Französisch in ihren Ohren nicht gerade angenehm klang, sprach er ohne Überheblichkeit mit ihr und begegnete ihr als einer erwachsenen Frau, die Achtung verdiente.

Als sie eines Tages von der Arbeit nach Hause kam, fand sie ihn dort vor; er sprach mit ihrer Mutter und ihrem Onkel, bei denen sie wohnte. Er hatte ihnen seine familiäre Situation dargelegt und sie gefragt, ob sie etwas dagegen hätten, wenn er um sie warb.

Sie waren beeindruckt und hatten keine Einwände. Danach hatte er sie gefragt, ob er sie zum Abendessen einladen durfte. Vier Monate später zogen sie zusammen, und sie gab ihre Arbeit auf. Er machte sich Sorgen um die Reaktion ihrer Familie, aber Ahne sagte ihm, daß man in Vietnam von den Frauen Stärke und Unabhängigkeit erwartete.

»Vietnamesische Frauen haben sich niemals die Füße verkrüppelt, und sie kichern auch nicht oder verbergen ihr Gesicht, wenn ein Mann mit ihnen spricht, wie das japanische Frauen tun.«

»Das habe ich allerdings schon bemerkt«, hatte Lord ihr geantwortet; ihre direkte Art enthüllte oft einen widerspenstigen Kern.

»Vietnamesische Frauen konnten immer schon eigenen Besitz haben und darüber verfügen; in vielen westlichen Ländern ist das erst seit kurzem möglich, oder nicht?«

Ihr Eigensinn gipfelte in dem Kind, doch inzwischen war Lord froh, daß sie seinen Überredungsversuchen widerstanden hatte. Da er die ersten Jahre seiner anderen Kinder nicht miterlebt hatte, war es ihm nun, da er Lance heranwachsen sah, als erlebte er zum erstenmal das Wunder, das solch ein Kind bedeutete.

Als Lance mit den Bauklötzen spielte, fühlte Lord nach der Windel.

»He, kleiner Stinker, wann lernst du endlich, aufs Töpfchen zu gehen?«

Niemand, der mit Lord zusammenarbeitete, hätte sich vorstellen können, daß er Windeln wechselte; aber jetzt tat er es, glücklich und geschickt.

»In einer Viertelstunde können wir essen«, sagte Ahne, als sie ins Wohnzimmer kam und die beiden wieder auf dem Fußboden liegend fand.

Sie ließ sich gleichfalls nieder und strich Lord über die Stirn. »Du siehst müde aus. Ist etwas nicht in Ordnung?«

Das Kind kletterte ihm auf die Brust und setzte sich darauf. »Nichts Besonderes, nur ein bißchen Ärger bei der Arbeit.«

Sie nickte. Sie wußte, daß er niemals über seine Arbeit sprach. Wenn das Wort »Arbeit« fiel, bedeutete das unvermeidlich das Ende des Gesprächs. Doch diesmal überraschte er sie.

»Da tut man sein Bestes, müht sich jahrelang ab, um den Leuten zu helfen, und dann kommt irgend so ein Arschloch und macht alles in einer einzigen Minute kaputt.«

In all den Jahren war dies das erste Mal, daß er seine Arbeit erwähnte. Sie sagte nichts, blieb nur ruhig neben ihm sitzen.

Er nahm seinen Sohn und hielt ihn hoch, während er auf dem Rücken lag. Dann warf er ihn hoch und fing ihn auf, wieder und wieder, zur Freude des Jungen.

»Er hat ein Recht darauf, frei zu sein, oder?«

»Ja«, sagte sie.

»Und du auch.«

Sie lächelte. »Nur auf ihn kommt es an. Was mit mir geschieht, ist nicht wichtig.«

Er setzte das Kind nieder und nahm ihre Hand. »Aber für mich ist das wichtig.«

Und dann überraschte er sie wirklich, indem er mit einer zornigen Entschlossenheit, die sie an ihm noch nicht gesehen hatte, hinzusetzte: »Ich will verdammt sein, wenn ich zulasse, daß er all die Menschen hier verkauft.« Er hob seinen Sohn in die Höhe und schwor: »Eher bringe ich ihn um.«

7

Teresa Hawthorne wiegte das Baby in ihren Armen. Der Atem des Kindes ging nur so lange ruhig, wie Teresa es hielt; sobald sie es aufnahm, beruhigte es sich, als saugte es irgendeine lebenserhaltende Kraft in sich hinein. In der übrigen Zeit wimmerte, zuckte und wand es sich, ein erbarmungswürdiges Geschöpf, syphilitisch und heroinabhängig, ausgezehrt und von nässenden Geschwüren bedeckt.

Teresa wiegte es sanft und summte dabei. Sie spürte nicht die drückende Hitze und die stickige Luft, noch hörte sie den Lärm auf der Straße oder das Jammern und Schreien der Frauen und Kinder.

Das Baby in ihren Armen würde bald sterben, das wußte sie; es hatte schon zahllose Erstickungsanfälle hinter sich. Es konnte keine Nahrung aufnehmen und würde an Wasserentzug zugrunde gehen. Die Krankenhäuser waren hoffnungslos überfüllt, sie hatten nicht einmal Platz genug für all die verwundeten Soldaten; dort würden sie solch ein Kind nicht aufnehmen.

Meistens warf man diese Säuglinge einfach auf einen Abfallhaufen. Teresa hatte schon viele Neugeborene so gefunden, wie Puppen, die man auf den Müll geworfen hat. Sie hatte die kleinen Leichen aufgenommen und zur Kirche gebracht, damit die Nonnen sie begruben, aber jetzt wollte man sie dort nicht mehr annehmen. Nun ließ Teresa sie liegen.

Gestern war ein Mädchen, vielleicht zwanzig Jahre alt, barfuß und schmutzig, mit zerlumptem Kleid und dem abwesenden Blick der Drogensüchtigen, zu ihr gekommen und hatte ihr ein neugeborenes Kind hingehalten. Kaum hatte Teresa das Baby genommen, drehte das Mädchen sich um und verschwand, kehrte zurück auf ihre Straße oder in ihr Bordell.

Wahrscheinlich war es nicht einmal Hoffnung, was die Frau dazu bewogen hatte, ins Hospiz zu kommen; so wenig, wie es aus Bosheit geschehen wäre, wenn sie das Kind statt dessen auf einen Abfallhaufen gelegt hätte. Es war wohl ein ebenso bewußtloser Akt, wie es die Empfängnis gewesen war und wie der Tod des Kindes es sein würde.

Teresas Krankenhaus war ein ehemals französisches Hospiz, das früher von den Nonnen in dem einstmals ruhigen Stadtviertel geführt worden war. Inzwischen war das zweistöckige Gebäude nur noch eine Ruine inmitten eines Slums, an einer schmutzigen, von Mopeds und Fahrradrikschas überfüllten Straße.

Den Vordereingang hatte man verschlossen, um Plünderer abzuhalten; der Zugang erfolgte nun über eine abfallübersäte Seitengasse, in der Bettler und Krüppel nächtigten. Drinnen standen Betten und Wiegen so eng beieinander, daß kaum Platz zum Stehen dazwischen war, und nur mit Mühe konnte man sich einen Weg durch den langen engen Raum zu der türlosen Toilette am anderen Ende bahnen. Das Personal – Teresa und sechs weitere Frauen – wohnte in kleinen Verschlägen, die man in einem ehemaligen Vorratsraum eingerichtet hatte. Die Wohnräume der Nonnen dienten nun als Krankenzimmer für Kinder und für Mütter, die noch nicht entbunden hatten. Einen Teil der Küche hatte man abgeteilt und zum Kreißsaal gemacht.

Die Zahl der Frauen und Kinder entsprach stets der Anzahl der Betten und Kinderbettchen; es waren einhundertfünfzig. Frauen kamen zur Entbindung, andere kehrten in die Bordelle zurück oder verließen die Stadt; Kinder starben oder wurden an Waisenhäuser abgegeben; andere nahmen ihren Platz ein.

Teresa Hawthorne leitete das Hospiz seit einem Jahr. In Saigon war sie seit drei Jahren; davor war sie in Taiwan und auf den Philippinen gewesen, insgesamt dreizehn Jahre in Südostasien, ein Drittel ihres Lebens. Davor hatte sie einem katholischen Orden angehört. Was davor gewesen war, daran konnte sie sich kaum noch erinnern, obwohl sie sich in ihrem Innersten immer noch wie diese einsame Gestalt ihrer Kindheit fühlte, dieses ätherische kindliche Wesen, groß und häßlich, das nicht von dieser Welt zu sein schien und keinen Sinn für die kindlichen Spiele der anderen hatte.

Als schlicht war sie einmal beschrieben worden. Und als schlicht empfand sie sich jetzt auch selbst, als einfach, unkompliziert und schlicht – wenngleich sie auf andere nicht unbedingt diesen Eindruck machte.

Äußerlich wirkte sie abgespannt und blaß – eine große, magere Frau mit kurzem, braunem Haar und braunen Augen. Doch innerlich war sie voller Wärme, Humor und Leben, und diese überreiche Lebendigkeit schien durch die Haut zu dringen und verlieh ihr eine

erhabene Schönheit. Obwohl ihr Gesicht erschöpft wirkte, war keine Müdigkeit oder Traurigkeit darin, sondern Frische und hoffnungsfrohe Erwartung.

Als Kind eines ältlichen, wohlhabenden und sehr frommen Paares wuchs sie in einer privilegierten Isolation heran und wurde im Übermaß gehegt und umsorgt – Make-up, auffällige Kleidung, alles Leichte oder Frivole war verpönt: Das Leben war eine ernste Sache und verlangte fromme Hingabe an Gott.

Aber sie war freundlich und humorvoll, und als sie älter wurde, hatte sie auch Freunde. Die Menschen mochten sie; es gab nichts an ihr, das man nicht hätte mögen können, nichts Beneidens-, aber auch nichts Begehrenswertes. Sie war offen und sensibel; Mädchen vertrauten ihr ihre Geheimnisse an, und der Umgang mit Jungen fiel ihr nicht schwer, denn niemand dachte an Sexuelles bei ihr.

Einmal hatte der Starsportler der High School die Herausforderung akzeptiert und sie ausgeführt. Auf einer abgelegenen Wiese, im geschlossenen Wagen, hatte er sich über sie gebeugt, sie fest gegen den Sitz gedrückt, seinen Mund auf den ihren gepreßt, ihr Kleid hochgeschoben, und dann, als er sich die Hose herunterzog, hatte er plötzlich aufgehört. Beschämt und unter Entschuldigungen zog er sich zurück. Zuerst war sie erschrocken gewesen, aber später lachte sie darüber, und sie machte ihm keine Vorwürfe. Sie besaß nun einmal diese Ausstrahlung – niemand versuchte mehr, sie auszuführen, aber in ihr brannte der Wunsch, etwas von dieser Liebe zu schenken, die sie erfüllte. Sie empfand keineswegs Abneigung oder gar Ekel bei dem Gedanken an Sex oder Berührungen, und niemals erlosch in ihr die Sehnsucht nach einem Mann und Kindern, aber es sollte nicht sein. Wie die Jungen, so empfanden auch Männer später das Ausmaß ihrer Gefühle, wußten um ihre eigene Unzulänglichkeit angesichts ihrer Tiefe, und so blieben sie zögernd am Ufer stehen, spielten mit den Zehen im Sand, hin und her gerissen.

In jeder Hinsicht schlicht war ihr Glaube, dem alles Theologische abging. Der Katechismus sagte ihr nichts. Was die Kirche lehrte – Opferbereitschaft, Nächstenliebe, Hinwendung zu den Mitmenschen –, fühlte sie instinktiv; was die Kirche verlangte – Anbetung und Gehorsam –, ignorierte sie.

Die Idee eines Gottes faßte niemals Fuß in ihrem Denken – für sie stand hinter Güte und Freundlichkeit kein personales Wesen, auch wurzelte ihr Tun nicht in der Liebe zu Gott oder in der Furcht vor

ihm. So war es denn auch nicht die Frömmigkeit gewesen, die sie bewogen hatte, ins Kloster einzutreten, sondern der Glaube, daß sie als Nonne am ehesten in der Lage war, anderen zu helfen.

Instinktiv wußte sie, daß das Verlangen schmerzvoll, unersättlich und destruktiv war; deshalb versuchte sie, sich von jeglichem Begehren frei zu halten; aber Tag für Tag scheiterte sie an diesem Bemühen, denn sie begehrte allzusehr, anderen Menschen zu helfen. Das Paradoxe daran war ihr durchaus bewußt – ihr Verlangen, dem Schmerz und dem Leid ein Ende zu bereiten, war gleichfalls ein Verlangen –, und dieser Widerspruch trat in Asien, wo die Not so groß war, besonders deutlich zutage.

Sie trennte sich von der katholischen Kirche, als sie erkannte, daß dies für sie keine Bedeutung hatte. Die Anforderungen an Gottesdienst und Gehorsam waren zu groß und lenkten sie zu sehr ab von der schlichten Güte, nach der sie strebte.

Am Ende war auch Gott bedeutungslos für sie geworden. Sie brauchte kein Mysterium und keine Transsubstantiation – der Geist war genug, das Eine oder das Nichts des östlichen Denkens.

»Sie sind eine Freimaurerin«, hatte Pater Dourmant ihr gesagt. »Eine Freidenkerin. Wie Voltaire und Rousseau und Ben Franklin. Und die Buddhisten. Das ist alles derselbe Unsinn – Geist, Natur, Nirwana: eine theologische Hirnamputation.«

Vielleicht hatte er recht, räumte sie ein. Sie hatte keine Zeit, über solche Dinge nachzudenken. »Ich habe keine Antworten«, sagte sie. »Und ich versuche, auch keine Fragen mehr zu haben.«

Die Kirche zu verlassen war nicht schwieriger gewesen als eine nutzlose Haut abzustreifen. Schließlich fand sie den Weg zur Pearl S. Buck Foundation, die sich in Asien um die unehelichen Kinder asiatischer Frauen und westlicher Soldaten kümmerte. Bei ihrer Zusammenarbeit mit Kirchen und Waisenhäusern begegnete sie Pater Dourmant. Im vergangenen Herbst hatte sie mit seiner Hilfe die Leitung des Hospizes übernommen, aber die Hilfe, die dort gewährt wurde, war erschreckend unzulänglich – die Frauen und die Kinder waren zu krank, und für Drogensüchtige konnte gar nichts getan werden. Geld war so gut wie keines vorhanden; für Nahrungsmittel und die Grundausstattung reichte es gerade aus; die Medikamente wurden gestohlen, lange bevor sie das Hospiz erreichten.

Ein paar Wohltätigkeitsorganisationen gewährten gelegentlich einen Zuschuß, und Pater Dourmant brachte nahezu täglich ein

paar Piaster vorbei. Sie wußte nicht, woher er das Geld nahm, wahrscheinlich aus seinen eigenen Opferstöcken, denn die Scheine waren alt und schmutzig. Ihre Versuche, bei der amerikanischen Botschaft Geld aufzutreiben, waren sämtlich fehlgeschlagen. Die Regierung war nicht bereit, auf die Probleme unehelicher Kinder einzugehen; das sei Sache der örtlichen Verwaltungen – aber die örtlichen Verwaltungen waren nicht interessiert an den unehelichen Kindern amerikanischer Soldaten und meist drogenabhängiger vietnamesischer Prostituierter.

Darum würde das Kind, das sie in den Armen hielt, sterben. Wahrscheinlich war der Tod eine Gnade; er würde alle Probleme dieses kleinen Wesens lösen: die Syphilis, die Ekzeme, die Deformation, den schwarzen Vater.

In der Tür erschien plötzlich ein großer, hagerer Mann mit weißem Haar; er zog den Kopf ein und trat in den Raum.

»Guten Tag, Pater. Wie geht es Ihnen heute?«

Er setzte sich auf den Rand eines Bettes. »Danke, gut. Und Ihnen?«

»Sehr gut.«

Der Priester beugte sich vor, um das Kind zu nehmen. Das Baby öffnete die Augen, der kleine Körper spannte sich, aber als der Priester es in seinen Armen wiegte, ließ die Spannung wieder nach.

»Dies hier habe ich noch nicht gesehen«, sagte er.

»Sie ist gestern gekommen. Sie trinkt nicht, und die Krämpfe werden immer häufiger.«

»Soll ich etwas Heroin besorgen?«

Sie lachte. »Sind Sie jetzt unter die Dealer gegangen, Pater?«

Er zuckte die Achseln. »Ein wenig Heroin zu therapeutischen Zwecken, was ist das schon? Sie könnten den Entzug dann schrittweise angehen, obwohl ich nicht glaube, daß sie noch lange leben wird.«

Er gab ihr das Kind zurück. »Ob ich sie taufen soll?«

»Hat das irgendeine Bedeutung, Pater? Können Sie sich vorstellen, daß Gott sich um solche Dinge kümmert?«

»Ich habe keine Ahnung, worum Gott sich kümmert oder was Er eigentlich will. Ich kann mich auf Ihn nicht einmal verlassen, wenn es um eine Tasse Kaffee geht. Aber es kann auch nichts schaden, wenn wir das Kind getauft in die vollkommene Harmonie Ihres Nichts schicken, oder?«

»Hier«, sagte er unvermittelt und reichte ihr ein Bündel Geldscheine.

Sie nahm sie dankbar entgegen.

»Ich wage mir gar nicht vorzustellen, welche Schuld dieses Geld tilgen soll. Der Mann hat nicht einmal gebeichtet. Er kam einfach zu mir, nach ein paar Minuten Gebet, und gab mir das Geld.«

»Das Geld war eigentlich für die Kirche gedacht«, sagte Teresa.

»Das Geld war eigentlich für die Rettung seiner unwürdigen Seele gedacht. Aber Gott läßt sich nicht bestechen.«

Teresa lächelte.

»Und außerdem, wenn die Kirche das Geld bekäme, würde der Bischof es nur stehlen.« Er zuckte die Achseln. »Dann schon lieber ich.«

»Danke«, sagte sie. »Sie haben schon so viel für uns getan.«

»Gott wird es mir lohnen, da bin ich sicher.«

»Fürstlich wird er Sie belohnen«, setzte sie feierlich hinzu.

»Ohne Zweifel.« Er schaute sich in dem Raum um, sah das Elend überall und hörte es auch. »Ich kann es gar nicht erwarten, zu erfahren, was Er sich für die andere Welt ausgedacht hat. Aber lassen wir es für heute genug sein mit der Theologie. War Ihr Besuch in der amerikanischen Botschaft erfolgreich?«

Sie schüttelte den Kopf.

»Hundesöhne!« sagte er.

»Sie haben Angst, wenn sie zugeben, daß ihre Soldaten hier uneheliche Kinder haben, müssen sie immer für sie aufkommen.«

»Das sollen sie auch«, erwiderte der Priester ungehalten.

»Haben die Franzosen das getan?«

»Natürlich nicht. Haben wir jemals ein moralisches Beispiel gesetzt? Von uns erwartet man, daß wir Heuchler sind, von den Amerikanern nicht.«

»Sie fürchten alle möglichen Komplikationen«, fuhr Teresa fort. »Medizinische Versorgung, Fragen der Staatsangehörigkeit, Adoptiveltern, Waisenhäuser.«

»Geld«, stieß er verächtlich hervor. »Und wissen Sie, was noch?« fragte er und zeigte mit dem Finger auf sie. »Sie können es nicht ertragen, daß ihre kostbaren Söhne hier asiatische Frauen vögeln. Sie sind hier, um den Wilden die Demokratie zu bringen, und nicht, um die Frauen mit Dope und Babys vollzupumpen.«

Sie lachte. Sie liebte seinen Zorn und seine Empörung; sie liebte

es, wie er sich in seine Wut hineinsteigerte und dann Dinge sagte, die man von einem Priester keineswegs erwartet hätte.

»*Wir* waren wenigstens ehrlich«, sagte er. »Wir wollten diese kleinen Bastarde nicht in Frankreich haben, aber wir haben uns doch nichts vorgemacht.«

Er riß ihr das erschrockene Baby aus den Händen. »Es muß etwas geschehen.«

»Ich weiß«, erwiderte sie und schaute besorgt auf das Kind. Sie erwartete, daß es anfing zu schreien, aber die Bewegung war so geschickt, der Griff so fest gewesen, und nun lag das Kind so sicher und geborgen in seinen Armen, daß es sich sogleich entspannte.

»Und?« fragte er.

Sie schüttelte den Kopf. »Ich weiß nicht, was ich noch tun soll, Pater. Wenn sie mich nur kommen sehen, ist alles schon vorbei. Sie schicken mich von einem Büro zum nächsten weiter. Alle sind höflich und freundlich, und ist das nicht großartig, was wir hier tun? Ich laufe und laufe und komme keinen Schritt voran. Und es wird immer schlimmer – je mehr Babys da sind, desto geringer wird ihre Bereitschaft, etwas zu tun.«

Pater Dourmant wiegte das Kind ruhig in seinen Armen. Er schloß die Augen, aber an den Stirnfalten und den zusammengepreßten Lippen konnte Teresa erkennen, daß er durchaus nicht ruhig war.

»Da ist eine Frau zu mir gekommen, die glaubt, ein Mittel zu kennen, mit dem sie die Amerikaner zur Hilfe zwingen kann«, sagte er. Er öffnete die Augen und sah Teresa an. »Ich habe noch nie das Beichtgeheimnis verletzt, ich habe noch nie verraten, was man mir anvertraut hat. Priester sind schon zu Märtyrern geworden, um die Heiligkeit der Beichte zu schützen.«

Er hielt einen Augenblick inne angesichts der Schwere seiner Sünde, dann sagte er: »Gestern ist eine Frau zu mir gekommen, eine der Mütter von hier, und sie hat mir gesagt, daß sie sich mit ihrem Kind vor der amerikanischen Botschaft verbrennen will. Sie hat mich um Vergebung und Absolution gebeten.«

Er hatte ganz sachlich begonnen, doch jetzt fuhr er schon zorniger fort: »Ich habe ihr gesagt, daß ich das nicht tun werde. Ich habe ihr gesagt, daß sie auf ewig in der Hölle brennen wird. Daß die Flammen des Benzins, mit dem sie sich und ihr Kind übergie-

ßen will, kühl sein werden im Vergleich zu den Qualen, die in der Hölle auf sie warten. Fast hätte ich sie aus dem Beichtstuhl gezogen und vor den Altar gezerrt.«

Sein Zorn wich einer tiefen Sorge. »Ich fürchte, ich habe sie nicht überzeugen können. Wir haben lange miteinander gesprochen, aber als sie ging, war sie immer noch entschlossen, sich und ihr Kind zu töten.«

Teresa hörte ihm geduldig zu, die Hände im Schoß gefaltet.

»Ich glaube, sie ist dazu imstande«, sagte Pater Dourmant. »Ihre Familie ist tot, sie weiß nicht wohin, und sie sagt, in der Hölle kann es auch nicht schlimmer sein als hier. Das Kind ist wie das da, hat einen schwarzen Vater, und wahrscheinlich ist es auch noch krank. Der Tod wäre das beste für das Kind, meint sie. Sie sagt, ins Bordell kann sie nicht zurück. Ich habe ihr vorgeschlagen, daß ich eine Beschäftigung für sie in der Pfarrgemeinde suche, aber sie sagt, das ist keine Lösung – es gibt so viele Prostituierte und so viele Babys. Sie sagt, irgend jemand muß etwas tun, damit das ein Ende hat, wie die buddhistischen Mönche es für ihre Leute getan haben. Sie sagt, als die Mönche sich verbrannten, waren Fernsehkameras da, es gab Proteste und Demonstrationen gegen die Regierung, und all das hat zum Ende der Diems geführt.«

»Da hat sie recht«, sagte Teresa.

Pater Dourmant biß die Zähne zusammen. »Es interessiert mich überhaupt nicht, was bei den Buddhisten oder den Tataren oder sonstwo funktioniert hat. Ich denke gar nicht daran, in meiner Pfarrei einen Kindermord gutzuheißen.«

Teresa nahm das Kind wieder an sich, das die Erregung des Priesters zu spüren schien. »Was soll sie denn tun?« fragte sie.

»Jedenfalls nicht ihr Kind anzünden!«

»Und was erwarten Sie von mir?« fragte Teresa milde.

Der Priester sah sie ungläubig an. »Ja, glauben Sie, ich möchte, daß Sie ihr die Streichhölzer halten? Ich will, daß Sie sie davon abbringen!« rief er. »Ich will, daß Sie mit ihr sprechen.«

Teresa lächelte. »Die Kirche hat früher selbst einmal Häretiker auf dem Scheiterhaufen verbrannt; es gibt einige Vorbilder für das, was sie vorhat.«

Der Priester wollte schon zornig aufspringen, aber er hielt sich zurück und atmete tief ein. »Sie wollen mich nur ärgern«, sagte er. »Ich bin ein alter Mann, Teresa, ein gebrechlicher alter Mann, der

es verdient, mit Höflichkeit und Respekt behandelt zu werden. Sie sollten sich schämen.«

»Ich will Sie nicht ärgern«, erwiderte sie. »Und ich will auch Lin – es kann nur Lin sein, nur sie ist so stark – ich will auch Lin nicht ermuntern, so etwas zu tun.«

Sie stand auf; plötzlich fühlte sie sich selbst müde und schwach. Sie legte das Kind in ein Bettchen, dann streckte sie sich, bog den Rücken durch und wandte sich wieder Pater Dourmant zu.

»Dieses Kind wird bald sterben. Hat es irgendeine Bedeutung, ob es hier im Bett an seinen Krämpfen oder draußen auf einem Abfallhaufen stirbt oder ob es mit seiner Mutter vor der US-Botschaft verbrennt? Vielleicht wäre es dann wenigstens zu irgend etwas gut gewesen.«

Der Priester schüttelte traurig den Kopf. »Das kommt davon, wenn man sich von Gott abwendet, Kind. Ich weiß, Sie sind müde und entmutigt, ich kann Sie deswegen nicht verurteilen; aber es gibt richtig und falsch, gut und böse, und wir müssen dazwischen wählen. Ich weiß so sicher wie sonst nichts auf dieser Welt, daß Ziele nicht die Mittel rechtfertigen können. Solch eine Tat schreit geradezu vor Sündhaftigkeit. Mag sein, daß diese arme Frau in ihrer Not nicht mehr zwischen Gut und Böse unterscheiden kann, aber Sie können es. Hören Sie auf Ihr Herz!«

Der Priester stand auf. Er drückte ihren Arm, strich ihr mit den Fingern über die Augenbrauen und lächelte. »Ruhen Sie sich aus, Teresa. Sie werden schon tun, was richtig ist. Arme Seelen wie ich müssen mit ihrem Gewissen kämpfen, bevor sie das Richtige tun – Sie tun es von Natur aus. Ich komme morgen wieder vorbei. Auf Wiedersehen.«

Als er gegangen war, wandte Teresa sich wieder dem Kind zu. Die Kleine lag steif in ihrem Bettchen, zitterte heftig, ihre Augen rollten, die Zunge trat hervor, und sie rang nach Atem.

Teresa rührte sich nicht; sie stand an dem kleinen Bett, die Arme vor der Brust verschränkt, und sah auf das Kind herab.

Das Zittern wurde heftiger, die Glieder waren gespannt, die Finger so steif wie Stöcke, und das Gesicht lief blau an.

Sie sah, wie die Färbung sich ausbreitete, wie sie über den Hals hinabwanderte und den kleinen Oberkörper erreichte. Dann ging plötzlich ein Zucken durch den Körper, und er erstarrte.

Mit ausdruckslosem Gesicht sah Teresa auf die leblose Gestalt.

Als sie schließlich aufblickte, sah sie eine junge Frau, die sie beobachtete.

Sie war einmal schön gewesen, doch jetzt waren ihr die Haare teilweise ausgefallen, die Haut war aufgedunsen, und beide Arme waren von Nadelstichen entstellt. Sie trug ein Kind auf dem Arm, ein armseliges Würmchen, blind und mit einem Hirnschaden behaftet, der Gaumen so schlimm gespalten, daß es kaum trinken konnte.

Lange blickten Teresa und Lin einander an, dann wandte Lin sich ab und ging mit dem Kind davon.

Teresa schaute auf das tote Kind in seinem Bett.

War dieses Kind für etwas gut gewesen? fragte sie sich. Gott kümmerte sich nicht darum, ob sie lebten oder wie sie starben. Die Amerikaner auch nicht. Aber vielleicht täten sie es, wenn eines von ihnen vor ihrer Botschaft verbrannte.

Sie würde es noch einmal, ein allerletztes Mal, in der Botschaft versuchen. Wenn auch diesmal niemand sie anhören und Hilfe in Aussicht stellen wollte, würde sie Lin nicht zu hindern versuchen.

8

»He, du Held!«

Ron Mead erstarrte, als er die höhnische Stimme hörte; er stand regungslos im Flur der Botschaft, den Rücken dem Mann zugekehrt, der sich über ihn lustig machte. Die drei Marines, die bei ihm waren, blieben gleichfalls stehen.

»Komm her, Scheißer!«

Die Männer neben Mead fühlten, wie dessen Körper sich spannte, sich spürbar versteifte, wie eine Barrikade stand er mitten im Durchgang. Einer der Marines griff warnend nach Meads Arm. »Ruhig bleiben!« flüsterte er.

»Herkommen, hab ich gesagt, du Arschloch.«

Endlich drehte Mead sich um. Andere im Korridor traten rasch beiseite.

Der Marinesergeant, ein Mann so groß wie Mead, Ende Zwanzig, straff und voller Spannkraft wie ein Boxer, von Kopf bis Fuß tadellos gepflegt, mit glänzenden Messingknöpfen und trotz der Hitze frischgestärkter Uniform, winkte den Männern neben Mead: »Verschwindet!«

»Bis nachher, Ron«, sagte einer von ihnen und flüsterte ihm nochmals zu, bevor er sich zurückzog: »Ruhig bleiben, hörst du, nur ruhig bleiben!«

Der Sergeant zeigte mit dem Finger auf Mead.

Doch Mead hatte sich wieder unter Kontrolle. Er gähnte, dann schlenderte er zurück zu Sergeant Robson Holman, bis er so nah vor ihm stand, daß sie sich an Gesicht und Brust fast berührten. Ihre Blicke bohrten sich ineinander.

»Zurück, Arschgesicht! So nah laß ich nur jemanden an mich ran, den ich ficken oder den ich töten will.«

»Wenn du eins von beidem versuchst, bist du ein toter Nigger«, versetzte Mead, ohne sich von der Stelle zu rühren.

»Ich überleg mir gerade, worauf ich Lust habe, du weißer Wichser«, sagte Holman und brachte sein Gesicht noch näher an das von Mead.

Mead war erstaunt gewesen, wie rasch und intensiv sich der Haß

zwischen ihnen entwickelt hatte. An sich ließ die Distanz, die er zu anderen hielt, weder Freundschaft noch Feindschaft aufkommen; aber die Abneigung, die er und Holman zueinander gefaßt hatten, war augenblicklich und mit überwältigender Stärke aufgeschossen.

»Er will dich fertigmachen«, hatten ihm die anderen Marines an der Botschaft gesagt, als er seinen Dienst antrat. »Du hast mehr Orden als er – bis du gekommen bist, war er der Held. Du hast das Navy Cross, das kann er nicht auf sich sitzen lassen. Er wird alles versuchen, um es dir zu zeigen. Vor ein paar Monaten hatten wir das schon mal, bei einem, der auch von der Front gekommen ist. Er hatte den Silver Star, wie Holman, und Holman hat ihn von der ersten Minute an aufs Korn genommen. Die meisten hier sind noch nie im Gefecht gewesen – wir kommen direkt von der Embassy School in Washington. Da kann Holman uns leicht seine Orden und Bänder unter die Nase reiben. Aber bei dir kann er das nicht. Der Typ hat's übrigens ganze zwei Wochen gemacht.«

»Das ist ein Lebenslänglicher«, sagte ein anderer geringschätzig. »Der sieht nur gut aus, wenn er andere schlecht macht. Er ist ein Karriereschwein und würgt dir einen rein, wo er nur kann. Sei froh, daß du kein Schwarzer bist wie ich. Ein Schwarzer mit 'nem Navy Cross – der würde durchdrehen.«

Aber auch abgesehen von Holmans Feindschaft hatte Mead Probleme; seine Vorgesetzten hatten ihn schon mehrfach gerügt und mit dem Kriegsgericht gedroht.

Er war nie längere Zeit in der Garnison gewesen. Nach der Grundausbildung hatte man ihn gleich nach Vietnam geschickt, und dort hatte er ein Jahr im Kampfgebiet verbracht. Die Umstellung von der Front auf die Anforderungen des Dienstes an der Botschaft – die Inspektionen, der Wichs und der Drill, das Paradieren vor angereisten Würdenträgern – war unerträglich gewesen.

Seine Aufmerksamkeit war allzu gespannt; jedes Geräusch versetzte ihn in Alarm – eine Tür, die zugeschlagen wurde, ein Buch, das zu Boden fiel, die Fehlzündung eines Automotors, und er wäre beinahe in Deckung gesprungen. Menschenansammlungen, die Menge auf der Straße, ja selbst kleinere Gruppen auf den Fluren der Botschaft machten ihn nervös.

Noch schlimmer waren seine Träume. Sie waren blutrot. Manchmal fuhr er aus dem Schlaf, schweißbedeckt, nach Luft ringend, die Hände schmerzten, weil er sie so fest zusammengeballt hatte, wäh-

rend er im Traum den blutüberströmten feindlichen Soldaten würgte. Die Toten würden ihn nie in Ruhe lassen. Jede Nacht hörte er ihr Schreien und Wimmern, und er sah ihre zerfetzten Leiber.

Er fürchtete sich vor dem Schlaf. Seine Träume waren so lebendig wie der Dschungel, dunkel und bedrohlich und voller Schrecken. Alkohol und Drogen machten alles nur schlimmer, verzerrten die Bilder, verwandelten seinen Schlaf in einen endlosen Alptraum voller Geister und Dämonen.

»Darf ich Sie anfassen, Corporal?« sagte Holman, und ohne abzuwarten setzte er Mead einen Finger an die Kehle und schob ihn zurück. »Komm mir nicht noch mal so nah, Mead! Ich kann deinen Geruch nicht ausstehen. Ich kann überhaupt nichts an dir ausstehen. Ich muß kotzen, wenn ich dich sehe. Du bist ein Schwächling. Hat 'nen Orden und glaubt, er hat 'ne Sonderbehandlung verdient. Wir sollen Mitleid mit ihm haben, weil er soviel durchgemacht hat. Hat gesehen, wie seine Kumpels gestorben sind, und jetzt kann er nicht schlafen. Na und? Du bist nur ein dreckiges Arschloch.«

Er griff nach Meads Gesicht, zog die Haut unter den Augen herunter und legte die Augäpfel frei. Und bevor Mead reagieren konnte, hatte er ihm die Ärmel hochgezogen und seine Unterarme entblößt, auf denen die Spuren von Einstichen zu erkennen waren.

Mit einem zangenharten Griff schob er Mead gegen die Wand und stieß ihm das Knie in die Leistenbeuge.

»Eine Bewegung, und du hast deine Eier im Hals, du Wichser.«

Mead schäumte vor Wut, jeder Muskel in seinem Körper war aufs äußerste gespannt, seine Augen blitzten.

Holman trat verächtlich zurück. »Das wagst du nicht. Du hast nicht den Mumm dazu. Du bist nur ein Haufen gedopte Scheiße. Na komm schon, versuch's doch.«

Doch wie schon so oft im Gefecht wurde Mead vollkommen ruhig, schob jede Emotion beiseite, gewann wieder Kontrolle über sich und war nun so selbstsicher und entspannt, daß Holman, der mit derselben Fähigkeit überlebt hatte, sogleich erkannte, daß Mead keinen Fehler machen würde.

»Ich habe versucht, es dir leicht zu machen, Mead, aber du kannst nicht mal anständig Scheiße bauen. Jetzt werde ich dich auf die harte Tour los.«

Er trat Mead auf die Stiefel und packte ihn am Messingschloß seines Gürtels. »Da du Putzen und Polieren nicht ausstehen kannst,

hab ich was anderes für dich gefunden. Du bist aus dem Wachdienst entlassen. Ab sofort spielst du den Leibwächter, den Lakai und den Arschlecker für den Sonderbotschafter des Präsidenten. Du bist für seine Sicherheit verantwortlich, du darfst ihm den Kaffee bringen, die Schuhe putzen und den Arsch abwischen – und du wirst unglaubliche Scheiße bauen.«

Holman grinste. »Und ich kann gar nichts dafür. Ich habe nur einen Kriegshelden, einen Navy-Cross-Träger, benannt, der den Präsidentenberater schützen soll. Kann ich denn wissen, daß er ein Fixer ist, ein Versager, ein Muttersöhnchen und ein Arschloch?«

Holman ließ Meads Ärmel herunter und zog die Uniform zurecht. »Das ist ein wichtiger Mann, der da kommt, Mead, der persönliche Beauftragte des Präsidenten der Vereinigten Staaten. Wenn der ›Spring!‹ sagt, dann fragt General Westmoreland ›Wie weit?‹, und der alte Ellsworth Bunker hüpft den Flur entlang. Die haben Schiß vor dem, Mead. Das soll ein ganz Harter sein – war mal bei den Marines, hab ich gehört. Du kannst dir vorstellen, wie begeistert der von einem Scheißer wie dir sein wird.«

Holman griff nach Meads Uniform und zog daran. »Komm mit! Ich zeig dir, wo du jetzt arbeitest.«

Mead kochte vor Wut, während er Holman durch die Flure und über die Treppe hinauf ins oberste Stockwerk folgte.

Maler, Schreiner und andere Handwerker waren damit beschäftigt, eine Reihe von Büroräumen zu renovieren, die man vom restlichen Teil des Flügels abgetrennt hatte.

In den hinteren Zimmern arbeiteten vier Männer – zwei Zivilisten sowie zwei Army-Offiziere – und zwei Frauen an Schreibtischen.

»Sergeant Holman meldet sich mit Corporal Mead zur Stelle«, sagte Holman zu einem großen, sehr penibel wirkenden Colonel Anfang Vierzig.

Colonel John C. Waggoner, den man dem erwarteten Sonderbotschafter als ersten Adjutanten zugewiesen hatte, schaute Mead an, sah potentielle Schwierigkeiten wegen des ungebührlichen Äußeren voraus und sagte barsch: »Schön, daß Sie da sind, Corporal. Wir sind alle für eine besondere Aufgabe ausgewählt worden. Wir werden für Botschafter Bradley Marshall arbeiten. Sie unterstehen mir, aber Ihr direkter Vorgesetzter wird Captain Latham sein – er wird Ihnen sagen, was Sie zu tun haben.«

Er zeigte auf zwei attraktive Frauen Mitte Zwanzig, die eine blond, die andere mit langem schwarzen Haar. Mead, der als Angehöriger des Wachpersonals jeden kannte, der Zutritt zur Botschaft hatte, war den beiden Frauen noch nie begegnet.

»Miss Toland ist die Sekretärin des Botschafters«, erklärte Colonel Waggoner mit einer Kopfbewegung in Richtung der Blonden.

»Dolores«, sagte sie, ohne besonderes Interesse zu zeigen, und fügte noch hinzu, damit nur kein Mißverständnis entstand: »Corporal.«

»Ann Fincher ist Verwaltungsassistentin«, fuhr Colonel Waggoner fort und stellte ihm damit die andere Frau vor, die gezwungen lächelte.

»Mr. Beecher und Mr. Navasky sind vom State Department; sie werden dem Botschafter als Zivilassistenten zur Hand gehen«, sagte er mit Blick auf zwei Männer Anfang Dreißig, die nur kurz aufschauten.

Waggoner entließ Holman mit einem Kopfnicken, dann wandte er sich an den jüngeren Offizier. »Captain Latham, sagen Sie dem Corporal, was er zu tun hat.«

Captain Benjamin Latham, ein kräftiger, sehr professionell wirkender Soldat und nur wenig kleiner als Mead, drängte ihn zur Tür. »Zuerst gehen Sie mal Ihr Messingzeug und Ihre Stiefel putzen. Sie haben hier grundsätzlich in tadelloser Uniform zu erscheinen. Verstanden?«

»Jawohl, Sir.«

»Lassen Sie sich die Haare schneiden, und rasieren Sie sich noch mal. Ich will Sie hier nur tipptopp sehen. Und Corporal, vergessen Sie die Marines. Jetzt arbeiten Sie für mich, und meine Ansprüche sind beträchtlich höher. Wenn Sie fertig sind, das heißt, um zwei Uhr, melden Sie sich wieder bei mir. Abtreten!«

Mead sah, wie gut Holman seine Lage erkannt hatte – diese Leute würden ihn für jede Kleinigkeit vors Kriegsgericht bringen.

Um zwei meldete er sich zurück, mit geschnittenen Haaren und auf Hochglanz poliertem Messingzeug, und in den folgenden Wochen litt er unter dem erniedrigenden Dasein eines Laufburschen – Kaffee holen, Papierkörbe ausleeren, Bleistifte spitzen, kehren und aufwischen.

Keiner sprach mit ihm, außer um ihm einen Befehl zu geben.

Er begann, sie alle zu hassen; in ihm wuchs eine mörderische Wut

auf den Mann, dem er dienen sollte. Noch vor seiner Ankunft wurde Bradley Lawrence Marshall für ihn die Personifikation all der Demütigungen und Erniedrigungen, die er hinnehmen mußte, repräsentierte er für Mead all die Lügner und Feiglinge, die Speichellecker und Verleumder, denen er in Saigon begegnet war.

Die anderen sprachen von Marshall mit Respekt und Furcht. Eines Tages, als Mead Möbel auf Anweisung der beiden Zivilisten umstellte, hörte er ihnen zu.

»Den Schreibtisch haben sie aus den Philippinen eingeflogen – er soll MacArthur gehört haben«, sagte Navasky vom State Department über den schweren, mit Schnitzwerk versehenen Teakholzschreibtisch, den Mead an seinen Platz rückte.

»Sie haben alles aus Manila eingeflogen, sogar die Fotze«, erwiderte Jerry Beecher. »Der arme Hund wird nicht mal mehr zur Hunde- und Pferdeshow antreten können, wenn die beiden mit ihm fertig sind – Dolores soll mit ihrem Mund sogar 'ne B-52 hochbringen können.«

»Die brauchen keine Angst zu haben – der kennt das Spiel. Oder glaubst du, man kommt nach oben, wenn man seinem Chef ans Bein pinkelt? Der kommt nicht her, um schlechte Nachrichten nach Hause zu bringen, und wir sind nicht dazu da, sie ihm zu liefern.«

Beecher tat erschrocken. »Was? Du meinst, wir sollen ihm nicht die ganze Wahrheit sagen?«

»Bildlich ausgedrückt, wir sollten selbst ein paar B-52 mit dem Mund hochbringen können.«

Sie lachten und ließen Mead allein mit seinen Möbeln.

Von Tag zu Tag wuchs seine Wut, und seine Träume wurden immer schlimmer. Er sah die Toten, ihre bleichen, blutleeren Leiber, die zerfetzten Glieder, und er sah andere, die über sie lachten, in Zivilkleidung und geleckten Uniformen, und Frauen, die angewidert auf die Stümpfe zeigten.

Mitchell, Dutton, Donnadio, Gonzalez und all die anderen, sie waren für nichts gestorben. Sie waren tot, aber nicht der Feind hatte sie getötet – die da, hier und in Washington, hatten sie ermordet.

Er war verrückt gewesen; sie alle waren verrückt gewesen. Der Gedanke setzte sich in seinem Hirn fest.

Und die Toten ließen ihm keine Ruhe, nicht nur die, mit denen zusammen er gekämpft hatte, sondern auch die anderen, die er getötet hatte.

Immer wieder sah er dem Mann in die Augen, der vor ihm gekniet und ihn angefleht hatte, ihn zu verschonen. Und den Mann im Tunnel, der letzte, den er getötet hatte.

Jede Nacht kamen die Toten zu ihm; aber jetzt schrien sie nicht mehr, sie blickten ihn schweigend an, wie der Soldat im Tunnel, um Erlösung bittend.

An dem Wochenende vor Marshalls Ankunft erhielt Mead zwei Tage frei, weil man die Büroräume einer letzten Sicherheitsüberprüfung unterziehen wollte.

Am späten Nachmittag begann er zu trinken, er wollte alles vergessen; aber dann kamen Marines aus dem Dienst, das Wochenende stand vor der Tür, der Sold war ausbezahlt worden, und sie überredeten ihn, mit in die Stadt zu gehen. Die Tour begann im Stadtzentrum und endete um drei Uhr morgens in einer schmutzigen Gasse in Cholon, vor einem verfallenen zweistöckigen Gebäude, vor dem ein alter Chinese die fünf, die noch übrig waren, unter ihnen auch Mead, aufforderte einzutreten.

Sung hörte sie draußen im Hof. Seit fünf Monaten war sie nun in dem Bordell, und obwohl die Drogen sie in ein beinahe gnädiges Koma versinken ließen, schrak sie zusammen, als sie das Gelächter und die gutturalen Urlaute hörte, die von unten zu ihr heraufdrangen. Sie schloß fest die Augen, aber immer noch konnte sie die Männer fühlen da draußen in der Dunkelheit, stampfende Stiefel, wilde Augen, schwere, schwitzende Leiber.

Mit den Händen umklammerte sie die Puppe. Sie preßte sie an ihre Brust, und neben sich fühlte sie, wie die anderen Frauen sich strafften.

Sie trug ein schlechtsitzendes Kleid, das über der Hüfte spannte; Unterwäsche hatte sie nicht, ihr Haar war schmutzig und verfilzt. Ihre Haut hatte keinen Glanz mehr; die Augen waren rot, der Blick leer. Sie saß steif und starr auf der Bank, wie die Puppe, die Beine weit auseinandergestellt und barfuß.

Die Drogen brachten ihr keine Freude mehr, nur noch Erleichterung; aber sie fühlte auch keinen Schmerz, ganz gleich, was die Männer mit ihr machten. Ihr Geist und ihr Körper hatten sich daran gewöhnt, das, was geschah, zu ertragen, denn es dauerte nicht lange.

Wenn Männer in das Bordell kamen, schaute sie niemals auf.

Manchmal nahm einer sie, oder der Chinese zog sie von der Bank hoch und schob sie einem zu, aber manchmal machten die Männer sich auch einen Spaß daraus, die Frauen zu begutachten, ihnen die Kleider auszuziehen, sich über sie lustig zu machen und über sie zu lachen, bevor sie sich für eine entschieden.

Die Frauen, die nicht mehr in den Bars arbeiten konnten, die zu alt oder inzwischen zu häßlich waren, mit ausgeschlagenen Zähnen und von Fausthieben verunstaltetem Gesicht, kicherten manchmal und versuchten, die Aufmerksamkeit auf sich zu lenken, aber von einem aus dieser Gruppe heute nacht wollten selbst sie nicht ausgewählt werden, denn diese Männer verbreiteten eine Aura von Gewalt.

Einer stand vor Sung. Sie fühlte seine dunkle Gegenwart, sie sah seine Stiefel, aber sie konnte nicht zu ihm aufblicken.

Das Mädchen neben ihr wurde grob in die Höhe gezogen, zwei weitere Männer griffen sich Frauen von der Bank und zogen sie hinter sich her durch den Perlenvorhang, aber der Mann vor ihr stand immer noch da und wartete.

»Fickt erste Klasse, bläst gut.« Der alte Chinese tanzte um Mead herum. »Hundefick erste Klasse.«

Der Chinese zog sie hoch, ergriff ihre Hand, zwang sie an Meads Geschlecht, rieb und strich mit ihr darüber.

Ohne ein Wort zu sagen, zog Mead ein paar Geldscheine aus der Tasche und gab sie dem Chinesen; dann nahm er sie bei der Schulter und führte sie in den Nebenraum.

Am Waschbecken öffnete sie seine Hose. Sie nahm sein Glied in die Hand; es war so groß, wie sie es nur bei wenigen gesehen hatte; sie wußte, wie weh er ihr damit tun konnte; ängstlich blickte sie auf und traf seinen brennenden Blick.

Sie hielt ihn, von seinen Augen hypnotisiert, bis er sich losmachte und sagte: »Ich bin sauber.«

Sie führte ihn zu ihrem Bett und zog ihr Kleid aus. Sie wartete, daß er sich gleichfalls auszog. Da er es nicht tat, ging sie zu ihm , um ihm zu helfen, aber er hielt sie zurück.

»Ich will nicht ficken.«

Sie ließ sich vor ihm auf die Knie nieder und griff nach seiner Hose, aber er zog sie mit einer Hand hoch und setzte sie zurück aufs Bett.

»Sag mir nur, wann ich gehen muß.«

Sie war schon mit Männern zusammen gewesen, die nichts taten. Manche legten sich regungslos auf sie; manche saßen nur da, bis die Zeit um war. Manche schlugen sie. Sie hatte den Chinesen gefragt, was mit diesen Männern los war.

Er winkte gereizt ab. »Sie lieben andere GIs und wollen hier so tun, als ob sie Männer sind. Oder sie lieben einen Gott. Die Religion ist nichts für Frauen. Und für Leute wie mich auch nicht. Oder sie schämen sich für ihren Schwanz. Das sind die schlimmsten, die mit den kleinen Schwänzen – ein kleiner Schwanz ist wie ein Fluch.«

Aber dieser Mann war anders. Er hing ebenfalls an der Nadel, das sah sie an seinem wilden, durchdringenden Blick; seine Pupillen zogen sich zusammen und wurden dann schwarz; es war, als blickte sie in einen leeren Raum. Sein Kopf fiel nach vorn, aber sofort hob er ihn wieder, wachsam und stets auf der Hut.

Sie sah, daß er jung war, aber selbst in Ruhe und scheinbarer Verletzlichkeit wirkte er stark und gefährlich.

Aus seiner Hosentasche zog er eine Handvoll Geldscheine und ließ sie über Sung herab auf das Bett und den Fußboden fallen.

Sie wagte nicht sich zu rühren; deshalb bückte er sich und las die Scheine auf; dabei stieß er auf die Puppe unterm Bett.

Er zog sie hervor, und sie begann zu schluchzen.

Sie wagte nicht, nach der Puppe zu greifen; sie hatte Angst, er würde sie schlagen. Aber als sie die Puppe in seinen großen Händen sah, wußte sie, daß er sie zerreißen würde.

Sie senkte den Kopf, sie wollte es nicht sehen, und weinte.

Er betrachtete die Puppe neugierig, dann drückte er sie ihr in die Hand. Sie griff danach und drückte sie fest an die Brust. Er sah, daß sie am ganzen Körper zitterte.

Er hielt das Geld in der Hand. Er wollte es nicht auf ihren nackten Körper legen, so hielt er es ihr hin, bis sie es scheu und ohne aufzuschauen an sich nahm.

Ein paar Minuten lang saßen sie schweigend nebeneinander auf dem Bett, dann sagte er: »Ich hab ganz vergessen, ich brauche fünfhundert P für das Taxi.«

Sie hielt ihm das Geld hin.

Er sah sie verwundert an. »Du verstehst mich? Du kannst Englisch?«

»Ja«, sagte sie, ohne den Kopf zu heben.

Er nickte. Sie saßen noch ein paar Minuten schweigend da, dann ging er.

Als er fort war, zählte sie das Geld. Neuntausend Piaster. Das war so viel, als hätte sie mit dreißig Männern geschlafen. Sie steckte das Geld in ihr Kleid, und als sie zurück in den Warteraum ging, hätte sie beinahe vergessen, sich die Glasperle zu holen, die der Chinese für jeden Mann ausgab.

Sung dachte über diesen Mann nach, wie sie es noch über keinen getan hatte – wegen des Geldes und auch wegen der Puppe, aber da war noch etwas anderes gewesen. Es war in seinen Augen und in der Art, wie er sich hielt. Auch er litt, das war ihr klar. Sie wünschte sich fast, daß er wiederkam.

Noch vier Tage danach konnte Mead sie nicht vergessen. Wenn er die beiden Frauen im Büro über ihre Kleider und ihr Make-up reden hörte, dachte er an die Frau in dem Bordell, die nackt und zitternd auf dem Bett gesessen hatte. Sie beherrschte alle seine Gedanken. Egal wo er war oder was er tat, er sah sie, wie sie die Puppe an sich drückte, weinte und Angst hatte.

Sie drang sogar in seine Träume ein und verschaffte den Toten eine Ruhepause.

Doch die Träume waren nicht erotisch; schon lange hatte er keine sexuellen Träume mehr gehabt. Und wenn er an die Frau dachte, dann empfand er keine Begierde. Vor dem Krieg, in der High School, hatte er Mädchen auf den Rücksitzen von Autos oder in verlassenen Baracken gehabt; Sex war leicht und lustvoll gewesen, ohne eine Spur von Angst oder Gewalt.

Nach dem Einsatz an der Front war das anders geworden. Da hatte er der ersten Frau, die er in Saigon hatte, weh getan; im Bordell, in ihren Armen liegend, ihr Körper unter dem seinen, war er brutal und aggressiv geworden. Und jedesmal danach setzte der Sex eine Gewalttätigkeit in ihm frei, die er sonst nur im Kampf erlebt hatte. Er wollte jemandem weh tun, wollte einem fremden Körper Schmerz zufügen. In diesen Augenblicken, mit hartem Glied, konnte er sich nicht mehr beherrschen, aber die Lust zu verletzen stieß ihn ab und erfüllte ihn mit Abscheu und Scham.

Seit einem Monat hatte er keinen Geschlechtsverkehr mehr gehabt; damals, eines Nachts in einem Bordell, lag er auf einer Frau, erdrückte sie mit seinem Gewicht und achtete nicht auf ihr Schreien

und Wimmern, bis er kleine Fäuste auf seinem Rücken spürte, und als er aufblickte, sah er zwei Kinder, die weinend auf ihn einschlugen, während er ihre Mutter fickte.

Er sehnte sich nach einer Frau, der Drang, mit einer Frau zusammenzusein, schmerzte, aber er hatte kein Vertrauen mehr zu sich selbst.

Dennoch ging diese Frau ihm nicht aus dem Sinn.

Wie die meisten Marines hatte Mead ein eigenes kleines Zimmer außerhalb der Kaserne, wohin er sich flüchtete, aber im Gegensatz zu den anderen hatte er kein Mädchen.

Jetzt jedoch ging ihm durch den Kopf: Diese Frau war nicht wie die anderen, und sie litt, und es wäre schön, jemanden zu haben – nur so, um nicht allein zu sein, und zum Reden. Nach weiteren vier Tagen ging er schließlich zurück in das Bordell.

Männer kamen selten vor Einbruch der Dunkelheit, und noch seltener kamen sie allein. Deshalb schaute Sung auf, als sie schwere Stiefel auf der Treppe hörte. Sie saß mit den anderen Frauen auf der Bank und erkannte ihn sofort, obwohl er ihr jetzt noch größer und bedrohlicher erschien als beim erstenmal.

Sie fragte sich, ob er sein Geld zurück wollte, ob er sie schlagen würde, und sie preßte die Puppe fest gegen ihre Brust.

Selbst der Chinese hielt sich vorsichtig zurück.

Der Mann ließ seinen Blick über die Frauen auf der Bank wandern. Alle sahen weg, nur Sung nicht. Zum erstenmal wünschte sie, daß die Wahl auf sie fiel. Nicht wegen des Geldes, das sie möglicherweise bekommen würde, sondern der Anerkennung wegen – eine Kleinigkeit, ein Soldat in einem Bordell, der auf sie zeigte.

Er tat es. Er bezahlte den Chinesen und kam zu ihr.

Sie stand auf, nahm behutsam seine Hand und führte ihn durch den Perlenvorhang zum Waschbecken.

Sie machte sich an seiner Hose zu schaffen, aber er sagte: »Ich bin immer noch sauber.«

Sie ging zum Bett und griff nach ihrem Kleid, um es auszuziehen.

»Nicht!« sagte er. »Du bist keine Nutte.«

»Das sind sie hier alle nicht«, erwiderte sie.

Er setzte sich neben sie aufs Bett und sah sie verwundert an. »Woher kannst du so gut Englisch?«

Sie senkte den Kopf, in ihrer Erinnerung stieg auf, was sie zu vergessen versucht hatte. »Ich habe es vor langer Zeit gelernt.«

Er sah, daß ihre Hände zitterten. Dann griff er ihr unter das Kinn und hob ihren Kopf, so daß er die Sucht in ihren Augen erkennen konnte.

»Komm mit mir!« sagte er.

Sie konnte den Kopf nicht bewegen, er hielt ihr Gesicht in der Hand. Sie schloß die Augen.

»Ich tu dir nicht weh«, sagte er. »Ich verspreche dir, daß ich dir niemals weh tun werde. Komm mit mir!«

Sie öffnete ihre Augen nicht. »Ich kann hier nicht weg.«

»Man kann überall weg. Das ist noch das Leichteste.«

Sie öffnete die Augen und blickte ihn an; ein Gesicht von so tödlicher Entschlossenheit und Härte hatte sie noch nicht gesehen. Dennoch wußte sie, daß er ihr nichts antun würde, und sie wußte, daß sie mit ihm gehen würde, weil sie spürte, daß sie mit ihm eine Chance hätte. Welche Chance – das wußte sie nicht.

Er zog sie vom Bett hoch und führte sie hinaus; doch dann kehrte er noch einmal um, ließ sich auf die Knie nieder, tastete unter dem Bett nach etwas und kam schließlich zurück, die Puppe in der Hand. Er trat mit Sung durch den Perlenvorhang, ging rasch an dem Chinesen vorbei, die Treppe hinunter, zog sie hinter sich her, auf den Hof und auf die Straße.

Er brachte sie in ein zweistöckiges Haus, einen hölzernen Bau, der zwischen zahlreichen anderen genau gleich aussehenden eingezwängt stand, führte sie durch einen schmutzigen Flur in ein Zimmer, in dem die Tapete von den Wänden hing und ein zerfetzter Vorhang vor einem offenen Fenster flatterte.

Das Zimmer war leer, bis auf zwei Schlafsäcke, die aufgerollt in einer Ecke lagen, in einer anderen befanden sich eine Toilette und ein Waschbecken.

»Du kannst hierbleiben, solange du willst, und du kannst gehen, wann du willst. Ich bringe dir was zu essen.«

»Warum?« fragte sie. »Warum hilfst du mir?«

»Weil du keine Nutte bist«, sagte er. »Und weil ich kein ...« *kein Tier, kein Mörder bin*, hätte er sagen wollen, aber er wandte nur den Blick ab.

»Der Chinese hat gesagt, es wären die schlimmsten Schmerzen von der Welt, wenn ich mit den Drogen aufhöre.«

»Es gibt Schlimmeres«, sagte er.

Den ganzen Abend wartete sie darauf, daß er etwas sagte oder

fragte, aber er tat es nicht, und als sie sich auf die Schlafsäcke legten, rührte er sie nicht an, sondern schlief gleich ein.

Sie erwachte von den Krämpfen in ihren Muskeln; ihre Kehle war trocken. Sie stand auf und schlüpfte an ihm vorbei, aber plötzlich richtete er sich auf und packte sie am Hals; doch sogleich lockerte sich sein Griff wieder; er ließ sie los, legte sich zurück und betrachtete sie.

»Sei vorsichtig, wenn ich schlafe!« sagte er.

»Ich hatte Durst.« Sie ging zum Wasserhahn und trank.

Als sie am nächsten Morgen erwachte, war er schon fort, aber eine Frau war bei ihr, viel älter als sie, grobschlächtig und stämmig, mit einem breiten, fleischigen Gesicht. Sie lächelte und brachte Sung Wasser.

»Hast du Schmerzen?« fragte sie.

Sung nickte. Ihre Haut brannte, ihre Knochen pochten, aber sie versuchte, sich zusammenzunehmen und nicht aufzuschreien. »Wer bist du?« fragte sie.

Die Frau sagte ihr, daß sie Han heiße und viele Jahre in Bars gearbeitet habe, bevor sie mit einem Marinesoldaten von der Botschaftswache zusammengezogen sei. Seither wurde sie von einem zum nächsten weitergereicht.

»Du kannst froh sein, daß Ron dich genommen hat. Jetzt hast du immer einen Mann, der für dich sorgt.«

»Ist das sein Name? Er hat es mir gar nicht gesagt.«

»Ja. Ron Mead. Er und mein Mann sind Freunde. Er hat mich gefragt, ob ich bei dir bleiben kann, solange er weg ist. Sie sagen, er ist gefährlich und hat viele Männer getötet. Bei meinem Mann fühle ich mich sicherer. Er heißt Bill. Du kannst trotzdem froh sein. Wenn Ron geht, findest du einen anderen. Die sind alle eifersüchtig aufeinander und wollen die Frauen der anderen haben. Tausend Frauen können auf der Straße rumlaufen, aber sie wollen die eine, die im Bett des andern liegt.«

Sie lächelte und zeigte ihre Zahnlücken. »Dann bist du wieder eine Jungfrau. Für alle Männer wieder eine Jungfrau. Sie ficken dich, und dann geben sie dir Sachen. Anderswo geben sie dir zuerst Sachen, und dann ficken sie dich. Und jedes Jahr geht einer und ein anderer kommt.«

»Für wie lange?«

»Es wird immer Männer geben, die dich ficken und dir Sachen

geben. Bis du zu alt bist. Aber daran brauchst du nicht zu denken.«

»Und was machen die Männer?«

»Sie bewachen die amerikanische Botschaft. Das sind Marines. Die sollen was Besonderes sein.« Han lachte.

An diesem Abend kam er nach Einbruch der Dunkelheit zurück. Sie hatte große Schmerzen und war sich nur zeitweilig seiner Anwesenheit bewußt. Sie konnte nichts essen, und er mußte ihr beim Trinken helfen, weil sie so heftig zitterte.

Sie schrie und versuchte, sich die Haut mit den Fingernägeln aufzukratzen. Er mußte sie festhalten, damit sie sich nicht verletzte.

Sie lag stöhnend in seinen Armen, und er wiegte sie sanft, als plötzlich laut an die Tür geklopft wurde und zwei Marines eintraten. Es war vier Uhr morgens, und er hatte die ganze Nacht kaum eine Stunde geschlafen.

»Wir sollen dich holen, Ron. Dein Typ ist im Anmarsch.«

»Er soll doch erst in ein paar Tagen kommen. Ich kann jetzt nicht weg. Ich kann sie doch so nicht allein lassen.«

»Han paßt auf sie auf. Du ziehst besser los. Die sind alle in Panik. Sie haben gerade erfahren, daß Marshall früher kommt. Wahrscheinlich will er sie nur ärgern, aber die laufen da durcheinander wie die Hühner. Du sollst in Tan Son Nhut sein, wenn er ankommt.«

»Scheiße«, sagte Mead.

»Du mußt los«, sagte Bill Catton. »Die lassen dich einbuchten, wenn du nicht erscheinst. Ihr kannst du sowieso nicht helfen. Ich hole Han. Zieh dich an. Es wird schon klappen.«

»Verdammte Scheiße«, sagte Ron, den Tränen nahe vor Wut und Erschöpfung, aber er ließ Sung auf den Schlafsack gleiten und stand auf.

Er zog sich eine frisch gebügelte Uniform an, Stiefel und Messingzeug auf Hochglanz poliert – er hatte sie schon vor Tagen zurechtgelegt. Dann ging er zu Sung, die zitternd und wimmernd auf dem Schlafsack lag.

Han hockte neben ihr, eine Decke über sich gezogen, und sah hoch zu ihm. Noch nie hatte sie solch einen Ausdruck gesehen, zärtlich und voller Mitgefühl – und zugleich kalt wie der Tod.

Er bückte sich, drückte Sung die Puppe in die Hand und ging.

9

Die aufgestapelten Aluminiumsärge reflektierten das Sonnenlicht so intensiv, daß man den Eindruck hatte, sie wären selbst eine Energiequelle, ein glühender, funkensprühender Kern, der sich gleich durch die Rollbahn von Tan Son Nhut hindurchschmelzen würde.

Ein Gabelstapler hob den letzten der silbrigen Särge auf den Stapel, als handelte es sich um eine Streichholzschachtel. Zwanzig Särge – in vier Reihen zu jeweils fünfen auf einer Palette standen sie am Rande der Rollbahn und warteten darauf, für den Rückflug in die Vereinigten Staaten verladen zu werden.

Sie hatten im Weg gestanden – ein unangenehmer Anblick für den Sonderbotschafter des Präsidenten. So hatte man sie an einen weniger auffälligen Platz verfrachtet. Es ging nicht an, dem Vertreter des Präsidenten gleich bei seiner Ankunft den Blick mit Toten zu verstellen.

Einige Männer vom Bodenpersonal machten sich an dem Stapel zu schaffen, versuchten, eine Plane darüberzuziehen; aber die Plane war zu schwer, um sie hinüberzuwerfen, und der Stapel war zu hoch, als daß man sie darüber hätte hinwegheben können.

Ron Mead stand am Fuß der Gangway, an der das Flugzeug des Sonderbotschafters in ein paar Minuten eintreffen sollte, und schaute den Leuten bei den Särgen zu.

Sie liefen durcheinander, kamen sich gegenseitig in die Quere und versuchten auf alle erdenklichen Arten, die Plane über die Särge zu ziehen. Schließlich kletterten sie auf den Stapel und zerrten die Plane darüber, wobei sie einige der Särge verschoben und die strenge Symmetrie verdarben.

Mead blickte ärgerlich auf den verdeckten Stapel. In Gedanken sah er – keine Gesichter, nur totes Fleisch, die nackten, namenlosen Leichen in versiegelten Plastiksäcken, etikettiert und konserviert, abgetrennte Glieder und andere Körperteile gleichfalls in Säcke verpackt.

Zwanzig Tote zählte er. Vielleicht auch Landis oder Lieutenant Bishop oder Sutherland; oder Snags, er hoffte, Snags war nicht

dabei, denn er hatte seine Dienstzeit fast hinter sich. Im Geiste versuchte er, deutlicher zu sehen, aber die Gesichter in den Särgen waren leer und ausdruckslos – einfach tot.

Mitchell war hier durchgegangen und Gonzales und Donnadio und Dutton und all die anderen.

Ob man sie auch versteckt hatte, fragte er sich, damit ihr peinlicher Anblick nicht die Augen irgendeines Würdenträgers beleidigte?

Am liebsten hätte er die Plane heruntergerissen, die Särge dorthin geschleift, wo das hohe Tier gleich ankommen sollte, und die Deckel geöffnet, so daß der Botschafter hineinsehen mußte, wenn er daran vorbeiging.

»Mead!«

Er schrak zusammen.

»Wachen Sie auf, Menschenskind! Stellen Sie sich hierher. Hier sollen Sie stehen, wenn er ankommt.«

Mead ging zu dem Platz, den Colonel Waggoner ihm angewiesen hatte.

»Nein«, korrigierte sich Colonel Waggoner und wies ein paar Schritte weiter. Mead gehorchte.

Waggoner überlegte einen Augenblick, dann schüttelte er den Kopf und beorderte ihn wieder an die alte Stelle zurück.

Wie ein Möbelstück, dachte Mead und wechselte abermals die Stellung.

»Gut«, sagte Waggoner. »Da bleiben Sie jetzt stehen. Und bleiben Sie wach. Sie wissen, was Sie zu tun haben?«

»Jawohl, Sir.«

»Sagen Sie es mir!«

»Ich habe den Botschafter zu beschützen. Ich soll dafür sorgen, daß niemand ihm zu nahe kommt, falls er es nicht will.«

»Doch nicht jeder, verdammt.«

»Ich weiß«, erwiderte Mead leicht verwirrt – nicht über seine Aufgabe, sondern wie er es ausdrücken sollte. »Nicht General Westmoreland oder Botschafter Bunker, nur … kleine Leute.«

»Richtig. Aber machen Sie es unauffällig!«

»Sir?«

»Himmel«, schnauzte Waggoner. »Stoßen Sie sie beiseite? Oder stechen Sie mit dem Bajonett nach ihnen?«

»Nein, Sir. Ich blocke sie nur ab, wie beim Football.«

»Richtig. Aber keinen Angriff, nur Abwehr.«

»Ich weiß, was ich zu tun habe«, versetzte Mead beleidigt.

Waggoner tätschelte seinen Arm. »Ich weiß, ich weiß. Wir sind alle etwas nervös.«

Waggoner wischte sich den Schweiß von der Stirn und ging weg. Fast alle schwitzten, bemerkte Mead. Und all die frischen Uniformen waren schweißnaß, außer seiner eigenen und ganz wenigen anderen.

Von seinem Platz vor der Gruppe, das Gesicht den Wartenden zugekehrt – damit er sich hinter Marshall einreihen konnte, wenn er eintraf –, beobachtete Mead die Choreographie des Empfangskomitees. Ein Major, ein merkwürdiger Kerl, dachte Mead, nur Hände und ausdrucksstarke Gesten, hatte die Anwesenden nicht nur nach dem Rang, sondern innerhalb des Rangs auch noch nach der Größe aufgestellt.

Mead erkannte nur Botschafter Bunker, General Abrams, der General Westmoreland vertrat, ein paar weitere Generäle, einige hohe Beamte vom State Department und »das Phantom«, wie die Marinesoldaten an der Botschaft ihn nannten – Wilson Abbot Lord, offiziell als Konsulatsbeamter geführt, in Wirklichkeit, wie sie wußten, der höchste CIA-Mann am Ort.

Lord schwitzte nicht, bemerkte Mead ohne Verwunderung, und sein Gesicht zeigte einen Ausdruck, den sonst niemand hier zeigte – Langeweile. Abrams wirkte verdrießlich, Bunker ängstlich, andere fühlten sich offenbar unbehaglich oder waren nervös. Lord dagegen zeigte keinerlei Interesse an dem Geschehen. Mehrmals hatte Mead seinen prüfenden Blick auf sich gespürt, einen Blick von der Intensität eines Laserstrahls, aber wenn er zu ihm hinsah, schien Lord abwesend und gleichgültig.

Lord war der einzige unter den Anwesenden, der Mead interessierte. Die anderen erschienen ihm weniger bedeutend und mächtig als übergewichtig, aus der Form gelaufen, verschwitzt und alt. Lord war anders. Mead spürte, daß dieser Mann gefährlich werden konnte. Wenn es zu einem Kampf käme, wäre Lord der erste, den Mead auf seiner Seite und nicht als Gegner hätte haben wollen.

Beim Botschaftspersonal vertrieb man sich gern die Zeit mit Spekulationen darüber, wer der CIA angehörte und welche Stellung er in der Hierarchie einnahm. Da die Marines als Wachleute wußten, wer Zugang zur Botschaft hatte, und da sie alle ein und

aus gehenden Personen registrierten, sahen sie in Lord den führenden CIA-Agenten und nannten ihn »das Phantom«, weil er keine festen Dienstzeiten einhielt, oft mitten in der Nacht in der Botschaft erschien, nie mit irgend jemandem zusammen gesehen wurde und mit niemandem sprach, soweit die Wachen das beobachten konnten.

Schon mehrmals war Lord um drei oder vier Uhr morgens in der Botschaft erschienen, hatte Mead seinen Ausweis hingehalten. Meads »Guten Morgen, Mr. Lord« wurde mit einem leichten Kopfnicken quittiert, nicht arrogant oder unhöflich, sondern anerkennend.

Es war Lords Anwesenheit und nicht die von Abrams oder Bunker, an der Mead die Bedeutung des Mannes erkannte, den sie erwarteten.

Wieder fühlte Mead den Blick auf sich, aber auch diesmal sah Lord ihn nicht an. Das außergewöhnlich feine Profil mit der geraden Nase und dem scharfen Kinn war in Richtung der aufziehenden Militärkapelle und der Ehrenwache gewendet. Plötzlich sah Mead eine Wagenkolonne hinter dem Terminalgebäude hervorschießen und auf die Rollbahn einschwenken, eskortiert von Polizisten auf Motorrädern und Soldaten in Jeeps.

»Die Gooks«, hörte Mead, und es folgte ein Chor erstaunter Stimmen angesichts der Blaulichter und heulenden Sirenen, mit denen die Vertreter der südvietnamesischen Regierung eintrafen.

Durch die Würdenträger ging ein Ruck beim Anblick der bewaffneten Kolonne, und Mead entsicherte sein Gewehr.

Die vietnamesischen Würdenträger stiegen aus ihren Limousinen, im weiten Umkreis abgesichert von vietnamesischen Fallschirmjägern, von denen zwei sich direkt vor Mead postierten.

Botschafter Bunker setzte der Peinlichkeit des Augenblicks schließlich ein Ende, indem er vortrat und die ranghöchsten Vietnamesen begrüßte. Es folgten allgemeines Händeschütteln und Verbeugen. Die beiden Fallschirmjäger nickten Mead kurz, aber freundlich zu, dann sprangen die Soldaten wieder auf ihre Jeeps, und die Wagenkolonne brauste davon.

Mead hatte keine Ahnung, wer all diese Leute waren. Präsident Thieu und Vizepräsident Ky waren die einzigen Vietnamesen, die er erkannt hätte, einmal abgesehen von Ho Chi Minh; aber da er an einem Kurs über Protokollfragen teilgenommen hatte, wußte er, daß die ranghöchsten Vietnamesen, die hier erschienen waren, etwa

im selben Rang stehen mußten wie der amerikanische Gast, den sie erwarteten.

Der Laserblick lag wieder auf ihm, aber als er rasch zu Lord hinübersah, blickte der in die Ferne, auf einen kleinen silbrigen Punkt, der am Horizont sichtbar wurde.

Ein junger Offizier der Air Force schüttelte ihn leicht an der Schulter. »Sir, in wenigen Minuten werden wir landen.«

Marshall öffnete die Augen; einen Augenblick lang wußte er nicht, wo er war und in wessen Gesicht er da blickte.

»Saigon«, sagte der Offizier hilfsbereit.

Marshall lächelte. »Danke. Ich wußte doch, daß ich heute irgendwo sein sollte.«

Er stand auf und ging in den Waschraum, um sich frisch zu machen. Er blickte in den Spiegel und kam zu dem Schluß, daß er für die Länge des Fluges nicht allzu schlecht aussah. Seit dem Abflug in Washington, mit kurzen Zwischenlandungen in Anchorage und Tokio, die nur dem Auftanken der Maschine dienten, war er nun achtzehn Stunden unterwegs – und davon hatte er kaum sechs Stunden geschlafen.

Er kam drei Tage früher als vorgesehen.

Eine Stunde nach dem Abflug in Washington hatte er Tokio mitteilen lassen, daß er dort keine Zwischenstation einlegen, sondern nach dem Auftanken gleich nach Saigon weiterfliegen werde. Er wollte sich den lästigen und zeitraubenden Zwischenaufenthalt in Tokio ersparen; vor allem aber wollte er dort und in Saigon jeglichem Zeremoniell aus dem Wege gehen.

Während manche Verachtung für Zeremonien zur Schau trugen, haßte Marshall die Fallstricke des diplomatischen Protokolls wirklich. Sein Abscheu ging auf die Zeit in Korea zurück, als seine Einheit einmal den Befehl erhielt, sich auf die Inspektion durch einen General vorzubereiten. Verwundete hatten damals Papier aufsammeln und Unkraut auf dem Schlachtfeld ausreißen müssen. Ein Latrinengraben wurde zugeschüttet, um dem Inspektionsteam den Anblick zu ersparen, und als Marshall sich weigerte, seine Leute das Gras an einem Abwassergraben schneiden zu lassen, drohte man ihm mit dem Kriegsgericht; so tat er es am Ende selbst.

Die Inspektion hatte der General dann im Jeep vorgenommen, und er war nicht einmal langsamer gefahren, als er vorbeifuhr.

Wenn Marshall nun in offizieller Mission unterwegs war, ließ er stets mitteilen, daß er keine Empfangskomitees, Ehrenwachen und Begrüßungsansprachen wünschte. Er hatte keine Lust, die Abneigung derer zu spüren, die gezwungenermaßen zu seiner Begrüßung erschienen waren, und er haßte das Schauspiel öffentlicher Beweihräucherung. Er fühlte sich beschmutzt davon.

Und dann war da noch Ryan, der schon in Fort Bragg war; in drei Monaten würde er nach Vietnam gehen, und Marshall wußte mit fürchterlicher Gewißheit, welches Schicksal seinen Sohn dort erwartete.

Er wollte keine drei Tage in Tokio vergeuden und nicht einmal dreißig Minuten bei einer Begrüßungszeremonie in Saigon, wenn es darum ging, seinen Sohn zu retten.

Was er empfand, war weit mehr als Angst. Im Vergleich dazu war die Angst, die er vor Guadalcanal und in Chosin um sein eigenes Leben gehabt hatte, klein und unbedeutend gewesen. Nun, da es um Ryan ging, packte ihn ein heftiges, qualvolles Entsetzen, das ihn niederschmetterte, wenn er nur daran dachte.

Als er aus dem Waschraum zurückkehrte, hatte die Kabine sich aus einem Schlafraum in ein komfortables Büro verwandelt; Kaffee und ein kleines Frühstücksbuffet standen bereit.

Er trank Kaffee, sah aus dem Fenster und schaute in den wolkenlosen Himmel; die Erde schob sich ins Blickfeld, als das Flugzeug tiefer sank. Das südchinesische Meer, der Dschungel, das Delta des Saigon-Flusses, dessen Arme sich durch den Dschungel schlängelten – alles in so strahlenden Blau- und Grüntönen, als verdankten sie sich einer Halluzination. Aus dieser Höhe erschien das Land friedlich und heiter, eine ruhige, grünblaue Welt tief unter ihm.

Doch als das Flugzeug noch tiefer sank, zeigten sich Riefen und Löcher in der Schönheit. Der Wald war entlaubt, gewaltige Streifen öden Landes, überzogen mit einem metallenen Schorf – Armeelager aus Wellblechhütten und Wassertürmen, Lastwagen, Panzern und Flugzeugen.

Dann tauchte die Stadt auf, eine schmutzige Wolke am Horizont, ein schmieriger Tiegel, aus dem giftige Dämpfe aufstiegen.

Die Boeing 727 des Präsidenten, auf der das Staatswappen der Vereinigten Staaten prangte, setzte zum Landeanflug an. Sampans und Wasserbüffel sprenkelten die Flußläufe; wie die Nähte eines

Chirurgen zogen sich Stacheldrahtzäune durch die Felder; Hütten und Elendsviertel legten sich wie eine grindige Kruste um die Stadt, und die Stadt selbst schien herauf nach dem Flugzeug zu greifen, ein riesiges Insekt mit Tausenden von Antennen.

Marshall schloß den Sicherheitsgurt, legte die Hände im Schoß zusammen und schaute aus dem Fenster. Das Flugzeug zog eine scharfe Kurve und schwenkte auf die Landebahn ein.

Kurz bevor die Maschine aufsetzte, sah er die Ehrenformation und den roten Teppich.

»Verdammt«, entfuhr es ihm, und der Offizier, der vorn in der Kabine saß, reagierte prompt mit einem »Entschuldigung, Sir«, denn er bezog den Fluch auf die ruppige Landung.

Als das Flugzeug zum Terminal rollte, erkannte Marshall den Umfang der Begrüßungsabordnung, und Ärger schoß in ihm auf. Was fiel ihnen ein? Er hatte ausdrücklich mitteilen lassen, daß er keinen Empfang wünschte. Wofür hielten ihn diese Leute?

Dann wich der Ärger bloßer Gereiztheit – da ließ sich nichts machen. Er konnte keine Affäre daraus machen, daß man ihn mißverstanden hatte oder weil man es gut meinte.

Er löste den Sicherheitsgurt und stand auf, bereit, sich mit der Zeremonie abzufinden.

Aber er war nicht gefaßt gewesen auf die glühende Hitze, die ihm entgegenschlug, auf das blendende Licht, auf die Kakophonie der Musikinstrumente und Flugzeugtriebwerke. Hitze und Licht machten ihn schwindelig; er mußte sich zusammennehmen, daß er nicht zurück ins Flugzeug flüchtete. Vorsichtig tastete er sich die Gangway hinab; die Stufen konnte er nicht sehen, und er fürchtete, das Gleichgewicht zu verlieren.

Der Ärger kehrte zurück – Ärger über die eigene Unbeholfenheit, die Unannehmlichkeiten, den unerwarteten Empfang. Als er den Fuß der Treppe erreichte, war seine Ruhe gänzlich dahin, und nur die Höflichkeit gegenüber dem dreiundsiebzigjährigen Botschafter Bunker hielt ihn davor zurück, seinen Gefühlen freien Lauf zu lassen.

Sie absolvierten das übliche Ritual und tauschten persönliche Grüße aus. Dann führte der alte Mann Marshall über den roten Teppich zu den Wartenden.

Die Offiziere salutierten, Marshall schüttelte ihnen die Hand und nahm von General Abrams General Westmorelands Bedauern ent-

gegen, daß wichtige militärische Angelegenheiten ihn daran hinderten, selbst zu Marshalls Empfang zu erscheinen.

Dann trat der vietnamesische Außenminister vor, es folgten wechselseitige Vorstellung und Begrüßung.

Die Kapelle spielte beide Nationalhymnen, die Fahnen wurden gehißt, Bunker hielt eine kurze Begrüßungsansprache und der Außenminister eine längere, in der er seinen Dank für die bislang gewährte Hilfe aussprach und der Hoffnung Ausdruck verlieh, daß man auch zukünftig zusammenarbeiten werde im Kampf um die Freiheit.

Marshall hatte keine Rede vorbereitet, und als das Mikrophon an ihn weitergereicht wurde, konnte er sich nicht mehr an den Namen des Außenministers erinnern. In der drückenden Hitze wollten ihm selbst die harmlosesten Platitüden nicht in den Sinn kommen.

»Herr Außenminister, Botschafter Bunker, meine Herren: Ich danke Ihnen für den freundlichen Empfang. Ich komme im Auftrag des Präsidenten der Vereinigten Staaten und überbringe Ihnen...«

In diesem Augenblick riß ein Luftstoß aus einem Düsentriebwerk die Plane von den Särgen und warf sie herunter. Das harte, blendende Licht der Mittagssonne spiegelte sich in dem glänzenden Metall und zwang Marshall, die Hand schützend vor die Augen zu heben.

Dann nahm er die Hand herunter und blickte auf den Stapel Särge.

Die schimmernden Reflexe auf dem Metall hypnotisierten ihn; das Licht glühte wie damals auf dem Strand von Guadalcanal, und es blendete ihn wie im Schnee von Chosin. Er sah seinen Sohn. Deutlich sah er Ryan in den Särgen liegen – in allen. In jedem dieser Särge lag Ryan.

Alle folgten Marshalls Blick, als er zu sprechen aufhörte. Einen Augenblick lang herrschte betretenes Schweigen.

Für Mead, der hinter dem Gast stand, sah es so aus, als hätte ein Schlag Marshall getroffen. Marshall fuhr zusammen, dann straffte er sich wieder, und sein Rücken wölbte sich vor Zorn, das sah Mead sogleich – er spürte förmlich den Zorn, der von diesem Mann ausging.

Auch Lord sah den Zorn. Er hatte gesehen, wie die Plane sich

losriß, und als sie davonflog, blickte er zu Marshall hinüber, um seine Reaktion zu beobachten.

Zuerst kam der Schock, als er erkannte, was da zum Vorschein kam, dann ein seltsames Gemisch aus Schmerz und Niederlage, eine sehr persönliche Verletzung, und schließlich Zorn, der zu solcher Heftigkeit anschwoll, daß Lord, der nur selten überrascht wurde, erschrak.

In diesem Augenblick wußte er, daß Langley sich verrechnet hatte, und er hatte recht behalten mit diesem Marshall. Das war der Feind, dachte Lord – der weiche Unterleib Amerikas, dessen zimperliche Feinfühligkeit die Welt an die Kommunisten verlieren würde; das war der verfaulte Kern.

Ekel stieg in ihm auf. Für ihn repräsentierte Marshall, was er zutiefst verachtete: den naiven, händeringenden Liberalen, dem das Herz blutete und der den Krieg gegen die Kommunisten verloren geben, der die Männer in den Särgen verraten würde, die ihn so sehr bewegten.

Das war der gefährlichste Mann in ganz Vietnam, erkannte Lord, ein Mann, der erreichen konnte, was die Nordvietnamesen und der Vietcong niemals erreichen würden – den Sieg für den Feind.

Marshall war nicht hergekommen, um sich zu informieren – er war da, um zu besänftigen und zu täuschen. Und er war dazu fähig, das wußte Lord.

Aber er würde es nicht zulassen. Er, Lord, durchschaute Marshall, und er würde sein Vorhaben vereiteln.

Lord wandte den Blick von Marshall zu dem Marinesoldaten, der hinter ihm stand. Er sah ihn lange an, und als Mead den Blick spürte und zu ihm hinschaute, wandte er den Blick nicht ab. Ihre Blicke trafen sich, und Lord nickte Mead zu.

»... Grüße«, sagte Marshall scharf und trat vom Mikrophon zurück.

Botschafter Bunker schüttelte ihm nochmals die Hand, dann führte er ihn zu der bereitstehenden Limousine.

Die Wagentür wurde aufgehalten, die Militärs salutierten. Marshall stieg in den Wagen, und Mead, der sich dicht hinter ihm hielt, bückte sich, um gleichfalls einzusteigen.

»Wer ist das?« fragte Marshall schärfer als beabsichtigt.

Mead zog sich betreten zurück. »Sir, ich ... ich bin ...«

General Abrams war an der Tür. »Das ist Ihr Leibwächter, Sir.«

Eine Traube von Würdenträgern sammelte sich im Halbkreis um den Wagen. Mead stand verlegen zwischen ihnen, erniedrigt durch das Schauspiel, in dessen Mittelpunkt er plötzlich geraten war.

»Ein Leibwächter?« erwiderte Marshall geringschätzig. »Ich dachte, wir sind hier in Saigon und nicht in Hanoi. Ist es hier nicht sicher? Obwohl die Särge da eigentlich Antwort genug sein sollten.«

Abrams beugte sich in den Wagen hinein, sein Gesicht nahm einen strengen Ausdruck an, und ohne jede Freundlichkeit erklärte er: »In einem Kampfgebiet gibt es keinen sicheren Ort. Ich bin für Ihre Sicherheit verantwortlich, ich habe den Leibwächter für Sie angeordnet, Herr Botschafter.«

»Ich möchte keinen Leibwächter, General.«

»Ich bedaure, aber das ist unvermeidlich, Exzellenz.«

Die beiden Männer starrten einander an, dann lenkte Marshall ein. »Wenn das Ihre feste Überzeugung ist, dann natürlich.«

»Danke«, sagte Abrams und schob Mead fast auf den Rücksitz.

Mead hielt sich so weit von Marshall entfernt, wie er nur konnte.

Marshall ignorierte ihn; sein Blick wanderte zu den Särgen hinüber.

Weil Mead nicht wußte, was er tun sollte, schaute er gleichfalls aus dem Fenster. Lord stand abseits von den anderen und blickte ihn unverwandt an.

10

In dem unterirdischen Bunker am vorderen Abhang von Hügel 742, dem nördlichen Außenposten von Khe Sanh, starrte Luke Bishop durch das Nachtsichtgerät auf den feindlichen Höhenzug. Die Felsformation, die sich in knapp zwei Kilometern Entfernung steil aus der Ebene erhob, erschien ihm wie eine düstere Festung des Bösen.

Im fahlen Licht der Sterne wirkte die Ebene zwischen dem Hügel und dem Höhenzug wie eine Mondlandschaft, still und leer, von Kratern überzogen und unendlich tot.

Dennoch wußte Bishop, daß der Feind heute nacht da draußen war; er spürte es. Langsam ließ er das Nachtglas über die Ebene streichen, aber er sah keine Bewegung; schließlich legte er das Gerät beiseite und rieb sich die Augen; erschöpft ließ er den Kopf gegen die Sandsäcke sinken.

Seit einem Monat lag Bishops Zug auf dem Hügel. Vor zwei Nächten hatte eine Patrouille von drüben den Hügel angegriffen und zwei seiner Leute getötet. Jetzt waren sie noch dreiundzwanzig.

Der Hügel war der letzte Außenposten vor der entmilitarisierten Zone, einer von Granattrichtern übersäten, entlaubten Wüste, die vor dem Krieg einmal ein grünes Meer von Regenwäldern und Dschungeln gewesen war.

Tagsüber herrschte brennende Hitze; die Luft flimmerte über dem Sand, und die Männer verkrochen sich in den Bunkern. Bei Nacht war es kalt; der Wind wehte aus dem verwüsteten Tal herauf, und im Mondlicht wirkten die Sanddünen wie eine bedrohliche See.

Seit Bishops erstem Kampfeinsatz und Duttons Tod waren sieben weitere Männer gefallen; dennoch glaubte er an den Krieg. Aber sein Glaube war nicht mehr derselbe; nun ging es ihm nur noch um die Bestätigung, daß dieses Gemetzel nicht umsonst gewesen war. Das heilige Feuer des Patriotismus war erloschen, der Altar der gerechten Sache lag in Trümmern; er wußte nicht mehr, woran er glaubte; er wußte nur, das Opfer war heilig: Die Toten heiligten das Feuer, ihr Blut salbte den Altar.

Hinter ihm ächzten die Bretter der Leiter unter dem Gewicht

schwerer Stiefel. Bishop blickte sich um und sah Brock in den Bunker springen. Brock entwickelte sich immer mehr zum Zyniker; die Wut, die in ihm kochte, machte ihn immer unduldsamer. Ein ausgezeichneter stellvertretender Zugführer, dachte Bishop, aber als Kamerad geradezu unerträglich.

»Die sind da draußen heute nacht, Gunny«, sagte Bishop.

Brock ließ sich auf die Munitionskiste fallen und zog sich die Stiefel aus, um seine Füße zu massieren. »Die sind *jede* Nacht da draußen, Lieutenant. Die sind hier zu Hause. Das ist ihr beschissenes Land.«

Bishop hatte keine Lust, diese Tirade ein weiteres Mal anzuhören; deshalb nahm er das Sichtgerät wieder auf und begann, das Gelände abzusuchen. Brock redete von Frauen, von Kriegserlebnissen und von der Bedeutungslosigkeit seiner Stellung, und Bishop hatte das Gefühl, als wäre er schon zwanzig Jahre mit ihm verheiratet. Er dachte, wenn er jemals zwanzig Jahre lang mit einer Frau verheiratet sein sollte, dann wollte er sie nicht so genau kennenlernen, wie er Brock kannte.

Plötzlich hörten sie ein scharfes, schnappendes Geräusch und das schrille Quietschen einer Ratte erfüllte den Bunker.

»Dieser verdammte Landis«, sagte Brock ärgerlich. »Ich habe ihm schon hundertmal gesagt, er soll keine Fallen mehr aufstellen.«

Brock griff nach seinem Gewehr und ging zu dem schreienden Tier, das heftig an seinem zerquetschten Bein zerrte. Die Ratte schnappte nach Brocks Fuß. Der Sergeant hielt das Gewehr senkrecht und ließ es fallen; der Kolben zerschmetterte den Kopf des Tieres; dann ging Brock zurück zu seiner Munitionskiste.

Ohne das Sichtgerät abzusetzen, sagte Bishop: »Eines Tages werden die Ratten sich erheben und uns fertigmachen.«

»Da müssen sie sich aber beeilen, wenn sie den Gooks zuvorkommen wollen«, knurrte Brock. Er rieb sich die Zehen und betrachtete die tote Ratte. »Warum machen die keine Fallen, in denen die Ratten sofort tot sind?«

Brock dachte einen Augenblick über seine eigene Frage nach. »Wenn der Bastard leidet, hören ihn die anderen Ratten und bleiben weg.«

Bishop suchte weiter das Gelände ab. »Wieso wimmelt es dann hier von Ratten? Und warum gehen sie immer noch in die Fallen?«

Brock stutzte und dachte nach. »Aus demselben Grund, warum

Sie und ich in diesem Scheißbunker sitzen, Lieutenant«, sagte er schließlich.

Damit Bishop ihn recht verstand, griff er nach seinem Gewehr und hielt den blutigen Kolben hoch. »Marines verstecken sich nicht in Bunkern, Lieutenant. Marines kriechen nicht auf Hügeln herum. Ameisen tun das. Und die von der Army«, setzte er verächtlich hinzu.

»Regen Sie sich nicht auf, Gunny«, sagte Bishop und legte das Sichtgerät beiseite. »Ich habe den Befehl, diesen Hügel zu halten. Sie wissen, daß ich das für verrückt halte.« Er zeigte auf seine Streifen. »Aber kann ich was dran ändern?«

»Ein Scheißloch ist das hier. Ich weiß, ich bin nur ein Gunnery Sergeant, und ich hab auch nicht Strategie und Taktik an der OCS studiert, aber ...«

»Sie übernehmen die erste Wache, okay?« sagte Bishop, ohne ihm zuzuhören. »Ich brauche ein paar Stunden Schlaf. Eine Zeitlang wird es ruhig bleiben.«

Er ging zu seinem Schlafsack, der in einer Ecke lag. Er zog seine abgewetzte Tarnjacke aus und legte sich hin. Seit zwei Wochen hatte er nicht mehr gebadet; er starrte vor Schmutz, und zwischen seinen Zähnen knirschte der Sand.

Als er sich zusammenkrümmte, spürte er einen leisen Anflug sexuellen Begehrens, ein Pulsieren in seinem Geschlecht, aber die Erschöpfung ließ es rasch vergehen.

Vielleicht war er eingenickt, aber Träume, Erinnerungen und Realität waren so eng ineinander verwoben, und der Schlaf war so unruhig, daß er oft nicht wußte, ob er schlief oder wachte; jedenfalls ließ ihn die hartnäckige Stimme aus dem Funkgerät auffahren.

»Bravo eins, Bravo eins, hier Bravo sechs, Bravo sechs.«

Brock nahm den Hörer ab. »Bravo sechs, hier eins alpha.«

Der Kompaniechef meldete sich erneut mit beleidigendem Nachdruck: »Bravo *eins*, hier Bravo sechs.«

Brock warf den Hörer hin. »Da geht's wohl ums Ganze, um große Strategie. Er will nicht mit 'nem Sergeant sprechen, er will mit Ihnen reden, *Lieutenant*.«

Bishop rappelte sich hoch und grinste, obwohl es mit seinem Schlaf jetzt endgültig vorbei war. »Bravo sechs, Bravo eins.«

»Bravo eins, machen Sie sich bereit, Koordinaten für Lima-Papa-Einsatz aufzunehmen!«

Obwohl Bishop sehr wohl verstanden hatte, drehte er ungläubig an den Knöpfen des Funkgeräts. Eine Zweimann-Lauschpatrouille konnte man unmöglich um diese Zeit losschicken; ein Nachteinsatz in offenem Gelände, in dem der Feind bereits unterwegs war, wäre reiner Selbstmord. »Bravo sechs, Bravo eins. Bitte wiederholen!«

»Eins, sechs; Koordinaten für Lima-Papa-Einsatz aufnehmen!«

»Bravo sechs, das ist ausgeschlossen«, erwiderte Bishop, und Zorn stieg in ihm auf.

Nach einer kurzen Pause kam die Antwort mit bedrohlicher Entschiedenheit. »Bravo eins, Sie *werden* eine Lima Papa losschikken. Möglicherweise feindliche Raketenstellung bei folgenden Koordinaten. Sind Sie bereit zum Mitschreiben?«

Bishop wollte weitere Einwände gegen den Befehl erheben, aber er starrte nur auf den Hörer; er wußte, daß die Entscheidung an höherer Stelle gefallen war und daß er zu gehorchen hatte. »Bereit«, sagte er schließlich.

Am Ende der Durchsage fügte Captain Evans hinzu: »Geben Sie mir die Abmarschzeit durch. Und leiten Sie die Aktion auf dieser Frequenz, damit ich mithören kann. Ende.«

Bishop hielt den toten Hörer in der Hand. »Großer Gott«, flüsterte er.

Brock ölte gelassen die Teile seines zerlegten Gewehrs. »Rufen Sie in fünfzehn Minuten zurück, und sagen Sie denen, daß die Leute losmarschiert sind; und dann türken Sie den Einsatz am Funkgerät. Sie wollen doch heute nacht niemanden da rausschicken. Das ist doch ein Arschloch«, sagte Brock und wischte den Lauf.

»Aber es ist ein Befehl, Gunny.«

»Du lieber Himmel, Lieutenant«, versetzte Brock angewidert. »Kommen Sie mir doch nicht mit diesen scheiß College-Argumenten über Pflicht und Moral und die ganze Scheiße. Manche Befehle sind gut, und manche sind schlecht – manche führt man aus und manche nicht. Sie sind lange genug hier draußen, um das zu wissen. Vergessen Sie den Scheiß, und legen Sie sich wieder hin. Ich werde das für Sie erledigen.«

»Gunny«, sagte Bishop leise, »ich kann einen Befehl nicht einfach ignorieren, das wissen Sie genau.«

»Lieutenant, diesen Befehl *müssen* Sie ignorieren. Sie sind doch kein grüner Junge mehr, Sie *wissen*, daß Sie da keinen rausschicken können.«

Aber dann mußte er daran denken, wie jung und unerfahren Bishop in Wirklichkeit war, und weil er spürte, wie gefährlich die Situation war, ging er zu Bishop hinüber. Obwohl kleiner als Bishop, griff er nach dessen Schultern und drückte ihn auf eine Munitionskiste nieder.

Brock ging in die Hocke, bis seine Augen auf einer Höhe mit denen von Bishop waren und so nahe, daß Bishop die Schweißperlen auf seiner Oberlippe und die Stoppeln an seinem Kinn sehen konnte.

»Hören Sie, Lieutenant. Ich bin seit zwanzig Jahren dabei. Ich habe mehr Zeit im Gefecht verbracht als Sie im College. Sie sind ein guter Offizier, Lieutenant, aber eines muß ich Ihnen sagen: Ein Befehl ist nichts Heiliges. Manchmal sind Befehle falsch, Lieutenant. Sie können nicht immer tun, was man Ihnen befiehlt.«

»Aber vielleicht ist da draußen wirklich eine Raketenstellung«, sagte Bishop.

»Wahrscheinlich ist da sogar eine. Wahrscheinlich betreiben die da unten ein ganzes Einkaufszentrum.«

»Ein Horchposten könnte sie finden.«

»Du lieber Himmel!« explodierte Brock. »Ein Horchposten würde es da draußen keine Stunde machen. Die kriegen sie sofort, wenn sie durch den Zaun sind. Wenn Sie zwei Leute da rausschikken, Lieutenant, dann bringen Sie sie um.«

»Ich habe keine Wahl, Gunny«, sagte Bishop gequält.

»Sie haben kein Recht«, entgegnete Brock. »Keiner hat das Recht, zwei Männer umzubringen, einfach so. Für einen Befehl. Für nichts.«

Brock ergriff ihn bei den Schultern und schüttelte ihn. »Wie viele Männer haben wir verloren? Elf? Zwölf? Ich kann mich nicht mal mehr genau erinnern. Aber die haben Sie nicht auf dem Gewissen. Sie haben Ihr Bestes getan, und Sie haben keinen Fehler gemacht, außer vielleicht damals, als Sie Mead in den Tunnel runter gelassen haben; aber auch das ist ja dann gut gegangen. Die alle haben Sie nicht auf dem Gewissen, Lieutenant, aber diesmal wohl. Ich weiß nicht, wie Sie noch an diesen Scheißkrieg glauben können, aber das ist Ihre Sache. Sollen die Leute doch glauben, was sie wollen, sogar so ’n verrücktes Zeug wie Religion. Aber verdammt noch mal nicht, wenn andere deswegen ins Gras beißen müssen.«

Er sah Bishop direkt in die Augen. »Tun Sie das nicht, Lieutenant! Schicken Sie keine zwei Mann da raus!«

»Gunny, ich *kann* mich nicht weigern. Ich kann mir nicht aussuchen, welche Befehle ich befolgen will und welche nicht. Ich bin nur ein kleiner Lieutenant. Und der Befehl ist schließlich nicht ungesetzlich. Verdammt, wir sind hier nicht in Nürnberg. Das ist ein gültiger Befehl.«

»Es ist ein Todeskommando, und Sie wissen das genau.« Brock ließ die Worte in der Stille hängen. »Ich dachte, Sie sind anders, Lieutenant«, sagte er schließlich. »Ich dachte, Sie sind besser als die anderen.«

Bishop senkte den Kopf. »Leider nicht«, erwiderte er leise.

Brock stand auf, und kühl sagte er: »Dann schreiben Sie die Namen auf ein Stück Papier, Lieutenant. Schreiben Sie auf, wer heute nacht sterben soll. Sie bringen zwei Leute um, weil Sie Angst haben, das Richtige zu tun. Schreiben Sie die Namen auf, und stecken Sie den Zettel in Ihre Brieftasche. Und dann tragen Sie den Ihr Leben lang mit sich rum, denn Sie haben diese Männer umgebracht.«

Bishop wandte sich ab. Er war in der Falle. Brock hatte recht, aber was hatte das mit Recht oder Unrecht zu tun? Minutenlang starrte er durch das Nachtsichtgerät auf die wüste Fläche da unten. Es war wie zuvor, still und tot, unheimlich und bedrohlich. Wenn der Tod ein Ort war, dachte Bishop, dann war er da draußen.

Schließlich schrieb er zwei Namen auf einen Zettel und hielt ihn Brock hin.

Brock nahm das Papier nicht, er las nur die Namen und verließ den Bunker, ohne ein Wort zu sagen.

Bishop starrte lange auf das Stück Papier. Bringe ich sie um? fragte er sich. Ich habe keine andere Wahl, dachte er. Es ist nicht meine Entscheidung. Er faltete den Zettel mit den Namen zusammen. Es ist ein gültiger Befehl – das ist so, als hätte der Präsident sie ausgewählt und der Kongreß. Dann steckte er den Zettel in seine Brieftasche und hielt sie fest in den Händen. Er schloß die Augen. Lieber Gott, mach, daß sie durchkommen. Keine Toten mehr, Gott, ich flehe dich an.

Auf dem Hang, der dem Höhenzug gegenüber lag, kauerten Scott Sutherland und Larry Miller eng nebeneinander hinter einem Maschinengewehr und suchten die Ebene hinter dem Drahtverhau ab.

Miller war neunzehn, hatte Frau und Kind, und jede Minute der sieben Wochen, die er nun im Kampfgebiet war, hatte er in Angst und Schrecken verbracht. Als der Feind vor zwei Nächten den Hügel angriff, hatte er neben einem Mann gekniet, den ein Schrapnell getroffen hatte; völlig unfähig, irgend etwas zu tun, hatte er mit den Fäusten in den Sand geschlagen, während er die Schreie neben sich hörte, hatte den Sand geknetet, während die Schreie schwächer wurden und in ein flehendes Wimmern übergingen, hatte schließlich vollkommen still dagesessen, als der Mann tot war.

Jetzt wollte er sprechen, die beängstigende Stille durchbrechen, aber es kamen keine Worte, nur Bilder, die Toten, und er sah sich selbst zwischen ihnen, ihre offenen Augen starrten ihn an.

»Sutherland?«

»Was ist?«

»Ich sehe Mitchell immer noch.« Miller schlang sich die Arme um den Oberkörper, die Angst schmerzte. »So darf niemand sterben.«

Sutherland zuckte die Achseln. »Ist doch egal, wie man stirbt; tot ist tot.«

Miller schwieg, überließ sich der Nacht, sah die Toten. Er preßte die Arme an den Körper. »Mein Gott, ich habe solche Angst, Scott.«

Sutherland war gleichfalls neunzehn, hager und gebräunt, das Haar von der Sonne gebleicht und fast weiß, ebenso ausgedörrt wie seine Gefühle nach drei Monaten Kampfeinsatz. Er hatte schwere Gefechte hinter sich gebracht seit seinem ersten Einsatz, als er neben Ron Mead im Hubschrauber gesessen und seine Angst verzweifelt zu verstecken versucht hatte, an dem Tag, als Dutton starb. Elf weitere waren nach Dutton getötet worden, und es war noch längst nicht vorbei, das wußte er.

Es lag kein Sinn in ihrem Tod; oft schon hätte es ihn selbst treffen können. Bei seinem ersten Einsatz war er nur ein paar Schritt von Dutton entfernt gewesen – der Gook hätte geradesogut ihn erschießen können, dann läge jetzt er und nicht Dutton in der Erde und verfaulte.

Der Gedanke machte ihn zornig. Er hatte das Gefühl, durch Täuschung in diesen Krieg geraten zu sein; für nichts hatten sie ihn hierher geschickt. Niemand scherte sich um die Toten, und auch

nach ihm würde kein Hahn krähen, wenn er starb. Das schürte seinen Zorn und stärkte seinen Willen zu überleben.

Er würde es schaffen, das schwor er sich. Er hatte seine Mutter und seinen Vater überlebt, die sich einen Scheißdreck um ihn kümmerten; er hatte die Kämpfe zwischen den jugendlichen Gangs in Los Angeles überlebt, und er würde auch das hier überleben. Nur, das hier war anders...

»Alle haben Angst«, erwiderte er leise. »Sogar der Gunny und der Lieutenant.«

»Du auch?« fragte Miller, der Sutherland immer nur großspurig und verächtlich erlebt hatte.

Sutherland starrte in die Nacht und sagte ruhig: »Manchmal habe ich solche Angst, daß ich kotzen möchte, aber...« Die Vergeblichkeit seiner Worte ließ ihn verstummen. Er legte das Gewehr aus der Hand, rollte sich zur Seite und stopfte sich die Jacke als Kissen unter den Kopf.

»Du übernimmst die erste Wache, okay?« Er zog den Poncho fester um den Körper und versuchte einzuschlafen, aber die Toten kamen zu ihm, dieselben Schreie derselben Toten wie jede Nacht seit nun schon drei Monaten.

Miller starrte suchend in die Dunkelheit, Sutherland war schon längst eingeschlafen. Plötzlich sprang er vor und griff nach dem Maschinengewehr. »Scott!«

Augenblicklich war Sutherland zur Stelle, sein Blut pulsierte, die Augen suchten angestrengt in der Dunkelheit. Die Zeit verging, aber Sutherland sah und hörte nichts. Die Müdigkeit übermannte ihn, die Augen fielen ihm zu; er zwang sich, sie wieder zu öffnen; schließlich gab er auf. »Ich sehe nichts.«

»Da draußen ist was.«

»Die ganze Scheißarmee der Gooks ist irgendwo da draußen«, entgegnete Sutherland. Er legte sich wieder hin, und ein paar Minuten später war er wieder eingeschlafen.

Dann sah Miller es wieder. »Scott!«

Sutherland rappelte sich auf und riß sein Gewehr hoch, bevor er den Sperrzaun erkennen konnte. »Wo?«

»Gleich hinter dem Zaun.«

Sutherland suchte das schwarze Gelände ab, dann sagte er angewidert: »Das ist ein Busch.« Er entspannte sich, rieb sich die Augen und legte das Gewehr beiseite.

»Larry, ich muß ein bißchen schlafen. Die kommen nicht durch den Zaun. Zwei Tage lang haben wir das Ding vermint. Niemand kommt da durch, wenn wir's richtig gemacht haben.«

»Da hat sich was bewegt«, flüsterte Miller.

»Das ist der Wind.« Sutherland wandte sich ab. »Du lieber Himmel.«

»Scott, ich schwöre, es kommt näher.«

Sutherland seufzte, aber er kauerte sich hin, starrte suchend in die Nacht und hob dann langsam das Gewehr.

Miller kroch neben ihn und hob gleichfalls das Gewehr. »Siehst du was?«

Sutherland nickte; er lag im Sand, das Gewehr an der Schulter. »Ja.«

Durch Miller ging ein Ruck, und er entsicherte sein Gewehr. »Was?«

»Ich sehe einen Busch.«

»Verdammt, Scott.«

Sutherland lachte und stand auf. »Entspann dich. Denk an was anderes.«

»An was denn? An Mitchell und Donner? Oder an Blake und seine Därme, die überm Stacheldraht hingen, und all die Stücke von ihm, die sie nicht mehr gefunden haben. Verdammt, ich will nicht an Mitchell denken. Ich höre ihn immer noch schreien.«

Miller legte das Gewehr ab und hielt sich die Seite. »Ich will hier nur raus.« Seine Stimme war wie ein Schrei. »Ich will meine Frau und mein Kind wiedersehen.«

»Mein Gott«, stöhnte Sutherland, »nicht schon wieder.« Er stand auf.

Miller sah ihn in der Nacht verschwinden. Schreckliche Dunkelheit umgab jetzt auch ihn, und er zog das Maschinengewehr näher zu sich heran. Er hörte Geräusche im Drahtverhau. Sogleich verschwanden seine Frau und sein Kind; er wandte den Kopf, um Sutherland zu rufen, aber der war fort. O Gott, dachte Miller, und der Überfall vor zwei Nächten kam ihm in den Sinn.

Sutherland überquerte lautlos den Hügel. Plötzlich erstarrte er, als er das Klicken einer Gewehrsicherung hörte.

»Ich bin's, Sutherland«, sagte er rasch.

»Wohin willst du?«

»Ficken.«

»Und wer hält deine Stellung?« fragte eine zweite Stimme aus dem Dunkeln.

»Vierzehn Gooks.«

Die Stimmen kicherten, und er ging zu ihnen, sprang in den Bunker hinunter, neben zwei Männer, die reglos dastanden wie zwei Kriegerstatuen zwischen düsteren Ruinen. Die Dunkelheit verhüllte ihr Gesicht, nur die Augen waren lebendig und schimmerten hell.

»Du kommst gerade richtig«, sagte Matt Landis. »Ich bringe Snags um, wenn er mir noch mal erzählt, wie wenig Tage er hat.«

»Zweiundvierzig, du Wichser«, erwiderte Snags.

Landis zog sein Bajonett und warf es durch die Luft; ein paar Zentimeter neben Snags blieb es in einem Sandsack stecken.

»Zweiundvierzig, du Wichser«, wiederholte Snags ungerührt.

»Das ist ganz schön viel«, sagte Sutherland.

»Das ist schon morgen, verglichen mit dir, Sutherland. Wie lange hast du noch? Dreihundert? Und Landis kommt überhaupt nicht mehr nach Hause. Die werden nicht mal genug von ihm finden, was sie zurückschicken können. Soll ich euch sagen, was ich als erstes mache, wenn ich zurück bin?«

»Nein«, erwiderten Sutherland und Landis wie aus einem Munde.

»Muschilecken.«

Landis lachte. Greg Pozinski, ein dicker, blonder Kerl, hatte fast ein Jahr im Kampfgebiet überlebt; sie nannten ihn Snags, weil ein lückenhaftes, schiefes Gebiß sein ansonsten recht annehmbares Gesicht entstellte. »'ne Frau, die dich da ranläßt, könnte sich genausogut 'ne Säge durch die Fotze ziehen«, höhnte Landis.

»Nur auf die Zunge kommt's an«, erwiderte Pozinski.

»Du mit deiner Verbrechervisage, du hast doch Zähne auf der Zunge«, konterte Landis.

Snags sah ihn an, dann sagte er mit tiefer Befriedigung in der Stimme: »Zweiundvierzig Tage, du Wichser.«

Für Sutherland klang das wie morgen. Jedermann wußte auf den Tag genau, wie lange er noch in Vietnam bleiben mußte. Dreizehn Monate dauerte die Einsatzperiode, und Sutherland hatte noch dreihundertundvier Tage vor sich; Landis, der Funker, noch einhundertneunundsiebzig.

Sutherland hielt sich gerne an Leute wie Pozinski und andere,

die überlebt hatten, denn er hoffte, hinter ihr Geheimnis zu kommen.

Von Ron Mead hatte er gelernt, daß man mutig sein und den eigenen Instinkten vertrauen mußte. Er haßte den Gunny, aber Brock hatte ihn Disziplin und Vorsicht gelehrt. Von Snags hatte er Zielstrebigkeit und absolute Selbstbeherrschung gelernt – er wurde niemals böse, verlor nie die Geduld; er konnte stundenlang regungslos in einem Hinterhalt sitzen, ohne die Konzentration zu verlieren. Auch bei anderen hatte er sich Dinge abgeguckt, und selbst von den Toten konnte man etwas lernen.

Brock saß in einer Ecke des Bunkers auf dem Boden, Waffen um sich herum, und starrte auf Bishop.

Bishop spürte den bohrenden Blick, aber er konzentrierte sich auf seine Karte und zeichnete Artilleriekoordinaten ein. Dann ging er ans Nachtsichtgerät, um das Gelände abzusuchen, während er auf die beiden Männer wartete.

Nach ein paar Minuten hörte er ihre Stiefel auf der Leiter und drehte sich um.

»Sind Sie fertig?«

»Jawohl, Sir«, sagte Pozinski. Trotz des Gewehrs und der Munitionsgürtel, der Handgranaten und des geschwärzten Gesichts stand er zaghaft vor dem Offizier.

»Sie auch, Miller?«

Miller konnte ihm nicht in die Augen sehen und nickte nur kurz mit dem Kopf.

»Sie werden unten am Infiltrationsweg einen Horchposten beziehen. Das ist kein Hinterhalt. Sie sollen den Feind nicht angreifen, nur sehen und hören. Sie sollen herausfinden, ob die da unten eine Raketenstellung einrichten.«

Pozinski blickte ihn skeptisch an.

»Ich weiß«, sagte Bishop besänftigend, »eigentlich schicken wir nachts keine LPs raus, aber das hier ist ein Sonderfall. Es ist sehr wichtig.« Er nannte ihnen die Koordinaten und zeigte ihnen die Position auf der Karte; dann gab er ihnen die Kompaßwerte, denen sie zu folgen hatten.

»Noch irgendwelche Fragen?«

Sie standen schweigend vor ihm, zwei schwerbewaffnete Krieger, die Gesichter unter den Helmen düster und verzerrt; aber die Angst

und die Unschuld in ihren Augen straften ihre wilde Erscheinung Lügen.

Miller packte sich das Feldfunkgerät auf den Rücken.

»Ihr Rufzeichen ist Tiny Tim«, sagte Bishop.

Einen Augenblick lang blieben sie unschlüssig stehen, dann wandten sie sich widerwillig der Leiter zu und stiegen hinauf.

Lange starrte Bishop auf die Stelle, wo sie verschwunden waren.

Miller und Pozinski nahmen ihren Weg über den Hügel zu dem Durchlaß im Drahtverhau.

Sie kauerten sich nieder, horchten, suchten nach einem Anzeichen; schließlich schlüpften sie durch den Zaun in die dunkle Arena.

Miller zitterte, als er sein Gewehr entsicherte. Er sagte zu sich selbst, aber auch Pozinski hörte es: »Wir werden abgeknallt. Ganz sicher.«

Sie drangen nach Westen vor, blieben alle hundert Meter stehen und horchten. Nach dreißig Minuten hatten sie ihr Ziel erreicht, einen kleinen Einschnitt inmitten des verwüsteten Geländes der Infiltrationsroute, gut anderthalb Kilometer vom Hügel entfernt, ein kaum sichtbarer Fleck auf einem riesigen See.

Bishop sah durch das Nachtsichtgerät; jedesmal, wenn sie zwischen denen Dünen verschwanden, hielt er den Atem an. Als sie ihre Position erreicht hatten, entspannte er sich. »Sie sind angekommen«, sagte er zu Brock, der sich nicht aus seiner Ecke gerührt hatte.

Pozinski ließ sich in den Sand fallen; jetzt, da sie sicher angekommen waren, fühlte er sich besser. Vielleicht würde es ja doch gutgehen, dachte er. Der Mond schien so hell, daß er den Schmutz unter seinen Fingernägeln sehen konnte. Er begann, sie zu säubern, während er angespannt lauschte.

Miller neben ihm entspannte sich nicht. Er konnte nur daran denken, wie weit sie vom Hügel entfernt waren, allein.

Der Wind frischte auf; es wurde kühler.

Bishops Augen schmerzten von dem angestrengten Sehen. Nach einer Stunde fühlte er sich wie hypnotisiert von dem starren Bild, das ihm das Sichtgerät bot, unbewegt und dennoch lebendig, eine Schwarzweißfotografie, die sich in surrealistischer Weise aufbaute, während er zusah.

Plötzlich griff er nach dem Hörer des Funkgeräts. »Tiny Tim, Bewegung in Richtung eures Standorts, insgesamt vier.«

Miller und Pozinski rückten zusammen und blickten angestrengt nach Süden.

Wieder knackte das Funkgerät, und sie hörten Bishops Stimme, langsam und ruhig, aber mit einer Spur Anspannung darin. »Ich sehe noch zwei westlich von euch. Ich weiß nicht, ob sie euch gesehen haben.«

Die Angst schoß Miller in den Bauch. Ihm war schlecht.

Pozinski strich sanft über den Kolben seines Gewehrs. Zwei kleine Gruppen waren nicht so schlimm, und der Lieutenant hatte nicht allzu besorgt geklungen. Wahrscheinlich würde der Feind ihnen direkt vor die Gewehre laufen. Sein Puls ging schneller angesichts der Aussicht, sie zu töten.

Miller begann unkontrolliert zu zittern; er mußte sich im Sand festklammern, damit er nicht aufsprang und fortlief.

Pozinski spürte Millers Nervosität und faßte ihn an der Schulter. Miller fuhr zusammen, aber Pozinski ließ ihn nicht los.

Und plötzlich erkannte Bishop die Gefahr. Er sah fünfzehn Mann von Norden auf die beiden zusteuern. Er wollte schon schreien, beherrschte sich aber und sagte so gefaßt, wie er konnte, ins Mikrofon: »Ihr müßt da raus, schnell!«

Mit Schrecken sah er, wie von allen Seiten feindliche Soldaten über die Dünen rasch auf die beiden zustrebten – eine Klaue, die sich schloß. »Schnell! Zurück jetzt! Sie kommen von allen Seiten.«

Bishops Worte trafen Miller wie eine Kugel. Er sprang auf und packte Pozinski. Sie kletterten den sandigen Hang hinauf; der Sand floß unter ihren Füßen.

Bishop alarmierte die Posten auf dem Hügel und forderte Artillerieunterstützung an. Brock rannte aus dem Bunker, um den beiden Feuerschutz am Sperrzaun zu geben.

Plötzlich hörten sie das dumpfe Krachen von Mörsern, und alle warfen sich auf die Erde, versuchten sich einzugraben, während die feindlichen Granaten kreischend heranschossen.

Bishop rief in das Funkgerät: »Lauft! Lauft! Weiter! Nicht runtergehen!«

Miller fuhr der Schreck in alle Glieder. Noch nie hatte er Angst in Bishops Stimme gehört. Dann sah er, wie der Hügel im Sperrfeuer explodierender Granaten versank. Das Funkgerät drückte ihn nie-

der, seine Füße versanken im Sand; es war, als liefe er im Wasser. Er stolperte, Pozinski packte ihn und zog ihn mit.

Kugeln schlugen neben ihren Füßen ein, pfiffen an ihnen vorüber.

Miller stürzte unter dem Gewicht des Funkgeräts; er schrie voller Angst. Pozinski lief zurück zu ihm.

Die erste Salve Artillerie schlug hundert Meter entfernt ein. Die Explosion blendete sie und warf sie zu Boden. Sie krochen hastig weiter, kämpften sich in Richtung Sperrzaun vor, während rund um sie her die Kugeln einschlugen.

Bishop verfolgte sie mit dem Sichtgerät, dabei traktierte er den Sandsack mit der Faust. »Schnell! Macht voran!«

Pozinski erreichte die erste Reihe des Drahtverhaus. Er hörte Männer auf dem Hügel schreien. Er sah Brock, der durch den Drahtverhau auf ihn zukroch. Hinter sich hörte er Miller schreien.

Dann explodierten der Hügel und der Sperrzaun.

Brock warf sich über den Verhau und zog Pozinski hindurch. Er suchte nach Miller, aber der war nicht mehr da; er sah nur noch feindliche Soldaten, die auf ihn zustürmten. Der Draht zerriß ihm die Haut, als er darüber hinweg stieg. Hände griffen nach ihm und Pozinski und zogen sie den Hang hinauf.

Bishop wies gerade die Artillerie ein, als sie Pozinski zum Bunker brachten. Zuerst konnte er bei all dem Blut gar nicht erkennen, wer nun verletzt war. Bishop kniete sich neben Pozinski und riß an seinen Kleidern. Blut drang in Blasen aus seiner Brust und wurde wieder eingesaugt.

Pozinskis Stimme kam dumpf. »Lieutenant?«

Bishop konnte den Blick nicht von der Wunde abwenden.

»Es tut so weh, Lieutenant. Helfen Sie mir.«

Bishop hob den Oberkörper an und hielt ihn in den Armen. »Greg, Greg«, flehte er leise.

Pozinski öffnete die Augen, suchte die Stimme, die ihn beim Namen seiner Kindheit gerufen hatte, aber er konnte nichts sehen, und er fiel so weit und so schnell aus dieser Welt heraus, wie in der Sekunde vor dem Einschlafen. »Mom? Mommy?«

Dann folgte ein leiser Aufschrei, und der Kopf fiel zur Seite.

Einen Augenblick lang fühlte Bishop nur noch Leere; er hielt den Mann in seinen Armen, roch das nasse, warme Blut, hörte die Rufe am Sperrzaun. Angst und Verwirrung überwältigten ihn.

Voller Schrecken sah er auf; mit einer verzweifelten Willensan-

strengung legte er den toten Körper zurück auf den Boden und lief den Hang hinunter, während Kugeln sich um ihn her in den Boden bohrten. »Feuer!« schrie er. »Auf den Zaun!«

Er sah feindliche Soldaten, die zum Sturm auf den Drahtverhau ansetzten. Keiner seiner Männer feuerte. Er allein stand vor dem Sperrzaun und jagte Feuerstöße gegen den Feind.

»Miller ist da draußen«, schrie Sutherland ihn an.

»Feuer!« kommandierte Bishop. »Haltet sie vom Zaun weg!«

Sutherland rannte zum Zaun und rief: »Nein! Larry! Larry!«

Männer ergriffen ihn, zogen ihn zu Boden, und ein Maschinengewehr hielt direkt in den anstürmenden Feind hinein. Bishop sah, wie sie zurücksprangen, wie einzelne, von Kugeln getroffen, niederstürzten. Fünf Minuten lang wütete das Sperrfeuer hinter dem Drahtverhau.

Dann war es vorüber. Der Feind zog sich zurück, und das Feuer wurde eingestellt. Die ganze Umgebung war in Rauch gehüllt.

Bishop beorderte seine Männer zurück auf den Kamm des Hügels.

Sutherland rührte sich nicht. »Larry ist da draußen.«

Bishop kauerte sich neben ihn. »Er ist tot, Scott. Wir holen ihn morgen.«

»Sie haben ihn umgebracht, Lieutenant. Sie Schwein!« schrie er. »Sie haben ihn umgebracht.« Er stürzte sich auf Bishop.

Männer hielten Sutherland zurück, und Bishop ging in den Bunker. Brock kontrollierte die Posten und wies die Leute in ihre Stellungen ein.

Stundenlang saß Bishop auf dem Hang und starrte auf den Drahtverhau. Endlich zeigte sich Licht am Horizont, ein Augenlid, das sich langsam öffnete. Grauer Nebel wand sich heran, kroch auf den Hügel zu, legte sich über die gekrümmten Leiber und hüllte sie ein. Dann hob sich der Nebel, und eine nach der anderen tauchten die Gestalten wieder auf, eine gespenstische Auferstehung der Toten, die – immer noch tot – auf der Ebene lagen, als gehörten sie unverrückbar dorthin.

Bishop ging zum Bunker und kehrte mit einem grünen Leichensack zurück.

»Soll ich mitkommen?« fragte Brock ohne einen Anflug von Vorwurf oder Anklage.

Bishop schüttelte den Kopf und ging den Hang hinunter; allein

schlüpfte er durch den Drahtverhau und suchte zwischen den Toten, bis er Miller fand.

Eine Granate hatte ihn getroffen, hatte ihm den Kopf weggerissen und den Leib zerfetzt. Bishop vertrieb jeden Gedanken aus seinem Gehirn; zwanzig Minuten lang suchte er die Fetzen zusammen, stopfte Fleisch und Knochen in den Sack. Zuletzt griff er nach dem Kopf, schloß die Augen und legte ihn behutsam in den Sack. Dann lief ein Schauer durch seinen Körper, und er wischte sich die Hände an den Ärmeln ab.

Ihm war schwindelig, der Gestank bereitete ihm Übelkeit. In seinem Kopf drehte es sich; er kehrte der aufgehenden Sonne den Rücken zu und sah seinen Schatten über den Toten liegen. Er trat zur Seite, doch wohin er sich auch stellte, immer fiel sein Schatten auf eine Leiche.

Er sah, daß seine Männer ihn vom Hügel aus beobachteten. Er nahm den grünen Leichensack auf, und wie ein Ghul kämpfte er sich den Hang hinauf.

Eine Stunde später preschte ein Hubschrauber heran, kreiste mehrfach über dem Hügel und setzte unsanft auf.

Ein stämmiger Mann mittlerer Größe, Mitte Vierzig, kletterte heraus, auf Schultern und Helm glänzte ein silberner Stern.

Bishop lief aus dem Bunker herbei und salutierte.

Der General erwiderte den Gruß nicht, taxierte ihn nur mit äußerst kalten, grauen Augen. »Der Feind hat letzte Nacht sämtliche Außenposten an der entmilitarisierten Zone angegriffen, Lieutenant. Ihre Stellung ist die einzige, die nicht überrannt worden ist. Sie dürfen stolz sein. Ihr Kompaniechef hat Sie für ein Navy Cross eingereicht. Ich habe es schon bestätigt.«

Er sprach ohne jeden Nachdruck, als wüßte er, wie leer die Worte waren.

Sutherland stand auf dem Hügelkamm und starrte auf die Leichensäcke; ein unbändiger Wunsch zu verstehen erfüllte ihn.

Wie war das möglich gewesen? Sie hatten miteinander geredet, und Snags hatte seine Scherze gemacht. Er blickte über den Hügel und rief die vergangene Nacht in sein Gedächtnis zurück. Es mußte irgendein Zeichen gegeben haben, etwas, das er übersehen hatte und das alles erklären konnte.

Miller, ja; ihn konnte er sich tot vorstellen. Aber Snags nicht. Snags hätte nicht sterben dürfen; es gab keinerlei Vorwarnung, kein Vorzeichen.

Er ließ sich auf die Knie nieder und öffnete den Sack.

Nichts Geheimnisvolles hatte das Gesicht des Toten, die Züge offenbarten gar nichts, sie waren nur kalt und grau und tot.

Und wenn es Snags passieren konnte, dann konnte es auch ihm passieren. Es sei denn, es gab einen Plan, den er nicht sah; es sei denn, Gott entschied über all diese Dinge. Griff Gott in den Dschungel hinein und richtete einen Mann so zu?

Nein. Er wußte, daß er es nicht tat. Kein Gott scherte sich um Snags oder Miller. Es gab keinen Plan.

Aber was dann?

Hatte sie nur das Glück verlassen? Konnte er gar nichts tun, um sich zu schützen? War es möglich, daß er auch so endete, ohne Vorwarnung, nur ein weiterer von diesen dummen Hunden, die sie einfingen, benutzten, ausquetschten und in Säcke verpackt zurückschickten?

Er schloß den Sack und stand auf.

Nein. Er würde auf keinen Fall so enden. Er würde nicht sterben.

Seine Augen wurden hart, er starrte auf die beiden Leichensäcke, dann sah er über sie hinweg, dorthin, wo Bishop und der General standen, und noch weiter, wo der Feind lag.

»Ich nicht«, sagte er laut, ein trotziges Versprechen: Ich komme durch, ganz gleich, was ich dazu anstellen muß.

II

Marshall erwachte vom langsamen, rhythmischen Schlag eines Ventilators, der an der Decke angebracht war. Die Vorhänge waren noch zugezogen; er hatte gut geschlafen, offenbar ohne sich auch nur einmal umzudrehen, und fühlte sich erfrischt.

Das einzige Geräusch kam vom Ventilator. Er betrachtete ihn schläfrig, die leichte Brise und das sanfte Rauschen lullten ihn ein, aber dann fiel sein Blick auf die Decke. Er sah schärfer hin und erkannte einen Fries aus Eidechsen. Eine bewegte sich und eine zweite, und dann schien die ganze Decke plötzlich lebendig zu werden.

Geckos. Er entspannte sich. Deshalb also hatte er so gut geschlafen, ohne Störungen durch Fliegen und Mücken. Er war in Saigon, es war Viertel vor acht, und er hatte dreizehn Stunden geschlafen.

Er stand steif auf, er spürte seine Glieder vom langen Liegen. Er ging ans Fenster und schaute durch die Spalten der hölzernen Fensterläden. Das Schlafzimmer ging auf den Innenhof und den Garten der Villa hinaus. Er sah einen Mann, der mit weißen Blüten überladene Oleanderbüsche zurückschnitt. Der Garten war ein bißchen verwildert, wie auch die Villa, überwuchert und an der Schwelle zum Verfall.

Die Villa gehörte der französischen Gesandtschaft; sie wurde nur gelegentlich benutzt, weil die Würdenträger den Service und die Sicherheit der Hotels vorzogen. Man hatte sie hastig bei den Franzosen entliehen, als Marshall erklärte, daß er nicht ins Hotel gehen und auch nicht die Gastfreundschaft des Botschafters in Anspruch nehmen wollte.

Seine Forderung nach völliger Privatheit hatte beim Botschaftspersonal eine Krise ausgelöst, und erst Minuten nach dem Empfang stand die Villa für ihn bereit, mit allem nötigen Personal, das die ganze Nacht durchgearbeitet hatte, um sie für den Sonderbeauftragten des Präsidenten herzurichten. Während er schlief, wurde das Haus gereinigt; Vorräte wurden herbeigeschafft und Möbel, die man buchstäblich aus den Wohnungen niederer Chargen holte.

Lange vor Tagesanbruch hatten Gärtner sich an die Arbeit ge-

macht, hatten Unkraut gejätet und Stauden beschnitten, hatten jahrelangen Wildwuchs rückgängig zu machen versucht. Der Springbrunnen war gereinigt, der Fischteich abgelassen, wiederaufgefüllt und neu bestückt worden.

Nach diesen fieberhaften Aktivitäten herrschte nun Ruhe in der Villa. Im Garten klapperten die Scheren der Gärtner, und in der Küche bereitete man das Frühstück.

Marshall sah, daß sein weißer Leinenanzug gebügelt und die Kleider ausgelegt worden waren. Die Einrichtung war komfortabel, auf angenehme Weise kolonial, und Marshall bedauerte nicht im geringsten, daß er einen solchen Aufruhr verursacht hatte.

Er hatte selbst dann noch auf seiner Forderung nach privater Unterbringung bestanden, als man ihm erklärte, daß dies »aus Sicherheitsgründen« nicht möglich sei.

»Wozu habe ich dann überhaupt einen Leibwächter?« hatte er General Abrams gefragt. »Im Hotel kann ich auch den Zimmerservice rufen, wenn ich Hilfe brauche. Wenn Sie mir keine bessere Unterbringung bieten können als ein Hotelzimmer und wenn Sie ständig Sicherheitsbedenken vorbringen, sobald ich irgend etwas unternehmen möchte, verschwende ich hier nur meine Zeit. Da kann ich auch gleich den Präsidenten anrufen und ihm meine Untersuchungsergebnisse durchgeben.«

Abrams schluckte seine Wut hinunter und gab Order, die Villa vorzubereiten.

Anschließend teilte Marshall Botschafter Bunker mit, daß er an keinen weiteren Empfängen und sonstigen gesellschaftlichen Veranstaltungen teilnehmen werde.

Der Eindruck, den Marshall hinterließ, war negativ, aber das entsprach seiner Absicht. Er wollte, daß man ihn für schwierig und anspruchsvoll hielt. Er wollte, daß man ihn fürchtete, und er gedachte, die ehrfurchtgebietende Macht des Präsidentenamtes voll einzusetzen.

Am schwierigsten würde es sein, die bürokratischen Strukturen zu durchbrechen, unter all der Propaganda, den Berichten und Besprechungen die verborgene Wahrheit hervorzuholen – ganz gleich, ob er nun auf Edelsteine stieß oder nur auf Sand. Er durfte nicht zulassen, daß man ihn benutzte oder verlud; er mußte sich von Anfang an durchsetzen.

Er kannte das Militär und die Bürokratie – mit Schmeicheleien

erreichte man dort gar nichts. Sie waren wie ein Sumpf, der keinen Widerstand bot, der bei jedem zaghaften Schritt nachgab, der den Unvorsichtigen tiefer in sich hineinzog und wohlmeinende Reformer gleich ganz verschlang.

Durch diesen Sumpf war er schon früher gewatet, im Nahen Osten und in Mittelamerika, aber diesmal würde er es nicht tun. Seine Zeit war zu kostbar, seine Mission zu wichtig. Diesmal würde er nicht waten, er würde hindurchfegen, und damit hatte er bereits begonnen.

Beim Empfang war er höflich, aber distanziert gewesen; der Smalltalk erstarb seinen Gesprächspartnern auf den Lippen, ihre Trivialitäten ließ er ohne Antwort. Dem Verbindungsmann des State Department erklärte er, er werde keine Termine wahrnehmen, keine Einladungen annehmen und keine Besucher empfangen. Er werde seine eigenen Arrangements treffen und es ihn wissen lassen, falls er seine Hilfe wünsche.

Als er den Empfang verließ, war ihm sehr wohl bewußt, welche Furcht und welches Unbehagen er ausgelöst hatte.

Marshall rasierte sich und zog sich an; er dachte mit Befriedigung an den vergangenen Abend zurück und trat voller Zuversicht angesichts der Aufgabe, die vor ihm lag, aus dem Schlafzimmer.

Ron Mead rappelte sich erschrocken auf; er stieß den Stuhl um, auf dem er gesessen hatte, griff nach seinem Gewehr, nahm Haltung an und rief viel zu laut: »Guten Morgen, Sir.«

Marshall schrak zurück. »Großer Gott!« entfuhr es ihm.

Mead stand steif da, das Gewehr in der Hand, und blockierte den Durchgang.

»Um Himmels willen«, sagte Marshall entsetzt, und er erinnerte sich an den Infanteristen der Marines, der ihm als Leibwächter zugeteilt worden war.

Als Mead den Unwillen des Botschafters bemerkte, nahm er das Gewehr herunter und trat zur Seite.

»Machen Sie das nicht noch einmal!« sagte Marshall. »Mein Gott, ich dachte, Sie wollten mich erschießen. Und stellen Sie das verdammte Ding weg!« Er zeigte auf das Gewehr. »Ich will ja nur zum Frühstück und nicht auf einen Stoßtrupp.«

»Jawohl, Sir«, erwiderte Mead und suchte nach einem Platz für die M-16, aber da er keinen fand, hielt er das Gewehr hinter seinem Rücken und nahm Haltung an.

Marshall musterte ihn, bemerkte die Verwirrung und Verunsicherung des jungen Mannes und erinnerte sich schuldbewußt des schroffen Benehmens, das er ihm gegenüber gestern an den Tag gelegt hatte.

»Schon gut«, sagte er und streckte den Arm aus, um Mead zu einer bequemeren Haltung zu bewegen. Er lächelte. »Fangen wir noch mal von vorn an, ja? Wie heißen Sie?«

»Mead. Corporal Mead, Sir.«

»Ich meine Ihren richtigen Namen.«

Mead blickte ihn verwirrt an. »Sir, das ist mein richtiger Name.«

Marshall grinste. »Was sagt Ihre Mutter zu Ihnen. Sie nennt Sie doch sicher nicht Corporal Mead.«

»O nein, Sir. Ron. Ron Mead, Sir. Corporal Ronald F. Mead.«

Marshall nickte und sah auf den umgestürzten Stuhl. »Wie lange sind Sie schon hier?«

Mead wand sich. »Also ... die ganze Nacht, Sir.«

»Wollen Sie damit sagen, Sie haben auf diesem Stuhl da geschlafen? Hat Ihnen denn niemand gesagt, daß Sie gehen können?«

»Nein, Sir. Ich ... ich habe angenommen, daß ich in Ihrer Nähe bleiben soll. Man hat mir nur gesagt, daß ... also, daß ich sie beschützen soll.«

Marshall nickte feierlich und sagte ernst: »Das haben Sie gut gemacht.« Er berührte ihn leicht am Arm. »Kommen Sie, wir wollen frühstücken.«

Mead rührte sich nicht von der Stelle. »Mit Ihnen, Sir?« fragte er verblüfft.

»Soll ich Ihnen das Frühstück vielleicht heraufbringen?«

Mead unterdrückte ein Grinsen angesichts der Vorstellung, der Botschafter brächte ihm sein Frühstück herauf. »Nein, Sir. Ich meine, also, ich konnte mir nicht vorstellen, daß ich mit Ihnen ...«

Aber Marshall ging bereits die Treppe hinunter, und Mead eilte hinter ihm her.

Am Fuß der Treppe war das gesamte Hauspersonal in der Reihenfolge seines Ranges angetreten: Majordomus, Butler, Chauffeur, Koch, Hausmeister und zwei Dienstmädchen. Sie traten einzeln vor, nannten ihren Namen und begrüßten ihn. Marshall nickte jedem freundlich zu, bedankte sich und dachte reumütig an die Privatheit, die er verspielt hatte, als er auf einem Haus statt dem Hotel bestanden hatte.

Der Tisch war nur für eine Person gedeckt. Marshall ließ ein zweites Gedeck für Mead kommen und dirigierte ihn zu seinem Stuhl. Der Soldat blieb stehen, bis Marshall Platz genommen hatte, dann setzte er sich gleichfalls und saß steif da.

Ein Mädchen goß ihnen Kaffee ein, aber Mead trank erst, als Marshall getrunken hatte.

Marshall betrachtete ihn eine Weile, dann sagte er freundlich: »Vielleicht sollten wir ein wenig miteinander plaudern, Corporal, sonst wird die Sache sehr unangenehm für uns. Es tut mir leid, daß ich gestern so grob war. Ich hätte das nicht tun sollen, aber ich war überrascht und verwirrt, daß man mir einen Leibwächter zugewiesen hatte. Es war nicht persönlich gemeint, ich hatte nur nicht damit gerechnet, daß immer jemand bei mir sein würde. Ich kann mir vorstellen, daß Sie auch nicht gerade versessen darauf sind, den Babysitter für mich zu spielen. Bestimmt gibt es jemanden, mit dem Sie Ihre Zeit lieber verbrächten. Aber offenbar sind wir nun einmal aneinandergebunden, und ich meine, wir sollten das Beste daraus machen.«

Man servierte Rührei mit Schinken, dazu mehrere Sorten Brot und Brötchen.

Mead rührte nichts an, bis Marshall ihn endlich aufforderte zu essen.

»Erzählen Sie mir von sich«, sagte Marshall.

Mead hörte auf zu kauen; er blickte auf, als hätte ein Stein ihn getroffen.

»Woher sind Sie?« fragte Marshall.

»Aus Arkansas, Sir.«

»Große Familie?«

»Nein, Sir.«

»Sind Sie verheiratet?«

»Nein, Sir.«

Marshall lächelte. »Na, dann will ich Ihnen von mir erzählen. Ich habe Kinder in Ihrem Alter, einen Sohn, der gerade zur Armee gegangen ist, und vor langer Zeit war ich selbst einmal bei den Marines. Dann bin ich Anwalt geworden, und jetzt arbeite ich für den Präsidenten. Und darüber müssen wir uns nun ein wenig unterhalten, Corporal.«

Als Marshall den Präsidenten erwähnte, setzte Mead sich noch etwas aufrechter.

»Wie es scheint, werden wir beide viel Zeit miteinander verbringen. Sie müssen sich dabei über eins im klaren sein – daß Sie für mich arbeiten und für niemanden sonst. Sie unterstehen keinem Gunnery Sergeant, Captain oder Major, sondern ausschließlich mir. Verstanden? Niemand sonst hat Ihnen Befehle zu geben. Sollte einmal ein Konflikt auftreten, kommen Sie zu mir. Ist das klar?«

»Jawohl, Sir.«

»Ich arbeite für den Präsidenten und sonst für niemanden. Ich bin niemandem unterstellt, niemand kann mich feuern, niemand steht über mir – weder General Westmoreland noch Botschafter Bunker – nur Lyndon B. Johnson. Ich arbeite direkt für ihn, und Sie arbeiten direkt für mich. Ich muß Ihnen vollkommen vertrauen können. Ihr oberster Befehlshaber ist der Präsident der Vereinigten Staaten; ich bin sein unmittelbarer persönlicher Stellvertreter. Haben Sie noch irgendwelche Zweifel oder Fragen?«

Mead schüttelte den Kopf. »Nein, Sir, ich habe verstanden.«

»Gut. Dann möchte ich, daß Sie jetzt nach Hause gehen.«

Mead stutzte. »Sir?«

»Gehen Sie nach Hause oder zurück in Ihre Unterkunft. Haben Sie eine Freundin?«

Mead errötete.

»Gut. Dann gehen Sie zu ihr, oder gehen Sie schlafen. Es ist mir gleich, was Sie tun. Ich bin heute den ganzen Tag in der Botschaft und brauche Sie nicht. Da wird niemand auf mich schießen. Oder, wahrscheinlich wird man gerade dort auf mich schießen, aber das braucht Sie nicht zu kümmern. Sie gehen jetzt und kommen heute nachmittag um ... zwei Uhr zurück.«

»Sir, ich ... ich kann nicht ...«

»Für wen arbeiten Sie, Corporal?«

»Für Sie, Sir.«

»Und was habe ich Ihnen gerade gesagt?«

Mead schluckte.

»Haben Sie Geld?«

»Sir?«

»Für ein Taxi.« Marshall lächelte. »Corporal, ich bin selbst einmal Corporal gewesen. Ich bin alt, aber nicht senil. Ich weiß noch gut, wie das war.« Er nahm seine Brieftasche heraus und reichte ihm ein paar Piasterscheine. »Sie können es mir später zurückgeben. Sind Sie mit dem Frühstück fertig?«

Mead sah auf die Geldscheine in seiner Hand, dann auf den leeren Teller.

»Dann gehen Sie jetzt. Wir sehen uns um zwei.«

Mead stand auf, schob den Stuhl an den Tisch, suchte unsicher nach einem Platz für seine Serviette, stopfte sie sich in die Tasche und trat verwirrt zurück. »Vielen Dank, Sir«, murmelte er und floh.

Im Taxi, das sich durch den morgendlichen Verkehr kämpfte, versuchte Mead seine Gedanken zu ordnen. Er hatte erwartet, daß er Marshall hassen würde; auf Freundlichkeit war er nicht gefaßt gewesen.

Seit er an der Botschaft war, hatte niemand von Rang auch nur Kenntnis von ihm genommen, es sei denn, um ihm Befehle zu geben oder ihn zu schikanieren. Der letzte, der irgendein persönliches Interesse an ihm gezeigt hatte, war Lieutenant Bishop gewesen, und jetzt hatte der wichtigste Mann in ganz Vietnam, einer, der Generäle nach seiner Pfeife tanzen lassen konnte, ihn nach seinem Namen gefragt und mit ihm gefrühstückt, hatte ihm in wenigen Augenblicken mehr Wärme gezeigt als sein Vater in all den Jahren.

Er schien nett zu sein – ein anderes Wort dafür fiel ihm nicht ein, und Mead konnte sich nicht erinnern, daß jemals irgend jemand nett zu ihm gewesen war; meistens wurde er ignoriert, und er hatte sich daran gewöhnt.

Mead glaubte nicht, daß Marshall sich ihm gegenüber falsch oder berechnend verhalten hatte; er war zu unbedeutend, als daß der Botschafter sich die Mühe gemacht hätte, ihn zu beeindrucken; das ließ Marshalls Verhalten noch bemerkenswerter erscheinen.

Er mußte an einen alten Hofhund denken, den sie auf der Farm einmal gehabt hatten, einer von vielen, die ein paar Jahre da waren und dann fortliefen, überfahren oder erschossen wurden oder einfach verschwanden. Wie alle Hunde wurde er meist ignoriert, man überließ ihn sich selbst, warf ihm Abfälle hin; man ließ ihn nicht ins Haus, spielte nicht mit ihm, allenfalls kraulte man ihn gelegentlich kurz hinter den Ohren – ein Hofhund eben, kein Haustier. Eines Tages fuhren er und sein Vater in die Stadt, der Hund saß hinten auf der Ladefläche, und als sie aus dem Laden kamen, waren zwei schwarze Jungen bei dem Hund, streichelten ihn und hatten ihm eine Schale Milch hingestellt.

Mead erinnerte sich noch deutlich daran, weil er es seltsam fand,

daß sie diesen alten räudigen Hund streichelten und ihm Milch gaben, zumal der Hund selbst offenbar nicht verstand, wie ihm geschah; er stand da, verwundert, daß man ihn berührte, und starrte – nicht mißtrauisch, sondern erstaunt – auf die Schale Milch. Der Hund folgte ihnen zum Wagen; aber als sie losfuhren, sah Mead, daß der Hund den Jungen nachschaute, und später hatte er oft den Eindruck, daß der Hund ihn verwundert ansah, als wollte er ihn fragen, warum er ihn nie streichelte. Dann fühlte er sich immer etwas schuldig, obwohl er sich auch weiterhin nicht um den Hund kümmerte.

Er mußte daran denken, was Sung ihn gefragt hatte: »Warum hilfst du mir?«

Ja, warum? Es war mehr als Mitleid. Und auch Marshall war nicht aus Mitleid nett zu ihm gewesen. Er wußte nicht, was er Sung antworten sollte, und ebensowenig wußte er, was Marshall wohl für einen Grund hatte.

Das Taxi bahnte sich seinen Weg laut hupend durch Seitenstraßen und hielt dann schließlich vor Meads Haus. Kinder sammelten sich in einer Traube um ihn, als er den Fahrer bezahlte; eine alte Bettlerin zog ihn am Ärmel und kreischte.

Er ließ Münzen und Scheine auf die Straße fallen und lief die Treppe hinauf, während unten alle um das Geld kämpften, am wildesten die alte Frau, die sich mit Stoßen und Kratzen gegen die Kinder durchzusetzen versuchte.

Mead ging ängstlich durch den abfallübersäten Flur, horchte nach Sungs Schreien, aber alles war still; er blieb einen Augenblick vor der Tür stehen, bevor er eintrat.

Der Gestank nach Erbrochenem und Urin überwältigte ihn.

Sung lag auf dem Boden, ihre Hände waren mit einem Gürtel gefesselt, und Han beugte sich über sie.

Sungs Augen waren geöffnet, starrten leer an die Decke; sie stöhnte ununterbrochen und rollte sich von einer Seite auf die andere. Ihre Haut war rot und zerkratzt, ihr schweißnasses Haar strähnig und verfilzt.

Mead kniete sich neben sie und streichelte ihr über die Stirn. Ihre Haut war trocken und heiß, das Fleisch grau; die Augen lagen tief in den dunklen Höhlen.

Han richtete sich mühsam auf. »Wasser«, sagte sie, »sie muß trinken.«

»Kommt sie wieder in Ordnung?« fragte Mead.

»Was heißt denn in Ordnung?« fragte Han zurück. Sie sah abgehärmt und alt aus, eine Frau mittleren Alters, mit kaputten Zähnen, die in einem Krieg ums Überleben kämpfte und mit schwerbewaffneten Jungs schlief, die ihre Söhne hätten sein können.

»Ich komme wieder, wenn du gehst«, sagte sie und verließ das Zimmer.

Mehrere Minuten stand Mead mitten im Raum, starrte auf Sung und den Schmutz, der ihn umgab. Dann zog er seine Uniform aus und legte sie vorsichtig in eine Ecke.

Sein Körper schmerzte vor Müdigkeit, doch die Erschöpfung war von anderer Art als im Gefecht. Nicht Angst quälte ihn; diesmal waren es die Gedanken. Alles war so vertrackt und verworren; er wollte weg von allem, aber es wirbelte um ihn herum und drückte ihn nieder.

Er zog seinen Schlafsack neben Sung und ließ sich darauf fallen. Neben ihr liegend betrachtete er ihr schmerzverzerrtes Gesicht. Ihr Mund war zu einer Grimasse verzogen, ihre Lippen bis zum Zerreißen gespannt. Zu schwach, um noch um sich zu schlagen, rollte sie sich von einer Seite auf die andere, zerrte an der Fessel und rieb sich die Handgelenke wund.

Sie verschluckte sich an dem Wasser, das er ihr gab, aber ein wenig gelangte dennoch in ihre Kehle. Er wollte das Wasser abwischen, das daneben geflossen war, doch als er sie berührte, zuckte sie zurück und schrie auf.

Schließlich schloß er die Augen, und der Schlaf verschlang ihn, während sie stöhnend neben ihm lag und sich wand.

12

Jeeps mit bewaffneten Soldaten und Polizisten auf Motorrädern bahnten Marshalls Limousine lautstark einen Weg durch die überfüllten Straßen. Er sah Karren, die umkippten, und Radfahrer, die zu Boden stürzten, und wieder kam Zorn in ihm auf. Noch stärker irritierte ihn jedoch der Ausdruck auf den Gesichtern der Soldaten und Polizisten und der Menschen, die von ihnen drangsaliert wurden.

Arroganz sprach aus den Gesichtern der Soldaten und Polizisten, eine kalte Lust an Macht und Grausamkeit, obwohl die Macht nur geliehen war – es war seine Macht und seine Autorität, die sie stellvertretend ausübten und schamlos mißbrauchten –, kleine Martin Bormanns mit Gewehren und Pistolen auf Jeeps und Motorrädern. Sein Fahrer nicht ausgenommen. Sie alle waren Maden im Speck der Macht; hier und in Washington und überall auf der Welt.

Und am Straßenrand Gesichter, die verächtlich den Mund verzogen, als er vorüberbrauste, Gesichter voller Haß, in denen Abscheu lag und die Drohung einer Revolution – Madame Defarge vor der Guillotine.

Und doch war noch etwas anderes in den Gesichtern – Neid.

Das erschreckte ihn – er wußte, daß sie alle ihre Plätze tauschen konnten, die auf der Straße mochten in die Jeeps steigen, die Polizisten mochten entwaffnet und in den Rinnstein geworfen werden, aber der Ausdruck auf den Gesichtern würde derselbe sein wie jetzt – aus der Defarge würde Bormann werden. Tyrann oder Sklave war nur eine Frage der Geburt. Gemeiner oder Fürst – ein Wechselbalg, in der Wiege untergeschoben: ein Streich, den ein Kobold uns spielt. Oder Gott.

Die Wagenkolonne bog kreischend in das Botschaftsgelände ein; Hacken schlugen zusammen, und Hände flogen an Gewehrkolben.

Am Eingang erwartete ihn der Verbindungsmann des State Department.

»Das will ich nicht noch einmal erleben«, sagte Marshall und wies mit dem Kopf auf die Jeeps und die Motorräder, die Soldaten und Polizisten, deren Helme in der Sonne glänzten.

»Schicken Sie sie weg!«

»Exzellenz, aus Sicherheitsgründen hat General Westmore...«

»Schicken Sie sie weg!« unterbrach Marshall ihn kühl und ging ins Botschaftsgebäude; mit einem Kopfnicken begrüßte er die Wachsoldaten, die strammstanden und das Gewehr präsentierten.

Der Verbindungsbeamte folgte rasch nach.

Die Vorhalle war voll von Menschen, die einen Blick auf den Gesandten des Präsidenten werfen wollten. Ein Kordon von Soldaten hielt sie zurück.

Marshall ging durch die Menge; erstaunt fand er sich im Mittelpunkt des Interesses und wußte nicht, wohin er sich wenden sollte. Der Beamte vom Außenministerium drängte an seine Seite.

»Soll ich hier irgendwas vorführen?« fragte er. »Ein Zauberkunststück vielleicht?«

»Nein, Sir«, stammelte der Beamte betreten. »Das tut mir leid. Es wird nicht wieder vorkommen. Hier entlang, bitte.«

Er führte ihn durch die Halle und einen Korridor zu einem privaten Aufzug, der sie ins oberste Stockwerk brachte. Eine Wache geleitete sie von dort zu einem Flügel, der durch eine schußsichere Scheibe abgetrennt war. Auf der anderen Seite drückte eine weitere Wache auf einen Knopf, und eine Schiebetür glitt auseinander.

»Ist das alles nötig?« fragte Marshall.

»Wir hoffen nicht«, erwiderte der Beamte, »aber es würde ein ziemlich schlechtes Licht auf uns werfen, wenn dem persönlichen Beauftragten des Präsidenten etwas zustieße, während er hier ist. Wir möchten Ihnen nicht lästig fallen oder Ihnen Unannehmlichkeiten bereiten, Sir, aber...«

»Ich verstehe schon«, sagte Marshall. »Dennoch dürften die Sicherheitsvorkehrungen ruhig etwas weniger aufdringlich sein. Ich möchte keinen Aufwand und kein Zeremoniell. Ich wäre auch nicht glücklich, wenn dem persönlichen Beauftragten des Präsidenten etwas zustieße, während er hier ist – aber verbergen Sie es vor mir, soweit es eben geht!«

»Jawohl, Sir. Wir sind da«, sagte er und führte Marshall in einen luxuriös ausgestatteten Empfangsraum, in dem seine Mitarbeiter versammelt waren.

»Ich überlasse Sie nun Colonel Waggoner; er ist Ihr Adjutant. Mein Büro liegt im nächsten Flur. Ich stehe Ihnen jederzeit zur Verfügung.«

»Vielen Dank«, sagte Marshall, schüttelte ihm die Hand und wandte sich seinen Mitarbeitern zu.

»Colonel John Waggoner, Sir«, sagte der erste Adjutant, trat aus der Reihe und stellte die übrigen vor. »Dolores Toland, Ihre Sekretärin; Ann Fincher, Verwaltungsassistentin. Jerry Beecher und Tim Navasky vom Außenministerium. Captain Benjamin Latham.«

Marshall begrüßte alle mit Handschlag, lächelte freundlich und verbarg seinen Unwillen. Was sollte er mit so vielen Leuten? Sie würden nur nutzlose Akten produzieren, ihn in den Sumpf hineinziehen. Die kleine, vorgefertigte Bürokratie, die dieser Mitarbeiterstab bildete, würde Teil eines größeren Apparats werden, ihre Berichte würden in den umfassenderen Aktenfluß eingehen und schließlich zum Bestandteil jener farblosen Collage werden, die man »Regierung« nannte.

Und Dolores Toland? Du lieber Himmel, wo hatten sie die bloß aufgegabelt? Mit ihrem platinblonden Haar, ihren hohen Absätzen und dem grellen Make-up sah sie aus, als käme sie geradewegs von den Dreharbeiten zu einem Pornofilm. Wofür hielten die ihn nur?

Da er ihnen absolut nichts zu sagen hatte und auch keinen Sinn darin sah, sich aus Höflichkeit auf etwas Smalltalk einzulassen, ging er zu einer Tür, hinter der er sein eigenes Büro vermutete, aber es war das seiner Sekretärin, und dahinter lag das Büro von Colonel Waggoner. Seines war das letzte.

»Wozu brauche ich so viele Wachen?« fragte er. »Ein Feind wäre so erschöpft, wenn er endlich zu mir durchgekommen wäre, daß er mir nichts mehr tun könnte. Gibt es keinen direkten Zugang?«

»Sie haben einen privaten Ausgang zum Flur, Sir. Sie brauchen nicht durch Miss Tolands oder mein Zimmer zu gehen. Aber der führt immer noch auf den Flur, und der einzige Ein- oder Ausgang liegt am anderen Ende.«

»Und wenn an meinem Ende ein Feuer ausbricht? Springe ich dann aus dem Fenster? Und was ist, wenn die Vietcong durch den Gang stürmen und Miss Toland kann sie nicht aufhalten und Sie sind gerade auf der Toilette. Welchen Fluchtweg soll ich dann nehmen, Colonel?«

Waggoner starrte ihn an, unsicher, ob Marshall scherzte oder ob er es ernst meinte. Außerdem wußte er keine Antwort. »Darüber habe ich noch nicht nachgedacht, Sir. Ich glaube, daran hat noch niemand gedacht. Möchten Sie einen Notausgang, Sir?«

»Ist es vorstellbar, daß ein Feuer ausbricht? Oder daß der Vietcong angreift?«

»Ein Feuer. Ich denke schon. Ja, Sir. Ein Angriff? Nein, Sir, das halte ich für undenkbar. Trotzdem dürfte es wohl besser sein, wenn es einen zweiten Ausgang gibt. Das ist ein guter Hinweis – daran hätte man denken sollen. Ich werde mich darum kümmern.«

»Colonel, bitte bemühen Sie sich nicht. Ich springe, wenn es nötig sein sollte. Und falls der undenkbare Fall eintritt, daß die Vietcong angreifen und Miss Toland sie nicht aufhalten kann, werde ich mich davonmachen, während die sie vergewaltigen.«

Waggoner wußte nicht, was er davon halten sollte. Das Auftreten des Sonderbeauftragten hatte sich an der Botschaft bereits herumgesprochen. Man hatte seinem Erscheinen heute mit Besorgnis und Furcht entgegengesehen. Ganz gewiß hatte Waggoner keinen Humor erwartet, und er war sich noch nicht sicher, ob Marshall es so meinte. Auf keinen Fall aber wollte er ein Mißverständnis riskieren bei einem Mann von Marshalls Macht und Ansehen.

Da Marshall seine Verwirrung und Besorgnis spürte und da er sah, daß Waggoner ein wohlmeinender und wahrscheinlich überaus kompetenter Berufsoffizier war, ließ er ihn in einem der tiefen Ledersessel Platz nehmen.

Für Marshalls Geschmack war der Raum ungemütlich groß und übertrieben männlich, zu dunkel und zu schwer, eher für einen Tudor-Baron geeignet, es fehlte nur der Keilerkopf an der Wand und eine Ritterrüstung. Die Vorhänge waren beige, der Teppich braun, die Wände in militärischem Khaki, die Möbel Leder und Mahagoni, nur der reich mit Schnitzwerk versehene Schreibtisch war aus Teakholz.

Marshall schaute sich um und meinte mit Blick auf seinen weißen Leinenanzug: »Ich passe nicht zu diesem Raum. Entweder besorge ich mir einen Lendenschurz, oder wir machen das alles hier etwas heller.«

Zum erstenmal lächelte Waggoner. »Wir werden Ihnen einen Lendenschurz besorgen, Sir. Vielleicht hat Corporal Mead einen übrig.«

»Ich glaube kaum, daß mir einer von seinen passen würde.«

Waggoner runzelte die Stirn. »Da wir gerade von Corporal Mead sprechen . . .«

»Er macht ein paar Besorgungen für mich.« Marshall setzte sich

auf die Ledercouch und schlug bequem die Beine übereinander. »Womit wir beim eigentlichen Thema wären.« Er wies mit dem Kopf in Richtung der übrigen Büroräume. »Diesen ganzen Stab brauche ich genausowenig. Ich bin hier, um mich umzusehen und zuzuhören. Ich habe gar keine Arbeit für einen so großen Stab. Deshalb überlasse ich Ihnen, was Sie mit dem Büro und den Mitarbeitern machen wollen. Ich brauche lediglich jemanden, der das Telefon bedient, der sich um Terminabsprachen und Reisevorbereitungen kümmert und der mir Informationen beschafft.«

»Ich glaube, das Problem lag darin, Herr Botschafter, daß niemand so recht wußte, was auf uns zukam.«

»Das verstehe ich. Sie sollen nur wissen, daß ich die meiste Zeit unterwegs sein werde. Ich glaube kaum, daß ich etwas Sinnvolles für den Präsidenten zustande bringen kann, wenn ich nur in Saigon herumsitze und Berichte lese oder zu Informationsbesprechungen gehe. Ich habe auch nicht vor, irgendwelche vorbereiteten Besichtigungstouren zu absolvieren. Im Augenblick sondiere ich nur das Terrain.«

»Kann ich etwas für Sie tun?«

»Ja. Führen Sie dieses Büro. Stellen Sie das Material zusammen, das man mir schickt, und beschaffen Sie mir alles, was mir ein besseres Verständnis der militärischen und politischen Situation in Vietnam ermöglichen könnte – und damit meine ich keine Angaben über gegnerische Verluste und erbeutete Waffen.«

»Sondern Angaben über die Reisernte zum Beispiel?«

»Genau. Medizinische Versorgung, Waisenhäuser, Kirchenbesuch, Schulwesen, Drogensucht, Besteuerung, Landverteilung – all die Dinge, die ein Land und eine Gesellschaft ausmachen.«

Marshall beugte sich vor. »Sehen Sie, Colonel, ich weiß nicht viel über Vietnam. Ich denke, das geht den meisten Amerikanern so. Aber wenn man mir sagt, wie viele Vietcong gestern getötet worden sind, wieviel Waffen erbeutet und wie viele Bomben abgeworfen wurden oder wieviel Land die Regierung wieder unter ihre Kontrolle gebracht hat, dann dürfte mir das kaum weiterhelfen.«

»Ich verstehe, Sir«, sagte Waggoner und fügte mit echter Überzeugung hinzu: »Ich glaube, Sie tun genau das, was nötig ist. Ich wäre sehr froh, wenn ich weiter für Sie arbeiten dürfte. Das ist wie mit dem Notausgang – niemand hat daran gedacht, ich auch nicht.«

»Genau«, sagte Marshall. »Ich denke, statt uns hier hinter schußsicherem Glas zu verschanzen, sollten wir lieber dafür sorgen, daß ein Notausgang vorhanden ist. Natürlich braucht man ihn nicht, solange es nicht brennt. Aber man sollte ihn unbedingt bauen, bevor ein Brand ausbricht.«

»Ich werde mein Bestes tun, Sir. Aber das ist alles ganz neu für mich. Wahrscheinlich werden Sie mir manchmal ziemlich genaue Anweisungen geben müssen.«

»Wir werden schon gut miteinander auskommen, Colonel. Ich werde ihnen bald eine Liste von Leuten geben, die ich gerne treffen möchte – Präsident Thieu, politische Führer, Truppenkommandeure –, und ich möchte, daß Sie diese Treffen für mich arrangieren.«

»Kann ich im Augenblick etwas Bestimmtes für Sie tun? Ich habe noch keine Termine vereinbart. Es liegen viele Einladungen zu Gesprächen, Besprechungen, Empfängen und gesellschaftlichen Veranstaltungen vor.«

»Beantworten Sie alle, und informieren Sie mich darüber, aber ich werde nur sehr wenige davon wahrnehmen. Meine Zeit ist begrenzt, und ich möchte sie nicht mit Dingen verschwenden, die ich schon kenne. Was manche Leute mir zu sagen haben, weiß ich schon im voraus, das brauche ich mir gar nicht erst anzuhören.«

»Dann werde ich wohl alles absagen können, wozu man Sie für heute eingeladen hat.«

»Ist etwas dabei, das ich mir Ihrer Meinung nach nicht entgehen lassen sollte?«

Waggoner dachte einen Augenblick nach, dann schüttelte er den Kopf und lächelte. »General Westmorelands Büro hat angefragt, ob Sie an einer COVIA-Besprechung teilnehmen wollen, aber wahrscheinlich brauchen Sie sich das alles gar nicht anzuhören, um zu wissen, was da erzählt wird.«

»COVIA«, wiederholte Marshall und erinnerte sich, daß er die Bezeichnung auf einer Besprechung in Washington schon einmal gehört hatte: »*Combat Operations Vietnam, Infantry and Armor*. Eine Studie des Pentagon über die Frage, ob mehr Truppen den Krieg zu einem Ende bringen können.«

Er lächelte. »Wahrscheinlich kann man wirklich an fünf Fingern abzählen, zu welchem Ergebnis die gelangen. Wann soll die Besprechung stattfinden?«

»Heute nachmittag um zwei Uhr in General Westmorelands Hauptquartier – MACV: Military Assistance Command, Vietnam, nur ein paar Minuten von hier.«

»Ich gehe hin. Wie etwas gesagt wird und wer es sagt, ist oft aufschlußreicher als was gesagt wird. Teilen Sie dem MACV mit, daß ich komme. Und lassen Sie mir etwas Leichtes zu essen heraufbringen. Den Rest der Zeit werde ich die Sachen durchgehen, die Sie mir auf den Schreibtisch geladen haben.«

Er zog die Brauen hoch. »Und Miss Toland? Kann sie tippen?«

Waggoner lachte. »Jawohl, Sir – kaum zu glauben, aber sie kann. Überhaupt kann sie eine ganze Menge. Ich glaube nicht, daß die Vietcong an ihr vorbeikämen.«

»Ich wüßte auch nicht, weshalb die das wollen sollten.«

»Wollen Sie sie behalten, Sir, oder soll ich eine suchen, die etwas ... na ja, etwas dezenter wirkt?«

Marshall grinste. »Ach, behalten wir sie. Einer wie Dolores begegnet man selten genug, außer in feuchten Träumen.« Er schüttelte den Kopf. »Wer hat sie eigentlich ausgesucht? Na, lassen Sie, ich kann es mir schon denken. Nein, Colonel, wir behalten sie. Ich denke, ich werde der Versuchung schon widerstehen können.«

Als Marshall um Viertel vor zwei sein Büro verließ, mit einem freundlichen Lächeln zur Sekretärin und den anderen, mit denen er kein Wort gewechselt hatte, sprang Mead von dem Klappstuhl hoch, auf dem er im Korridor gesessen hatte.

»Mein Gott!« rief Marshall überrascht. »Das sollten Sie doch sein lassen, Corporal.« Er blickte über den Flur, der leer war bis auf den Stuhl. »Hier haben die Sie untergebracht? Wir werden etwas anderes für Sie finden. Sie sollen nicht auf dem Flur sitzen. Haben Sie etwas geschlafen?«

»Ja, Sir, vielen Dank«, sagte Mead. Er griff in seine Tasche, holte ein paar Geldscheine heraus, frische, saubere Scheine, für die er eine ganze Stunde bei der Military Bank angestanden hatte, und reichte sie Marshall. Marshall steckte sie sorgfältig in seine Brieftasche.

»In Ordnung. Gehen wir.«

Diesmal hatte man dafür gesorgt, daß die Halle menschenleer war. Draußen wartete seine Limousine, mit laufendem Motor, zwei Polizisten auf Motorrädern davor, ein Jeep mit vier Soldaten dahinter.

Zwei Wachen salutierten, einer hielt die Tür auf. Mead setzte

sich auf den vorderen Sitz, und mit nur einer Sirene fuhr die Kolonne los.

Gleich hinter dem Tor befahl Marshall dem Fahrer anzuhalten. Sogleich fuhr der Wagen an den Straßenrand, die Motorräder fuhren einen Block weiter, dann machten sie kehrt und rasten zurück. Die Soldaten sprangen vom Jeep herunter, Marshall und Mead stiegen aus dem Wagen, Mead lief mit erhobenem Gewehr auf und ab.

»Meine Herren«, sagte Marshall zu den Soldaten und Polizisten, die beunruhigt vor ihm standen, »offenbar hat es einige Mißverständnisse hinsichtlich meiner Anweisungen gegeben. Ich wünsche keine Eskorte. Das ist mir lästig, und außerdem ziehen Sie unnötige Aufmerksamkeit auf mich – Sie machen mich zu einem Angriffsziel. Ich will, daß Sie umkehren. Sagen Sie Ihren Vorgesetzten, was ich Ihnen gesagt habe. Und sagen Sie ihnen, wer meinen Befehl in Zweifel zieht, wird unverzüglich seines Dienstes enthoben.«

Marshall kehrte in den Wagen zurück, wartete, bis Mead wieder vorne Platz genommen hatte, und sagte dem Fahrer, er solle losfahren; die anderen blieben zurück und sahen dem Wagen ratlos nach.

»Was ist das für ein Gebäude?« fragte Marshall den Fahrer und zeigte auf einen großen Komplex, über dem die vietnamesische Flagge wehte. Obwohl es sich offenbar um etwas Wichtiges handelte, das zeigten die Soldaten und Polizisten, die darum herum postiert waren, wirkte es ziemlich heruntergekommen.

»Das ist das Hauptquartier des Vereinigten Generalstabes«, antwortete der Fahrer. »Die Gooks.«

Marshall nickte nur, und die Limousine bog in einen makellosen, festungsähnlichen Komplex ein, über dem die amerikanische Flagge wehte. Wachsoldaten traten beiseite und salutierten, als der Wagen vorfuhr.

Als Marshall die Eingangstreppe hinaufging, trat General Westmoreland aus dem Gebäude, in gepflegtem Kampfanzug, seine vier Sterne und die Schwingen der Luftlandetruppen glänzten in der Sonne. Er salutierte zackig, dann streckte er die Hand aus.

»Willkommen in Vietnam, Herr Botschafter. Ich freue mich, Sie zu sehen, und ganz besonders freue ich mich, daß Sie heute bei uns sind.« Er blickte über Marshalls Schulter zu der Limousine, die

einsam vor dem Haus stand, dann lächelte er, und seine Augen funkelten unter den buschigen Brauen. »Schleicht sich einfach so an.«

»Beim nächstenmal nehme ich ein Taxi«, versetzte Marshall gut gelaunt.

»Wir haben sehr knappe Tagessätze«, erwiderte Westmoreland. »Ich glaube kaum, daß die für ein Taxi reichen.« Er ging ins Haus, und Marshall folgte ihm. Der General war noch eindrucksvoller als auf den Bildern, dachte er, wie geschaffen zum Befehlen, ein Hauptdarsteller, wie er im Buche stand, mit seinem scharfen Kinn und der Adlernase, seinen kantigen Zügen und den stechenden Augen.

Überhaupt erinnerte ihn das alles sehr an Kino; fast glaubte er, eine Bühne in einem Hollywoodstudio zu betreten. Eine tadellose Regie, voller Selbstbewußtsein und Macht – alles bestens geprobt, kein Stichwort verpaßt; selbst die Nebenrollen mit Profis besetzt; Beleuchtung, Kostüme, Ton – alles perfekt. Wer konnte sich dem schon entziehen, dachte Marshall, dieser Aura imperialen Glanzes – bewaffnete Krieger in gestärkten Uniformen, glänzende Stiefel auf Marmorböden, das Hauptquartier einer großen Armee mitten im Krieg.

»Ich glaube nicht«, sagte Westmoreland sanft, »daß General Abrams gestern Gelegenheit hatte, Ihnen zu versichern, daß wir Sie in allem nach besten Kräften unterstützen werden.«

»Nein. Zu mehr als einer Diskussion über Leibwächter hat es nicht gereicht.«

Westmoreland grinste. »Und heute schicken Sie gleich Ihren ganzen Sicherheitsapparat in die Wüste. Vielleicht sollten wir Sie bitten, uns schriftlich von unseren Pflichten zu entbinden. Ich darf Ihnen dennoch versichern, daß wir Ihnen stets zur Verfügung stehen, wenn Sie irgendeine Hilfe benötigen. Ich achte Ihren Wunsch nach Unabhängigkeit; deshalb werde ich Ihre Zeit auf keinen Fall in Anspruch nehmen, und ich werde Sie auch nicht in die Verlegenheit bringen, irgendwelche Einladungen ablehnen zu müssen – lassen Sie mich nur wissen, wenn Sie etwas wünschen oder wenn es Schwierigkeiten gibt, bei denen ich Ihnen helfen könnte.«

»Vielen Dank. Auch ich werde Ihre Zeit nicht in Anspruch nehmen, obgleich ich Ihr Wissen und Ihre Meinung sehr zu schätzen weiß. Bevor ich zurückfliege, möchte ich deshalb gerne mit Ihnen sprechen.«

»Wann immer Sie wollen. Kann ich jetzt irgend etwas für Sie tun?«

»Ich werde ein Flugzeug brauchen«, erwiderte Marshall. »Meine Reisepläne liegen noch nicht fest, ich werde kurzfristig darüber entscheiden. Ich möchte keinesfalls die Kriegsanstrengungen behindern, aber ich möchte auch nicht jedesmal ein Flugzeug anfordern müssen, wenn ich mich entschließe, irgendwohin zu fliegen.«

Westmoreland nickte. »Ich werde dafür sorgen, daß ein Flugzeug für Sie bereitsteht, auf Abruf wie für mich, ein Jet oder ein Hubschrauber, je nachdem, wohin Sie wollen.« Dann lächelte er. »Möchten Sie einen Piloten haben, oder wollen Sie auch das lieber selbst machen – wie bei Ihrer Sicherheit?«

Marshall lachte. »Nein, ich nehme lieber einen Piloten, danke.«

Sie erreichten eine Tür, an der zwei Wachen standen, die salutierten; Marshall hörte, wie jemand »Achtung!« rief, und Westmoreland trat beiseite, damit Marshall als erster in das kleine Amphitheater eintreten konnte.

Dreißig Offiziere, zumeist Generäle, und noch einmal halb so viele Zivilisten erwarteten sie im Stehen und setzten sich erst, als Westmoreland ihn zu einem der drei vordersten Sitze vor der kleinen Bühne geleitet, das Podium bestiegen und die Anwesenden aufgefordert hatte, Platz zu nehmen.

Marshall schüttelte General Abrams, der neben ihm stand, die Hand, dann drehte er sich um und begrüßte die übrigen mit einem Kopfnicken. Er erkannte mehrere, die er schon bei seinem Empfang auf dem Flugplatz gesehen hatte, darunter auch Wilson Abbot Lord, der, wie man ihm gesagt hatte, dem Geheimdienst angehörte, hier allerdings unter der Ägide des Außenministeriums arbeitete.

»Meine Herren«, begann Westmoreland, »ich möchte Botschafter Bradley Marshall im MACV willkommen heißen. Botschafter Marshall ist als persönlicher Beauftragter des Oberbefehlshabers Präsident Johnson in Vietnam. Der Botschafter legt keinen großen Wert auf Förmlichkeiten.«

General Abrams schnaubte.

»Deshalb will ich mich hier darauf beschränken, ihn zu begrüßen und ihm alles Gute für einen produktiven und erfolgreichen Aufenthalt in Vietnam zu wünschen. Ich freue mich, daß Botschafter Marshall sich Zeit genommen hat, gerade vierundzwanzig Stunden nach seiner Ankunft an unserer Besprechung über die bedeutendste

und umfassendste Untersuchung zur Kampftätigkeit in Vietnam teilzunehmen. Die Studie ist von Verteidigungsminister McNamara in Auftrag gegeben worden. General Arthur Shaw leitet die Gruppe, die aus Militärexperten und zivilen Systemanalytikern besteht. General Shaw.«

Ein Bullterrier von einem Mann betrat das Podium. Obwohl älter als Westmoreland, hatte er nur zwei Sterne. Mit kaum verhohlener Ungeduld wartete er, bis Westmoreland Platz genommen hatte, dann blickte er angriffslustig ins Publikum.

Na, dachte Marshall vergnügt, da wird niemand einschlafen; dafür hätte ich sogar Eintritt bezahlt. Arthur Shaw war eine der wenigen lebenden Legenden in der Armee und selbst über militärische Kreise hinaus bekannt.

Im Zweiten Weltkrieg, als Bataillonskommandeur unter Patton, war Shaw bereits Oberst gewesen, Westmoreland dagegen erst ein junger Leutnant, und in den letzten zwanzig Jahren hatte Shaw gerade zwei weitere Rangstufen geschafft; inzwischen waren Männer, die unter ihm gedient hatten, zu seinen Vorgesetzten aufgestiegen, was ihn allerdings nicht daran hinderte, sie genauso zu behandeln wie früher – und umgekehrt war es nicht anders.

Als großspuriger, polternder Haudegen mit Mut und militärischer Brillanz war er wie sein Mentor Patton nur im Krieg wohlgelitten. In Friedenszeiten war es dagegen schwierig, einen Platz für ihn zu finden, denn, anders als ein Kriegschiff, konnte man ihn nicht einmotten und bei Bedarf reaktivieren. Man mußte ihn nehmen, wie er war, und er war schwierig, vor allem im nüchternen Zustand, denn dann hatte er alle Fähigkeiten seines Verstandes und seiner Persönlichkeit voll beisammen.

Vietnam kam für Arthur Shaw zu spät; obwohl noch keine Sechzig, war er doch zu alt, um Truppen im Feld zu führen. Weit jüngere Offiziere, im Kampf noch unerprobt, aber inzwischen in Kommandopositionen, befehligten die Bataillone, Regimenter und Divisionen. Mit seinen zwei Sternen war er im Rang zu niedrig für einen Armeeführer oder um die Strategie zu bestimmen. Er hatte sich zu viele Feinde gemacht, und Vietnam war ein politischer Krieg, der nicht in der herkömmlichen Weise geführt werden durfte. Curtis LeMay in der Luft und Arthur Shaw am Boden hätten Vietnam tatsächlich in die Steinzeit zurückversetzt, aber dieser Krieg wurde zivilisiert geführt, von Technokraten, nicht von Neandertalern.

Als unverbesserlicher Neandertaler – »Nur Kämpfen ist schöner als Ficken, und die mit den größten Eiern sind in beiden Fällen die besten« – wußte Shaw, daß seine Zeit vorbei war, aber er hatte nicht vor, in milder Resignation abzutreten. Beinahe hätte seine Laufbahn vor dem Kriegsgericht geendet. Statt dessen schickte das Pentagon ihn in die Verbannung nach Vietnam, mit dem Auftrag, eine Studie anzufertigen, deren Ergebnis von vornherein feststand.

Jetzt war die Studie abgeschlossen. In ein paar Tagen würde er nach Washington zurückkehren, man würde ihn in Pension schikken und dann rasch vergessen. Er wußte, daß man ihn weder bei McNamara noch beim Präsidenten zum Vortrag vorlassen würde. Marshall war der ranghöchste Mann, an den er sich jemals würde wenden können. Das war seine letzte Möglichkeit, die eigene Meinung vorzubringen, eine unerwartete Chance, die er nicht ungenutzt vorübergehen lassen würde.

Er faltete die Notizen auseinander, die er in der Hand hielt, und legte sie vor sich aufs Pult.

Marshall fühlte, wie Westmoreland neben ihm erstarrte.

Shaw nahm seine Brille aus der Tasche, setzte sie auf und legte langsam die Drahtbügel über seine Ohren. Dann blickte er ins Publikum; die kämpferische Miene verwandelte sich plötzlich in eine großväterlich weise Freundlichkeit, und mit tiefer, sanfter Stimme begann er zu sprechen.

»Ich bin ein alter Soldat. Älter, als man in diesem Beruf werden sollte. Mit dem Pulverdampf und den Schlachten ist es für mich vorbei. Ich habe mein Leben dem Waffenhandwerk gewidmet, und ich habe es geliebt. Es ist ein edler Beruf, männlich und ehrenvoll, und Homer hat recht, wenn er sagt, daß Männer eher des Schlafens, Liebens, Singens und Tanzens müde werden als des Kämpfens. Achilles und Odysseus, Cäsar und Hannibal, Wellington und Lee sind meine Brüder.

Ich habe Männer tapfer sterben sehen und andere als Feiglinge leben sehen; ich habe gesehen, daß die Falschen geehrt wurden und die Schwachen den Sieg davontrugen. Es ist nicht ehrlos, im Felde zu sterben, und auch nicht, eine gerechte Sache zu verlieren. Aber es ist unwürdig, feige zu leben, und eine Schande, eine ungerechte Sache zu gewinnen.

Ich bin Soldat. Sie sind Soldaten. Es ist unsere Pflicht, tapfer zu kämpfen und, so Gott will, tapfer zu sterben. Es ist unsere Pflicht,

füreinander einzustehen und Gnade gegen unsere Feinde walten zu lassen. Es ist unsere Pflicht, Frauen und Kinder zu schonen. Die vornehmste Pflicht des Offiziers aber ist es, für seine Männer und ihr Wohlergehen zu sorgen.

Ich weiß nicht, ob wir in diesem Krieg für eine gerechte Sache kämpfen, aber ich bin sicher, daß die Prinzipien, die dahinter stehen, nicht ungerecht sind. Ich fühle nicht wie Galahad auf der Suche nach dem Heiligen Gral, eher schon, was Hektor in Troja gefühlt haben mag: böse Vorahnungen und Befürchtungen, aber nicht genug, um deshalb die Treue zum Vaterland und das Vertrauen in den König aufzugeben.

Aber, wie schon gesagt, mit dem Pulverdampf und den Schlachten ist es für mich vorbei. Ich habe keine Armeen zu führen und mich keinem Feind entgegenzuwerfen.«

Er ging zu einem Tisch auf der Bühne und nahm einen dickleibigen Band in die Hand. »Ich habe nur einen Bericht abzuliefern.«

Er hielt den Band in die Höhe und legte ihn zurück auf den Tisch. »Sie werden gleich etwas über den Inhalt erfahren, aber nicht von mir. Meine Pflicht ist es vielmehr, mich von diesem Bericht vollkommen zu distanzieren. Nichts darin findet meine Zustimmung. Das ist kein guter Wegweiser zum Sieg. Was dieser Bericht vorschlägt, ist alles wie gehabt – zwei Aspirin für einen Patienten, der am Verbluten ist.

Noch mehr Männer werden für eine Sache sterben, gerecht oder ungerecht, in der wir keinen Schritt vorankommen. Es ist meine Pflicht, Ihnen zu sagen, daß dies falsch und feige und unmoralisch ist. Soldaten lieben den Kampf, nicht das Gemetzel, sie lieben das Schlachtfeld und nicht«, er wies auf den Raum um ihn, »das hier. Stellen Sie den Feind, oder verlassen Sie das Land! Verlassen Sie dieses Gebäude, und führen Sie Ihre Armee in die Schlacht! Greifen Sie den Feind auf seinem eigenen Boden an, treffen Sie ihn ins Herz! Lassen Sie nicht zu, daß er sich bei Nacht anschleicht und Ihre Männer tötet, während Sie selbst und Ihre Männer sich auf Hügeln verschanzen und in Bunkern verstecken. Wir mißachten alle Regeln der Kriegskunst, alle Gesetze der Menschenführung und des Waffeneinsatzes, obwohl jeder von uns sie kennt. Wir lassen zu, daß unsere Männer krepieren. Schluß damit, sage ich. Gewinnen Sie diesen Krieg – wir wissen sehr wohl, wie man das macht, und wir können es –, oder räumen Sie das Feld! Im Namen von Ehre und

Anstand, in Gottes Namen, hören Sie auf, unsere Brüder und unsere Söhne in den Tod zu schicken!«

Er nahm seine Brille ab, steckte sie zurück in die Tasche und verließ den Raum.

Es herrschte absolute Stille, dann begann ein einziger Mann zu klatschen.

Westmoreland drehte sich um und funkelte den Mann an, doch der klatschte ungerührt weiter.

Schließlich stand der Mann auf und ging zum Podium.

Marshall beugte sich zu Westmoreland und sagte: »Sie hätten Eintritt nehmen sollen.«

Westmorelands Gesicht blieb versteinert, doch Abrams lachte. »Das werden wir noch machen«, sagte er. »Bei seiner Exekution.«

Der Mann auf dem Podium, ein großer, gutaussehender Oberstleutnant, kam Marshall bekannt vor; er wußte, daß er das Gesicht schon gesehen hatte.

Der Oberstleutnant schien vollkommen gelassen, zuversichtlich und entspannt.

»General Shaw und mein Vater haben zusammen gedient, und sie haben Hochachtung füreinander empfunden. Mein Vater hätte wahrscheinlich dieselbe Rede gehalten, er wäre hinausgegangen, hätte sich in die Bar gesetzt und hätte uns alle verflucht. Dann wäre er wieder hereingekommen und hätte seinen Vortrag gehalten oder auch nicht.

Als mein Vater starb, hat Arthur Shaw mich wie einen Sohn behandelt. Ich ehre und verehre beide Männer gleichermaßen. Das ist Liebe. Jetzt ist es meine Aufgabe, Ihnen die Mehrheitsmeinung der Untersuchungskommission vorzutragen.«

Was nun folgte, ohne Notizen und ohne jedes Stocken vorgetragen, war das brillanteste Referat, das Marshall je gehört hatte, so selbstsicher und professionell, so fehlerlos in der Ausführung, niemals langweilig, herablassend oder gespreizt, so meisterlich in der Beherrschung des Materials und des Publikums, daß Marshall fast vergessen hätte, wen er vor sich hatte: den Sohn von Robert R. Romer, dem rasenden Romer, dessen Männer selbst dann noch vorwärtsstürmten, als Pattons Panzern der Treibstoff ausgegangen war.

Oberstleutnant Romer zeichnete das Bild einer starken Armee unter geschickter Führung, die im Kampf mit den Mächten des Bösen und der Dunkelheit stand. Nur ein Artilleriebeschuß und ein Luftan-

griff hätten die Darstellung noch überzeugender wirken lassen können.

Nach zwei Stunden war General Shaw vergessen. Mehr Truppen waren kein Aspirin, sie bedeuteten eine Bluttransfusion, die entscheidende Blutauffrischung für den Sieg. Mit mehr Männern würde man Leben retten, weil sie den Krieg schneller zu seinem unvermeidlichen Ende bringen würden – dem Triumph von Freiheit und Demokratie. Der Verzicht auf den Einsatz neuer Divisionen würde den Krieg verlängern, den Sieg verzögern und unnötige Opfer fordern. Die Kampftätigkeit in Vietnam war ein beispielloser Erfolg – man betrachte nur einmal die Karten und vergleiche die riesigen Flächen, die von Amerikanern und Südvietnamesen gehalten wurden, mit den winzigen Flecken, die unter Kontrolle des VC und der NVA standen; und auch die Verluste des Feindes, die Zahl der erbeuteten Waffen und die Menge der beschlagnahmten Reisvorräte sprachen eine deutliche Sprache.

Nach allen erdenklichen Kriterien waren die Operationen in Vietnam als überaus erfolgreich einzustufen. Die einzige Möglichkeit, die Effizienz noch weiter zu steigern, lag in der Verstärkung der Truppen. Zwei weitere Divisionen, mit entsprechender Logistik ausgestattet, würden den Krieg auf eine neue Stufe heben und den Sieg sichern.

»Noch irgendwelche Fragen?« schloß Romer seinen Vortrag.

General Westmoreland erhob sich. »Colonel, es kann unmöglich noch irgendwelche Fragen geben. Niemand hier könnte so beschränkt sein, daß er nicht alles bestens verstanden hätte, was Sie so klar und einfach dargelegt haben.«

Dann drehte er sich zu den anderen um. »Oder gibt es noch Fragen?«

Es gab keine. Er wandte sich wieder an Romer. »Vielen Dank, Colonel. Ich möchte Ihnen und der Kommission zu ihrer beispielhaften Arbeit gratulieren. Absolut erstklassig. Ich werde den Bericht heute noch ohne Veränderungen oder Zusätze gegenzeichnen. Ich möchte, daß Ihre Gruppe den Bericht unverzüglich im Pentagon abliefert, damit der Vereinigte Generalstab und der Verteidigungsminister unverzüglich Kenntnis von den Ergebnissen erhalten. Nochmals vielen Dank.«

Westmoreland wandte sich Marshall zu und wartete, daß er aufstand, damit er ihn aus dem Amphitheater geleiten konnte.

Marshall blieb sitzen. »General, da mir das militärische Wissen fehlt, das alle übrigen Anwesenden auszeichnet, ist mein Verständnis in ein, zwei Punkten offenbar immer noch etwas beschränkt. Natürlich möchte ich nicht, daß Sie alle sich diese Dinge nun nochmals anhören müssen. Deshalb möchte ich gerne mit Colonel Romer noch einen Augenblick hier beisammen sitzen und diese Dinge kurz besprechen.«

Westmoreland starrte ihn an, sein Gesicht versteinerte. Endlich öffnete er seine Lippen. »Selbstverständlich.« Er wandte sich ab und hatte den Raum verlassen, noch bevor jemand »Achtung« rufen konnte und alle aufsprangen.

Ein paar Reihen weiter hinten machte Wilson Abbot Lord sich an seinen Papieren und seiner Aktenmappe zu schaffen, damit er den Raum als einer der letzten verlassen konnte. Während die Gänge sich mit Männern füllten, die dem Ausgang zustrebten, behielt er Marshall im Auge.

Während des ganzen Treffens hatte er ihn beobachtet, hatte seine Reaktionen studiert und jede Regung registriert.

Dem Botschafter hatte Shaws Auftritt gefallen; jedes Wort hatte er förmlich aufgesaugt, und als der alte Trottel sich schließlich zu der weinerlichen Bitte verstieg, die »Söhne« zu schonen, war Marshall erkennbar zusammengefahren.

Die Särge; die Söhne, Marshalls eigene Söhne. Es war alles schon klar, seine Schlußfolgerungen waren gezogen, sein Bericht an den Präsidenten stand bereits fest, und das nach vierundzwanzig Stunden, daran würde sich nichts mehr ändern.

Es gab keine andere Möglichkeit, das erkannte Lord. Entweder mußte er Marshall diskreditieren oder aber verhindern, daß er dem Präsidenten seine Ergebnisse vortragen konnte.

Marshall hatte so getan, als hörte er Romers Ausführungen konzentriert zu, aber Lord wußte, daß er kein Wort davon glaubte.

Romers Bericht würde nach Washington gehen, die Joint Chiefs und der Minister würden ihn in höchsten Tönen loben, und Marshall würde die ganze Studie mit einem einzigen Wort in Grund und Boden bohren.

Lord raste innerlich. Wie konnten Leute vom Schlage Marshalls nur so blind sein? Wie konnten sie immer wieder auf dieselbe verheerende Beschwichtigungspolitik gegenüber den Kommunisten verfallen? Wie oft mußte Amerika noch hinters Licht geführt

werden, bevor seine Führer sich zu einem machtvollen, entschlossenen Handeln durchrangen?

Männer wie Marshall, mit Grundsätzen und Idealen und sauberen Händen, die verächtlich auf all jene herabblickten, die in den Gassen, Kanälen und Abwassergruben die Schmutzarbeit taten, konnten von ihren Penthäusern herab scheinheilig »Demokratie«, »Gerechtigkeit« und »Freiheit« verkünden und hoch über den Niederungen des Kampfes gegen Mittel wettern, die ihre Ziele beschmutzten.

Lord wußte – jeder, der für anderer Leute Freiheit und Gerechtigkeit in der Scheiße gewühlt hatte, wußte es –, daß es keine Ziele gab, sondern ausschließlich Mittel. Wo war denn Gerechtigkeit, wenn Arme für die Reichen kämpften und krepierten. Söhne! Dieser Heuchler, dachte Lord angewidert. Diese armen Jungs in den Särgen! Und was war mit den armen Hunden in den Gossen und Slums, mit den Kranken und Drogensüchtigen, den unwissenden Schweinen, die nicht einmal wußten, wie man »Demokratie« buchstabierte?

Ziele und Mittel. Ein Scheißdreck, dachte Lord. Es gibt nur Mittel. Soll man sie doch ruhig Ziele nennen – es macht keinen Unterschied. Es gibt keine Endabrechnung, nur Summen oder Differenzen für den Augenblick, ständig wechselnde Größen in einer endlosen Rechnung.

Der Raum leerte sich, nur ein paar Leute waren außer Marshall und Romer noch anwesend.

Lord nahm ein winziges, hochempfindliches Tonbandgerät aus dem Aktenkoffer, hüllte es in ein zerknülltes Blatt Papier und legte das Papier vorsichtig auf den Boden; dann schloß er den Aktenkoffer, folgte dem letzten, der hinausging, schloß die Tür hinter sich und nickte den beiden Wachsoldaten zu, die davor standen.

Auch er, Lord, hatte einen Sohn. Verschwendete Marshall etwa einen Gedanken an ihn? Nein, dachte Lord verbittert, dieser Mistkerl scherte sich einen Dreck um die vietnamesischen Söhne, die er an die Kommunisten verkaufte. Ihm kam nicht einmal in den Sinn, daß andere Männer wie Lord sich dieselben Sorgen um ihre eigenen Söhne machten.

13

Als die Tür sich schloß, stand Marshall auf und ging zum Podium.

»Das war ein ausgezeichneter Vortrag, Colonel. Es tut mir leid, wenn ich Sie aufhalte, aber ich bin nur Zivilist und brauche noch ein paar Erläuterungen.«

»Es tut mir leid, daß ich mich nicht beim erstenmal klarer ausgedrückt habe, Sir.«

Marshall lächelte. »Der Fehler liegt wahrscheinlich nicht bei Ihnen – und wahrscheinlich auch nicht bei mir.«

Romer grinste. »Sie meinen, er liegt vielleicht in den Daten?«

»Ich weiß nicht, aber vielleicht könnte ich mir ein paar Dias noch einmal ansehen. Könnte ich die topographische Karte des Mekongdeltas und die Karte des zentralen Hochlandes sehen? Dias siebenundzwanzig und einunddreißig, glaube ich.«

Romer nickte bereitwillig und ging zum Projektor, um die Bilder auf die Leinwand zu werfen.

Marshall betrachtete sie eingehend. »Vielen Dank. Jetzt bitte zweiundvierzig und sechsundvierzig mit den Daten über die Bewaffnung.«

Sie erschienen auf der Leinwand.

»Danke. Und zum Schluß noch die Nummern sieben, vierzehn und fünfundachtzig über die gegenwärtige und geplante Verteilung der Einheiten.«

Nach einer Weile nickte Marshall, brachte einen Stuhl zu dem Tisch und bat Romer, ihm gegenüber Platz zu nehmen.

Romer wirkte unverändert selbstsicher und entspannt; Marshalls Gegenwart schien ihn keineswegs einzuschüchtern.

»Also, Colonel«, begann Marshall, »ich möchte, daß Sie mir sagen, was nicht in dem Bericht steht. Ich möchte, daß Sie mir sagen, was Sie *denken.*«

»Denken?« wehrte Romer ab. »Ich bin nur ein Oberstleutnant, Sir.«

»Ab welchem Rang beginnt man zu denken?« fragte Marshall.

»Manche bringen es auf vier Sterne, ohne einen Gedanken gehabt zu haben«, versetzte Romer.

»Ja, ich kenne ein paar von diesen Generälen. Das sind dieselben, die sich diese Studie und ihre Ergebnisse zusammengeträumt haben.« Marshall lehnte sich auf seinem Stuhl zurück und faltete die Hände auf dem Tisch. »Aber dann gibt es auch noch andere Generäle, die haben nur zwei Sterne und scheinen eine ganze Menge zu denken.«

Romer nickte. »General Shaw hat alles gesagt, was nicht in diesem Bericht steht.«

Marshall blickte ihn an, dann sah er zu der Leinwand hinüber und sagte: »Wie kommt es, daß die Panzer und andere schwere Waffen nicht im Delta versinken?«

Romer beugte sich vor und schob den Band mit dem Bericht über die Tischplatte, bis er polternd auf den Boden fiel. »Dieser *Bericht* würde im Delta versinken.«

»Und wie steht es mit weiteren Truppen und Waffen?«

Romer ließ ein schmatzendes Geräusch hören, schloß die Finger und ließ die Hand sinken, als zöge er Truppen und Waffen in den Sumpf hinab.

»Können wir gewinnen?«

»Sicher.«

»Und wie?«

»General Shaw den Oberbefehl geben, in den Norden einmarschieren, H-Bomben und Giftgas einsetzen.«

Marshall stellte sich vor, wie er Lyndon Johnson diesen Rat gab. »Ich glaube«, sagte er, »der Präsident könnte einige Bedenken gegen diesen Vorschlag haben.«

Romer wies auf den Bericht auf dem Fußboden. »Dann bleibt ja immer noch das da. Er wird ihn erhalten, wenn das Pentagon ihn gutgeheißen hat, nehme ich an. Und sechs Monate später sind die Divisionen hier.«

»Mein Sohn wird dann wohl dabei sein, fürchte ich«, sagte Marshall mit mehr Trauer, als er hatte zum Ausdruck bringen wollen.

»Sie werden ihn sicher freistellen lassen können«, erwiderte Romer.

»Er will nicht freigestellt werden.«

»Er glaubt doch nicht etwa an den Krieg?« sagte Romer mit mehr Überraschung und Zynismus, als er beabsichtigt hatte.

»O nein. Auf verquere Weise hat das mit moralischen Grundsät-

zen zu tun – daß jemand anderes für ihn geht und vielleicht an seiner Stelle stirbt, wenn er nicht geht. Ich konnte überhaupt nicht zu ihm durchdringen.«

Romer lächelte. »Ich verstehe, einer von dieser Sorte Söhnen.«

Marshall lachte. »Sie kennen die Sorte wahrscheinlich. Wollte Ihr Vater, daß Sie zur Armee gehen?«

»Er starb, als ich sechzehn war, bevor die Frage akut wurde, aber er hat mir immer gesagt, ich solle niemals Berufsoffizier werden, und ich glaube, er meinte es ernst. Ich denke, er hätte es nicht ertragen können, mich im Kampf zu wissen. Und sicher wäre es ihm unmöglich gewesen, mich in eine Schlacht zu führen. Er hätte es sich nie verziehen, wenn ich umgekommen wäre. Im Grunde seines Herzens war er ein weicher, empfindsamer Mensch – wie General Shaw. Auch Shaw gibt sich gerne als polterndes Rauhbein, aber was er heute gesagt hat, hat er ernst gemeint. Und ich bin sicher, daß mein Vater genauso gesprochen hätte. Sie beide sind – waren – ehrenwerte Männer.«

»Wo sind heute nur solche Männer?« sinnierte Marshall.

»Wir haben es nur noch nicht zum General gebracht«, erwiderte Romer lächelnd. »Und ich werde es nie schaffen, wenn ich nicht bald ein Bataillon bekomme.«

»Ist das wichtig für Sie?«

»Sehr wichtig. Entscheidend.«

»Ich bin sicher, daß schon Leute ohne Kampferfahrung Generäle geworden sind, reine Bürohengste, die nicht einmal vernünftig vortragen können.«

Endlich fiel Romers Gelassenheit von ihm ab: »Der Sohn des rasenden Romer? Im Kampf unerprobt? Ein Oberstleutnant, der Referate hält? Ein Stabsoffizier?« Seine Stimme wurde gallig und gequält. »Mein Vater war ein Held, eine Legende – ich nehme ihm das nicht übel, ich beneide ihn nicht, und ich hasse ihn nicht. Ich will nur ich selbst sein. Mein Gott, ich werde nicht den Vietnamkrieg gewinnen und im Triumph in Hanoi einmarschieren. In fünfzig oder hundert Jahren wird es nur einen Romer geben – meinen Vater –, und das soll mir recht sein. Aber jetzt, heute, möchte ich der Romer sein. Ich will meine eigene Chance.«

Er hielt ärgerlich inne. »Es tut mir leid, Sir. Ich lasse mich gewöhnlich nicht so gehen. Ich weiß nicht, wie ich dazu komme. Ich bitte um Verzeihung.«

Marshall lächelte und fragte ruhig: »Warum geben die Ihnen kein Bataillon?«

Romer zuckte die Achseln. »Ich glaube, da gibt es eine ganze Reihe von Gründen: die Tatsache, daß ich der Sohn des rasenden Romer bin, und sie wollen nicht in den Geruch der Günstlingswirtschaft kommen; auch einiges an Ressentiment gegen meinen Vater und General Shaw – sie waren zwar beide Helden, aber dennoch wurden sie von manchen gehaßt. Manche fürchten auch, ich könnte versagen und den Namen Romer beschmutzen. Das würde schon Schlagzeilen machen, wenn der Sohn des rasenden Romer seine Leute in ein Massaker führte oder in Kriegsgefangenschaft geriete. Und andererseits, was wäre, wenn ich ebenfalls ein Held würde, wenn ich Hanoi eroberte und Ho Chi Minh gefangen nähme? Das wäre noch schlimmer. Was würde die Armee mit noch einem Romer anfangen – einer Primadonna hoch zwei? Und schließlich – ich kann ganz gut vortragen; deshalb schicken sie mich ja übermorgen nach Washington zurück.«

»Sie wollen nicht zurück?«

Romer beugte sich vor und sagte mit Entschiedenheit: »Ich will ein Bataillon.«

Marshall sah ihn eine Weile an. Schließlich sagte er: »Mögen Gott und Ihr Vater mir verzeihen. Wie wär's mit einem Handel, Colonel?«

Romer blickte ihm direkt in die Augen. »Nur heraus damit!«

»Seien Sie mein Adjutant. Ich brauche jemanden, der all das weiß, was Sie wissen. Ich möchte die Orte besuchen, die in ihrer Studie genannt sind. In etwa einem Monat werde ich dann dafür sorgen, daß Sie Ihr Bataillon bekommen. Ich bin nicht ganz ohne Einfluß.«

Romer lachte. »Allerdings.«

»Ich habe keine Ahnung, ob Sie einen guten Bataillonskommandeur abgeben werden, aber ich bin sicher, daß Sie mir eine große Hilfe sein können. Sie können mir viel unnötige Zeit ersparen, indem Sie mir Hinweise geben, auf die ich erst nach längerer Suche stoßen würde. Ist das ein Angebot?«

»Ich möchte nicht den Eindruck erwecken, als ob ich Ihnen schmeicheln wollte ... aber es wäre eine Ehre für mich, für Sie zu arbeiten. Ich bin Ihnen dankbar für Ihr Vertrauen. Und nebenbei: Ich werde einen großartigen Bataillonskommandeur abgeben.«

Marshall erhob sich. »Ausgezeichnet. Ich werde mit General Westmoreland reden. Er wird enttäuscht sein, daß Sie den Bericht nicht in Washington vorstellen werden, aber ich bin sicher, er wird meinen Wunsch erfüllen.«

»Ja«, erwiderte Romer und nickte, »das denke ich auch. Ich werde wieder auspacken und warten, daß man mir Order gibt, mich bei Ihnen zu melden.«

Sie schüttelten einander die Hand, und Marshall verließ den Raum.

Wenige Augenblicke später kehrte Lord zurück. Er zeigte seinen Ausweis vor und erklärte den Wachen, daß er geheime Unterlagen hatte liegen lassen; dann holte er sich das Tonbandgerät.

Nach der Besprechung hatte Lord noch zwanzig Minuten bei General Westmoreland und dessen Stab verbracht, die sich mit der Kampftätigkeit des vergangenen Tages beschäftigten.

Die einzig interessanten Informationen, die dabei für Lord abfielen, betrafen Westmorelands offenkundigen Zorn auf Marshall und seine beiläufig geäußerte Anweisung an einen Adjutanten, er solle dafür sorgen, daß jederzeit ein Flugzeug und ein Pilot für den Botschafter bereitstünden. Beides, der Zorn und der Pilot, waren günstige Entwicklungen, und Lord dachte, er würde sie schon für seine Zwecke zu nutzen wissen.

Als Marshall zur Botschaft zurückkehrte, war die Halle wieder wie leergefegt.

Mead, der bei ihm war, sah sich besorgt um. »Irgendwie unheimlich«, sagte er.

»Verrückt ist das«, schimpfte Marshall. »Warum zum Teufel können die eine einfache Sache nicht auf einfache Weise erledigen?« Es mußte doch einen Mittelweg zu finden sein zwischen einer überfüllten Hauptstraße und einem leeren Mausoleum, dachte er. Die gaffende Menge ging ihm auf die Nerven, aber mußten sie deshalb gleich alle irgendwo einschließen, wenn er kam?

Sie hatten die Halle durchquert und näherten sich dem Aufzug, als plötzlich hinter ihnen eine Stimme erschallte: »Sie da! Halt!«

Marshall und Mead drehten sich um und sahen eine Frau auf sich zukommen. Hinter ihr entstand eine Bewegung. Sie blickte

über ihre Schulter zurück, sah die Wachen, die auf sie zustürmten, und begann auf Marshall zuzulaufen.

Marshall zögerte, verwirrt und leicht unruhig, aber Mead handelte sofort. Er stellte sich vor Marshall, versperrte der Frau den Weg und hob sein Gewehr; er zielte nicht auf sie, sondern hob es nur drohend in die Höhe.

Die Wachen erreichten die Frau. Einer packte sie, aber sie schrie auf und riß sich los.

»Die Kinder!« rief sie. »Sie müssen sie retten.«

Mead trat noch einen Schritt vor, um sie abzuwehren, und stieß ihr mit dem Gewehr gegen die Brust.

»Wie können Sie es wagen!« schrie sie. Dann trat sie zurück und schlug ihm ins Gesicht. »Gehen Sie mir aus dem Weg!«

Der Schlag war so laut und unerwartet gewesen, daß alle – die Wachen, Marshall, Mead und die Frau – erschrocken dastanden.

Die Frau erholte sich als erste. »O mein Gott«, sagte sie. »Es tut mir schrecklich leid.« Sie streckte die Hand aus und strich über Meads Wange, die sich von dem Schlag bereits zu röten begann.

Mead rührte sich nicht, sondern hielt die Frau weiterhin mit seinem Gewehr zurück.

Die Wachen ergriffen die Frau, drehten ihr die Arme auf den Rücken und zogen sie fort.

Endlich rührte Marshall sich. Er trat vor Mead. »Laßt sie los!« befahl er.

Die Wachen zögerten.

»Loslassen!«

Die Wachen gehorchten, wenn auch unsicher, und hielten sich bereit, die Frau wieder zu packen.

»Ich muß mit Ihnen sprechen«, sagte die Frau hastig und trat vor. »Bitte. Bitte. Kinder werden sterben, wenn Sie nicht helfen. Bitte!«

Marshall starrte sie an. Obwohl ihre Kleidung schäbig und ihr Haar in Unordnung war, erkannte Marshall, daß es sich nicht um eine Irre handeln konnte. Ihr von Verzweiflung gezeichnetes Gesicht war auffallend intelligent und anziehend.

»Was kann ich für Sie tun?« fragte Marshall.

»Hören Sie mich an! Bitte, nur fünf Minuten!«

»Natürlich«, erwiderte Marshall und ließ die Wachen wegtreten. »Kommen Sie!« Er führte sie zum Aufzug, und zu dritt gingen sie hinein. Wieder streckte sie die Hand aus und strich Mead über die

Wange. »Es tut mir so leid«, sagte sie. »Bitte, verzeihen Sie mir. Ich wollte Ihnen nicht weh tun.«

Marshall lächelte. »Ich glaube, Sie haben ihn eher erschreckt als ihm weh getan.«

»Sie hätten mich erschießen können«, sagte sie zu Mead.

»Wir haben ganz strenge Vorschriften, was das Erschießen von Frauen in Eingangshallen von Botschaften angeht«, sagte Marshall.

Mead zog sich in den hinteren Teil des Aufzugs zurück, um weiteren Unannehmlichkeiten mit der Frau aus dem Wege zu gehen.

»Ich bin Teresa Hawthorne«, sagte sie und reichte Marshall die Hand. »Vielen Dank, daß Sie mich empfangen. Das würde hier sonst niemand tun.«

»Bradley Marshall«, sagte er und schüttelte ihre Hand.

»Sie müssen ein sehr wichtiger Mann sein.«

»Sie wußten nicht, wer ich bin, als Sie mich eben aufgefordert haben, stehenzubleiben?«

»Nein. Ich wußte nur, daß Sie ein wichtiger Mann sein müssen. Die haben die ganze Halle geräumt, als Sie kamen. Wie Vieh haben sie uns hinausgetrieben und immer nur gesagt: ›Er kommt.‹ ›Er kommt.‹ Sie sind doch ein wichtiger Mann, oder?«

»Nur ein Gesandter, tut mir leid. Ein Diplomat.«

»Wirklich, ich hätte es mir denken können. Sie sehen wie einer aus: so dinstinguiert, und Sie haben die Sache in der Halle eben sehr diplomatisch angepackt. Das war sehr eindrucksvoll.«

»Danke, und jetzt hier entlang.«

»Meine Güte«, sagte sie, als die Wache sie am Aufzug empfing und zu der gläsernen Sicherheitsschleuse geleitete. »Jetzt wundere ich mich wirklich, daß er mich da unten nicht erschossen hat.«

Am Eingang zu den Büros wandte Marshall sich an Mead: »Corporal, warten Sie bitte, bis Mrs. Hawthorne ...«

»Miss Hawthorne.«

»... Miss Hawthorne und ich unser Gespräch beendet haben. Sie können sie dann hinausbegleiten.« Er lächelte. »Wahrscheinlich würden Sie gerne Unterstützung haben, aber ich denke, es wird schon gehen.« Er wandte sich an Teresa. »Sie werden mir doch nichts tun oder meinen Marinesoldaten noch einmal angreifen, oder?«

In seinem Büro geleitete er Teresa zu einem Sessel. »Darf ich Ihnen eine Tasse Kaffee anbieten oder Tee oder etwas anderes?«

»O nein, vielen Dank. Sie sind so nett zu mir. Ich habe wirklich nicht erwartet, so freundlich behandelt zu werden. Pater Dourmant wird es gar nicht glauben wollen – er ist ein französischer Priester, und er hält leider nicht viel von den Amerikanern.«

»Mir ist noch kein Franzose begegnet, ob Priester oder Laie, der das getan hätte.«

Teresa sah sich scheu im Raum um, nahm die opulente Ausstattung wahr, und schlug rasch den Saum ihres Kleides nach innen, der sich gelöst hatte.

Sie sah erschöpft aus und überwältigt, aber Marshall sah in ihren Zügen eine geradezu ätherische Güte, als trennte ein Nebel sie von der restlichen Welt. Sie saß da, glücklich und froh, in ihrer ganzen Schlichtheit, und er war entzückt von ihr.

»Ich glaube, ich trinke einen Kaffee«, sagte er und ging zur Tür. »Darf ich Ihnen wirklich nichts anbieten. Es macht gar keine Umstände.«

»Ja ... doch. Ein Kaffee wäre schön. Ich komme fast nie dazu. Kaffee ist so teuer auf dem schwarzen Markt.«

Marshall öffnete die Tür. »Colonel Waggoner, würden Sie Miss Toland sagen, daß sie uns zwei Kaffee bringt und etwas Gebäck oder was sie auftreiben kann. Es ist schon spät. Niemand braucht auf mich zu warten. Ich sehe Sie morgen; es gibt eine Menge Dinge, die ich mit Ihnen besprechen möchte. Ich werde gegen acht Uhr da sein. Guten Abend.«

Er kehrte zu Teresa zurück und ließ sich in dem Sessel ihr gegenüber nieder. »Also worüber hätten Sie gerne mit mir gesprochen? Wessen Kinder kann ich retten?«

Teresa redete fast eine Stunde lang, erzählte von der Klinik und dem Waisenhaus, von ihrer Arbeit und all den Problemen. Sie berichtete von den zahlreichen Versuchen, in der Botschaft Hilfe zu finden, und daß man sie jedesmal abgewiesen hatte und daß sie auch keine Hoffnung mehr hatte, von der südvietnamesischen Regierung irgendeine Hilfe zu erhalten.

»Ich habe eine Frau in der Klinik, die sich und ihr Kind verbrennen will, in einer öffentlichen Protestaktion, wie die buddhistischen Mönche es getan haben. Pater Dourmant ist außer sich, aber ich weiß wirklich nicht, was ich ihr sagen soll.«

»Nun, ich hoffe sehr, Sie werden sie davon abzuhalten versuchen.«

»Warum?« fragte Teresa müde. »Damit sie und ihr Kind bei einem Bombenangriff umkommen? Oder verhungern? Das Baby ist mißgebildet und zurückgeblieben. Viele sind so und dazu noch drogenabhängig und am ganzen Körper von Ekzemen bedeckt. Es ist hoffnungslos. Wenn sie überleben, können Sie sich vorstellen, was das für ein Leben sein wird? Ausgestoßen und geistig behindert werden sie durch die Straßen irren und im Abfall nach irgend etwas Eßbarem suchen. Wirklich, was macht es da schon, wenn die Frau sich und ihr Kind anzündet? Für sie wird nichts besser werden, nur noch mehr Leiden und Qualen. Es ist grausam, jemandem Hoffnung zu machen, wenn niemand bereit ist zu helfen.«

Im Raum wurde es dunkel. Durch das Fenster sah Marshall Lichter angehen, helle Neonleuchten, die den Karneval der Nacht ankündigten. Er seufzte, zu müde und erschlagen, als daß er das Licht im Zimmer hätte einschalten mögen.

Das hatte er nicht erwartet; der Schrecken überwältigte ihn.

Wer war diese Frau, die da in sein Leben getreten war, diese bemerkenswerte Frau, die ihn so heftig anzog, daß er den Blick abwenden mußte?

»Wie viele Waisenhäuser gibt es hier?« fragte er schließlich. »Und wie viele Waisenkinder insgesamt?«

Sie schüttelte den Kopf. »Ich weiß es nicht. Ich weiß nicht einmal, wie viele Kliniken und Waisenhäuser es in Saigon gibt, aber es müssen Hunderte im ganzen Land sein. Und Kinder? Tausende und Abertausende. Und jeden Tag werden es mehr, nicht nur Kriegswaisen, auch uneheliche Kinder, und die katholischen Krankenhäuser nehmen keine Abtreibungen vor, und die Soldaten – denen ist völlig egal, ob die Frauen schwanger werden.«

Sie seufzte ebenfalls, dann lächelte sie. »So mutlos werde ich nur, wenn ich darüber nachdenke. Jetzt, wo ich es alles ausgesprochen habe, erscheint es ganz unmöglich. Einfach nur überwältigend und schrecklich.«

»So ist es«, sagte Marshall und rang sich gleichfalls ein leichtes Lächeln ab. »Mein Gott. Ich weiß nicht, was ich Ihnen sagen soll. Ich habe keine Antworten oder Lösungen für Sie parat. Offen gesagt, ich habe noch nie über all das nachgedacht, ja ich wußte nicht einmal, daß es das überhaupt gibt, was Sie beschrieben haben.

Ich kann mir gut vorstellen, warum man Sie hier abgewiesen hat. Das Problem scheint zu gewaltig; und politisch... nun, ich kann mir nicht vorstellen, wer sich für die unehelichen Kinder von Soldaten und Prostituierten einsetzen sollte.«

»Aber moralisch...«

Marshall hob die Hand. »Ich habe *politisch* gesagt. Moral und Politik finden nur gelegentlich zusammen, und das auch nur, wenn es nützlich ist. Aber ich verspreche Ihnen, ich werde tun, was ich kann. Gleich morgen werde ich mich darum kümmern.«

Er stand auf und ging zum Schreibtisch. »Würden Sie mir wohl Ihren Namen und die Adresse Ihrer Klinik aufschreiben und die Telefonnummer, falls es eine gibt?«

Sie tat es, und als sie ihm das Blatt reichte, sagte sie: »Ich bin so...«

Marshall winkte ab. »Nein, bitte nicht! Wenn jemand Dank verdient, dann sind Sie es. Ich... ich bin gar nicht sicher, ob ich überhaupt helfen kann.«

»Sie haben schon geholfen. Sie haben mir Hoffnung gegeben.«

»Auch das mag grausam sein.«

»Ich danke Ihnen trotzdem«, sagte sie und reichte ihm die Hand. »Ich danke auch für den Kaffee und das Gebäck, aber vor allem, daß Sie mir zugehört haben. Manchmal ist es schon eine wunderbare Hilfe. Ich wollte, Pater Dourmont könnte Sie kennenlernen. Ich bin sicher, er würde Sie mögen.«

»Das würde ihm alles verderben – vielleicht müßte er dann ein lange gehätscheltes Vorurteil begraben.«

»Nochmals vielen Dank«, sagte sie, als er sie zur Tür brachte.

»Guten Abend, Miss Hawthorne«, sagte er und blickte auf die Hand, die sie ihm entgegenstreckte.

Er nahm sie. Sie war so warm. Er fühlte ihre beruhigende ermutigende Kraft und wollte sie gar nicht loslassen.

»Corporal Mead begleitet Sie hinaus«, sagte er schließlich; er sah ihr nach, und als sie gegangen war, stand er noch ein paar Minuten regungslos da.

In seinem Büro hatte Lord das Band gerade zum zweiten Male abgehört. Er hatte recht gehabt; es konnte kein Zweifel mehr an Marshalls Einstellung bestehen. Romer als Adjutanten zu gewinnen war ein meisterlicher Schachzug – auf diese Weise würde er

seine Einwände gegen die COVIA-Studie bestens untermauern können. Er ist ein ganz cleverer und gefährlicher Hund, dachte Lord, und er mußte ihn stoppen.

Lange saß Lord da und dachte nach. Schließlich griff er nach dem Telefon und verlangte Da Nang. Er würde schon den richtigen Piloten für Bradley Lawrence Marshall besorgen.

Als er das erledigt hatte, ging er hinüber in Jeffrey Gibbons Büro.

Gibbon stand auf, als Lord eintrat, dann ging er an den Wandsafe, holte Marshalls Akte heraus und reichte sie Lord.

»Er hat schon 'ne Menge Scheiße aufgerührt, seit er hier ist«, sagte er. »Woher wußten Sie, daß er Schwierigkeiten machen würde? In der Akte finden sich keine Anhaltspunkte dafür.«

»Das steht schon in der Akte«, erwiderte Lord und machte es sich auf dem metallenen Klappstuhl bequem.

»Dann muß ich es übersehen haben«, sagte Gibbon. »Auf mich wirkt er wie ein mustergültiger Vertreter des Establishments – dagegen sieht sogar Ellsworth Bunker noch wie ein Hippie aus.«

»Jeffrey, die Gründungsväter kamen aus den besten Familien – wie die meisten Revolutionäre. Der Pöbel bringt selten erfolgreiche Revolutionäre hervor. Sie kommen immer aus dem Establishment. Daß sie das System kennen und wissen, wie es funktioniert, macht sie nur noch gefährlicher. Marx, Engels, Lenin, Mao, Che und Ho kamen nicht aus dem unterdrückten Proletariat.«

»Sie glauben doch nicht, er ist ein ...«

»Kommunist? Natürlich nicht. Es gibt keine Kommunisten in Amerika, Jeffrey – kein Land auf der Welt ist so kommunistenfrei wie unseres. Kennen Sie einen Kommunisten? Haben Sie je einen getroffen? In jeder Kommunistenversammlung gehören zwei Drittel der Leute zum FBI. Das ist doch die dickste Ente, die es je gegeben hat – diese paranoide Angst der Rechten vor den Kommunisten in Amerika – und es gibt gar keine.«

Lord mochte Gibbon, seine Hingabe und seinen Eifer, aber es zeigte sich, daß Gibbon genauso war, wie er aussah: zu schön, um wahr zu sein. Er war längst nicht so schnell von Begriff oder scharfsinnig, wie Lord gehofft hatte.

Dennoch glaubte er, Gibbon gebrauchen zu können.

»Marshall wird uns ernste Schwierigkeiten machen. Er ist schlimmer als ein Kommunist und viel gefährlicher.«

»Sie meinen, er ist ein Liberaler?« fragte Gibbon grinsend.

»Einer von der schlimmsten Sorte«, erwiderte Lord. Er stand auf. »Haben Sie noch Ihre Flugberechtigung?«

»Jawohl, Sir.«

»Und Sie wissen noch, wie eine Huey funktioniert?«

Gibbon lächelte. »Fliegen ist wie Ficken, das verlernt man nie.«

Lord warf ihm einen kalten Blick zu. »Wissen Sie auch noch, wie sie *nicht* funktioniert?«

Gibbon war verwirrt. »Sir?«

»Vielleicht beschaffen Sie sich ein Handbuch für die Huey UH-1B, Jeffrey. Ich möchte, daß Sie es im Dunkeln vorwärts und rückwärts aufsagen können.«

Gibbon grinste. »Hueys und Frauen, damit komme ich auch im Dunkeln zurecht. Dazu brauche ich kein Handbuch.«

Lord ging zur Tür. »Jeffrey, entweder Sie wachsen, oder ich muß etwas schrumpfen, damit wir sinnvoll miteinander diskutieren können.«

Gibbon nickte feierlich. »Ich denke, Sie sollten vielleicht etwas schrumpfen, Sir.«

»Tun Sie mir einen Gefallen, Jeff, und besorgen Sie sich ein Handbuch für die Huey. Gute Nacht.«

Nachdem er im MACV angerufen und um Romers Zuweisung gebeten hatte, verließ Marshall sein Büro.

Als die Limousine vor der Villa vorfuhr, sagte er Mead und dem Fahrer, sie könnten nach Hause gehen.

»Ich gehe ins Bett, und vielleicht schlafe ich sechzehn Stunden. Ich werde Sie nicht brauchen, Corporal. Wenn jemand mich erschießen will, soll er's tun.«

»Wann soll ich mich morgen früh bei Ihnen melden, Sir?« fragte Mead.

»Gar nicht«, erwiderte Marshall. »Nehmen Sie sich den Morgen frei. Gehen Sie mit Ihrem Mädchen irgendwohin. Kommen Sie kurz nach Mittag zu mir.«

Marshall stieg müde die Treppen hinauf; jemand öffnete ihm die Tür, das gesamte Personal stand bereit und erwartete ihn lächelnd.

O mein Gott, sagte Marshall zu sich selbst.

Mead stieg wieder in den Wagen. Die Limousine fuhr los und machte sich auf den Weg zur Botschaft.

»Ich fahre nicht zur Botschaft zurück«, sagte Mead. »Laß mich an der Ecke raus. Ich nehme ein Taxi.«

»Hast du 'ne Gook-Fotze?« fragte der Fahrer und fuhr an den Straßenrand.

Mead stieg aus. »Nein«, erwiderte er, warf die Tür zu und lief zu einem Taxi, das an einer roten Ampel wartete. Er riß die Wagentür auf.

Ein Franzose mittleren Alters schrie überrascht und erschrocken auf, als Mead sich neben ihm auf den Rücksitz fallen ließ.

»Aber dieses Taxi ist besetzt«, protestierte er empört.

»Halt's Maul!« fuhr Mead ihn an, hielt ihm das Gewehr unter die Nase und nannte dem Fahrer die Adresse.

»Ich freue mich, mein Taxi mit Ihnen teilen zu dürfen«, sagte Bernard Lacouture, und auf französisch wies er den Fahrer an: »Bringen Sie unseren Befreier, wohin er will.«

Lacouture lehnte sich zurück, rutschte vergnügt hin und her und bewunderte den Soldaten neben ihm; er war bei weitem der aufregendste Söldner, den er je gesehen hatte, ein großartiges Exemplar, wild und gefährlich. Er erinnerte ihn an einen Fremdenlegionär, den er vor Jahren einmal gehabt hatte. Lacouture schwelgte in seinen Erinnerungen und genoß die Nähe, so daß er ganz vergaß, was er eigentlich vorhatte: das Domizil des gerade eingetroffenen amerikanischen Gesandten auszuspähen.

Lacouture rückte ein wenig näher. »Darf ich Sie ...«

»Bleib mir vom Leib, du Tunte!« fauchte Mead.

Lacouture bebte vor Entzücken. Exquisit, dachte er. Ich muß ihn haben.

Als der Wagen hielt, griff Mead nach seiner Brieftasche.

»Nein, nein«, sagte Lacouture. »Es ist mir ein Vergnügen. *Enchanté.*«

»Danke«, murmelte Mead, schlug die Tür zu und lief die Stufen hinauf.

Das Taxi fuhr wieder los. »Halt!« rief Lacouture. »Fahren Sie zurück!«

Der Wagen setzte zurück. Lacouture sah aus dem Fenster, bis er im oberen Stockwerk ein Licht angehen sah. *Bien*, sagte er zu sich selbst und schrieb sich die Adresse auf. »Fahren Sie los!« rief er dem Fahrer fröhlich zu. Er hatte einen Plan, einen wundervollen Plan, der ihm genug Geld einbringen würde, um sich an der Riviera zur

Ruhe zu setzen, und der ihn dazu noch in den Besitz dieses Zenturios bringen würde. Einen exquisiten Plan!

14

Nur dreißig Minuten hatte man Luke Bishop gegeben, damit er sich darauf vorbereiten konnte, mit den beiden Toten ausgeflogen zu werden.

»Das ist ein Befehl, Lieutenant«, sagte der Kompaniechef, und er selbst hatte ihn gerade erst vom Bataillon übermittelt bekommen, wohin er über das Regiment gelangt war, das ihn seinerseits direkt von General Haggan aus dem Divisionshauptquartier erhalten hatte.

»Holen Sie den Mann für ein paar Tage da raus«, hatte Haggan gesagt, nachdem er von dem Hügel zurückgekehrt war und Bishops Erschöpfung gesehen hatte. »Das ist die einzige Stellung, die letzte Nacht nicht überrannt worden ist. Die Gooks kommen wieder, aber nicht so schnell. Ich möchte, daß er dann bereit ist. Ich kann den Krieg nicht mit Offizieren gewinnen, die sich kaum noch auf den Beinen halten können.«

»Soll ich irgendwas tun, während Sie weg sind?« fragte Gunny Brock, der neben Bishop wartete.

Bishop zuckte die Achseln. »Sie wissen genauso viel wie ich. Ich glaube nicht, daß sie in den nächsten drei, vier Tagen zurückkommen. Wahrscheinlich können Sie die Wachen auf ein Minimum reduzieren und dafür sorgen, daß alle so viel Schlaf bekommen wie möglich. Am Tage sollen sie am Sperrzaun arbeiten und noch mehr Sprengfallen setzen. Sonst wird weiter nichts zu tun sein, außer warten. Und sehen Sie zu, daß es Sie nicht erwischt!«

»Wir werden unser Bestes tun, Lieutenant.« Eigentlich hatte Brock noch einen Scherz übers Vögeln und über die Privilegien der Offiziere anbringen wollen, aber er blickte nur auf die beiden Leichensäcke, die vor ihm lagen, und schüttelte den Kopf, während er den Hubschrauber am Horizont auftauchen sah.

Bishop nahm nur sein Gewehr und Rasierzeug mit, nicht einmal Kleider zum Wechseln. Auf dem kurzen Flug saß er angeschnallt da, die beiden Leichensäcke zu seinen Füßen. Unten sah er die gewaltigen Verteidigungsanlagen um Khe Sanh, Ring um Ring von Bunkern und Tunneln, ein häßlicher Schorf auf dem Land, das über viele

Kilometer leergeräumt worden war. In der Ferne sah er die kleinen Sprenkel vorgeschobener Außenposten, aber Hügel 742 konnte er nicht ausmachen.

Im Divisionshauptquartier in Quang Tri setzte man ihn in eine C-130 nach Da Nang, auf der Ladeliste wurde er geführt als »Bishop, Lucas M., 2Lt. 0104422, und menschliche Überreste«.

Als sie landeten, wartete bereits ein Laster mit zwei Navy-Leuten, die sich die Leichensäcke griffen und sie auf die Ladefläche bugsierten. Er wollte gerade gleichfalls hinaufsteigen, da rief einer der beiden ihm zu: »Sie können vorne mit uns fahren«, aber er ignorierte die Einladung und hockte sich neben die Säcke, ohne auf den Staub und die blendende Sonne zu achten.

Der Laster holperte über das Flugfeld zu einem abseits gelegenen weißen Gebäude, in das die Leichensäcke getragen wurden. Bishop übergab die Papiere und die persönlichen Habseligkeiten, dann stand er ratlos herum und wußte nicht, was er tun sollte.

»Das hier wollen Sie sich doch sicher nicht ansehen, Lieutenant«, sagte ein Sanitäter. »Warum gehen Sie nicht rüber ins Offiziersquartier und ruhen sich etwas aus. Sie müssen ein paar Kopien mit zurück zu Ihrer Einheit nehmen, aber mit dem Papierkram sind wir erst morgen fertig.«

Er ließ sich den Weg über die riesige Basis zum Offiziersquartier zeigen; dort gab man ihm ein Zimmer. In voller Montur ließ er sich auf das Feldbett fallen und sank in einen gnädigen, traumlosen Schlaf.

Kräftiges Klopfen an der Tür riß ihn aus dem Schlaf. Er warf sich auf den Boden, tastete blind nach seinem Gewehr und hatte keine Ahnung, wo er war.

Dann kam ihm alles wieder in den Sinn, und er ging zur Tür. Er schaute auf die Uhr, er hatte bis spät am Nachmittag geschlafen.

Vor der Tür stand einer der Matrosen von der Leichenhalle. Kaugummi kauend sagte er: »Da hat einer Scheiße gebaut und die falschen Papiere ausgefüllt. Sie müssen kommen und die Leichen identifizieren.«

Bishop trat an die Tür. »Das sind sie. Ich war die ganze Zeit bei ihnen.«

»Sie müssen trotzdem kommen, Lieutenant. Die Sache muß ihre Ordnung haben – die können nicht hingehen und die Falschen nach Hause schicken.«

»Ich habe Ihnen gesagt, daß sie es sind. Verschwinden Sie!«

»Hören Sie, Lieutenant, Commander Hartman hat gesagt, sie sollen kommen, und dann haben Sie auch zu kommen, *Sir.*«

Bishop griff nach dem höhnisch grinsenden Gesicht, aber der Mann war schon verschwunden.

Für den Weg zurück zur Leichenhalle brauchte er dreißig Minuten. Dort führte man ihn durch einen langen Flur in einen grauen, antiseptisch wirkenden Raum mit gekachelten Tischen. Auf allen Tischen lagen Leichen, und an der Wand lagen weitere, wie Holzstämme gestapelt und noch in ihren Uniformen, einige davon in Totenstarre.

Die Leichen auf den Tischen waren nackt, manche ohne Arme und Beine, manche verrenkt und schrecklich deformiert. Auf einem der Tische, die Haut saubergeschrubbt in der Farbe der farblosen Wände, das Blut in Eimer abgelassen, die Arme von der Platte herabhängend, lag Pozinski.

Bishop wandte sich ab, aber auf dem nächsten Tisch lagen nur noch Fetzen von Fleisch und Knochen und Millers Kopf.

Bishop griff nach seinem Magen und schwankte.

Ein Navy-Offizier in blutbespritztem Chirurgenkittel griff ihn am Arm und stützte ihn.

»Tut mir leid, Lieutenant, man hätte Sie nicht herholen sollen. Ich werde mit ihnen reden. Die Arbeit hier ist grauenhaft. Manchmal überkommt es sie, und dann reagieren sie sich mit solchen Grausamkeiten ab. Geht es wieder?«

Bishop nickte, die Augen auf den Boden geheftet.

»Können Sie sie identifizieren?«

Bishop nickte nochmals, dann straffte er sich und wandte sich den Tischen zu. »Corporal Pozinski, Gregory S.«, sagte er ruhig. »Sie nannten ihn Snags. Und das ist PFC Lawrence F. Miller. Ist das alles, Sir?«

»Ja, Lieutenant. Danke. Sie brauchen nur noch hier zu unterschreiben.«

Seine Unterschrift war fest, und seine Hände zitterten nicht, als er die Formulare zurückgab. »Darf ich Sie um einen Gefallen bitten, Commander?«

»Natürlich.«

»Ich möchte nicht ins Offiziersquartier zurück, Sir. Ich glaube, ich kann das nicht.«

»Ich verstehe, Lieutenant. Haben Sie Freunde in Da Nang? Ich könnte dafür sorgen, daß einer unserer Fahrer Sie zu einer anderen Einheit bringt.«

»Vielen Dank. Ich habe einen Freund beim Marine Air Wing. Wir waren zusammen im College.«

»Das läßt sich leicht machen.« Der Pathologe blickte über Bishops Schulter zu dem Tisch. »Ich ...« Doch dann schüttelte er nur den Kopf. »Passen Sie auf sich auf, Lieutenant!«

Als Bishop an die Tür der Wellblechhütte klopfte und seinen Kopf hineinsteckte, hob ein großer Mann, der in Unterwäsche auf seinem Feldbett lag, neugierig den Kopf.

Einen Augenblick lang sah er unschlüssig herüber, dann sprang er auf.

»Mensch, Luke!« Mit einem Satz war er bei Bishop und umarmte ihn heftig. »Mein Gott, was ist denn mit dir passiert?«

Bishop schob ihn weg. »Nichts ist mit mir passiert.« Er griff dem anderen ins Fleisch und kniff hinein. »Ich führe hier einen Krieg. Ich bin nicht fett geworden wie du.«

»Ha, kein Wunder, daß wir verlieren – du siehst schlimmer aus als der Gook, dem ich's gestern mit Napalm besorgt habe.«

Jim Magnuson fegte alles von seinem Feldbett und drückte Bishop darauf nieder. Dann lief er zu einem kleinen Kühlschrank, füllte zwei Gläser mit Eiswürfeln und goß sie bis zum Rand voll mit Jack Daniel's.

»Auf das Korps«, sagte Magnuson und reichte ihm ein Glas. Sie beide waren nach dem College zu den Marines gegangen; sie waren zusammen in Quantico gewesen, bis Magnuson dann zur Flugschule ging. »Ach, scheiß auf das Korps. Sag mir lieber, was du hier machst.«

Bishop erzählte, und Magnuson hörte ihm zu.

Als Bishop geendet hatte, sagte Magnuson lange Zeit nichts, dann goß er den Rest aus der Flasche in die beiden Gläser. »Erinnert mich an den Witz von der Frau mit den zwei Fotzen.«

Er erzählte den Witz und dann noch einen, und bald lachten sie und erzählten sich Geschichten, sie stießen sich gegenseitig herum und bewarfen sich mit Eiswürfeln.

Schließlich, als es dunkel im Raum wurde, saß Bishop still auf dem Feldbett. »Du hast mir noch gar nichts von dir erzählt, Jim,

was du hier so machst.« Er zeigte auf den Fliegersack und die Kleider, die auf dem Boden verstreut lagen. »Fährst du weg?«

Magnuson zuckte die Achseln und blickte ein wenig dämlich drein. »Ich bin Flieger, was gibt es da zu sagen? Ich werfe große Bomben auf kleine Gooks, entlaube Wälder ... und solche Sachen.«

»Und wohin soll's jetzt gehen?«

»Saigon. Die Einheit hat heute morgen einen Anruf bekommen. Die brauchen einen Piloten in Tan Son Nuth. Sie haben mich ausgewählt.«

»Saigon? Wozu brauchen die einen Marineflieger? Da unten ist doch alles Air Force.«

»Was weiß ich? Ist doch dasselbe wie bei euch Sandhasen, wir machen, was man uns befiehlt.« Dann, als wollte er das Thema wechseln, zog er Bishop hoch. »Stell dich unter die Dusche, und dann gehen wir was essen. Ich muß erst morgen los, wir haben noch die ganze Nacht zum Feiern. Ich zeig dir ein paar Sachen, da wird dein kleiner Oklahoma-Verstand sich nur wundern.«

»Ach, hör mit dem Scheiß auf«, versetzte Bishop und machte sich auf den Weg zu den Duschen. »Zeig mir lieber was, das mein großer Oklahoma-Schwanz ficken kann.«

Nachdem sie sich gewaschen hatten, verließen sie, einander stoßend und schiebend, die Unterkunft, legten sich gegenseitig die Arme um die Schultern und zogen singend los, um einen Jeep aufzutreiben, der sie nach Da Nang brachte.

Als sie in einer Nebenstraße ausstiegen, erschienen sogleich von allen Seiten Kinder und schlossen sie ein. Sie kamen hinter Mülltonnen und aus Hauseingängen hervor, es waren so viele, daß Bishop sie nicht einmal zählen konnte. Er wollte schon zurück, aber Magnuson packte ihn am Arm, und zugleich warf er eine Handvoll Münzen und Scheine in hohem Bogen von sich. Während die Kinder auseinanderstoben, um das Geld aufzulesen, machten Bishop und Magnuson sich davon.

»Das ist ja schlimmer als die verfluchte DMZ«, sagte Bishop, als sie die Hauptstraße erreichten, aber auch dort konnten sie sich kaum vor den Bettlern und Krüppeln retten, die sie unablässig verfolgten.

»Der sieht aus wie der Gook, den ich letzte Woche zerdeppert habe«, sagte Magnuson und wies auf einen einäugigen Mann ohne

Beine, der auf dem Trottoir lag und seine Hand ausstreckte; er blieb stehen und gab ihm einen großen Schein aus seiner Brieftasche.

Magnuson blieb häufig stehen und gab einem Amputierten oder Krüppel etwas Geld. »Der Grund, warum ich so selten zum Ficken herkomme, ist, daß es so verdammt teuer ist – nicht die Weiber, aber das hier.«

Bishop wurde rasch wieder nüchtern angesichts der Gestalten, die aus dunklen Ecken und Gassen auf sie eindrangen. Er hielt sich von den Häusern fern und ging fast mitten auf der Straße; aber dort hätten die Motorräder und Autos ihn beinahe überfahren, und das beständige Hupkonzert ging ihm auf die Nerven.

»Weißt du«, begann Magnuson, ohne sich um Bishops wachsende Angst zu kümmern, »bis vor vier Jahren war Da Nang noch eine kleine, fast schläfrige Kolonialstadt. Damals gab es kaum achtzigtausend Einwohner. Eine schöne Bucht, wunderbare Strände, kleine Geschäfte – wie an der französischen Riviera, sagt man. Jetzt haben sie hier allein schon achtzigtausend Nutten, und verkaufen können sie nur noch Dope und ihre Weiber.«

Magnuson stieg über einen Krüppel. »Aber mehr will ich auch gar nicht kaufen, darum soll's mir recht sein.«

Bishop sprang vom Bordstein; nervös blickte er um sich. Sein Instinkt und alle seine Sinne schrien ihm Warnungen zu; die letzten Monate hatten sie geschärft.

»Wie kannst du darüber Witze machen?« fragte er.

»Über Da Nang? Oder meinst du den Krieg?« Magnuson blieb stehen und packte Bishop am Arm. »Komm, wir suchen uns was. Gleich hier.« Er zeigte auf die Gebäude um sie herum.

»Französischer Kolonialstil, schöne Häuser – zu ihrer Zeit. Siehst du die blauen, gelben und rosa Pastelltöne unter dem Schmutz und Ruß, wie eine Postkarte aus Nizza. Und die herrlichen Strände an der ganzen Küste. Aber bleiben wir auf dem Teppich – die Franzosen sind hier vor hundertzwanzig Jahren gelandet; sie haben geraubt und gestohlen, was sie konnten, sie haben die Leute versklavt, und dann haben sie sich aus dem Staub gemacht. Jetzt sind wir hier, und die Stadt ist ein einziger riesiger Puff.«

Bishop sah ihn verwundert an. »Jim, das bist doch nicht du. So warst du doch nicht, als du hierhergekommen bist.«

»Da hast du recht, Mann, aber das ist, was ich gesehen habe. Hör mal, du glaubst ja vielleicht noch an diesen Scheißkrieg, aber für

mich ist das ein einziger Blödsinn, eine faustdicke Lüge, die wir auf die Lüge der Franzosen draufgepackt haben – die Riesenlüge des Westens, daß wir die Gooks retten wollen, oder was sie auch sind. Wir werden Weiße aus ihnen machen, auch wenn wir dazu jeden einzelnen von ihnen umbringen müssen.«

Er zeigte auf die Kinder und Bettler. »Hier gibt es niemanden mehr zu überzeugen – nur noch Krüppel und Amputierte und Nutten und kleine Kinder; alle anderen bringen wir um. Das ist es, was wir hier machen. Hast du das kapiert – ich meine, wirklich kapiert? Wir bringen Menschen um. Du und ich, Luke Bishop und Jim Magnuson aus Bumfuck, Oklahoma, wir bringen Menschen um. Das ist unser Job. Wir bringen Leute um; damit verdienen wir unseren Lebensunterhalt. Willst du etwa, daß ich das ernst nehme?«

Magnuson schüttelte den Kopf. »Ich dachte, dieser Krieg, das ist John Wayne und Sergeant Rock. Ich habe wirklich an die Comics geglaubt. Ich dachte, ich kämpfe hier für Demokratie und Wahrheit und die amerikanischen Ideale. Ich bin zur Flugschule gegangen, weil ich der Rote Baron sein wollte – und nicht um Bomben aus dreißigtausend Fuß Höhe abzuwerfen und Wasserbüffel mit Napalm zu grillen. Ich bin nicht hergekommen, um Wälder zu entlauben.«

»Oder sonst noch was«, setzte er barsch hinzu.

»Was sonst noch?« fragte Bishop. »Was ist mit dir passiert? Das bist du doch nicht.«

»Da kannst du drauf wetten. Jetzt will ich hier nur noch raus. Ich will über nichts mehr nachdenken, Luke. Ich habe einen Job – und ich tue meine Arbeit. Morgen brauchen sie mich in Saigon, also geh ich hin. Die bezahlen mich dafür, daß ich meine Arbeit tue. Ich kriege mein Geld nicht dafür, daß ich mich mit Schuldgefühlen und Gewissensbissen plage. Ich kriege mein Geld nicht dafür, daß ich denke. Außerdem würde Denken auch nichts ändern – die würden einfach einen anderen an meine Stelle setzen. An deine auch.«

Er legte den Arm um Bishop. »Natürlich mache ich Witze darüber. Wenn ich das nicht tue, glaube ich am Ende noch an das, was ich tue.«

Er zeigte auf die grellen Neonlichter ein paar Blocks entfernt. »Also, willst du weiter über Weltpolitik diskutieren, oder willst du ficken?«

»Vielleicht habe ich ja vergessen, wie man das macht«, erwiderte Bishop.

»Ich besorg dir eine mit 'ner Gebrauchsanweisung.«

In der ersten Bar, die sie betraten, machte sich ein Mädchen an Bishop heran und rief: »So ein schöner Junge! Fickst du mich?« Und sie griff nach seiner Hose.

Bishop drehte sich zu Magnuson um und grinste. »Das ist ja wie damals im College.«

»Genau«, sagte Magnuson, schob zwei Frauen beiseite und drängte zur Bar.

Kurz darauf war auch Bishop dort angelangt, aber die Frau war immer noch bei ihm, ihre Hand in seinem Hosenstall.

Magnuson schob ihm ein Bier zu und sah an ihm herunter. »Sucht sie immer noch?«

Bishop trank sein Bier und sah zu, wie die Frau ihn streichelte. »Weißt du, ich hab das Gefühl, das wird was heute nacht.«

»Komm«, sagte Magnuson, »wir sehen uns noch ein bißchen um.«

»Und was ist mit der da?« fragte Bishop. Die Frau beugte sich über ihn und hauchte ihren warmen Atem über seinen prallen Schwanz. »Mir gefällt's hier.«

Magnuson zog ihn vom Barhocker, und Bishop schob sein Glied zurück in die Hose. »Ich kann es bald nicht mehr aushalten, Jim – es ist Monate her.«

»Ich weiß was Besseres«, erwiderte Magnuson. »Ein ruhiges Plätzchen, das wird dir gefallen.« Er drängte Bishop zur Tür und führte ihn durch ein Gewirr von Gassen in ein ruhigeres Viertel. Durch eine unscheinbare Tür mitten in einer Häuserzeile traten sie in einen Hof, in dem nichts wuchs; nur Katzen huschten über die Mauern davon. Magnuson klopfte an die Tür eines ehemals ansehnlichen Hauses, und ein alter Mann öffnete, der sie ausgiebig musterte, bevor er sie einließ. Er führte sie in einen kleinen, dunklen Raum und ließ sie Platz nehmen.

»Wir wollen fröhlich sein, Papa-san. Wir wollen vergessen«, sagte Magnuson und zog seine Brieftasche.

Der alte Mann griff mit der Geschwindigkeit eines Vogels nach den Geldscheinen und verschwand hinter einem Perlenvorhang.

»Wie kommst du auf so was hier?« fragte Bishop und sah seinen Freund skeptisch an. »Was hast du gemacht?«

Magnuson hob warnend die Hand, antwortete aber nicht.

Einen Augenblick später kehrte der alte Mann mit einem Tablett zurück, auf dem eine Wasserpfeife stand; daneben lag ein Klümpchen einer teigartigen Masse. Der Alte erhitzte das Opium über einer Kerzenflamme, dann strich er den Teig auf den Rand des Pfeifenkopfes, der an einem langen Bambusrohr angebracht war. Nachdem er mit einer Nadel in die Höhlung gestochen und das Opium eingelegt hatte, drehte er den Pfeifenkopf um und hielt ihn über die Flamme. Als das Opium zu brodeln begann, reichte er Magnuson die Pfeife; der nahm einen tiefen Zug und reichte sie an Bishop weiter.

»Was ist das«, fragte Bishop.

»Magie.«

Bishop zog den Rauch in seine Lungen und hielt ihn dort. Ein betäubendes Gefühl breitete sich angenehm in seinem Körper aus. Er nahm noch einen Zug, aber Magnuson nahm ihm die Pfeife weg. »Zuviel Magie ist gefährlich«, sagte er.

Obwohl Bishop sich nicht rührte, sondern vollkommen ruhig dasaß, fühlte er, wie sein Körper in die Kissen sank, während sein Geist sich erhob, den Körper verließ und in herrlicher Freiheit und Sicherheit umherschwebte. Magnuson war weit weg.

Als er zu sprechen begann, schien jedes Wort sein Eigenleben zu führen. »Was ist mit uns passiert, Luke?«

»Wir sind zwei Oklahoma-Boys, die es in die Welt verschlagen hat, Luke.«

»Aber ...«

Wieder hob Magnuson die Hand. Bishop hatte das Gefühl, als hinge die Hand völlig losgelöst im Raum zwischen ihnen. »Denk nicht nach, Luke. Vergiß alles. Ich bin hergekommen, weil ich der Rote Baron sein wollte. Ich habe ... Sachen gemacht, auf die ich nicht stolz bin. Sachen, über die ich niemals nachdenken will.«

»Was?« flüsterte Bishop.

Magnusons Gesicht erstarrte zu einer Maske. »Nein«, sagte er leise. »Ich will nicht daran denken, Luke. Darüber kann ich keine Witze machen.«

Plötzlich bemerkte Bishop, daß ein Mädchen bei ihm war. Wie aus der Ferne sah er sie auf seinem Schoß. Ihre Hände öffneten seine Uniform und streichelten seine Brust.

Dann führte sie ihn die Treppe hinauf in einen dunklen Raum, und

er spürte nur noch das herrliche Gefühl von Händen und Lippen auf seinem Körper. Er war nackt und sah auf sie herab, wie sie auf dem Bett lag und einladend zu ihm aufschaute.

Er kniete sich auf das Bett und beugte sich über das Mädchen. Sie öffnete ihre Beine, half ihm, in sie einzudringen, zog ihn mit sanften Bewegungen tiefer in sich hinein, aber er hatte so lange keine Frau mehr gehabt, daß er sich nicht zurückhalten konnte. Er stieß heftig zu, wand sich, bohrte sich in sie hinein, und als er explodierte, sah er ihr ins Gesicht, aber es war nicht das Mädchen da unter ihm, es war Pozinski; und als er hochfuhr, zog Snags ihn zurück. Er kämpfte, um sich frei zu machen, und auf dem Tisch lag Millers zerfetzter Körper, und es war nicht der Kopf des Mädchens, den er in den Händen hielt, sondern Millers Kopf. Er stieß ihn zurück und schrie auf.

Plötzlich war überall Blut, und Schreie drangen an sein Ohr. Der Raum füllte sich mit Menschen, Hände zerrten an ihm. Das Mädchen schrie und schrie, und jemand schlug auf ihn ein. Dann packte Magnuson ihn und half ihm in die Kleider.

»Lauf!« rief Magnuson; er stieß ihn aus dem Zimmer und die Treppe hinunter.

Und Bishop lief. Sie waren draußen, sie rannten durch Straßen. Plötzlich wurde es Bishop übel. Er beugte sich vor und übergab sich. Er würgte und rang nach Luft.

Als er sich ein wenig erholt hatte, sah er zu Magnuson hoch, der ihn verwundert anstarrte.

»Anscheinend hast du die Gebrauchsanweisung nicht richtig gelesen«, sagte Magnuson.

Dann begann Bishop zu weinen.

»Mein Gott, Jim, ich habe die beiden getötet.« Er sank auf die Knie. »Ich habe sie umgebracht. Mein Gott«, schluchzte er.

Magnuson kniete sich neben ihn, seine Stimme war leise und gequält. »Luke, du darfst nicht daran denken. Nie mehr. Wir werden nie damit fertig werden.«

»Aber du hast nichts getan«, schrie er. »Du hast sie nicht umgebracht. *Ich* habe es getan. Wie soll ich damit leben?«

Sie knieten beide mitten auf der dunklen, schmutzigen Straße. Magnuson legte Bishop die Hand auf die Schulter und zwang ihn hochzusehen.

»Weißt du, was ich tue, außer Bomben und Napalm auf die Gooks zu werfen? Ich arbeite für die CIA. Ich fliege die Maschine, wenn sie

diese armen Hunde verhören – von der NVA oder vielleicht auch nur Bauern.

Hast du das schon mal gesehen, wenn sie einen in zweitausend Meter Höhe aus der Flugzeugtür halten, und er schreit und bettelt und pißt und scheißt sich voll. Wie würdest du dich fühlen, wenn du einer von denen wärst, die den armen Kerl quälen und ihn auslachen, wenn er sich die Zunge abbeißt, nicht damit er nichts verraten kann, sondern weil er solche Angst hat?

Hast du schon mal gesehen, wie einer aus zweitausend Meter Höhe runterfällt, und der Schrei wird ihm aus dem Mund gerissen, wenn er abstürzt. Und hinterher mußt du die Scheiße und die Pisse wegwischen. Nicht einmal, nein immer und immer wieder, weil sie nur einen Piloten dafür haben wollen.«

Dann weinte auch er. »Ich will daran nicht mehr denken, Luke. Ich will nie mehr daran denken, was hier geschehen ist.«

Am Morgen gingen sie gemeinsam zum Flugplatz.

Magnusons Flug nach Saigon ging als erster ab. Er reichte Bishop die Hand. »Das sollten wir unbedingt bald wieder mal machen – vielleicht in fünfzig oder sechzig Jahren.«

Bishop lachte. »Ich kann es kaum erwarten. Hör mal, hab ich jetzt letzte Nacht gefickt oder nicht?«

»Mensch, ich weiß nicht wie du das nennst, was du da gemacht hast, aber wenn du einer Frau einen Gefallen tun willst, dann heirate sie nicht.«

»Vielleicht komme ich mal nach Saigon, dann kannst du mir ja ein paar Sachen zeigen, die meine Oklahoma-Augen noch nie gesehen haben.«

»Wenn du jemals nach Saigon kommst, Bishop, dann bleib mir bloß vom Leib. Bleib lieber da oben im Norden, wo ihr Sandhasen hingehört, und bring Gooks um, wie man's von dir erwartet.«

Bishop schüttelte ihm die Hand. »Nimm's nicht so schwer. Wenn du kannst, sieh mal nach einem meiner Leute – Ron Mead; er ist Corporal an der Botschaft. Wirklich guter Mann. Grüß ihn von mir.«

»Mach ich, Luke.« Er boxte ihn gegen den Arm, und eine Weile standen sie verlegen beieinander; dann umarmten sie sich, wandten sich rasch ab und gingen.

»Ach du heilige Scheiße, Lieutenant, Sie sehen ja noch schlimmer

aus als vorher«, sagte Gunny Brock, als Bishop am späten Nachmittag wieder bei seiner Einheit ankam. »Auf Okinawa bin ich mal eine ganze Woche lang auf Ficktour gewesen; danach sah ich immer noch besser aus als Sie.«

»Ich glaube, ich hab's noch nicht ganz raus«, erwiderte Bishop und grinste. »Vielleicht sollte ich noch mal los und ein bißchen üben. Und was war hier los?«

»Nichts. Vielleicht ist es ganz gut, wenn Sie weg sind. Wir haben den Zaun repariert, wie Sie gesagt haben, aber die meiste Zeit haben wir uns aufs Ohr gelegt.«

»Das brauch ich jetzt auch«, sagte Bishop und ließ sich auf seinen Schlafsack fallen. »Wecken Sie mich, wenn's dunkel wird.«

»Glauben Sie, die greifen heute nacht an?«

Bishop rollte sich auf die Seite und zog seine Kampfjacke über den Kopf. »Weiß ich nicht. Aber Sie hätten sehen sollen, was in Khe Sanh los ist. Die bereiten sich auf was Großes vor.«

»Und wir spielen hier den beschissenen Köder«, sagte Brock angewidert.

Auf dem vorderen Abhang des Hügels kämpfte Dennis Coney mit dem Schlaf. Er nickte ein, schüttelte sich, starrte wieder in die Dunkelheit, aber die Müdigkeit ließ ihn nicht los. Er sah auf den Mann, der neben ihm schlief, die Kampfjacke unter dem Kopf. Coney lächelte und mühte sich weiter, wach zu bleiben. Er wollte Frizzell nicht wecken, denn er wußte, daß der alles für ihn tun würde, und ganz sicher würde Frizzell eine weitere Wache übernehmen, damit er schlafen konnte.

Er mochte Frizzell, aber er war auch eine Last, dachte Coney. Er hatte noch nie jemanden getroffen, der ein so ... *schlichtes* Gemüt hatte – das war die freundlichste Umschreibung, die ihm einfiel –, und noch nie hatte jemand so zu ihm aufgeschaut wie Frizzell. Seit fünf Monaten war Coney im Kampfeinsatz; neben Bishop war er der einzige im Zug, der das College besucht hatte. Er hatte gesehen, wie zwischen Männern Bindungen entstanden, die einer Ehe nahekamen, und anfangs hatte er alles getan, um Frizzell zu entmutigen, aber der ließ sich nicht entmutigen, und nun hatte Coney sich mit der Rolle des großen Bruders abgefunden.

Sein Kopf fiel nach vorne, und ihm wurde klar, daß er eingenickt war.

»Frizzell«, sagte er laut, denn er wußte, daß er sich nicht länger wachhalten konnte.

Es kam keine Antwort. Er stieß ihn an. »Frizzell, wach auf, ich kann nicht mehr, es ist schon nach zwei.«

Frizzell knurrte, versuchte sich aufzurichten, fiel zurück. »Scheiße.«

Coney stieß ihn mit seinem Gewehr an. »Du mußt aufstehen, ich falle gleich um.«

»Leg dich hin, ich bin wach«, murmelte Frizzell mit geschlossenen Augen.

Coney streckte sich aus, legte sich die Kampfjacke unter den Kopf und zog den Poncho über sich.

Frizzell rappelte sich widerwillig auf. Er legte sich das Gewehr über die Oberschenkel und starrte in die Dunkelheit; in der Ferne sah er den Widerschein von Geschützfeuer. »Mensch, bin ich müde«, sagte er. »Ich bin so müde, daß ich nicht mal 'nen Ständer bekommen hab. Meistens, wenn ich schlafe ...«

»Halt's Maul, Frizzell!«

Frizzell kramte sein Eßgeschirr und eine Heiztablette hervor. »Willst du Kaffee?«

»Nein, du Arschloch, ich will schlafen«, versetzte Coney und zog den Poncho fester um seinen Körper.

»Mensch, ich hasse die Wache.« Frizzell schüttete ein Päckchen Instantkaffee in das heiße Wasser. Vorsichtig nahm er einen Schluck. »Woran denkst du, wenn du Wache hast, Dennie? Mir fällt nie was ein. Das ist wirklich beschissen; ich sitze rum und denke an gar nichts. Wie so ein blöder Wachhund. Ob Wachhunde denken, damit sie wach bleiben?«

Eine Weile dachte Frizzell darüber nach, aber er konnte sich nicht vorstellen, woran Hunde dachten, und gab schließlich auf.

»Dennie, bist du wach?«

»Nein.«

»Versuchst du einzuschlafen?«

Coney warf seinen Poncho ab. »Also gut, verdammt. Ich rede mit dir, ein paar Minuten, okay? Aber dann läßt du mich schlafen.«

Frizzell reichte ihm das Kochgeschirr mit dem Kaffee. »Worüber willst du reden, Dennie?«

»Ich? Ich will überhaupt nicht reden, du Blödmann. Du willst doch. Also los. Ich höre.«

Frizzell dachte angestrengt nach. »Ich weiß nie, woran ich denken soll, Dennie. Nicht, daß ich dumm wäre ...«

»Also weißt du, wenn mein Kind so dumm wäre wie du, dann würde ich es ertränken.«

»Ach, hör doch auf! Sag mir lieber, woran ich denken soll. Woran denkst du denn?«

Coney atmete tief ein. »Och, an verschiedene Sachen. Meine Frau. Mein Kind. Wie es ist, wenn ich wieder nach Hause komme.«

»Ich hab keine Frau und kein Kind.« Frizzell schwieg einen Augenblick, dann sagte er verlegen: »Weißt du, ich hab erst ein Mädchen gehabt, also, ich meine, eine feste Freundin. Und ich hab nur zweimal mit ihr gefickt. Na ja, dreimal. Dann hat sie einen anderen gefunden. Und dann war da noch eine, Becky. Becky die Bläserin – die hat die ganze Zeit nichts anderes gemacht als das. Aber sie hat's mit jedem gemacht. Und das sind die einzigen Mädchen, mit denen ich ...«

Er sah Coney an. »Wie ist das, wenn man verheiratet ist und ... du weißt schon.«

Coney schloß die Augen und dachte an seine Frau. Lange antwortete er nicht. Das Verlangen stieg in ihm auf wie eine Flut. Er zog hörbar die Luft ein. »O Mann, fang nicht davon an.«

»Ich weiß«, erwiderte Frizzell rasch; er hatte nur nach etwas gesucht, über das sie reden konnten, oder nach einer Frage, die er immer schon hatte stellen wollen – zum Beispiel, warum die Sterne nicht immer zu sehen waren. Aber es hatte nie jemanden gegeben, den er hätte fragen können.

Noch nie hatte er einen Freund wie Coney gehabt, jemanden, der sich wirklich für ihn interessierte. Er liebte Coney. Er hatte es ihm einmal gesagt, und Coney war sehr wütend geworden. »Männer sollen über so was nicht reden«, hatte er gesagt.

»Ach ja.« Endlich erinnerte sich Frizzell, welche Frage er stellen wollte. »Wozu ist eigentlich die Beschneidung gut? Das wollte ich immer schon wissen.«

Coney blickte ihn ungläubig an. »Wo hast du nur solche Sachen her? Kriegst du Arschloch von irgend jemand Fragen geschickt, die du mir stellen kannst?«

Frizzell grinste. »Nein, ich hab mich nur gefragt, was das soll.«

»Also, erst mal ist das sauberer.«

»Quatsch. Du bist auch nicht sauberer als ich.«

»Und dann ist es besser für die Frauen.«

»Wieso?«

»Weil du beim Ficken nicht so schnell kommst.«

Frizzell blickte Coney an, weil er sehen wollte, ob der sich über ihn lustig machte – da war er sich nie ganz sicher. Schließlich fragte er. »Was soll denn daran gut sein?«

»O mein Gott«, sagte Coney und legte sich wieder hin.

»Was ist los?«

»Nichts. Ich bin müde.«

»Du sagst mir nie, woran ich denken soll.«

Coney verbarg seinen Kopf unter der Kampfjacke. »Warum betest du nicht leise? Oder hol dir einen runter. Aber leise!«

Ein Stück weiter auf dem Abhang starrte Scott Sutherland in die Nacht. Er versuchte sich vorzustellen, wie der Feind sich da draußen bewegte, vorsichtig in der Dunkelheit, aber er konnte nicht bis hinter den Sperrzaun sehen.

Alles, was Miller gehört hatte, war mit der Leiche fortgebracht worden; jetzt war nichts mehr im Bunker außer Sutherlands eigenem Gewehr und seinen Sachen. Er hatte die Beine untergeschlagen, das Gewehr in den Schoß gelegt und spähte aus dem Bunkereingang in die Dunkelheit.

Zum erstenmal in diesem Krieg war er allein, und obgleich er sich an Miller zu erinnern versuchte, konnte er sein Bild nicht vor seinem inneren Auge erstehen lassen. Mit der Hand massierte er sein Gesicht, dann ließ er sie sinken und streichelte zerstreut sein Gewehr.

Vor dem Krieg war es leicht gewesen, dachte er. Damals, in Los Angeles, hatte er geglaubt, es sei hart, sich auf der Straße durchzuschlagen; aber das war nichts im Vergleich zu dem hier.

Er zeichnete Kreise in den Sand. Jetzt ging es ums nackte Überleben. Wenn er nicht aufpaßte, würde er wie Miller enden. Und kein Schwein würde sich was draus machen. In L. A. nicht, das war klar. Und von diesen Arschlöchern, die ihn hergeschickt hatten, auch niemand. Man hatte ihn hereingelegt, und wie ein dummer Hund war er darauf reingefallen.

Er starrte in die Ecke, wo Miller noch vor kurzem gesessen hatte, und plötzlich überkam ihn tiefe Trauer. Er verließ den Bunker und ging den Abhang entlang.

Wenig später ließ er sich neben Frizzell auf den Boden fallen. »Ich halte es da allein nicht mehr aus. Ich muß immer an Miller denken.«

Sutherland schloß die Augen und sagte niedergeschlagen: »Weißt du, der erste, den ich getötet habe, das war damals mit Mead. Der Kerl war gut dreißig Meter entfernt, und ich hab ihm mitten in die Brust geschossen. Als ich zu ihm hinkam, hat er mich angestarrt. Ich hab ihn umgedreht, und da war ein großes Loch in seinem Rücken. Eine Zeitlang habe ich sie gezählt. Das war ein Spiel. Das einzige, worauf es ankam, waren die Zahlen. Wie bei diesen Spielautomaten – deine Punktzahl wächst und wächst, und alles, was du gewinnen kannst, ist noch ein Spiel. Du kannst ewig am selben Automaten weitermachen und zusehen, wie deine Punktzahl steigt. Wozu, verdammt noch mal? Dann habe ich aufgehört zu zählen. Jetzt sind sie nicht mal mehr Zahlen.«

Er senkte den Kopf. »Außer Miller.«

Er wandte den Kopf ab, damit Frizzell ihn nicht sehen konnte, und wischte sich die Augen. »An dem Abend haben wir miteinander geredet, und vorher hat er mir Bilder gezeigt von seiner Frau und seinem Kind, und jetzt...«

Ein Zittern lief durch seinen Körper, dann beugte er sich vor und weinte.

Verstört legte Frizzell ihm einen Arm um die Schultern.

»Mein Gott, es tut mir so leid«, schluchzte Sutherland.

Neben ihm knurrte Coney: »Du lieber Himmel! Wie soll ich schlafen bei diesem Scheiß! Paß auf, mir tut das auch leid, das mit Miller und Snags und all den anderen armen Hunden. Und du tust mir auch leid. Alle hier tun mir leid. Miller hätte nicht auf diese Patrouille gehen dürfen. Der Lieutenant hat Scheiße gebaut. Aber so ist das nun mal. Keiner von uns sollte eigentlich hier sein, aber wir sind hier. Sollen wir jetzt die ganze Nacht heulen? Es war Scheiße, daß ich hierhergekommen bin. Und es war Scheiße, daß ich geheiratet habe. Ich bin zwanzig – ich hab eine Frau und ein Kind, die ich nicht will, und eine Million von diesen verdammten Gooks versuchen mich umzubringen, weil ich auf einem verdammten Hügel sitze, der ihnen gehört; dabei will ich gar nicht hier sein. Und jetzt kann ich nicht mal schlafen, weil irgendein Arschloch mir vorheult, daß es *ihm* leid tut.«

Sutherland schob seinen Helm zurecht und sagte leise: »Habt ihr was dagegen, wenn ich heute nacht hierbleibe?«

»Wenn du den Mund hältst, kannst du hierbleiben, solange du willst. Aber laß mich endlich schlafen.«

Frizzell beugte sich angeregt vor. »He, zieh doch bei uns ein. Wir haben Platz. Dann sind wir zu dritt. Zu dritt sind wir unschlagbar.«

Frizzells Erregung wuchs. »Wir schließen einen Pakt, ja? Wir drei halten zusammen und passen aufeinander auf. Wenn wir das machen, können sie uns nichts mehr tun.« Seine Gedanken überschlugen sich. Er suchte nach größeren Worten, wollte es besser ausdrükken, damit sie verstanden, was er tief da drinnen fühlte. Er suchte in ihren Gesichtern. »Ein Pakt, Kumpels, ja?«

Coney zog sich den Poncho über den Kopf.

»Einverstanden, Dennie? Kumpels.«

»Großer Gott«, stöhnte Coney. »In Ordnung. Einverstanden. Ich spiel sogar deinen verfluchten Liebhaber, wenn du jetzt endlich dein Maul hältst und mich schlafen läßt.«

»Okay, Scott?«

Sutherland sah die beiden Männer an, dann nickte er. »Ja.«

»Aber wir müssen das offiziell machen«, fuhr Frizzell erregt fort. »Ich weiß, was wir machen. Jeder gibt jedem was. Komm, Dennie.« Er zog Coney den Poncho weg. »Du mußt Scott was geben. Hier.« Er suchte nach seinen Hundemarken, machte eine davon los und reichte sie Coney. »Jetzt mußt du Scott was geben.«

»Willst du mich verarschen?«

»Nein, wirklich. Das wird uns beschützen. Alles wird gutgehen, wenn wir einen Pakt schließen.«

Coney hielt Frizzells Hundemarke in der Hand. »Und was soll ich jetzt mit diesem Ding machen? Ach, scheiß drauf. Mein lieber Mann.« Er zog sich den Schulring vom Finger und gab ihn Sutherland. »Verlier ihn nicht! Ich will ihn zurück, wenn diese Scheiße hier vorbei ist. Oder wenn ich jemals einschlafe. Je nachdem, was zuerst kommt.«

Sutherland blickte eine Weile auf den Ring in seiner Hand, dann steckte er ihn sich an den Finger.

»Jetzt mußt du mir was geben«, sagte Frizzell.

»Ich habe nichts.«

»Klar hast du was.«

Sutherland tastete nach dem Amulett, das er um den Hals trug, einen Granatsplitter, den man ihm aus dem Bein geholt hatte; er war nun sein heimlicher Talisman, der sein privates Abkommen

mit Gott besiegelte. Er sah Frizzell an, griff nach der Schnur, um das Amulett abzunehmen, doch dann zögerte er, suchte in seinen Taschen und fand schließlich sein Taschenmesser.

Frizzell nahm es feierlich entgegen und steckte es in die Tasche.

Coney sah sie beide an, holte sich den Poncho zurück und zog ihn über sein Gesicht. »Großer Gott.«

Sutherland und Frizzell lächelten sich zu, saßen nebeneinander, berührten sich fast.

Plötzlich zuckten an dem Höhenzug ihnen gegenüber helle Blitze auf, und das dumpfe Krachen von Mörsern war zu hören.

»Nein!» schrie Frizzell und warf sich über Sutherland.

Der Hügel erbebte unter einer gewaltigen Kette von Detonationen. Sutherland kämpfte unter Frizzells Gewicht, die Welt schien in einer Explosion aus Licht und Lärm unterzugehen.

Granatsplitter bohrten sich in den Sand über ihnen. Wieder überzogen Blitze den Höhenzug. Sutherland arbeitete sich unter Frizzell hervor, griff nach dem Maschinengewehr und legte einen Patronengurt ein.

Coney gab seine Beobachtungen per Funk durch, dann duckte er sich, als der Hügel von großen Metallfetzen aufgeschlitzt wurde. Als er aufsah, zerstob ein Leuchtspurgeschoß in einem grellen Phosphorblitz nur wenige Meter vor ihm und riß drei Männer aus der Dunkelheit, die sich durch den Sperrzaun arbeiteten.

Frizzell sprang auf, stellte sein Gewehr auf Automatik und schoß, noch bevor Sutherland mit dem Maschinengewehr das Feuer eröffnete.

Coney rief ins Funkgerät: »Sie sind im Zaun.«

Die Granaten hatten Bishop und Brock gegen die Wände ihres Bunkers geschleudert, doch Coneys Warnung ließ sie nach den Gewehren greifen, und Brock sprang wild fluchend zur Leiter.

Bishop stellte Funkverbindung mit der Kompanie her, und seine Stimme war ruhig und kalt. »Sie sind im Sperrzaun.«

»Wie viele?«

»Weiß ich nicht. Gebt uns Sperrfeuer auf den Höhenzug!«

»Schon unterwegs.«

Bishop ließ den Hörer fallen, schob ein Magazin in sein Gewehr und stieg zügig die Leiter hinauf; am Bunkereingang duckte er sich und versuchte, in dem Licht und Lärm irgend etwas zu erkennen.

Leuchtkugeln erhellten den ganzen Hügel, und aus allen sieben Stellungen wurde geschossen.

Sein Körper spannte sich, dann sprang er auf und rannte geduckt über den Abhang zu dem Posten, der am heftigsten feuerte.

Er ließ sich neben Frizzell, Coney und Sutherland in den Bunker fallen, als hinter ihm eine Granate einschlug. Er warf sich auf den Boden, und durch den Lärm der Explosion rief er: »Wie viele?«

Coney schüttelte wild den Kopf. »Leuchtspur ...«

Bishop schrie Frizzell an, doch der hörte nicht und feuerte mechanisch weiter in den Drahtverhau.

»Feuer einstellen!« schrie Bishop ihn an, aber als er weiterschoß, griff er nach Frizzells Gewehr. Frizzell drehte sich um, und Bishop sah in ein wutverzerrtes Gesicht. In seinen Augen brannte ein wilder, lodernder Haß. Solch einen Blick hatte Bishop noch nicht gesehen.

Frizzell griff nach der Waffe, aber Bishop stieß ihn zurück. Frizzell gab nicht auf; Bishop stieß ihm mit dem Kolben vor die Brust, so daß er zu Boden ging. Frizzell sah ihn sprachlos an, und Bishop rief zu Sutherland hinüber: »Wie viele?«

»Ich habe nur drei gesehen, Lieutenant.«

»Haben Sie welche erwischt?«

»Keine Ahnung, Sir.«

Artilleriegeschosse kreischten über ihre Köpfe hinweg, zerbarsten rot und orange auf dem gegnerischen Höhenzug. Als der Beschuß aufhörte und die Echos über die Ebene zogen, stieg aus einer der Stellungen eine einzelne Leuchtkugel in den Himmel. Langsam trat der Sperrzaun aus der Dunkelheit, während der kleine leuchtende Fleck zur Erde zurücksank.

Eine unheimliche Stille lag über der Ebene. Rauchschwaden zogen über den Boden, blieben im Drahtverhau hängen und begannen sich schließlich aufzulösen wie Geister, die im Nichts verschwinden.

Die Männer horchten mit angespannten Gesichtern in die Stille.

Bishop drehte sich zu Sutherland um, suchte nach einer Spur der Wut, die er bei Frizzell gesehen hatte, aber er fand nichts davon. Das schweißglänzende, schmutzbedeckte Gesicht unter dem Helm war hart, der Blick starr, doch Haß war nicht darin.

Sutherland warf seinen Helm auf den Boden. »Verfluchte Schweine!«

In dem schwächer werdenden Licht suchte Bishop Frizzells Gesicht. Keine Spur mehr von der haltlosen Wut, von der er eben noch besessen war. Er schien nicht einmal mehr besorgt; er blickte so gleichmütig drein, als wäre es Freitagnachmittag und er stünde an irgendeinem Tresen.

Bishop warf einen letzten Blick auf den Höhenzug, dann ging er zurück in seinen Bunker, um seinen Bericht abzusetzen.

Drinnen klopfte er sich den Sand und Schmutz von Brust und Beinen, dann kniete er sich hin, um Kaffee zu machen. Als die blauen Flämmchen der Heiztablette aufzüngelten, blieb er knien, wie hypnotisiert von den Flammen und seiner Erschöpfung. Er konnte gar nicht sagen, wie oft er das nun schon erlebt hatte – einen Angriff, Granaten, Abwehrfeuer, dann nichts.

Das kochende Waser holte ihn aus seinen Gedanken. Er seufzte und massierte sich die Schläfen, dann rührte er das Kaffeepulver ins Wasser und lehnte sich gegen die Wand zurück. Seine Hand sank an sein Geschlecht, fühlte, wie es hart wurde. Anfangs war er überrascht gewesen über die erotische Reaktion auf den Kampf, aber jetzt nahm er es, wie es war, und rieb sein erigiertes Glied.

Aber was er in Frizzells Gesicht gesehen hatte, das war keine sexuelle Erregung gewesen, sondern Wut.

Plötzlich stürmte Brock die Leiter herunter, und Bishop zog die Hand zurück.

Brock warf seinen Helm gegen die Wand. »Verfluchte Hurensöhne. Fast hätten sie uns gehabt.«

»Ist doch gutgegangen, oder?«

»Verdammte Scheiße, Lieutenant. Wir haben Schwein gehabt. Nur Sie und ich wissen, was für ein Schwein wir gehabt haben. Aber die kriegen uns noch, wenn wir hier nicht abhauen. Und wofür? Für diesen verfluchten Hügel?«

Bishop nahm seinen Kaffee und strich mit dem heißen Becher über seine Lippen. »Sie sterben für Khe Sanh, Gunny. Das ist doch was.«

Brock explodierte. »Khe Sanh!« Er geriet so sehr außer sich, daß er nicht einmal mehr Worte fand, und schließlich ließ er sich auf eine Munitionskiste fallen. »Das ist doch nicht zu fassen.«

Bishop goß ihm Kaffee ein und reichte ihm den Becher. »Ich habe den Befehl, diesen Hügel zu halten. Ich will nichts mehr darüber hören, Gunny.«

Brock nahm den Becher.

Bishop lehnte sich gegen die Wand und studierte Brocks Gesicht. Was er darin sah, war etwas anderes als bei den anderen. Es war weder Wut noch Haß, sondern Empörung und die Würde, die darin lag – Empörung über die Beleidigung des gesunden Menschenverstandes und jeglicher Regeln der Kriegführung oder soldatischen Handelns.

»Was denken Sie über Frizzell?« fragte Bishop.

Brock sah erstaunt auf. »Frizzell? Was ich über Frizzell *denke*? Wer zum Teufel würde jemals über Frizzell nachdenken?«

»Schon gut. Erzählen Sie mir von ihm.«

Brock ging zu seinem Gewehr und leerte die Magazine; seine Worte fielen wie die Patronen. »Achtzehn. Kommt aus Kansas. IQ um die achtzig. So kompliziert und vertrauenswürdig wie ein Dobermann. Streicheln Sie ihn, füttern Sie ihn, und er ist Ihnen treu ergeben.«

Er strich über den Lauf seines Gewehrs und rieb eine dünne Schicht Öl auf das Metall. »Er und Sutherland sind unsere besten Männer. Sie töten am besten. Frizzell, weil er dumm ist; Sutherland, weil er schlau ist. Sie sind keine Feiglinge, und sie stellen keine Fragen. Was wollen Sie mehr?«

»Glauben Sie wirklich, Sutherland ist gut?«

»Ja. Er kommt von der Straße wie ich. Er ist hart und gerissen; dem können Sie nichts vormachen. Er kommt aus L. A.; sein Alter ist ein Säufer; seine Mutter ist 'ne Sau. Der würde Sie ohne mit der Wimper zu zucken auspusten, wenn er glaubt, er muß das tun.«

»Und Sie trauen ihm nicht.«

Brock sah von seinem Gewehr auf. »Ich traue Ihnen nicht, Lieutenant. Sie würden mich auspusten, ohne mit der Wimper zu zukken.«

Bishop schüttelte verletzt den Kopf. »Das würde ich nicht. Sie wissen, daß ich das nicht tun würde, Gunny.«

»Nicht um Ihren eigenen Arsch zu retten. Nein. Aber für irgendwas anderes. Für diesen Hügel zum Beispiel. Oder wenn jemand Ihnen einen Befehl gibt.«

Betroffen blickte Bishop weg.

Brock wandte sich wieder dem Gewehr zu. »Lieutenant, jeder kann ein Judas werden. Sie können nicht *für* etwas sein, ohne *gegen* etwas zu sein. Sie müssen wählen.«

»Was ist mit Coney?«

»Der ist noch klüger als die beiden anderen, aber nicht so hart. Er ist verbittert. Sein Schwanz hat ihn zu früh in den Schlamassel gebracht, wie bei mir. Man kann einen Fick nicht rückgängig machen oder das Baby zurückschieben.«

Bishop trank seinen Kaffee aus und fuhr sich müde mit der Hand durchs Haar. »Ich weiß nicht. Das Töten wird langsam zu einfach. Ich habe Angst. Ich will keinen mehr verlieren. Ich glaube, ich könnte das nicht ertragen.« Er blickte auf. »Mir gefällt das Töten nicht, Gunny.«

Brock sah ihn an. Dreizehn Jahre war Bishop jünger als er – ein Junge im Vergleich zu ihm. »Ich bin froh, daß Sie Angst haben, Lieutenant. Ich hätte Angst, wenn es anders wäre. Und ich bin verdammt froh, daß Ihnen das Töten nicht gefällt. Bleiben Sie so – und holen Sie uns hier heil wieder raus.«

Bishop lächelte. »Wenn Sie so gut mit Frauen umgehen könnten wie mit Leutnants, dann wäre es bei einer Frau geblieben.«

Brock lachte. »Ich wollte nie nur eine Frau, Lieutenant.«

»Vielleicht wollen Sie ja auch einen anderen Leutnant, wenn ich Ihnen sage, daß Sie morgen da rausgehen und nachsehen, ob wir welche erwischt haben. Ich will, daß Sie zum Höhenzug rübergehen. Ich will wissen, was da ist.«

»Das kann ich Ihnen auch so sagen – Gooks, große, kleine, dicke, dünne.«

»Na prima, dann werden Sie sie ja erkennen, wenn Sie sie sehen.« Er ging zum Funkgerät, um seinen Bericht an den Kompaniechef durchzugeben.

15

Blut. Der Geruch von warmem, glitschigem Blut drang in sein Bewußtsein. Er versank, ertrank in einem Meer von Blut. Er kämpfte sich nach oben, stieß endlich durch die Oberfläche, seine Lungen barsten, er schrie und seine Hände griffen in die Luft.

Verwirrt von dem Licht, streckte er seinen Arm nach dem Gewehr aus, doch neben ihm warf sich jemand hin und her und begann schließlich zu schreien. Mead warf sich auf den Menschen neben ihm, der wild um sich schlug. Der Geruch von Blut stieg ihm in die Nase, und jetzt spürte er es auch an den Händen.

Das Blut war wirklich und der Mensch neben ihm eine Frau, die voller Entsetzen schrie.

Mead stieß sich hoch.

Auf dem Boden neben ihm lag Sung, Augen und Mund weit geöffnet, das Gesicht und die Arme blutverschmiert.

Mead versuchte zu begreifen, was vor sich ging – es war Morgen, er war in seinem Zimmer auf dem Schlafsack, Sung war neben ihm. Aber warum war sie blutverschmiert? Und warum schrie sie?

Seine Hände waren voller Blut. Aber er hatte ihr nichts getan, er wußte, daß er ihr nichts getan hatte.

Da war zwar Blut auf ihrem Gesicht und ihren Armen, aber Verletzungen sah er keine.

Dann wurde ihm klar, daß es sich um Menstruationsblut handelte und daß sie ihre Hände losgerissen hatte.

Er rückte näher an sie heran. »Ist schon gut«, sagte er. »Ich tu dir nicht weh. Tut mir leid, daß ich dich erschreckt habe. Ich habe geträumt.«

Sie sah ihn nicht an; er wußte nicht, ob sie ihn verstanden hatte, aber der Ton mußte sie beruhigt haben, denn allmählich hörte sie auf zu zittern.

Er ging ans Waschbecken und holte ihr einen Becher Wasser. Er hob vorsichtig ihren Kopf, half ihr beim Trinken; dann holte er einen Waschlappen und wischte ihr über Gesicht und Arme, aber zwischen den Beinen rührte er sie nicht an, aus Angst, er könnte sie erschrecken.

Ihre Augen wurden klarer; die Drogenkrämpfe schienen aufgehört zu haben.

»Soll ich dir was besorgen?« fragte er. »Möchtest du was essen?«

Sie starrte ihn an, versuchte zu sprechen; sie befeuchtete ihre Lippen, bewegte sie, aber Worte kamen keine.

»Ich hole Han«, sagte er. »Ich komme heute abend wieder. Dann bringe ich dir etwas mit.«

Er zog sich an, ging den Flur hinunter und klopfte an eine andere Tür.

Han kam heraus. »Ich muß weg«, sagte Mead. »Kannst du nach Sung sehen? Ich glaube, es geht ihr etwas besser. Aber sie blutet. Kannst du... na du weißt schon, ihr helfen... ihr was geben?«

Han sah ihn streng an. »Wieso blutet sie? Was hast du getan?«

»Nein, sie blutet... von... du weißt schon«, stammelte er und zeigte zwischen seine Beine.

Han brummte und schüttelte den Kopf. »Du mußt ihr Sachen besorgen. Geh zum PX.« Ein Hauch von Wärme und Humor trat in ihre Augen. »Eine Freundin macht große Probleme, Ron. Das ist nicht wie im Puff.«

»Okay«, sagte er. »Ich geh zum PX. Aber bleibst du heute bei ihr?«

»Kaufst du mir auch was?« fragte Han.

»Ich bring dir was mit«, erwiderte Mead. »Bleibst du bei ihr?«

»Ja«, sagte sie. »Aber was Schönes«, setzte sie hinzu. »Und Pralinen, ja?«

Im Vorort Cholon, dreißig Minuten vom Stadtzentrum entfernt, lag das PX, die Verwirklichung des Himmelreichs auf Erden. GIs, die Geld hatten, gingen hinein und kamen mit unerhörten Dingen beladen wieder heraus. Eine märchenhafte Wunderwelt schien dieser Bau zu beherbergen, der einen ganzen Block einnahm.

Nachdem Mead die Bitten des Taxifahrers abgewehrt hatte, ihm Zigaretten und Whiskey und einen Fernsehapparat zu kaufen, mußte er sich durch eine Barriere von Geldwechslern, Händlern, Schwarzhändlern, Frauen, Kindern, Krüppeln und Kriegsversehrten hindurchkämpfen.

An Ständen vorbei, in denen man Fords und Chryslers, die *Encyclopaedia Britannica* und Versicherungen, Aktien und Wertpapiere feilbot, betrat er das gewaltige Warenhaus – mit riesigen Abteilungen für Kleidung und Kameras und Kosmetika, für Haushaltswa-

ren und Lebensmittel, viel größer, als er es zu Hause jemals gesehen hatte.

Ratlos angesichts des überwältigenden Angebots, wußte er nicht, wohin er sich wenden sollte. Er ging durch mehrere Abteilungen, in der Hoffnung, zufällig auf das zu stoßen, was Sung brauchte – wie man es nannte, fiel ihm nicht ein.

In einem Flügel fand er Spielzeug, und dort stieß er auf ein ganzes Regal mit Puppen. Bald hatte er gefunden, was er Sung schenken wollte: eine Prinzessin in einem langen weißen Kleid, mit einer kleinen, juwelenbesetzten Krone auf dem Kopf – Cinderella. Er nahm die Schachtel unter den Arm, fand kurz darauf auch die Pralinen, nahm sechs Schachteln und ging zurück zum Eingang, um sich einen Einkaufswagen zu holen.

Das Geschenk für Han bereitete ihm Kopfzerbrechen. Er wollte nichts allzu Persönliches kaufen, aus Angst, Catton könnte es mißverstehen und eifersüchtig werden. Er wollte sie aber auch nicht mit irgend etwas Praktischem enttäuschen. Schließlich entschied er sich für ein Armband, das, wie man ihm sagte, aus Jade war, und er glaubte es, denn es kostete fünfundzwanzig Dollar.

Als man es ihm eingewickelt hatte, war es schon nach elf, und er mußte sich beeilen, um gegen Mittag in der Botschaft zu sein, und dabei hatte er das Wichtigste noch gar nicht gefunden.

Schließlich raffte er seinen ganzen Mut zusammen und fragte einen Angestellten, obwohl es einige Zeit kostete, bis er einen männlichen gefunden hatte.

»Wo finde ich was ... was für eine Frau, wenn sie ... also, wenn sie blutet.«

»Sie meinen Verbandszeug?«

»Nein.« Er gab sich einen Stoß. »Wenn sie ihre Tage hat.«

»Monatsbinden.«

»Genau.«

»Abteilung sechs. Monatshygiene.«

Arschloch, dachte Mead, denn er wußte, daß dieser kleine GI das nur gesagt hatte, um ihn dumm aussehen zu lassen.

Als er vor dem Regal stand und die zahllosen verschiedenen Marken sah, fühlte er sich verloren, und wenn Leute vorbeigingen, kam er sich blöde vor. Er streckte die Hand nach einer Packung aus, zog sie aber rasch wieder zurück, als plötzlich wieder jemand auftauchte.

Der Jemand war ein Marineoffizier, und er ging nicht vorbei, sondern blieb neben Mead stehen und nahm eine große blaue Packung aus dem Regal. Als er sich abwandte, griff Mead nach einer ähnlichen Packung, holte dann noch eine und schließlich noch zwei für Han.

Der Marineoffizier blieb stehen und sah Mead an. »Das ist ganz schön viel«, sagte er.

Mead stand da, vier Packungen Binden auf dem Arm, und erstarrte.

»Wenn sie so stark blutet, sollte sie besser einmal zum Arzt gehen.« Und als er sah, wie verwirrt und verlegen Mead war, fragte er: »Brauchen Sie Hilfe?«

Mead zuckte die Achseln. »Ich wußte nur nicht, was ich nehmen sollte.«

Der Offizier nickte, dann zeigte er auf die Packungen. »Wahrscheinlich sollten Sie auch noch einen Gürtel kaufen.« Er nahm eine Packung vom Regal und gab sie Mead. »Ist sie sehr klein?«

Mead sah ihn entgeistert an.

Der Offizier erkannte das Mißverständnis. »Nein, ich meine ihre Taille und die Hüften. Vietnamesische Frauen sind manchmal so schmal, daß enge Mädchenhöschen besser sind. Aber versuchen Sie es erst mal mit dem Gürtel.« Er unterdrückte ein Lachen und ging weg. Mead nahm noch einen Gürtel aus dem Regal, warf alles in seinen Einkaufswagen und schob ihn rasch zur Kasse.

Als das Taxi vor der Botschaft hielt, war es wenige Minuten vor zwölf, und Mead hatte keine Zeit mehr, seine Einkaufstüte in die Unterkunft zu bringen.

Die Marines, die gerade Dienst hatten, kannten ihn und überprüften den Inhalt der Tüte nicht, aber als er oben ankam, wurde ihm klar, daß er keinen Platz hatte, wo er sie abstellen konnte.

Dolores Toland verließ gerade das Büro, um Mittagessen zu gehen, als Mead den Flur betrat.

»Ihre Arbeitszeiten möchte ich haben, Corporal«, sagte sie scherzend. »Erst mittags kommen, ins PX gehen – ich hätte auch zu den Marines gehen sollen. Was haben Sie eingekauft?«

Mead drückte die Einkaufstüte an sich. »Ach, nur ein paar Sachen«, sagte er.

Sie ging an ihm vorbei. »Colonel Waggoner möchte Sie sehen, sobald Sie kommen – er wartet schon. Er ist im Büro des Botschaf-

ters. Er will alles umstellen, bevor der Botschafter zurück ist, also beeilen Sie sich lieber.«

Im selben Augenblick trat Waggoner aus Marshalls Büro auf den Korridor. »Wird auch Zeit«, sagte er. »Kommen Sie, Corporal, ich brauche Ihre Hilfe.«

»Stellen Sie das da hinter der Tür ab«, sagte er zu Mead, und zeigte auf die Einkaufstüte. »Helfen Sie mir bei diesem Schreibtisch; der Botschafter mag ihn nicht. Danach holen Sie einen anderen aus dem Erdgeschoß. Wir müssen uns beeilen. Im Augenblick ist er mit Botschafter Bunker beim Essen, danach fährt er zu einem Informationsgespräch ins ARVN-Hauptquartier, und Sie fahren mit ihm.«

Eineinhalb Stunden lang schleppte Mead Möbel und hängte neue Vorhänge auf. Dann schickte Waggoner ihn zu Bunkers Büro, damit er dort auf Marshall wartete.

Lacoutures »Fliege« Bui Cao Kim hatte sich seit dem frühen Morgen vor Meads Haus herumgetrieben, und obwohl mehrere Amerikaner in der Spezialuniform der Botschaftswache herausgekommen waren, wußte er, daß keiner von ihnen »der Wilde« gewesen sein konnte, den der Franzose ihm beschrieben hatte.

Am Abend zuvor hatte Lacouture ihm durch einen Mittelsmann ausrichten lassen, daß er ihn sofort sprechen müsse. Als Kim bei ihm eintraf, hatte er ihn in Hochstimmung vorgefunden. Das letzte Mal, daß er ihn so gesehen hatte, lag schon siebzehn Jahre zurück. Damals war Lacouture einem jungen französischen Fremdenlegionär begegnet. Es war der einzige Fehler, den Kim jemals bei Lacouture erlebt hatte. Der Franzose hatte sich hoffnungslos in den Soldaten verliebt; er überhäufte ihn mit Geld und Geschenken; sein Urteilsvermögen litt so sehr darunter, daß es Jahre dauerte, bis Kim ihm wieder vertraute. Die Affäre mit dem Soldaten war gerade rechtzeitig zu Ende gegangen; der junge Mann fing an, Lacouture physisch zu mißbrauchen; am Ende hätte er ihn womöglich umgebracht. Er hatte dann eine Messerstecherei mit einem anderen Soldaten und wurde so gefährlich verletzt, daß man ihn nach Frankreich zurückbrachte. Lacouture war untröstlich, und obwohl er danach noch zahllose Soldaten hatte, war keine Beziehung mehr so intensiv gewesen wie die zu dem Legionär.

Kim fällte kein moralisches Urteil; Homosexualität galt ihm so viel oder so wenig wie jede andere menschliche Aktivität.

Was ihn an Lacoutures Affäre mit dem Soldaten störte, war die Tatsache, daß sie ihn Geld gekostet hatte, und damals war er mit seinen Einkünften noch nahezu vollständig von Lacouture abhängig gewesen. In seiner Verblendung hatte Lacouture seine Arbeit vernachlässigt und jeden Centime, den er besaß, für den Fremdenlegionär ausgegeben.

Deshalb war Kim alarmiert, als er sah, wie sehr Lacouture sich für diesen amerikanischen Wilden begeisterte; er wußte, die größten Narren waren närrische alte Männer. Lacouture war zu alt, dachte Kim, und er selbst auch. In seinem Alter konnte Kim sich solche Eskapaden nicht mehr leisten. Die Zeit war zu knapp geworden; die Kommunisten würden bald gewonnen haben, und er mußte das Land verlassen; das hieß, er brauchte sehr viel Geld.

Also würde er Lacouture zur Hand gehen, aber nicht zu sehr – nicht, wenn es ihn zuviel Geld kosten oder seinen Lebensunterhalt gefährden sollte.

»Du mußt *alles* herausfinden«, hatte Lacouture gesagt. »Wer er ist, wo er arbeitet, seine Arbeitszeiten, wohin er nach der Arbeit geht, was seine Schwächen sind – *alles*! Ich bezahle dich gut dafür, mein lieber, lieber Kim.«

Also hatte Kim seit dem frühen Morgen auf den Amerikaner gewartet, auf der Straße gegenüber dem Haus, das Lacouture ihm beschrieben hatte.

»Im zweiten Stock das vierte Fenster links vom Treppenhaus«, hatte Lacouture gesagt.

Da sich seit vier Stunden nichts gerührt hatte, beschloß er, drinnen nachzusehen.

Er hatte gerade die Straße überquert und ging auf den Eingang zu, als der Mann herauskam. Er mußte es sein, da konnte gar kein Zweifel bestehen, und ebenso rasch erkannte Kim, wie gefährlich dieser Mann war. Er durfte keinesfalls zulassen, daß Lacouture eine Affäre mit ihm hatte. Aber Kim wußte, daß jeder seinen Preis hatte; alles ließ sich kaufen, und wenn es nicht zu kaufen war, dann konnte man es immer noch stehlen oder mit Gewalt an sich bringen.

Lacouture konnte den Mann bekommen, daran hatte er keinen Zweifel, und er würde Kim gut dafür bezahlen. Und Kim würde ihm helfen, aber der Preis würde stattlich sein, das war ihm klar, nachdem er den Mann gesehen hatte. Wenn Kim das Geld be-

kommen hatte, würde er dafür sorgen, daß die Affäre nicht zu lange dauerte.

Der Mann blieb vor der Tür stehen und ließ den Blick aufmerksam über die Straße schweifen. Er sah Kim an, dann über ihn hinweg, dann rasch wieder zu ihm hin, als wäre ihm etwas unangenehm aufgefallen.

Die unerwartete Begegnung und der intensive Blick des Mannes brachten Kim in Verlegenheit. Sollte er weitergehen? Oder war das noch verdächtiger? Instinktiv entschloß er sich, den Mann anzusprechen. Mit einem einschmeichelnden Lächeln hielt er die Hand auf. »Zigarette. Amerikaner gut. Vietcong schlecht. Bitte, Zigarette.«

Kim wartete auf die gewohnte Reaktion; in den zwanzig Jahren, die er sich nun schon an Soldaten und Ausländer heranmachte, um Zigaretten oder Geld zu erbetteln, hatte er nur wenige Spielarten erlebt. »Hau ab, verdammter Gook!« sagten die meisten Soldaten und stießen ihn dabei noch fort. Andere ignorierten ihn einfach. Nur selten blieb einer stehen und gab ihm eine Zigarette.

Dieser Mann tat nichts von alledem. Er sah Kim mit einem taxierenden Blick an, dann sagte er: »Ich rauche auch nicht.«

Kim verstand nicht genau, was der Mann sagte, aber aus dem Blick und dem Tonfall schloß er, daß der Mann annahm, er rauche gar nicht. Seine Zähne mußten ihn verraten haben. Sie waren sein ganzer Stolz; sie waren blendend weiß und nicht einmal vom Betelkauen verfärbt. Das mußte der Mann erkannt haben.

Unter diesen Umständen schien es ihm das Beste, ein dämliches Gesicht aufzusetzen und so zu tun, als wüßte er von gar nichts. Er hielt weiter die Hand ausgestreckt, sein Lächeln erstarrte zu einer Grimasse.

Ein paar Sekunden musterte der Soldat ihn noch, dann trat er auf die Straße und winkte einem Taxi. Er blickte sich nicht um, er brauchte es nicht, das wußte Kim. Er war zu dem Schluß gekommen, wahrscheinlich wegen Kims Alter, daß er keine Gefahr darstellte – er war zu alt, als daß er ein Vietcong sein konnte, ein Informant vielleicht, aber kein aktiver Agent. Der Soldat hatte ihn in Ruhe gelassen, aber er würde sich an ihn erinnern, wenn er ihm nochmals begegnete. Kim würde sich sehr in acht nehmen müssen.

Kim ging zurück auf die andere Straßenseite, wartete weitere dreißig Minuten, dann überquerte er die Straße und ging in das Haus.

Der Gestank verstopfter Toiletten und verfaulender Abfälle machte ihm wieder Mut. Das war ihm vertraut; diese Welt kannte er.

Im zweiten Stock horchte er einen Augenblick an der vierten Tür, dann öffnete er sie und trat ein.

Zwei Frauen waren darin, eine ältere saß auf dem Boden neben einer jüngeren, die auf einem Armeeschlafsack lag. Trotz des offenen Fensters stank der Raum nach Erbrochenem und nach Blut.

Die jüngere Frau reagierte nicht, als er eintrat, aber die ältere sprang auf.

»Wer bist du?« fragte sie in scharfem Ton. »Wer bist du?«

Er kannte diese Art von Frauen; nicht viel jünger als er, hatte sie durch List und durch den Einsatz ihres Körpers überlebt. Mit ihr würde er gut zurechtkommen, denn sie wußte, wie es in der Welt zuging.

Er ging durch das Zimmer und hockte sich neben sie auf den Boden; sogleich erkannte er, in welchem Zustand das Mädchen auf dem Schlafsack sich befand.

»Wer ich bin? Was hättest du denn gerne, Schwester?« fragte er Han. »Wer könnte dir helfen?«

Sie tat, als spuckte sie aus, während sie sein Gesicht musterte. Da war nichts, das sah sie sofort – keine Spur von Gefühl; dieser Mann war kalt wie der Tod. Sie kannte Männer wie diesen. Immer hatte sie sich bemüht, ihnen aus dem Wege zu gehen. Jetzt war einer durch die Tür getreten, und sie mußte sich ihm stellen.

»Du bist zu alt, um Amerikaner zu ficken«, sagte er. »Deine Fotze ist nicht mehr fest genug.« Er sagte es nicht verächtlich, eher wie eine sachliche Feststellung.

»Aber du hast Glück, Schwester. Jemand interessiert sich für dich. Du hast, was er will.«

Sie antwortete nicht; es war unnötig, etwas zu sagen. Er würde ihr sagen, was er wollte, und sie würde es ihm geben, zum höchsten Preis, den sie herausschlagen konnte. Anderenfalls würde er es sich mit Gewalt nehmen.

»Deine Tochter?« fragte er.

Han schüttelte den Kopf. »Eine junge Hure. Mit einer Fotze, die fest genug ist, um Amerikaner zu ficken.«

Kim lachte. »Ach, die alten Huren sind die besten.«

»Wieviel zahlst du mir?« spottete sie und spreizte ihre Beine.

»Vielleicht eine ganze Menge. Mehr als du glaubst. Mehr als du jemals gesehen hast. Wer ist der Mann, der gerade gegangen ist, der große Amerikaner mit den wachsamen Augen?«

»Ah.« Da konnte einiges dabei herausspringen, dachte sie; aber es war sehr gefährlich. Es mußte mit diesem wichtigen Mann zu tun haben, von dem alle Marines sprachen. Aber das war eine zweischneidige Sache.

»Wieviel zahlst du dafür?« fragte sie.

Er zog eine zerknitterte Zwanzigdollarnote aus seiner Brieftasche.

Sie zog die Schultern hoch. »Das gibt mir mein Typ, wenn ich ihm einen blase.«

Kim sah sie nur scharf an. Es war nicht nötig, ihr zu drohen. Sie wußte, wozu er fähig war.

»Er heißt Ron Mead. Er ist Wachsoldat an der amerikanischen Botschaft. Das da ist sein Mädchen.«

Dann erzählte sie ihm von Sung.

»Warum hat er sie aus dem Bordell herausgeholt?« fragte er. »Sie ist ganz hübsch, aber...« Es war ihm unverständlich; in jedem Bordell gab es schöne Frauen. Aber die Straßen waren gleichfalls voll von Strichjungen und Soldaten, und er verstand ebensowenig, warum Lacouture so sehr hinter diesem einen her war – Liebe konnte es doch nicht sein.

Han legte die Hand auf ihre Brust. »Die Ausländer sind weich, wo wir es nicht sind. Sogar die Härtesten haben es. Mitleid.« Sie zuckte die Achseln. »Und Hoffnung.«

Kim brummte. Er griff in seine Tasche und holte eine Rolle Geldscheine hervor. Er nahm eine Hundertdollarnote und legte sie vor Han auf den Boden.

»Erzähl mir von ihm.«

Sie dachte, er meinte natürlich den wichtigen Amerikaner. Keine Information über Mead oder irgendeinen Soldaten der Marines konnte soviel wert sein. Deswegen ist er gekommen, dachte sie: weil er etwas über Marshall erfahren will.

»Ron spricht nicht viel über ihn, nicht einmal mit meinem Mann, und sie sind gute Freunde. Ron sagt, er ist wichtiger als irgendwer sonst hier und wohnt in einer Villa mit vielen Dienern, aber er behandelt alle gut. Ich bin sicher, daß Ron ihn mag. Sonst war er immer unglücklich. So wie jetzt habe ich ihn noch nicht gesehen.«

Kim hatte keine Ahnung, von wem Han sprach, aber er hatte gelernt, daß man am ehesten zu seinen Informationen kam, wenn man sein Gegenüber nicht unterbrach, sondern geduldig zuhörte. Da sie annahm, er kenne den Mann, von dem sie sprach, ließ er sie weiterreden.

Zunächst dachte er, sie spreche von einem reichen, mächtigen Amerikaner, der Mead aushielt, wie Lacouture es tun wollte, doch langsam wurde ihm klar, daß es sich um einen wichtigen Politiker handeln mußte, der gerade angekommen war, und daß Mead sein Leibwächter war.

Als Han aufgehört hatte zu reden, griff sie nach dem Geld, und Kim war so sehr mit dem beschäftigt, was sie erzählt hatte, daß er sie nicht hinderte.

Er saß mit untergeschlagenen Beinen da und versuchte, sich einen Reim auf all das zu machen. Aber es war zuviel für ihn. Lacouture wußte nichts von diesem wichtigen Amerikaner, oder wenn er von ihm gehört hatte, dann wußte er nichts von dessen Beziehung zu dem Mann seiner Träume.

Was sollte er mit dieser Information anfangen? Wie konnte er sie zu seinem Vorteil nutzen? Sollte er sie dem Vietcong verkaufen? Aber konnte er sicher sein, daß die auch zahlten?

Kim wollte gerade etwas über Mead fragen, da flog die Tür auf und ein nackter junger Mann stand im Zimmer. »Han! Ich will ficken. Komm wieder ins Bett.«

Dann sah er Kim. »Wer ist der Gook?« Er kam drohend näher. »Was ist hier los? Steh auf, Arschloch! Wer bist du?«

Han drängte Kim aufzustehen. Bill Catton war einen ganzen Kopf größer als Kim und mindestens vierzig Kilo schwerer.

Han sprang zwischen die beiden. »Ein Doktor, Billy. Sung ist sehr krank.«

»Doktor, am Arsch. Der sieht aus wie Scheiße.«

Han legte ihm die Hand auf den Oberschenkel und sprach sanft auf ihn ein, während sie ihn streichelte und ihre Hand sich Bills Geschlecht näherte. »Nicht wie ein amerikanischer Doktor, Billy. Wie ein Medizinmann. Er gibt Sung was, dann geht es ihr besser.«

»Der soll lieber selbst was nehmen. Der sieht ja aus wie Hundescheiße.«

Inzwischen war sein Glied halb erigiert, und er verlor das Interesse an Kim. Er zog Han an sich. »Komm endlich!«

Er ging mit ihr zur Tür, dann blieb er stehen. »He, glaubst du, er hat was für meinen Kopf. Ich hab irre Kopfschmerzen.«

Han griff nach seinem Glied und zog daran. »Ich hab was.« Dann zog sie seinen Kopf zu sich herunter und steckte ihre Zunge in sein Ohr.

Er lachte und küßte ihren Nacken, während sie ihn aus dem Zimmer bugsierte und die Tür schloß.

Kim atmete auf und setzte sich wieder auf den Fußboden. Plötzlich fühlte er sich alt, als er den Soldaten mit der Frau weggehen sah. Er war es müde, einsam zu sein und verspottet zu werden. Japaner, Franzosen, Amerikaner – sein Leben lang war er gedemütigt worden. Jetzt machten die Jungen sich über ihn lustig, der kräftige Soldat mit dem strammen Körper, der mit seiner Männlichkeit vor ihm protzte.

Aber er nahm sich rasch wieder zusammen; er konnte sich keinen Augenblick der Schwäche erlauben. Er mußte auf der Hut sein, das Leben konnte schneller zu Ende sein, als ein Gecko braucht, um nach einer Fliege zu schnappen.

Das Mädchen neben ihm bewegte sich. »Wasser«, sagte sie.

Kim betrachtete sie. Woran, hatte die alte Hure gesagt, litt der Ausländer? An Mitleid. Und an Hoffnung.

Er sah auf das schmerzverzerrte Gesicht und den gepeinigten Körper des Mädchens. Ja, sie tat ihm leid. Und die alte Hure ebenso, die sich jetzt unter dem groben jungen Kerl abmühte. Und er selbst tat sich auch leid. Aber Mitleid hatte er keines, nur den Wunsch, das Schicksal hätte es anders bestimmen mögen. Und Hoffnung? Nein, die gab es nicht – das hieße die Macht des Schicksals leugnen. Hoffnung war nur Salz für den Durstigen.

Kim packte das Mädchen am Kinn und drehte ihr Gesicht zu sich hin. Sie faßte ihn ins Auge. In ein paar Tagen würde sie das Gift los sein. – Sie hatte das Schlimmste hinter sich. Er griff in ihr Haar und hob ihren Kopf, bis ihr Gesicht vor dem seinen war. »Hörst du mich, Tochter?«

Ihre Augen weiteten sich vor Angst und Schmerz.

Er schüttelte ihren Kopf. »Verstehst du mich, Tochter?«

Ihre Lippen bewegten sich, als sie versuchte zu antworten.

»Fick den Amerikaner gut! Mach ihn glücklich! Verstanden?« Er schüttelte sie nochmals. »Verstanden?«

»Ja«, preßte sie hervor.

Mitleid war gut, dachte er, aber Liebe war besser. Und am allerbesten war Sex.

Er ließ ihren Kopf zurückfallen und stand auf. Er mußte das alles noch sorgfältig überdenken. Die alte Nutte und das Mädchen waren keine Gefahr; die würden nichts sagen. Aber der junge Soldat – falls er sich erinnerte. Er würde Mead von dem komischen alten Gook erzählen, der Sung besucht hatte, und Mead würde sich daran erinnern, daß er ihm vor dem Haus begegnet war. Aber die alte Nutte würde es erklären, und die Geschichte war einigermaßen plausibel.

Aber was würde er Lacouture sagen? Er sollte den Franzosen am Nachmittag im Continental treffen, und sicher war er schon außer sich vor lauter Vorfreude.

Wenn er nur wüßte, was er tun sollte. Was hatte das Schicksal mit ihm vor? Die Vorzeichen waren unheilverkündend: Der Drache regte sich und öffnete die Augen. Und Kim stand am Eingang der dunklen Höhle.

16

In der Residenz des amerikanischen Botschafters, ein paar Blocks vom Botschaftsgebäude entfernt, saß Marshall mit Ellsworth Bunker beim Essen.

Marshall war gekommen, weil er wissen wollte, was der alte Herr zu berichten hatte. Bunker, ein dreiundsiebzigjähriger Berufsdiplomat, wie Marshall aus New England stammend und von ätzender Knappheit, war erst vor einigen Monaten nach Vietnam gekommen. Marshall wußte, daß seine Eindrücke frisch und aufschlußreich sein würden.

Das Essen war vorüber, aber Marshall verweilte durchaus absichtlich noch etwas beim Wein. Die Begegnung mit Bunker war so angenehm, das Gespräch so anregend gewesen – die einzigen zivilisierten Stunden, die er bislang in Vietnam verbracht hatte –, daß er meinte, sich dieses Vergnügen gönnen zu dürfen. Außerdem hatte man sein Domizil nur mit minderwertigen Weinen ausgestattet.

»Ich werde später noch bei Thieu und Ky vorsprechen«, sagte er und hob das Glas mit der blaßgelben Flüssigkeit gegen das Licht. »Was kann ich von den beiden erwarten?«

Bunker nippte genießerisch an seinem Meursault. »Nguyen Van Thieu ist ein Armeegeneral ohne jedes Charisma, ohne Ideen, ohne besondere Fähigkeiten und Leistungen. Letzten Monat hat er sich zum Präsidenten wählen lassen. Vorher war er nur formell Staatsoberhaupt gewesen, als Strohmann von Premierminister Nguyen Cao Ky, einem Luftwaffengeneral, der ganz vernarrt in violette Fliegeruniformen ist, weil sie so gut zu den Kleidern seiner Frau passen – ein reichlich bizarrer Mensch. Jetzt ist Ky Vizepräsident. Thieu hat ihn bei den anderen Generälen ausmanövriert.«

Bunker stellte sein Glas auf den Tisch und tupfte sich die Lippen mit der Serviette ab. »Die Wahlen letzten Monat haben sie manipuliert; trotzdem haben sie es nur auf fünfunddreißig Prozent gebracht. Von der Art ist die Unfähigkeit, mit der wir es hier zu tun haben. Der zweite im Rennen war ein Anwalt mit zweifelhaftem Ruf, der einmal seine Frau als Pfand für ein Darlehen benutzt hat. Können Sie sich das vorstellen?«

»Ich habe die Wahl leider verpaßt«, sagte Marshall und lächelte. »Wie sollen denn solche Leute das Land einigen können?«

»Das können sie nicht. Thieu hat Ky verdrängt. Ky war der Anführer eines Militärputschs gegen Dr. Quat, einen Arzt, der ein paar Monate vorher eine andere Regierung gestürzt hatte. Und davor hat es einen Staatsstreich nach dem andern gegeben. Seit Diems Ermordung vor vier Jahren hatten wir sieben Regierungswechsel in Südvietnam. Dagegen wirken selbst Bananenrepubliken wie ein Hort der Stabilität. Aber was ist die Alternative – die Kommunisten? – Einen politischen Sieg kann es nicht geben«, fuhr Bunker fort. »Das Problem muß militärisch gelöst werden.«

»Aber ist eine militärische Lösung möglich?«

»Ich bin optimistisch, Brad«, sagte Bunker. »Die südvietnamesische Armee macht große Fortschritte – die Ernennung von General Tran zum Gebietskommandeur ist ein gutes Zeichen.«

»Ich treffe gleich nachher mit ihm zusammen«, erwiderte Marshall. »Ich habe gehört, er ist ihr fähigster General. Ich möchte erfahren, wie er die Lage einschätzt. Meinen Sie, er wird offen mit mir reden?«

»Allerdings. Er ist sehr geradeheraus«, lächelte Bunker. »Es hat mich eine Menge Zeit gekostet, Thieu zu seiner Ernennung zu überreden. Thieu ist durch Intrigen und Konspiration an die Macht gekommen, darum sieht er überall Verschwörer am Werk. Ein kompetenter General wie Tran macht ihm angst – Kompetenz, das könnte einen Putsch bedeuten. Ich mußte ihm zusichern, daß wir ihn unterstützen, falls er Schwierigkeiten mit Tran bekommt. Am liebsten hätte er meine Frau als Pfand verlangt.«

»Ist Tran so gut?«

Bevor Marshall sich empfahl, brachte er das Gespräch auf die unehelichen Kinder amerikanischer Soldaten. »Kann man irgend etwas für sie tun?«

Bunker spitzte die Lippen. »Nein«, antwortete er.

Marshall hätte erwartet, daß Bunker wenigstens zum Schein darauf einging und ihm sagte, seine Leute würden der Sache nachgehen, aber offenkundig hatte das Außenministerium sich entschlossen, das Problem zu ignorieren.

Marshall beschloß, die Sache einstweilen auf sich beruhen zu lassen. Er hatte eine klare Frage gestellt, und Bunker hatte ihm eine

klare Antwort gegeben. Die Regeln der Diplomatie verlangten, daß er das Thema fallenließ, wenn er keine Mißstimmung aufkommen lassen wollte.

Als Marshalls Limousine ohne Eskorte und Sirenengeheul vor dem Gebäude des Joint General Staff vorfuhr, spürte Marshall förmlich die Enttäuschung des Empfangskomitees: Kein bedeutender Mann würde so daherkommen.

Doch General Tran, der auf der Eingangstreppe wartete, verstand: Ein Mann, der auf Pomp verzichten konnte, war sich seiner Macht gewiß. Der hochgewachsene General – furchterregend wie ein mandschurischer Warlord – ging auf Marshalls Wagentür zu, doch bevor er sie erreichte, sprang ein Marinesoldat aus dem Wagen und versperrte ihm den Weg.

Mead, der Tran und die bewaffneten vietnamesischen Wachsoldaten aufmerksam musterte, zögerte so lange mit dem Öffnen der Wagentür, daß Marshall es schließlich selbst tat. Er ging um Mead herum und schüttelte Tran die Hand.

»Ihre Begleitung – so effizient sie ist«, sagte er ohne ein Lächeln und wies mit dem Kopf auf Mead, »hat meine Leute enttäuscht. Sie hätten eigentlich erwartet, daß Sie in einer Sänfte erscheinen wie ein römischer Kaiser. Bei uns wird Macht mit Zirkusflitter assoziiert.« Das Auftreten des Generals war von fast bedrohlicher Grimmigkeit.

»Bei uns ebenfalls«, erwiderte Marshall. »Meine Begleitung fühlt sich offenbar etwas unbehaglich. Wahrscheinlich hat er das Gefühl, er hat nicht genug Patronen.«

»Er wird uns doch hoffentlich nicht mit den Gooks verwechseln?«

Marshall konnte aus Trans undurchdringlichem Gesicht nicht herauslesen, ob er scherzte, aber er sah sogleich, daß er es mit einem Mann zu tun hatte, der andere einzuschüchtern vermochte.

Tran geleitete Marshall in das ein wenig verwahrloste Gebäude und führte ihn zu einem kleinen Konferenzraum. »Ich habe keinen förmlichen Vortrag für Sie vorbereiten lassen, weil ich nicht wußte, ob Sie das wünschen. Vielleicht haben Sie bestimmte Fragen.«

»Ja«, sagte Marshall und setzte sich in einen Sessel, der vor Trans Tisch stand. »Ich möchte ganz ohne Förmlichkeiten mit Ihnen reden. Ich bin in Vietnam, damit ich Präsident Johnson später von

meinen Eindrücken und Vorstellungen berichten kann. Daten hat er bereits genug.«

»Minister McNamara produziert sie in Mengen«, erwiderte Tran trocken.

»So ist es«, versetzte Marshall ebenso trocken. »Aber manchmal sagen Zahlen und Schaubilder gar nichts.«

Trans Augenbrauen hoben sich erkennbar. »Meine Kinder haben früher mit Zahlen Bilder gemalt. Es waren sehr schöne Bilder, aber wahrscheinlich keine großen Kunstwerke.«

Marshall nickte. »Minister McNamara hat keinen sonderlich großen Krieg geführt, oder?«

Tran öffnete die Hände. »Er ist weder ein Künstler noch ein General.«

Marshall lächelte zustimmend. Was Offenheit angeht, wird es also keine Probleme geben, dachte er, und er beschloß, ohne Umschweife auf die Kernfrage zuzusteuern: War der Krieg zu gewinnen? Er beugte sich vor und legte die Ellbogen auf den Tisch. »Heute hat man mir gesagt, einen politischen Sieg könne es nicht geben. Sind Sie derselben Ansicht?«

Tran erwiderte ruhig: »Ein politischer Sieg ist schon möglich, aber in ganz Vietnam gibt es nur einen einzigen Politiker, und Ho Chi Minh ist nicht auf unserer Seite.«

Tran saß vollkommen aufrecht da, wie ein Mandarin, seine Hände lagen flach auf dem Tisch. »Ich spreche als Vietnamese und nicht als Soldat. Das Land stand unter französischer Herrschaft, bis es vor dreizehn Jahren geteilt wurde. Der Süden fiel den Diems in die Hände; sie waren grausam, eitel und korrupt; sie kannten nur Haß und Verachtung, und sie hatten die Unterstützung Ihres Landes.

Die Brüder Diem sind vor vier Jahren ermordet worden. Seither ist ein Staatsstreich dem anderen gefolgt, und keine dieser Regierungen wurde vom Volk akzeptiert. Im Norden gibt es einen Mann, der seit vierzig Jahren für die nationale Einheit kämpft – gegen die Franzosen, die Japaner, die Marionettenkaiser und jetzt gegen die unpopuläre Regierung und die Amerikaner.«

Tran drehte die Handflächen nach oben. »Nun sagen Sie mir, wer den politischen Kampf gewinnen wird!«

Marshall lehnte sich leicht verblüfft zurück. »Und warum kämpfen *Sie* gegen Ho Chi Minh?«

»Ich bin Katholik, und ich mag den Kommunismus nicht. In Ihrem Land sehen die Menschen im Kommunismus etwas Schreckliches und alle kämpfen gemeinsam dagegen. Ihr habt viele Worte – ›Wahlen‹, ›Demokratie‹, ›Freiheit‹ –, die jedermann versteht. Hier sind diese Worte bedeutungslos. Wenn Sie in ein Dorf gehen und den Leuten diese Worte an den Kopf werfen, wird niemand begreifen, wovon Sie sprechen. Am Ende werden die Leute eure magischen Worte – ›Freiheit‹, ›Gerechtigkeit‹, ›Demokratie‹ – und eure Sprache benutzen, und Sie werden glauben, Sie führten einen Dialog mit ihnen, aber in Wirklichkeit plappern sie alles nur nach wie Papageien.«

Zum erstenmal lächelte Tran. »Anders als die meisten meiner Landsleute weiß ich, was diese Worte bedeuten, und ich hoffe, daß es eines Tages in diesem Lande Demokratie, Gerechtigkeit und freie Wahlen geben wird. Und ich weiß, daß all das unter kommunistischer Herrschaft niemals möglich sein wird.«

Marshall nickte. »Das heißt, Sie müssen den Krieg gewinnen. Man hat mir gesagt, daß Sie dazu H-Bomben und Giftgas benötigen werden. Sind Sie auch dieser Meinung?«

Tran lächelte noch immer. »Wird Präsident Johnson uns H-Bomben geben?«

»Wahrscheinlich nicht. Aber können Sie den Krieg auch ohne Atomwaffen gewinnen?«

»Ja, wenn man uns Zeit läßt. Wenn Sie bereit sind, uns so lange beizustehen. Aber ihr seid ein sehr ungeduldiges Volk. Wir haben tausend Jahre unter chinesischer und hundert Jahre unter französischer Herrschaft gelebt. Wir sehen die Zeit mit mehr Gelassenheit als ihr Amerikaner. In Amerika geht alles so schnell. Ihr glaubt an den Wandel, und die Dinge wandeln sich tatsächlich sehr schnell. Ihr glaubt, wir wären undurchschaubar. In Wirklichkeit sind wir nur langsam. Bei Ihnen läuft alles nach irgendwelchen Zeitplänen, bei uns nicht. Euer politisches Leben ist in Vierjahreszyklen eingeteilt – die Präsidentschaftswahlen; für uns ist das die Lebenszeit einer Motte.«

»Sie verstehen uns ausgezeichnet«, sagte Marshall.

»Ihr seid nicht schwer zu verstehen. Eine Wahl ist in Sicht, und euer Präsident wird nervös.«

»Ja, eine dieser verfluchten freien Wahlen, deren Ergebnis nicht absehbar ist.«

»Äußerst unangenehm. Ganz ähnlich wie beim Krieg. Leider kann ich Präsident Johnson diese Sorgen nicht abnehmen, indem ich den Krieg bis zur nächsten Wahl gewinne. Tatsächlich wird die Lage sich bis dahin noch verschlimmern, fürchte ich.«

»General Westmoreland ist da optimistisch.«

Tran nickte. »Ich auch. Nur unsere Zeitvorstellungen sind nicht dieselben.«

»Das hatte ich befürchtet«, erwiderte Marshall. »Sie sprechen von Jahren.«

»Von vielen Jahren, wenn es nicht zum Einsatz von H-Bomben oder Giftgas oder zu einer Invasion des Nordens kommt. Auch die NVA richtet sich auf einen jahrelangen Kampf ein. Ho und Giap kämpfen seit vierzig Jahren – was sind da schon ein paar Jahre mehr? Aber Ho Chi Minh ist ein alter Mann, und er kämpft mit anderen alten Männern für eine kommunistische Sache, die falsch ist und nicht funktionieren kann. Die Zeit arbeitet nicht für die Kommunisten – es sei denn, ihr gebt ihnen diese Zeit. Es sei denn, ihr werdet ungeduldig und unachtsam.«

Trans Gesicht war eine undurchdringliche Maske. »Sie stellen mir Fragen, die Sie eigentlich nur selbst beantworten können. Die entscheidende Frage ist: Seid ihr bereit, uns noch auf Jahre hinaus zu unterstützen?«

»Ich denke, das hängt vom Verlauf des Krieges ab und davon, ob die Menschen an den Sieg glauben.«

»Und gerade das macht mir Sorgen«, erwiderte Tran. »Ich glaube, die Kommunisten werden bald eine Großoffensive starten und dabei hohe Verluste in Kauf nehmen, um die Hoffnung auf einen Sieg zunichte zu machen.«

Trans Gesicht verzog sich zu einem listigen Lächeln. »Das Problem mit einer offenen Gesellschaft, die ihre Meinungsverschiedenheiten auf dem Marktplatz austrägt, ist ja gerade, daß sie offen für jeden ist, den es interessiert. Moskau und Hanoi lesen dieselben Zeitungen wie Präsident Johnson. Sie wissen, daß es in Amerika Widerstand gegen den Krieg gibt und daß Wahlen vor der Tür stehen. Wenn sie in einem Augenblick, da Amerika sich in der Hoffnung wiegt, der Krieg sei schon gewonnen, unerwartet zuschlagen, dann hoffen sie damit, den Kampfeswillen der Amerikaner zu zerstören oder die Bereitschaft, uns weiterhin zu unterstützen.«

»Haben Sie das General Westmoreland gesagt?«

»Schon oft. Aber er ist davon überzeugt, daß solch ein Angriff zu verlustreich wäre. Giap ist ein vorsichtiger, bedächtiger Stratege – und ein unerhört langsamer Taktiker. Würde er da einen Überraschungsangriff wagen, in der Hoffnung, der kraftvolle unerwartete Schlag könne die Kampfbereitschaft des Feindes brechen? In diesem Punkt sind die amerikanischen Generäle und ich unterschiedlicher Meinung.«

Tran zuckte die Schultern. »Eine rein berufliche Meinungsverschiedenheit. Für ihre Auffassung sprechen Giaps Vergangenheit und der Truppenaufmarsch bei Khe Sanh, in dem sie eine Wiederholung von Dien Bien Phu sehen.«

Trans Augen verengten sich zu zwei Schlitzen. »Aber Khesanh ist ein Ablenkungsmanöver. Dien Bien Phu liegt dreizehn Jahre zurück, und damals ging es gegen einen Gegner, der zu keiner schnellen Truppenbewegung, Verstärkung oder Nachschublieferung fähig war. Gegen die Amerikaner würde Giap niemals solch eine Strategie wagen. Ihm ist klar, daß sie scheitern müßte. Aber er rechnet mit eurer Eitelkeit. Er weiß, daß die Amerikaner sich nichts sehnlicher wünschen als solch einen Angriff, damit sie ihre Überlegenheit beweisen können – und während sie sich ganz auf Khe Sanh konzentrieren, übersehen sie den Truppenaufmarsch an anderen Orten. Es wird schon bald einen Großangriff geben – um Weihnachten herum oder einen Monat später, zum Tet-Fest. Wenn wir uns weiterhin einreden, der Feind sei zu schwach für einen Angriff, braucht er nur anzugreifen, dann hat er psychologisch schon gewonnen.«

Marshall fühlte, wie ihm das Herz schwer wurde. Solch ein Angriff würde alles zunichte machen, was er zu erreichen hoffte. Lyndon Johnson würde den Angriff persönlich nehmen. Niemals würde er sich zurückziehen, solange er unter Druck stand, aus Angst, für feige gehalten zu werden. Nur aus einer Position der Stärke, die seiner Entscheidung einen Anschein von Großmut verliehe, würde er in einen Rückzug einwilligen.

Marshall stieß den Sessel zurück und signalisierte damit das Ende der Unterredung. »Ich danke Ihnen. Das sollte erst einmal reichen. Ich muß über all das nachdenken.«

Tran stand auf. »Sie sind ein ausgezeichnetes Publikum. Es ist das erste Mal, daß ich einem Amerikaner begegne, der so gut zuhören kann. Sie haben nur Fragen gestellt.«

»Ich bin hierhergekommen, um zu lernen. Ich hatte nichts zu sagen.«

»Das hindert die meisten nicht am Reden.«

Als Marshall in die Botschaft zurückkehrte, hatte man die Sicherheitsvorkehrungen auf das bei Botschafter Bunker übliche Maß reduziert – die Eingangshalle war nicht geräumt worden, aber einige Wachsoldaten geleiteten ihn hastig zu seinem privaten Aufzug. Da er sah, daß Mead die Wachen kannte, sagte er ihm, er solle bei ihnen bleiben, bis er wieder herunterkomme.

In seinem Büro ging er mit Colonel Waggoner die Post und den Terminplan für den nächsten Tag durch.

»Das Büro von General Westmoreland hat angerufen. Colonel Romer wird sich morgen bei Ihnen melden.«

»Gut. Kennen Sie ihn? Robert Romer?«

»Ich habe von ihm gehört, aber wir sind uns noch nicht begegnet.«

»Er soll mich begleiten, wenn ich ein paar Gebiete besuche, die für die COVIA-Studie relevant wären. Sein Aufgabenbereich wird sich nicht mit Ihrem überschneiden.«

»Ja, Sir. Westmorelands Büro hat außerdem mitgeteilt, daß Flugzeug und Pilot bereitstehen. Ein Jet und ein Hubschrauber stehen zu Ihrer Verfügung. Ein Lieutenant James Magnuson wird Ihr Pilot sein – er kommt von den Marines in Da Nang.«

»Schön. Colonel Romer wird sich darum kümmern. Könnten Sie zwei Dinge für mich besorgen. Ich brauche Daten über die feindliche Infiltration der letzten Zeit und eine Studie über General Giaps Strategie in Dien Bien Phu. Ich hätte sie gern so schnell wie möglich.«

»Ich werde mich gleich heute abend darum kümmern. Kann ich sonst noch etwas für Sie tun?«

Marshall schüttelte den Kopf, und Waggoner verließ das Zimmer.

Nachdem Marshall das Licht ausgeschaltet und die Vorhänge zugezogen hatte, setzte er sich auf das Sofa. Er saß gerne im Dunkeln und dachte nach. Tran hatte recht. Er suchte die Antworten am falschen Ort. Er und Lyndon Johnson und alle Amerikaner hatten sich zu fragen: War ihnen Vietnam wichtig genug für ein langfristiges Engagement?

Ach, was sollte er drumherum reden! Ist uns Vietnam wichtig genug, daß wir unsere Söhne dafür sterben lassen?

Er sah Ryan, der bald schon herkommen würde.

Und er sah die Särge in Tan Son Nhut.

Nein, Vietnam ist mir nicht wichtig genug. Es ist mir überhaupt nicht wichtig.

Wenn seine Mission Erfolg haben sollte, wenn er Johnson zu einem Rückzug der Truppen überreden wollte, dann mußte er den feindlichen Angriff verhindern. Ein Angriff würde den Kampf um Jahre verlängern und Johnson noch tiefer in ein Engagement hineinziehen, das er nicht wollte.

Also mußte er irgendwie Kontakt mit den Nordvietnamesen aufnehmen. Er mußte sie davon überzeugen, daß ein Angriff gerade die gegenteilige Wirkung hätte, die sie sich erhofften. Aber wie? Wie konnte er ein geheimes Treffen mit der NVA zustande bringen? Und wer konnte solch ein Treffen arrangieren?

Ein Mittelsmann? Vielleicht. Aber konnte er so einen Mann finden?

Er stand auf. Ja, diese Aufgabe hatte oberste Priorität.

Er sagte seinen Leuten gute Nacht und ging.

Als die Aufzugtüren sich im Erdgeschoß öffneten, unterbrachen die Marines ihre Unterhaltung und nahmen Haltung an; dann geleiteten sie ihn zu seinem Wagen.

Die jungen Männer deprimierten ihn. Auch sie waren irgend jemandes Söhne, und die in den Särgen ebenfalls: all die Toten auf beiden Seiten. Das war der Krieg – anderer Leute Söhne. Waren sie wichtig? Nein, wichtig vor den anderen waren die eigenen.

Lyndon Johnson war ein guter Mensch, dachte Marshall. Aber war ihm die Freiheit Vietnams wichtig genug, um sein Ansehen und seine Wahlchancen aufs Spiel zu setzen? Er sorgte sich um die Männer, die kämpften und starben, aber würde er seine Wiederwahl riskieren, um sie zu retten?

Plötzlich klopfte jemand ans Wagenfenster.

»Sir, Sie haben das hier im Büro vergessen«, sagte ein ziviler Botschaftsangestellter und reichte ihm eine Einkaufstüte.

Zerstreut nahm Marshall sie entgegen, ohne den entsetzten Ausdruck auf Meads Gesicht zu bemerken.

Der Wagen fuhr los. Abwesend schaute Marshall in die Tüte. Er zog die Puppe heraus und eine Packung Damenbinden.

Ratlos betrachtete er sie, dann legte er die Sachen zurück und reichte die Tüte nach vorn.

Mead drehte sich nicht um, aber mit gesenktem Kopf griff er nach der Tüte und murmelte: »Danke, Sir.«

Die Limousine verließ das Botschaftsgelände und brauste in Richtung von Marshalls Villa.

In einer Welt des Zweifels war eines gewiß, dachte Lacouture – Gott war kein Franzose. Ein französischer Gott hätte niemals zugelassen, daß jemand solchen Mißbrauch mit seiner Sprache trieb, wie Wilson Abbot Lord es tat.

Vielleicht war Gott Engländer. Oder vielleicht war der Teufel Engländer, und dies war eine seiner ausgeklügelten Strafen. Denn er saß auf der Terrasse des Continental, wartete auf Bui Cao Kim, und statt dessen erschien Wilson Abbot Lord, um ihn mit seinem CIA-Französisch zu belästigen.

Lacouture hatte Mühe, die Fassung zu bewahren.

»Reden wir über Geld!« sagte Lord.

Wie eine Straßennutte! dachte Lacouture, und es schauderte ihn.

»Wenn wir über Geld reden wollen«, versetzte Lacouture, »sollten wir das in der angemessenen Sprache tun – auf englisch. Wieviel?«

»Mehr, als Sie sich vorstellen können«, fuhr Lord ungerührt auf französisch fort.

Lacouture flocht seine Finger ineinander. »Eine Million Francs kann ich mir ohne weiteres vorstellen.«

»Viel mehr.«

»Aha«, sagte Lacouture, verscheuchte Kim aus seinen Gedanken und fand sich damit ab, daß Lord bei seinem Französisch blieb.

»Ich rede von einer Million Dollar, zahlbar in jeder Währung, die Sie wünschen, auf ein Konto bei einer Bank Ihrer Wahl. Aber die Sache ist kompliziert und erfordert größte Präzision. Wenn Sie sie wie vereinbart erledigen, gehört das Geld Ihnen. Die Zahlungsmodalitäten und von Ihnen gewünschten Sicherheitsvorkehrungen werden wir strikt einhalten. Aber ich betone nochmals, das Unternehmen muß perfekt durchgeführt werden.«

»Ein Unternehmen, das zu perfekt durchgeführt wird, macht den Durchführenden häufig überflüssig«, sagte Lacouture ruhig.

»Ein Mann von Ihrer Erfahrung und Langlebigkeit auf diesem

Gebiet dürfte in der Lage sein, sich ausreichende Sicherheiten zu verschaffen, die ihm die Gewähr bieten, daß er auch weiterhin ... relevant ist. Ich erwarte nicht, daß Sie mir vertrauen, aber für eine Million Dollar darf ich erwarten, daß Sie in der Lage sind, sich Bedingungen auszudenken, die Ihnen ausreichenden Schutz bieten. Der Mann, den Sie eliminieren sollen, ist mir das Geld wert.«

»Eliminieren? Herrje, das ist meistens ziemlich schmutzig«, sagte Lacouture verächtlich.

»Ihre Hände bleiben natürlich sauber.«

»Darauf möchte ich allerdings bestehen. Ihre natürlich auch.«

»Natürlich.«

»Und wer soll die Schmutzarbeit erledigen?«

»Der Feind, wer sonst?«

»Aha. Fragt sich nur, wer der Feind ist.«

»Die NVA. Die Kommunisten.«

Lacouture griff sich an den Kopf. »Wie dumm von mir! Selbstverständlich. Aber was wollen Sie dem Feind dafür bieten?«

»Die werden glücklich sein, diesen Mann zu töten, denn damit versetzen sie ihrem Feind, den Vereinigten Staaten, einen schweren Schlag.«

Lacouture öffnete die Hände und betrachtete seine Handflächen. »Sehen wir mal, ob ich das richtig verstanden habe: Sie wollen, daß ich Kontakt zur NVA aufnehme und sie überrede, mit unserer Hilfe einen Mann an einen Ort zu locken, wo sie ihn ... ›eliminieren‹ können, wobei dies sowohl deren Wünschen als auch Ihren ›Plänen‹ entspricht.«

Lacouture faltete die Hände auf dem Tisch und fuhr heiter fort: »Nachdem ich die NVA überredet habe, diese Angelegenheit zu erledigen, nehme ich Kontakt mit dem wichtigen Amerikaner auf, um sicherzustellen, daß er zur rechten Zeit am rechten Ort ist. Alles, was Sie brauchen, ist dann nur noch Ort und Zeitpunkt des Treffens, damit Sie überprüfen können, ob alles glatt geht.«

»Bravo, Lacouture. *Encore.*«

»Die Schwierigkeit liegt nur darin, Ihren wichtigen Mann an den betreffenden Ort zu bekommen. Aber das läßt sich machen, indem ich ihm klarmache, daß er dort geheime Verhandlungen mit den Kommunisten führen soll – die nun ihrerseits aus ganz anderen Gründen da sein werden. Hinterher wird man ihn für einfältig oder verrückt erklären, weil er sich in solch eine Gefahr begeben hat, und

die Kommunisten werden als perfide Betrüger dastehen. Sie sind jemanden losgeworden, der Ihnen Schwierigkeiten macht, und gleichzeitig haben Sie einen Propagandasieg über die Kommunisten errungen. Ich soll dieses Treffen zwischen Ihrem Mann und den Kommunisten arrangieren, ein Treffen, von dem Sie allerdings eindeutig abraten werden, womit Sie keinerlei Schuld an dem Debakel trifft.«

»Mein lieber Lacouture, Sie setzen mich in Erstaunen. Es ist ein Vergnügen, mit einem Mann Ihrer Auffassungsgabe zu verhandeln. Bei anderen kostet es mich unendlich viel Zeit, Feinheiten zu vermitteln, die Sie augenblicklich erfassen.«

»Na«, versetzte Lacouture verächtlich, »wir reden hier über Hinterhalt und Mord. Was ist daran fein?«

In diesem Augenblick stahl sich Bui Cao Kim die Treppe zum Continental hinauf.

Als Lacouture ihn erblickte, holte er tief Luft und erhob sich von seinem Stuhl.

Kim verstand die Reaktion fälschlich als Warnung, und als er den CIA-Agenten bei Lacouture sah, machte er kehrt und hastete die Treppe hinunter.

Lacouture stand auf. »Nein, nein!« rief er.

Lord sprang rasch zur Seite, weil er einen Angriff befürchtete, aber als er in dem davoneilenden Mann Kim erkannte, setzte er sich gelassen wieder hin.

»Ich sehe, Sie haben noch eine Verabredung«, sagte er ruhig. »Ich muß gehen.« Dann stand er auf. »Ich glaube, wir haben uns verstanden. Ich werde mich bald wieder bei Ihnen melden, wenn Sie Gelegenheit gehabt haben, über alles nachzudenken.«

Lord sah, daß er Lacoutures Aufmerksamkeit verloren hatte. Der Mann war immer nervös und etwas verdreht, aber so hatte Lord ihn noch nie erlebt. Weshalb mochte er so außer sich sein?

Wenn er Lacouture benutzen wollte, mußte er das herausfinden – nur ein Trottel spielte mit ungezinkten Karten.

Lord streckte die Hand aus, aber Lacouture war so zerstreut, daß er sie nicht bemerkte.

»Guten Tag, mein lieber Lacouture. Wir bleiben in Verbindung.«

Lacouture sah ihn nicht einmal fortgehen; er starrte immer noch hinter dem verschwundenen Kim her. Dieser verdammte kleine Gook! Das tat er nur aus Gehässigkeit. Jetzt konnte er sich auf die

Suche nach ihm machen. Er mußte einfach erfahren, was mit dem Wilden war. Jetzt erst recht. Jawohl. Er würde ihn kaufen. Ihn mit Geschenken überhäufen. Er würde seine Million Dollar nehmen und für immer an der Côte d'Azur leben, zusammen mit seinem Wilden, der kleine schwarze Badehosen trüge.

Sollte Gott am Ende doch Franzose sein?

17

Der Luftzug im Erdbunker brachte die Kerzenflamme zum Flakkern, und kleine Wachströpfchen spritzten in alle Richtungen. Das Geräusch ließ Bishop auffahren, der in Unterwäsche auf seinem Poncho zwischen Schlafen und Wachen dahindämmerte.

Brock schlief in einer Ecke auf der anderen Seite des Bunkers, der Funker Landis hockte an der Wand und döste.

Bishop sah auf seine Armbanduhr; es war fünf Uhr morgens, und er hatte seit dem feindlichen Angriff vor ein paar Stunden nicht geschlafen. Er zog die Drillichhose und die Stiefel an, dann ging er zu Brock hinüber, kniete sich neben ihn und berührte ihn sachte. Sogleich öffneten sich Brocks Augen – wachsam und feindselig.

»Es ist fünf«, sagte Bishop. »Ich will, daß die Patrouille vor Morgengrauen auf den Weg kommt – Sie und drei Mann. Ich gehe sie holen.«

Bishop stieg die Leiter hinauf. Am Bunkereingang blieb er einen Augenblick stehen, wie ein Tier, das aus seinem Bau kriecht und die Gefahr zu wittern versucht; als er sich überzeugt hatte, daß alles sicher war, trat er hinaus.

Der Morgen war still wie ein Teich. Bishop urinierte in den Sand, warf sich ein wenig Wasser ins Gesicht, dann streckte er Arme und Beine.

Einen Augenblick lang schaute er nach Süden, wo Khe Sanh lag, dann ging er über den Hügel.

Nur ein paar Männer waren wach und stierten dumpf über das wüste Gelände auf den gegenüberliegenden Höhenzug. Die Dunkelheit hob sich langsam, als hellten graue Pinselstriche den Horizont allmählich auf. Dunstschwaden zogen auf den Hügel zu; sie schienen aus Poren in der Erde zu dringen, und bald war der Hügel in Nebel gehüllt.

Frizzell hielt Wache in einem der Bunker. Sein Kopf begann auf die Brust zu sinken, doch ein Geräusch schreckte ihn wieder auf. Er fuhr mit dem Gewehr herum und sah Bishop herankommen. Froh, daß er nicht länger allein war, lächelte er und flüsterte, um Coney

und Sutherland nicht aufzuwecken: »Was machen Sie hier draußen, Lieutenant?«

»Ich finde den Krieg so toll, daß ich heute ganz früh anfangen wollte.«

Frizzell grinste. Er mochte Scherze, selbst wenn sie auf seine Kosten gingen, und er war erstaunt gewesen, als er merkte, daß auch Offiziere scherzen konnten.

»Alles ruhig jetzt, Lieutenant, oder?«

Bishop starrte in die Dunkelheit, fühlte die Ruhe und hockte sich neben Frizzell. »Ja, morgens ist es ganz schön.« Seine Finger zeichneten in den Sand; Augenblicke wie diese waren für ihn die schlimmsten; er mußte entscheiden, wer rausgehen sollte, und es ihnen dann sagen. »Haben Sie noch etwas Kaffee für mich?«

Frizzell reichte ihm einen Feldbecher mit lauwarmem Kaffee. »Muß wieder eine Patrouille raus, Lieutenant?«

»Ja«, sagte Bishop in seinen Becher hinein.

Frizzell seufzte. »Ich hab gehofft, daß wir heute nicht rausmüssen, aber Coney hat's gewußt. Ich hab mir gedacht, das wär schön, wenn wir einen Tag...«

Bishop nahm einen großen Schluck. »Ich weiß. Mir wär's auch lieber, wenn wir nicht rausmüßten, aber wenn wir nicht auf Patrouille gehen, könnten sie uns überrumpeln.«

Frizzell musterte einen Augenblick lang den Mann, der sein Schicksal in der Hand hatte, dann wandte er den Blick wieder dem Sperrzaun zu. »Glauben Sie, daß wir hier bald rauskommen, Sir?«

»Ich hoffe es«, sagte Bishop.

Sie tranken schweigend, dann wandte Frizzell sich ihm zu: »Wie lange hat das gedauert, bis Sie Lieutenant waren, Sir?«

»Bei Offizieren ist das anders. Gleich nach dem College bin ich zur OCS. Das waren zehn Wochen. Dann machen sie einen zum Second Lieutenant. Ihr müßt dagegen vier Monate Grundausbildung machen, bis ihr alles gelernt habt, was ihr wissen müßt – über Artillerie, Taktik und Waffen.«

»Zehn Wochen?« fragte Frizzell ungläubig. »Wie alt sind Sie, Sir?«

»Zweiundzwanzig.«

»Erst zweiundzwanzig? Dann sind Sie ja nur vier Jahre älter als ich und zwei Jahre älter als Coney. Ich dachte, Sie sind über dreißig. Ich hab nicht gewußt, daß man so jung Offizier werden kann. Ich

bin seit neun Monaten PFC. Ich glaub nicht mal, daß ich es zum Lance Corporal bringe.«

»Was ist schlecht daran, PFC zu sein?«

Frizzell zuckte die Schultern. »Nichts. Ich dachte nur, ein Mann soll was tun, wo er stolz drauf sein kann.«

»Und Sie meinen, ein Lieutenant ist schon was?«

»Sicher.« Frizzell grinste. »Aber vielleicht bin ich eben ein PFC-Typ.«

»Ach, wissen Sie, Second Lieutenants sind die PFCs unter den Offizieren.«

»Ich hab nicht gewußt, daß Offiziere auch Witze machen. Ich hab immer gedacht, die sind ...«

»Bloß alt und häßlich und schlecht gelaunt, was?«

Frizzell lachte. »Ja, genau, so ähnlich. Wer soll noch mit auf Patrouille?«

»Ich dachte, ich schicke Sie allein raus, weil Sie meinen, ich bin so alt.«

»Was ist mit Coney und Sutherland, Sir? Wir sind jetzt Kumpels. Wir haben 'nen Pakt oder so was geschlossen. Wir wissen, daß wir durchkommen, wenn wir zusammenhalten. Schicken Sie uns doch zusammen raus.«

Bishop dachte nach; er hatte nicht vorgehabt, die drei zu schikken, aber Männer, die eng zusammenhielten, arbeiteten auch meist am besten zusammen.

»In Ordnung«, sagte Bishop und stieß den schlafenden Coney mit dem Stiefel an.

Coney grunzte. »Mach das noch mal, du Wichser, und ich tret dich in den Arsch.«

Frizzell war entsetzt. »Coney, das ist der Lieutenant.«

Coney rappelte sich auf. »Ich hab nicht gewußt, ich meine ...«

Bishop tat, als wäre er wütend. Er und Coney waren etwa gleich groß, aber Bishop war kräftiger gebaut. Er trat ganz nahe an Coney heran. »Wie haben Sie mich eben genannt? Und was wollen Sie mit mir machen?«

Coney wich zurück. »Sir, ich hab nicht gewußt, daß Sie das waren. Ich würde nie ...«

Bishop grinste. »Erst sagt Frizzell mir, ich bin ein alter Knacker, jetzt nennt der mich einen Wichser und will mich in den Arsch treten. Ich bin gespannt, was Sutherland sagen wird.«

Eine Stimme kam unter einem Poncho hervor: »Sutherland kann gar nichts sagen – er ist weg und kommt nicht wieder und hat auch keine Adresse hinterlassen. Aber wenn er hier wäre, dann würde er sagen: Stecken Sie sich die Patrouille sonstwohin, Sir.«

»Wahrscheinlich sollte ich diesen ganzen Posten vors Kriegsgericht bringen«, erwiderte Bishop.

»O nein!« sagte Sutherland unter seinem Poncho hervor. »Dann schicken die uns womöglich nach Vietnam und wir müssen C-Rationen fressen und auf Patrouille gehen.«

»Zehn Minuten«, versetzte Bishop. »Ihr habt zehn Minuten, um eure Ärsche zum Bunker zu bewegen.« Dann ging er kopfschüttelnd davon.

Sutherland warf seinen Poncho ab. »Du Arschloch«, sagte er zu Frizzell. »Was fällt dir ein, ihm zu sagen, daß wir gehen wollen? Ich will nicht gehen. Du kannst mich mal mit deiner Kumpelscheiße.«

»Was?« rief Coney. »Du hast ihm gesagt, wir wollen gehen? Du hast uns *freiwillig* für die Patrouille gemeldet? Da rüber? Du hast wohl nicht alle Tassen im Schrank.«

»Jemand muß doch gehen«, verteidigte sich Frizzell. »Besser, wenn wir zusammen gehen.«

»Du blöder Sack!« schrie Coney. »*Niemand* sollte da raus gehen.«

Frizzell sah verdutzt drein. »Das ist nicht wahr. Patrouillen sind wichtig. Wir müssen sie haben. Wenn wir nicht rausgehen, übernehmen die Gooks das Ganze hier.«

»Du bist wirklich saublöd. Was wäre denn da der Unterschied?«

Frizzells Blick wurde hart und seine Stimme nahm einen bedrohlichen Unterton an. »Wenn sie diesen Hügel kriegen, dann kriegen sie auch Höhe fünf-achtundfünfzig. Und dann vielleicht Khe Sanh. Und dann kriegen sie das ganze Land.«

»Du lieber Himmel!« stöhnte Coney voller Abscheu.

Wut trat in Frizzells Augen, und er fixierte Coney. »Wir müssen diesen Leuten helfen. Wir müssen den Feind hier stoppen.«

»Herrgott! Bist du ein ahnungsloses Arschloch. Kein Mensch glaubt daran.«

Der Zorn ließ Frizzells Stimme laut werden. »Ich glaube an mein Land, und ich sterbe für mein Land, wenn es nötig ist. Und dafür schäme ich mich nicht. Wenn du das nicht fühlst, warum bist du dann überhaupt hier?«

»Weil ich's bei meiner Frau nicht mehr ausgehalten habe«, erwiderte Coney verächtlich. »Weil ich endlich von ihr weg wollte. Und alle anderen sind hier, weil man sie eingezogen hat. Und du bist hier, weil du so ein saublödes Arschloch bist.«

Frizzell machte einen Satz nach vorne, stieß Coney zu Boden und fiel über ihn her. Coney war so überrascht, daß er sich nur zusammenkrümmen und sein Gesicht mit den Händen schützen konnte. Frizzell schlug auf ihn ein, bis Coney, der größer und stärker war, ihn schließlich zurückstieß.

Coney sprang auf und zog sich angesichts der Wut in Frizzells Gesicht zurück. »Les, hör auf! Les!«

Endlich entspannte Frizzell sich. Er sah betäubt und verwirrt aus, als wäre er aus einer Trance erwacht.

Sutherland, der die beiden interessiert beobachtet hatte, schüttelte den Kopf. »Kumpels schlagen sich doch nicht.«

Coney legte die Hand auf Frizzells Schulter. »He, vergiß, was ich gesagt hab! Ich hab's nicht so gemeint.«

Frizzell ließ den Kopf hängen und sagte störrisch: »Du darfst so was nicht sagen, Dennie. Was wir hier machen, ist wichtig. Wir kämpfen für unser Land und um diesen Leuten zu helfen.«

Coney sah zu Sutherland hinüber, der die Augen verdrehte. »Ich weiß, ich weiß«, sagte er besänftigend.

Als Bishop in seinen Bunker zurückkehrte, suchte Brock einen Stapel Konservendosen durch.

»Frizzell, Coney und Sutherland. Sie sind in ein paar Minuten hier«, sagte Bishop.

Brock grunzte mißbilligend, dann befriedigt, denn er hatte eine Dose Schweinebraten gefunden. Er zog einen Öffner aus der Tasche und einen Plastiklöffel, an dem vertrocknete Speisereste klebten.

»Wollen Sie es nicht warm machen?« fragte Bishop.

Brock schnaubte verächtlich. »Schmeckt warme Scheiße besser als kalte?«

Bishop lehnte sich gegen die Sandsäcke und betrachtete ihn. Saft lief aus Brocks Mund; er wischte ihn mit dem Handrücken fort und grunzte noch einmal – diesmal zeigte das Grunzen an, daß ihm etwas eingefallen war, wie Bishop wußte, denn er hatte gelernt, Brocks Grunzlaute zu unterscheiden. Brock zog seine Brieftasche hervor und reichte sie Bishop.

Dieses Ritual wiederholte sich jedesmal, wenn Brock einen Einsatz außerhalb des Sperrzauns zu leiten hatte.

Bishop warf einen Blick auf die Brieftasche; er wußte, daß sie ein paar Fotos, vier Dollar, einen Ausweis und einen zusammengefalteten Umschlag enthielt, auf dem in sauberer Schrift »Für meine Frau, falls ich getötet werde« geschrieben stand; dann steckte er die Brieftasche ein.

»Wie ist Ihre Frau?« fragte Bishop respektvoll, denn in Augenblicken wie diesem fühlte er deutlich, wie jung und unerfahren er war. Brock kannte die Menschen und den Krieg; er war der *»old lifer«*, von dem bei den Marines ständig die Rede war – die Verkörperung der Tradition, Wächter über die geheiligten Pflichten des Saufens, Hurens und Fluchens.

»Welche Frau meinen Sie, Lieutenant?« fragte er und wischte sich den Saft vom Mund, die zusammengezogenen Augen auf Bishop gerichtet.

»Die Sie jetzt haben, der Sie dreimal am Tag schreiben – die Ihren Schwanz festgenagelt hat.«

»Wozu wollen Sie das wissen?« fragte er mißtrauisch.

»Weil Sie mir jedesmal, wenn Sie rausgehen, diese schäbige Brieftasche geben. Ich versuch mir nur vorzustellen, wie sie das anstellt, daß Sie so was machen.«

Bishop war neugierig auf Brocks Frau, weil er nie über sie sprach – über die beiden anderen wohl, aber nie über sie.

Brock warf die leere Büchse in die Ecke und musterte Bishop. Es hatte viele Frauen in seinem Leben gegeben, aber er hatte nicht geglaubt, daß er eine finden würde, die er lieben könnte: Liebe, das war etwas fürs Kino und für Country-Songs, für Frauen oder Schwule.

Dennoch hatte er sich verliebt. Vor drei Jahren war er ihr in Pendleton begegnet, wo er einen Kurs besuchte, der für seine Beförderung zum Gunnery Sergeant erforderlich war. Sie unterrichtete Grammatik und sah, daß er zwar grob und ungeschliffen war, aber sich beim Lernen Mühe gab. Sie war scheu, nicht sonderlich schön, einunddreißig Jahre alt, und dennoch sah er in ihr eine Liebe, ein Vertrauen und einen Anstand, wie er sie niemals für möglich gehalten hatte. Für sie war er eine Flucht vor der Langeweile und den einsamen Nächten zu Hause gewesen, wo sie sich das belanglose Gerede und die nervtötenden Sticheleien ihrer Mutter hatte anhö-

ren müssen, bis sie sich schließlich fragte, ob es denn niemals einen Mann in ihrem Leben geben würde.

Als sie heirateten, verwandelte sich seine ausschweifende, aggressive Sexualität in Zärtlichkeit, und sie wurde ihm alles. Neun Monate waren sie verheiratet gewesen, als er nach Vietnam geschickt wurde.

Er sprach nicht über sie, weil er das Schicksal nicht herausfordern wollte – er fürchtete nicht so sehr die Eifersucht der Götter als vielmehr ihre Boshaftigkeit.

Er zuckte die Achseln. »Sie ist eine Frau zum Heiraten – wenn Sie ein paar gehabt haben, Lieutenant, werden Sie wissen, was ich meine.«

»Und warum haben Sie keine Kinder?«

»Weil sie am Ende vielleicht so werden wie diese Arschlöcher hier.«

»Hat Ihre Frau geweint, als Sie wegmußten?«

Brock lächelte. »O ja, und wie. Sie hat immer wieder gesagt: ›Ich seh dich nie mehr wieder, ich seh dich nie mehr wieder.‹«

»Da hat sie wahrscheinlich recht gehabt.«

Brock grinste hämisch. »Machen Sie sich keine Sorgen. Haben Sie eine, die auf Sie wartet, ich meine, außer Ihrer Mami?«

»Jede Menge, Gunny. Hab ich Ihnen schon von der Frau erzählt, die ich in Washington aufgelesen habe. Ich war auf Urlaub und ...«

»Ich will Ihre Märchen über Ihre Fickabenteuer nicht hören, Lieutenant«, wehrte Brock ab, dann hörte er die drei Männer am Bunkereingang und rief: »Bleibt oben! Ich hab keine Lust, daß ihr mir meinen Bunker versaut.«

Er griff nach seinem Gewehr, setzte seinen uralten Helm auf und stieg die Leiter hinauf. Bishop folgte ihm.

Brock überprüfte Coneys, Frizzells und Sutherlands Ausrüstung, dann führte er sie stumm wie Mulis den Hang hinunter.

Fröstelnd steckte Bishop die Hände in die Hosentaschen und starrte ihnen nach, bis sie im Nebel verschwunden waren. Er legte den Kopf schief und versuchte sich vorzustellen, was geschehen würde, aber kein Vorzeichen drang durch die Morgenstille. Er warf noch einen Blick auf den Höhenzug, dann stieg er die Leiter hinunter.

In einer Ecke kauerte Landis neben dem Funkgerät und kämpfte mit dem Schlaf. Er gähnte, strich sich die Haare aus den Augen und

erledigte seinen Routinedurchruf an sämtliche Posten; dann lehnte er sich gegen die Sandsäcke und dachte wieder an das Auto, das er kaufen wollte, wenn er wieder zu Hause war. Damit vertrieb er sich die Zeit; er überlegte ausgiebig, welche Marke, Farbe und Innenausstattung er haben wollte. Manchmal versuchte er sich vorzustellen, was er tun würde, wenn er den Wagen tatsächlich hatte, aber interessante Aussichten fand er keine. Irgend etwas würde er schon tun, für den Augenblick reichte ihm das Auto.

Er gähnte nochmals und legte den Kopf auf seine Knie.

Bishop betrachtete ihn von der Leiter aus. Landis machte eine Faust und rieb sich die Augen, dann sank der Kopf zurück. Neben Brock kannte Bishop seinen Funker noch am besten, aber die Kluft zwischen ihnen war doch groß.

Bishop ging zu ihm hinüber und blieb vor ihm stehen. »Landis?«

Der Kopf hob sich.

Im Bunker war es bedrückend still, und Bishops Worte hingen in der stickigen Luft. »Wie alt sind Sie?«

»Achtzehn, Sir.«

»Haben Sie ein Mädchen, das auf Sie wartet?«

»Ja, Sir.«

Bishop nickte. Er wollte nach ihr fragen, aber er hatte keine Lust, etwas zu hören.

»Ich lege mich eine Weile hin«, sagte er.

»Ich weck Sie, wenn was los ist, Sir.«

»Schlafen Sie nicht ein!«

Landis war beleidigt. »Ich schlafe nicht ein, das wissen Sie doch, Lieutenant.«

»Ja, ich weiß.«

Landis zog sich den Poncho über. »Ich hab gerade an meinen Wagen gedacht.«

Bishop ließ sich auf seinen Schlafsack fallen. »Was für einer ist es?«

»Also, ich hab ihn noch nicht. Ich denk noch nach, was für einer es sein soll. Was für einen Wagen haben Sie denn, Lieutenant?«

Bishop sah in das gespannte Gesicht, dann schloß er die Augen und legte sich zurück. »Ich hab meinen verkauft, bevor ich hierher kam.«

Landis nickte feierlich. »Ist 'ne große Sache, einen Wagen zu kaufen. Ich muß 'ne Menge drüber nachdenken.«

Bishops Stimme hallte durch den Bunker, und die Worte aus seinem Mund schienen gar nicht von ihm zu stammen. »Ja, das ist sehr wichtig.«

Am Sperrzaun kauerten die vier Männer nieder und horchten eine Weile, dann zeigte Brock auf Sutherland. »Du übernimmst die Spitze.«

»Du willst wohl unbedingt, daß ich krepiere, was?«

Brock zuckte die Achseln. »Besser du als ich.«

Sutherlands Körper straffte sich, ein Schauer der Erregung durchlief ihn. Alle seine Sinne richteten sich in die Dunkelheit, schalteten jeden Gedanken aus, der nichts mit dem Gelände und dem Feind zu tun hatte; dann sprang er leichtfüßig über den Drahtverhau. Geduckt schlich er zu der Stelle, wo am Abend zuvor das Leuchtfeuer ausgelöst worden war, und stieß auf die Fußspuren von vier Leuten.

Er zeigte sie Brock, folgte ihnen und führte die übrigen in das Niemandsland, wie sie das offene Gelände zwischen dem Hügel und dem Höhenzug nannten, eine anderthalb Kilometer breite, entlaubte und von Granattrichtern übersäte Mondlandschaft.

Kaum fünfhundert Meter vom Draht entfernt stieß Sutherland auf weitere Fußspuren, die von dem Höhenzug zu kommen schienen, aber direkt nach Osten führten und großen Abstand zum Hügel hielten. Er kniete sich mitten auf den Pfad und winkte Brock zu sich.

Coney und Frizzell sicherten sie seitwärts, während die beiden die Fußspuren untersuchten.

»Wie viele?« fragte Brock.

»Ich weiß nicht genau. Vielleicht fünfunddreißig oder vierzig.«

»Du hast gestern abend nur drei gesehen.«

»Die hier führen nicht zum Hügel, die führen drumherum.«

Brock stand auf. Damit hatte er nicht gerechnet, weil hinter ihnen Khe Sanh lag – aber Khe Sanh war fast fünf Kilometer entfernt, viel zu weit für eine schnelle Reaktion auf einen Überraschungsangriff mitten in der Nacht.

»Und sieh dir das hier an!« sagte Sutherland und zeigte auf tiefere Fußabdrücke. »Die haben schwere Ausrüstung getragen – Granatwerfer, Maschinengewehre, Munition.«

Er huschte davon, um das Gelände weiter nördlich zu untersu-

chen, und überließ Brock sich selbst, kam aber einen Augenblick später zurück und führte Brock zu einem weiteren Pfad.

»Da sind noch mal dreißig oder vierzig. Das wimmelt nur so von diesen Scheißkerlen. Wir müssen hier verschwinden.«

Brock kniete sich neben ihn. »Wie alt sind die Spuren?«

»Ein paar Stunden. Sie müssen gestern abend hier durchgekommen sein. Und wer weiß, wie viele schon davor eingedrungen sind – die Spuren halten sich hier höchstens einen Tag. Gunny, die haben hundert Mann hinter uns stehen. Die laufen jede Nacht um uns herum. Diese Angriffe sollen uns nur ablenken.«

Brock wußte, daß Sutherland recht hatte. Er stand auf und kämpfte die Angst nieder, die in ihm aufstieg. »Komm weiter!«

Sutherland rührte sich nicht von der Stelle. »Wohin?«

»Zum Höhenzug.«

»Bist du verrückt?«

»Wir müssen. Anders erfahren wir nie, was da los ist.«

Sutherland explodierte. »Bist du nicht ganz dicht? Das ist ein verfluchter Bereitstellungsraum da oben – ich hab nicht vor, tausend Gooks in die Arme zu laufen. Wir müssen hier verschwinden. Die haben überall Horchposten. Und was ist mit den Spuren? Da sind über hundert Gooks hinter dem Hügel.«

Brock erwiderte kühl: »Du hast es wohl immer noch nicht kapiert, Sutherland – wir haben hier einen Job zu erledigen, und es ist ganz egal, ob dir das nicht gefällt oder ob du Schiß hast. Ich habe gesagt, wir gehen. Also los!«

Sie standen sich gegenüber und funkelten sich gegenseitig an. Langsam wandte Sutherland sich dem Höhenzug zu. Er suchte ihn mit den Augen ab, versuchte die Gefahr zu spüren. Er tastete nach dem Amulett auf seiner Brust, wog es gegen den Tod. Seine Augen zogen sich zusammen, suchten nach dem Tod auf dem nebelverhangenen Höhenzug.

Er wandte sich Brock zu. »Also gut«, sagte er. »Ich komme durch, aber ich hoffe, daß du draufgehst.«

»Keine Chance. Los jetzt!«

Coney und Frizzell schlossen auf, und die vier machten sich auf den Weg durch das verwüstete Gelände, das den Hügel von dem Höhenzug trennte. Sutherland, der die Spitze übernommen hatte, nutzte den Nebel, um die Patrouille zu einer kleinen Kuppe ein paar hundert Meter vor dem Höhenzug zu führen.

Brock lag auf dem Bauch und beobachtete das Gelände hinter ihnen. Der Hügel ragte wie eine Insel aus einem geisterhaften Meer hervor. Nebel hüllte ihn ein, und fast hätte man erwartet, einen alten Schoner aus dem Dunst auftauchen zu sehen.

Wo jetzt nur noch verwüstetes Land war, hatten einmal Regenwälder gestanden; Entlaubungsmittel, Bomben und Granaten hatten alles vernichtet. Kilometerweit in alle Richtungen und entlang der gesamten entmilitarisierten Zone war das Land zerstört und entstellt; es sah aus, als wäre man auf einem toten, feindseligen Planeten.

Hinter sich sah Brock den Hügel, frei und vorgerückt, eine einsame Festung über der verwüsteten Ebene.

Vor ihm lag der Höhenzug, ein felsiges Vorgebirge, das von Gestrüpp und Buschwerk und zersplitterten, verkohlten Baumstämmen bedeckt war.

Plötzlich hob Frizzell neben ihm das Gewehr an die Schulter und ging in Feuerstellung.

Brock folgte dem Lauf und entdeckte auf dem Höhenzug einen feindlichen Soldaten, der zum Hügel hinüberschaute.

Frizzell fixierte die Gestalt, dann ließ er das Bild verschwimmen, bis er nur noch den Zielkreis an der Spitze des Laufs auf der Brust des Mannes sah. Sein Arm war ruhig, als er das Gewehr entsicherte und den Abzug bis zum Druckpunkt durchzog, wie er es Tausende Male auf dem Schießstand geübt hatte. Sein Verstand war vollständig auf den Vorgang konzentriert; ihm wurde gar nicht bewußt, daß es ein Mensch war, den er im Visier hatte – er sah nur die unscharfe kleine Spitze in der Mitte des Zielkreises. Die Mechanik des Zielens nahm ihn völlig gefangen, und er konzentrierte sich auf den Druckpunkt.

Fasziniert beobachtete Brock das Geschehen, das ihm wie eine Demonstration aus dem Lehrbuch für Scharfschützen erschien; dann sah er zu dem Mann hinüber, der unerwartet aufgetaucht war und nun nur noch Sekunden zu leben hatte; aber plötzlich verschwand der Mann aus dem Blickfeld.

Enttäuscht ließ Frizzell das Gewehr sinken.

Brock winkte die anderen zu sich und zeigte auf den Höhenzug. In zwei Gruppen, die abwechselnd vorgingen und sich wechselseitig Feuerschutz gaben, arbeiteten sie sich bis zum Fuß des Höhenzuges vor und drangen in das Buschwerk ein.

Brock kroch alleine den Abhang hinauf, dann gab er den anderen Zeichen, nachzukommen.

Die vier trafen auf dem Kamm zusammen. Vor ihnen lag eine Lichtung mit einem großen, fast fertig ausgebauten Bunkerkomplex und zwei Granatwerferstellungen.

Brock kroch auf die Lichtung und kauerte sich neben den Granatwerferstellungen auf den Boden. Die Ausrichtpfähle wiesen in Richtung Hügel.

Noch nie war der Feind so nahe herangekommen. Noch zwei Nächte und der Bunkerkomplex wäre fertig; dann hätte die Stellung sogar einem direkten Luftangriff standhalten können. Und da der Feind auch im Rücken stand, wäre der Hügel dann vollständig abgeschnitten.

Sutherland glitt neben ihn. »Die sind hier überall. Machen wir, daß wir wegkommen!« flüsterte er.

»Niemand ist hier«, erwiderte Brock. »Sie arbeiten noch an den Bunkern – sie würden es nicht wagen, sich tagsüber sehen zu lassen.«

»Und was ist mit dem Gook von eben. Hast du den vergessen, du blöder *old lifer*?« höhnte Sutherland.

Brock grinste boshaft. »Ich bin schon mit härteren Typen fertiggeworden als dir, Sutherland. Wir bleiben.« Er winkte Coney und Frizzell zu sich. »Werft die Zielpfähle um und vermint die Bunker! Wir können das hier nicht so lassen.«

»Was ist mit dem Gook?« drängte Sutherland.

»Der schläft. Oder er ist abgehauen. Die haben auch Feiglinge. Ich erkenne sie sofort, wenn ich einen sehe – der da eben sah genauso aus wie du, Sutherland. Also los jetzt!«

»Irgendwann bring ich diesen Wichser um«, sagte Sutherland zu Coney.

Zwei Stunden lang arbeiteten sie auf der Lichtung, zerstörten die Granatwerferstellungen und verminten die Bunker mit Handgranaten.

Als sie fertig waren, zeigte Brock nach Norden, weiter den Hang hinauf.

»Kommt nicht in Frage«, sagte Sutherland; der Griff, mit dem er sein Gewehr hielt, war von bedrohlicher Festigkeit.

Coney und Frizzell zogen sich instinktiv zurück und beobachteten die Konfrontation zwischen Brock und Sutherland.

Brock trat so nah an Sutherland heran, daß ihre Gesichter sich fast berührten. »Du hast es immer noch nicht kapiert, Sutherland – das ist unser Job. Ich habe gesagt, wir gehen weiter.«

Kein Abstand war mehr zwischen ihnen, sie waren sich so nahe wie Liebende. Keiner rührte sich, und ihre Blicke bohrten sich ineinander. So zwanglos, daß der Gedanke gar nicht erst aufkam, es könne eine Spur von Angst oder Einschüchterung in dieser Bewegung liegen, wandte Sutherland sich ab und hob den Kopf, als suche er nach einer Witterung in der Luft. Dann drehte er sich wieder zu Brock, seine Lippen berührten fast die seines Gegenüber.

»Okay, diesmal noch, du Wichser«, und er machte sich auf den Weg. Seine Bewegungen waren so glatt und geschmeidig, daß er mit dem Gelände zu verschmelzen schien, wie Wasser, das sich seinen Weg über den Boden sucht.

Die anderen schwärmten aus und folgten ihm. Sie kamen schnell voran, untersuchten Bunker und verborgene Tunnel.

Dann überquerte Sutherland mit erstaunlicher Geschwindigkeit und Selbstsicherheit eine Lichtung und ließ sich auf der anderen Seite in das Buschwerk fallen. Sein Körper war schweißbedeckt, aber er zitterte, als seine eigene Wärme mit der Luft in Berührung kam. Adrenalin kreiste wild in seinen Adern, seine Erregung war mehr als sexuell – sie war reine Wildheit: Dschungel und Tier verbanden sich darin.

Er hatte den Rand der gegnerischen Hauptstellung erreicht, das wußte er. Der Feind, Beute und Jäger zugleich, stand jenseits der Bäume. Instinktiv griff er nach seinem Amulett; er strich heftig über den Granatsplitter, dann schloß er die Hand so fest darum, daß sie jedes Gefühl verlor. Dennoch strömte ihm eine Welle von Kraft daraus zu.

Ein einziger Fehler, ein falscher Schritt, und eine Kugel würde seinen Kopf zum Bersten bringen. Vor einem Kopfschuß hatte er die größte Angst – ein herausgerissenes Auge, das Gehirn in den Dreck verspritzt, eine irreparable Entstellung, so daß man seinen Sarg geschlossen halten mußte.

Er starrte in das Gewirr der Bäume. Und da war er, sein Sarg. Er sah ihn deutlich, und er sah sich selbst darin, der graue Metalldekkel senkte sich herab und schloß ihn für immer ein, mit neunzehn Jahren, gefangen und versiegelt.

Er schloß die Augen. Als er sie wieder öffnete, war der Sarg

verschwunden. Er würde durchkommen, er wußte es. Er würde keinen Fehler machen. Sein Atem ging schneller, und seine Haut begann zu prickeln. Seine Augen zogen sich zusammen, sein ganzer Körper wurde fest. Die Angst war verschwunden; an ihre Stelle, als flösse er ihm aus der Waffe in seinen Händen zu, war ein uralter Jagdtrieb getreten. Alles erschien ihm vertraut jetzt; es war, als wäre er immer schon hier gewesen.

Brock, der neben ihm lag, bemerkte die Verwandlung; er hatte sie schon oft gesehen, wenn ein Mann die Schwelle vom Denken zum reinen Fühlen überschritt. Etwas ganz und gar Animalisches – das Zusammenkrampfen vor dem Orgasmus, der irre Blick des Mordens, stoßende Lenden, zuschlagende Fäuste – die Raserei des Fickens und des Tötens.

Gerade als Sutherland aufspringen wollte, griff Brock nach ihm. Er warf sich auf ihn und drückte ihn zu Boden. Sutherland wehrte sich heftig, Wildheit in den Augen, aber Brock preßte ihm mit dem Arm die Kehle zu, bis Sutherland zusammensackte.

Als Sutherland wieder zu Atem kam, zeigte Brock auf die Bäume.

Zuerst sah Sutherland nichts, so gut waren die Minen getarnt. Sie hingen versteckt in den Zweigen; man hatte sie so aufgereiht, daß sie einen Mann in Bauchhöhe zerfetzen mußten. Er hatte nicht auf die Bäume gesehen, sondern den Boden nach Stolperdrähten abgesucht. Es waren keine Drähte zu sehen; diese Minen wurden durch Berührung ausgelöst.

Er rollte sich auf den Rücken. Plötzlich konnte er nicht mehr atmen, und er preßte die Hände gegen die Seiten; er dachte, er würde gleich ohnmächtig – so nahe war er dem Tod noch nie gewesen, und er hatte es nicht einmal gewußt.

Auf dem Rücken liegend blickte Sutherland ergeben zu Brock auf. Er hätte jetzt tot sein können. Am liebsten hätte er Brock umarmt.

»Du schuldest mir was, du Arschloch«, sagte Brock ungerührt. Dann reichte er Sutherland das Gewehr. »Wir müssen weiter.«

Frizzell übernahm die Spitze und führte sie den Hang hinunter, dann quer über das offene Gelände zum Hügel zurück.

Als sie die Außenstellungen erreichten, ließ Brock Frizzell und Coney weitergehen. »Ich muß mit dir reden«, sagte er zu Sutherland.

Brock wartete, bis sie allein waren, dann sagte er beinahe väter-

lich: »Du darfst das nicht so schwer nehmen, was da draußen passiert ist. Das kommt nun mal so. Es hätte jedem passieren können.«

»Ich hätte dabei draufgehen können«, erwiderte Sutherland immer noch erregt. »Ich wäre jetzt tot, wenn du mich nicht zurückgehalten hättest. Woher hast du das gewußt?«

»Wie du gesagt hast, ich bin ein *old lifer*. Ich bin schon lange dabei. Du warst so sehr damit beschäftigt, nach unten zu sehen, daß du vergessen hast, auch oben zu suchen. Du mußt deine Augen überall haben, Sutherland.«

Sutherland wand sich, er war es nicht gewohnt, Dankbarkeit zu zeigen. »Du hast recht, ich schulde dir was. Danke.«

»Sieh mal, wir sind hier füreinander da. Niemand schafft es allein in diesem Scheißloch. Das mußt du noch lernen. Es ist keine Schande, einen Fehler zu machen oder sich helfen zu lassen. Ich war nicht mal so alt wie du, als ich nach Korea ging, und ich lebe immer noch. Du bist fast genauso wie ich damals. Du bist gut, das meine ich ernst, und darum will ich nicht, daß du das zu schwer nimmst. Du darfst auch nicht zu vorsichtig werden – das ist genauso gefährlich. Vertrau deinem Instinkt! Aber achte darauf, daß du auch hochguckst und nicht nur nach unten! Okay?«

Sutherland nickte dankbar.

Brock streckte ihm die Hand entgegen.

Sutherland lächelte, doch als er die Hand ergreifen wollte, rammte Brock ihm die Faust in den Magen, daß Sutherland sich krümmte, dann warf er ihn auf den Rücken, daß er ausgestreckt auf dem Sand lag. Brock stieß ihm den Gewehrkolben gegen die Kehle und stellte einen Fuß auf Sutherlands Geschlecht. Gleichzeitig verstärkte er den Druck des Kolbens und den seines Stiefels.

»Sag nicht noch mal Wichser zu mir!« fauchte er. »Und sag auch nicht Brock! In Zukunft sagst du Gunnery Sergeant, verstanden? Nächstes Mal tret ich deine Eier zu Brei.« Er trat noch etwas stärker zu, dann ließ er von ihm ab und ging weg. Sutherland blieb im Sand liegen, preßte die Hände gegen den Bauch und wand sich stöhnend.

Im Bunker berichtete Brock Bishop, was sie entdeckt hatten.

»Sie gehen jetzt ans Funkgerät, Lieutenant, und sagen denen, was auf dem Höhenzug und hinter uns los ist, und dann sagen Sie denen, daß wir hier raus wollen. Wir wollen sofort raus. Ich verarsche Sie

nicht, Lieutenant – wir haben keine Chance gegen das da draußen. Ich habe nicht vor, für diesen beschissenen Hügel zu sterben, und ich bin auch nicht so blöd, hier den Köder zu spielen.«

»Schon gut, Gunny. Ich rufe an.«

»Auf dem Höhenzug wimmelt es von diesen Bastarden. Sie haben Bunker und Granatwerferstellungen und 'ne beschissene Autobahn, auf der sie uns umgehen. Ich bin kein Feigling, aber ich bin fünfunddreißig, und ich hab eine Frau, und in zwei Jahren kann ich Schluß machen, dann bin ich zwanzig Jahre dabei. Ich hab 'ne Menge, wofür ich leben kann, und ich habe nicht vor, das alles wegzuwerfen für diesen Scheißhügel, oder weil irgend jemand zu blöde oder zu feige ist, das Richtige zu tun.«

»Ist ja gut, Gunny, ich hab doch gesagt, ich rufe an.«

Aber Brock ließ nicht locker. »Sie müssen das denen klarmachen, Lieutenant. Die bringen uns um, wenn sie uns hierlassen. Und das machen die nicht, wenn sie das wissen.«

»Ich weiß nicht, Gunny«, erwiderte Bishop ruhig. »Vielleicht ist es nicht so einfach.«

»Das ist so einfach, Lieutenant. Wir krepieren, wenn die uns nicht rausholen.«

»Aber Khe Sanh ...«

»Ich scheiß auf Khe Sanh. Das ist ein Hügel wie der hier, nur ein bißchen größer. Das ist Boden. Dreck. Wir sind Menschen. Menschen sollten nicht für nichts sterben. Ein Mann sollte für was Wichtigeres sterben ... für seine Kinder. Seine Frau.« Und er fügte leise hinzu: »Füreinander.«

Bishop nahm über das Feldfunkgerät Kontakt zum Kompaniechef auf. Er beschrieb die feindlichen Angriffsvorbereitungen, die Infiltrationspfade und bat darum, daß der Vorposten unverzüglich geräumt würde.

Der Kompaniechef stellte mehrere Fragen, dann sagte er, daß er die Bitte an das Bataillon weitergeben werde.

Bishop legte den Hörer auf und starrte auf die Sandsäcke.

»Die lassen uns nicht hier«, sagte Brock zuversichtlich. »Das können sie nicht.«

Bishop stieg die Leiter hinauf. Das grelle Licht der Mittagssonne auf dem Sand hypnotisierte ihn. Den Höhenzug in der Ferne konnte er kaum erkennen, nur einen schwachen Schimmer am Horizont.

Hinter ihm, außer Sichtweite, lag Khe Sanh.

Und dazwischen und rund herum der Feind.

Dann sah er Sutherland vom Hang her zu seiner Stellung humpeln. Coney und Frizzell kamen heraus und halfen ihm. Sie sprachen miteinander, Sutherland gestikulierte in Richtung Bunker. Als sie Bishop bemerkten, sahen sie rasch weg und gingen weiter.

Während Bishop noch Ausschau hielt, kletterte Brock aus dem Bunker. Er sah verstört aus, fast verwirrt, und hielt ein Stück Papier in der Hand.

»Sie haben nein gesagt«, murmelte er. »Der CO hat grade angerufen. Ich soll Ihnen sagen, daß die Bitte abgelehnt worden ist. Er will, daß Sie den Feind aufhalten.«

Brock sah ihn verständnislos an. »Er sagt, das Bataillon hat keine Hinweise auf feindliche Truppenbewegungen. Ich hab denen die Hinweise doch gegeben – was wollen die denn noch haben, Namen und Adressen vielleicht?«

Bishop antwortete besänftigend, als spräche er mit einem Kind: »Wir sehen nur unser kleines Teilstück, den Hügel und den Höhenzug da drüben – die müssen an das ganze Operationsgebiet denken, und das ist viel größer als unser Bereich.«

»Verschonen Sie mich mit diesem Scheiß, Lieutenant!« entgegnete Brock verächtlich. »Die Spuren sind da draußen, und da drüben ist alles voll von Bunkern und Tunneln. Wir gehen drauf, wenn wir hier nicht rauskommen.«

Er bemerkte Sutherland, der wieder zu ihnen herschaute.

»Sie können die Männer auch zu weit treiben, Lieutenant. Viel weiter können wir nicht.«

»Sprechen Sie von denen oder von sich selbst, Gunny?«

»Von allen. Wenn man an die Grenze zwischen Leben und Tod kommt – wenn ein Mann weiß, daß sie da vor ihm, gleich da im Dreck verläuft, und Sie sagen ihm, er soll rüber ...«

Bishop wartete; er sah Brock auf Sutherland starren, dann fragte er: »Was dann, Gunny?«

Brock sah ihm unverwandt in die Augen. »Wenn Sie jemandem sagen, er soll die Grenze überschreiten, dann haben Sie selbst diese Grenze erreicht, Lieutenant – und es kann gut sein, daß der andere sich sagt, er will da nicht rüber und statt dessen Sie rüberschickt.«

»Sprechen Sie von der Tötung eines Vorgesetzten, Gunny?«

Brock schüttelte den Kopf. »Ich spreche von den Dingen, über die wir schon mal geredet haben, Lieutenant.«

Und feierlich setzte er hinzu: »Es ist nicht richtig, daß die uns sagen, wir sollen hierbleiben – es ist falsch. Die sind nicht tapfer, die verlangen nur von uns, daß wir tapfer sind. Das ist wie mit diesen Scheißpolitikern in Washington, die gleich bereit sind, die Marines loszuschicken. Das ist so einfach.«

Er sprach gequält, als wäre er von Menschen betrogen worden, denen er vertraut hatte. »Das ist falsch. Ich tue, was sie sagen. Ich bin nur ein Gunnery Sergeant, und ich mache meine Arbeit, aber die wollen, daß wir für nichts krepieren.«

Bishop lächelte und boxte ihn spielerisch gegen den Oberarm. »Das ist mir viel zu philosophisch, Gunny. Ich bin nur ein einfacher Marine, der kämpfen und ficken will – genau wie John Wayne im Kino: seine Pflicht tun, im Sturmangriff den Hügel rauf oder mit dem Rücken zur Wand.«

Brock spuckte aus. »Den Film hab ich gesehen – *Alamo*.«

18

Als Mead aufwachte, spürte er Sungs Körper eng an seinen geschmiegt. Die Berührung, ihr weiches Fleisch, ließ ihn aufseufzen, und er zog sie enger an sich, zerdrückte sie fast an seiner Brust.

Sung reagierte nicht; sie lag reglos da, mit geschlossenen Augen, und wartete.

Sein erigiertes Glied drückte gegen ihren Leib; es schmerzte vor Begierde, aber als er sich auf sie rollte und ihr Gesicht sah – sie biß sich mit den Zähnen auf die Unterlippe –, da ließ er von ihr ab und legte sich wieder neben sie.

Sie öffnete die Augen, drückte sich an ihn, griff nach seinem Glied und begann, es behutsam zu reiben. Er wollte sich ihr entziehen, aber das Gefühl ihrer Hand an seinem Geschlecht war überwältigend, so daß sein Unterleib sich unwillkürlich in Bewegung setzte. Sie legte auch die andere Hand um sein Glied und drückte kräftig zu.

»Mein Gott«, stöhnte er, drückte sie an sich und stieß kräftig zu, bis es ihm kam. Sein Unterleib pumpte weiter, bis ein zweiter Schauer ihn durchlief und er schließlich zur Ruhe kam.

Er rollte sich auf den Rücken und zog sie an sich. »Danke«, sagte er. »Aber das brauchst du nicht zu machen. Du brauchst gar nichts zu machen. Darum hab ich dich nicht hergebracht.«

Sie lag regungslos neben ihm.

»Bist du in Ordnung?« fragte er. Er wandte sich ihr zu, dann stützte er sich auf einen Ellenbogen und sah ihr ins Gesicht.

»Sieh mich an!« sagte er.

Sie versuchte, die Augen geschlossen zu halten, aber schließlich blickte sie ihn an.

Rasch wandte er sich ab, denn in ihren Augen fand er nichts als Schrecken.

Er sah auf seinen erschlafften Schwanz, und dann sah er ihre Hände; sie hielten nicht mehr sein Glied, aber dennoch waren sie fest zusammengepreßt, und Sperma tropfte herab. Abscheu vor sich selbst überkam ihn. »Es tut mir leid«, sagte er und setzte sich auf. Er nahm ihre Hände und massierte sie, bis sie sich entspannten.

»Ich werde dir nie mehr weh tun.« Dann sah er zu ihr hinunter, in ihre Augen, und streichelte ihr über die Wange. »Mach das nicht noch mal!« sagte er sanft. »Du darfst nichts machen, was du nicht willst.«

Dann sprang er auf und ging zu der Einkaufstüte, die in der Ecke stand. Er holte den Karton mit der Puppe heraus und setzte sich im Schneidersitz neben Sung auf den Schlafsack.

»Ich hab was für dich«, sagte er und reichte ihr den Karton.

Sie blickte ihn verständnislos an.

»Das ist für dich«, wiederholte er, nahm die Puppe heraus und gab sie ihr in die Hand. »Cinderella, glaub ich. Hast du schon mal von ihr gehört? Sie war eine Prinzessin, und irgendwas ist ihr passiert. Sie ist eingeschlafen, und ein Prinz hat sie geküßt.«

Er schüttelte den Kopf. »Nein, das ist nicht richtig. Das war eine andere. Schneewittchen. Ja genau, Schneewittchen. Ich bringe das alles durcheinander. Cinderella war die mit den Schwestern und den gläsernen Schuhen, und dann waren da noch Mäuse. Jetzt fällt es mir wieder ein. Gus Gus hatte ich am liebsten, das war so eine kleine fette. Und da war noch ein Tanz und der Kürbis.«

Er war erregt und glücklich, weil er sich erinnerte. »Und sie hat einen Schuh beim Tanzen verloren, weil sie früh wegmußte, aber der Prinz hat sie natürlich gefunden, und wenn sie nicht gestorben sind, dann leben sie noch heute.«

Dann kam er sich plötzlich dumm vor, wie er da nackt auf dem Schlafsack saß und Märchen erzählte. »Jedenfalls, das war Cinderella.« Er zuckte die Achseln. »Deine Puppe ist schon ziemlich schäbig, da habe ich gedacht... vielleicht magst du eine andere, schönere.«

Sie blickte ihn lange an, nicht mehr mit Angst, aber immer noch mit Besorgnis. Sie sah auf die Puppe, zupfte vorsichtig an dem seidenen Kleidchen und berührte die winzigen durchsichtigen Schühchen an den Füßen der Puppe; dann blickte sie ihn wieder an.

Sie öffnete den Mund, aber es kam kein Laut. Sie befeuchtete ihre Lippen mit der Zunge und schluckte. »Danke«, flüsterte sie.

»Sie hat auch eine Krone«, sagte er und zeigte linkisch darauf, »aber ich glaube nicht, daß die Juwelen echt sind.«

Sie sah nicht hin, sondern hielt die Augen auf ihn gerichtet, und ihm wurde zunehmend unwohl unter ihrem Blick.

»Geht es dir gut?« fragte er. »Es wird noch eine Weile weh tun, aber fühlst du dich besser?«

»Ja«, sagte sie, immer noch flüsternd, das Wort schmerzte in ihrer Kehle.

»Schaffst du es? Es ist wirklich hart, ich weiß das. Ich hab auch mal gefixt, aber ich war nie süchtig. Das war sicher, weil es leichter zu ertragen war mit dem Zeug, oder? Aber jetzt brauchst du das nicht mehr. Aber falls doch, ich meine, wenn du's wirklich brauchst, dann sagst du es mir, ja? Wenn du es wirklich brauchst, besorg ich dir was. Wenn du es machen mußt, dann sag es mir! Das ist schon in Ordnung. Ich weiß, wie weh das manchmal tut. Sag es mir, damit ich dir helfen kann.«

Sie nickte, erwiderte aber nichts.

»Bestimmt hast du Hunger. Ich bring dir heute abend was mit, aber ich gebe Han etwas Geld, damit sie dir gleich was besorgt.«

Er zupfte an ihrer zerrissenen Bluse. »Ich kauf dir auch was zum Anziehen.« Dann fiel ihm der Kampf ein, den er im PX hatte bestehen müssen. »Ich geb dir einfach etwas Geld, dann kannst du die Sachen selbst kaufen.«

Er sah auf die Uhr; es war Viertel vor sieben. »Ich muß los«, sagte er. »Soll ich dir noch irgendwas besorgen, bevor ich gehe?«

Sie schüttelte den Kopf.

Er ging zu seinen Kleidern und zog sich an. Als er fertig war, blieb er einen Augenblick unschlüssig stehen; er wollte nicht weg, aber er wußte nicht, was er sagen sollte.

»Also, ich muß jetzt los«, sagte er von der Tür her. Sie sah nicht auf, sondern starrte nur auf die Puppe in ihren Händen.

Als er an Hans Tür klopfte, rief Bill Catton: »Herein!«

Catton zog sich gerade die Stiefel an; er zeigte voller Abscheu auf Han, die an einem mit unzähligen Silberpapierchen übersäten Tisch saß.

»Warum hast du ihr diese Scheißpralinen gegeben?«

Han sah nicht gut aus. Sie lächelte gequält und stand auf. »Ich seh nach Sung«, sagte sie.

»Das hab ich nur gemacht, weil sie Sung hilft.«

»Weiß ich – ist ja auch kein Problem. Aber nächstes Mal kaufst du ihr nicht gleich fünf Schachteln. Die halbe Nacht war sie wach und hat mir die Ohren vollgestöhnt. Ich hab kein Auge zugetan, und die nächsten drei Tage hab ich Dienst.«

»Es geht ihr doch gut, oder?«

Catton war mit dem Anziehen fertig und griff nach dem Gewehr. »Ja, ja. Sie ist das nur nicht gewöhnt. Vielleicht kann dieser Gook-Doktor ihr helfen.«

»Welcher Gook-Doktor?«

»Der kleine Gook, der gestern bei Sung war. Han sagt, er war ein Doktor, aber er sah eher aus wie 'ne Leiche.« Er prüfte den Sitz seiner Uniform im Spiegel und drehte sich um. »Fertig? Sollen wir zusammen ein Taxi nehmen, oder fährst du nicht zur Botschaft?«

Mead legte ihm die Hand auf die Schulter und hielt ihn fest. »Einen Augenblick! Was war mit dem Gook?«

»Hab ich doch schon gesagt. Ein Gook – ein ganz gewöhnlicher, kleiner, alter, häßlicher Gook. Er war gestern morgen bei Sung. Ich habe Han gesucht. Sie war bei Sung, und dieser Gook war auch da. Han hat gesagt, er war ein Doktor – oder mehr so was wie ein Medizinmann. Er hat Sung was gegeben – Tee, glaube ich.«

»Hast du gesehen, daß er ihr Tee gegeben hat?«

»Nein, Mann, ich hab gar nichts gesehen. Ich hab nicht mal den Gook richtig gesehen. Ich hatte wahnsinnige Kopfschmerzen.« Catton schüttelte den Kopf und lächelte angesichts der Erinnerung. »Du hättest dabei sein sollen an dem Abend. So was Lustiges hab ich noch nicht erlebt. Taggart war richtig übergeschnappt. Wir wollten zu 'nem Puff in Cholon, und Taggart ...«

Er prustete vor Lachen, aber Mead stieß ihn ärgerlich zurück, so daß er gegen die Wand fiel.

»Ich will endlich wissen, was mit diesem Gook war.«

Catton wurde wütend; bei jedem anderen hätte er zurückgeschlagen, aber der lodernde Zorn in Meads Augen hielt ihn ab.

»Ron, ich hab's doch schon gesagt, ich kann mich nicht an viel erinnern. Wir waren alle sternhagelvoll an dem Abend. Ich war fast blind, als ich aufgewacht bin. Ich bin los, um Han zu suchen. Und da war ein alter Gook bei ihnen. Er saß oder kniete bei Sung – das ist alles, woran ich mich erinnern kann. Han hat mir gesagt, daß er ihr hilft. Was ist denn dabei? Er hat ihr nichts getan.«

Es mußte der Vietnamese gewesen sein, den er gestern morgen vor dem Haus getroffen hatte, das war Mead klar. Er war kein Arzt oder Medizinmann. Aber was wollte er von Sung? Immerhin ging es ihr besser, das war schon richtig. Hatte Han wirklich jemanden geholt, der Sung helfen sollte? Han würde ihm das niemals sagen, und Sung

konnte es wahrscheinlich nicht, also würde er es nie mit Sicherheit wissen.

Es konnte ja auch alles mit rechten Dingen zugehen, vielleicht war es auch nur Zufall, aber eine innere Stimme sagte ihm, daß es nicht so war.

Der Mann war seinetwegen dagewesen. Mead konnte sich an die Begegnung noch genau erinnern – die Überraschung und die Angst, die dem Kerl im Gesicht standen; dann bittet er um eine Zigarette und hat dabei so weiße Zähne, wie er sie noch nie bei einem Vietnamesen gesehen hatte; und schließlich tut er so, als verstünde er ihn nicht. Nein, er war seinetwegen da. Aber warum?

Es mußte wegen Marshall sein. Die versuchten, über ihn an den Botschafter heranzukommen. Was konnte es sonst sein?

Das war ein Vorfall, den er melden mußte. Aber wem? Für die Wachmannschaft war die Sache zu kompliziert; die war auf so etwas gar nicht vorbereitet. Sicherheitsangelegenheiten gingen an die Aufklärungsabteilung der Marine, aber das waren alles bloß Stümper.

Plötzlich war ihm klar, an wen er sich wenden konnte; er mußte das Phantom sehen, Mr. Lord. Der würde schon wissen, was zu tun war.

Der Präsidentenpalast im Herzen Saigons erschien Marshall als ein völlig nichtssagendes Gebäude, das aufs Vollkommenste den Charakter seines Hausherrn und der von ihm repräsentierten Regierung widerspiegelte. Trotz seiner Größe strahlte der Palast nur Belanglosigkeit aus; er war nichts als ein großes weißes Gebäude am Ende einer Straße, das Platz wegnahm.

Dem geräumigen, luftigen und kühlen Inneren fehlte gleichfalls alles Majestätische; es war stumpfsinnig und geistlos. Da waren keine Farben – kein Gold und Zinnoberrot; da waren weder Drachen noch Feuervögel, weder Einhörner noch Schildkröten, keine Fabelwesen, wie ihre Mythologie sie so zahlreich hervorgebracht hatte. Und da waren auch keine Buddhas, die auf Lotusblättern saßen, oder Bodhisattvas, da war überhaupt nichts von Religion. Ein ausdrucksloses Gebäude, ohne Vergangenheit, ohne Zukunft, steril und tot.

Seine Höflichkeitsbesuche bei Präsident Thieu und Vizepräsident Ky entmutigten ihn zutiefst. Mit Thieu zu sprechen, das war, als versuchte man Suppe mit einem Netz zu schöpfen – die Platitüden

rutschten durch und bildeten Pfützen auf dem Boden. Ky trug ihm dieselbe Rede vor, die er im Jahr zuvor in Honolulu an Johnson gerichtet hatte; man hatte sie ihm in der Botschaft aufgesetzt.

Eine halbe Million amerikanischer Soldaten und Milliarden Dollar hielten Thieu und Ky an der Macht; ein Gespräch von weniger als einer Stunde überzeugte Marshall davon, daß dieses Engagement falsch war. Immer wieder fragte er sich während des Gesprächs, wie es dazu hatte kommen können. Wie ist es möglich, daß wir mit solchen Leuten gemeinsame Sache machen? Mit den Diems, mit Batista und Somoza. Welcher Makel sorgt dafür, daß wir uns in Gesellschaft von Westentaschendiktatoren, Schacherern und Fanatikern wohl fühlen? Ganz sicher kann man sich bessere Freunde aussuchen – es müssen doch nicht immer Irre und Schufte sein. Nein, Thieu und Ky waren keine niederträchtigen Gesellen, noch war ihre Politik schlechterdings widerwärtig; sie waren einfach Zwerge.

Eine ganze Minute saß er schweigend da, nachdem er in seinen Wagen gestiegen war. Es würde keinen politischen Sieg geben, dessen war er sich nun sicher. Und das würde er Johnson sagen.

Schließlich fragte der Fahrer: »Wollen Sie zur Botschaft zurück, Herr Botschafter?«

Es war später Vormittag; er hatte seinen Besuch kurz gehalten, und er wollte in seinem deprimierten Zustand nicht in die Botschaft zurück. Er brauchte etwas, das seine Stimmung zu heben vermochte.

Er beschloß, Teresa Hawthorne zu besuchen; das würde ihn wieder auf die Beine bringen und stärken. Er suchte in seiner Westentasche und reichte dem Fahrer ein Stück Papier. »Fahren Sie mich dorthin!«

Der Fahrer las die Adresse, dann drehte er sich zu Marshall um. »Das kann nicht richtig sein, Sir. Sie wollen doch nicht dahin: das ist in Cholon.«

»Die Adresse ist richtig«, erwiderte Marshall. »Fahren Sie los!«

»Aber, Sir... das ist eine ganz schlimme Gegend. Ich glaube nicht, daß Sie dahin fahren sollten.«

Er wandte sich an Mead, der neben ihm auf dem Beifahrersitz Platz genommen hatte. »Er will, daß ich ihn mitten nach Cholon rein fahre. Du weißt doch, was da los ist – nur Puffs und Rauschgifthöhlen. Ich kann ihn da nicht hinfahren. Sag du ihm das!«

»Sir«, wandte Mead sich an Marshall, »er hat recht. Sie sollten wirklich nicht dahin fahren. Es ist zu gefährlich.«

»Ich will ja keinen Puff besuchen, ich besuche ein Waisenhaus.«

»Sir, darum geht es nicht. Das ist ... also, das ist ein ganz unsicheres Gebiet. Da könnte alles passieren, und ich ... ich könnte Sie da nicht beschützen.«

»Ich übernehme die volle Verantwortung, Corporal.«

»Das ist schön, Sir, aber deswegen mache ich mir keine Sorgen: Ich mache mir Sorgen, weil ich Sie nicht beschützen kann.« Er wußte nicht, wie er es anders ausdrücken sollte: »Ich habe keine Angst um meinen Arsch, Sir – ich habe Angst um Ihren.«

Marshall lächelte. »Danke, Corporal, das ist nett von Ihnen.«

»Ich denk auch an meinen«, sagte der Fahrer.

»Sie brauchen mich nur dort abzusetzen«, erwiderte Marshall. »Jetzt ist es genug – fahren Sie mich zu der Adresse!«

Es gab keine markierte Grenze zwischen Saigon und dem Vorort Cholon; dennoch erkannte Marshall sogleich, daß sie da waren. Plötzlich verwandelte die Stadt ihr Gesicht, und sie waren von einem Chaos umgeben.

Seit Jahrhunderten war Cholon das Chinesenviertel – geheimnisvoll, labyrinthisch, bodenlos, Zufluchtstätte für jeden, der sich dem Gesetz entziehen wollte, denn hier in Cholon war die Obrigkeit ohne Macht. An der Oberfläche war alles nackte Haut und Drogen, ein wildes Bacchanal, aber darunter verbarg sich eine Sphäre der Gewalt, eine alteingesessene Unterwelt, in der Waffen und Informationen verschoben, Morde geplant und Killer gekauft wurden.

Die Limousine bahnte sich ihren Weg zwischen Fahrrädern, Handkarren, Rikschas und Fußgängern hindurch. Niemand machte ihr Platz; die Menschen drängten sich an die Fenster und sahen hinein. Der Wagen wurde auf und nieder geschaukelt, manche versuchten, die Türen zu öffnen.

Meads Angst wuchs, je tiefer sie in das Viertel eindrangen. Die Gefahr war überwältigend, und er wußte nicht, wie er Marshall beschützen sollte, falls er hier angegriffen wurde.

Der Wagen bog in eine Seitenstraße ein, die noch enger und stärker belebt war als die letzte, und dann in eine weitere.

»Das ist die Straße«, sagte der Fahrer und warf einen Blick auf den Zettel. »Wonach suchen wir?«

»Nach einem Waisenhaus«, erwiderte Marshall ruhig. In Syrien hatte er schon wütendere Menschenmengen erlebt.

Der nächste Block war die gesuchte Adresse, aber das Gebäude war mit Brettern vernagelt.

»Ich kann hier nicht anhalten«, sagte der Fahrer. »In fünf Minuten hätten die den Wagen zerlegt.«

»Sie brauchen mich nur abzusetzen. Zurück nehme ich ein Taxi.«

Der Fahrer legte den Kopf auf das Steuerrad und stöhnte. »Ich kann Sie hier nicht rauslassen. Die stellen mich vors Kriegsgericht, wenn ich zurückkomme und ihnen sage, daß ich Sie hier rausgelassen habe. Das ist total unsicher hier.«

»Geben Sie mir Ihr Fahrtenbuch«, sagte Marshall. Er schrieb hinein: »Zur Botschaft zurückbeordert, nachdem er mich in Cholon abgesetzt hat.« Dann versah er den Eintrag mit Datum und Unterschrift.

Er öffnete die Tür, um auszusteigen, aber sofort war Mead vor ihm und drängte die Menschen beiseite, die sich um den Wagen sammelten.

Als Marshall erschien, war er sogleich von Bettlern, Frauen und Kindern umringt, die durcheinanderschrien und ihre Hände ausstreckten. Ein paar Kinder tauchten unter den anderen hindurch, griffen nach seinen Hosenbeinen und zogen daran. Der Schwarm wuchs an, überwältigte ihn, und er wollte schon zurück in den Wagen, doch da waren sie auch hinter ihm und versperrten ihm den Rückweg. Plötzlich packte ihn eine kräftige Hand an der Schulter, zog und befreite ihn aus den Händen des Mobs.

Mit Ellbogenstößen und Fußtritten kämpfte Mead eine Gasse zu dem Gebäude frei, schob Marshall vor sich her, dann zog er ihn in eine Gasse und stieß mit dem Kolben seines Gewehrs nach allen Seiten, um den Weg freizumachen.

Marshall sah, daß sein Leibwächter sich völlig verwandelt hatte – mit rücksichtsloser, zielstrebiger Brutalität setzte er sich durch. Ein Bettler streckte die Hand nach Marshall aus, Mead schlug mit dem Gewehrkolben darauf, dann hob er rasch das Gewehr, um den nächsten Schlag austeilen zu können. Er hielt sich nun hinter Marshall, schirmte ihn gegen den Eingang der Gasse ab; aber er bewegte sich so schnell, daß er manchmal auch vor ihm war, um den Weg freizumachen. So schob und zog er Marshall zu einer Tür, die sich am Ende der Gasse befand.

Als sie den Eingang erreichten, stieß Mead Marshall aus dem Weg und sprang als erster hinein, mit erhobenem Gewehr.

Frauen schrien auf, dann wurde Marshall gepackt und ins Haus gezogen, wo er sich neben Mead in einem Raum voller verängstigter Frauen und Kinder wiederfand. Aus einem anderen Raum eilte mit fester, entschlossener Miene Teresa Hawthorne herbei.

Erst als sie bei Marshall angelangt war, erkannte sie ihn.

»Mein Gott«, sagte sie, »was für ein dramatischer Auftritt.«

Angst und Adrenalin rasten ungestüm durch seinen Körper, dann folgte ein unvermittelter Abfall, und vor Erleichterung wäre er fast zusammengeklappt. Er schnappte nach Luft und stieß ein wenig hysterisch hervor: »Ja. Sehr dramatisch. Verzeihen Sie unser Eindringen. Ich freue mich, Sie wiederzusehen. Corporal Mead. Sie erinnern sich. Mein Gott, ich kriege keine Luft.« Er lehnte sich gegen die Tür und hielt sich die Brust.

Sie trat rasch neben ihn, um ihn zu stützen. »Geht es wieder?«

Er holte ein paarmal tief Luft, dann nickte er. »Ja. Jetzt geht es wieder.«

Mead hatte längst den Raum durchquert; das Gewehr erhoben, spähte er nach links und rechts, ohne auf die weinenden Frauen zu achten. Er rannte die Treppe hinauf, sah überall nach, lief wieder hinunter und durchsuchte die übrigen Räume. Er hatte das gesamte Gebäude überprüft und war schon wieder zurück, als Marshall seinen Atem wiederfand.

»Bitte, nehmen Sie das Gewehr herunter!« bat ihn Teresa. »Sie erschrecken die Frauen. Hier ist niemand. Das ist ein Krankenhaus – hier sind nur Frauen und Kinder.«

Sie wandte sich hilfesuchend an Marshall. »Die meisten Frauen hier haben traumatische Erlebnisse hinter sich. Wenn sie einen Soldaten mit einem Gewehr sehen, ängstigen sie sich zu Tode. Ich versichere Ihnen, daß hier nirgendwo Waffen sind.«

Marshall straffte sich. »Ich bin sicher, sie hat recht, Corporal. Ich glaube nicht, daß uns hier Gefahr droht.« Dann klopfte er Mead auf die Schulter. »Sie waren bemerkenswert – vielen Dank. Sollte ich jemals in ein Feuergefecht geraten, sorgen Sie bitte dafür, daß Sie an meiner Seite sind.«

»Vielleicht sollten wir versuchen, uns aus Feuergefechten herauszuhalten, Sir«, erwiderte Mead mit mißbilligendem Unterton, der deutlich machte, daß er damit Orte wie diesen meinte.

»Vielleicht warten Sie hier an der Tür, während Miß Hawthorne und ich uns unterhalten«, schlug Marshall vor.

»Ich hole Ihnen einen Stuhl«, sagte Teresa.

Mead schüttelte den Kopf. »Ist schon in Ordnung. Ich bleibe stehen.«

»Aber ein Stuhl wäre viel bequemer. Lassen Sie mich ...«

»Nein, Madam. Ich bleibe lieber stehen.«

»Gut«, sagte Marshall und zog seine Anzugjacke zurecht – er hatte sich zwanglos geben wollen, aber angesichts des Schmutzes um ihn her, der heruntergekommenen Frauen und der armseligen kleinen Kinder erstarb ihm der Satz auf den Lippen.

Teresa nahm ihn beim Arm. »Ich zeige Ihnen unser Haus. Ich bin sehr froh, daß Sie zu uns gekommen sind. Ich hätte nie damit gerechnet.«

Sie hielt inne. »Oder vielleicht wollen Sie gar nichts sehen? Vielleicht haben Sie gar keine Zeit?«

Er lächelte. »Ich habe Zeit, und es würde mich freuen, wenn Sie mir alles zeigen.«

Sie sah ihn besorgt an. »Leider ist es ziemlich deprimierend. Ich sollte Sie darauf vorbereiten.«

»Das ist schon in Ordnung. Ich habe ohnehin schon einen deprimierenden Morgen hinter mir.«

Sie holte tief Luft und verkündete stolz: »Das ist einer der Krankensäle. Oben ist noch ein zweiter – in jedem sind fünfundsiebzig Frauen und Kinder.«

»Wie lange bleiben sie hier?«

»Oh, das ist schwer zu sagen – sie kommen und gehen. Manche Frauen kommen ein paar Wochen vor dem erwarteten Geburtstermin und bleiben nach der Niederkunft noch ein paar Wochen hier, aber manche gehen noch am Tag der Geburt wieder weg. Einige verlassen uns nach ein paar Tagen, und oft kommen sie nach ein paar Tagen ohne das Kind zurück – wahrscheinlich ist es gestorben. Und manche Frauen bleiben gar nicht; sie geben ein Neugeborenes ab und verschwinden wieder.«

»Sind alle Babys hier gemischtrassig?«

»Die meisten. Das scheint unsere Klientel zu sein. Sie wissen, daß wir sie aufnehmen, während sie anderswo abgewiesen werden.«

»Und die Frauen sind alle Prostituierte?«

»Ich habe Schwierigkeiten mit diesem Wort«, erwiderte Teresa.

»In einem technischen Sinne sind sie Prostituierte – sie schlafen für Geld, Zigaretten oder ein paar Lebensmittel mit Soldaten. Aber wie sollten sie sonst überleben? Sie haben nichts gelernt, und eine Wirtschaft im eigentlichen Sinne gibt es nicht – ich meine, es gibt keine Arbeitsstellen, keine Industrie, wo sie Arbeit finden könnten. Was sollen sie machen? Wir haben hier zwei Millionen Soldaten – davon eine halbe Million Amerikaner, gesunde junge Männer, die einzigen hier im Lande, die überhaupt Geld haben, und sie sind froh darüber, ihr Geld für Frauen ausgeben zu können, die verzweifelt darauf angewiesen sind. Für die meisten Frauen ist das die einzige Möglichkeit, Geld zu verdienen.«

»Was würde mit den Frauen geschehen, wenn Sie sie nicht aufnähmen?«

»Wahrscheinlich dasselbe wie mit all denen, die wir nicht aufnehmen und nicht aufnehmen können – sie bringen ihre Kinder auf der Straße zur Welt oder in der Kanalisation oder in Munitionskisten, und sie sterben, oder ihre Babys sterben, oder sie schaffen es irgendwie, am Leben zu bleiben.«

Marshall ließ seinen Blick durch den Raum schweifen, in dem die Dinge inzwischen wieder ihren normalen Gang nahmen. Babys weinten, Frauen lagen zusammengekrümmt auf den Betten und wimmerten oder stöhnten, während andere ausdruckslos auf die Wand starrten.

»Mein Gott«, sagte er.

»Das ist eine Seite des Krieges, von der die Menschen gar keine Notiz nehmen«, sagte Teresa. »Manchmal lese ich in alten Illustrierten oder Zeitungen, und da sind dann immer Geschichten, schrecklich traurige Geschichten, von Soldaten, die getötet oder verwundet oder zu Krüppeln geschossen werden, und von ihren Familien oder ihren Bräuten; und da sind Berichte und Bilder von zerbombten Städten und Toten unter der Zivilbevölkerung und Waisenkindern, die durch die Straßen irren, und all das ist wahr und fürchterlich; aber dann ist da dies hier – niemand sieht etwas davon, niemand hört etwas davon; ich kann nicht sagen, daß es schlimmer oder trauriger wäre, aber es ist trotzdem schrecklich. Vielleicht kommt mir das alles besonders schlimm vor, weil niemand sich darum kümmert.«

Sie führte ihn durch den Saal, wo er erschrockenen oder gleichgültigen Frauen zunickte und zulächelte, und er hielt kranke und

abgezehrte Babys im Arm. Sie zeigte ihm die verschiedenen Krankheiten, an denen sie litten – Entwicklungsstörungen, Unterernährung, Drogenabhängigkeit, Geschlechtskrankheiten –, und am Ende war er überwältigt.

Teresa dagegen wirkte bei allem, was sie tat, frisch und unverzagt; sie lächelte und beruhigte, tröstete und lachte und vermittelte Marshall das Gefühl, als begleitete er die Oberschwester eines ganz gewöhnlichen Kinderkrankenhauses bei ihrer morgendlichen Visite.

»Und hier wohnen wir«, sagte sie und führte ihn in den Vorratsraum, der nun sechs winzige Abteile für das Personal enthielt. »Da ist die Küche und da drüben der Kreißsaal. Hier liegen die Frauen, die kurz vor der Entbindung stehen; unsere Entbindungsstation sozusagen. Wir versuchen, sie ein wenig abzusondern, damit sie etwas mehr Ruhe haben. Und hier« – sie führte ihn in einen kleinen Raum, der mit Kinderbettchen vollgestellt war – »hier ist unsere Intensivstation.«

Teresa stellte ihn einer jungen Vietnamesin vor, die nur scheu lächelte. »Wir sind glücklich, daß wir Trieu haben. Sie ist ausgebildete Krankenschwester.«

Marshall versuchte, ein paar Worte mit ihr zu wechseln, und fragte sie, ob sie französisch spreche; aber die Frau reagierte nicht. Als sie gegangen waren, erzählte Teresa ihm, daß Trieu in dem ganzen Jahr, das sie nun schon bei ihnen war, erst wenige Male gesprochen hatte und nie mit einem Mann, nicht einmal mit Pater Dourmant.

»Trieus Mutter und ihre Schwestern sind vergewaltigt und ermordet worden; die Vietcong haben sie mitgenommen und sie gezwungen, mit ihnen zu leben. Sie kann wunderbar mit Kindern umgehen, aber sie spricht nur, um die Kinder zu beruhigen.«

Teresa seufzte, und einen Augenblick lang fiel die Fassade zusammen. »Es ist alles so schwer – dieses fürchterliche Leid, und nicht nur die Krankheiten, sondern die Wunden, die dem Herzen und der Seele zugefügt werden.«

Marshall wußte nicht, was er sagen sollte; doch Teresa nahm sich sogleich wieder zusammen. »Wir haben gleich Mittag. Wollen Sie mit uns essen? Es ist nichts Besonderes, nur Suppe und Nudeln, aber es ist nicht schlecht, wirklich nicht.«

»Das wäre an sich sehr schön, aber eigentlich hätte ich gern

einmal privat mit Ihnen gesprochen. Darf ich Sie vielleicht irgendwohin zum Essen einladen, wo wir uns unterhalten könnten. Ich weiß, daß Sie sehr beschäftigt sind, aber vielleicht haben Sie eine halbe Stunde Zeit?«

Als sie zögerte, nahm er ihre Hände – er kam sich wie ein Teenager vor – und sagte fast flehentlich: »Bitte! Es bedeutet mir wirklich sehr viel.«

»Aber es gibt hier ganz bestimmt keine... Restaurants... wie Sie sie gewöhnt sind.« Sie lachte. »Es gibt keine Speisekarten und Servietten – all diese... Annehmlichkeiten, will ich einmal sagen.«

Er ließ ihre Hände nicht los. »Das ist egal. Ich möchte nur... mit Ihnen reden.«

Ihre Freude war echt. »Das wäre wunderschön. Ich war noch nie zum Mittagessen aus. Oder zum Abendessen oder überhaupt. Es gibt hier Hunderte kleiner Eßlokale, meistens chinesische – wir werden ein nettes finden.«

Plötzlich drang lautes Getöse zu ihnen, und vom Eingang her hörten sie eine empörte Stimme auf französisch rufen: »Laß mich durch! Faschist! Nazi! Aus dem Weg, Ungläubiger! Barbar!«

»Das muß Pater Dourmant sein«, sagte Teresa entzückt.

»Und Corporal Mead«, brummte Marshall und ließ ihre Hände unwillig los.

An der Tür versperrte Mead dem Priester den Weg. Er blokkierte den Eingang mit seinem Körper und hielt den Pater mit dem Gewehr auf Distanz.

»Wie können Sie es wagen?« dröhnte Pater Dourmant und versuchte, Mead beiseite zu drängen, aber der gebrechliche alte Mann mühte sich vergeblich ab.

Mead verstand kein Wort von dem, was der Priester schrie, und da er ihn durchsuchen wollte, bevor er ihn einließ, drückte er ihn mit einer Hand gegen die Wand und tastete ihn mit der anderen ab.

»Corporal, es ist in Ordnung«, rief Marshall, der zur Tür geeilt war. »Er ist ein Priester. Lassen Sie ihn herein!«

Widerwillig trat Mead beiseite. Teresa eilte zu Pater Dourmant, strich ihm die Soutane glatt und sprach besänftigend auf ihn ein.

»Wie gut, daß Sie kommen, Pater. Hier ist jemand, den ich...«

»Was geht hier vor?« rief der Priester. »Man hat mir gesagt, daß Soldaten hier sind. Deshalb bin ich schnell herübergekommen.« Er

zeigte wütend auf Mead. »Und dann ... das! Ist alles in Ordnung? Haben sie jemanden verletzt?«

Marshall trat vor, streckte dem Priester die Hand entgegen und sagte: »Ich bin Bradley Marshall. Ich bin hier, um Miss Hawthorne zu besuchen und mir das Krankenhaus anzusehen. Corporal Mead ist mein Leibwächter. Er ist ein außerordentlich fähiger junger Mann, der seine Arbeit sehr ernst nimmt. Er hat nur seine Pflicht getan. Er wollte Ihnen nicht zu nahe treten.«

»Das ist der Herr, von dem ich Ihnen erzählt habe, Pater – Botschafter Marshall, der Herr, der in der Botschaft so nett zu mir war.«

»Erfreut«, murmelte der Priester und schüttelte ihm die Hand, ohne im mindesten erfreut zu sein. »Ich nehme nicht an, daß Sie hergekommen sind, um irgendeine Hilfe anzubieten. Ich habe Teresa gesagt, sie soll keine erwarten. Täusche ich mich?«

»Pater ...« warf Teresa mißbilligend ein, »das ist wirklich nicht höflich.«

»Zumindest nicht diplomatisch«, fügte Marshall gelassen hinzu. »Immerhin begreife ich, weshalb Sie hier sind und nicht bei der Kurie in Rom.«

Pater Dourmant blickte ihn scharf an, dann trat ein leichtes Lächeln auf sein Gesicht. »Sie müssen Katholik sein – oder gewesen sein, wie es neuerdings Mode zu sein scheint«, fügte er mit einem Seitenblick auf Teresa hinzu.

»Kommen Sie doch herein!« sagte Teresa. »Wir wollten gerade etwas essen gehen. Wollen Sie nicht mit uns kommen?«

»Nein danke«, sagte er. »Ich bin nur herübergekommen, um nachzusehen, ob alles in Ordnung ist. Einige meiner Pfarrkinder kamen in die Kirche gelaufen und sagten, daß Soldaten hier seien. Ich habe mir Sorgen gemacht. Ich dachte schon, ich fände hier aufgespießte Babys. Aber offenbar macht man das nur mit Priestern.« Dann richtete er den Blick auf Marshall. »Ihr Französisch ist ... ausreichend.«

»Es ist die Sprache der Diplomatie. Ich fürchte, auch als Diplomat bin ich allenfalls ausreichend.«

Der Priester spitzte die Lippen und zuckte kurz mit den Schultern. »Eigentlich ist es nicht schlecht«, räumte er ein.

»Vielen Dank. Wollen Sie es sich nicht noch einmal überlegen? Es würde uns freuen, wenn Sie mit uns zum Essen kämen.«

Pater Dourmant schüttelte den Kopf, aber er sagte fast freundlich: »Danke, es geht nicht. Sicher gibt es in der Kirche wieder irgendeinen Unsinn, bei dem ich nicht fehlen darf. Kriege, Hungersnot und Pestilenz kommen und gehen, aber die Damen vom Wohltätigkeitsverein sind durch nichts zu beeindrucken. Vielleicht ein andermal.«

»Das würde mich sehr freuen«, sagte Marshall. »Ich frage mich oft, ob wir den richtigen Leuten zuhören. Ich habe nicht häufig Gelegenheit, mit Menschen wie Ihnen und Teresa zu sprechen.«

»Das sollte nicht schwierig sein«, erwiderte Pater Dourmant trocken. »Ihr junger SA-Mann braucht sie nur gegen eine Wand zu werfen, dann können Sie in Ruhe mit ihnen reden.«

Der Priester verbeugte sich kurz, dann sagte er zu Teresa: »Sie hatten recht, er scheint nett zu sein. Aber wenn ich mich täusche und er bietet Ihnen Hilfe an, bezahle ich das Mittagessen.«

»Er sagt manchmal schreckliche Dinge«, flüsterte Teresa, als der Pater gegangen war, »aber er ist ein wunderbarer Mensch. Ohne ihn könnten wir gar nicht überleben.«

»Mir gefällt er auch«, erwiderte Marshall. »Wie lange ist er schon hier?«

»In Vietnam? Ach, immer schon – als junger Priester ist er hergekommen, und jetzt ist er schon ziemlich alt, Mitte Siebzig ganz bestimmt. Aber wir sollten jetzt gehen.«

Sie betrachtete ihn einen Augenblick, dann setzte sie zögernd hinzu: »Vielleicht sollten Sie Jackett und Krawatte ausziehen. Sie könnten sonst...«

»Verdächtig erscheinen?« Er lächelte und folgte ihrem Vorschlag. »Glauben Sie, Corporal Mead und seine M-16 könnten auffallen?«

»Mein Gott, ich habe ihn ganz vergessen. Hat er... ich meine, natürlich würde ich mich freuen, wenn er mit uns käme... aber... na ja, das Gewehr...«

Marshall wandte sich an Mead. »Ich weiß, daß Sie gerne mit uns kämen, aber ich werde Sie zur Botschaft zurückschicken.«

»Sir, ich kann Sie hier nicht...«

Marshall hob die Hand. »Ich weiß, ich weiß, Corporal. Sie haben vollkommen recht. Ich sollte das nicht machen, es ist verrückt, was könnte alles passieren! Aber ich werde es trotzdem tun – ich schicke Sie zur Botschaft zurück. Ich weiß, was Sie denken und welche

Einwände Sie haben. Wenn Sie wollen, gebe ich Ihnen den Befehl schriftlich wie eben dem Fahrer.«

Plötzlich brach die ganze aufgestaute Frustration aus Mead heraus. »Sir, ich habe mein Leben lang noch keinen Befehl verweigert, aber ich kann Sie hier nicht allein lassen. Ich soll Sie beschützen und dafür sorgen, daß alles in Ordnung ist, ob Sie wollen oder nicht, und nicht nur, wenn Sie Lust dazu haben. Sir, es ist nicht richtig, daß Sie mich so behandeln – sagen mir einfach, ich soll abhauen, als wär ich ein blöder Hund, der keine Gefühle hat und nicht weiß, was richtig oder falsch ist. Das ist nicht fair, Sir. Ich meine, was ist, wenn Ihnen was passiert? Was soll ich denn dann machen?«

Noch nie hatte Mead so viele Worte gemacht.

»Gut«, sagte Marshall. Dann legte er Mead die Hand auf die Schulter. »Sie haben recht. Es tut mir leid. Es wird nicht noch einmal vorkommen. Wenn ich wieder in der Botschaft bin, werden wir die ganze Sicherheitsfrage einmal überdenken. Trotzdem werde ich Sie jetzt zur Botschaft zurückschicken, und zwar aus folgendem Grund: Niemand weiß, daß ich hier bin. Aber wenn ich jetzt auf die Straße gehe, um irgendwo etwas zu essen, und Sie laufen mit Ihrer M-16 hinter mir her, dann fordere ich das Unglück geradezu heraus. Ich denke, in diesem Fall werden Miss Hawthorne und ich sicherer sein und weniger Aufmerksamkeit erregen, wenn Sie uns nicht beschützen. Zurück nehme ich dann ein Taxi.«

»Ein Taxi?« fragte Mead ungläubig.

»Corporal, wenn ich mir in New York und Rom ein Taxi besorgen kann, dann schaffe ich das auch hier.« Er wandte sich an Teresa. »Ich habe sogar mal eins in Belgrad bekommen, und das schafft sonst niemand.«

Mead zögerte immer noch.

»Corporal, gehen Sie jetzt! Es wird nichts passieren. Meinen Sie nicht, daß Miss Hawthorne auf mich aufpassen kann? Ich bin sicher, sie kann jedem Vietcong die Scheiße aus dem Leib prügeln.«

Teresa wandte den Kopf ab, um ein Lächeln zu verbergen, und endlich lachte auch Mead. »Also gut, Sir. Was soll ich in der Botschaft sagen, wann Sie zurück sind – damit die wissen, wann Sie den Suchtrupp losschicken sollen?«

»Ich werde gegen drei zurück sein.«

»Jawohl, Sir.« Mead salutierte und nickte Teresa zu; dann machte er sich auf den Weg und beschloß, sofort zu Wilson Abbot

Lord zu gehen. Es mußte etwas getan werden – wenn die Vietcong Marshall nicht absichtlich erwischten, dann kriegten sie ihn durch Zufall. Der Vietnamese vor dem Haus, den Catton bei Sung gesehen hatte, war nicht ohne Grund dagewesen. Er war zwar nur ein Corporal, aber er wußte, daß der persönliche Vertreter des Präsidenten nicht mitten im Kampfgebiet in ein Nudellokal gehen konnte.

Er würde Lord alles berichten. Das Phantom würde schon wissen, was zu tun war.

19

»Er scheint ein sehr netter Junge zu sein«, sagte Teresa über Mead, als sie das Krankenhaus verließen.

»Das ist er«, bestätigte Marshall. »Und er hat recht – an das, was in ihm vorgeht, habe ich nicht gedacht.«

»Sind Sie wirklich so ein bedeutender Mann, daß immer ein Leibwächter bei Ihnen sein muß?«

Er schüttelte den Kopf. »Das ist alles symbolisch. Was ich tue, ist weit weniger wichtig oder bedeutsam als das, was Sie oder Pater Dourmant tun. Präsident Johnson hat mich gebeten, hierherzugehen und ihn hinterher zu beraten. Ich habe mit wichtigen Leuten zu tun – General Westmoreland und Präsident Thieu heute morgen –, aber das hat keine Bedeutung. In Wirklichkeit tue ich gar nichts; ich helfe niemandem, ich tröste niemanden; ich rühre niemanden an. Das ist eben Politik, klein und schmierig, eigennützig und schmutzig – bei Ihnen komme ich mir fast unsauber vor.«

Sie lachte. »Das ist albern. Ich bin sicher, daß Sie sehr schöne Dinge tun.«

Am Ausgang der Gasse blieb er stehen, nahm sie beim Arm und drehte sie zu sich. »Nein, das ist nicht wahr. Und Pater Dourmant hat recht – ich kann Ihnen nicht helfen. Ich habe es versucht. Ich habe mit Botschafter Bunker gesprochen, aber sie wollen Ihnen nicht helfen. Ich werde es in Washington noch einmal versuchen. Ich verspreche Ihnen, daß ich mit Präsident Johnson rede, aber ... ich kann Ihnen keine Hoffnung machen. Es tut mir leid. Es tut mir wirklich leid. Ich fühle mich ganz furchtbar dabei.«

»Das ist schon in Ordnung«, sagte sie sanft. »Ich hätte Sie nicht in diese Situation bringen dürfen. Ich weiß, daß Sie helfen wollen, und ich möchte nicht, daß Sie sich Vorwürfe machen oder ...«

»Teresa, hören Sie auf!« Er lachte. »Ich war noch nie mit einer Heiligen zusammen. Jetzt begreife ich, warum sie euch verbrannt haben. Ihr schafft es, daß wir uns schlecht vorkommen.«

Sie hob die Hand vor den Mund, unschuldig wie ein junges Mädchen. »Ich bin bestimmt keine Heilige«, sagte sie. »Dazu müßte man doch wohl an Gott glauben.«

»O nein, das hat nur etwas mit der offiziellen Begründung zu tun – mit dem Papierkram.«

Er ließ ihren Arm los. »Also, welche Richtung? Wollen Sie nicht vorausgehen?«

Die Bürgersteige waren so überfüllt, daß sie nicht nebeneinander gehen konnten, und er hatte Mühe, mit ihr Schritt zu halten. Sie war es gewöhnt, sich durch die Menschenmenge zu schlängeln, während er ständig angestoßen und abgedrängt wurde. Schließlich überwand er seine Hemmungen und drängelte sich rücksichtslos durch die Menge. Es fiel ihm nicht schwer, sie im Auge zu behalten, denn sie war einen ganzen Kopf größer als die Vietnamesen, aber als er sie endlich eingeholt hatte, war er außer Atem und schweißbedeckt; sein Hemd klebte auf seinem Rücken, und der Schweiß tropfte ihm von der Stirn.

Sie warf einen Blick in zwei Lokale und entschied sich schließlich für ein drittes. »Ist das hier recht?« fragte sie ihn. »Hier gibt es wenigstens Tische; in den anderen nicht.«

»Wunderbar«, sagte er und schaute in das überfüllte chinesische Restaurant.

Es gab keine Einzeltische, also setzten sie sich an einen großen Tisch, an dem bereits andere saßen, die in ihr Gespräch vertieft waren und keinerlei Notiz von ihnen nahmen.

Zwischen den Tischen hindurch eilten Kellner mit großen Tabletts, auf denen dampfende Schüsseln standen; auf vietnamesisch riefen sie aus, was es war.

»Ich habe seit Jahren kein Dim-sum mehr gegessen«, sagte Marshall.

»Möchten Sie, daß ich übersetze?« fragte sie. »Gerade kommen Schweinefleisch und Aal.«

»Ich nehme dasselbe wie Sie«, antwortete er. »Winken Sie ihn einfach her!«

Trotz Lärm und Durcheinander oder vielleicht deswegen und weil sie dadurch gezwungen waren, eng zusammenzurücken, wenn sie einander verstehen wollten, hatte die Situation etwas sehr Privates, ja fast Intimes.

Teresa hob die Hand und sogleich wurden zwei Teller vor sie hingestellt. Sie sagte noch etwas, und zwei Paar Stäbchen landeten auf dem Tisch.

»Die Leute bringen gewöhnlich ihre eigenen mit«, erklärte sie.

Sie beugte sich über die dampfenden Klöße und zog den Duft ein; dann sah sie Marshall an und lächelte. »Das ist sehr aufregend für mich. Ich habe noch nie mit einem Botschafter gegessen.«

Er lachte. »Dann muß das ja ein Hochgenuß für Sie sein. Sie werden sehen, wir kleckern genauso wie alle anderen«, und wie zum Beweis fiel ihm sein Kloß auf den Boden. »Verdammt«, sagte er, griff nach unten, legte ihn zurück auf den Teller und versuchte es noch einmal mit den Stäbchen.

Schließlich gelang es ihm, den Kloß in seinen Mund zu bringen, und er kaute genüßlich. »Ausgezeichnet. Ich habe einmal mit der dänischen Königin gespeist. Es gab Artischocken, und meine war besonders hart. Ich zog ein Blatt ab, und da flog mir das verdammte Ding aus der Hand und der Königin in den Schoß. Sie war gnädig, aber nicht amüsiert. Königinnen sind selten amüsiert und noch seltener amüsant.«

Er spießte einen weiteren Kloß auf. »Glauben Sie wirklich nicht an Gott?«

»Nein«, sagte sie leise. »Ich kann ihn einfach nicht mit dem vereinbaren, was ich Tag für Tag sehe. Entweder ist er sehr böse, oder er existiert nicht. Da ist es mir lieber, er existiert nicht.«

»Sie müssen Pater Dourmant auf die Palme bringen. Er sieht so aus, als geriete er leicht in Rage.«

Sie lachte. »Beides stimmt.« Und mit niedergeschlagenem Ausdruck fügte sie hinzu: »Können Sie mir das alles erklären?«

»Oje«, erwiderte er. »Wollen wir jetzt bei Dim-sum eine tiefschürfende philosophische Diskussion beginnen?«

»Nein, nein. Ich dachte nur, Sie sind so ein kluger Mann, der soviel gesehen hat. Sie haben mit Präsidenten und Königinnen und Generälen gespeist. Vielleicht können Sie mir alles erklären, zum Beispiel, warum es soviel Leid gibt. Und Krieg. Und diese Waisenkinder.«

Er antwortete ruhig: »Ich glaube, das liegt nun einmal in der Natur von Präsidenten und Königinnen und Generälen und in der Natur von uns anderen, die wir ihnen dienen, und auch derer, die sie stürzen wollen.«

»Die menschliche Natur«, wiederholte sie.

»Ich fürchte, ja. Corporal Mead ist, wie Sie gesagt haben, ein netter Junge. Aber er hat andere Menschen getötet – er hat viele getötet, wenn man von seinen Orden und Auszeichnungen ausgeht.

Und er würde wieder töten. Trotzdem ist er ganz sicher fähig, zu lieben, zu lachen und freundlich zu sein. Lyndon Johnson ist – und das glaube ich wirklich – ein guter Mensch mit guten Absichten. Er will nicht, daß irgend jemand leiden muß, einschließlich der Frauen und Kinder in Ihrer Klinik. Aber schauen Sie, was er angerichtet hat. Wie kommt es, daß der nette Junge tötet und der wohlmeinende Mann Gemetzel und Leid zuläßt? Ich glaube, sie können nicht anders – sie sind nicht stark genug, gegen ihre Natur anzukommen. Johnson hat fürchterliche Angst, daß man ihn für einen Feigling halten könnte; er war nie im Krieg; er hat niemals Waffen getragen; er hat sich nie in der Schlacht bewähren müssen. Es ist schon seltsam, die schlimmsten Falken, die unerbittlichsten Kriegstreiber sind immer Leute, die niemals selbst im Krieg waren. Sie stehen in vorderster Front, wenn es darum geht, nach Stärke und Härte zu rufen – aber nur, wenn andere für sie das Kämpfen erledigen.«

Er winkte dem Kellner, und gleich standen noch zwei dampfende Schüsseln vor ihnen. »Aber am deprimierendsten ist noch, daß die Männer den Krieg *lieben* – sie wollen streiten und kämpfen. Es ist erregend und erotisch. Und die Frauen tun auch nicht viel, um das zu ändern. *Cheerleaders* suchen Sie im Schachklub vergebens, die finden sie beim Football. Und die Mädchen laufen den Jungs mit den schnellsten Autos und dem meisten Geld hinterher. ›Natürliche Selektion‹ nennt man das wohl.«

»Warum haben Sie eigentlich nie geheiratet?« fragte er unvermittelt und stopfte sich einen Kloß in den Mund.

Sie sah ihn erschrocken an und errötete. »Das hatte etwas mit natürlicher Selektion zu tun – ich war nicht sonderlich hübsch. Und das war nun wirklich keine diplomatische Frage.«

»Ach, ich wollte nicht mehr über die Männer und den Krieg reden. Ich möchte etwas über Sie erfahren. Ich würde gerne wissen, wie Sie dazu kamen, Ihren Orden zu verlassen, und wie es kommt, daß Sie nicht mehr an Gott glauben.«

»Ich rede gar nicht gerne über mich selbst«, erwiderte sie. »Das ist so bedeutungslos. Wie mit dem Orden und mit Gott. Ich glaube, das ist die Antwort: Ich kann mich nicht erinnern, daß ich mich jemals entschieden hätte, den Orden zu verlassen oder nicht mehr an Gott zu glauben. Es wurde mir nur immer klarer, wie bedeutungslos beides war.«

Sie hielt ein Dim-sum in die Höhe. »Das hier ist gut. Versuchen Sie es mit der *Nuoc-mam*, der Fischsauce.«

Während er es tat, betrachtete sie ihn, dann fragte sie: »Und was wollen Sie?«

Die Frage überraschte ihn. »Nichts. Ich habe alles – Geld, Position, Gesundheit, sogar Liebe.«

»Warum sind Sie dann nicht glücklich?«

»Sieht man das? Bisher hat das noch niemand gemerkt. Oder vielleicht waren sie zu diplomatisch, es mir zu sagen.«

Er aß sein Dim-sum auf und stellte seinen Teller auf den anderen; dann wies er mit dem Kopf zur Tür und sagte: »Ich kenne das Elend und die Verzweiflung da draußen; dazu mußte ich nicht erst die Frauen und Kinder in Ihrer Klinik sehen. Ich weiß, wie grausam und ungerecht die Welt ist. Aber ich kann nichts daran ändern. Ich kann nicht einmal Ihnen helfen. Und ich vermag auch nichts gegen die Schrecken, die noch vor mir liegen – Alter, Krankheit, Tod. Ich weiß zuviel, um glücklich zu sein.«

»Und was werden Sie tun?« fragte er sie. »Die Probleme werden noch schwieriger werden – noch mehr kranke Frauen und Kinder, noch mehr Leid. Was werden Sie mit der Frau tun, die gedroht hat, sich mit ihrem Baby zu verbrennen?«

Teresa seufzte. »Ich weiß es nicht. Was das Gesamtproblem betrifft, werden wir unser Bestes tun, solange wir können. Was Lin angeht, weiß ich nicht, was ich tun soll.«

»Haben Sie nicht schon einmal gedacht...«

»Ich versuche, gar nicht darüber nachzudenken«, sagte sie. »Das Kind stirbt in jedem Fall – es hat Mißbildungen, einen Hirnschaden, ist syphilitisch und drogenverseucht. Gott wird kein Wunder tun und dieses Kind retten.«

Sie schwieg einen Augenblick. »Ja«, sagte sie schließlich, »ich habe daran gedacht, Lin gewähren zu lassen. Ich habe gedacht, es könnte nicht schaden und vielleicht sogar helfen, wenn sie sich mit dem Kind vor der amerikanischen Botschaft verbrennt.«

Sie griff nach seinem Arm. »Wäre das falsch? Was läge schon an einem weiteren toten Gook-Baby? Und ist es vielleicht möglich, daß sie damit am Ende sogar etwas bewirkt, daß sie Mitgefühl erregt und die Regierung endlich helfen muß?«

Marshall schwieg lange. »Das ist offenbar wieder eine dieser verfluchten Fragen von Mittel und Zweck«, sagte er schließlich.

Sie lächelte. »Vielleicht können Sie mir da helfen. Mittel und Zweck, das ist es doch, worüber Politiker und Diplomaten ständig zu entscheiden haben. Auf welche Seite stellen sie sich gewöhnlich? Sie sollten darin doch einige Erfahrung haben, Mr. Marshall.«

Er sah sie an. Machte sie sich über ihn lustig? »Eigentlich machen Politiker und Diplomaten da gar keinen Unterschied. Für sie gibt es nur Zwecke.«

»Dann wäre das Problem ja gelöst. Wir werden das Baby verbrennen.«

»Ich wollte, ich könnte sicher sein, daß Sie scherzen«, sagte er. »Aber mehr noch wünschte ich, daß ich Ihnen helfen könnte. Ich wollte, ich könnte Ihnen etwas geben, das mehr ist als Trost und hochtönende Phrasen. Aber zu mehr reicht meine ganze Erfahrung als Diplomat nicht aus. Wenn man das Schicksal des Kindes den Diplomaten überließe, dann würde es weder gerettet noch verbrannt; es würde an Vernachlässigung sterben.«

»Aber Sie sind anders«, sagte sie. »Sie wollen helfen, und Sie würden helfen, wenn Sie könnten.«

»Ja. Und ich werde helfen, wenn ich kann. Ich will Ihnen helfen, und ich will diesem fürchterlichen Krieg ein Ende machen. Ich will nicht, daß Corporal Mead weiter tötet. Ich will nicht, daß es noch mehr Waisenkinder oder Krüppel gibt. Ich will nicht, daß dieses Leiden weitergeht. Und vor allem – Gott möge mir vergeben – vor allem will ich nicht, daß meinem Sohn etwas geschieht.«

Er gab dem Kellner Zeichen, daß er zahlen wolle. »Und jetzt, verzeihen Sie bitte, muß ich aufbrechen. Würden Sie ihn wohl fragen, wieviel ich zu zahlen habe. Gibt man hier auch Trinkgeld? Und wieviel? Oder nein, hier ist Geld, bitte zahlen Sie doch für mich, und behalten Sie den Rest für die Klinik. Sie müssen mir nur versprechen, daß Sie kein Benzin davon kaufen, um irgendwelche Kinder zu verbrennen.«

Er stand auf. »Es hat mir wirklich sehr gefallen. Werden wir uns wiedersehen?«

»Ich würde mich sehr darüber freuen«, sagte sie. Sie sah auf das Geld in ihrer Hand und reichte es ihm zurück. »Das ist sehr viel Geld. Ich kann es nicht ...«

»Bitte. Sie müssen es behalten. Ich habe es bei der Regierung unterschlagen.«

»Oh. Wenn das so ist, nehme ich es«, erwiderte sie und steckte die Scheine in ihr Notizbuch, nachdem sie beim Kellner bezahlt hatte.

Draußen dankte er ihr, daß sie ihm Gesellschaft geleistet hatte, und sagte, er werde sich bald wieder melden, sie solle ihn aber anrufen, wenn sie glaube, er könne etwas tun.

Sie standen auf dem Gehsteig, angewurzelt, wie es schien, und achteten nicht auf das Gedränge um sie her.

»Werde ich Sie... wiedersehen?« fragte er und lachte dann: »Oder habe ich Sie das schon gefragt?«

»Sie haben – und ich habe ja gesagt«, gab sie lächelnd zurück.

»Gut«, sagte er und kam sich aufs neue wie ein Teenager vor. »Ich glaube, dann sollte ich mich wohl auf den Weg machen. Oder Sie sollten, denn schließlich tun Sie die guten Werke.«

Sie nahm seine Hand. »Danke«, sagte sie. »Danke, daß Sie zu uns gekommen sind. Danke für das Essen. Und danke für...« Sie senkte den Kopf, dann wandte sie sich unvermittelt ab und verschwand in der Menge.

Noch lange, nachdem sie gegangen war, stand er da, fühlte ihre Gegenwart und wollte sie nicht verlieren. Noch nie war er einem Menschen wie Teresa begegnet, und noch nie hatte eine Frau solch ein Gefühl der Zaghaftigkeit und Scheu in ihm ausgelöst. Sie strahlte eine überwältigende Güte aus, etwas, das seine Frau ohne Zweifel ebenfalls besaß, aber bei Catherine war sie mit einer gewissen Schärfe und Strenge gemischt, wie sie den Gerechten eigen ist. Hier war sie stärker, weil reiner. Diese Frau war von unendlicher Wärme und Liebe – intelligent und humorvoll, gänzlich unprätentiös, völlig ohne Falsch – und sie stand weit über ihm.

Die Menge drängte an ihm vorbei und hätte ihn fast in ihren Strudel gerissen. Er sprang auf die Straße und brachte ein Taxi zum Anhalten – mit weit weniger Schwierigkeiten, als er es jemals in New York erlebt hatte.

Erst als er bei der Botschaft anlangte, bemerkte er, daß er sein Jackett und die Krawatte in der Klinik vergessen hatte.

Im Eilschritt bahnte Teresa sich ihren Weg durch die Menge. Was war nur los mit ihr? fragte sie sich. Wie eine dumme Gans hatte sie sich aufgeführt und war einfach weggelaufen. Und weshalb lief sie jetzt? fragte sie sich und zwang sich zu einer langsameren Gangart. Und warum brannte ihr das Gesicht?

»Mein Gott«, sagte sie laut und blieb auf dem Gehsteig stehen, denn sie wußte, was los war – sie fühlte, was sie noch nie zuvor gefühlt hatte.

Und sie war wütend auf sich selbst; es war zu dumm, als daß man es in Worte hätte fassen können, und sie errötete angesichts der Gedanken, die sich nicht in Worte fassen ließen.

Er war ein *netter* Mann, ein guter und freundlicher Mann. Er war stark und besaß Charakter, er hatte Tiefe und Verstand. Natürlich mochte sie ihn. Was war daran falsch? fragte sie sich vor einem Fahrradgeschäft. Nichts, sagte sie zu ihrem Spiegelbild im Fenster.

Dann seufzte sie ihrem Bild zu. Da war sie – schlicht und plump und einfach.

Er war stattlich und mächtig, zuversichtlich und selbstsicher. Er speiste mit Königinnen.

Er leistete etwas.

Er hatte Affären mit schönen Frauen.

Sie seufzte noch einmal, und das Bild im Fenster starrte sie an. Sie nestelte an ihrem abgetragenen Kleid und ordnete ihr Haar.

Dann atmete sie tief ein und wandte sich ab.

Das Essen war jedenfalls wundervoll gewesen. Und sie machte sich auf den Rückweg zum Krankenhaus.

20

Einige Zeit zuvor hatte ein anderes Taxi Mead vor der Botschaft abgesetzt.

In der Wachbaracke ging er das Telefonverzeichnis nach Lord durch, und er fand auch eine Telefonnummer, aber ein Zimmer war nicht angegeben.

Mead wollte nicht, daß jemand mithörte; deshalb ging er einen Flur hinunter, bis er ein leeres Büro fand.

Als er gewählt hatte, wurde der Hörer gleich beim zweiten Klingeln abgenommen.

»Anschluß drei-sieben-zwei-vier«, sagte eine gelangweilte Stimme, die Mead sogleich als die von Lord erkannte.

Den Entschluß, mit Lord zu sprechen, hatte er gefaßt, ohne lange darüber nachzudenken, was er ihm sagen wollte. Als er nun mit Lords Stimme konfrontiert war und mit dessen Aura aus Geheimnis und Macht, da stammelte er nervös: »Mr. ... Sir, hier ist Corporal Mead, Corporal Ronald Mead von der Botschaftswache. Ich habe mich gefragt, ob... Also, könnte ich... könnte ich mit Ihnen sprechen, Sir?«

Die Antwort ließ weder Interesse noch Verwunderung erkennen. »Zimmer zwei-sechzehn in fünf Minuten.« Dann wurde eingehängt.

Zwei-sechzehn lag direkt über ihm; es handelte sich um einen der Allzweckräume, die für Befragungen benutzt wurden. Lords kühle, sachliche Reaktion ließ Zweifel in Mead aufkommen: Vielleicht hatte er überreagiert; vielleicht war alles nur Zufall gewesen. Lord würde ihn verächtlich fortschicken. Mead erkannte, daß er sich dumm benommen hatte – er sah Verschwörer am Werk, und in Wirklichkeit war da nur ein alter Gook. Mead hatte sich ausgemalt, er würde in der »Blase«, dem geheimsten, elektronisch gesicherten, innersten Bereich der Botschaft, mit dem Phantom zusammentreffen, und nun würde er ihn in einem Raum empfangen, in dem man sonst die Antragsteller von Visen befragte.

Er griff nach dem Telefon, um Lord abzusagen. Warum hatte er das nur getan? haderte er mit sich selbst. Am liebsten hätte er sich

in ein Mauseloch verkrochen. Was sollte er Lord sagen? Die Sache mit Sung und dem Bordell etwa? Daran hatte er gar nicht gedacht.

Aber Mead brachte nicht den Mut auf, noch einmal anzurufen und das Treffen abzusagen. Scheiße, dachte er, das Ganze war ein Fehler. Er würde einfach so tun, als wäre gar nichts geschehen. Er würde in Marshalls Büro gehen, Colonel Waggoner sagen, daß der Botschafter gegen drei zurück sein werde, und dann würde er in seine Unterkunft gehen.

Als Mead aus dem Büro trat, begegnete er einem Offizier der Marines, der die Treppe herunterkam – ein großer, kräftiger Lieutenant mit Fliegerabzeichen und Sonnenbrille. Offiziere der Marines waren in der Botschaft selten zu sehen, wenn man von denen der Botschaftswache einmal absah, und einen Marine-Piloten hatte er noch nie an der Botschaft getroffen.

»Guten Tag, Sir«, sagte Mead, als er an ihm vorbeiging.

Der Lieutenant sah ihn zerstreut an, sagte »Hi« und ging weiter.

Mead sah ihm nach. Piloten waren weniger förmlich als andere Offiziere, das wußte er, aber daß einer »Hi« sagte, hätte er niemals erwartet, und so fragte er sich, ob der Mann wirklich ein Offizier war. Vielleicht war er ein CIA-Agent. Er kam aus dem ersten Stock, wohin ihn auch Lord bestellt hatte – vielleicht war der Mann nur als Pilot verkleidet. Dann rief Mead sich zur Ordnung: Er dachte sich schon wieder Intrigen und Verschwörungen aus, die gar nicht existierten.

Aber was tat ein Pilot der Marines im ersten Stock, und warum benutzte er diese Hintertreppe? Das hatte er sich nicht eingebildet. Aufs neue beunruhigt und nach wie vor besorgt um Marshalls Sicherheit – der alte Gook war schließlich auch keine Einbildung gewesen –, beschloß er nun doch, zu Lord zu gehen.

Im Treppenhaus stieß er auf Lord, der dort in Gedanken versunken stand und sich anscheinend ertappt fühlte. Lord wirkte nicht überrascht oder verärgert, aber die vollkommene Gleichgültigkeit, die er sonst zur Schau trug, schien doch ein wenig aufgelöst, und sein Blick war starr auf die Stufen gerichtet. Mead hatte das Gefühl, daß er ihn überrascht hatte und daß Lord sich Sorgen machte, er könnte jemandem auf der Treppe begegnet sein. Ganz sicher hatte Lord nicht erwartet, daß er diesen Aufgang benutzen würde. Doch Lord hatte sich sogleich gefaßt und wies nach links: »Hier entlang«, sagte er und ging voraus.

Erst als Mead ihm folgte, fiel ihm auf, daß Lord sofort in ein Treffen eingewilligt hatte, ohne irgendwelche Fragen zu stellen, und daß er ihn eben auf den ersten Blick erkannt hatte.

Lord öffnete eine Tür, ging hinein und setzte sich an einen langen Tisch; er überließ es Mead, die Türe zu schließen; dann stand Mead eine Weile da, während Lord ihn mit kalten Röntgenaugen musterte. Schließlich zeigte er auf einen Platz, zwei Stühle von dem seinen entfernt. Mead setzte sich. Steif und unbehaglich wartete er, daß Lord etwas sagte, aber der sah ihn nur durchdringend an. Er beugte sich vor, stützte die Ellbogen auf den Tisch und legte das Kinn auf die Hände. Schließlich hob er den Kopf ein wenig und öffnete auffordernd die Hände.

»Ich möchte wegen Botschafter Marshall mit Ihnen sprechen«, begann Mead. »Also nicht direkt wegen ihm, aber da ist was Komisches ... na ja, vielleicht nicht mal komisch, aber ich finde es merkwürdig, und ich wollte mit jemandem darüber sprechen. Und ich dachte, daß Sie ... Also ich dachte, daß Sie ...«

Erschöpft ließ Mead den Kopf sinken.

Lord machte keinen Versuch, ihm die Sache zu erleichtern. Er wartete.

»Okay«, sagte Mead, und alles sprudelte nun in einem einzigen großen Ausbruch aus ihm hervor. »Ich habe ein Mädchen, die habe ich in einem Bordell kennengelernt, und sie ist auf Heroin, und ich habe sie mit zu mir genommen, und es geht ihr besser, und gestern war so ein alter Gook vor dem Haus, und dann habe ich herausbekommen, daß er in meinem Zimmer war, bei ihr, und ich glaube, da ist irgendwas faul, und das hat mit Botschafter Marshall zu tun. Mit diesem Gook stimmt irgendwas nicht. Ich weiß, das hört sich blöd an, aber ich spüre das einfach. Das war nur ein alter Gook, und er hat mich nach einer Zigarette gefragt, aber er hatte perfekte Zähne, ich meine, die Zähne waren wirklich perfekt, nicht braun von diesem Betel, und alle Vietnamesen haben das, und er hatte noch alle Zähne, das hab ich noch nie gesehen. Nachher ist er dann bei Sung gewesen, das ist das Mädchen, und mein Kumpel Bill Catton, PFC Catton, hat ihn gesehen, und sein Mädchen hat ihm gesagt, daß der Gook ein Doktor wäre, aber das kann nicht sein. Und heute morgen war Sung, ja, sie war irgendwie anders, und ich meine, ich denke mir, das hat irgendwas mit Botschafter Marshall zu tun, vielleicht, daß sie mir folgen, weil sie an ihn rankommen wollen.«

Mead ließ wieder den Kopf sinken. »Ich weiß, das ist alles ganz verrückt. Bestimmt denken Sie, ich bin auf Dope ...« Er sah auf und sagte sehr ernst: »Kennen Sie das, wenn man was spürt? Das kommt einfach so, und dabei wissen Sie, daß es nicht stimmt. Sie können ganz okay sein, und alles ist in Ordnung, und dann ... Sie spüren es einfach.«

Lord stützte das Kinn wieder auf die Hände und sah Mead mit unverändertem Ausdruck an. Dann hob er sein Kinn leicht und begann zu sprechen; nur seine Lippen bewegten sich. Er rührte sich nicht, seine Augen waren fest auf Mead gerichtet, seine Stimme war ruhig und leise. Seine ganze Art hatte etwas Hypnotisierendes, wie die Schlange vor dem Kaninchen, und er sprach so leise und präzise, daß Mead sich unwillkürlich vorbeugte.

»Ich erzähle Ihnen jetzt von einem Franzosen. Wahrscheinlich haben Sie ihn gesehen. Denken Sie gut nach! Versuchen Sie, sich den Mann vorzustellen! Er ist schon älter, um die Sechzig, klein und rund, sehr elegant gekleidet, wahrscheinlich ein weißer Anzug. Sehen Sie ihn? Ein kleiner, fetter Franzose in einem weißen Anzug. Seine Hände sind ständig in Bewegung, wie bei einem Mädchen; er ist sehr leicht erregbar – er kann keinen Augenblick stillsitzen oder -stehen. Und natürlich ist er schwul, das spüren Sie sofort.«

»Ja«, flüsterte Mead, in das Bild versunken, und plötzlich erinnerte er sich an den Franzosen in dem Taxi. »Ja, ich habe ihn gesehen.«

Lords Hände öffneten sich leicht. »Erzählen Sie!« schienen sie zu sagen, und sein Kinn sank auf sie zurück.

»Ich hab ihn vor ein paar Tagen gesehen. An dem Tag, bevor der Gook gekommen ist. Ja, mein Gott, genau, wie Sie gesagt haben. Er war in dem Taxi, in das ich gesprungen bin, und er hat wie ein Schweinchen gequiekt. Und genauso sah er auch aus, wie ein kleines fettes Schwein in einem Anzug. Und Sie haben recht, der Anzug war weiß, und der Kerl ist da herumgehopst, als ob er Würmer hätte oder so was. Er hat mich gebeten, mit ihm Abendessen zu gehen oder so 'n Scheiß, und ganz bestimmt war er 'ne Tunte. Ich hab ihm gesagt, er soll das Maul halten, und er hat auch nichts mehr gesagt, und dann bin ich ausgestiegen, und das war's.«

Lord sah ihn weiterhin unverwandt an und wartete geduldig, daß Mead alles herausarbeitete – in seiner Erinnerung wühlte und alles ausspuckte, was ihm einfiel.

»Ich bin in das Taxi rein, das war gleich bei dem Haus vom Botschafter. Der Franzose saß schon drin, und ich hab dem Fahrer gesagt, er soll mich nach Hause fahren, und dann hat der Franzose sich an mich rangemacht, und dann ... ja, genau, wir sind zu dem Haus gefahren, wo ich wohne, und der Franzose hat bezahlt, und ich bin raus. O Scheiße! Das Taxi hat gewartet, bis ich drin war. So hat er meine Adresse rausbekommen, und am nächsten Morgen war der Gook da.«

Mead sah Lord mit ehrfürchtigem Blick an: »Wie haben Sie das gewußt? Mein Gott, das ist phantastisch. Sie haben das alles in zwei Minuten zusammenbekommen – der Botschafter, der Franzose und der Gook.« Er schüttelte bewundernd den Kopf. »O Mann.«

Mead wartete auf eine Reaktion oder eine Frage, doch Lord saß weiterhin mit undurchdringlichem Gesicht da.

»Also, ich glaube, das wär's«, sagte Mead. »Außer ... da ist noch was mit Botschafter Marshall. Das hat mit dem anderen gar nichts zu tun, aber ich muß mal mit jemandem darüber reden und ... also, ich bin froh, daß ich mit Ihnen reden kann. Bestimmt werden Sie auch gleich begreifen, was ich meine. Es ist nichts Schlechtes ... Eigentlich will ich gar nichts über den Botschafter sagen, weil, er ist sehr nett zu mir, ich meine, wirklich nett. Das hätte ich nie erwartet. Ich dachte, der ist ganz bestimmt ein blöder Hund, aber er ist zu allen sehr nett.«

Noch nie in seinem Leben hatte Mead soviel auf einmal gesprochen; plötzlich brachen alle Dämme, und er wollte Lord sagen, was er empfand und dachte. Er wollte alles ausschütten vor diesem Mann, der so vieles verstand.

»Jedenfalls«, fuhr Mead fort, »ich glaube, er macht wirklich ein paar gefährliche Sachen, da krieg ich jedesmal eine Scheißangst. Er hat überhaupt keinen Leibwächter gewollt, wissen Sie ... Ja, jetzt erinnere ich mich, Sie waren ja dabei, als er und General Abrams fast Streit deswegen bekommen hatten.«

In Gedanken daran schüttelte Mead den Kopf und lachte. Er fühlte sich wunderbar; er sprach mit dem Phantom, das alles wußte und ihm aufmerksam zuhörte; die Vertraulichkeit machte ihn fast etwas benommen. »Scheiße, ich bin fast gestorben, als General Abrams meinen Arsch in den Wagen geschoben hat. Aber er, ich meine, der Botschafter, will immer noch keinen Leibwächter, und die anderen ist er schon losgeworden. Darüber mach ich mir Sor-

gen. Ich muß ihn doch beschützen, oder? Aber ich weiß nicht, wie ich das machen soll. Zum Beispiel heute, da hat er dem Fahrer gesagt, er soll ihn nach Cholon fahren. Ich meine, richtig rein, zu einem Waisenhaus oder Krankenhaus, oder was das war.«

Mead schüttelte den Kopf. »Also, das war ganz schön schlimm – jeder hätte ihn umnieten können, und ich hätte gar nichts machen können. Er hat den Fahrer weggeschickt, und dann ist er mit der Frau... also mit der Lady von dem Waisenhaus«, fügte er rasch hinzu, damit kein Mißverständnis entstand, »sie ist alt... und ziemlich... also, sie ist nicht schön, ich meine, sie ist nicht... Sie wissen schon, sie sind nicht... also, sie sind bloß Freunde, und er will ihr helfen. Jetzt ist er da ganz allein in Cholon. Ich hab ihm gesagt, wie gefährlich das ist, aber ich glaube, er hat das überhaupt nicht begriffen, daß man da ganz schnell... umgelegt werden kann.«

Er zuckte die Schultern. »Das wollte ich Ihnen noch sagen. Er hat es wirklich bald hinter sich, wenn er nicht aufpaßt, aber ich kann nichts dran ändern, der hört nicht auf einen Corporal.«

Lord lehnte sich zurück. Sein Blick verlor ein wenig von seiner Starrheit, und eine Spur von Wärme oder Freundlichkeit trat in seine Augen; der Unterschied war dennoch so deutlich, daß Mead sich so ausgelassen fühlte wie ein Hündchen.

»Ich danke Ihnen, Corporal«, sagte Lord, und seine Stimme klang beinahe freundlich. »Sie haben überaus klug, umsichtig und loyal gehandelt. Gibt es irgend etwas, was ich für Sie tun kann?«

Mead errötete vor Freude. »O nein, Sir. Ich bin nur froh, daß ich etwas tun konnte.«

Lord nickte. »Wenn Sie irgendwann glauben, es gibt etwas, wobei ich Ihnen vielleicht helfen kann...« Ein seltenes Lächeln huschte über seine Lippen. »Selbst wenn Sie *nicht* glauben, es gibt etwas, wobei ich Ihnen helfen kann, dann kommen Sie zu mir!«

Er beugte sich vor. Sein magischer Blick ließ auch Mead unwillkürlich näherrücken. Er flüsterte: »Ich spüre solche Dinge auch. Ich spüre es einfach. Das hat mir schon Hunderte Male das Leben gerettet. Und Sie haben es auch, das weiß ich. Es ist eine seltene und sehr kostbare Begabung. Wir brauchen das.«

Das »wir« ließ Mead erschauern. Das Phantom, der Mann, vor dem er die größte Ehrfurcht empfand, der einen undurchsichtigen Vorfall mit einem alten Vietnamesen in wenigen Minuten durchschaut und auf magische Weise in eine absolut wahre Geschichte von

einer teuflichen Verschwörung verwandelt hatte – dieser Mann hatte die unwiderstehlichsten Worte benutzt, die Mead jemals gehört hatte: »wir« und »brauchen«.

Wenn er noch »Sie« hinzugefügt hätte, wäre Meads Glück vollkommen gewesen. Die CIA lag jenseits aller Vorstellungskraft; sie stand weit über den Marines und dem FBI. Für Mead war sie Hüterin und Inbegriff der Männlichkeit. Diesem Orden anzugehören ging weit über sein Vorstellungsvermögen, und dennoch hatte Lord angedeutet – ja, da war er sich ganz sicher –, daß eine Chance bestand.

Für diese Chance würde Mead alles tun. Er wollte es Lord sagen, aber dann überkam ihn doch die Furcht, Lord hätte es vielleicht gar nicht so gemeint und würde zu lachen anfangen bei der Vorstellung, Mead könnte tatsächlich für ihn arbeiten.

Von Lords Blick in den Bann gezogen, beugte Mead sich noch näher zu ihm und flüsterte zurück: »Sir, wenn ich irgend etwas tun kann, dann sagen Sie es bitte!«

»Das werde ich«, erwiderte Lord. »Da können Sie sicher sein. Irgendwann. Bald.«

Mead nickte.

Lord hob die Hände – wie ein Zauberer, der eine Beschwörungsformel spricht – und sagte: »Aber Sie dürfen niemandem von unserem Gespräch erzählen.«

Wie in Trance schüttelte Mead den Kopf. »Auf keinen Fall.«

Dann brach Lord den Zauber. Er stand unvermittelt auf, und die Vertraulichkeit wich der alten Undurchdringlichkeit seines Ausdrucks.

»Ich danke Ihnen«, sagte er und nickte kurz, zum Zeichen, daß Mead entlassen war.

Mead sprang auf. »Jawohl, Sir. Guten Tag, Sir.« Und er verließ den Raum.

Er lief die Treppe hinunter, unfähig, seine Erregung und Erleichterung im Zaum zu halten. Er hatte mit dem Phantom gesprochen. Vielleicht würde er sogar für ihn arbeiten. Und alles würde in Ordnung kommen. Er hatte Lord von dem alten Vietnamesen und Marshall berichtet, und Lord hatte die Stücke in einer Sekunde zusammengesetzt. Es war unglaublich.

Er war so sehr abgelenkt, daß er zunächst gar nicht erkannte, wer ihn da plötzlich gegen die Wand stieß.

»Ich rede mit dir, du Scheißer. Paß gefälligst auf! Was glaubst du, wer du bist, du Arschloch?«

Mead starrte in ein wütendes schwarzes Gesicht. Gunnery Sergeant Robson Holman stieß ihn noch einmal; sein Kopf schlug gegen die Wand. »Stinkt deine Scheiße jetzt nicht mehr, wo du für das hohe Tier arbeitest? Wenn du mich siehst, dann sagst du gefälligst ›Hallo, Gunnery Sergeant‹, ›Guten Tag, Gunnery Sergeant‹, ›Wie geht es Ihnen, Gunnery Sergeant?‹«

Mead packte die Handgelenke des Mannes und hielt sie so fest umklammert, daß er die Hände nicht mehr bewegen konnte. Holman versuchte, Mead das Knie in die Leisten zu stoßen, aber Mead schob ein Bein zwischen Holmans Schenkel, so daß er sich nicht mehr rühren konnte. »Hau ab, Gunnery Sergeant! Friß Scheiße, Gunnery Sergeant! Leck mich am Arsch, Gunnery Sergeant!«

Die beiden Männer stierten sich gegenseitig an, mörderischer Zorn loderte in den Augen, dann ließ Mead ihn los. Keiner rührte sich; ihr Atem war heiß, ihr Nacken gespannt. Doch dann lächelte Holman böse.

»Das war gar nicht klug, Mead. Dafür wirst du bezahlen, Milchgesicht.«

»Willst du den Nickel sofort, Nigger?«

Holman pfiff leise. »Dumm. Wirklich dumm.« Dann ging er fort.

Mead starrte ihm nach, drehte sich um, weil er spürte, daß jemand ihn beobachtete, und sah Lord am Fuß der Treppe. Sein Ausdruck war so unergründlich wie immer; dann senkte er leicht den Kopf wie zu einem kurzen Nicken und ging weg.

Mead sah auf die Uhr. Es war schon zwei. Marshall konnte jede Minute zurückkommen, und er hatte Colonel Waggoner noch immer nicht informiert. Er hatte Hunger, aber zum Essen war keine Zeit mehr. Er lief durch den Flur in die Halle und von dort zum Aufzug. Holman war längst vergessen, und er schwelgte bereits wieder in seinen Gedanken an Lord und die Möglichkeit, für die CIA zu arbeiten.

Der Wachsoldat in der Sicherheitsschleuse winkte ihn durch. »Wo ist der Mann?« fragte er.

»Keine Ahnung«, antwortete Mead. »Ich bin bloß sein Leibwächter.«

Er ging ins Sekretariat, um sich bei Colonel Waggoner zu melden.

Dolores Toland blickte überrascht auf, und der Mann, der sich vertraulich auf ihren Tisch stützte, zog sich rasch zurück.

Es war der Flieger der Marines, den Mead schon einmal gesehen hatte. »Guten Tag, Sir«, sagte Mead zu dem Lieutenant, dann fragte er die Sekretärin, ob Colonel Waggoner da sei.

»Natürlich ist er da«, erwiderte sie spitz und faßte sich wieder. »Schließlich arbeitet er hier. Wir alle arbeiten hier – wenn wir nicht gerade vormittags oder nachmittags frei haben und zum PX gehen wie Sie.« Sie wandte sich an den Lieutenant und fügte hinzu: »Corporal Mead ist der Leibwächter von Botschafter Marshall, auch wenn man sie nur selten zusammen sieht.«

»Lieutenant Magnuson«, sagte der Offizier und reichte Mead die Hand. Er sah ihn aufmerksam an und versuchte sich zu erinnern, wo er ihn schon einmal gesehen hatte. »Freut mich, Corporal. Ich werde für den Botschafter fliegen.«

Weil er Stimmen hörte, kam Waggoner ins Zimmer, bei ihm war Lieutenant Colonel Romer.

»Wo ist der Botschafter?« fragte er.

»Ich weiß es nicht genau, Sir«, antwortete Mead. »Nachdem wir den Präsidentenpalast verlassen hatten, hat Botschafter Marshall beschlossen, nach Cholon zu fahren.«

»Nach Cholon?«

»Ja, Sir. Er wollte die Klinik oder das Waisenhaus besuchen, wo diese Frau arbeitet, die vor kurzem hier war.«

»Um Himmels willen«, murmelte Waggoner.

»Dann sind die beiden essen gegangen. Er hat mir befohlen, hierher zurückzufahren.«

»Botschafter Marshall ist ohne jeden Personenschutz in Cholon?« rief Waggoner.

»Er hat mir befohlen, ihn allein zu lassen. Was hätte ich machen sollen?«

Waggoner wandte sich an Romer. »Das ist ja unglaublich. Da läuft der persönliche Vertreter des Präsidenten der Vereinigten Staaten völlig frei in Cholon herum – das ist so, als liefe ein Rabbi nackt durch Mekka.«

Romer lachte. »Wenn Sie ihn bei General Westmoreland erlebt hätten, würden Sie das glauben.«

Gerade in diesem Augenblick betrat Marshall den Raum. Die drei Offiziere und Mead salutierten.

Marshall grüßte und fragte: »Ist das ein Staatsstreich?«

Er bemerkte die Sekretärin hinter den Männern. »Oder bringt Ihnen Miss Toland Stenographie bei? Die belästigen Sie doch nicht, Dolores, oder?«

Waggoner trat vor. »Wir waren gerade dabei, einen Suchtrupp nach Ihnen auszuschicken, Sir.«

»Na schön, ich danke Ihnen, aber heute besteht kein Bedarf nach Heldentaten. Allerdings wird Corporal Mead mein Jackett und meine Krawatte retten gehen müssen – ich habe sie in der Klinik vergessen. Leider ist auch die Adresse in der Jackentasche, Corporal. Ich habe keine Ahnung, wo das war. Vielleicht weiß es der Fahrer noch. Ich weiß nur, daß es in der Nähe der Kirche des heiligen Franz Xavier liegt, denn der Priester kam daher.«

»Das ist die Kirche, in der die Diems ermordet worden sind«, bemerkte Waggoner. »Cholon ist äußerst gefährlich, Herr Botschafter. Es wimmelt dort von Vietcong.«

»Ich weiß«, erwiderte Marshall. »Deshalb schicke ich ja Corporal Mead meine Jacke holen, statt selbst zu gehen.«

Magnuson lachte laut auf, doch sogleich nahm er sich zusammen: »Ich bitte um Verzeihung, Sir.«

Marshall sah ihn fragend an, und Waggoner sagte schnell: »Das ist Lieutenant Magnuson, Sir. Er ist Ihnen vom MACV als Pilot zugewiesen worden. Er ist in der Lage, sowohl düsen- und propellergetriebene Starrflügler als auch Hubschrauber zu fliegen.«

Marshall schüttelte ihm die Hand. »Das ist beeindruckend, Lieutenant. Wir werden bestimmt gut miteinander auskommen.«

Er wandte sich Romer zu und schüttelte ihm die Hand. »Ich freue mich, Sie wiederzusehen, Colonel. Ich hätte zwar nie an General Westmorelands Wort zu zweifeln gewagt, aber ich weiß, wie unangenehm es ihm war, Sie mir zu überlassen.« Er wandte sich wieder Magnuson zu. »Es ist mir zwar unangenehm, aber ich muß Sie trotzdem fragen: Sind Sie wirklich Pilot? Es würde mich gar nicht wundern, wenn er mich mit dem Verpflegungsoffizier in die Luft schickte.«

Magnuson lächelte. »Jawohl, Sir. Ich bin wirklich Pilot. Ich war beim Marine Air Wing in Da Nang.«

»Warum schicken die einen Marineflieger aus Da Nang her?« fragte Romer.

»Ich weiß nicht, Sir«, erwiderte Magnuson. »Vielleicht wegen

der Rotation. Aus demselben Grund haben sie Corporal Mead von der DMZ hergeschickt.« Er lächelte. »Sie haben Army-Colonels für die Kopfarbeit; wahrscheinlich brauchen sie noch ein paar Marines für die Drecksarbeit: zum Beispiel um Jacketts für den Botschafter zu holen oder ihn durch das Land zu kutschieren.«

Mead war der einzige, der nicht lachte. Wie konnte Magnuson wissen, daß er von der entmilitarisierten Zone gekommen war?

»Nun«, sagte Marshall, »ich bin jedenfalls froh, daß Sie alle hier sind. Ich glaube, wir sind ein sehr gutes Team.« Er zeigte auf das Nebenzimmer. »Geben wir Dolores ihr Büro zurück. Corporal, wenn Sie mein Jackett vor dem Vietcong retten, sorge ich dafür, daß Sie einen Orden bekommen.« Er griff nach seiner Brieftasche. »Nehmen Sie ein Taxi, ich brauche den Wagen noch kurz. Bringen Sie es einfach morgen früh mit; heute brauche ich Sie nicht mehr. Verdammt, ich habe gar kein Geld, ich habe es... Kann jemand mir etwas Geld für Corporal Mead leihen?«

Alle griffen nach ihren Brieftaschen.

»Ist schon gut, Sir, ich habe genug«, sagte Mead.

»Ich gebe es Ihnen morgen zurück. Dolores, würden Sie mich bitte daran erinnern.«

Marshall bat die Herren in Colonel Waggoners Büro; dort setzte er sich zwanglos auf den Schreibtisch.

»Colonel Waggoner kümmert sich um die Terminplanung. Er arrangiert Besprechungen, Zusammenkünfte, Verabredungen und so weiter. Colonel Romer übernimmt die Koordination für meine Besuche im Feld. Sie wissen, wohin ich will, Colonel, und wenn Sie meinen, ich sollte auch noch andere Orte besuchen, dann arrangieren Sie das ebenfalls. Sagen Sie Lieutenant Magnuson Bescheid, und er wird uns dann hinbringen. Ich bin sicher, die Zusammenarbeit wird reibungslos funktionieren. Sie tun die ganze Arbeit, sagen mir, wann ich wohin soll, und ich stelle den Körper zur Verfügung. Noch irgendwelche Fragen? Gut. Ich muß jetzt ein wenig nachdenken.«

Er stand auf und ging in sein Büro.

»Cholon«, sagte Waggoner ungläubig in Richtung der geschlossenen Tür. »Leiht sich Geld von einem Corporal. Großer Gott.« Dann schüttelte er den Kopf und seufzte. »Das ist der Mann, für den Sie arbeiten, Lieutenant.«

Magnuson runzelte die Stirn, und unwillkürlich brachte er zum Ausdruck, was ihm gerade am meisten Sorge bereitete: »Ja. Aber er gefällt mir.«

Wilson Abbot Lord, mit Abstand der kälteste Hund, dem er jemals begegnet war, dachte Magnuson, hatte ihn vor dieser Möglichkeit nicht gewarnt. Lord hatte vage von einem »Spezialeinsatz« gesprochen, aber er, Magnuson, wußte nur allzugut, was das bedeutete, und er hatte Lord deutlich gemacht, welches Unbehagen ihm diese Arbeit bereitete. Er hoffe, damit sei es nun vorbei, hatte er ihm gesagt, aber Lord war darüber hinweggegangen. Er war aus Da Nang hergeholt worden, weil er einen »drop« machen sollte, wie sie es nannten, wenn sie jemanden in großer Höhe aus dem Flugzeug warfen. Doch sie hatten ihn nicht hergeholt, weil sie einen NVA-Verdächtigen ins Meer abladen wollten: diesmal ging es um etwas anderes, etwas ganz Besonderes. Er hatte den Verdacht, das Opfer, dessentwegen man ihn hergeholt hatte, war der Mann, für den er arbeitete – Marshall, der Sonderbotschafter des Präsidenten.

Nun zeigte sich aber, daß dieser Marshall ihm gefiel. Er hatte keines seiner Opfer gekannt – nicht daß dies einen Unterschied gemacht hätte, denn er hatte gar keine andere Wahl gehabt, so wenig, wie er sie jetzt hatte. Er konnte Wilson Abbot Lord nicht sagen, daß er den Auftrag nicht ausführen wolle, denn das wäre reiner Selbstmord. Er wußte, er würde genau das tun, was man ihm befahl.

Schwierigkeiten konnte allerdings der Corporal machen. Offenbar war er nicht sonderlich schlau, aber er hatte Magnuson aus dem zweiten Stock kommen sehen, in dem die CIA ihre Büros hatte. Er mußte Lord sagen, daß er möglicherweise kompromittiert war; dann würde er dieses Problem Lord überlassen.

21

Obwohl niemand das angesichts seiner unerschütterlichen Ruhe erwartet hätte, konnte Lord am besten nachdenken, wenn er in Bewegung war.

Alles an diesem Mann war Täuschung: die Gleichgültigkeit verdeckte seine Ruhelosigkeit, und unter der kühlen Oberfläche brannte die Flamme eines Glaubenseiferers.

Jetzt, nach dem Treffen mit Mead, konnte er unmöglich stillsitzen. Sein Verstand war derart aktiv, daß er sich Erleichterung verschaffen und die aufgestauten Energien abarbeiten mußte.

Er verließ den Raum und kam gerade in dem Augenblick die Treppe herunter, als Mead und Holman aneinandergerieten. Er sah ihnen unbewegt zu, dann ging er weiter. Der Marine verstand es offenbar, sich seiner Haut zu wehren; vielleicht konnte er ihm auch nützlich sein, obgleich Lord sich nicht gerne auf jemanden verließ, der so dumm war oder in solchen Schwierigkeiten steckte – und ein Junge von zwanzig Jahren, der schon einmal Drogenprobleme gehabt hatte und mit einer vietnamesischen Nutte zusammenlebte, konnte schon Schwierigkeiten machen. Er würde darüber noch sorgfältig nachdenken müssen, das war ihm klar.

Lord wußte, daß man ihn das Phantom nannte, aber dieser Spitzname war irreführend. Es geschah nicht aus Freude am Heimlichtun, wenn er in den einsamsten Stunden herkam und mitten in der Nacht durch die Gänge geisterte, sondern weil er nachdenken wollte. Gerne hätte er mit jemandem gesprochen, aber da das nicht möglich war, mußten die Beine die Zunge ersetzen.

Das Schweigen, die Unmöglichkeit, über seine Arbeit zu sprechen, war der schwierigste Teil in seinem Leben. Es war schlimmer als ein Mönch zu sein, denn worüber hätte ein Mönch schon reden können? Welche aufregenden Dinge hatte er mitzuteilen? Welche Geheimnisse brannten ihm auf den Lippen? In einem Kloster gab es nichts zu reden. Dagegen in seiner Welt: Was für Geschichten waren da zu erzählen: Lügen, Mordanschläge und Intrigen, die einen Borgia vor Neid hätten erblassen lassen.

Aber es gab niemanden, dem er sie hätte erzählen können. Es

hatte einmal solch einen Menschen gegeben, doch vor siebzehn Jahren war sein von Haien zerfetzter Körper, mit Stacheldraht gefesselt, an die Küste von Inchon geschwemmt worden.

Seitdem hatte er niemanden mehr. Einer Frau durfte man keinesfalls Geheimnisse anvertrauen – nicht aus Angst, betrogen zu werden, obwohl auch damit stets zu rechnen war, denn kein Spion führte eine gute Ehe, sondern ihrer Sicherheit wegen: Was sie nicht wußte, konnte ihr und ihm nicht gefährlich werden – was sie aber wußte, konnte tödlich sein.

In der Agency gab es niemanden, mit dem er hätte sprechen können, nicht über Intimes oder Persönliches.

Quis custodiet ipsos custodes? Wer aber wacht über die Wächter? Sie überwachten sich selbst. Angst und Verrat sorgten für Vorsicht und Zurückhaltung: Wie in einem selbstreinigenden Ofen verwandelten sich die Fehler und Mißgriffe der Agency schnellstens in Asche.

Aber welcher Geheimagent hätte nicht gerne über seine Arbeit gesprochen und alles erzählt? Wer hätte sich nicht nach Aufmerksamkeit gesehnt? Seht her, wie clever ich gewesen bin, cleverer als alle anderen! Wozu taugt eine großartige Leistung, wenn niemand von ihr weiß? Das war der schwierigste Teil, fand er: sein Ich hinunterzuschlucken, zu akzeptieren, daß niemand erfuhr, was er tat – Schweigen. Wie bei einem perfekten Mord, dessen schwierigster Teil war, dafür zu sorgen, daß er auch perfekt blieb.

Er wollte, er hätte jemanden, mit dem er jetzt reden konnte, jemanden, mit dem er all die komplizierten Möglichkeiten durchgehen konnte, denn was er da eben erfahren hatte, war diffiziler und folgenreicher als alles, was ihm jemals begegnet war.

Es war an der Zeit, Jeffrey Gibbon ins Vertrauen zu ziehen; es war an der Zeit, ihn auf die Probe zu stellen. Er hatte Gibbon sorgfältig ausgewählt. Ihm gefiel sein Werdegang – Dartmouth, seine sportlichen Aktivitäten, der Militärdienst, seine politische Betätigung –, und er wußte, daß Gibbon ihn schätzte, aber er hätte lieber noch etwas länger mit Gibbon gearbeitet, bevor er ihn solch einem Test unterzog. Aber er hatte keine Zeit mehr. Wegen Marshall bestand die Gefahr, daß der Krieg niemals gewonnen würde; Tausende von Männern wären umsonst gestorben.

Lord marschierte durch die Korridore und konzentrierte sich auf das Problem, das er zu lösen hatte: Meads »alter Gook« war Bui

Cao Kim; da konnte gar kein Zweifel bestehen. Seine Zähne waren sein ganzer Stolz und daher auch sein Verderben. Daß der Mann nicht kapierte, welch eine Blöße er sich damit gab, oder wenigstens auf den simplen Gedanken kam, sie zu schwärzen, wunderte sich Lord.

Und das »kleine fette Schwein im weißen Anzug, der herumhopste, als hätte er Würmer«, war natürlich Bernard Lacouture. Eine perfekte Beschreibung, dachte Lord – das immerhin mußte man dem dummen Marine lassen.

Welch ein Paar: Lacouture und Kim. Aber was hatten sie vor? Ob Lacouture sich in den Marine vergafft hatte? Das wäre immerhin eine Erklärung für seine Zerstreutheit während ihrer Unterredung. Natürlich! Lacoutures Erregung war nicht Angst, sondern Liebe gewesen. Du lieber Himmel, er hatte sich in einen Marine verliebt.

Was für ein unglaublicher Glücksfall, dachte Lord. Einen besseren Hebel als Liebe und sinnliche Begierde konnte man sich gar nicht wünschen. Er, Lord, besaß den Marine, den Lacouture haben wollte. Vielleicht würde er ihm Mead geben, dadurch ersparte er sich das zeitraubende Täuschungsmanöver mit den Konten und den fingierten Geldüberweisungen. Später würde er den armen sodomisierten Marinesoldaten dann aus Rache töten lassen. Alles paßte wunderbar zusammen. Und außerdem: mit Mead in Lacoutures Bett blieb er über sämtliche Schritte, die Lacouture unternahm, stets auf dem laufenden, und er konnte sicher sein, daß Lacouture kein falsches Spiel trieb, wenn er das Treffen zwischen Marshall und der NVA arrangierte.

Dieses Treffen – oder vielmehr Marshalls Überzeugung, daß es echt sei – war der entscheidende Punkt. Dadurch würde Marshall wie ein Dummkopf dastehen, der den ebenso mörderischen wie betrügerischen Kommunisten in die Falle gegangen war, und er würde glauben, eine Friedensmission anzutreten, wie Hitlers armer, verrückter Hess, während er in Wirklichkeit in einen Hinterhalt lief, den Lord für ihn vorbereitet hatte.

Mit diesem Szenario wäre dann auch das leidige Problem mit Lieutenant Magnuson gelöst, den leider heftige Gewissensbisse plagten, wie Lord gerade hatte erfahren müssen. Der Mann war in der Vergangenheit nützlich gewesen, und auch in dieser Mission würde er noch von Nutzen sein, aber dann würde man ihn ausschal-

ten müssen; ein schlechtes Gewissen führte zu Schuldgefühlen und – schlimmer noch – zu dem Bedürfnis, sich zu offenbaren. Das war ein untragbarer und tödlicher Fehler.

Lord hatte stets noch einen Ersatzplan in der Hinterhand. Nur selten verliefen Operationen wie vorgesehen. Gibbon würde in Aktion treten, falls das Treffen zwischen Marshall und der NVA nicht zustande kam.

Er ging die Treppe in sein Stockwerk hinauf.

Gibbon, der, die Füße auf dem Tisch, in seinem Stuhl zurückgelehnt dasaß, sprang auf.

»Tag, Mr. Lord.« Er hielt ein Heft in die Luft, in dem er gelesen hatte. »Ich sehe mir gerade die Huey an.«

»Was gelernt?«

Gibbon schüttelte den Kopf. »Das ist wie bei den Pin-ups. Ich hab das wirkliche Ding gesehen, da brauch ich keine Bilder zur Erinnerung.«

»Kommen Sie mit!« sagte Lord kurz angebunden. »Wir machen einen Spaziergang.« Und er ging aus dem Zimmer.

Gibbon warf das Handbuch auf den Tisch und folgte ihm rasch. Er wußte, daß es ernst wurde. Er hatte Lord schon oft gesehen, wenn er durch die Flure wanderte, und er wußte, daß er dabei nachdachte. Auf diesen Augenblick hatte er gewartet. Bisher hatte Lord ihn höflich und taktvoll behandelt, aber er hatte stets auch große Distanz gewahrt. Er spürte, daß die Probezeit vorüber war; jetzt stand ihm der erste wirkliche Test bevor.

Lord ging ins Erdgeschoß hinunter, dann durch die Halle hinaus ins Freie, und Gibbon folgte ihm respektvoll mit einem halben Schritt Abstand.

Gibbon setzte seine Fliegersonnenbrille auf.

»Nehmen Sie die ab, Jeffrey! Ich will Ihre Augen sehen, wenn ich mit Ihnen rede.«

Gibbon steckte sie wieder ein.

»Ich bin 1947 zur CIA gegangen«, sagte Lord tonlos. »Nach dem College.«

Er sagte nicht Harvard, bemerkte Gibbon, aber er wußte, daß Lord dort gewesen war. Das war kein Routinevortrag; er hatte das Gefühl, daß er möglicherweise der erste war, dem Lord das erzählte.

»Das war mein erster Job, mein erster Ausflug in die wirkliche

Welt. Ich komme aus einer ziemlich reichen Familie. Zu dieser Zeit hatte Bradley Marshall – wir sind etwa im gleichen Alter – schon im Zweiten Weltkrieg gekämpft; er hatte dreiundzwanzig Landeunternehmungen im Pazifik hinter sich, hatte einen Silver und einen Bronze Star bekommen und war zweimal verwundet worden. Und seine Familie war noch reicher als meine. Was glauben Sie, weshalb ist er mit siebzehn zu den Marines gegangen?«

»Weil er von zu Hause weg wollte«, antwortete Gibbon. »Sein Vater war Alkoholiker und seine Mutter eine Zicke aus Newport.«

Lord nickte. »Also 1947 begann ich, für die CIA zu arbeiten, und Marshall ging nach Harvard. Anfang der fünfziger Jahre landeten wir beide in Korea. Für mich war es der erste Auslandseinsatz. Aber warum war er da, Jeffrey?«

Sie waren um das Gebäude herumgelaufen und gingen allein über den riesigen Rasen.

Gibbon zog sein Jackett aus und hängte es sich über die Schulter. »Ich weiß, daß Sie meine sexuellen Vergleiche nicht mögen, Sir, aber das einzige, womit ich den Krieg vergleichen kann, ist Ficken. Wie würden Sie das beschreiben? Ein gutes Gefühl? Ein Erdbeben?«

»Ich habe nichts gegen Ihre sexuellen Vergleiche, Jeff, ich habe nur noch nicht die Hoffnung aufgegeben, daß Sie sich auch einmal etwas klüger und niveauvoller artikulieren.«

Gibbon sagte trocken: »Es gibt ein Gemälde von Goya, *Saturn verschlingt seine Kinder*, das den Krieg darstellt. Saturns Gesicht, während er seinen Sohn auffrißt, zeigt einen Ausdruck von Verzükkung und Raserei. Der Krieg ist Raserei – der entfesselte Egoismus der Gene, die ihre Existenz herausschreien. Wir lieben den Krieg – mehr als irgend etwas sonst. Er ist noch anziehender als Sex. Der Krieg, das ist der Mann, wie er nackt ist, pulsierend und kristallisiert. Marshall ist wieder in den Krieg gegangen, weil er ihn liebte.«

Lord blieb stehen und sah Gibbon an.

Gibbon grinste. »Und Sie dachten, ich bin nur ein netter Junge.«

Lord musterte Gibbons Augen. »Warum ist Marshall so gefährlich?«

Gibbon zuckte mit keiner Wimper unter Lords prüfendem Blick. »Weil er sich davor fürchtet, was er an sich erfahren hat. Er will den Krieg nicht lieben. Er hat einen Bissen von dem Apfel gegessen, und jetzt will er ihn wieder auswürgen; er will das Übel wieder in die Büchse sperren, er wünscht sich den Geist zurück in die Flasche.«

Gibbon schüttelte den Kopf. »Aber das geht nicht. Ein Mann kann den Krieg nicht einfach vergessen.«

Lord sah ihn schweigend an, dann lächelte er mit einer Wärme und einem Stolz, die nicht gespielt waren; er nahm den Gang wieder auf.

»Ich war etwa im selben Alter wie Sie jetzt, als ich nach Korea ging. Ich glaubte an unsere Sache. Ich war jung und voller Leidenschaft.«

Er sprach mit einer Inbrunst, die Gibbon noch nie an ihm erlebt hatte. »Das war damals tatsächlich wie im Film. Es gab wirklich Russen in Trenchcoats und Geheimtreffen. Mein Partner war ein Mann, den ich schon seit Jahren kannte. Wir waren zusammen im College gewesen und hatten uns sogar gemeinsam mit Mädchen verabredet. Er hieß Brent Harwood.«

In seine Erinnerungen versunken, schüttelte er den Kopf. »Es war schrecklich. Wir waren auf einer Mission, die mit der Landung auf Inchon in Zusammenhang stand. Wir operierten weit hinter den feindlichen Linien und hatten fürchterliche Angst. Hunderte Male dachten wir, jetzt ist es aus. Wir haben uns gegenseitig unser Herz ausgeschüttet, und nachts haben wir uns wie Verliebte aneinandergedrängt, damit es uns warm wurde. Wir sprachen davon, gemeinsam alt zu werden.«

Lord blieb stehen und sah Gibbon an. »Er war der einzige Mensch, dem ich jemals nahegestanden habe. Die Chinesen haben ihn gefangen. Sie haben ihn mit rasiermesserscharfem Stacheldraht gefesselt und lebendig ins Meer geworfen.«

Lord holte seine Sonnenbrille hervor und setzte sie auf; in sachlichem Ton fuhr er fort: »Was von ihm übrig war, hat das Meer ein paar Tage später an den Strand geschwemmt. Er hatte gekämpft, um sich zu befreien, und sich dabei überall blutig geschnitten; dann waren die Haie gekommen.«

Er nahm seinen Gang wieder auf. »Danach habe ich nie mehr jemanden so nahe an mich herangelassen. Und ich habe noch nie jemandem von Brent erzählt.«

Er schwieg; sie erreichten den Zaun an der Rückseite des Botschaftsgeländes und gingen daran entlang.

»Der Kommunismus ist eine bösartige Wucherung, gegen die ich seit zwanzig Jahren kämpfe«, fuhr Lord mit kaum verhülltem Zorn fort. »Er steckt in den Lymphknoten und breitet sich ständig aus.

Jetzt ist er in Vietnam, und wenn sie gewinnen, verwandeln sie dieses Land in ein Gefängnis wie Rußland, China und Nordkorea.«

Der Zorn brach durch, und Gibbon war überrascht von seiner Intensität.

»Marshall wird das alles geschehen lassen. Er denkt an seinen Sohn, als hätten andere Leute keine Söhne, und er beruft sich auf Prinzipien und das Gewissen und die Moral, und er wird zulassen, daß die Kommunisten hier die Macht übernehmen.«

Voller Zorn fuhr er fort: »Meine Aufgabe ist es, dafür zu sorgen, daß sie es nicht schaffen, und es ist mir scheißegal, auf welche Weise das geschieht. Das Gewissen überlasse ich den Historikern – nachdem ich sichergestellt habe, daß es unsere Historiker sein werden, die diese Geschichte schreiben. Dann sollen die sich meinetwegen mit den Feinheiten von richtig und falsch, Gut und Böse, Mittel und Zweck auseinandersetzen. Dann sollen die in den Akademien sich ruhig über die Einzelheiten in die Haare geraten und die Liberalen mit dem Finger auf die Unklarheiten zeigen, wie die in den Karren auf dem Weg zur Place de la Concorde sich um den neuen Kalender stritten – war es im Fructidor oder im August, daß ihre Köpfe rollen sollten? Und wie so viele Juden sich noch in den Waggons auf dem Weg nach Dachau über rabbinische Fragen den Kopf zerbrochen haben.«

Er blieb stehen und nahm die Sonnenbrille ab. Er sah Gibbon in die Augen, und seine Stimme war ruhig. »Ich mag die Gewalt nicht. Sie macht die Menschen brutal und dumm. Und sie vernebelt den Verstand. Terror macht blind. Ich bin entschieden gegen das Phoenix-Programm, und ich habe Langley meine Einwände vorgetragen.«

»Das habe ich nicht gewußt, Sir. Ich dachte, alle stünden hinter dem Programm.«

»Alle außer mir. Es ist schon dabei, außer Kontrolle zu geraten. Mit der Gewalt ist das immer so. Wenn wir es den unteren CIA-Agenten und den vietnamesischen Behörden vor Ort überlassen, Vietcongkader zu identifizieren und zu eliminieren, dann wird das Programm schon bald nichts anderes mehr sein als ein wahlloses Morden. Bald wird es einen Wettkampf um das Aufspüren feindlicher Kader geben, dann wird man Quoten setzen, und das eigentliche Ziel – die Beschaffung von Informationen – wird aus dem Auge verloren sein, weil nur noch der *body-count* zählen wird.«

Lord schüttelte den Kopf. »Gewalt ist fast immer kontraproduktiv. Und sie läßt sich nicht rückgängig machen. Man kann seine Meinung ändern, Ideen modifizieren und Theorien revidieren, aber Gewalt kann man nicht ungeschehen machen. Sie schlägt Wunden und schafft Feinde. Die Menschen greifen so leicht danach, und dann gewöhnen sie sich daran.«

Er sah Gibbon fest in die Augen. »Gewalt ist fast immer ein Fehler. Ich möchte, daß Sie sich das einprägen. Ich möchte, daß Sie das lernen.«

»Ja, Sir.«

»Aber es gibt Situationen, da ist sie absolut notwendig – wenn es keine Alternative gibt.«

»Ja, Sir.«

»Ich glaube, daß solch eine Situation eingetreten ist. Ich werde Sie bitten, etwas für mich zu tun, aber Sie sollen wissen, daß Sie es nicht tun müssen. Sie sind kein Roboter. Sie sind nicht meine Marionette. Ich bin kein Roboter oder die Marionette von irgend jemandem. Ich habe schon Aufträge abgelehnt – das ist nicht nur unser Recht, es ist manchmal sogar unsere Pflicht. Haben Sie das verstanden?«

»Ich habe verstanden, Sir.«

»Und ich schwöre Ihnen bei Brent Harwoods Leiche, die ich aus dem Meer gezogen habe, daß ich es Ihnen nicht übelnehmen werde, wenn Sie ablehnen. Es wird unser Verhältnis und die hohe Meinung, die ich von Ihnen habe, überhaupt nicht beeinträchtigen.«

»Ja, Sir.«

»Ich möchte, daß Sie Botschafter Marshalls Hubschrauber zum Absturz bringen, und ich will, daß Sie die Maschine so präparieren, daß die wahre Ursache niemals gefunden werden kann.«

Gibbon sah Lord unverwandt an und zögerte keinen Augenblick. »Wann wollen Sie, daß ich es mache, Sir?«

»Ich werde nicht hinter Ihnen stehen, falls etwas schiefgeht. Ich habe Ihnen nicht den Befehl dazu gegeben. Tatsächlich haben wir nie darüber gesprochen.«

»Verstehe, Sir.«

Lord nickte. »Ich sage Ihnen dann Bescheid.«

Gibbon wandte den Blick nicht ab. »Ich bin noch nie in meinem Leben jemandem in den Arsch gekrochen, aber ich möchte, daß

Sie eines wissen, Mr. Lord: Ich glaube an Sie. Und ich danke Ihnen für Ihr Vertrauen, Sir. Ich würde alles tun, was Sie sagen, Sir.«

»Ich danke Ihnen, Jeff. Ich danke Ihnen vielmals«, sagte Lord aufrichtig.

Bernard Lacouture fühlte seinen Puls; er raste. Er hielt sich die Brust; sein Herz schlug wie wild.

O dieser verkommene Gook, er bringt mich noch um, dachte Lacouture wütend. Das Herz eines Menschen war nur für eine gewisse Anzahl Schläge bestimmt, und während er auf Bui Cao Kim wartete, verbrauchte er, was eigentlich für Jahre gedacht war.

Seit fünf Stunden saß er schon auf der Terrasse des Continental; sogar die lunchenden Amerikaner hatte er ertragen. Ich müßte längst tot sein, dachte er. Dieses vulgäre Volk. Und dieser Lärm.

Kim hatte das absichtlich gemacht, dieser bösartige, sadistische Zwerg. Das würde er ihm büßen.

Der ganze Tag war verdorben. Er hatte nicht einmal Zeitung lesen oder sich auf irgend etwas konzentrieren können, selbst auf sein Gespräch mit Lord nicht.

Der Gedanke an Wilson Abbot Lord ließ ihn schaudern. Welch ein Reptil! Ein amerikanischer Bui Cao Kim, nur nicht so vertrauenswürdig. Ein Betrüger durch und durch, weil er an das glaubte, was er tat.

Fanatiker waren sie, diese Amerikaner. Erschreckend. Weil sie so jung und unreif waren, dachte Lacouture.

Die Deutschen waren ebenfalls erschreckend, aber bei ihnen handelte es sich um einen vorzeitigen Stillstand der Persönlichkeitsentwicklung – um anale Fixierung, wie sie im Buche stand. Auch die Chinesen und die Vietnamesen waren furchterregend, doch sie waren nichts als blutrünstige Primitive.

Die Amerikaner waren einfach nur gefährlich – all der Unsinn über Ideale und Prinzipien. Und dann die Religion!

Die Heuchelei! Die Selbstgerechtigkeit! Die Dummheit!

Daß Lord tatsächlich meinte, er nähme ihm das mit dem Bankkonto und der Überweisung ab!

Köstlich!

Die Amerikaner wollten ihren eigenen Sonderbotschafter umbringen – wen sonst konnte Lord gemeint haben? –, ein vernünftiger Wunsch, ohne Zweifel, und ganz sicher nichts Ungewöhnliches,

aber zu glauben, er, Lacouture, würde auf das bloße Versprechen einer Banküberweisung zu helfen bereit sein – eine Unverschämtheit!

Bar auf die Hand! Die Hälfte im voraus, das würde er verlangen. Das Geld würde persönlich übergeben, dann in Hongkong gewaschen und schließlich auf seinem Schweizer Nummernkonto deponiert; dann erst und nur dann würde er Marshall den Köder hinhalten und den Plan zur Ausführung bringen.

Seine Aufgabe war dabei der leichtere Teil. Politiker und Diplomaten waren hoffnungslos leichtgläubig. Der schwierigere Teil – den Piloten beschaffen, das Flugzeug ins Zielgebiet bringen, der Abschuß durch den Feind – hing von anderen ab. Mit unabsehbarem Ausgang; deshalb verlangte er ja sein Geld im voraus – er hatte keine Lust, es sich entgehen zu lassen, nur weil ein Pilot die Karte nicht lesen konnte oder ein kurzsichtiger Soldat eine russische Rakete benutzte, die wahrscheinlich doch nicht funktionierte.

Jawohl. Bar auf die Hand! Für ihn und seinen Wilden. Wenn Lord es ernst meinte, zahlte er anstandslos – so einfach war das. Wenn Lord wegen des Geldes zögerte, gab es eben keinen Handel.

Genug Geld hätte er dann trotzdem – von den Kommunisten. Die zahlten zwar nicht so viel wie Lord, aber für den Ruhestand in Cannes reichte es trotzdem. Das Angebot der Kommunisten war in Ordnung, da hatte er keine Zweifel: Wenn sie Geld boten, dann meinten sie es auch.

Er hatte gleich nach dem Gespräch mit Lord Verbindung zu den Kommunisten aufgenommen. Sie hatten erstaunlich schnell reagiert – allerdings nicht so, wie Lord es sich gewünscht hatte. Sie waren bereit, ein Treffen mit diesem wichtigen Amerikaner zu arrangieren, aber nicht um ihn zu töten, sondern um mit ihm zu verhandeln.

Jetzt würden beide Seiten, die CIA und die NVA, ihn für das Zustandekommen dieser Begegnung bezahlen. Und er würde dafür sorgen, daß dieses Treffen auch tatsächlich zustande kam. Was dann dort geschah, ob man mit Marshall verhandelte oder ihn umbrachte, konnte ihm gleichgültig sein. Er brauchte nur dafür zu sorgen, daß Wilson Abbot Lord nichts von den wahren Absichten der NVA erfuhr – eine riskante Sache, aber er war zuversichtlich.

Er griff an sein Handgelenk; der Puls war vollkommen normal. Erleichtert atmete er auf.

Doch dann sah er, wie Bui Cao Kim die Treppe heraufkam, sich buchstäblich heraufschlich wie in einem lächerlichen Melodram, und plötzlich bekam Lacouture keine Luft mehr, und in seiner Brust pochte es wild.

Kim lauerte verstohlen nach allen Seiten.

Idiot! hätte Lacouture schreien mögen. Das machst du jeden Tag; von hier bis Mandalay gibt es niemanden, der nicht wüßte, wer du bist und was du tust.

Kim schlich sich näher.

Dummkopf! Lacouture griff sich an die Brust. Er würde noch sterben, bevor dieser elende Gook an seinem Tisch angelangt war.

Endlich stand Kim neben ihm; er blickte sich noch ein letztes Mal um, dann zog er ein zusammengefaltetes Blatt Papier aus seiner Tasche und legte es vor Lacouture auf den Tisch.

Lacouture griff hastig danach und zerriß es fast, als er es zu entfalten versuchte. Seine Hände zitterten so heftig, daß er kein Schriftzeichen lesen konnte; er bemerkte nur, daß das Haus auf dem Kopf stand. Dummkopf!

Er stieß sich hoch und wäre beinahe umgefallen, denn seine Beine waren eingeschlafen. Er fing sich wieder und steckte den Zettel in die Jackentasche. »Komm!« sagte er, warf ein paar Geldscheine auf den Tisch und stelzte quer über die Terrasse, wobei er alle drei, vier Schritte ein Bein ausschüttelte, um es wieder zum Leben zu erwecken, während er zugleich seine Würde zu bewahren und den Marmeladenfleck auf seinem Jackett zu verbergen suchte.

»Wo bist du gewesen?« schrie er fast, als sie endlich den Gehweg erreichten.

Kim antwortete auf japanisch.

»Was?« schrie Lacouture.

Kim wiederholte geduldig auf japanisch.

»Ach, Mr. Lord hat dich auch gesehen«, erwiderte Lacouture in ärgerlichem Französisch. »Er kennt dich genauso gut, wie du ihn kennst. Und rede französisch; ich kann auf japanisch nicht denken. Also, was ist jetzt?«

»Er wohnt da«, antwortete Kim geheimnisvoll.

»Ja? Und?«

»Ich glaube, Sie sollten sehr vorsichtig sein. Er ist gefährlich; er ist ein sehr harter Mann.«

Ein Freudenschauer durchlief Lacoutures Körper. »Und?«

»Er hat eine Frau.«

»Pah.«

»Sie ist eine Nutte.«

»Natürlich ist sie eine Nutte!« rief er. »Was soll sie denn sonst sein?«

»Sie ist drogenabhängig.«

Fast wäre Lacouture auf dem Bürgersteig stehengeblieben, um ihn zu würgen. »Natürlich ist sie das. Welche Nutte ist das nicht? Habe ich dich losgeschickt, damit du Sachen herausfindest, die ich mir an den fünf Fingern abzählen kann?«

»Er hat sie vor ein paar Tagen aus einem Bordell geholt.«

»Ist sie schön?« fragte Lacouture, und voyeuristische Vorfreude überkam ihn.

Kim zuckte die Achseln. »Sie ist schmutzig.«

Das beflügelte seine Phantasie – der Wilde und eine schmutzige Schlampe. Exquisit! Lacouture war einer Ohnmacht nahe.

»Ihre Zähne sind braun«, fügte Kim hinzu.

Die Phantasie zerplatzte. »Und weiter?« fragte er angewidert.

»Er arbeitet tagsüber in der amerikanischen Botschaft.«

»Wo liegt seine schwache Stelle?« fragte Lacouture.

Kim hatte mit dieser Frage gerechnet. Er war Lacouture nicht aus Bosheit so lange aus dem Weg gegangen, sondern weil er über diesen Punkt sorgfältig nachdenken wollte; dann hatte er den ganzen Tag damit zugebracht, das alles in seiner wunderbaren Kalligraphie auf jenes Papier zu bringen, das jetzt zerknüllt in Lacoutures Tasche steckte. Den wichtigen Amerikaner erwähnte er nicht.

»Das Mädchen ist seine schwache Stelle, denke ich«, sagte Kim. Er klopfte gegen seine Brust: »Liebe.«

»Eine Nutte?« fragte Lacouture ungläubig.

»Viele Männer verlieben sich in Nutten«, erwiderte Kim. »Manche heiraten sie sogar.«

Lacouture warf ihm einen ominösen Blick zu. »Du mußt mir helfen!« sagte er.

»Das wird nicht einfach sein«, versetzte Kim. »Dieser Mann ist nicht wie ... andere.« Er meinte Lacoutures Legionär. »Geld reicht da möglicherweise nicht aus.«

»Unsinn«, sagte Lacouture. »Geld reicht immer aus. Sogar die Vernunft hat einen Preis – man nennt ihn Kosteneffizienz.«

Aber er konnte sehen, daß Kim besorgt war; er würde ihm gut zureden müssen.

»Mein lieber Kim«, sagte er. »Wir reden hier von einem armen, unwissenden Soldaten. Ich will ihm ein Geschäft vorschlagen. Ich will seinen Körper. Ich will, daß er ihn mir verkauft. Und ich will dafür zahlen. Wo ist das Problem?«

Was konnte vernünftiger sein, dachte er.

Kim hatte seine Zweifel. »Er ist Amerikaner.«

»Willst du etwa behaupten«, fragte Lacouture kühl, »nur Franzosen und Vietnamesen verkaufen sich?«

Er warf Kim einen vernichtenden Blick zu. »Du glaubst, Amerikaner tun das nicht? Natürlich verkaufen sie erst einmal andere, das ist klar, aber in einer finanziellen Notlage würden sie zweifellos nicht zögern, sich selbst zu verkaufen.«

Kim konnte es nicht erklären, obwohl es ihm selbst ganz klar war, und jede Erklärung, die er gab, würde Lacouture nur noch mehr reizen. Wie sollte er ihm sagen, daß die Franzosen und Vietnamesen Huren waren, natürlich, aber die Amerikaner waren – wie hatte die Nutte mit den Zahnlücken es ausgedrückt? Nicht prinzipienfest, nein ... Herz. Ja, sie hatten diese Schwäche: Herz. Dieser Amerikaner hatte ein Herz; er würde sehr schwierig und gefährlich sein.

»Vielleicht gibt es andere Mittel«, sagte Kim.

»Andere als Geld?« Lacouture war verblüfft. »Welche?«

»Gewalt vielleicht. Es könnte notwendig sein, daß wir uns seine Frau holen.«

»Was soll ich denn mit seiner elenden Frau anfangen?«

»Sie kidnappen.«

»Ah.« Jetzt verstand er. »Eine Geisel.«

Er dachte einen Augenblick darüber nach. »Das wäre zweifellos billiger, oder? Ich bräuchte sie nur zu füttern.«

»Drogen«, sagte Kim.

»Mein lieber Kim, du bist großartig. Wenn wir sie mit Drogen vollpumpen, was könnte er da machen? Es melden? Wen kümmert schon eine vermißte Nutte? Ausgezeichnet, mein lieber Kim. So wollen wir es machen. Kidnappe sie sofort!«

Damit hatte Kim nicht gerechnet. Zwar würde sich niemand um eine vermißte Nutte scheren, aber wenn der Leibwächter dieses wichtigen Amerikaners sie als vermißt meldete, dann konnte das

schon Schwierigkeiten geben. Und Kim war noch nicht bereit, Lacouture von dem wichtigen Amerikaner zu erzählen, den sein Wilder beschützte.

»Zuerst sollten Sie ihm Geld anbieten«, sagte Kim. »Das ist das Einfachste.«

»Wahrscheinlich hast du recht«, erwiderte Lacouture nach kurzer Überlegung. Eine drogenabhängige Nutte unterzubringen wäre wohl weder einfach noch billig, noch ohne Risiko.

»Also gut«, sagte er verärgert. »Wieviel soll ich ihm bieten?«

»Sie dürften die Preise besser kennen als ich«, erwiderte Kim mit unverhohlener Ironie.

Lacouture verzog den Mund, sowohl wegen Kim als auch wegen des Geldes. War denn nichts mehr heilig? Wie konnte man von Geld reden, wenn es um Liebe ging?

Es würde schon eine beträchtliche Summe sein müssen, ein Betrag, den der Soldat einfach nicht ablehnen konnte – es hatte keinen Sinn, seine Zeit mit Feilschen zu verlieren. Er würde die Sache selbst in die Hand nehmen müssen; schließlich ging es nicht an, daß Kim erfuhr, wieviel er zu zahlen bereit war.

Eine große Summe in einem Arrangement, das er selbst aushandelte – wie aufregend! Jetzt brauchte er nur noch einen Plan, wie er an den Jungen herankam und ihm sein Angebot unterbreiten konnte. Das Geld war kein Problem; mit dem, was Lord und die Kommunisten ihm zahlen würden, konnte er sich ein ganzes Bataillon Soldaten kaufen.

Plötzlich griff er den überraschten Kim beim Arm, zog ihn zu dessen Entsetzen über die Straße und trat Wilson Abbot Lord in den Weg, der sie, wie ihm keineswegs entgangen war, verfolgte, seit sie das Continental verlassen hatten.

Lacouture zog sein Taschentuch hervor und wischte sich über die Stirn, dann schlug er es Lord ins Gesicht.

»Cash, mein lieber Amerikaner. Ausschließlich Cash – keine Schecks, Banken, Schuldscheine oder gebrauchten Reifen. Die Hälfte im voraus, bar auf meine Hand, *chéri. Au revoir, au revoir, chéri.*«

Mit dem Taschentuch winkend, eilte er davon.

22

Landis sah die Ratte über den Boden des unterirdischen Bunkers huschen. Ratten waren nachts seine einzige Gesellschaft. Er öffnete eine Konservendose und warf Erdklümpchen gegen die Kisten, zwischen denen sie verschwunden war. Dann legte er ein Stück Fleisch in eine Falle und schob die Falle vorsichtig in Richtung der Kisten. Ratten waren nicht dumm, und sie hatte gesehen, daß er die Falle aufstellte, also war es nicht unfair, was er tat. Sie konnte selbst entscheiden. Er wartete, erledigte seine Routinerundrufe und ließ die Falle dabei nicht aus den Augen.

Die Ratte kam hervor, prüfte vorsichtig den Köder und verschwand wieder hinter der Kiste.

Landis sah auf die Uhr, stand auf, ging in die Ecke, in der Brock schlief. Er beugte sich über ihn, doch wie immer war Brock, der stets auf dem Sprung schien, bereits aufgewacht, bevor seine Hand ihn berührte.

Landis trat zurück. »Es ist fünf.«

Brock schloß die Augen. »Okay. Ich bin wach.«

Landis ging in die andere Ecke. »Lieutenant?«

Bishop rührte sich, rollte sich auf den Rücken und sah unsicher hoch zu ihm.

»Es ist fünf Uhr, Sir.«

»In Ordnung, Sie können jetzt gehen.«

Endlich der bedrückenden Enge entkommen, atmete Landis tief ein, sog den frischen Morgen in seine Lungen und machte sich auf den Weg zu seinem Bunker. Mit geschlossenen Augen ging er durch das dunkle Gelände, versuchte die Strecke blind hinter sich zu bringen und geriet nur einmal ins Stolpern. Obwohl er die ganze Nacht nicht geschlafen hatte, war er nicht müde. Er wollte laufen oder ringen oder aus vollem Halse schreien – irgend etwas tun, womit er dem überschwenglichen Leben Ausdruck hätte verleihen können, das er in sich spürte. Aber da war nichts in der Dunkelheit und niemand, dem er sich hätte mitteilen können, nur ein paar Männer starrten, in ihre Ponchos gehüllt, stumpfsinnig in Richtung Sperrzaun.

Bei seinem Bunker angelangt, zögerte er; er hatte keine Lust hineinzugehen, aber es gab nichts, was er sonst hätte tun können. Vielleicht sollte er seinen Eltern schreiben, doch dazu brauchte er immer so lange, und er hatte erst gestern geschrieben. Er hatte ein Buch von Coney, aber er kam nie über die dritte Seite hinaus, weil da zu viele Worte waren, die er nicht verstand, und außerdem begriff er nicht, worum es überhaupt ging. Coney hatte ihm gesagt, es gehe um einen Wal, aber an Walen hatte er kein Interesse. Alle übrigen schliefen, er hatte keinen Hunger, und was den Wagen anging, war er zu einem Entschluß gekommen – er sollte außen und innen schwarz sein. Es gab also nichts zu tun.

Er ließ sich auf den Boden nieder und begann mit Liegestützen. Dabei zählte er immer bis zehn und fing dann von vorne an, so daß er nie wußte, wie viele er schon hinter sich hatte – auf diese Weise gab es kein Ziel. Als seine Arme ermüdeten, rollte er sich auf den Rücken und begann mit Sit-ups; er führte sie mit unerhörter Geschwindigkeit aus, wie eine Feder bog sich sein Körper und schnellte zusammen. Immer wenn es ihm langweilig war oder wenn er sich bedrückt fühlte, machte er seine Übungen. Er besaß unglaubliche Kraft und Schnelligkeit; die anderen zogen ihn gerne auf wegen seiner Muskelpakete und sagten, er sehe aus wie diese Modelle in den Bodybuilding-Magazinen, von denen ja bekannt sei, daß sie schwul waren.

Er stöhnte vor Anstrengung, und seine Muskeln schmerzten, aber er ließ nicht locker, denn er hatte gehört, die ganze Anstrengung sei nutzlos, wenn es nicht weh tat.

Eine ärgerliche Stimme rief aus dem Bunker: »Was ist da draußen los?« Josh Martin kroch aus der Öffnung hervor. »Das hört sich an, als ob hier Schweine am Ficken wären.«

Landis hörte auf. »Ich dachte, du schläfst.«

»Hab ich auch, du Arschloch.« Er zog sich zurück und kroch unter seinen Poncho. Landis folgte ihm in den Bunker, lehnte sich gegen die Wand und wischte sich den Schweiß vom Körper. »Hey, im Radio hab ich mal von einer Patrouille gehört, die in einen Hinterhalt geraten ist. Einer von denen war von der Aufklärung. Die Gooks haben ihn sich vorgenommen. Weißt du, was die mit dir machen? Ich hab gehört, sie schneiden dir die Finger ab, ganz langsam, erst ein Glied und dann das nächste; und dann reißen sie dir die Augen aus. Oder sie stecken dir eine Nadel in den Schwanz.

Glaubst du, ich würde den Mund halten? Mann, ich würde denen alles sagen, was sie wissen wollen. Die könnten mich gar nicht stoppen.«

Martin zog den Poncho fester um seinen Körper. »Du weißt doch gar nichts.«

»Ich könnte eine Karte zeichnen.«

»Blödsinn. Die wissen schon alles. Dieses Scheißland gehört ihnen schließlich.«

Landis dachte nach, was er wohl wußte, das dem Feind unbekannt war. Schließlich schüttelte er den Kopf. »Du hast recht. Wir wissen überhaupt nichts.« Er strahlte. »Aber dann würden sie mich auch nicht foltern.«

»Genau. Die würden dir gleich eine Kugel durch den Kopf jagen.«

Landis warf ihm einen überheblichen Blick zu. »Die werden mich überhaupt nicht kriegen.« Er stürzte sich auf Martin.»Ich hab dich. Ich hab dich erwischt, du dreckiger Marine. Jetzt schneid ich dir die Eier ab.«

Die beiden rangen miteinander, bis sie lachend niedersanken. Dann besprachen sie, welche Konservendosen sie zum Frühstück aufmachen sollten. Danach wuschen und rasierten sie sich und dachten gemeinsam darüber nach, was sie anstellen konnten, damit der Tag rascher verging.

Die beiden Männer im Hauptbunker zeigten wenig Lust aufzustehen. Schließlich rollte Bishop sich auf den Rücken, verschränkte die Hände hinter dem Kopf und starrte an die Bretterdecke. »Was werden Sie machen, wenn Sie wieder zu Hause sind?«

»Ficken. Fressen. Fressen und ficken. Ficken und fressen.«

Bishops Blick folgte den Ritzen über ihm. »Ich weiß noch nicht, was ich mache.«

»Ich dachte, Sie wollen wieder Football spielen.«

»Nicht als Beruf, so gut bin ich nicht gewesen. Vielleicht mache ich mein Studium weiter. Oder ich bleibe bei dem Laden. Schließlich gibt es Schlimmeres.«

»Zum Beispiel?«

Plötzlich hörten sie ein Schnappen und einen einzelnen spitzen Schrei; dann schlug die Falle gegen eine Kiste, und es herrschte wieder Stille.

»Dieser verdammte Landis«, fluchte Bishop. »Ich hab ihm schon hundertmal gesagt, er soll das sein lassen. Eines Tages stell ich ihm selbst mal so eine Falle hin. Jetzt kann ich wieder alles saubermachen. Wozu will er die Ratten überhaupt umbringen?«

»Ratten sind schmutzig«, erwiderte Brock.

»Nicht für andere Ratten. Vielleicht hatte sie Familie.«

Unter seinem Poncho hervor sah Brock ihn an. »Ist vielleicht doch besser, wenn Sie dabei bleiben. Ich glaub nicht, daß Sie es draußen in der wirklichen Welt packen.«

Das Funkgerät knackte. Bishop warf den Poncho ab und ging hinüber. Es war der Routinerundruf wegen des Nachschubs. Bishop gab seine Anforderungen durch, dann wiederholte er seine Bitte um Abzug. Wie beim erstenmal lehnte der Kompaniechef ab.

Bishop warf den Hörer hin und machte sich daran, Wasser für Kaffee heiß zu machen. »Das wär's dann. Ich muß rüber.«

»Wohin?«

»Zum Höhenzug. Sie wissen doch: ›Aufhalten.‹ Das ist der Punkt.«

»Wollen Sie sich noch einen Orden verdienen, Lieutenant?«

Bishop goß das heiße Wasser in seine Feldflasche und schüttete ein Päckchen Instantkaffee hinein. »Ich habe einen Plan.«

Brock zog den Poncho fester um sich herum. »Sie sollten sich lieber den Kerl holen, der die Pläne für die Gooks macht.« Er verschwand unter dem Poncho. »Verschonen Sie mich mit Ihren Plänen!«

Bishop achtete nicht auf ihn. »Heute abend schicke ich zwei Mann als Killerkommando rüber. Wenn die Gooks runterkommen, erledigen sie sie aus dem Hinterhalt.«

Keine Antwort.

»Zwei Mann mit Nachtzielfernrohren. Ich muß das einfach machen. Das ist die einzige Möglichkeit, um etwas Zeit zu gewinnen.«

Unter dem Poncho meldete sich Brock. »Hören Sie mit Ihren Spielchen auf, Lieutenant! Die beiden werden draufgehen. Noch zwei.«

»Ich weiß, daß ich einmal Scheiße gebaut habe, Gunny. Aber ich kann nicht hier herumsitzen und warten, daß sie uns wieder angreifen. Ich muß als erster zuschlagen. Das ist meine einzige Chance, die Sache von damals wiedergutzumachen.«

»Oder noch größere Scheiße zu bauen.«

Bishop schüttelte den Kopf. »Zwei Mann können das schaffen, Gunny, ich bin ganz sicher. Nur zwei Mann. Einer, der schon da gewesen ist, Sutherland oder Frizzell. Wer von beiden, Gunny?«

Brock drehte ihm den Rücken zu. »Ich will damit nichts zu tun haben, Lieutenant.«

Bishop erinnerte sich an den Ausdruck in Frizzells Gesicht. »Frizzell. Und noch einer. Jemand, auf den man sich verlassen kann.« Er dachte einen Augenblick nach. »Landis. Frizzell und Landis. Die könnten es schaffen.«

»Ist Ihnen klar, daß Sie sich die zwei größten Dummköpfe auf dem ganzen Hügel herausgepickt haben?« fragte Brock.

Am frühen Nachmittag verließ Bishop den Bunker. Der Himmel war klar – noch kein Anzeichen der nahen Regenzeit. Die Nacht würde ausgezeichnet für den Einsatz von Infrarotzielfernrohren sein.

Landis las gerade in einem Comic-Heft, als Bishop am Eingang des Bunkers erschien. Er sah, wie er aufmerksam den Kästchen folgte und seine Augen langsam über die Seite wanderten. Landis blickte auf und sah ihn mit freudiger Erwartung an.

»Was lesen Sie gerade, Matt?«

»Wonderdog. Der gefällt mir am besten. Wollen Sie es haben, wenn ich's aus habe?«

Bishop lächelte. »Gern, wenn Sie's aus haben.«

Landis zeigte auf einen ganzen Stapel, der in einer Ecke lag. »Ich leihe sie Ihnen, wann Sie wollen.« Er hielt ein dickes Buch in die Höhe. »Sie können auch dieses verdammte Ding haben. Es ist von Coney. Über einen Wal oder so was, aber ich kann damit nichts anfangen.«

Bishop blickte in ein frisches Gesicht, das keinerlei Spuren von Alter oder Angst zeigte. »Ich habe einen Spezialauftrag für Sie. Kommen Sie in einer Stunde zum Bunker. Und bringen Sie Verpflegung für eine Nacht mit.«

Landis nickte, doch bevor er etwas fragen konnte, war Bishop schon verschwunden.

Er fand Frizzell mit Coney vor ihrem Bunker sitzend. Er alberte ein wenig mit ihnen herum, dann sagte er ernst zu Frizzell: »Ich möchte, daß Sie mir die feindlichen Stellungen da drüben zeigen. Melden Sie sich in einer Stunde bei mir! Ich brauche jemanden, der

schon da gewesen ist. Es tut mir leid, daß Sie schon wieder raus müssen, aber ich brauche Sie.«

»Das macht nichts, Lieutenant.«

Bishop sah ihn erstaunt an. »Wirklich nicht?«

Frizzell lächelte. »Ich habe sowieso nichts zu tun.«

Bishop betrachtete das Gesicht. Es zeigte nichts als Unschuld, ein völlig glattes, reines, faltenloses Gesicht ohne jede Spur von Besorgnis. Bishop sah zum gegnerischen Höhenzug hinüber, dann zurück zu Frizzell. »Macht Ihnen das Töten Spaß, Les?«

Frizzell schüttelte den Kopf. »Das ist es nicht, Lieutenant. Ich geh nur gerne da raus. Da vergeht die Zeit schneller.«

Als die beiden in den Bunker kamen, legte Bishop gerade die Munitionsgurte um. Er reichte Landis und Frizzell je ein Gewehr. »Das sind Infrarotzielfernrohre. Damit kann man nachts sehen.«

Sie hoben die Gewehre und sahen durch die Zielgeräte in eine dunkle Ecke des Bunkers.

Landis ließ einen Pfiff hören. Er nahm das Gewehr herunter und betrachtete es voller Bewunderung. »Was ist Infrarot?«

»So was wie Röntgenstrahlen«, erwiderte Bishop. »Man kann im Dunkeln damit sehen, aber man selbst wird nicht gesehen. Wir suchen uns eine gute Stelle für einen Hinterhalt, und ihr beide bleibt da, bis die heute abend runterkommen.«

Frizzell blickte ihn zweifelnd an.

»Die können euch im Dunkeln nicht sehen, und ihr könnt mindestens zehn Schuß abfeuern, bevor die überhaupt reagieren. Dann werft ihr Handgranaten und macht, daß ihr wegkommt. Wir suchen die Gegend vorher gut ab, um sicher zu sein, daß niemand da ist. Sie werden erst spät kommen. Wenn ihr das Feuer eröffnet, werden sie auseinanderlaufen. Und ihr seid fort, bevor die überhaupt eine Chance haben. Sobald ihr weg seid, laß ich Artillerie draufgeben.«

Landis war beeindruckt. »Ich glaub, das ist ein toller Plan.«

Frizzell überlegte eine Weile, dann zuckte er die Achseln. »Okay.«

»Ich habe euch ausgewählt, weil ihr die besten Schützen seid, die wir haben, und weil ich euch vertraue.«

Sie fühlten sich geschmeichelt und tätschelten ihre Gewehre.

»Das ist wirklich eine wichtige Sache. Alles hängt von euch ab.« Er klopfte ihnen auf die Schulter und wies auf die Leiter.

Draußen blieben sie am Kamm des Hügels stehen, sahen in den dunkler werdenden Himmel und warteten. »Angst?« fragte Bishop Landis.

Landis lächelte. »Nein«, sagte er und boxte Frizzell freundschaftlich gegen den Arm. Bishop dachte an ein Kind, ein gesundes, glückliches Kind mit einem Gewehr.

Bei Frizzell sah Bishop, wie das Gesicht langsam zur Maske erstarrte. Nicht Grausamkeit stand darin; es war vielmehr, als striche eine Hand darüber und glättete die Formen, straffte die Muskeln über Augen und Mund. Gut so, dachte Bishop und betrachtete die beiden fast ein wenig stolz – ein Killerwolf und ein mordgieriges Kind.

Die drei gingen den Hang hinunter, stiegen über den Sperrzaun, und bei Anbruch der Dämmerung hatten sie den Fuß des Höhenzugs erreicht. Sie suchten das Gelände ab, bis Bishop sicher war, daß kein feindlicher Soldat sich dort versteckt hielt.

Frizzell führte sie zu dem Bunkerkomplex. Er kniete sich hin und stellte fest, daß die Minen noch an Ort und Stelle waren. »Die hat niemand angerührt, seit wir hier waren. Warum sind sie nicht zurückgekommen?«

Bishop ließ den Blick über die Stellung wandern. Es war ausgeschlossen, daß der Feind die Bunker wegen ein paar simpler Minen aufgegeben hatte. Er blickte zum Himmel, sah den letzten hellen Streifen am Horizont verschwinden. Dann wandte er sich nach Norden.

Sie stiegen den Hang hinauf und machten auf einer kleinen Anhöhe halt, hinter der sich eine Lichtung öffnete. Frizzell zeigte auf mehrere Wälle am gegenüberliegenden Kamm.

Bishop erkannte die Gefahr; vielleicht beobachtete man sie mit Nachtsichtgeräten und wartete nur darauf, daß sie die Lichtung überquerten, denn da drüben lag die eigentliche Hauptstellung des Feindes.

Die anderen Bunker waren nur ein Ablenkungsmanöver gewesen.

Er rieb sich die Augen und hielt den Atem an. Entweder ist der Feind da und ich sterbe, oder der Feind ist nicht da und ich bleibe am Leben. Ich wette um mein Leben. Er konzentrierte sich, dann atmete er langsam aus.

Er öffnete die Augen und stieß Landis an. »Wir gehen rüber.«

Landis kaute auf seinem Kaugummi und blickte gleichmütig zu den Wällen hinüber, dann nickte er gelassen.

Frizzell spähte argwöhnisch über die Lichtung. »Ich glaube, die sind da.«

»Nein«, sagte Bishop, dann sah er Landis an: »Fertig?«

Landis lächelte. »Halten Sie den Arsch unten, Lieutenant.«

Sie stürmten los und liefen im Zickzack über die Lichtung. Im Laufen horchte Bishop gespannt auf das Knacken eines Gewehrs, dann erreichte er den Kamm und hechtete in Deckung. Landis spähte nach allen Seiten und verbarg sich zwischen den Bäumen. Bishop winkte Frizzell zu sich, und zu dritt begannen sie, das Gelände zu erkunden.

Das ganze Gebiet war ein riesiger, fast fertiggestellter Bunkerkomplex mit Granatwerferstellungen und bereits bestückten Munitionslagern. Die Bunker konnten ohne weiteres hundert Mann Unterschlupf bieten. Noch ein Tag, und der Feind wäre in der Lage gewesen, einen Angriff auf ihren Hügel zu starten, dem sie unmöglich hätten standhalten können.

Bishops Blut pulsierte heftig in den Adern. Die Nacht brach herein; die Dunkelheit schien voller Bewegungen und Geräusche. Nicht weit von dem Bunkerkomplex stieß er auf eine kleine, mit dichtem Buschwerk bestandene Anhöhe. »Das ist es«, sagte er. »Ihr habt völlig freies Schußfeld und jede Menge Deckung.«

Landis und Frizzell gingen in Stellung und spähten durch ihre Zielfernrohre. Bishop ging zu den Bunkern und besah sich von dort den Hinterhalt, dann ging er zurück. »Von da seid ihr nicht zu sehen.«

Sie sahen ihn ängstlich an. Selbst Landis war nun besorgt.

»Ihr wißt, was ihr zu tun habt«, sagte Bishop. »Es wird noch eine Weile dauern, bis sie kommen. Ich brauche euch nicht zu sagen, was das bedeutet. Ihr seht ja selbst, was sie hier machen.« Er berührte sie beide kurz an der Schulter, dann stand er auf, blickte noch ein letztes Mal umher und machte sich eilends auf den Rückweg.

Die beiden saßen reglos da, ein leichter Wind ließ die Blätter rascheln. Landis strich mit der Hand über das kalte Metall des Gewehrs; ein Schauer angespannter Erregung lief durch seinen Körper.

Frizzell wechselte die Stellung, weil seine Beine einzuschlafen drohten. Seine Angst war verschwunden; er wußte, wenn sie beob-

achtet worden wären, hätte der Feind schon zugeschlagen. Er stieß Landis an. »Wie spät?«

»Zehn nach neun.«

Frizzell steckte die Hände unter die Jacke und rieb sich die Seiten. »Mir ist kalt.«

Sie rückten enger zusammen. Landis hob das Gewehr an die Schulter und suchte nach einer besseren Schußposition. Durch das Zielgerät sah er die Lichtung hell erleuchtet. Er nahm das Gewehr herunter. »Wir kriegen sie, ganz bestimmt.« Freude stieg in ihm auf. Er versuchte, seine Erregung im Zaum zu halten, aber noch nie hatte er so lange stillgesessen. Er atmete tief ein und dann wieder aus. »Mensch, hoffentlich kommen die bald«, sagte er.

»Wie spät ist es jetzt?«

»Zwanzig nach neun.«

»Glaubst du, das Ding funktioniert?«

Landis hielt die Uhr an sein Ohr. Er nickte, dann sagte er leise zu sich selbst: »Na, kommt schon!«

»Es ist noch zu früh«, sagte Frizzell. »Das dauert mindestens noch eine Stunde.«

»Mensch, das halte ich nicht aus.« Landis legte das Gewehr beiseite und suchte in seinen Hosentaschen nach einer Büchse Verpflegung.

»Wie kannst du jetzt was runterkriegen?« fragte Frizzell bewundernd.

»Ich hab Hunger.«

»Wenn ich jetzt was essen würde, müßte ich kotzen. Hast du keine Angst?«

Landis schob sich ein Stück Fleisch in den Mund. »Der Plan ist gut.« Er aß voller Zufriedenheit, dann rülpste er.

Vor ihnen knackte es im Gestrüpp, und sie rissen ihre Gewehre hoch. Landis spähte durch das Zielgerät – ein Luchs. Er entspannte sich.

Sie saßen eine Weile schweigend da, dann fragte Frizzell: »Wie spät ist es jetzt?«

»Viertel vor zehn.«

»Was, noch so früh?«

Landis' Finger spielten nervös am Gewehr. Er griff in seine Hosentaschen, dann fiel ihm ein, daß er seine Verpflegung schon aufgegessen hatte, und er flüsterte Frizzell zu: »Ißt du dein Zeug?«

»Du gefräßiges Schwein.«

»Mensch, ich hab Hunger. Wenn du deins nicht ißt, kann ich es dann haben?«

Frizzell gab ihm die Büchse. Landis versuchte, im Dunkeln das Etikett zu erkennen. »Was ist das?«

»Ist doch egal. Du würdest doch sogar Scheiße essen. Außerdem schmeckt sowieso alles gleich.«

»Ich möchte nur wissen, was ich esse.« Landis machte sich über die Büchse her. Als er fertig war, wischte er sich mit dem Ärmel über den Mund und legte die Büchse neben die andere. Dann stellte er sie darauf. Unzufrieden mit dem Ergebnis, wechselte er die Reihenfolge, und schließlich stellte er sie wieder nebeneinander. Er betrachtete sein Werk, dann legte er Zweige darüber. Zufrieden nahm er seine alte Stellung wieder ein und wartete.

Frizzell fror. »Mir ist kalt.« Er sah durch das Zielfernrohr, atmete tief durch und nahm das Gewehr herunter. Er wünschte, Coney wäre da. Er war nicht gerne hier draußen. Er wußte, es war wichtig, und wahrscheinlich war der Plan in Ordnung, aber er mochte Hinterhalte nicht. Eigentlich wollte er den Feind gar nicht töten; im Grunde seines Herzens hoffte er, sie würden nicht kommen. Wenn sie kamen, würde er sie töten, aber besser wäre es, wenn nichts geschah.

Er seufzte und drückte das Gewehr an seinen Körper. Er zitterte, um die Kälte zu vertreiben, und versuchte, an irgend etwas zu denken, damit die Zeit verging, aber unwillkürlich meldete sich ein heftiges sexuelles Verlangen in ihm. Er richtete sich auf und fragte nervös: »Wie spät ist es jetzt?«

»Viertel nach zehn.«

»Mann, das ist die längste Nacht der Welt.«

Landis lehnte sich angewidert zurück. »Vielleicht kommen die gar nicht.« Er wurde zornig. »Scheißkerle. Und wenn sie gar nicht kommen?«

»Es ist noch zu früh.«

Landis sah wieder durch das Fernrohr. Er konnte die Lichtung perfekt einsehen. Er stellte sich vor, der Feind wäre da; er tat, als zöge er am Abzug und formte mit den Lippen ein lautloses Peng, Peng, Peng. Er wandte sich erregt an Frizzell: »Mann, wäre das toll, wenn sie kämen.«

Ganz gegen seinen Willen sprang die Begeisterung auch auf

Frizzell über. Sie würden Helden sein. Sie hätten etwas wirklich Wichtiges getan; sogar Coney würde das zugeben müssen.

Wieder ein Knacken im Buschwerk. Sie nahmen die Gewehre hoch. Fünf Minuten lang spähten sie über die Lichtung, die Körper wie in einen Schraubstock gespannt, aber sie sahen nichts und hörten auch keine weiteren Geräusche. Landis nahm das Gewehr herunter, Frizzell lehnte sich zurück und atmete tief durch, um sich zu entspannen.

Landis strich abwesend mit der Hand über sein Gewehr; die Reibung ließ das Metall warm werden; es fühlte sich gut an unter seinen Fingern. »Ich werd noch verrückt.« Seine Unruhe wuchs. Er spürte das Leben in sich. Nervös fingerte er am Schaft seines Gewehrs. Wenn er so angespannt war, machte er sonst immer seine Übungen, aber jetzt war ihm dieses Ventil verschlossen.

Seit die Angst gewichen war, fror Frizzell nicht mehr. Er fühlte den Schweiß an seinen Händen und wischte sie an der Hose ab. Seine Beine taten ihm weh; er streckte sie geräuschlos aus, massierte Waden und Oberschenkel. Die Berührung ließ ihn seinen Körper spüren. Er rieb weiter und fühlte, wie seine sexuelle Erregung wuchs. Er hörte auf, preßte die Hände auf sein Geschlecht und krümmte sich frustriert zusammen.

Landis beugte sich zu ihm: »Was ist los?«

»Ich bin geil«, erwiderte Frizzell und grinste dämlich.

»Was, hier? Jetzt?«

»Ich kann nichts dran ändern. Ich denke ständig an Frauen.«

»Ich hab schon viermal Tripper gehabt«, sagte Landis stolz.

»Was fickst du denn, Hunde?«

Landis grinste. »Alles.« Er spähte durch das Zielfernrohr auf die Lichtung. »Wenn du geil bist, hol dir ruhig einen runter. Mir macht das nichts aus. Außer, du bist dann zu langsam. Ich wichse nie vor einem Einsatz. Ich fänd's beschissen, wenn ich wegen so was draufgehen würde. Besser, du wartest, bis wir zurück sind. Du und Coney, macht ihr's zusammen?«

»Bist du verrückt?« versetzte Frizzell beleidigt.

Landis hob das Gewehr und legte an. »Schsch!«

Fast unmerklich hatte sich etwas verändert – Geräusche und Bewegungen, die nicht zu dem leisen Rauschen der Blätter und des Windes paßten; ein sanfter, vorsichtiger Druck gegen Zweige und

Sträucher; Laute, die nicht vom Wind stammen konnten. Sie suchten die Lichtung ab – ein surrealistisches Schwarzweißbild, durch eine leicht rosafarbene Optik gefiltert.

Plötzlich sprang die vergrößerte Gestalt eines Mannes ins Bild, der sich jenseits der Lichtung zwischen die Bäume duckte. Landis stieß Frizzell an. Mit angehaltenem Atem beobachteten sie den feindlichen Soldaten. Sie konnten sehen, wie er die Lippen zusammenpreßte, als er auf die Lichtung trat, zu verschiedenen Bunkern huschte und sie kurz inspizierte. Sein Bild war so groß in dem Zielfernrohr, daß sie die Pupillen in seinen Augen erkennen konnten.

Frizzell zielte genau zwischen die Augen und wartete auf ein Anzeichen, daß er sie entdeckt hätte. Wenn er jetzt hersieht, schieß ich ihm den Kopf ab, dachte er, aber der Soldat drehte sich um und pfiff leise.

Sogleich tauchten zwanzig Mann zwischen den Bäumen auf und traten auf die Lichtung. Stimmen und Befehle erfüllten die Nacht.

Frizzell und Landis warteten, bis sie sicher waren, daß sie die ganze Einheit vor sich hatten, dann wies Landis auf eine Gruppe von Soldaten, die eng beieinander arbeiteten, und zeigte auf sich. Er wies auf eine andere Gruppe und stieß Frizzell an. Frizzell nickte und schwenkte das Gewehr hinüber.

Landis nahm sieben Mann ins Visier, die sich an einem Bunker zu schaffen machten. Eine ganze Minute lang zielte er, suchte nach einem Weg, möglichst viele zu treffen, und probierte unterschiedliche Winkel aus. Wenn er zuerst auf die beiden Männer am Bunkereingang schoß, würden sie den Zugang mit ihren Körpern versperren, und er konnte sich in aller Ruhe die übrigen vornehmen. Zwei Männer standen so dicht beieinander, daß er sich fragte, ob er sie nicht mit einer einzigen Kugel töten konnte. Er krümmte sich vor Erregung, dann beruhigte er sich, schloß die Augen und atmete tief ein. Er öffnete die Augen, und als seine Pupillen sich akkommodiert hatten, sah er das Fadenkreuz auf dem Hinterkopf eines Mannes liegen. Langsam atmete er aus.

Frizzell sah die Männer so deutlich vor sich, daß er sogar die Knöpfe an ihren Uniformen erkennen konnte. Es kam alles genauso, wie der Lieutenant es vorausgesagt hatte. Er sah, wie sie Richtpfähle für die Granatwerfer aufstellten. Diese Hunde! Granatwerfer hatten Snags und Miller getötet. Sein ganzes Denken

verengte sich auf die Szene vor ihm. Er sah nur noch den Feind im Visier seines Gewehrs. Der Lauf bewegte sich nicht, sein Körper war entspannt. Er schloß die Augen, und als er sie wieder öffnete, zeigte das Fernrohr direkt auf die Brust eines Mannes.

Landis atmete aus. »Jetzt.« Sein Gewehr explodierte, und er sah, wie sein Mann nach hinten geworfen wurde. Er schwenkte zur Seite, feuerte noch mal und noch mal und noch einmal auf Männer, die in Deckung zu springen versuchten. Seine fünfte Kugel drang einem Mann durch die Kehle, der Befehle schrie. Die Szene wirkte wie ein Negativ in grellem Licht – gefrorener Schrecken.

Frizzell erschoß nacheinander sechs Männer. Seine letzte Kugel erwischte einen Soldaten im Rücken, der auf die Bäume zurannte; er stürzte nach vorn und zappelte wie ein gefangener Fisch auf den Planken. Das Ganze dauerte keine zehn Sekunden.

Schreie und Schüsse erfüllten die Nacht.

Landis riß den Stift aus einer Handgranate und schleuderte sie auf die Lichtung; dann warf er noch zwei weitere. »Komm weg!« rief er Frizzell zu, und sie sprangen auf die Beine, die ihnen nach dem stundenlangen Sitzen kaum gehorchen wollten. Sie brachen durch das Gebüsch und rannten in Richtung der bewaldeten Anhöhe. Hinter sich hörten sie Rufe, und Kugeln spritzten um sie her. Ohne anzuhalten, stürmten sie den Hang hinunter, über das freie Gelände und den gegenüberliegenden Hang hinauf; dann warfen sie sich ins Gebüsch. Sie rangen nach Luft, drückten sich auf den Boden, hinter ihnen Rufe und feindliches Feuer.

Landis warf sich auf Frizzells Rücken. »Wir haben's geschafft. Mensch, wir haben die Scheißer erwischt.« Er war außer sich vor Freude, sprang auf und nieder. »Oh, Mann, wir haben's geschafft. Wir haben's geschafft.«

Frizzells Raserei wich ruhiger Selbstbeherrschung. Er horchte auf die Rufe und die Verwirrung hinter ihnen, dann gab er Landis ein Zeichen und sie machten sich leise davon; sie liefen die ganze Strecke, hielten nur kurz einmal im offenen Gelände, um eine grüne Leuchtkugel abzuschießen. Als sie den Sperrzaun erreichten, zog man sie hindurch, dann ließen sie sich erschöpft in den Sand fallen.

Bishop und Brock stießen die anderen zur Seite und knieten sich neben sie.

Landis begann hastig zu berichten: »Es war genauso, wie Sie gesagt haben, Lieutenant. Die sind runtergekommen und ...«

»Wie viele?«

»An die hundert – sie kamen runter und wollten ...«

»Es waren dreiundzwanzig, Lieutenant«, unterbrach ihn Frizzell gleichmütig.

»Ja, dreiundzwanzig, und wir haben sie lange beobachtet und dann erst geschossen, und es war genauso, wie Sie gesagt haben: Sie konnten uns nicht sehen, und wir haben sie der Reihe nach abgeknallt.«

»Wie viele?«

»Jeder sechs, und die Granaten auch noch ein paar.«

Bishop sah sie forschend an. »Seid ihr sicher?«

»Meine hab ich umfallen sehen.«

Frizzell nickte. »Sie sind tot. Wir waren so nah dran, wir konnten sie gar nicht verfehlen.«

»Haben sie zurückgeschossen?«

»Ja, aber sie haben nur wild um sich geballert. Mensch, es war genauso, wie Sie gesagt haben, Lieutenant. Alles ist genauso gekommen. Die haben gar nicht geschnallt, was los war.«

Bishop wiederholte die Geschichte noch einmal, während Brock die beiden Männer musterte. Dann schickte er die beiden zu ihren Bunkern. »Ich werde euch für eine Auszeichnung vorschlagen.«

Landis schüttelte den Kopf. »Ich will keinen Orden.«

»Ihr habt zwölf von denen erwischt; und wahrscheinlich habt ihr unsern Arsch gerettet. Das ist schon einen Bronze Star wert.« Er klopfte ihnen auf die Schulter, und sie gingen davon, begierig, ihre Geschichte den anderen zu erzählen, einmal und noch einmal und immer wieder von neuem.

Bishop sah den beiden nach. »Was halten Sie davon, Gunny?«

»Wenn sie sagen, sie haben zwölf erwischt, dann haben sie auch zwölf erwischt. Sie haben Ihre Sache gut gemacht, Lieutenant. Vielleicht kriegen Sie den Silver Star dafür.« Er schüttelte den Kopf und zeigte auf den Höhenzug. »Aber morgen sind die wieder da. Die fangen einfach von vorne an. Oder meinen Sie etwa, die geben deswegen auf. Die wollen diesen Hügel, Lieutenant, und früher oder später kriegen sie ihn. Und Gnade Gott den armen Teufeln, die dann hier oben sind.«

Doch Bishop war glücklich und fühlte sich bestätigt. »Sie werden langsam alt, Gunny.«

Vor Anbruch der Dämmerung prüfte Bishop sein Gewehr und die

Munition, hängte sich die Sanitätstasche um und ging zu Brock hinüber, der in seiner Ecke schlief.

Brock bewegte sich, brummte etwas und zog den Poncho um sich.

Bishop beugte sich zu ihm hinunter. »Ich gehe mit ein paar Mann rüber zum Höhenzug und sehe nach, wie viele sie erwischt haben. Wollen Sie mit?«

Brock drehte ihm den Rücken zu. »Ich lauf doch nicht drei Meilen, um mir ein paar tote Gooks anzusehen. Dafür riskiere ich meinen Arsch nicht.«

Bishop weckte Landis, Martin, Frizzell und vier weitere. Eine Viertelstunde später sammelte sich die Patrouille auf dem Hang. Es war noch dunkel, als sie durch den Sperrzaun schlüpften.

Am Fuß des Höhenzuges warteten sie, bis der Morgen zu dämmern begann und der Nebel sich hob, der wie ein Schleier über dem Berghang lag. Kein Geräusch war zu hören. Sie gingen den Hang hinauf; das Buschwerk schwelte noch von dem Artilleriebeschuß, den Bishop angefordert hatte.

Vorsichtig arbeiteten sie sich durch Blätterwerk und Krater, bis sie die Anhöhe vor der feindlichen Stellung erreichten. Bishop schickte seine Leute einzeln hinüber, dann umstellten sie die Lichtung und warteten, bis Bishop sicher war, daß keine Gefahr bestand.

Auf sein Zeichen drangen sie auf die Lichtung vor, auf der die Leichen noch unverändert lagen.

Landis lief von einem zum anderen. »Ich hab euch doch gesagt, wir haben sie erwischt.« Er huschte zu einem, der auf dem Gesicht lag, und drehte ihn mit dem Stiefel um. »Den hab ich voll am Kopf erwischt.« Er rannte zum nächsten, sah in den Bunkern nach und zählte die Leichen. »Sechzehn. Mensch, sechzehn!«

Frizzell untersuchte die Männer, die er getötet hatte. Er kniete neben ihnen und sah zu Bishop auf. »Kein einziges Mal daneben. Ich wollte, mein Ausbilder könnte das sehen.«

Die anderen drängten sich um die beiden, untersuchten jede Leiche, begutachteten die Wunden und hörten sich noch einmal die Geschichte von dem Hinterhalt an.

Bishop ging an den Rand der Lichtung. Er sah zu der Stelle hinüber, wo die beiden sich versteckt hatten, und dann dorthin, wo die Leichen lagen. Es war ein perfekter Hinterhalt gewesen. Stolz

kam in ihm auf. Er erklomm die kleine Anhöhe, kniete sich hin und blickte auf die Lichtung, auf der die Männer beisammen standen. Er legte das Gewehr auf den Boden, und seine Hand wanderte zu den Konservendosen, die vorschriftsmäßig getarnt waren. Er nahm die Büchsen auf und sah die Käfer, die sich über die Reste hergemacht hatten. Dann wandte er den Blick wieder zur Lichtung.

Frizzell und Landis beugten sich über die feindlichen Soldaten. Bishop sah, wie die anderen ihre Kleider durchsuchten. Dann kehrte sein Blick zu den Büchsen zurück. Deutlich sah er sie Szene vor sich – die beiden, die geduldig warteten, und der Feind, der ahnungslos auf die Lichtung trat. Er sah die im Tod verzerrten Gesichter – ein zertrümmertes Gesicht, eine klaffende Wunde am Hals, das empfindliche Gewebe des Lebens bloßgelegt. Einer der Männer war in die Brust geschossen worden, und die Kugel hatte ihn nach hinten geworfen, so daß er nun gegen einen Bunker gelehnt dasaß, als döste er nur vor sich hin. Ein anderer lag auf dem Bauch, die Hände griffen nach dem zerschmetterten Rückgrat. Er versuchte, sich vorzustellen, wie es gewesen sein mochte, so unerwartet und plötzlich unter Beschuß genommen und kaltblütig erschossen zu werden.

Er hockte zwischen den Büschen, hörte das Summen der Insekten und das Gemurmel der Männer unten auf der Lichtung. Auf der Anhöhe herrschte Stille, mit Ausnahme der fast tonlosen Stimmen. Er sah zum Himmel auf, ein strahlend blauer Pavillon, dann hinunter auf die Toten. Von hier oben waren sie kaum von denen zu unterscheiden, die sie getötet hatten und sich nun über sie beugten. Der Anblick erfüllte Bishop mit einem Gefühl unermeßlichen Staunens, und alle Gesichter verschwammen.

Er sah erneut zu Frizzell und Landis hinüber.

Landis' Gesicht war erregt; er zeigte auf die Toten, lachte, hob das Gewehr, als wollte er vorführen, wie er es gemacht hatte; dann lächelte er glücklich, griff in die Tasche und holte ein Päckchen Zigaretten hervor.

Frizzells Gesicht war so glatt und rein wie polierter Marmor. Er kaute Kaugummi, und sein Mund verzog sich zu einem kurzen Grinsen. Da war nichts Boshaftes in seinem Gesicht; er sah glücklich und stolz aus, dachte Bishop, ja, fast unschuldig.

Bishop schloß die Augen vor dem Blut, dem Hirn und den Hautfetzen. Im Dunkel seines Bewußtseins war kein Schrecken; es war

friedvoll, und das einzige, was er hörte, war das leise Gemurmel von Männern – wie das Getuschel von Meßdienern in einer Sakristei.

Als er die Augen öffnete, blickte er in Landis' Gesicht; sein Mund bewegte sich, aber Bishop hörte ihn nicht. Verwundert musterte er die Züge.

Sie zeigten weder Schuld noch Boshaftigkeit, noch Grausamkeit. Er sah in das Gesicht eines glücklichen, zufriedenen Jungen.

»Lieutenant, ich habe gefragt, ob wir sie begraben sollen.«

Bishop sah ihn verständnislos an, dann blickte er zu den Toten hinüber. »Nein«, murmelte er, und laut rief er einem der Männer zu, der eine Leiche mit Fußtritten traktierte: »Martin!«

Der Mann fuhr auf, als hätte ihn eine Kugel getroffen.

»Laß ihn in Frieden! Und die anderen, holt euer Zeug! Wir brechen auf.«

»Sollen wir sie einfach so hierlassen?« fragte Landis.

»Wollen Sie sie etwa mitnehmen?«

Landis blickte bekümmert auf die Toten. Es hatte ihn solche Mühe gekostet, sie zu töten, und jetzt sollte er sie einfach liegenlassen. Schließlich zuckte er die Schultern und folgte den anderen.

Die Patrouille verließ die Anhöhe und zog den Hang hinunter. Bishop war so tief in Gedanken versunken, so sehr noch bei dem, was er gesehen hatte, daß er nicht auf die Bewegung des Zuges achtete; er trottete abwesend hinter den anderen her.

Frizzell ließ sich zurückfallen, bis er neben ihm war. »Lieutenant?«

»Ja?«

Frizzell sah ihn verlegen an, dann fragte er so leise, daß Bishop ihn kaum verstand: »Glauben Sie, es macht einen Unterschied, ob man beschnitten ist oder nicht?«

Bishop starrte ihn ratlos an.

»Ich meine, jeder weiß, daß es besser für die Frauen ist und sauberer.«

Landis, der sich gleichfalls hatte zurückfallen lassen, um mitzuhören, fragte: »Wieso ist es besser?«

Frizzell schüttelte geringschätzig den Kopf. »Mensch Junge, du hast von nichts 'ne Ahnung.«

Landis schwieg, doch plötzlich strahlte er angesichts des unverhofften Glücks: »Also, ich bin beschnitten.«

Bishop sah die beiden ungläubig an, dann wandte er sich ab.

Zorn überkam ihn, aber ebenso schnell war er auch wieder verraucht. Er seufzte. »Ich glaube nicht, daß es einen Unterschied macht«, sagte er schließlich und beschleunigte seinen Schritt, so daß sie hinter ihm zurückblieben und er wieder allein ging.

Auf dem Kamm der nächsten Anhöhe blickte er zurück auf die Stelle, wo die Toten lagen. Fern am Horizont sah er dunkle Wolken aufziehen, die ersten Vorboten des Monsuns.

Er sah zu, wie seine Männer den Berghang hinuntergingen, als letzte Landis und Frizzell, die sich gegenseitig freundschaftliche Tritte und Püffe verabreichten.

»Mein Gott«, sagte er. »Mein Gott.«

23

Wie eine schöne alte Uhr war Lacouture in der Regel verläßlich; geringfügige Mängel, die als Fehler zu bezeichnen wahrlich übertrieben gewesen wäre, erhöhten nur seinen Charme.

Jeden Nachmittag um Punkt Viertel nach drei nahm Lacouture Kaffee und Cognac auf der Dachterrasse des Majestic hoch über dem Saigon-Fluß – es sei denn, er erschien aus unerklärlichen Gründen einmal nicht.

Da Lord dies wußte, wartete er dort auf ihn. Obwohl er sicher war, daß Lacouture kommen würde, hätte es ihn nicht überrascht, wenn er vergeblich auf ihn warten sollte – der Gang einer kostbaren Empire-Uhr war präzise, aber manchmal blieb die Uhr dennoch stehen.

Doch wie Lord es im voraus gewußt – oder auch nicht gewußt – hatte, betrat Lacouture um Punkt Viertel nach drei die Terrasse.

Der Oberkellner nahm ihn sogleich in Empfang und führte ihn zu dem Tisch, der seit gut zwanzig Jahren der seine war und an dem Lord nun seit etwa zwanzig Minuten auf ihn wartete, nachdem er dem Oberkellner gesagt hatte, er sei mit Lacouture verabredet.

Zu herablassend, um die Stirn zu runzeln, aber auch zu gut erzogen, als daß er seinen Unwillen hätte verbergen mögen, zögerte Lacouture einen Augenblick, bevor er sich setzte. Nachdem er seinem Ärger solcherart, ohne grob zu werden, Ausdruck verliehen hatte, war er der Verpflichtung enthoben, dem Eindringling einen heuchlerischen Gruß zu entbieten oder in irgendeiner Weise auf den Überfall einzugehen.

Lord war höflich genug, mit seinem Anliegen zu warten, bis der Kellner Kaffee und Cognac gebracht hatte.

Als der Kellner gegangen war, fragte Lord: »Haben Sie einmal über die Arrangements nachgedacht?« Dabei bemühte er sich zu verbergen, wie sehr ihm an Lacoutures Hilfe gelegen war.

»Wir brauchen keine Arrangements, *chéri*. Wie ich schon gesagt habe – Cash, die Hälfte im voraus. Was könnte einfacher sein? Cash. Dollars. Keine Raketen, Bomben oder Waffen für den Schwarzmarkt. Sondern Geld.«

Er schlürfte genüßlich seinen Kaffee.

Lord nickte. »Das läßt sich machen. Aber bei Barzahlung brauche ich von Ihnen mehr als die bloße Zusicherung. Wenn ich solch eine Summe investieren soll, brauche ich etwas Konkretes. Ich brauche einen überzeugenden Plan, der mir die Gewißheit gibt, daß meine Investition sich auszahlt. Ich kann Ihnen nicht soviel Geld im voraus zahlen, wenn ich nicht sicher sein kann, daß Sie einen Plan haben, der auch funktioniert.«

Der Kellner brachte Lacouture einen zweiten Cognac. Der zog den Duft ein, dann nahm er einen Schluck.

»Sie wollen Bradley Marshall, den US-Sonderbotschafter, töten. Ich habe ihn ausgeforscht. Ich werde bald in der Lage sein, Ihnen einen Plan vorzulegen, der funktioniert.«

Lacouture erwähnte nicht, daß er schon sechsmal vergeblich versucht hatte, mit Marshall telefonisch Verbindung aufzunehmen. Jedesmal hatte irgendein Adjutant ihn abgeschmettert. Marshall nahm persönlich keine Anrufe entgegen. Seine Sekretärin – Lacouture hatte ein genaues Bild von ihr: eine engfotzige, wasserstoffblonde Nutte, die hochhackige Schuhe trug, wenn sie sich von ihren Chefs vögeln ließ – meldete sich mit sanfter, verführerischer Stimme, aber wenn sie Lacouture sprechen hörte, wurde sie unerhört grob und verband ihn ungnädig mit einem Adjutanten, der darauf bestand, genauestens zu erfahren, was Lacouture von Marshall wollte, und dann, da ihn die Antwort nicht befriedigte, einfach einhängte – schon sechsmal.

»Können Sie mir vielleicht etwas Persönliches von ihm erzählen, das mir von Nutzen sein könnte?« fragte Lacouture.

Lord überlegte. »Er ist sehr besorgt um seinen Sohn, der zur Armee gegangen ist und bald hierherkommen wird. Marshall hat im Zweiten Weltkrieg gekämpft, und zwar gegen die Japaner. Er hat einiges erlebt, und das hat mächtigen Eindruck auf ihn gemacht. Er ist ein entschiedener Gegner des Krieges – eine ›Taube‹, wie wir das nennen. Er dürfte empfänglich sein für ein Angebot zu geheimen Friedensverhandlungen. Vor allem aber hat er Angst um seinen Sohn.«

Lacouture trank seinen Cognac aus. »Den Rest überlassen Sie ruhig mir!«

»Das werde ich«, sagte Lord höflich – und innerlich erleichtert, daß Lacouture mitmachte. Kühl, doch auch mit einem dringlichen

Unterton fügte er hinzu: »Aber Ihre Zeit ist begrenzt. Er wird noch vor Weihnachten in die Staaten zurückkehren, und im kommenden Monat reist er im ganzen Land herum.«

»Die Notwendigkeit einer schnellen Lösung ist mir nur recht«, erwiderte Lacouture.

»Gut. Wenn Sie ein Treffen arrangiert oder ihn davon überzeugt haben, daß solch ein Treffen stattfinden wird, bekommen Sie ihr Geld – und zwar in bar. Wahrscheinlich wird er sich bei mir nach Ihnen erkundigen. Ich werde ihm sagen, daß Sie in einem schlechten Ruf stehen und nicht vertrauenswürdig sind. Es wird mir nicht leicht fallen, das zu sagen« – er lächelte matt und legte die Hand aufs Herz – »aber Sie verstehen, daß es notwendig ist.«

»Natürlich. Ich verzeihe Ihnen diese unerhörte Lüge im voraus.«

Lord stand auf, verbeugte sich knapp und ging.

Lacouture war allzu selbstsicher, dachte Lord, der kleine Schwule hatte irgend etwas vor. Er mußte es herausfinden, und der einzige Weg, das zu erreichen, bestand darin, Mead in sein Bett zu bekommen. Es roch nach einem Doppelspiel, und das konnte er nicht riskieren; dazu war die Sache zu wichtig. Wahrscheinlich war es besser, wenn er sie rasch und sicher zu Ende brachte, indem er Gibbon den Auftrag zur Sabotage an Marshalls Hubschrauber gab. Ja, beschloß er, das sollte sein Hauptplan sein; Lacouture und das Treffen hätte er dann für den Notfall immer noch in der Hinterhand.

Als Lord in die Botschaft zurückgekehrt war, rief er Marshalls Büro an.

Nach langem vergeblichen Klingeln nahm Dolores Toland den Hörer ab.

»Na endlich. Hier Palmer von der Paßabteilung«, sagte Lord mit einer seiner bevorzugten Stimmen – der des pedantischen Bürokraten. »Habt ihr einen Ronald F. Mead da oben? Er soll sofort runter in Zimmer zwo-sechzehn kommen.«

»Corporal Mead ist Botschafter Marshalls Leibwächter. Er geht dorthin, wohin der Botschafter geht. Ich wüßte nicht, daß Raum zwei-sechzehn heute nachmittag auf dem Terminplan des Botschafters steht.«

»Meine Liebe, Corporal Mead geht nirgendwohin, wenn er seine Paßprobleme nicht regelt.«

»Welche Paßprobleme?«

»Oh, nichts Besonderes, nur daß er gar keinen hat. Wie soll er den Botschafter begleiten in dem gar nicht so unwahrscheinlichen Fall, daß der Botschafter irgendwohin reist, wo sein Leibwächter einen Paß braucht? Hmmm? Daran hat noch niemand gedacht, oder? Was ist dann? Können Sie mir das sagen? Hmmm? Was nützt ein Leibwächter, wenn das Gastland ihn nicht hereinläßt? Hmmm? Also schicken Sie ihn mir gleich runter, damit wir uns später *eine Menge* Probleme und Unannehmlichkeiten ersparen können! Zimmer zwo-sechzehn.«

Er hängte ein, bevor sie antworten konnte; sie warf wütend den Hörer auf die Gabel, gerade als Romer ins Zimmer trat. Er sah sie erstaunt an.

»Ekelhaft«, sagte sie und schauderte.

»Was?« fragte er.

»Diese Homosexuellen.«

»Sie werden von Homosexuellen angerufen? Ich kann mir gar nicht vorstellen, weshalb die Sie anrufen sollten. Woher wissen Sie, daß es Homosexuelle sind? Stellen die sich Ihnen vor?«

»Das merkt man doch an der Stimme. Irgend so ein schrecklicher Franzose hat schon ein dutzendmal angerufen und will den Botschafter sprechen, und jetzt will so ein fürchterlicher Typ aus der Paßabteilung Corporal Mead.«

Romer lächelte. »Corporal Mead bekommt Anrufe von Homosexuellen?«

»Anscheinend hat Corporal Mead keinen Paß.«

»Soldaten brauchen keinen«, sagte Romer. »Ihr Ausweis genügt, um hierher und in die Staaten zu reisen.«

»Der Mann hat gesagt, er braucht vielleicht einen, wenn er den Botschafter ins Ausland begleitet.«

»Ah. Das ist allerdings wahr«, räumte Romer ein. »Er würde ihn brauchen, wenn er zum Beispiel auf die Philippinen oder nach Japan reisen wollte. Ist wohl besser, wenn sie ihn runterschicken, für alle Fälle. Oder lassen Sie, ich sage es ihm selbst.«

»Zimmer zwei-sechzehn«, sagte Dolores.

Romer ging über den Flur zu dem kleinen Raum, den man auf Marshalls Anordnung für Mead freigeräumt hatte. Der Raum war nicht größer als ein Klosett; er enthielt einen Stuhl und einen Wandschrank.

Mead polierte gerade seine Stiefel, als Romer eintrat. Als er den Colonel sah, sprang er auf und ließ die Stiefel fallen.

»Dolores hat gesagt, irgendein Homosexueller will Sie in Zimmer zwei-sechzehn sprechen.«

»Sir?«

Romer sah den entgeisterten Ausdruck in Meads Gesicht und lachte. »Haben Sie einen Paß, Corporal?«

»Nein, Sir.«

»Irgendeinem hellen Kopf da unten ist eingefallen, Sie könnten einen brauchen, wenn Sie den Botschafter begleiten. Also gehen Sie runter in Zimmer zwei-sechzehn und besorgen sich einen!«

»Ja, Sir.«

»Aber bleiben Sie nicht zu lange, sonst wird Dolores mißtrauisch! Übrigens, hat Ihnen schon jemand gesagt, was in den nächsten Tagen ansteht?«

»Nein, Sir.«

»Übermorgen beginnt Botschafter Marshall mit seinen Besuchen im Feld. Die nächsten vier Wochen reisen wir durchs ganze Land. Wir fangen im Delta an und arbeiten uns nach Norden hoch. Zuerst sind es nur Tagesreisen, aber wenn das Hochland und das Erste Korps an der Reihe sind, übernachten wir auch. Wir werden zu viert sein: der Botschafter, ich, der Pilot und Sie. Sie brauchen nur Ihr Gewehr mitzunehmen, für alles andere wird gesorgt. Ich möchte, daß Sie Donnerstag um sechs Uhr früh hier sind. Wir holen dann den Botschafter in seiner Villa ab und fahren nach Tan Son Nhut. Noch Fragen?«

»Nein, Sir.«

»Gut. Dann holen Sie sich jetzt Ihren Paß!«

Meads erster Gedanke war, daß Lord nach ihm geschickt hatte, denn es war derselbe Raum, aber wenn Dolores gesagt hatte, der Anrufer sei ein Homosexueller, dann hatte ihn sicher nicht das Phantom bestellt. Enttäuscht, aber neugierig ging er hinunter.

Als auf sein Klopfen niemand antwortete, trat er ein. Auf dem Tisch lag ein Paßformular. Er las es gerade durch, als die Tür sich öffnete und Lord hereinkam.

Er war genau wie beim erstenmal, kalt und unpersönlich. Er grüßte nicht, setzte sich an den Tisch und zeigte auf das Formular. »Füllen Sie das aus, lassen Sie es von einem Vorgesetzten unterschreiben, und bringen Sie es in die Paßabteilung!«

»Jawohl, Sir.«

»Setzen Sie sich.« Das würde nicht sonderlich schwierig werden, dachte Lord.

Mead nahm wie beim erstenmal in gebührendem Abstand Platz und versuchte, seine wachsende Nervosität in den Griff zu bekommen.

»Der Vietnamese heißt Bui Cao Kim. Er arbeitet für den Franzosen, Bernard Lacouture. Lacouture hat vor, Botschafter Marshall zu töten. Er versucht, Verbindung zu ihm aufzunehmen. Ich denke, es wird ihm gelingen.«

Lord beugte sich vor; mit gebieterischem Blick und fester Stimme sagte er: »Sie werden mir helfen.« Gleich wird der Dummkopf ›Jawohl, Sir‹ sagen, dachte Lord.

»Jawohl, Sir«, sagte Mead eilfertig und erhob sich fast von seinem Stuhl. »Alles, was Sie wollen.«

Lord lehnte sich zurück und sah ihn durchdringend an. Mead bemühte sich, dem prüfenden Blick standzuhalten. Überhaupt nicht schwierig, dachte Lord.

»Sie sind für so etwas nicht ausgebildet«, sagte Lord.

Mead versuchte, seine Enttäuschung zu verbergen.

»Ich habe Ihre Personalakte gelesen. Sie ist eindrucksvoll«, fuhr Lord nicht im geringsten beeindruckt fort. »Aber ... bei uns werden andere Dinge verlangt.«

Sein Blick durchbohrte Mead, und seine Stimme, obwohl leise, klang fest. »Es fällt mir nicht leicht, Sie um Hilfe zu bitten, weil Sie keine Übung haben. Ich hätte Angst um Sie.«

Mead beugte sich vor. »Ich kann mich schon wehren«, sagte er eifrig.

Lord musterte ihn. Es war einfach; er ist wirklich zu dumm, dachte Lord.

»Lassen Sie es mich versuchen!« bat Mead beinahe flehentlich.

Lord schwieg eine Weile, dann beugte er sich vor, seine Augen zogen Mead zu sich herüber, seine Stimme senkte sich zu einem verschwörerischen Flüstern.

»Was wir machen, ist nicht leicht und nicht ungefährlich. Manchmal müssen wir Dinge tun, die wir nicht mögen. Unsere Feinde halten sich nicht an irgendwelche Spielregeln. Die Regeln zeigen sich erst während des Spiels.«

Mead nickte.

»Aber die Regeln sind nicht nur verschieden; manchmal gibt es überhaupt keine Regeln. Was wirklich zu sein scheint, ist es möglicherweise gar nicht.«

Die leise gesprochenen Worte entfalteten ihren Zauber. Wie in Trance sah Mead auf Lords Hände, die Wirklichkeit schufen und auslöschten.

»Keine Regeln und keine Belohnungen. Keine Orden für Ihre Uniform – keine Silver Stars.«

Seine Hand lockerte langsam die Krawatte und öffnete den Kragenknopf, dann zog sie das Hemd herunter und entblößte eine häßliche Narbe unterhalb seiner Kehle.

»Keine Purple Hearts«, flüsterte er. »Und kein Ruhm.«

Mead starrte fasziniert auf die Wunde, dann flüsterte er zurück: »Ja.«

»Es ist eine einsame Arbeit.«

Mead nickte.

»Einsam und unerfreulich.«

Mead nickte wieder.

»Einsam und unerfreulich und abstoßend. Manchmal ist sie sehr abstoßend.«

»Ja«, sagte Mead.

»Sie verstehen? Einsam und gefährlich und abstoßend.«

»Ich verstehe«, sagte Mead.

»Könnten Sie abstoßende Dinge tun? Dinge, die Sie widerlich finden? Die gegen alle ihre Grundsätze verstoßen – wenn Sie wüßten, daß es wichtig ist?«

Mead nickte feierlich, dann antwortete er mit fester Stimme: »Ja.«

Lord beugte sich noch weiter vor. Nur wenige Zentimeter trennten sie.

»Keine Regeln«, flüsterte er, und seine Zauberhände wischten die Regeln beiseite. »Kein Gesetz.« Seine Hände wischten das Gesetz weg. »Keine Strafe.«

Er legte die Hände zusammen, hielt sie vor Mead und bot ihm den Schatz dar. »Nur unser Auftrag. Das ist das einzige, was zählt.«

Mead starrte in Lords Hände.

»Niemand fragt danach, wie Sie Ihren Auftrag ausführen. Das will niemand wissen. Wir wollen nur eines: Ihre Hilfe.«

»Ja, Sir«, flüsterte Mead.

»Der Franzose will Botschafter Marshall töten. Wir müssen das verhindern.«

»Ja, Sir.«

»Sie müssen herausfinden, was er vorhat.«

»Ich, Sir?« fragte Mead überrascht. »Wie soll ich das machen?«

»Sie werden sich mit ihm treffen. Er wird Verbindung mit Ihnen aufnehmen. Er wird Ihnen sehr viel Geld anbieten.«

»Wofür?«

Lord sah ihn lange und eindringlich an, bis Mead endlich begriff. Er wollte wegsehen, aber er konnte nicht.

»Es ist Zeit, erwachsen zu werden. Die Welt ist böse.«

Mead konnte sich nicht rühren. »Aber ich meine, ich...«

»Der Auftrag, Corporal – nur darauf kommt es an. Es geht um Leben und Tod – um unser Land. Auf Ihre Gefühle können wir keine Rücksicht nehmen.«

Mead nickte, stotterte: »Ich ... also ... ich fliege Donnerstag mit dem Botschafter weg. Eine ganze Weile bin ich... kann ich nicht...«

Lord lehnte sich zurück. »Machen Sie es, wenn Sie zurück sind!« sagte er scharf. Dann hob er die Hand wie ein Zauberer seinen Zauberstab. »Unter keinen Umständen dürfen Sie...«

Mead nickte langsam: »... mit jemandem darüber reden.«

Lord nahm die Hand herunter, brach den Zauber, und seine Stimme wurde brüsk. »Guten Tag, Corporal.« Donnerstag, dachte er: Er mußte sofort mit Gibbon sprechen.

Mead sprang auf. »Jawohl, Sir.« Er ging zur Tür, dann kehrte er zum Tisch zurück, um das Antragsformular zu holen, und stand unschlüssig vor Lord.

»Sir, ich...«

Lord hob die Hand. »Ich will wissen, was der Franzose vorhat, sonst gar nichts. An irgendwelchem Kleinkram bin ich nicht interessiert – und an persönlichen Problemen auch nicht.« Seine Augen blickten kalt und leidenschaftslos, dann entließ er ihn mit einer Handbewegung: »Sie werden das schon schaffen.«

Mead wandte sich zur Tür und verließ das Zimmer. Er war schon auf der Treppe, als er zum erstenmal Luft holte. Er blieb stehen und stützte sich auf das Treppengeländer. Er hatte das Gefühl, als hätte er einen Tritt in den Magen bekommen, und in seinem Kopf herrschte solch ein Aufruhr, daß er keinen klaren Gedanken fassen

konnte. Aber er wollte nicht – er wollte an überhaupt nichts denken.

Als er in Dolores Tolands Büro trat, um sich zurückzumelden, läutete das Telefon.

Sie nahm den Hörer ab, und als sie die Stimme erkannte, sah sie Mead an und legte rasch die Hand über die Sprechmuschel. »Verdammt!« fluchte sie, dann flötete sie ins Telefon: »Einen Augenblick, bitte«, und legte die Hand wieder über die Sprechmuschel.

»Holen Sie schnell Colonel Romer!« sagte sie hastig zu Mead. »Da ist dieser schwule Franzose. Schnell!«

Mead erstarrte.

»Schnell, Dummkopf!« dann sprang sie auf. »Ach, ich mach's schon selbst.« Sie eilte aus dem Zimmer und kam wenige Augenblicke später mit Colonel Romer zurück.

Angewidert zeigte sie auf das Telefon.

Romer nahm den Hörer auf und sagte auf französisch: »Hallo. Was kann ich für Sie tun?«

Am anderen Ende der Leitung nahm Lacouture erstaunt den Hörer vom Ohr und betrachtete ihn ungläubig. Das Letzte, was er erwartet hätte, wenn er die amerikanische Botschaft anrief, war ein fehlerfreies Französisch.

»Hallo?« antwortete er. »Botschafter Marshall?«

»Nein«, erwiderte Romer. »Ich bin sein Adjutant. Kann ich Ihnen helfen?«

»Sie können mir und Botschafter Marshall helfen, wenn Sie mich mit ihm sprechen lassen.«

»Könnten Sie mir wohl sagen, worüber Sie mit dem Botschafter sprechen wollen. Vielleicht kann ich Ihnen weiterhelfen.«

Sein Französisch ist zu gut, dachte Lacouture. Kein Amerikaner sprach so gut Französisch. Dann kam ihm die Erleuchtung: Das mußte Robert R. Romer jr. sein, der Mann, den er im Continental gesehen hatte; er mußte Botschafter Marshalls Adjutant sein.

»Ah, Colonel Romer«, sagte er. »Welch eine Freude, mit Ihnen zu sprechen. Im ersten Augenblick habe ich gedacht, ich hätte die falsche Botschaft angerufen, so gut ist Ihr Französisch.«

Jetzt war Romer an der Reihe, erstaunt zu sein. Er hatte seinen Namen nicht genannt, und soweit ihm bekannt war, wußte außer dem Büro von Westmoreland und den wenigen Leuten hier niemand, daß er für Marshall arbeitete.

»Mein Name ist Bernard Lacouture, Colonel. Ich gehöre zur Generation Ihres Vaters, und es wäre ebenso unzivilisiert wie undankbar, wenn ich dem Gedächtnis Ihres Vaters nicht den schuldigen Tribut zollte, auch wenn Sie dieser Tributzahlungen wahrscheinlich schon überdrüssig sind. Dennoch ist es die Pflicht jedes Franzosen, Ihrem Vater ein ehrendes Angedenken zu bewahren.«

»Ich danke Ihnen«, sagte Romer aufrichtig, denn er spürte, daß die Anerkennung echt war.

»Seit zwei Tagen versuche ich, mit Botschafter Marshall zu sprechen. Es tut mir sehr leid, daß ich Ihnen nicht sagen kann, worüber ich mit ihm sprechen möchte, denn ich weiß, daß Sie ein Ehrenmann sind, und ich würde es Ihnen gerne anvertrauen, aber es geht nicht. Was ich zu sagen habe, ist ausschließlich für den Botschafter bestimmt; ich bin zur Geheimhaltung verpflichtet. Ich kann Ihnen nur versichern, daß es von allergrößter Wichtigkeit ist und daß der Botschafter die Nachricht, die ich zu überbringen habe, mit größtem Interesse zur Kenntnis nehmen wird. Und wenn nicht, kann er immer noch einhängen, oder?«

»Das wird er wohl können«, lachte Romer. »Bernard Lacouture?«

»Ja.«

»Wenn Sie einen Augenblick warten wollen, frage ich den Botschafter, ob er mit Ihnen sprechen möchte. Oder vielleicht geben Sie mir Ihre Nummer, damit er zurückrufen kann?«

»Ich warte. Haben Sie vielen Dank.«

Romer legte den Hörer ab und ging in Marshalls Büro; Mead und Dolores starrten ihm nach.

Mead hatte den Namen verstanden: Bernard Lacouture, derselbe, von dem Lord vor ein paar Minuten gesprochen hatte. Lord hatte gesagt, es werde Lacouture gelingen, mit Marshall Verbindung aufzunehmen, und da ging nun Colonel Romer zu Marshall, um genau diese Verbindung herzustellen.

Mead war perplex. Wieso wußte Lord immer alles? Und er hatte gesagt, daß Lacouture den Botschafter töten wollte. Und Lord sagte, daß er Hilfe brauchte. Er bat ihn um Hilfe. Er bat ihn, dem Botschafter das Leben zu retten und seinem Land zu helfen.

Mead war beschämt. Warum hatte er nicht geantwortet?

Romer kehrte zurück. »Monsieur Lacouture. Der Botschafter möchte mit Ihnen sprechen. Ich verbinde.« Er drückte auf einen

Knopf. »Herr Botschafter? Monsieur Lacouture ist in der Leitung.« Er wartete, bis er die beiden sprechen hörte, dann hängte er ein.

Mead schloß gepeinigt die Augen; dann nahm er sich zusammen und ging hinaus.

»Herr Botschafter, ich habe eine wichtige Nachricht für Sie – eine dringliche dazu, aber leider kann ich sie Ihnen nicht am Telefon übermitteln.«

»Könnten Sie mir andeutungsweise sagen, worum es geht?« fragte Marshall.

Lacouture fiel in ein schnelles Französisch. »Ich bin ein Zwischenträger, Exzellenz. Ihre CIA hat keine gute Meinung von mir, aber sie werden Ihnen auch sagen, daß ich über vielfältige und verläßliche Quellen verfüge. In diesem Falle bin ich ausschließlich Vermittler, der Geld dafür erhält, daß er Ihnen eine Botschaft überbringt, und der noch mehr Geld erhält, wenn er ein Treffen zwischen Ihnen und der Person arrangieren kann, deren Namen ich Ihnen aus verständlichen Gründen nicht sagen kann.«

Marshall antwortete auf französisch. »Das klingt sehr geheimnisvoll, Monsieur Lacouture. Sie werden verstehen, daß ich noch etwas mehr Informationen bräuchte, bevor ich mich mit Ihnen treffen könnte.«

»Bei dem Mann, der mit Ihnen zusammentreffen möchte, handelt es sich um eine hochrangige nordvietnamesische Persönlichkeit. Er hat im Krieg zwei Söhne verloren; er ist desillusioniert und vom Tod seiner Söhne tief getroffen. Er hat noch mehr Kinder, einen Sohn, der bald zur Armee muß, und Töchter, die durch die Luftangriffe auf Hanoi ständig in Gefahr schweben. Er möchte Sie treffen, um mit Ihnen über einige ... Möglichkeiten zu sprechen. Ich kann Ihnen noch mehr Einzelheiten über diesen Mann geben und Ihnen Beweise dafür liefern, daß er es ernst meint.«

»Sehr gut«, erwiderte Marshall. »Sagen wir, heute abend um acht in meiner Villa. Das ist ...«

»Ich weiß, wo das ist, Exzellenz. Ich danke Ihnen vielmals. Bis heute abend.«

Als Marshall aufgelegt hatte, dachte er einen Augenblick daran, den Leiter der örtlichen CIA-Niederlassung anzurufen, um sich über Lacouture zu informieren, doch dann beschloß er, zunächst abzuwarten. Erst einmal wollte er hören, was der Franzose zu sagen

hatte, dann konnte er immer noch Erkundigungen über ihn einziehen. Obwohl das Zusammentreffen ihm unheimlich erschien – ein Mittelsmann tauchte just in dem Augenblick auf, als er sich einen wünschte –, hatte die Erfahrung ihn gelehrt, daß eine ernstgemeinte Kontaktaufnahme von überallher erfolgen konnte.

Marshall wußte, daß in Paris bald Friedensverhandlungen beginnen würden, aber er wußte auch, daß sie sich endlos hinziehen konnten, weil vor der Öffentlichkeit jede Seite sich in Pose werfen mußte; auf diesem Forum würde das Theater im Vordergrund stehen.

So gering die Aussicht auch war, daß seine Begegnung mit Lacouture irgendeinen Nutzen brachte, mußte er diese Chance dennoch wahrnehmen. War es denn so unvorstellbar, daß ein Feind für seine Kinder dasselbe empfand wie er für seine eigenen? Was für ein Glücksfall, dachte Marshall, plötzlich freudig erregt. Vielleicht war dies die Gelegenheit – die Chance, Ryan zu retten, den Krieg zu beenden.

Er war gerade dabei gewesen, den Bericht über General Giaps Strategie bei Dien Bien Phu zu lesen, aber jetzt konnte er sich darauf nicht mehr konzentrieren. Außerdem schien es ihm offensichtlich, daß nur ein äußerst oberflächlicher Vergleich mit Khe Sanh gezogen werden konnte.

General Tran hatte recht; Khe Sanh war nur eine List, mit der Giap die Aufmerksamkeit von anderen Truppenaufmärschen und einem Großangriff ablenken wollte, der die Kriegsbereitschaft der Amerikaner untergraben sollte.

Aber die NVA schätzte Lyndon Johnson völlig falsch ein. Marshall wußte, daß der Angriff den Krieg nur verlängern konnte, weil er die Haltung des Präsidenten verhärten mußte.

Er mußte mit jemandem Verbindung aufnehmen, damit er ihm dies klarmachen konnte. Und jetzt bot ihm Lacouture diese Möglichkeit. Er mußte es riskieren. Marshall glaubte nicht an die Vorsehung, aber dieses Angebot erschien ihm wie ein Gottesgeschenk.

Er löschte das Licht und verabschiedete sich von seinen Leuten, dann ging er hinüber zu Mead.

Der Corporal hockte, über Formulare gebeugt, auf dem Boden, zerbiß sich die Lippen und mühte sich, sie auszufüllen. Da er keinen Tisch hatte, benutzte er den Stuhl als Schreibunterlage.

Mead spürte, daß jemand an der Tür war, und drehte sich um.

Als er Marshall erblickte, sprang er auf; die Formulare flogen in alle Richtungen.

»Ich habe keine Eile«, sagte Marshall. »Lassen Sie sich Zeit, und machen Sie das ruhig fertig, was Sie da gerade tun! Ich mache heute früher Schluß. Ich hab es zwar nicht verdient, aber zum Teufel damit. Ich gehe runter in die Snackbar. Gibt es da auch Bier? Ich könnte eins brauchen.«

»Sir, das können Sie nicht...« stammelte Mead. »Sie können nicht auf mich warten. Und außerdem gehen Botschafter nicht in die Snackbar. Das ist... Also, das tun sie einfach nicht.«

»Ich habe Sie nicht um Erlaubnis gefragt. Ich habe gefragt, ob es dort Bier gibt.«

»Nun... Ja, Sir, es gibt Bier.«

»Gut. Dann trinke ich eins. Kommen Sie runter, wenn Sie fertig sind!« Und er ging.

»Verdammt!« fluchte Mead. Er konnte es nicht fassen, daß Marshall schon wieder weg war.

Er warf die Formulare in seinen Wandschrank und schlug die Tür zu, als Colonel Waggoner hereinkam. Auch das noch, dachte Mead.

»Was machen Sie hier? Ich denke, der Botschafter ist schon gegangen.«

»Das stimmt, Sir... das heißt, er ist in die Snackbar gegangen.«

»Wohin?« rief Waggoner.

»In die Snackbar, Sir.« Seine eigenen Worte ließen ihn zusammenzucken. »Er hat gesagt, er will ein Bier trinken. Er hat mir gesagt ... ich soll das fertig machen, was ich gemacht habe.«

»Und was zum Teufel machen Sie?«

Mead wies matt auf den Wandschrank. »Papierkram. Mein Paß, Sir. Ich hab einen Antrag ausgefüllt.« Scheiße, dachte Mead. Warum muß ich immer alles vermasseln?

»Ja, sind Sie denn verrückt geworden? Sie haben den Auftrag, Botschafter Marshall zu schützen. Geht das nicht in ihren verdammten Schädel hinein?«

Mead griff nach seinem Gewehr. »Ich bin schon unterwegs, Sir. Guten Tag, Sir.« Er stürmte aus dem Zimmer. Scheiße! hätte er schreien mögen. Nichts mache ich richtig; die glauben alle, ich bin ein Dummkopf.

Die Snackbar war ein großer Saal mit einer langen Selbstbedie-

nungstheke und vielen Tischen und Stühlen. Obwohl der Raum halb voll war, hatte sich um Marshalls Tisch ein großer Kreis mit freien Plätzen gebildet, der schon beim Betreten des Raumes so sehr ins Auge sprang, daß man meinen konnte, eine gefährliche Ansteckungsquelle müsse sich in seinem Zentrum befinden.

Verstohlene Blicke von allen Seiten zeigten, daß jedermann wußte, wer da saß; aber niemand wagte sich in seine Nähe.

Mead stürmte in den Raum und stoppte, als er Marshall erblickte, der allein dasaß, ein Bier trank und sich ungezwungen zu geben versuchte, während aller Aufmerksamkeit auf ihn gerichtet war.

Mead ging zu ihm und blieb linkisch vor ihm stehen.

»Das ging ja schnell«, sagte Marshall. »Setzen Sie sich!«

Mead setzte sich steif; er war sich bewußt, daß alle rundum sie anstarrten.

»Trinken Sie ein Bier!« sagte Marshall.

»Vielen Dank, Sir, aber ... ich darf im Dienst nicht trinken, Sir.«

»Oh. Dann darf ich das wahrscheinlich auch nicht. Glauben Sie, es gibt Vorschriften darüber? Ich frage mich, ob irgendwo steht: Botschafter und Korporäle dürfen im Dienst nicht trinken. Was meinen Sie?«

»Also ... ich weiß nicht, wie das mit Botschaftern ist, Sir, aber für Korporäle gibt es bestimmt so was. Es gibt überhaupt eine unglaubliche Menge Vorschriften für Korporäle.«

Marshall lachte. »Also holen Sie sich schon ein Bier! Es ist unhöflich von mir, wenn ich allein trinke. Und es ist unhöflich von Ihnen, wenn Sie mir nicht Gesellschaft leisten.«

Mead ging an die Theke und kam mit einer Flasche Bier zurück. Er hatte keinen Zweifel, daß jeden Augenblick Colonel Waggoner mit dem Kommandanten des Marinekorps und der Küstenwache hereinkommen und ihn festnehmen würde.

»Prosit!« sagte Marshall und hob seine Flasche, als Mead sich gesetzt hatte. »Das sagen die Deutschen. Ich frage mich, ob die Vietnamesen überhaupt etwas sagen. Aber jede Gesellschaft sagt irgend etwas, also sicher auch die Vietnamesen. Das Bier ist nicht schlecht. Ich möchte wissen, warum sie es ›33‹ nennen. Ein seltsamer Name für ein Bier. Wissen Sie, warum?«

»Nein, Sir. Ich trinke sonst nur philippinisches Bier.«

»Ist das besser? Darf ich mal probieren?« Er nahm Mead die

Flasche aus der Hand und nahm einen Schluck, ohne sie vorher abzuwischen. Mead hatte gehört, daß es für Vietnamesen eine Beleidigung war, wenn man ein Glas für sein Bier verlangte, weil man damit unterstellte, daß die Flasche schmutzig sei. Das verstand er nun, denn er selbst fühlte sich sehr geschmeichelt, daß der Botschafter direkt aus seiner Flasche trank.

»Es ist besser«, sagte Marshall. »Aber wahrscheinlich haben die Franzosen diese Brauerei gegründet, und die Franzosen sind keine richtigen Biertrinker – nur im Elsaß, aber das gehört ja die halbe Zeit zu Deutschland.«

»Sie wissen fast alles, Sir, oder?« fragte Mead ein wenig eingeschüchtert.

Marshall lachte. »Das sollten Sie mal meinen Söhnen sagen. Die glauben, ich weiß gar nichts. In deren Augen bin ich ein ziemlicher Trottel.«

»Das meinen Kinder immer.«

»Wirklich? Vielleicht sollten Sie mal mit ihnen reden. Sie erzählen ihnen, wie klug ich bin und daß sie alles tun sollen, was ich ihnen sage. Glauben Sie, das klappt?«

Mead grinste. »Wahrscheinlich nicht, Sir.«

Marshall trank seine Flasche leer. »Ich könnte noch eine brauchen. Es geht mir schon viel besser.« Er ging zur Theke und holte eine Flasche vietnamesisches Bier für sich selbst und eine Flasche San Miguel für Mead, der sich sehr geschmeichelt fühlte, daß der Botschafter ihn bediente, während alle zusahen, auch wenn Marshall selbst die Aufmerksamkeit rundum nicht zu bemerken schien.

»Wenn sie uns für ein Bier vors Kriegsgericht stellen, dann haben wir nichts zu verlieren, wenn wir gleich zwei trinken.« Er hob die Flasche. »*Nasdrowje!* – das sagen sie in Rußland.« Er nahm einen großen Schluck, dann suchte er in seiner Erinnerung: »Was haben wir damals beim Korps gesagt? Es muß doch etwas gegeben haben, aber ich hab es vergessen. Gibt es was?«

»Man trinkt gewöhnlich auf das Korps.«

»Genau.«

»Waren Sie wirklich einmal Corporal?« fragte Mead.

»O ja, als ich in Ihrem Alter war; aber ich glaube, ich war kein guter. Ich war eine ziemliche Niete – konnte nicht marschieren und den Marschtritt vorgeben, war kein besonderer Schütze, und

die meiste Zeit hatte ich eine Todesangst. Aber es war schön. Corporal zu sein hat mir viel besser gefallen als Offizier.«

»Wirklich, Sir?«

»Man hatte viel mehr Spaß. Man konnte mit den Kameraden quatschen und jammern und herumsitzen. Als Offizier ist man viel einsamer. Ich weiß noch, einmal in Korea, nach einem ziemlich harten Gefecht, saßen die Männer zusammen, tranken Bier und redeten miteinander und machten ihre Späße. Ich war der Zugführer, aber ich konnte nicht mitmachen. Ich hatte wirklich Lust dazu, aber ihnen wäre das komisch vorgekommen. Ich hätte ihnen den ganzen Spaß verdorben. Also bin ich für mich geblieben. Ich hatte niemanden, mit dem ich hätte reden können.«

»Daran habe ich noch nie gedacht«, sagte Mead, und aus irgendeinem Grunde kam ihm Lieutenant Bishop in den Sinn.

»Gefällt es Ihnen, daß wir rausfahren?« fragte Marshall. »Es müßte eigentlich interessant sein, und die Zeit vergeht schneller.«

»Ja, Sir. Ich bin noch nirgendwo in Vietnam gewesen, außer hier und an der DMZ. Ich habe da eben dran denken müssen, als Sie von Ihrer Zeit als Lieutenant gesprochen haben. Ich hatte da oben einen Lieutenant, der war wirklich in Ordnung. Darum bin ich hier: Er hat mich hier runter geschickt. Er hatte Angst, daß ich umkomme. Ich hab ihn wirklich gemocht. Ich würde gern wissen, was aus all den Jungs geworden ist.«

»Wo sind sie?«

»Oben bei Khe Sanh, Sir.«

»Oh! Möchten Sie sie wiedersehen? Wir könnten hin – ich wollte mir das Gebiet sowieso ansehen.«

»Wirklich, Sir? Sie meinen, wir könnten dahin fliegen?«

»Aber ja. Ich sag es Colonel Romer, und er arrangiert das. Alles, was er dazu braucht, ist der Name der Einheit.«

Mead strahlte vor Freude. »Das würden Sie wirklich machen? Ich meine, Sie würden für mich da hoch fliegen?«

»Na ja, ich muß sowieso da hoch. Aber gut, ich mach es für Sie.«

Mead wandte sich ab vor lauter Begeisterung. »Ich kann's nicht fassen. Ich kann Snags wiedersehen und den Gunny und Lieutenant Bishop – die ganzen Jungs. Die werden sich gar nicht einkriegen – ein verdammter Botschafter... Ich meine... Sie, Sir, und ich, schneien da einfach mit dem Hubschrauber rein.«

Er schüttete den Rest seines Biers in einem Zug hinunter. »Ich

muß Ihnen das einfach sagen, Sir. Ich hätte nie erwartet, daß Sie so sind.«

Marshall lächelte. »Wir gehen wohl besser, bevor Sie noch eine Flasche trinken und mir sagen, was Sie wirklich von mir halten.«

Mead schüttelte den Kopf. »Nein«, sagte er mit großem Ernst. »Ich meine das wirklich. Sie sind so freundlich zu mir gewesen wie noch nie jemand. Ich möchte Ihnen nur sagen, wie dankbar ich Ihnen dafür bin. Und... also... ich tue alles für Sie, Sir.«

»Vielen herzlichen Dank«, sagte Marshall und stand auf. »Ich hoffe, ich werde Sie nicht allzusehr in Anspruch nehmen. Jedenfalls werde ich versuchen, mich aus Schwierigkeiten herauszuhalten oder Ihnen wenigstens nicht mehr solche Probleme zu machen wie in Cholon.«

Mead sprang auf. Er hatte nach einer Möglichkeit gesucht, diesen Punkt ganz nebenher anzusprechen, aber er hatte es nicht geschafft, und dies war die letzte Gelegenheit. »Dieser Franzose am Telefon hat Miss Toland ganz schön genervt, glaube ich.« Er wollte ihm von Lacouture erzählen, aber er wollte auch nicht gegen Lords Verbot verstoßen.

Marshall sah ihn verwundert an; ihm war klar, daß Mead diese Bemerkung nicht beiläufig hatte fallen lassen. »Worauf wollen Sie hinaus?«

Mead wand sich unbehaglich. »Nur daß... also, ich soll Sie doch beschützen, und wenn ... Ich meine, sie hat gesagt, er hat immer versucht, Sie anzurufen, und ich dachte, vielleicht ist es besser, wenn ich ... also, wenn ich darüber Bescheid weiß.«

Marshall lächelte. »Sie sind wirklich gewissenhaft.« Marshall klopfte ihm auf die Schulter und lenkte ihn zum Ausgang. »Sie leisten gute Arbeit, Corporal, und ich weiß das sehr zu schätzen. Aber über den Franzosen brauchen Sie sich keine Gedanken zu machen.«

Mead hatte das Gefühl, Marshall zu betrügen, weil er ihm nicht mehr sagte, aber Lord wußte sicher besser, wozu das gut war.

Nachdem er Marshall zu dessen Villa begleitet hatte, nahm er ein Taxi und fuhr nach Hause.

Er bezahlte und wandte sich gerade zum Eingang, als er Lacouture erblickte, der auf dem Gehweg auf ihn zueilte.

»Mr. Mead! Warten Sie! Halt! Lieber Mr. Mead, bitte warten Sie!«

Verwundert sah Mead dem kleinen dicken Franzosen entgegen, der auf ihn zurannte und dabei mit seinem Taschentuch winkte. In einer Reflexbewegung nahm Mead das Gewehr hoch, nicht an die Schulter, sondern so, als wollte er einen Angriff abwehren.

»Nicht schießen!« kreischte Lacouture, blieb abrupt stehen, hielt sein Taschentuch hoch und verbarg seinen Kopf dahinter, als könnte das Tuch ihn vor einer Kugel schützen. »Bitte nicht schießen! Ich will Ihnen nichts tun.«

An diese Möglichkeit hätte Mead nun allerdings zuletzt gedacht, und er senkte lachend die Waffe.

Lacouture lugte hinter seinem Taschentuch hervor. Mead lachte noch lauter angesichts des verschreckten kleinen dicken Mannes in seinem weißen Anzug.

Beleidigt richtete Lacouture sich auf, stopfte das Taschentuch in seine Tasche und kam würdevoll auf Mead zu.

»Es ist roh, gemein und häßlich, sich über andere lustig zu machen. Sie sollten sich schämen. Außerdem, woher wollen Sie wissen, daß ich kein Ninja-Meister bin, der Sie ganz fürchterlich verprügeln könnte?«

So jemand war Mead in seinem ganzen Leben noch nicht begegnet. Aus seinem Staunen wurde Faszination, aber er konnte einfach nicht aufhören zu lachen. »Mich verprügeln?« fragte er. »Okay, dann mal los!« Und er lehnte sein Gewehr gegen die Wand.

Lacouture stand vor ihm, einen ganzen Kopf kleiner als er. »Sie sind ein mutiger Mann. Ich werde Sie verschonen. Ja, ich werde Sie sogar belohnen für Ihren Heldenmut.« Er griff nach seiner Brieftasche.

»Sparen Sie sich das!« versetzte Mead und nahm sein Gewehr auf.

»Oh, bitte! Sie müssen mit mir kommen! Sie müssen!« Er schlug auf seine Brust. »Sonst gehe ich zugrunde.«

»Was, zum Teufel, wollen Sie von mir? fragte Mead.

»Das kann ich Ihnen hier nicht sagen.« Lacouture blickte angewidert um sich. »Hier ist es zu häßlich.« Er griff nach Meads Arm, dann fiel ihm ein, daß Amerikaner es nicht mögen, angefaßt zu werden, und er ließ ihn rasch wieder los. »Ich lade Sie zum Essen ein.«

Mead sah ihn ungläubig an. Das war der Mann, der Marshall umbringen wollte? Dieser komische kleine Schwule. Das war der

Mann, mit dem Marshall telefoniert hatte? Wie sollte der gefährlich sein können?

»Bitte!« sagte Lacouture. »Sie müssen. Nur dieses eine Mal, dann werde ich Sie nicht mehr belästigen.«

Mead schüttelte den Kopf. »Vielleicht ein andermal. Ich muß jetzt gehen. Jemand wartet auf mich.«

»Ja, ich weiß, Ihr Mädchen. Gehen Sie nur zu ihr, und danach gehen Sie mit mir essen. Sie müssen einfach. Um neun Uhr. Bitte, nehmen Sie!« Er reichte Mead einen großen Geldschein. »Für das Taxi. Um neun. So haben Sie noch viel Zeit für Ihr Mädchen. Ihnen wird nichts geschehen; niemand wird Ihnen etwas tun. Sagen Sie, daß Sie kommen! Bitte! Neun Uhr, im Coq d'Or.«

»Im was?«

»Im ... Ach, lassen Sie nur, ich schreibe es Ihnen auf, mit der Adresse. Werden Sie kommen?« Er klopfte sich auf die Brust. »Oh, sagen Sie ja!«

»Ich überleg's mir.«

»Neun Uhr. Sagen Sie ja! Sie müssen, Sie müssen.«

»Ich habe gesagt, ich überleg es mir.«

Lacouture preßte die Hand auf sein Herz. »Ich gehe zugrunde.« Dann drohte er Mead mit dem Finger. »Oder ich komme zurück und verprügele Sie ganz fürchterlich.«

Er drehte sich um und tänzelte davon.

Mead sah ihm verblüfft nach.

Es war genauso gekommen, wie Lord es gesagt hatte. Woher wußte er das nur? Der Anruf, die Kontaktaufnahme mit Marshall und jetzt das – genau wie Lord es vorhergesagt hatte. Und was hatte er noch gesagt? Daß es keine Regeln gibt und daß, was wirklich zu sein scheint, am Ende gar nicht wirklich ist.

Lord saß auf dem metallenen Klappstuhl in Gibbons Büro.

»Sie strahlen ja, Jeffrey.«

»Ich bin verliebt«, erwiderte Gibbon und grinste.

»Sie sind nicht verliebt, Sie sind nur ständig geil.«

»Liebe, Geilheit – das ist doch dasselbe, oder?«

»Ich glaube, Elizabeth Barrett Browning hätte da ein paar mehr Definitionen.«

»Ich wette, sie war beschissen im Bett.«

»Sie war ein Krüppel, Jeff.« Lord überlegte einen Augenblick.

»Oder vielleicht war es auch Schwindsucht; die hatten sie damals ja anscheinend alle.«

»Um so schlimmer – dann konnte sie nicht mal blasen.«

Lord sah ihn an, dann lächelte er. »Sie machen das nur, um mich zu ärgern. Also sagen Sie schon, wer ist die Frau, in die Sie sich verliebt haben, und was ist aus Ca Li geworden?«

»Ca Li geht's gut. Die Frau ist Marshalls Sekretärin. Haben Sie sie schon gesehen?«

Lord runzelte die Stirn. Mußte denn immer etwas passieren, das er nicht vorhergesehen hatte? Aber wenn er etwas hätte voraussehen können, dann das – Jeff und eine schöne Frau.

»Sie müssen eine Wünschelrute zwischen den Beinen haben«, sagte Lord. »Aber diesmal hat sie Sie fehlgeleitet. Lassen Sie die Finger von ihr.«

»O nein!« stöhnte Gibbon. »Sie meinen, die ist eine von uns? Und sie gehört Marshall?«

Lord schüttelte den Kopf. »Marshall interessiert sich nicht für Dolores.«

»Warum das denn nicht?«

»Sie ist zu eindeutig und zu grell.«

»Genau«, pflichtete Gibbon ihm bei. »Alles an ihr, der Mund, ihre Augen, ihre Ohren, ihre Nase, sagt ›Fick mich!‹ – Sie ist ein Prachtstück.«

»Sie ist nicht Marshalls Typ«, erwiderte Lord. »Irgendein Amateur hat sie ausgesucht und hergeschickt – einer mit demselben Geschmack wie Sie. Marshall bevorzugt den subtileren Typ, mit etwas mehr Finesse – eine, die kein Schild um den Hals trägt, auf dem ›Fotze‹ steht.«

»Sie meinen, er fickt sie nicht?«

»Nein. Er hat gleich gemerkt, daß sie von uns ist. Er ist kein Dummkopf, Jeff. Er ist ein Profi.«

»Aber warum kann ich sie dann nicht besteigen?«

»Das gäbe nur Komplikationen. Lassen Sie die Finger von ihr!« sage ich bloß. »Ich will nicht, daß es irgendwelche Kontakte zwischen uns und seinem Büro gibt. Außerdem haben Sie ja zu tun. Marshall fängt Donnerstag mit seinen Exkursionen an. Er benutzt einen Hubschrauber, die Huey 1B, von der wir gesprochen haben. Ich möchte, daß Sie vorher alles erledigt haben, was notwendig ist.«

Gibbon lehnte sich lässig in seinem Stuhl zurück; er wollte kei-

nesfalls den Eindruck erwecken, als machte er sich irgendwelche Sorgen. »Das heißt also heute nacht. Was ist mit dem Piloten? Ich habe früher in der Nacht vor wichtigen Einsätzen bei meiner Maschine geschlafen.«

Lord lächelte vielsagend. »Er schläft heute nacht bei einer anderen.«

Gibbon musterte Lord eine Weile, dann schüttelte er den Kopf. »Lassen Sie mich raten – Dolores?« Dann lachte er. »Sie denken auch an alles.«

»O nein. Es ist erschreckend, was ich alles übersehe. Aber in diesem Falle ist die Sache einfach: Magnuson kümmert sich um Marshall, Dolores kümmert sich um Magnuson.«

»Sie brauchen nicht zufällig jemanden, der sich um Dolores kümmert?« fragte Gibbon und zeigte zwischen seine Beine.

»Vielen Dank, aber das wird nicht nötig sein.«

Gibbon beugte sich vor, jetzt ganz geschäftsmäßig. »Mit welchen Sicherheitsmaßnahmen muß ich bei dem Hubschrauber rechnen?«

»Mit den strengsten. Er steht bei den Maschinen von Air America.«

Gibbon grinste und entspannte sich. Air America war die Fluggesellschaft der CIA.

Lord stand auf und ging zur Tür. Es war nichts mehr zu sagen. Gibbon wußte, daß Lord keine Einzelheiten erfahren wollte, und Lord schätzte an Gibbon die lakonische Art, mit der er seine Arbeit verrichtete. Wenn es um Frauen ging, war sein Redefluß kaum zu bremsen; über einen Auftrag sprach er nie; er tat einfach seine Arbeit. Lord hatte keinen Zweifel, daß der Hubschrauber am Donnerstag abstürzen würde.

»Guten Tag, Mr. Lord.«

»Bis morgen, Jeffrey.«

24

»Au!« schrie Teresa auf, als sich die heiße Flüssigkeit über ihre Hände ergoß.

Sie war in der Küche und teilte Suppe aus, als eine Frau, die gerade ihre Portion erhalten hatte, die Schüssel fallen ließ und in einem Schwächeanfall nach hinten sank.

Obwohl die Schmerzen unerträglich waren und Teresa Mühe hatte, ihre Tränen zurückzuhalten, lief sie zu ihr und stützte sie.

»Geht es wieder?« Sie versuchte, die Frau aufrecht zu halten, aber der brennende Schmerz war so heftig, daß sie sie loslassen mußte.

Die Frau richtete sich auf, doch als sie sah, daß ihre Suppe auf dem Boden lag, begann sie zu schluchzen.

»Ist schon gut«, tröstete sie Teresa. »Es ist ja noch mehr da. Hier.« Sie nahm eine neue Schüssel vom Stapel und gab sie ihr. Doch die Schöpfkelle konnte Teresa nicht mehr halten.

»Würden Sie mich einen Augenblick vertreten?« fragte sie eine andere Frau. »Ich glaube, ich gehe spülen.«

Sobald sie aus der Küche war, hob sie die Hände: sie waren rot und von Blasen überzogen. Sie schüttelte sie, blies darauf, dann legte sie sie in ihre Achselhöhlen und versuchte, den Schmerz herauszupressen.

»O Gott!« stöhnte sie und lehnte sich gegen die Wand; ihre Augen füllten sich mit Tränen.

Plötzlich bemerkte sie, daß Lin am anderen Ende des Raumes auf einem Bett saß und sie beobachtete. Sie wischte sich die Tränen mit dem Rücken ihrer Handgelenke ab. Dann ließ sie ihre Hände herunterhängen und ging zu Lin hinüber.

»Ich habe mich verbrannt«, sagte sie. »Verbrennungen sind, glaube ich, die schlimmsten Schmerzen. Mein Gott, tut das weh.« Sie schüttelte die Hände nochmals, dann setzte sie sich neben Lin aufs Bett.

Abgemagert und pockennarbig saß Lin da und schien Teresa gar nicht zu beachten, nicht einmal das abgemagerte Kind auf ihrem Schoß. Sie hielt es lediglich fest und starrte stumpf vor sich hin.

»Du mußt etwas essen«, sagte Teresa. »Geh dir doch etwas holen! Ich halte inzwischen das Baby.«

Lin reagierte nicht.

Vielleicht stand sie wieder unter Drogen, dachte Teresa. Es war unmöglich, die Frauen ständig unter Kontrolle zu halten. Sie kamen und gingen, waren tagelang verschwunden und kehrten manchmal so voller Drogen zurück, daß man um ihr Leben fürchten mußte.

Lins Geschichte war wie die so vieler anderer. Sie konnte sich nicht einmal mehr erinnern, wie viele Abtreibungen sie schon hinter sich hatte. Sie war vierundzwanzig, noch unter der japanischen Besatzung geboren und auf der Straße aufgewachsen. Mit elf Jahren trat sie in ihr erstes Bordell ein; zum erstenmal belästigt worden war sie jedoch schon mit sechs von einem älteren Franzosen.

Teresa wußte, daß es in Lins ganzem Leben noch keine Liebe oder Freundlichkeit gegeben hatte; es war eine einzige Hölle gewesen.

Nur Drogen brachten zeitweilig Erleichterung oder den Wahnsinn. Der andere Ausweg war der Tod. Die Suppe in der Küche, da hatte Teresa keine Illusionen, verlängerte nur die Agonie.

Teresa strich dem Kind mit ihrer Hand über den Kopf. »Du hast ihr noch keinen Namen gegeben«, sagte sie sanft. »Sie sollte einen Namen haben.«

Lin starrte das Kind ausdruckslos an.

»Jeder Mensch sollte einen Namen haben«, fuhr Teresa fort. Sie hob das Baby aus Lins Schoß und nahm es in ihre Arme. »Hattest du eine Schwester? Oder vielleicht eine Freundin, als du klein warst, mit der du gespielt hast? Es gibt so viele schöne Namen. Lin ist ein hübscher Name. Wollen wir uns nicht einen schönen Namen für das Baby ausdenken? Könntest du dir einen vorstellen?«

Teresa war sich nicht so sicher, ob Lin überhaupt zuhörte; sie wirkte so abwesend, doch plötzlich zog sie ihre Stirn in Falten. »Kein Name«, sagte sie.

Teresa erkannte, daß Lin nicht unter Drogen stand; es war ihr aus eigener Kraft gelungen, sich für kurze Zeit in einen Zustand friedvoller Gleichgültigkeit zu retten, den sie, Teresa, nun zerstört hatte.

Die Falten auf Lins Stirn wurden tiefer. »Ich will nicht, daß es lebt, auch wenn es leben könnte.«

Teresa betrachtete das Kind, die deformierte Nase, den verunstalteten Mund, die schwachsinnigen Augen, und kein Wort des Trostes kam ihr in den Sinn.

»Es ist nicht ihre Schuld«, sagte sie schließlich. »Du solltest ihr einen Namen geben, Lin.«

»Vielleicht ist es ihre Schuld«, erwiderte Lin und sah das Kind mißtrauisch an. »Was mag sie in einem anderen Leben gewesen sein? Was hat sie nur getan, daß sie so wiedergekommen ist?«

Lin hob den Blick zu Teresa und fragte ernst: »Was kann jemand tun, daß er so etwas verdient? Was für schreckliche Dinge? Noch schrecklicher, als die, die *sie* tun.« Sie zeigte auf das Fenster – die Welt draußen, die Soldaten und Zuhälter, die Diebe und Politiker.

Dann wandte sie den Blick ab und fragte mit distanzierter Verwunderung: »Was *ich* wohl getan habe?«

Teresa betrachtete das Kind. Ja, was konnte man in einem vergangenen Leben getan haben, daß man dies da verdiente? Aber das Karma war für Teresa genauso bedeutungslos wie Seele und Glaube, Himmel und Hölle – ein Kind, das Kuchenformen auf den Ozean drückte, Bilder in den Wind malte.

Teresa nahm Lins Hand und legte sie auf das Baby. »Nicht wollen, daß sie lebt und leidet, ist etwas ganz anderes, als sie zu töten.«

Lin ließ die Hand eine Weile auf dem Kind liegen, dann zog sie sie zurück und sah Teresa an. »Nein«, sagte sie einfach. »Das ist dasselbe.«

Teresa atmete tief ein und langsam wieder aus. »Ich weiß nicht«, sagte sie schließlich. »Manche nennen das Gnadentod. Es gibt auch ein großes Wort dafür: ›Euthanasie‹, und ich glaube, sie wird praktiziert, seit es Menschen gibt, die es nicht ertragen können, mitansehen zu müssen, wie andere leiden.«

Sie legte das Baby wieder in Lins Schoß. »Aber dieses Kind leidet nicht, Lin. Es hat keine Schmerzen und keine Angst. Nur du hast das, und dein Leid gibt dir nicht das Recht, dieses Kind zu töten.«

Nun hatte sie es gesagt. Sie lächelte – es war alles so klar, Pater Dourmant hatte recht.

»Das Leiden kommt erst noch. Soll ich so lange warten?«

»Vielleicht auch nie«, sagte Teresa. »Vielleicht stirbt sie von allein. Wer weiß, was die Zukunft bringt!«

Plötzlich sah Lin sie mit bitterer Entschlossenheit an. »Ich will keine Männer mehr auf mir haben.«

Teresa strich ihr sanft über den Arm. »Pater Dourmant kann dir helfen. Er findet Arbeit für dich.«

»Ich will keine Männer mehr auf mir – hier.« Sie griff mit beiden Händen nach ihrem Kopf und schüttelte ihn, als wollte sie die Männer daraus vertreiben. »Sie sind immer da drin.«

Sie drückte das Baby fest an ihre Brust und sprang auf. Die Augen vor Angst weit aufgerissen, schüttelte sie heftig den Kopf, und bevor Teresa sie zurückhalten konnte, lief sie hinaus.

Als alle gegessen hatten und Ruhe in den Schlafsälen eingekehrt war, machte Teresa sich auf den Weg zu Pater Dourmant.

Pater Dourmant wohnte in dem heruntergekommenen Pfarrhaus hinter der Kirche, zusammen mit zwei weiteren Priestern und der Haushälterin. Wegen seines vorgeschrittenen Alters hatte er sein Schlafzimmer im Erdgeschoß, was allerdings mit dem Nachteil verbunden war, daß er an die Tür gehen mußte, wenn die Haushälterin nicht da war.

Da er in dieser Woche mit der Frühmesse an der Reihe war, hatte er sich gleich nach dem Abendessen zurückgezogen. Er hatte seine Gebete verrichtet und war schon im Bett, als es klopfte.

»Verdammt!« sagte er; er wußte, daß er allein war, und wer auch an der Tür sein mochte, er würde jedenfalls nicht weggehen. Also zog er seinen abgetragenen Morgenrock über und schlurfte in seinen zerschlissenen Pantoffeln, ärgerlich vor sich hin schimpfend, zur Tür.

»Oh, Pater, das tut mir leid«, sagte Teresa, als er öffnete. »Habe ich Sie geweckt?«

»Ich war im Bett«, brummte er.

»Dann komme ich lieber morgen wieder.«

»Jetzt bin ich nicht mehr im Bett. Da können Sie auch gleich dableiben.« Er schloß die Tür und schlurfte zur Küche; dann blieb er plötzlich stehen und drehte sich besorgt um. »Ist etwas nicht in Ordnung?«

»Nein, alles in Ordnung. Ich wollte nur kurz mit Ihnen reden.«

»Um diese Zeit?«

Sie lächelte. »Es ist erst acht Uhr, Pater.«

Sie folgte ihm in die Küche, wo er sich am Ofen zu schaffen machte und in Schränken nach Tassen und Teebeuteln suchte.

Es tat ihr leid, daß sie gekommen war. Er sah so alt und abgezehrt aus – ein Mann, der nicht mehr lange zu leben hatte. Sie wollte, sie hätte ihn nicht so gesehen und nicht erfahren, welche Fassade er bei Tage aufrechterhielt.

Die Küche war unordentlich und klein und von einer einzelnen Glühbirne spärlich erleuchtet. Pater Dourmant saß am Tisch, die paralytischen Hände im Schoß, und wartete, daß das Wasser kochte.

»Ich wollte Ihnen nur sagen, daß Sie recht hatten«, begann Teresa, die ihm gegenübersaß. »Ich meine, was Lin und das Baby angeht. Ich darf nicht zulassen, daß sie ihr Kind opfert.«

»Ich habe auch nichts anderes erwartet. Die Kirche zu verlassen ist eine Sache, aber es ist etwas ganz anderes, Frauen dazu zu ermutigen, ihre Kinder auf der Straße zu rösten. Wenn Sie hergekommen sind, damit ich Sie zu dieser Entscheidung beglückwünsche, sind Sie leider umsonst gekommen.«

Teresa lachte. »Sie werden von Tag zu Tag unleidlicher.«

»Ich werde von Tag zu Tag älter – das reicht schon vollkommen aus, um einen unleidlich zu machen.«

Dann fuhr er sich mit der Hand durch sein schütteres Haar und setzte etwas freundlicher hinzu: »Aber ich freue mich trotzdem, daß Sie die richtige Entscheidung getroffen haben.«

»Ich glaube, ich war ziemlich dumm«, sagte sie. »Ich habe ein Dilemma gesehen, wo gar keines ist.«

»Das ist meistens so«, erwiderte Pater Dourmant. »Es ist ganz einfach, zwischen richtig und falsch zu unterscheiden, da gibt es gar nichts Geheimnisvolles. Wir machen es nur schwierig, weil wir Dinge tun wollen, von denen wir genau wissen, daß wir sie nicht tun dürfen. Wir machen ein Drama daraus. Dieses Gerede von ›Sein oder Nichtsein‹ ist blanker Unsinn. Wir wissen genau, daß dieser Narr sich nicht umbringen wird. Warum sollte er auch? Es ist nur Geschwätz. Es ist derselbe Blödsinn wie beim Märtyrertum. Warum soll man Menschen belohnen, die nur ihre Pflicht tun?«

Teresa stand auf und holte den Wasserkessel. »Meine Güte, Sie urteilen wirklich hart. Ich bin froh, daß Sie nicht über meine Heiligsprechung zu entscheiden haben.«

»Ich kann mir kaum vorstellen, daß irgend jemand darüber entscheiden wird, denn die Kirche ist ziemlich kleinlich, wenn es um die Heiligsprechung von Ketzern geht.«

»Genau das habe ich Botschafter Marshall auch gesagt.«

»Verschonen Sie mich!« sagte Pater Dourmant und hielt ihr seine Tasse entgegen, aber da seine Hände zu stark zitterten, stellte er sie wieder auf den Tisch, damit Teresa eingießen konnte.

»Wollen Sie damit sagen, Pater, daß Märtyrer nicht heiliggesprochen werden sollten?«

»Persönlich ist mir das verdammt egal«, erwiderte Pater Dourmant. »Aber ich habe nie verstanden, warum man jemanden glorifizieren sollte, der nur seine Pflicht tut, und erst recht, wenn er weiß, daß er dafür seinen Lohn erhalten wird. Wo ist denn da das Opfer? Was ist daran heldenmütig? Menschen, die einen Lohn erwarten, sind keine Helden; sie sind nicht einmal tapfer – sie tun nur, was sie von Natur aus tun würden. Ein Held ist der Feigling, der etwas Außergewöhnliches tut, etwas, das seinem Wesen völlig fremd ist. Und ein Heiliger ist jemand, der ein Opfer bringt, ohne einen Lohn dafür erwarten zu können: der Häretiker.«

»Dann habe ich also noch eine Chance?«

Der Priester lächelte. »Nur wenn die, die darüber zu entscheiden haben, ebenso denken wie ich. Oder wenn Gott so denkt – was unwahrscheinlich ist. Der Herr und ich sind anscheinend über nichts einer Meinung.«

Teresa goß den Tee ein und setzte sich wieder hin. »Und welchen Lohn erwarten Sie für sich selbst, Pater?«

Der Priester blies auf den Tee, nippte vorsichtig daran und stellte die Tasse ab. »Sie meinen nach all den Erniedrigungen, die vor mir liegen – Senilität, Inkontinenz, Krebs, Schmerzen, Windeln und Tod? Nun, ich erwarte, daß ich auf Engelsflügeln in den Himmel getragen werde, wo Gott mir neue Jugend und Kraft schenken wird und wo ich Tag und Nacht nur Sauternes trinken und Gänseleberpastete essen werde.«

»Und wenn die Küche englisch ist?«

»Das ist sie bestimmt – in der Hölle. Ich habe vom Himmel geredet.«

Teresa kam endlich dazu, ihren Tee zu trinken. Sie nippte ein paarmal an der Tasse, dann sagte sie nebenher: »Lin glaubt, das Baby könnte vielleicht selbst an seinem Zustand schuld sein.«

»Karma.« Der Priester schnaubte. »Eigentlich ist das gar nicht so verschieden von dem, was die Christen glauben: Für ein vergangenes Leben belohnt oder bestraft zu werden – für das, was man in diesem Leben tut, belohnt oder bestraft zu werden. Man kann sich kaum über eins von beidem lustig machen, wenn man das andere für wahr hält.«

»Es ist herzlos, einem Kind seine Mißbildungen vorzuwerfen und

zu behaupten, das sei die Strafe für etwas, das es in einem früheren Leben getan habe.«

»Es ist herzlos, Menschen auf ewig für Dinge zu bestrafen, die sie in diesem Leben, für das sie gar nichts können, getan haben.«

Teresa lachte. »Ich dachte, ich bin die Ketzerin.«

»Das sind Sie auch. Ich bin der freundliche, mitfühlende Pfarrer – wie in diesen dümmlichen amerikanischen Filmen. Nur daß ich nicht singen kann.«

»Dann bin ich ja an den Richtigen geraten«, versetzte Teresa. »Ich brauche Ihre Hilfe.«

»Ich hab es gewußt! Ich hab doch gewußt, daß Sie nicht hergekommen sind, um mir zu sagen, daß ich recht hatte. Sie haben mich aus dem Bett geholt, weil Sie noch etwas wollen.«

»Bing Crosby wäre glücklich, wenn er helfen könnte.«

»Wer? Ach ja. Aber er war an St. Mary's mit Ingrid Bergman und nicht in dieser tropischen Hölle mit einer abtrünnigen Ex-Nonne.«

»Um so mehr Grund für Sie, mir zu helfen«, erwiderte Teresa süßlich. »Denken Sie an das Opfer und den Ruhm, ganz zu schweigen von dem Lohn, Pater!«

»Großer Gott!« sagte er resigniert. »Also, was soll ich machen?«

»Ich habe mit Lin gesprochen, aber ich glaube nicht, daß ich sie überzeugt habe. Ich halte es für denkbar, daß sie immer noch vorhat, ihr Kind umzubringen. Ich sehe keine andere Möglichkeit, als ihr das Baby wegzunehmen.«

»Und wie wird sie darauf reagieren?« fragte Pater Dourmant.

»Ich weiß nicht. Möglicherweise treibt es sie ... also, ich weiß es nicht. Aber ich kann nicht zulassen, daß sie einem unschuldigen Kind etwas antut. Lin braucht Hilfe, aber zuerst müssen wir an das Baby denken – wir müssen es in Sicherheit bringen. Dann können wir Lin helfen.«

»Ja, ich glaube, Sie haben recht«, sagte der Priester. »Wollen Sie, daß ich eine Bleibe für das Kind suche?«

»Ja, für eine gewisse Zeit, bis es uns gelingt, zu Lin durchzudringen.«

»Das kann ich machen. Bringen Sie mir das Kind, ich werde jemanden finden, der für es sorgt! Und schicken Sie Lin zu mir! Ich werde auch für sie einen Platz finden. Ich habe ihr gesagt, daß ich

ihr Arbeit verschaffen könnte, aber sie war nicht interessiert. Wenn Sie ihr sagen, daß sie ihr Kind zurückbekommt, sobald sie Arbeit und eine Unterkunft hat, könnte ihr das vielleicht den nötigen Antrieb geben.«

»Ich bringe Ihnen das Baby gleich morgen früh.«

Teresa stand auf und stellte ihre Tasse in den Ausguß. »Danke, Pater.«

»Oh, Sie wollen schon gehen? Das können Sie doch nicht machen, nachdem Sie mich aus dem Bett geholt haben.«

»Ich sehe doch, daß Sie müde sind.«

»Überhaupt nicht. Ich dachte, wir könnten vielleicht etwas singen.«

Sie nahm seine Tasse, spülte beide und trocknete sie ab. Dann sagte sie: »Gehen Sie zu Bett, Pater! Sie brauchen Ihre Kraft, um die Arbeit des Herrn zu tun.«

»Das bräuchte ich nicht, wenn er seine Sache besser machte«, brummte er.

»Gute Nacht, Pater«, sagte sie und tätschelte seinen Arm. »Ich finde schon allein hinaus.«

Als Teresa in die Klinik zurückkehrte, waren die Lichter noch nicht gelöscht, aber die meisten Frauen lagen schon im Bett. Sie ging durch die Säle, sprach hier ein tröstliches Wort, zog da eine Decke über eine Frau, wiegte dort ein Kind in den Schlaf. Erst als sie auf dem Weg zu ihrer Unterkunft durch den Saal im Erdgeschoß ging, bemerkte sie, daß Lins Bett leer war.

Sie sah im Bad und in der Küche nach, dann fragte sie die Frauen in den Nebenbetten, ob sie Lin gesehen hätten.

»Gegangen«, sagte eine von ihnen.

»Wohin?« fragte Teresa.

Die Frau hob die Hände und öffnete sie. »Einfach gegangen«, sagte sie.

Teresa blickte unter Lins Feldbett. Alles war weg – ihre kleine Tasche und auch die Sachen für das Baby.

Großer Gott, dachte sie. Sie ist weg, um das Kind zu töten. Teresa lief zur Tür, stocherte mit dem Schlüssel im Schloß und hielt plötzlich inne: Sie konnte sie jetzt unmöglich suchen gehen, nicht um diese Tageszeit. Und außerdem hätte sie gar nicht gewußt, wo sie anfangen sollte.

Ihre Hand schloß sich so fest um den Schlüssel, daß sie das

Pochen darin spürte. Sie öffnete die Hand, sah hinein, sah wie rot die Handfläche noch immer war, und als sie sich an die Schmerzen erinnerte, schmerzte ihre Hand noch heftiger als zuvor.

Und plötzlich sah sie es deutlich vor sich: das brennende Baby; sein Schreien mischte sich in das Zischen der Flammen, und sie sah die winzigen Händchen, die das Kind aus dem Inferno hinausstreckte; dann verkrumpelten sie wie Papier, verkohlten und verbrannten zu Asche.

Und plötzlich überkam sie die schreckliche Gewißheit: Es war, wie sie befürchtet hatte. Es würde geschehen.

Mead wußte, daß er den Franzosen treffen würde. Er dachte daran, mit Lord Verbindung aufzunehmen, aber der hatte deutlich gesagt, er wolle ausschließlich wissen, was Lacouture plante – von persönlichen Problemen wollte er nichts hören; an Einzelheiten war er nicht interessiert.

Als er die Tür zu seinem Zimmer öffnete, dachte er einen Augenblick, er hätte sich geirrt. Der Raum war sauber; keine Schlafsäcke lagen auf dem Boden; mitten im Zimmer standen ein Kartentisch und zwei Stühle; der Geruch nach Erbrochenem und Krankheit war verschwunden.

Sung kniete in der Ecke auf dem Boden, einen Eimer Wasser neben sich und in der Hand einen Schwamm. Als sie ihn sah, erhob sie sich, aber sie war zu schnell aufgestanden, so daß sie sich haltsuchend gegen die Wand lehnen mußte. Mead kam ihr rasch zu Hilfe, aber als er seinen Arm um sie legte, zuckte sie zusammen und schloß die Augen. Er ließ sie los und trat einen Schritt zurück.

»Geht es dir gut?« fragte er.

Sie nickte, öffnete die Augen, sah ihn jedoch nicht an. »Du kommst früh«, sagte sie mit unsicherer Stimme. »Ich wollte vorher fertig sein.«

»Das solltest du nicht machen«, sagte er. »Du bist noch nicht gesund. Du brauchst Ruhe.«

»Ich fühle mich schon besser. Ich wollte etwas tun.«

Er stand unbeholfen neben ihr und wußte nicht, was er sagen oder tun sollte. »Hast du Hunger?« fragte er schließlich. »Soll ich dir etwas zu essen besorgen?«

Sie schüttelte den Kopf. »Han hat mir eben Reis gebracht. Ich kann nicht viel essen; es wird mir übel davon.«

»Du mußt essen. Du bist wirklich mager.«

»Ja. Morgen esse ich mehr.«

»Du brauchst auch etwas zum Anziehen«, sagte er und zog seine Brieftasche heraus. »Morgen gehst du raus und kaufst dir was, ja?« In seiner Tasche fühlte er den Geldschein, den der Franzose ihm gegeben hatte. Er reichte ihn ihr. »Kauf dir etwas damit!«

Sie starrte auf das Geld, dann sah sie ihn an.

»Warum tust du das?«

»Du brauchst doch was zum Anziehen. Jeder braucht doch Kleider.«

»Nein, ich meine alles. Warum bist du ... nett zu mir? Der Mann von Han ist nicht so nett zu ihr. Und sie hat gesagt, die anderen Männer ... die sind auch nicht so gut zu ihren Frauen.«

Er blickte verlegen zur Seite, dann zuckte er die Achseln. »Ich weiß nicht. Ich will ... vielleicht will ich einfach helfen.«

Er ging zu seinen Kleidern, aber irgendwie war ihm nicht wohl bei dem Gedanken, seine Uniform auszuziehen, also ging er zum Tisch und setzte sich.

»Han hat gesagt, wir könnten ihn benutzen«, sagte Sung. »Sie hat vier Tische.«

Mead lachte. »Bei ihr sieht's aus wie in einem Lagerhaus. Bis unter die Decke hat sie das Zeug gestapelt – allen möglichen Quatsch. Sie schafft es, daß jeder neue Kerl ihr ein ganzes Zimmer voll kauft.«

»Frauen müssen sehen, wo sie bleiben«, sagte Sung milde.

»Ich weiß«, erwiderte Mead. »Ich weiß, was sie macht. Sie versucht eben durchzukommen, bumst mit einer Horde Arschlöcher, damit sie nicht verhungert. Mein Gott, sie muß fünfundvierzig sein, und alles, was sie hat, sind diese Kartentische und ein paar Transistorradios. Ich mach ihr keinen Vorwurf deswegen. Sie schlägt sich durch.«

Er blickte Sung an. »Ich mach ihr auch keinen Vorwurf, weil sie diesen alten Mann hergeholt hat.«

Sung sah weg und senkte den Kopf.

Er ging zu ihr. Eine ganze Weile stand er schweigend vor ihr und sah auf sie herunter. »Ich tu dir nicht weh«, sagte er. »Ich werde dir niemals weh tun, das verspreche ich dir.«

»Ich weiß nicht, wer er war«, flüsterte Sung.

»Was hat er gewollt?«

Sie schüttelte den Kopf. »Ich weiß nicht. Ich kann mich nicht an alles erinnern. Nur daß er mir weh getan hat, und er hat gesagt ... er hat gesagt, daß ich dich glücklich machen soll.«

»Warum?«

»Ich weiß nicht.«

»Was hat er gewollt?«

Sie schüttelte noch einmal den Kopf. »Ich weiß nicht. Mehr hat er nicht gesagt.«

»Und ist das der Grund, warum ... warum du ... gestern ...?«

Sie nickte.

Er atmete tief aus, dann hob er ihr Kinn mit der Hand und wartete, bis sie ihn ansah. »Ich möchte nicht, daß du irgend etwas tust, was du nicht willst. Ich meine das ernst. Ich möchte nicht, daß du Angst vor mir hast. Ich könnte das nicht ertragen. Mein Alter hat uns alle immer fürchterlich verprügelt. Wenn er wütend wurde oder betrunken war, dann schlug er einfach drauflos – und meistens traf er meine Mutter.«

»Er hat sie geschlagen?«

»Ja. Und er war groß. Er hat eigentlich nie jemanden wirklich verletzt – ich meine gebrochene Knochen oder ausgeschlagene Zähne. Aber wir haben gelernt, ihm aus dem Weg zu gehen. Außer meiner Mutter, die konnte das nicht. Ich konnte ein paar Tage wegbleiben, aber sie nicht. Sie mußte das einfach ertragen, und man konnte ihr ansehen, welche Angst sie hatte. Manchmal hatte sie fürchterliche Angst vor ihm. Das hab ich am meisten gehaßt: mitansehen zu müssen, welche Angst sie hatte – wie sie herumschlich, um ihn nicht zu stören, wie sie dafür sorgte, daß wir still waren, und dabei lächelte sie und tat so, als wäre gar nichts. Das will ich nicht. Ich will nicht, daß du Angst vor mir hast. Ich würde mir dann vorkommen ... ich weiß nicht ... als ob ich krank wäre.«

Sie nickte und sagte leise: »Mein Vater ...« Doch dann verstummte sie und senkte den Kopf.

»Was? Ich weiß gar nichts von dir. Erzähl mir doch! Wo ist dein Vater? Und deine Familie?«

Sie schloß die Augen und schüttelte den Kopf.

»Sind sie tot?«

»Ja«, sagte sie, die Augen noch immer fest geschlossen. Dann atmete sie tief ein und sah auf. »Sie sind getötet worden. Meine Mutter, mein Vater und meine Brüder.«

»Wer hat sie getötet?«

»Soldaten.«

»Amerikaner?«

»Nein, aus dem Norden. Mein Vater war ein Grundbesitzer.«

Dann begann sie zu schluchzen und haltlos zu weinen.

Er legte ihr zögernd die Hand auf die Schulter. »Nicht!« sagte er, aber sie konnte nicht aufhören. Er stand vor ihr, und mit der Hand zog er sie sanft an sich, bis ihre Stirn auf seiner Brust lag.

Sogleich hörte sie auf zu weinen, wischte sich die Tränen ab und zog sich von ihm zurück.

»Es tut mir leid«, sagte er.

»Ich versuche, nicht daran zu denken«, sagte sie.

»Nein. Du mußt. Du mußt daran denken und so lange weinen, bis du damit leben kannst, ohne zu weinen. Das ist wie mit dem Heroin, du mußt dich ihm stellen und es aus eigener Kraft überwinden.«

Sie sah ihn erstaunt an. »Die Männer vorher, alle... ich meine die in dem Bordell... waren nicht freundlich. Du bist anders.«

»Nein«, sagte er. »Manchmal bin ich... auch nicht freundlich gewesen. Ich habe schon Menschen weh getan. Aber als ich dich gesehen habe... Ich weiß nicht, ich habe gemerkt, daß es dir dreckig ging, und mir ist es auch schon dreckig gegangen. Und die Menschen sollen sich doch gegenseitig helfen. Ich meine, nach allem, was man sagt und was in den Büchern steht, müssen wir uns doch gegenseitig helfen.«

Sie nickte, dann griff sie nach der Wand, um sich zu stützen. Er führte sie zu einem Stuhl.

»Du mußt dich hinlegen«, sagte er. »Du hättest nicht saubermachen sollen.« Er holte den zusammengefalteten Schlafsack aus der Ecke und breitete ihn auf dem Boden aus. »Komm, leg dich hin! Möchtest du etwas? Du solltest wirklich etwas essen.«

Sie blieb sitzen.

»Du hast gar nichts mehr über den Mann gesagt«, erinnerte sie ihn.

Mead zuckte mit den Schultern. »Was gibt's da zu sagen?«

»Zum Beispiel, daß ich es dir erzählen soll, wenn er wiederkommt oder etwas von mir will.«

Mead setzte sich vor sie auf den Tisch. Sie war so blaß und mager, daß er neben ihr noch größer und übermächtiger wirkte, aber seine

ganze Art war zärtlich und scheu. Er rückte nervös hin und her: »Ich kann nichts von dir verlangen. Die Menschen müssen sehen, daß sie nicht unter die Räder kommen – wie Han. Manchmal müssen sie Dinge tun, die sie nicht tun wollen. Man kann ihnen keinen Vorwurf machen, wenn sie versuchen, sich durchzuschlagen.«

Er zuckte die Achseln und sagte leise: »Ich habe auch schon Dinge getan, die ich nicht tun wollte. Und wahrscheinlich werde ich es wieder tun.«

Sie betrachtete sein Gesicht; wieder stellte sie erstaunt fest, wie jung er war, und dennoch lag manchmal solche Traurigkeit in seinem Blick – ein Schmerz und eine Müdigkeit, die gar nicht zu diesen kräftigen, starken Zügen passen wollten.

»Ich sage es dir, wenn er wiederkommt. Und ich sage dir, was er will.«

»Ich will nur nicht, daß er dir weh tut. Und … Tu, was du tun mußt! Es ist in Ordnung – ich verstehe das.«

Feierlich erwiderte sie: »Ich sage es dir. Ich will dich nie mehr belügen.«

Sie senkte den Kopf. »Es tut mir leid, daß ich nichts von ihm gesagt habe. Du bist so gut zu mir. Ich schäme mich.« Dann hob sie den Kopf und sagte aufrichtig: »Ich will dein Vertrauen zurückgewinnen, Ron.«

Es war das erste Mal, daß sie seinen Namen nannte.

»Danke«, sagte er und wandte verlegen den Blick ab. Dann ging er ans Fenster. »Ich bin eine Weile weg. Manchmal komme ich auch abends nicht zurück. Ich sorge dafür, daß du genug Geld hast, und wenn du etwas brauchst, kann Han dir helfen. Du kannst auch Bill fragen. Er ist ein Arschloch, aber wenn du etwas brauchst, kannst du zu ihm gehen, er kümmert sich dann darum – ich meine, wenn etwas passiert oder jemand dich belästigt, dann hilft er dir.«

Er konzentrierte sich auf seine Hand und zog an seinen Fingern, als wollte er sich versichern, daß sie noch da waren. »Aber wenn du … ich meine, wenn du weg willst, also, das würde ich verstehen. Ich meine, wenn du weggehst …«

»Ich wüßte nicht, wohin ich gehen sollte«, sagte sie. Dann – etwas zärtlicher und weil sie sich schuldig fühlte und ihm nicht weh tun wollte – fügte sie hinzu: »Ich bleibe hier. Danke.«

Er ließ von seinen Fingern ab und blickte sie scheu an. »Das …

das wäre schön.« Dann stand er auf. »Du mußt dich jetzt hinlegen. Und ich muß noch einmal weg.«

»Ja«, sagte sie. »Ich lege mich hin.«

Sie legte sich auf den Schlafsack, aber sie schloß nicht die Augen. Sie betrachtete ihn. Wie er da am Fenster stand, gegen die Wand gelehnt, und hinausstarrte, sah er noch trauriger und bedrückter aus als jemals zuvor, dachte sie. Sie hätte ihm gerne geholfen, aber sie konnte ihre Augen nicht mehr offenhalten. Sie war so müde, und bald schlief sie ein.

25

Als Lacoutures Taxi sich der Villa näherte, ließ er den Fahrer ein paarmal um den Blick fahren, denn er mußte erst seine Gedanken ordnen. Er war nicht wegen des Treffens nervös, vielmehr ging ihm der Soldat nicht aus dem Sinn: Würde er um neun da sein? Würde er das Geld nehmen? Wie mochte er wohl im Bett sein?

An Marshall war Lacouture nur schwach interessiert; er war über die Jahre schon vielen Diplomaten begegnet. Sie waren sämtlich langweilig; eitel und pompös oder glatt und unverbindlich.

Vietnamesische Polizei bewachte den Eingang der Villa. Sie prüften Lacoutures Papiere und öffneten ihm das Tor.

Ein vietnamesischer Diener ließ ihn ins Haus ein. »Monsieur Lacouture? Seine Exzellenz erwartet Sie. Hier entlang bitte!«

Der freundliche Empfang und die Tatsache, daß man ihn nicht warten ließ, überraschten Lacouture. Wie oft hatte er erlebt, daß man ihn zu demütigen versuchte. Doch hier blieben ihm diese Spiele erspart, und als er in den Salon trat, erhob sich der Botschafter sogleich und kam ihm entgegen.

»Guten Tag, ich bin Bradley Marshall.«

»Bernard Lacouture«, sagte er mit einer leichten Verbeugung, und sie schüttelten sich die Hände.

»Darf ich Ihnen etwas zu trinken anbieten? Man hat mich zwar mit ziemlich schlechten Weinen ausgestattet, aber dafür, zweifellos aus Versehen, mit einem recht guten Champagner – einem Jahrgangs-Moët.«

»Wunderbar – den bekommt man heutzutage kaum noch. Der schwarze Markt ist auch nicht mehr, was er einmal war: Munition, Bomben, Hubschrauber, Kondome – nichts, was man wirklich braucht wie guten Champagner.«

»Was, meinen Sie, würde ich für eine Kiste Moët bekommen?« fragte Marshall. Er goß ein und reichte Lacouture ein Glas.

»*Santé*«, sagte Lacouture, hob das Glas und nahm genießerisch einen Schluck. »Na ja, für eine Kiste davon würde *ich* Ihnen zwei Panzer und einen Hubschrauber geben.«

»Keine Kondome?« Marshall lachte. »Übrigens, gerade heute

morgen habe ich mich gefragt, was die Vietnamesen sagen, bevor sie trinken. Wissen Sie das?«

»Sie sagen dasselbe trostlose Zeug wie alle anderen auch. Unerträglich ist nur, daß sie sehr süßen Wein trinken oder diesen fürchterlichen Reiswein oder Tee.« Er schauderte. »Am besten bringen Sie Ihren eigenen Champagner mit, wenn Sie einmal eingeladen werden. Außer bei den Nordvietnamesen: Die trinken überhaupt nicht, oder jedenfalls geben sie vor, nicht zu trinken, und das ist noch schlimmer.«

»Sie mögen sie nicht?«

»Ich werde nicht dafür bezahlt, daß ich sie mag; ich bin nur Vermittler. Aber wie könnte man so humorlose, starrsinnige Leute mögen? Und dann sind sie solche Moralisten – noch schlimmere als die Amerikaner. In so eine Gesellschaft würde ich nicht hineinpassen«, sagte er nüchtern und tupfte sich den Mund mit dem Taschentuch ab.

»Uns mögen Sie sicher auch nicht?«

»Natürlich nicht, seien Sie nicht albern! Obwohl ich zugeben muß, daß die Amerikaner etwas mehr Humor haben, und sie trinken, und ich denke, irgendwo am Rand ihrer Gesellschaft könnte ich schon ein Plätzchen finden.«

»Allerdings. In manchen Kreisen würde man sich um Sie reißen.«

Lacouture sah ihn zweifelnd an.

»Bezahlen wir Sie auch? Ich habe mich noch nicht bei unseren Leuten nach Ihnen erkundigt. Ich werde das natürlich noch machen, aber zuerst wollte ich mit Ihnen sprechen.«

»Alle bezahlen mich. Ich handele mit Informationen und Dienstleistungen. Ihre CIA ist besonders geizig, aber wenn Sie sich erkundigen, wird man Ihnen bestätigen, daß ich ein Kontaktmann, ein bezahlter Informant bin.«

»Was werden sie mir über Sie sagen?«

»Daß ich nicht vertrauenswürdig bin. Damit meinen sie, daß ich ihrer Ansicht nach nicht mit der amerikanischen Sache sympathisiere.«

»Was richtig ist.«

»Was irrelevant ist. Eine Hure leistet bestimmte Dienste. Sie kaufen ihre Zeit und ... gewisse Verrichtungen. Sie verkauft Ihnen nicht Liebe oder Treue. Wenn Sie das wollen, brauchen sie eine ...«

»Ehefrau.«

Lacouture winkte ab. »Wie amerikanisch! Eine Geliebte! Das ist das Problem mit euch Amerikanern. Eines der Probleme«, fügte er hinzu. »Ihr wollt immer, daß man euch mag oder liebt. Liebe ist ein sehr unbeständiges Gefühl, von Launen und Stimmungen abhängig und oft so flüchtig wie eine Erektion. Es gibt so viele verläßlichere, befriedigendere und ganz gewiß stabilere Grundlagen für Vertrauen.«

»Zum Beispiel?«

»Geld. Angst. Nützlichkeit.«

»Auf welches davon soll ich mein Vertrauen stützen?«

»Auf alle drei. Ich erhalte eine beträchtliche Summe, wenn ich ein Treffen arrangieren kann. Ich habe Angst – fürchterliche Angst – vor dem, was der Vietcong und die NVA oder eure CIA mit mir anstellen werden, wenn ich mich auf ein Doppelspiel einlasse. Ich habe nicht die geringste Lust, den Zorn von professionellen Mördern auf mich zu lenken. Und was die Nützlichkeit angeht, hängen meine Einnahmen von meinem Erfolg ab. Gute Kunden nützen dem Ansehen eines Agenten.«

»Und wessen Agent sind Sie in dieser Angelegenheit?«

»So schnell zur Sache und so geschäftsmäßig? Sehr amerikanisch.«

Marshall füllte die Gläser nach. »Sie haben mir gesagt, daß Sie nicht mit der Sache meines Landes sympathisieren und daß Sie vom Feind bezahlt werden, aber daß ich Ihnen trotzdem trauen soll.«

»Ich sympathisiere mit *niemandes* Sache – höchstens mit der französischen. Aber die ist schon vor vielen Jahren eines kolonialen Todes gestorben. Der Feind bezahlt mich nur, weil ich ihm nützlich bin. Ich wäre gerne bereit, auch von Ihnen Geld anzunehmen, aber Sie haben meine Dienste noch nicht angefordert. Für mich ist das ein Geschäft und nichts anderes. Ich begreife nicht, warum Amerikaner immer auf einer emotionalen Bindung bestehen. Ihr wollt die Reichsten und Mächtigsten sein, ihr wollt, daß alles so läuft, wie ihr es euch vorstellt, und zu alledem wollt ihr auch noch geliebt werden – das ist kindisch. Und es ist gefährlich; dadurch werdet ihr anfällig für allerlei Machenschaften und Manipulationen. Man könnte mit euch spielen wie mit einem verliebten Teenager. Ich mache euch nicht vor, daß ich euch liebe oder bewundere. Ich könnte das tun, ich könnte den Schmeichler oder die Kokette spielen, aber das wollen Sie doch wohl nicht.«

Marshall lächelte. »Ganz gewiß nicht. Ich ziehe es vor, aufrichtig beschimpft zu werden.«

»Nein, nein, nein. Das hat mit Beschimpfung gar nichts zu tun. Machen Sie keine Frage von ›entweder-oder‹ daraus! Natürlich würde ich es vorziehen, daß die Amerikaner siegen, wenn wir schon nicht siegen konnten. Natürlich hoffe ich nicht auf einen Sieg der Kommunisten. Das wird fürchterlich werden, und ich werde das Land verlassen müssen. Deshalb versuche ich ja, soviel Geld wie möglich zusammenzubekommen. Ich muß genug zusammenbringen, daß ich mich in Cannes zur Ruhe setzen kann. Hier würde ich nicht leben können.«

»Der Sieg der Kommunisten ist unausweichlich? Unsere Sache ist verloren?«

Lacouture trank sein Glas leer und tupfte sich die Lippen ab. »Hoffnungslos verloren.«

Marshall öffnete eine zweite Flasche. »Man hat mir gesagt, H-Bomben, Giftgas und ein Einmarsch in den Norden könnten die Wende bringen.«

»Nicht im mindesten. H-Bomben und Giftgas würden nur das Unvermeidliche hinauszögern, aber nichts am Ergebnis ändern. Diese verkommenen kleinen Gooks sind dazu ausersehen – prädestiniert –, von den Kommunisten regiert zu werden. Amerika sollte sich damit abfinden. Ich bin hier geboren. Können Sie sich das vorstellen? Tahn Thai war damals Kaiser – völlig verrückt. Meine Familie war außerordentlich reich; ich hätte in Champagner baden können. Es gab Dienstboten für das Dienstpersonal, endlose Ausschweifungen und grenzenlose Zügellosigkeit. Wir haben dieses Land zerstört – nicht ohne ihre Hilfe natürlich, der Hof in Hue war schon ein Jahrhundert lang völlig heruntergekommen. Eine behutsame oder gerechte Regierung hat einfach keine Tradition hier; deshalb dieser groteske Mischmasch ein paar Straßen weiter. Ich meine: Was ist das für eine Regierung, Ky und Thieu oder umgekehrt? Doch ganz sicher keine, die Sie unterstützen möchten. Und sie wird sicher keinen Bestand haben.«

Marshall fühlte, wie seine Verzweiflung wuchs; es war schlimmer als hoffnungslos. Wie war dieses großartige Land nur in solch einen Morast geraten? Wie hatten wir, bei all unseren guten Absichten, solch eine Tragödie heraufbeschwören können? Durch Hybris und blindeste Ignoranz, seufzte er innerlich.

»Vor sechsundfünfzig Jahren hat Ho Chi Minh den Hafen von Saigon auf der *Admiral-Latouce-Treville* verlassen«, fuhr Lacouture fort. »Nicht letzte Woche oder vor zehn Jahren, nein, vor sechsundfünfzig Jahren. So lange kämpft er nun schon, und er ist nicht der erste, der gegen die Franzosen und die Marionettenmonarchie gekämpft hat.«

Lacouture hob sein Glas gegen das Licht und betrachtete die unzähligen kleinen Bläschen, die unablässig aufstiegen. »Nehmen Sie den Champagner als Metapher für den Feind! Ihr könnt Nordvietnam in Grund und Boden bombardieren und den Ho-Chi-Minh-Pfad ausradieren, ihr könnt Atombomben und Giftgas einsetzen, wenn ihr wollt – aber sie werden immer noch kommen. Sie sind schon da, im Glas sozusagen, in der Gesellschaft, wie die Bläschen, die ständig heraufsprudeln, ohne daß man sähe, woher. Das ist ein historischer Imperativ, fürchte ich. Wir haben uns hundert Jahre hier gehalten – ein kurzer Augenblick. Wir haben Schulen und Straßen, Handel und Gewerbe aufgebaut. Wie die Briten in Indien. Und puff, ist alles weg. Eure amerikanische Überheblichkeit ist noch unglaublicher. Ihr meint, ihr könntet herkommen, ohne auch nur das mindeste von Geschichte und Kultur dieses Landes zu wissen, und es nach eurem Vorbild ummodeln. Das funktioniert einfach nicht, hier nicht und anderswo auch nicht.«

Es *war* Überheblichkeit, dachte Marshall, und wir werden wahrscheinlich niemals von Vietnam ablassen, solange die Zeloten unter uns darauf beharren, die Welt schwarzweiß zu sehen.

Er unterdrückte einen Seufzer, denn so eindrucksvoll der Vortrag ihm auch erschien, er hatte nichts enthalten, was er nicht schon gewußt hätte.

Und jeden Augenblick konnte Johnson anfangen, ihn mit Telegrammen und Telefonanrufen zu drängen. Was hatte er ihm anzubieten? Es sei denn, dieser Lacouture eröffnete ihm die Möglichkeit, mit den Nordvietnamesen ins Gespräch zu kommen.

Lacouture setzte sein Glas ab und öffnete die Hände. »Ich gebe Ihnen ein kleines Beispiel, damit Sie verstehen, was ich meine; und außerdem ist es amüsant. Euer ›Pazifizierungsprogramm‹ – da hat man sich gedacht, es ist doch schrecklich, daß die Leute auf den Dörfern keine Toiletten haben. Wie primitiv diese Vietnamesen doch sind! Arme Wilde, die sich einfach irgendwo auf den Boden hocken! Wir werden ihnen Toiletten bauen. Und das haben sie dann

auch gemacht – nette hölzerne Klohäuschen, in denen die Menschen ungestört und ganz privat ihr Geschäft verrichten konnten. Keine WCs natürlich, sondern einfache Plumpsklos, jede Menge überall auf dem Land. Als die Amerikaner nachprüften, wie die Sache lief, stellten sie fest, daß die Klos noch nie benutzt worden waren. Dumme, unverbesserliche Primitive! Können nicht mal lernen, wie man ein Klo benutzt!«

Er nahm sein Glas und trank einen Schluck. »Als sie dann später nochmals nachsahen, waren die Toilettenhäuschen ganz verschwunden. Undankbare Wilde! All das Geld, das wir ausgegeben haben, all das Holz und all die Arbeit!«

»Und was war das Problem?«

»Das Problem war kultureller Art. Die Vietnamesen auf dem Land konnten sich nichts Unsaubereres und Ekelhafteres vorstellen, als an derselben Stelle zu sitzen, wo schon jemand anders seinen Hintern entblößt hatte, oder über einem dampfenden Haufen menschlicher Exkremente zu hocken, um die eigenen hinzuzufügen. Sie fanden es weitaus sauberer und natürlicher, aufs Feld zu gehen und sich dort hinzuhocken. Da konnten die Klohäuschen im ganzen Land wie Pilze aus dem Boden schießen, die Menschen benutzten sie einfach nicht. Sie nahmen sie auseinander und verwendeten das Holz für nützliche Dinge, zum Beispiel für ihre Häuser. Die Bauern waren dankbar für das Holz, aber nicht für die Klos. Mit all euren guten Absichten habt ihr nur erreicht, daß die Menschen euch für verschwenderisch und schmutzig halten. Und diese Geschichte hat sich leider mehr als einmal wiederholt.«

»Ich danke Ihnen für Ihre Ausführungen«, sagte Marshall und stand auf, um die Gläser nachzufüllen.

»Ich wollte Sie nicht beleidigen«, erwiderte Lacouture. »Sie waren sehr nett zu mir, und es tut mir leid, daß ich Ihnen mit solchen Grobheiten komme. Ich versuche nur, offen zu sein.«

»Von Beleidigung kann keine Rede sein. Ich stimme voll und ganz mit Ihnen überein. Ich bin hergekommen, um etwas zu lernen und um nach einem Weg zu suchen, der uns aus diesem scheinbar endlosen Morast herausführt.«

»Zieht so schnell wie möglich ab! Gebt zu, daß es ein Fehler war. Schiebt die Schuld auf die Franzosen; oder sagt, ihr habt gewonnen! Was ihr wollt. Aber macht euch schleunigst aus dem Staub! Die Nordvietnamesen werden am Ende siegen, daran könnt ihr gar

nichts ändern. Danach werden sie ein fürchterliches Durcheinander anrichten und langsam von innen her korrumpiert werden. Die Vietnamesen sind wie die Chinesen, viel zu unternehmungslustig, als daß sie lange kommunistisch bleiben würden; nur ein stumpfsinniges Volk wie die Russen konnte das schaffen. Und schließlich wird alles genauso kommen, wie ihr es gewollt habt. Betrachtet das Ganze doch einmal aus langfristiger historischer Perspektive. Vertraut auf unser habgieriges kapitalistisches Wesen. Auf lange Sicht wird es sich durchsetzen.«

Er faltete die Hände über seinem Bauch. »Sie haben mich die ganze Zeit schwatzen lassen, das war ganz reizend von Ihnen. Und Sie haben mich mit wunderbarem Champagner verwöhnt. Sie sind ein ausgezeichneter Diplomat. Jetzt stehe ich zu Ihren Diensten.«

»Sie haben eine Nachricht für mich?« fragte Marshall.

»So ist es. Sagt Ihnen der Name Xuan Tien Khanh etwas?«

Marshall schüttelte den Kopf.

»Khanh ist der Befehlshaber sämtlicher nordvietnamesischer Truppen im Gebiet von Saigon. Er ist der fähigste General der NVA. Er war zusammen mit General Giap auf dem Lycée Albert Sarrault. Sarrault war übrigens Generalgouverneur von Indochina, und er war ein Freund meines Vaters. Danach haben Giap und Khanh zusammen in Hanoi Jura studiert. Sie traten beide in die kommunistische Partei ein und kämpfen seit vierzig Jahren unbeirrbar für die Unabhängigkeit Vietnams. Giap war der geistige Vater des vietnamesischen Sieges in Dien Bien Phu und ist jetzt der militärische Oberbefehlshaber. Khanh ist sein Stellvertreter im Süden.«

Marshall zwang sich, seine Erregung im Zaum zu halten, und fragte betont gleichgültig: »General Khanh will sich also mit mir treffen?«

»Ja. Genau das ist die Frage. Sehen Sie, General Khanh soll vor zwei Monaten an der Ruhr gestorben sein. Jedenfalls glauben der südvietnamesische Geheimdienst und eure CIA, daß er tot ist. Ich nehme nicht an, daß sie seine Leiche gesehen haben, aber sein Tod gilt als sicher. Ich selbst habe weder ihn noch seine Leiche gesehen, also kann ich nicht sagen, ob er lebt oder ob er tot ist. Ich kann Ihnen nur sagen, daß ein angeblicher Vertrauter von Khanh an mich herangetreten ist, der behauptet, daß Khanh lebt und mit Ihnen zusammentreffen möchte. Er sagt, er könne Beweise dafür bringen, daß Khanh lebt und daß der Vorschlag für ein Treffen echt ist.«

Das Kinn in die Hand gestützt, beobachtete Marshall aufmerksam Lacoutures Augen, Hände und Körperbewegungen. Er horchte gespannt auf seine Stimme; kein falscher Ton, keine einschmeichelnde Wendung durfte ihm entgehen. Es war zu schön, um wahr zu sein. Obwohl er sich bemühte, keine falschen Hoffnungen in sich aufkommen zu lassen, wuchs seine Spannung. Auf keinen Fall wollte er sich seine Erregung anmerken lassen und sagte ruhig: »Sprechen Sie weiter!«

»Die Nordvietnamesen planen in Kürze eine größere Offensive; ich brauche wohl kaum anzumerken, daß sie mir nicht gesagt haben, wann und wo sie stattfinden soll – nur, daß sie bevorsteht. Die Überraschung wird um so größer sein, als die Südvietnamesen und die Amerikaner glauben, Khanh sei tot. Jeder Hinweis darauf, daß Khanh noch am Leben ist, könnte die Südvietnamesen und Amerikaner alarmieren.«

»Und General Khanh vertraut Ihnen so sehr, daß er Ihnen diese äußerst wichtige Information zukommen läßt?«

»Mir vertrauen? Natürlich nicht. Sie haben mir gedroht, daß sie mich auf die scheußlichste Weise umbringen werden, falls ich diese Information an jemand anderen als Sie weitergebe. Und ich habe nicht den geringsten Zweifel, daß sie ihre Drohung wahr machen würden. In diesem Sinne könnte man sagen, sie vertrauen mir.«

»Und sie vertrauen darauf, daß ich diese Information nicht weitergebe, daß ich damit nicht schnurstracks zu General Westmoreland gehe?«

»Das ist, glaube ich, keine Frage des Vertrauens; das ist Khanhs Einsatz bei diesem Spiel. Er riskiert eine Menge, weil er eine Menge zu gewinnen hofft. Natürlich ist es schöner, wenn man mit einem Penny Einsatz einen Dollar gewinnt, aber manchmal muß man auch einen Dollar einsetzen, um einen Dollar zu gewinnen. Und manchmal müssen Sie noch viel mehr einsetzen, nur damit Sie im Spiel bleiben.«

Das klingt überzeugend, dachte Marshall. Aber er hatte Angst, es zu glauben. Er beugte sich vor und beobachtete den Mann mit größter Aufmerksamkeit, um ihm bei der geringsten Unstimmigkeit auf die Schliche zu kommen.

»General Khanh ist für den Erfolg dieses Angriffs verantwortlich. Kurz gesagt: Er will ihn nicht führen.«

»Warum nicht?«

»Man hat mir drei Gründe genannt. Erstens: Er glaubt nicht an den Erfolg. Er hält es für eine Illusion, anzunehmen, durch diese Offensive könnten die Amerikaner besiegt oder die Thieu-Regierung zu Fall gebracht werden. Er glaubt vielmehr, daß seine Armee schwere Verluste wird hinnehmen müssen, und er möchte seine Leute nicht verheizen.«

Lacouture hielt einen zweiten Finger hoch: »Zweitens: Khanh glaubt, die Offensive könnte das Gegenteil bewirken und die Entschlossenheit der Amerikaner stärken. Die Gründe für seine Annahme sind psychologischer Natur, und Sie werden besser als ich beurteilen können, ob sie stichhaltig sind. Khanh ist der Ansicht, je wirkungsvoller sein Schlag ausfällt, desto größer die Gefahr, daß die Amerikaner sich festbeißen. Sein Ziel ist es, die Amerikaner zum Abzug zu zwingen – er glaubt, eine Großoffensive könne da nur kontraproduktiv sein.«

Marshall nickte höflich, aber im stillen war er erstaunt, wie präzise diese Einschätzung die Situation traf. Genauso würde es kommen.

Lacouture zuckte die Schulter, als wollte er den dritten Grund als unwichtig abtun. »Drittens: Das ist nun rein persönlich. General Khanh hat zwei Söhne in diesem Krieg verloren. Seine Frau und seine Töchter sind den täglichen Bombardierungen im Norden ausgesetzt. Der Tod seiner Söhne hat ihn schwer getroffen; weiteres Leid kann er nicht ertragen. Mir selbst fällt es nicht leicht, daran zu glauben – ein General, der sich durch Tod und Verlust einschüchtern läßt. Aber so hat man es mir berichtet. Sie werden selbst beurteilen müssen, was davon zu halten ist: Ob ein Mann, der seine Söhne im Krieg verloren hat, bereit ist, mit dem Feind zu verhandeln, oder ob er nicht eher seine Anstrengungen verdoppeln wird, um ihren Tod zu rächen.«

Aha, dachte Lacouture, der Marshalls Reaktionen sorgfältig beobachtete, das hat gesessen. Lord hatte recht: Marshalls schwache Stelle war sein eigener Sohn. Lacouture war mit seiner bisherigen Leistung sehr zufrieden, auch wenn ihm dabei Marshalls Intelligenz – der Mann war sehr viel cleverer und geschickter, als er erwartet hatte – und sein Wunsch, Verbindung zur NVA aufzunehmen, geholfen hatten. Eigentlich war die Aufgabe doch recht leicht, dachte Lacouture: Marshall von etwas zu überzeugen, was er selbst nur allzusehr wünschte.

Lacouture zuckte nochmals mit den Schultern. »Ein empfindsamer General? Ich finde das merkwürdig.«

Natürlich mußte Lacouture das merkwürdig finden, dachte Marshall; er hatte keine Kinder. Aber welcher Mann wäre nicht tief getroffen durch den Tod seiner Kinder? Dürfen wir dem Feind solche menschlichen Regungen absprechen? Wenn dieser General Khanh genauso dachte wie er, warum sollte er dann nicht auch genauso *fühlen?* Der dritte Grund war möglicherweise der überzeugendste, dachte Marshall. Der Mann hatte seine Söhne verloren; weitere Verluste und weiteres Leid konnte er nicht ertragen. Genauso würde er selbst auch empfinden.

Das hatte Lacouture nicht erfunden, da war er sich sicher. Es mußte stimmen: Hier war die Chance für den Frieden; seine Lösung. Und er durfte diese Chance nicht ungenutzt vorübergehen lassen. Aber er mußte vorsichtig sein, damit Lacouture nichts von seiner Ungeduld merkte.

»Welchen Beweis gibt es, daß er lebt?« fragte Marshall gleichmütig.

»Ich glaube, man könnte die Frage auch umkehren«, erwiderte Lacouture. »Welchen Beweis gibt es, daß er tot ist? Es ist zweifellos möglich und sogar wahrscheinlich, daß die NVA Gerüchte über Khanhs Tod in die Welt setzt, um den Feind zu täuschen.«

»Sicher, aber Sie sagten doch, es gebe einen konkreten Beweis für die Echtheit des Angebots.«

»Ja. Aber da geht es mir wie bei dem dritten Grund; ich kann ihn nicht recht nachvollziehen. Zur Nachprüfung müßten Sie sich an die unwahrscheinlichste Quelle wenden, die ich mir in diesem Zusammenhang vorstellen könnte, an General Huy Chi Tran, der vor kurzem zum Gebietskommandeur der südvietnamesischen Armee ernannt worden ist.«

Marshall nickte und meinte beiläufig: »Ich sollte mir die Namen notieren. Ich weiß nicht, ob ich sie im Kopf behalten kann.«

»Meine Quellen sagen mir, daß Tran ein außergewöhnlich fähiger General ist«, fuhr Lacouture fort, »vielleicht sogar der einzige. Ich habe keine Ahnung, wie er es unter diesen Umständen zum Gebietskommandeur gebracht hat. Wenn er kompetent ist, wird er sich nicht lange halten. Das würde Thieu nicht dulden, denn wenn einer wirklich kompetent ist, wird er es als seine erste Aufgabe betrachten, Thieu aus dem Amt zu jagen. Wie dem auch sei, man

hat mir gesagt, Tran sei loyal und ein entschiedener Gegner der Kommunisten. Vielleicht können Sie zwischen beiden vermitteln. Khanh möchte mit Tran zusammentreffen, und zwar offenbar aus denselben Gründen wie mit Ihnen. Natürlich wäre solch ein Treffen äußerst gefährlich, nicht nur persönlich, sondern auch politisch. Beide würden wohl absolute Geheimhaltung und Garantien für ihre Sicherheit verlangen. Die Kommunikation zwischen beiden würde über Sie laufen, und wenn es Ihnen gelungen ist, das wechselseitige Mißtrauen zu zerstreuen, werden die beiden zusammentreffen.«

»Ich glaube, ich habe verstanden«, sagte Marshall. »Ich weiß nicht, ob Khanh lebt oder ob das Gesprächsangebot überhaupt von ihm stammt. Um das zu prüfen, soll ich an Khanhs bedeutendsten Widersacher, seinen verhaßten Gegner, herantreten, der Khanh für tot hält. Mit Hilfe von Informationen, die Sie mir beschaffen, überzeuge ich Tran davon, daß Khanh lebt und mit ihm zusammentreffen möchte. Wenn die beiden zu dem Schluß gelangen, daß sie dem anderen trauen können, dann ist das der Beweis, den ich haben wollte.«

»Genau«, sagte Lacouture. »Ich habe eine ganze Weile gebraucht, bis ich das begriffen hatte. Nach vier Gläsern Champagner wäre mir das niemals gelungen – gratuliere.«

»Es klingt übertrieben kompliziert.«

»Das habe ich auch gedacht. Aber würden Sie sich ohne einen Beweis mit ihm treffen? Würden Sie sich mit meinem Wort begnügen und sich auf ein Treffen irgendwo im Dschungel einlassen?«

Marshall lächelte. »Wohl kaum. Oder allenfalls nach weiteren vier Gläsern Champagner.«

»Wenn Ihnen eine einfachere Methode einfällt, werde ich Ihren Vorschlag gerne weiterleiten. General Khanh hat mitteilen lassen, daß er bereit ist, Ihnen jeden Beweis zu liefern, den Sie haben möchten – mit Ausnahme seines persönlichen Erscheinens natürlich.«

Das war es, dachte Marshall, worauf er gehofft hatte – ein Durchbruch, eine Chance. Der Erfolg war möglich. Wenn er General Khanh gegenübersitzen konnte, wenn sie sich in die Augen und ins Herz schauen konnten, dann konnten sie dem Leid und Elend dieses Krieges ein Ende bereiten: Zwei Väter, die Angst um ihre Söhne hatten, konnten das Gemetzel beenden.

Er mußte diesen Mann treffen; davon hing alles ab.

Nicht daß er sich irgendwelchen Illusionen hingab; es würde harte Verhandlungen und endlose Gespräche geben. Aber es war der erste Schritt, und gestern noch war ihm dieser Schritt unerreichbar erschienen.

»Ich werde ernsthaft darüber nachdenken«, sagte Marshall höflich.

Lacouture rührte sich nicht. »›Piepser‹ – das sollen Sie General Tran sagen. Ich habe keine Ahnung, was es bedeutet. Wahrscheinlich kann Tran etwas damit anfangen, und er wird entsprechend antworten. Und so weiter und so fort, bis dieses langwierige Geschäft zum Abschluß gebracht ist.« Er griff in seine Westentasche zog eine Visitenkarte hervor und reichte sie Marshall. »Unter dieser Nummer können Sie mich erreichen – sofern das Telefon funktioniert. Oder Sie schicken mir eine Nachricht an diese Adresse.«

Lacouture stand auf. »Vielen Dank, daß Sie mich empfangen haben. Danke für den Champagner und für Ihre Freundlichkeit.« Es hatte geklappt, dachte er und beglückwünschte sich selbst; er hatte Marshall überzeugt.

Sie schüttelten sich die Hände und Marshall brachte ihn zur Tür.

»Haben Sie schon Gelegenheit gehabt, sich das Land anzusehen?« fragte Lacouture.

»Noch nicht.«

»Es ist ein herrliches Land. Sie müssen sich unbedingt Da Lat und Hue ansehen. Da Lat ist einfach ein Paradies – das ehemalige Jagdrevier der Kaiser. Selbst heute ist es noch unberührt. Und Hue – die Zitadelle, der Kaiserpalast, der Fluß der Düfte. Sie müßten schon nach Angkor Wat in Kambodscha gehen, wenn Sie etwas noch Eindrucksvolleres sehen möchten.«

Er drohte Marshall scherzhaft mit dem Finger. »Und gehen Sie zu den Gräbern der Kaiser außerhalb von Hue. Es ist frappierend – nicht von der Architektur her, sondern geistig. Jeder Kaiser hat sich sein eigenes Grabmal errichten lassen. Vor ihrem Tod pflegten sie dorthin zu gehen, um Frieden zu finden und die Kontemplation zu suchen. Ich fand es faszinierend, daß Menschen vor dem Tod zu ihren Gräbern gehen, um dort auszuruhen und zu meditieren. Sie ließen die Freuden ihres Palastes und die Konkubinen zurück, um sich auf ihr Grabmal zu setzen und nachzudenken ... Worüber? Ich glaube nicht, daß ich das könnte. Und Sie?«

Marshall sah im Geiste einen kostbar gewandeten Kaiser allein in seiner Grabkammer sitzen, die Wache in einigem Abstand draußen. Natürlich, auch die Wege des Ruhms und der Macht führten letztlich ins Grab. Aber wer würde diesen Weg schon vor der Zeit gehen wollen, um seine letzte Ruhestätte zu betrachten?

Lyndon Johnson würde vielleicht den Bau eines gewaltigen Mausoleums für sich selbst überwachen und sich an dessen Größe und Großartigkeit ergötzen – aber auf dem Sarkophag sitzen und über die Vergänglichkeit nachsinnen? Nein.

Und er selbst würde es ebensowenig tun.

»Vielleicht verstehen Sie danach die Kultur dieses Landes ein wenig besser«, sagte Lacouture.

»Dann werde ich mir das nicht entgehen lassen«, erwiderte Marshall. »Ich werde eine Wallfahrt dorthin unternehmen.«

Sie schüttelten sich nochmals mit Nachdruck die Hände und sahen sich fest an.

Marshall lächelte und versuchte nicht einmal, seine Befriedigung zu verbergen; doch das Lächeln zeigte nicht annähernd, welche Freude und Hoffnung er empfand. Er würde alle Söhne retten.

Lacouture verbeugte sich, dann ging er gemessenen Schrittes die Treppe hinunter. Er mußte an sich halten, um nicht loszustürmen und ein Taxi anzuhalten.

Es war fast neun. Wenn er den Wilden nun verfehlte?

26

»Beeilen Sie sich!« rief Lacouture dem Fahrer zu, nachdem er ihm die Adresse des Restaurants genannt hatte. »Ich muß um neun dort sein. Ich zahle Ihnen das Doppelte, wenn Sie es schaffen.«

Er hatte sämtliche Arrangements vorher getroffen; seit zwanzig Jahren dinierte er im Coq d'Or. Kriege, Regierungen, ein Wechsel des Regimes, ein Staatsstreich – nichts konnte ihn von seinen Gewohnheiten abbringen. Nur wenige Dinge waren ihm heilig – ein gutes Restaurant gehörte dazu.

Er wußte, daß man ihm einen Tisch reserviert hatte, daß eine intime Atmosphäre gesichert war, und das Essen würde ausgezeichnet sein.

Er fiel in sich zusammen. Was, wenn der Wilde gar nicht kam? Natürlich würde er nicht kommen; es gab keine Hoffnung. Er konnte genausogut nach Hause fahren oder sich in den Fluß stürzen.

Aber immerhin hatte der Wilde den Zettel mit der Adresse des Restaurants genommen, und er hatte gesagt, er wolle es sich überlegen. Vielleicht kam er doch? Er würde kommen! Er wußte, daß er kommen würde. Er setzte sich auf. »Schnell!« rief der dem Fahrer zu.

Es war sechs Minuten vor neun, und er hatte mindestens noch zehn Minuten vor sich. Am liebsten hätte er dem Fahrer das Lenkrad aus der Hand gerissen. Der Wilde würde wieder weggehen. Er griff sich ans Herz. Es war nicht auszuhalten. Er zog sein Taschentuch heraus, um sich Luft zuzuwedeln, aber statt dessen kaute er daran.

Der Wilde würde nicht da sein; er hatte eine Frau. Einer wie er würde ihn abstoßen. Und er hatte ihn doch ausgelacht, sich über ihn lustig gemacht. Wieder sank er in sich zusammen; er nahm das Taschentuch aus dem Mund und wischte sich die Augen. Es war hoffnungslos – nur ein weiterer grausamer Scherz. Die Tränen kamen ihm angesichts solcher Ungerechtigkeit.

Es war ihm, als preßte eine riesige Hand seine Brust zusammen; das Gefühl war so heftig, daß er die Augen schloß. Es war stets

dieselbe Phantasie, in der er einen schönen Jungen liebkoste, der ihn niemals seinerseits berührte, der sich einfach zurücklegte und ihn aus halb geschlossenen Augen ansah. Der Akt, seine Liebe, durfte nicht erwidert werden; der Junge mußte regungslos daliegen und stumm. In seiner Phantasie hatte der Akt eine Vollkommenheit, die unerreichbar war und die zerbrach, sobald er ihr nahe kam.

Das war so, er wußte es nur zu gut, weil er etwas lieben mußte, das seine Liebe nicht erwidern konnte, das ihn und seine Liebe nicht brauchte. Der Junge war ein Gott, dem man gefällig zu sein und zu dienen hatte, obwohl man dafür nur Verachtung erntete. Falls der Wilde, sein Gott, ihn wollte, würde er ihn nicht länger wollen.

Lacouture sah in dieser Phantasie ein Sinnbild seines Lebens – eine Hölle unerreichbarer Liebe. Er mußte lieben, was seine Liebe nicht erwidern konnte, und schlimmer noch: er wollte und verlangte, daß es so war. Er war dazu verdammt, zu lieben, was seinem ganzen Wesen nach nicht anders konnte, als ihn zu verachten.

Aus seiner qualvollen Erfahrung hatte er die Vorstellung entwikkelt, daß die Liebe des Menschen zu Gott homosexueller Natur war: ein Wesen zu lieben, das ihn schwach und verachtenswert finden mußte; auf die Liebe eines Wesens angewiesen zu sein, das er niemals besitzen würde. Es war erniedrigend und entwürdigend: der Mensch auf den Knien vor einem herrlichen göttlichen Wesen, um Liebe bettelnd, obwohl er nur Verachtung und Zurückweisung erwarten durfte.

Sein Verlangen nach dem Wilden war von solcher Heftigkeit, und dennoch wußte er, daß der Junge nur Abscheu vor ihm empfinden würde. Er wünschte sich sehr, daß Mead da war und auf ihn wartete, aber ihm war klar, daß es besser wäre, wenn er nicht käme.

Zerrissen und unfähig, sich zu rühren, blieb Lacouture sitzen, als das Taxi vor dem Coq d'Or hielt.

Dann gewannen Angst und Erregung wieder die Oberhand; er bezahlte den Fahrer und sprang hinaus. Das Coq d'Or lag in der Rue Catinat, mitten im französischen Viertel. Obwohl es schon bessere Tage gesehen hatte, war es immer noch vornehm und teuer. Dank seiner treuen Kundschaft und der ausgezeichneten Bedienung hatte es ein Niveau halten können, das es vor der Invasion durch Soldaten und Prostituierte bewahrte.

Von dem Wilden war nichts zu sehen.

Lacouture eilte hinein. Der Maître d'hôtel begrüßte ihn mit einer

Verbeugung. »Willkommen, Monsieur Lacouture. Wie geht es Ihnen? Sie sehen blendend aus. Die Küche steht Ihnen zu Diensten, Ihr Tisch ist bereit. Bitte!« Und er ging voraus.

»Nein!« rief Lacouture. »Ich erwarte jemanden. Ist er noch nicht da?«

Der Oberkellner sah ihn bedauernd an.

»Ich warte draußen«, sagte Lacouture und eilte hinaus.

Er lief vor dem Eingang hin und her, dann erweiterte er die Distanz, bis sie den gesamten Block umfaßte. Mit jedem Schritt wuchs seine Angst; schließlich überkam ihn Verzweiflung. Der Wilde kam nicht; er hätte weinen, sich vor ein Auto werfen mögen. Das Leben war grausam und ungerecht. Er konnte es nicht ertragen.

Dann sah er ihn; er kam einfach um die Ecke, und Lacouture traute seinen Augen nicht.

»Oh!« rief er und lief auf ihn zu. »Oh! Oh! Oh!«

Mead kam im Drillich, etwas anderes hatte er nicht, und er blieb stehen, als er Lacouture auf sich zulaufen sah. Einen Augenblick fürchtete er, der Mann würde ihm um den Hals fallen.

»*Bien, bien.* Wie wunderbar! Sie sind gekommen. Ich wußte, daß Sie kommen, ach, ich wußte es doch.«

Lacouture mußte sich zurückhalten, sonst hätte er nach Mead gegriffen, um sich zu überzeugen, daß er leibhaftig vor ihm stand. Er war einfach wunderbar; der vollkommenste Mann, den er jemals gesehen hatte.

»Haben Sie gegessen?« fragte Lacouture und versuchte, sich zu beruhigen, denn er wußte, daß er Mead mit seinem Benehmen nervös machte.

Mead schüttelte den Kopf.

»Haben Sie Hunger? Sie müssen Hunger haben. Das ist ein ausgezeichnetes Restaurant. Mögen Sie französische Küche?«

Mead zuckte die Achseln. »Ich weiß es nicht. Ich hab es noch nie probiert. Was für Sachen essen Sie denn so?«

»Was meinen Sie damit: Was wir essen?«

»Ich meine, essen Sie Fleisch? Steaks und so was?«

»Natürlich essen wir Fleisch. Rind, Schwein, Huhn, Ente, Kaninchen.« Er faßte Mead am Arm, um ihn in das Lokal zu führen, aber als er spürte, wie die Muskeln sich spannten, ließ er sogleich wieder los. »Kommen Sie! Wir werden Sie schon nicht vergiften.«

Drinnen präsentierte Lacouture ihn triumphierend dem Maître d'hôtel. »Er ist da.«

Der Oberkellner, ein Vietnamese mittleren Alters im Smoking, der einige Zeit in Frankreich gelebt hatte, verbeugte sich, ließ ein strahlendes Lächeln sehen, als freute er sich mit Lacouture, und sah geflissentlich über Meads Aufzug hinweg.

Lacouture folgte dem Maître d'hôtel, und Mead lief hinterdrein; er begann sich äußerst unbehaglich und fehl am Platze zu fühlen. Noch nie hatte er in solch einem Lokal gegessen, wo es echte Blumen auf den Tischen und Tischdecken und Tafelsilber und glitzerndes Kristall gab. Das Licht war gedämpft, die Atmosphäre ruhig, und alle übrigen Gäste waren zivil gekleidet; sie trugen Krawatten, und keiner von ihnen sah amerikanisch aus.

An einem separaten Tisch am anderen Ende des Raumes hielt der Oberkellner einen Stuhl für Lacouture, dann eilte er zu Mead und hielt ihm gleichfalls den Stuhl. Das hatte Mead noch nicht erlebt, und seine Unsicherheit wuchs.

»Mein junger Freund hat noch nie französisch gegessen«, sagte Lacouture.

Der Maître d'hôtel sah ihn mit mildem Erstaunen an, dann nickte er wie ein Chirurg angesichts eines ernstlich erkrankten Patienten. »Da dürfte das *Menu dégustation* genau das richtige sein.«

»Das denke ich auch«, erwiderte Lacouture. »Für mich dasselbe. Was gibt es als Hauptgericht?«

»*Canard.*«

»Wunderbar! Einen Apéritif?« fragte er Mead und korrigierte sich sogleich: »Einen Drink? Oh, lassen Sie mich auswählen. Champagner für meinen Gast! Ich selbst nehme ein wenig Sauternes zur Gänseleberpastete. Dann einen Puligny-Montrachet – und danach werden wir weitersehen.«

Der Oberkellner verbeugte sich und ging.

Lacouture hätte sich am liebsten über den Tisch gebeugt und Meads Hand ergriffen – vor Freude und um dem Jungen Mut zu machen, denn er wirkte sehr nervös und eingeschüchtert.

»Wenn Sie das Essen nicht mögen, lassen Sie es stehen! Das würde mich gar nicht verletzen. Vielleicht fühlen Sie sich nach etwas Champagner schon wohler.«

»Da müßte ich eine ganze Menge trinken, glaube ich«, sagte Mead. »Aber Champagner habe ich auch noch nie getrunken.«

»Na, den werden Sie bestimmt mögen. Und Sie können soviel haben, wie Sie wollen. Er schüttelte den Kopf. »Noch nie Champagner getrunken? Wirklich?«

Mead grinste. »Das wird nicht so oft getrunken in Arkansas. Und bei den Marines auch nicht.«

»Die Marines? Das ist so was Ähnliches wie die Kriegsmarine – auf den Schiffen? Und Arkansas? Das kenne ich gar nicht.«

»Wahrscheinlich gibt es das nicht auf französischen Karten.«

»Ah, ein Scherz«, erwiderte Lacouture glücklich. »Wie schön! Ein richtiger Mann, der Scherze macht. Aber wahrscheinlich verstehe ich Ihre Scherze nicht, weil ich keine Amerikaner kenne – na ja, einen oder zwei vielleicht. Sie versuchen immer, französisch zu sprechen, und dann verstehe ich sie noch weniger.«

Mead lächelte. »Da brauchen Sie bei mir keine Angst zu haben.«

Lacouture klatschte in die Hände. »Sie sind zu süß.« Dann senkte er den Kopf. »Ich sollte so etwas nicht sagen. Das macht Sie nervös, nicht wahr?«

»Ja, es ist...«

»Sie mögen es nicht.«

»Es ist... also, ich glaube, ich bin das nicht gewöhnt. Ich meine, ich kenne keine...«

»Homosexuellen?« flüsterte Lacouture. »Sie kennen keinen? Keinen einzigen? Unmöglich. Vielleicht haben Sie es nur nicht gewußt.«

»Ich kenne keinen, der damit angibt.«

»Hah! Sie sind wirklich amüsant. Ich bin schon ganz verliebt in Sie.« Er legte die Hand auf seinen Mund. »Ich werde solche Sachen nicht mehr sagen.«

Ein Kellner kam mit den Getränken und stellte zwei kleine Teller mit *amuse-gueules* vor sie hin.

Lacouture hob sein Glas. »Auf Sie!«

Mead hob seines ebenfalls und trank.

»Schmeckt es Ihnen?«

Mead dachte einen Augenblick nach, nahm noch einen Schluck und nickte. »Ja. Ist das Alkohol? Ich glaube, davon könnte ich eine Menge trinken.«

»Ja, ja, das ist Alkohol. Und das sind, glaube ich, Austern. Sie dürfen sie nicht kauen. Schlucken Sie sie einfach herunter! So.« Und er zeigte es ihm.

Mead machte es ihm nach. »Das ist okay«, sagte er.
Sie blickten einander an, bis Mead nervös wegsah.
»Jetzt müssen wir uns unterhalten«, sagte Lacouture. »Das gehört sich so beim Essen. Reden wir von Ihrer Arbeit! Was tun Sie?«
Mead erstarrte und sah Lacouture mißtrauisch an.
»Ich versuche nur, höflich zu sein«, erwiderte der rasch. »Ich bin kein Spion – oder vielmehr: ich bin nicht beruflich an Ihrer Arbeit interessiert. Mein Interesse hat ganz andere Gründe, das versichere ich Ihnen. Aber wenn Sie nicht über Ihre Arbeit sprechen wollen, reden wir von etwas anderem.«
»Was machen Sie denn?« fragte Mead.
»Also, eigentlich bin ich ein Spion, auch wenn die Bezeichnung nicht ganz zutrifft. Ich handele mit Informationen – kaufe hier welche und verkaufe sie anderswo. Ich arbeite nicht für eine bestimmte Regierung, darum bin ich kein wirklicher Spion. Ich versuche nur, das Beste daraus zu machen. Manche Leute verkaufen Schmuck oder Autos oder Kühlschränke, ich verkaufe Informationen. Aber bei Ihnen geht es mir nicht um solche Informationen. Es sei denn, Sie haben etwas besonders Interessantes anzubieten – dann kaufe ich es Ihnen gerne ab. Haben Sie irgendwelche Geheimnisse, die Sie mir verkaufen könnten?«
Mead lachte. »Ich bin Corporal. Ich weiß gar nichts, woran irgend jemand interessiert sein könnte.«
Lacouture nickte anerkennend. »Sie müssen wunderbar mit Frauen umgehen können. Sie haben dieses perfekte – wie soll ich sagen? –, dieses ungezwungene Selbstvertrauen, das als Bescheidenheit daherkommt.«
Mead trank sein Glas aus.
Lacouture winkte den Kellner herbei, wies kurz auf Mead, und einen Augenblick später stand ein volles Glas vor ihm.
»Wollen Sie mich betrunken machen?«
»Das würde ich liebend gern. Wäre das möglich?«
Mead grinste; es gefiel ihm, obwohl er es eigentlich nicht wollte. »Ich war schon betrunken, ja.«
»Werden Sie dann gewalttätig?«
»Ja. Vor einiger Zeit hab ich ein paar Nutten zusammengeschlagen, darum halte ich mich jetzt lieber zurück.«
»Mir wird ganz schwindelig. Also, nun wissen wir, was ich tue und was Sie nicht tun, worüber wollen wir jetzt reden?«

»Wer ist dieser alte Gook, den Sie zu mir geschickt haben?«

»Oh, das haben Sie gemerkt? Kim wird ganz hysterisch werden. Er ist so stolz auf seine Geschicklichkeit. Was hat ihn denn verraten?«

»Seine Zähne.«

»Natürlich. Dieser Dummkopf. Ich habe ihm schon tausendmal gesagt, daß er der einzige Vietnamese auf der Welt ist, der noch alle seine Zähne hat, und dann sind sie auch noch blendend weiß.«

»Und warum haben Sie ihn zu mir geschickt?«

»Er sollte etwas über Sie herausbekommen.«

»Was?«

»Er sollte herausfinden, wo Sie sind und wie ich Sie finden kann und – na ja, alles, was mir helfen könnte.«

»Helfen wobei?«

»Also wirklich! Nehmen Sie doch noch etwas Champagner! Ah, der erste Gang. Mögen Sie Fisch?«

Die Teller wurden vor sie hingestellt, und der Kellner goß Wein ein, damit Lacouture ihn kosten konnte. Er nickte und zwei Gläser wurden gefüllt.

Mead nahm einen Schluck, und Lacouture wußte sogleich, daß er ihn nicht mochte, obwohl Mead aus Höflichkeit noch einmal an seinem Glas nippte.

»Nein, nein«, sagte Lacouture, »trinken Sie ihn nicht, wenn Sie ihn nicht mögen! Sagen Sie mir, was Ihnen daran nicht gefällt!«

Mead zuckte ein wenig linkisch die Achseln. »Ich weiß, er ist bestimmt was Besonderes und kostet mehr, als ich im Monat verdiene, aber er ist... irgendwie komisch... ich finde, er ist irgendwie... sauer.«

»Ich verstehe. Das ist ein weißer Burgunder – nicht jedermanns Geschmack. Aber Champagner mögen Sie?«

»Ja, der war toll. Oder Bier – das trink ich auch gerne.«

Lacouture winkte den Kellner zu sich und bestellte eine Flasche Champagner.

»Ist auch besser so«, sagte er, als die Flasche gebracht wurde. »Jetzt brauchen wir nicht zu teilen; jeder hat seine eigene.«

Obwohl Mead gewaltigen Hunger hatte, hielt er sich zurück und aß langsam; dabei sah er immer erst, welches Besteck Lacouture aufnahm, bevor er selbst danach griff. »Der Fisch ist wirklich gut«, sagte er. »Ich esse sonst immer nur gebratenen Fisch.«

»Wird bei Ihnen alles gebraten?«

»Nein, in der Kantine nicht, aber Mom hat fast alles gebraten. Auf den Farmen ißt man ziemlich viel gebratene Sachen, glaub ich. Sie hatte immer eine große Pfanne auf dem Herd; morgens hat sie Schinken gebraten und danach Eier und später dann Schweinespeck oder Hühnchen, manchmal auch Steaks. Ich glaube, sie hat so ziemlich alles gebraten, außer Gemüse; aber manchmal hat sie auch Okra gebraten.«

»Es hat Ihnen offensichtlich nicht geschadet«, sagte Lacouture. »Sie sind groß und kräftig dabei geworden, und Sie sehen gesund aus.«

»Wir haben gut gegessen. Wir hatten überhaupt kein Geld – ich meine, es war nie Bargeld da. Mom ist praktisch nie einkaufen gegangen.« Er nahm einen großen Schluck. »Ich glaube, das war wirklich schlimm für sie – ich meine, daß sie nie irgendwohin gehen konnte, und wenn sie es getan hat, dann mußte sie die Pennies zählen. Ich war mal mit ihr, und da hat sie heimlich ihr Geld gezählt und vorher zusammengerechnet, was es kostete.«

»Ich muß gleich weinen«, sagte Lacouture und zog sein Taschentuch hervor.

»Machen Sie sich nicht über mich lustig!« fuhr Mead auf.

»Nein, nein! Sie verstehen mich falsch. Ich muß wirklich weinen. Ich kann traurige Geschichten nicht ertragen. Ich sehe immer alles bildhaft vor mir.«

Mead musterte ihn argwöhnisch. »Na ja, jedenfalls haben wir gut gegessen, aber wir waren nicht reich.«

»Meine Familie war reich. Sie haben es nicht verdient, und sie haben auch nicht hart gearbeitet, aber so war das nun einmal in Europa. Ich hatte als Kind alles, was ich wollte – nur meine Eltern nicht. Sie waren nie da. Wir hatten viel Personal, aber ich war einsam. Ich habe immer alleine gespielt. Ich hatte nie einen Freund.« Er nahm sein Taschentuch und wischte sich über die Augen. »Sehen Sie, ich muß ständig weinen.« Er putzte sich lautstark die Nase. »Hatten Sie Freunde? Waren Sie einsam?«

»Einsam? Ich glaube nicht«, erwiderte Mead und versuchte sich zu erinnern. »Ich habe eine Menge gearbeitet, auf der Farm, meine ich. Mein Alter hat uns immer angetrieben. Vielleicht war ich zu beschäftigt, um einsam zu sein. Und in der Schule – ja, da hatte ich Freunde. Ich hab ständig Baseball oder Football oder Basketball

gespielt, und da waren immer Jungs, mit denen ich zusammen war.«

»Und Mädchen?«

Mead lächelte. »Ja, später.«

»Warum sind Sie von der Farm weggegangen?«

»Mein Gott, waren Sie schon mal auf einer Farm?«

»Nein«, lachte Lacouture. »Ist es so schlimm?«

»Ziemlich schlimm, wenn Sie nicht gerade scharf auf Schweinemist sind.«

»Deshalb sind Sie zu den... Marines gegangen?«

Mead nickte. »Blieb mir nicht viel anderes übrig. Ich meine, aufs College konnte ich nicht gehen, nicht bei meinen Noten, und das war die einzige Möglichkeit rauszukommen. Ich wäre sowieso eingezogen worden, da bin ich lieber gleich gegangen. Wahrscheinlich wäre ich besser auf der Farm geblieben und hätte Schweinemist geschaufelt.

»Sie mögen Vietnam nicht?«

Mead leerte sein Glas, das sofort wieder voll vor ihm stand. »Vietnam? Ich kenne Vietnam ja gar nicht. Ich habe nur ein bißchen Dschungel und ein Stück von Saigon gesehen. Das wäre nicht fair, wenn ich irgendwas über das Land sagen würde – oder über die Leute hier. Die kenne ich genausowenig, außer ein paar Frauen.«

»Das ist eine weise Antwort, reifer als mancher Ältere und klüger als mancher, der auf dem College gewesen ist, sie geben würde. Was Sie eigentlich damit sagen, ist, daß Sie den Krieg nicht mögen.«

Mead runzelte die Stirn. »Ach, das ist komisch. Manchmal hat der Krieg mir tatsächlich gefallen.«

Lacouture nickte. »Genau das ist die Erfahrung, die ich mit Soldaten gemacht habe. Sie schimpfen über ihren Beruf, aber ganz tief drinnen lieben sie ihn. Ich kannte einen Jungen, einen jungen Mann – Sie erinnern mich sehr an ihn, deshalb sind sie mir gleich aufgefallen und weil Sie so schön und kräftig sind. Er war bei der Fremdenlegion...«

»Gibt's die wirklich? Ich dachte, die gibt es nur im Kino.«

»O nein, die gibt es wirklich. Wenn jemand sich aus dem Staub machen will, kann er da eintreten, Mörder und Diebe und weiß der Himmel wer sonst noch. Die stellen dort keine Fragen. Das

einzige, was zählt, ist, daß man stark und hart genug ist. Jedenfalls, er war ein sehr ... harter junger Mann, und er hat sich fürchterlich beklagt über das Militär und die Legion, aber in Wirklichkeit hat er sie geliebt. Ich glaube, Männer lieben es, Soldat zu sein.«

»Sie aber nicht?«

Lacouture lachte. »Könnten Sie sich vorstellen, daß ich in der Fremdenlegion wäre? Oder bei den Marines?«

Mead antwortete nicht.

»Nein, ich habe nie irgendwelche Ballspiele gespielt.« Er seufzte traurig. »Ich hätte niemals ein Junge werden dürfen.« Er blickte Mead an. »Ich hätte eigentlich ein Mädchen werden sollen. Das ist wahr. Ich bin falsch geboren. Ich kann nichts dafür. Ich hätte ein Mädchen werden sollen. Ich habe mir immer jemanden wie Sie gewünscht, der sich um mich kümmert, mir die Hand hält und mich beschützt.«

Lacouture ließ den Kopf hängen. »Ich schäme mich für das, was ich bin und was ich tue. Ich weiß, daß Sie mich abstoßend finden müssen. Hassen Sie mich?«

»Sie hassen?« erwiderte Mead sanft. »Nein. Ich hasse Sie nicht. Warum sollte ich. Sie haben doch gerade selbst gesagt, Sie können nichts dafür.«

Lacouture begann leise zu weinen. Mead blickte sich verlegen um.

»Mr.... Mr. La...«

»Oh, bitte, sagen Sie Bernard zu mir!« schluchzte Lacouture.

Mead schluckte. »Bernard, bitte ... ich meine, hören Sie auf zu weinen. Mein Gott, die Leute ...«

»Das kümmert mich nicht. Immer habe ich jemanden wie Sie gewollt. Sie sind so nett und wunderbar.«

Mead versteinerte. Er goß sich ein weiteres Glas ein und trank es aus. »Hören Sie auf damit! Ihr Essen wird noch ganz naß.«

Lacouture hörte auf zu schluchzen, sah auf seinen Teller und kicherte. »Sie haben recht.« Er wischte sich über die Augen und setzte sich auf. »Aber das Leben ist so ungerecht. Warum darf diese dumme Hure Sie haben und ich nicht?«

Mead fuhr auf. »Sie ist keine Hure. Ich will nicht, daß Sie so von ihr reden.«

»Ich bin nur eifersüchtig. Wahrscheinlich ist sie ein nettes Mädchen. Viele von denen sind nett. Sie haben nur keinen anderen

Ausweg, und dann setzen die Bordellbesitzer sie unter Drogen. Sie werden schwanger oder holen sich eine Geschlechtskrankheit.« Er seufzte. »Das Leben ist auch zu ihnen nicht fair.«

Das Hauptgericht wurde aufgetragen, und die Gläser wurden nachgefüllt.

»Das ist Ente«, sagte Lacouture. »Haben Sie das schon einmal gegessen?«

»Ja, mein Alter und ich sind manchmal auf Entenjagd gegangen. Wir haben uns am frühen Morgen den Arsch abgefroren auf dem Anstand. Es war immer kalt und feucht, ein Sauwetter, wirklich, aber das war die einzige schöne Zeit mit meinem Vater, ich meine, er war nüchtern und still.«

»Ich habe nie etwas mit meinem Vater unternommen«, sagte Lacouture.

»Wenn Sie jetzt wieder zu weinen anfangen, reden Sie lieber nicht davon!«

Lacouture lachte. »Sie sind wirklich amüsant. Sie brechen mir noch das Herz.«

»Darüber wollen wir lieber auch nicht reden«, erwiderte Mead.

»Ja, ich glaube, was die Konversation betrifft, haben wir unsere Pflicht erfüllt. Jetzt sollten wir zur Sache kommen.«

Mead nahm einen großen Schluck aus dem Glas.

»Ich habe nicht vor, Sie zu verführen. Ich will Sie auch nicht betrunken machen und dann die Situation ausnutzen. Wir sollten also die Sache so geschäftsmäßig wie möglich über die Bühne bringen. Ich will Sie kaufen.«

Ein breites Grinsen trat auf Meads Gesicht. »Sie können mich nicht kaufen. Ich bin doch keine verfluchte Ente. Ich bin nicht zu verkaufen.«

»Nicht so schnell!« erwiderte Lacouture. »Ich rede von einem Geschäft. Hören Sie doch erst einmal zu. Ich meine nur Ihren Körper, und ich will ihn nicht kaufen, sondern, sagen wir ... mieten. Ich möchte Ihnen eine Miete für Ihren Körper zahlen.«

Mead unterdrückte sein Lachen, er blickte zur Decke hoch und dann zu Lacouture. »Mann, das ist verrückt. Sehen Sie, es war ganz nett mit Ihnen. Ich dachte, das wird schrecklich, aber es war schön. Es hat Spaß gemacht, mit Ihnen zu reden, aber ... ich meine, lassen wir's dabei, ja?«

»Ist es Ihnen unangenehm?«

»Nun, ja. Ich will über so was nicht sprechen. Ich meine, ich bin nicht...«

»Ich weiß, daß Sie nicht homosexuell sind. Sie würden mich gar nicht interessieren, wenn Sie es wären. Ich erwarte ja nicht, daß Sie mich lieben.«

Mead rutschte unbehaglich auf seinem Stuhl hin und her und blickte nervös um sich; er hatte das Gefühl, alle hörten ihnen zu.

»Das ist ein Geschäft. Ich bezahle Sie. Ich will Sie bezahlen. Sie brauchen mir nur zu sagen, wieviel Sie haben wollen.«

»Mr. La... Bernard, begreifen Sie das endlich! Ich will kein Geld von Ihnen. Es war nett heute abend, das Essen und so, lassen wir es dabei!«

»Ich will aber mit Ihnen ins Bett gehen«, erwiderte Lacouture störrisch.

Mead lachte. »Sie wollen was?«

»Mit Ihnen schlafen.«

Mead lachte noch einmal. »Ah... Das ist aber nicht möglich.« Er war weder wütend noch beleidigt, und er versuchte, es nicht als Scherz abzutun, um Lacouture nicht zu verletzen. »Bernard, ich schlafe nicht mit Männern. Ich will Sie nicht beleidigen, aber so was mache ich nicht.«

»Aber Sie müssen.«

»Also, verdammt noch mal, nein. Jetzt hören Sie endlich auf! Ich will davon nichts mehr hören.«

»Jetzt sind Sie wütend.«

»Nein, aber ich werde noch wütend, wenn Sie nicht aufhören. Sehen Sie, es ist mir wirklich egal, was die Leute machen; das ist ihre Sache. Wenn Sie Kerle mögen und sich gerne in den Arsch ficken lassen, dann soll mir das recht sein. Ich habe meine eigenen Sorgen, und ich will nicht, daß Sie mir noch welche dazu machen. Lassen Sie uns doch einfach Freunde sein!«

»Freunde?«

»Ja, Freunde. Sie wissen schon – sich auf einen Drink verabreden; ab und zu essen gehen. Reden. Solche Sachen. Aber weiter nichts.«

»Sie würden mein Freund sein wollen?« fragte Lacouture verwundert.

»Sicher.«

»Und mich wiedersehen und mit mir essen?«

»Ja. Sicher.«

»Ich ekele Sie nicht an?«

Mead atmete langsam und hörbar aus. »Nein. Ich hab schon ein paar ziemlich schreckliche Sachen gemacht. Ich meine, Leute umbringen steht bestimmt nicht ganz oben auf der Liste der guten Taten. Ich sehe die Dinge ganz anders, seit ich hier bin. Ich habe Menschen sterben sehen – ich meine, einfach verschwinden. Eben haben sie noch gelacht und Witze gemacht, und plötzlich sind sie weg. Ich kann das nicht erklären, aber wenn du den Tod siehst, wenn du ihn siehst, wie er wirklich ist: schrecklich und blutig und schmutzig und naß, wenn du da über einem stehst, der ganz zerfetzt und verrenkt daliegt, und du weißt, das könntest du sein, ja, das wirst du irgendwann sein ... dann wird alles anders. All die Sachen, über die sich die Leute aufregen, all der Scheißdreck ... das ist alles nicht mehr wichtig. Am Ende liegen wir alle so da. Bei vielen Sachen weiß ich einfach nicht mehr, warum ich mich darüber aufregen soll. Ich glaube, ich habe gelernt ... das klingt sicher dumm, ich weiß, aber ich habe gelernt, daß man sich um die Leute kümmern soll. Man sollte nett zu ihnen sein.«

Er zuckte verlegen die Achseln. »Also ... ja, ich könnte Ihr Freund sein.«

Lacouture lehnte sich zurück. »Nun gut«, sagte er.

»Hey, ich muß jetzt wirklich los. Ich weiß, ich kann eigentlich nicht einfach so gehen, aber wahrscheinlich ist es doch das beste. Habe ich Ihnen was für das Essen und den Champagner zu zahlen?«

Völlig perplex starrte Lacouture ihn an. Er schüttelte den Kopf.

Mead stand auf und reichte ihm die Hand. »Vielen Dank. Es war sehr schön, wirklich.« Er drehte sich um und ging.

Nach einer kurzen Anstandspause kam der Kellner an den Tisch. »Ist alles in Ordnung, Monsieur?« fragte er.

Lacouture starrte auf die Tür, hinter der Mead verschwunden war. »Ich weiß nicht«, sagte er schließlich. »Ich war noch nie so verliebt.«

Er starrte auf den leeren Platz vor ihm; er spürte Meads Anwesenheit noch so heftig, daß ihm das Herz weh tat. »Ist es richtig, zu lieben?« fragte er und blickte auf.

Aber der Kellner war schon gegangen, und er saß allein da.

27

Seit drei Tagen goß es in Strömen; die Bunker auf dem Hügel standen unter Wasser. Frierend und naß vertrieben die Männer sich die Zeit mit Kartenspielen, Lesen und Schlafen.

»So was hab ich noch nie erlebt«, sagte Leslie Frizzell schon zum hundertsten Male; er saß am Bunkereingang und starrte in den unablässig niederprasselnden Regen.

»Wenigstens brauchen wir nicht auf Patrouille zu gehen«, sagte Dennis Coney, ohne von dem Magazin aufzublicken, das er nun zum drittenmal las. »Bei dem Wetter können die Gooks nicht angreifen. Da bräuchten sie schon Boote.«

Scott Sutherland lag zusammengerollt in einer Ecke und schlief; in den vergangenen zwei Tagen hatte er diese Stellung nur selten verlassen; es war, als hätte er seine Systeme abgeschaltet. Frizzell, der sich schrecklich langweilte, hatte ihn zu nichts bewegen können. Daß Coney für irgendwelche Spiele zu haben wäre, erwartete Frizzell erst gar nicht; Coney war schon einundzwanzig, hatte Frau und Kind. Für Frizzell gehörte er darum zu jener Erwachsenenwelt, in die er, wie er meinte, niemals Eingang finden würde, aber Sutherland, der ihm mit seinen neunzehn Jahren näherstand, spielte und machte Witze.

Als Sutherland sich umdrehte, sah Frizzell erwartungsvoll zu ihm hinüber, aber Sutherland suchte sich nur eine andere Schlafstellung. Frizzell seufzte, dann griff er hinter sich und nahm seinen Helm. Er legte ihn vor dem Bunkereingang auf den Boden und sah zu, wie das Regenwasser sich darin sammelte. Dann beugte er sich seitwärts, ergriff Coneys Helm und legte ihn daneben. Die Helme füllten sich sehr viel langsamer, als er erwartet hatte, aber allein schon das Zuschauen vertrieb ihm ein wenig die Zeit.

Schließlich waren sie ausreichend gefüllt. Er holte sie herein und schlich sich zu Sutherland, in jeder Hand einen Helm. Coney sah ihm über den Rand seines Magazins zu.

Sutherland stöhnte und gähnte; dann, wie auf ein Stichwort, drehte er sich herum, die Augen noch immer geschlossen.

Frizzell schüttete ihm den Inhalt des ersten Helms direkt ins

Gesicht. Sutherland fuhr hoch, schnappte nach Luft; in diesem Augenblick schüttete Frizzell ihm das Wasser aus dem zweiten Helm ins Gesicht, aber der Helm rutschte ihm aus der Hand und flog Sutherland an den Kopf, so daß er hintenüber fiel.

»O Scheiße!« stieß Frizzell erschrocken hervor.

»Du Schwein!« brüllte Sutherland, sprang auf und hielt sich den Kopf, doch Frizzell hatte sich schon davongemacht und stürzte gerade aus dem Bunkerausgang.

»Ich bring dich um«, schrie Sutherland und nahm die Verfolgung auf.

»Das hab ich nicht gewollt«, rief Frizzell und rannte über den Hügel.

»Bastard!« schrie Sutherland; wutentbrannt jagte er hinter ihm her.

Sie liefen um den Hügel herum und zwischen den Bunkern hindurch, bis sie schließlich wieder bei ihrem Bunker angelangt waren, wo Sutherland sich mit einem verzweifelten Hechtsprung auf Frizzell stürzte, ihn am Hosenbein erwischte und zum Fallen brachte. Sie rollten über den Boden. Frizzell krümmte sich zusammen, hielt sich die Seiten und begann zu lachen. Sutherland warf sich wütend auf ihn, doch Frizzell hatte sich zu einer Kugel zusammengerollt und erstickte fast vor Lachen. Sutherland hockte auf ihm, fühlte, wie seine Wut verrauchte, und stieß ihn nur noch halbherzig in die Seite: »Blöder Sack!«

Frizzell drehte sich auf den Rücken, die Tränen liefen ihm über die Backen. »Du warst so komisch. Du hättest dein Gesicht sehen sollen, als der Helm dich getroffen hat.«

»Arschloch!« sagte Sutherland. Dann betastete er sich; seine Uniform war völlig verschmutzt und durchnäßt. Er stand auf und zog sie aus. Frizzell tat es ihm nach. Dann bemerkten sie Coney, der ihnen vom Bunker aus zusah. Sie blickten sich an, nickten sich zu und stürmten den Abhang hinauf. Coney versuchte, ihnen den Eingang zu versperren, aber sie zerrten ihn heraus, rollten ihn über den Boden und schlugen mit ihren nassen Uniformen nach ihm. Dann rannten sie davon.

Coney zog sich gleichfalls aus und lief hinter ihnen her.

Vom Eingang des Hauptbunkers aus sahen Bishop und Brock, wie die drei mit lautem Geschrei durch den Regen tollten, in die Luft sprangen und sich gegenseitig zu Boden stießen.

»Diese Kindsköpfe«, sagte Brock.

Bishop lächelte. »Haben Sie noch nie im Regen gespielt?«

»Nicht, wenn es irgendwo ein trockenes Plätzchen gab.«

Hinter sich hörten sie das Funkgerät knacken, und sie gingen beide hin. Die Nachricht kam vom Hauptquartier der Kompanie in Khe Sanh und war verschlüsselt.

»Super«, sagte Brock. »Verschlüsselt. Da werden die Gooks sich ja mächtig ärgern. Ich wette, die brauchen mindestens zehn Minuten, bis sie das raushaben.«

Als die Nachricht durch war, ging Bishop das Codebuch suchen. Nach zwanzig Minuten hatte er die Nachricht entschlüsselt.

> Hinweise auf umfangreichen Bereitstellungsraum in Quadrat 1979 oder 2579. Durch Luftaufklärung nicht auszumachen. Fertigstellung gefährdet TAOR. Schicken Sie Fünfmannpatrouille zur Überprüfung aus! Feindberührung vermeiden! Empfang der Nachricht und Abmarsch der Patrouille bestätigen!

Bishop las die Nachricht zweimal durch, dann gab er den Zettel an Brock weiter. Der las mit ausdrucksloser Miene und reichte den Zettel zurück.

»Wozu soll ich fünf Mann losschicken?« sagte Bishop. »Das schaffen Sie doch spielend alleine, Gunny.«

Als Brock nicht reagierte, fuhr Bishop sich mit der Hand durchs Haar und sagte leise: »Was würden Sie machen, Gunny?«

»Ich würde die Nachricht bestätigen, dann würde ich ihnen sagen, daß die Patrouille raus ist, und in fünf Tagen würde ich sie wieder anrufen und sagen, daß die Patrouille nichts gefunden hat. Sie können unmöglich fünf Mann rausschicken. Dann sind hier nur noch dreizehn übrig, nicht mal zwei für jede Stellung. Die brauchen die Gooks gar nicht erst anzugreifen; die brauchen nur zu warten, bis alle eingeschlafen sind, dann spazieren sie hier herein und schneiden euch die Kehle durch.«

»Das ist genauso wie damals mit dem Horchposten, nicht? Als es Snags und Miller erwischt hat.«

»Sie haben's erfaßt, Lieutenant. Der Krieg ist immer dieselbe Scheiße.« Brock öffnete eine Verpflegungsbüchse. »Das Essen ist auch immer gleich. Ich glaube, das ist dieselbe Scheiße, die ich schon in Korea gefressen habe.«

Plötzlich wurde Bishop wütend, das war etwas, das Brock noch nicht erlebt hatte. Er warf die Munitionskiste um, auf der er gesessen hatte, zerknüllte den Zettel mit der dechiffrierten Nachricht und hielt ihn Brock vors Gesicht. »Okay, Sie sind hier der Profi. Hören Sie mit dieser Gunnery-Sergeant-Scheiße auf und sagen Sie mir, was ich tun soll! Ich bin ein gottverdammter Second Lieutenant; ich bin zweiundzwanzig Jahre alt und muß hier einen Haufen von Dummköpfen führen, die noch weniger Ahnung haben als ich. Ich kriege einen Befehl, der mir überhaupt nicht paßt. Und da raten Sie mir, ich soll sagen: ›Nein, mit diesem Befehl bin ich nicht einverstanden, ich glaube nicht, daß ich ihn befolgen werde. Und außerdem, mein rauhbeiniger, aber liebenswerter Gunnery Sergeant mag ihn auch nicht, deshalb kümmern wir uns einen Dreck darum?‹ Ich bin ein Offizier der Marines, und Sie sind ein Gunnery Sergeant der Marines.«

Bishop schüttelte die Faust. »Hier ist der Befehl. Ich weiß nicht, ob er von Präsident Johnson oder von der Division oder vom Regiment oder nur von Captain Willis kommt, aber es ist ein gültiger Befehl von einem, der mein Vorgesetzter ist.«

Bishop stopfte Brock den Zettel in die Tasche. »Und jetzt gebe ich Ihnen den Befehl: Nehmen Sie sich vier Mann und gehen Sie da raus! Ob Sie sich in einer Höhle verkriechen oder zu denen im Norden überlaufen ist verdammt noch mal Ihre Sache, aber ich befehle Ihnen, die Patrouille dahin zu führen und nachzusehen, ob da ein Bereitstellungsraum ist oder nicht. Ich bin den ganzen Scheiß hier satt, den Regen und den Krieg und die ewige Frage, was richtig und was falsch ist. Ich will das hier nur hinter mich bringen und wieder nach Hause kommen und dann nie mehr an diesen Mist denken müssen. Aber bis ich aus diesem Scheißloch raus bin, werde ich verdammt noch mal Befehle geben, ordentlich grüßen und meine Arbeit machen.«

Brock sah ihn ausdruckslos an; er warf einen Blick auf den Zettel, der aus seiner Tasche heraushing, dann machte er sich wieder an seiner Konservendose zu schaffen.

»Das war echt gut, Lieutenant. In welchem OCS-Kurs haben Sie das gelernt? Fronttheater?«

Bishop fuhr wütend auf, dann lachte er. »Sie Arschloch!«

»Sie wissen doch, daß ich keine Karten lesen kann«, sagte Brock. »Nehmen Sie Sutherland mit! Der kann es. Am besten nehmen

Sie gleich alle drei mit – Sutherland, Frizzell und Coney. Und dann noch Landis, der kann am besten mit dem Funkgerät umgehen.«

»Sutherland knallt mich sicher ab.«

Bishop zuckte die Achseln. »Das gibt ein Purple Heart. Ich sorge dafür, daß sie es Ihrer Frau schicken.«

Brock warf sein Essen gegen die Wand und sprang auf. »Ich beiß mir in den Arsch, wenn ich vor Ihnen krepiere, Lieutenant.« Dann zog er seine Augen zusammen. »Aber soweit kommt es nicht, das schwöre ich Ihnen. Ich will verdammt sein, wenn irgendein Hampelmann von einem Lieutenant, der die Hosen gestrichen voll hat, mich überlebt. Sir!«

Bishop sah ihn spöttisch an. »Hab ich eigentlich die Adresse von Ihrer Frau? Bevor Sie losgehen, geben Sie sie mir, ja? Damit ich ihr den Orden zusammen mit dieser schäbigen Brieftasche schicken kann. Wie ist das übrigens mit Ihren Pornos und der Playboyfotze? Soll ich ihr die auch schicken, oder soll ich die Sutherland geben?«

Brock funkelte ihn an, aber schließlich lächelte er.

»Wissen Sie, eigentlich hoffe ich, daß wir beide durchkommen, weil, wenn das hier vorbei ist, dann würde ich Sie gerne mal in der wirklichen Welt treffen, Lieutenant. Und dann prügle ich Ihnen die Scheiße aus dem Leib.«

Bishop lachte. »Ich kann mir nicht vorstellen, daß ich das zulasse. Aber saufen gehen würde ich gern mal mit Ihnen.«

»Und Weiber aufreißen?«

Er streckte seine Hand aus: »Abgemacht.«

Brock schlug ein. »Abgemacht, Lieutenant. Aber Sie zahlen.«

»Sehen Sie zu, daß Sie heil von der Patrouille zurückkommen, dann zahle ich.«

Bishop holte seine Karte, und die beiden studierten sie sorgfältig, zeichneten Koordinaten ein und legten Kontrollpunkte fest.

»Zwei Tage hin, vielleicht auch drei, und zwei zurück.«

Brock übertrug die Koordinaten und Kontrollpunkte auf seine eigene Karte, dann ging er hinaus, um den anderen Bescheid zu sagen.

Er ging über den Hügel; zweimal blieb er stehen und sah durch den Regen zu dem unsichtbaren Höhenzug hinüber. Eine bedrükkende Vorahnung lastete auf ihm; er konnte sie nicht abschütteln. Alles an diesem Einsatz war falsch, das spürte er. Alles an diesem Krieg war falsch. In Korea war er gern gewesen; diesen Krieg hatte

er verstanden. Die Südkoreaner kämpften hart, es gab einen erkennbaren Gegner, und jedermann tat seine Pflicht. Es gab große Generäle – MacArthur und Ridgeway und Chesty Puller – und große Schlachten. Aber dieser Krieg hier war einfach nur Scheiße, dachte er. Die Südvietnamesen kämpften nicht, der Feind – mein Gott, er wußte nicht einmal wer der Feind war, und es gab weder große Generäle noch große Schlachten. Sie saßen nur auf Hügeln herum und verschanzten sich in ihren Stellungen.

Na ja, einer von zweien ist nicht schlecht, und da dies im Augenblick der einzige Krieg war, hatte es keinen Zweck, sich darüber zu beklagen – man nimmt, was man bekommen kann. Schließlich war er zu den Marines gegangen, weil er kämpfen wollte, und sie hatten ihn losgeschickt, damit er kämpfte – es war zwar kein großer Krieg, aber immerhin ein Krieg.

Er war ein Profi. Sein ganzes erwachsenes Leben hatte er bei den Marines verbracht, und obwohl er diesen Einsatz nicht mochte, würde er tun, was man ihm befohlen hatte; schließlich war er nur ein Gunnery Sergeant.

Bei dem Bunker auf dem rückwärtigen Abhang des Hügels angelangt, holte Brock tief Luft und steckte den Kopf in den Eingang.

Landis und Martin saßen im Schneidersitz da und spielten Karten.

»Mach dich fertig!« sagte Brock zu Landis. »Wir gehen auf Patrouille.«

»Jetzt?«

»Jetzt und die nächsten fünf Tage.«

»Du machst Witze«, sagte Landis ungläubig.

Aber Brock erwiderte ungerührt: »Um sieben bist du am Bunker. Bring Munition und Verpflegung für fünf Tage mit!«

Martin sah Brock nach, der aus dem Eingang verschwand; dann drehte er sich zu Landis und spottete: »Diesmal erwischt es dich.«

»Halt's Maul, Josh!« Landis wandte sich ab und fing an, seine Ausrüstung zusammenzusuchen. Er legte die Verpflegung zurecht und füllte die Patronengurte, dann zerlegte er das Gewehr und begann es einzuölen. Mitten in seiner Arbeit hielt er inne und starrte abwesend in den grauen Nieselregen hinaus.

Alles, was er wollte, war das Auto, über das er so lange nachgedacht hatte, den schwarzen Firebird mit der schwarzen Innenaus-

stattung – dazu hatte er sich nun endlich durchgerungen. Er versuchte, das Bild des Wagens vor seinem inneren Auge erstehen zu lassen – geduckt, stark und bösartig –, und er versuchte, sich selbst darin zu sehen, aber der Regen war wie ein dunkler Schleier, und er konnte das Bild nicht heraufbeschwören.

Auf der anderen Seite des Hügels beendete Coney gerade einen Brief an seine Frau, als er Sutherland im Schlaf wimmern hörte.

Er legte den Stift beiseite und sah auf die zwei Männer, die zusammengerollt dalagen und schliefen.

Für sie war der Krieg genau das richtige, dachte er. Frizzell wußte es nicht besser und hatte nichts anderes zu tun; er war der einfältigste Mensch, dem Coney jemals begegnet war. Und Sutherland – im Grunde seines Herzens gefiel ihm der Krieg, trotz seines Fluchens und Jammerns, weil er ihn erregend fand und weil er gerne kämpfte, und wenn er nicht hier kämpfen würde, dann täte er es wahrscheinlich in L. A.

Aber er, Coney, hatte einen Fehler gemacht. Er durfte eigentlich nicht hier sein. Er hatte Besseres zu tun; er hatte eine Frau und ein Kind. Er hatte sich aus dieser Verantwortung gestohlen. Das hätte er nicht tun dürfen. Er war vom College abgehauen, um zu heiraten; dann war er vor der Ehe geflohen, um zu den Marines zu gehen. Er lächelte über sich selbst: am liebsten wäre er auch hier abgehauen. Er nahm den Kugelschreiber wieder in die Hand, um seiner Frau zu schreiben, wenn er wieder zurück sei, wolle er sich bemühen, ein guter Ehemann und Vater zu sein; er werde alles tun, daß ihre Ehe funktionierte.

Plötzlich erschien Brock im Eingang; er wies auf die beiden Schlafenden und sagte: »Weck sie auf!«

Brock wischte sich den Regen aus dem Gesicht und schüttelte den Poncho aus. »Ich sag das jetzt nur einmal. Ihr werdet nicht begeistert sein. Ich auch nicht, aber wir können nichts dran ändern. Fünf von uns, ihr drei, Landis und ich, gehen auf Patrouille. Fünf Tage. Wir sollen nachsehen, ob da ein feindlicher Truppenaufmarsch im Gange ist. Die meiste Zeit werden wir uns in feindlichem Gebiet bewegen. Nehmt Munition und Verpflegung für fünf Tage mit! Ich will, daß ihr heute abend um sieben Uhr abmarschbereit seid.«

Sie starrten ihn ungläubig an.

Schließlich lächelte Frizzell. »Du machst Witze, oder?«

Sutherland warf seinen Poncho ab und sprang auf. »Das ist kein Witz. Dieser Bastard will uns umbringen.«

Brock blieb ruhig, seine Stimme war kontrolliert und gelassen. »Ich hab euch gesagt, mir gefällt es auch nicht. Ich halte es für eine blödsinnige Idee, aber wir haben keine andere Wahl. Der CO hat uns gerade den Befehl durchgegeben.«

Coney legte den Brief auf den Tisch. »Wieso wir?«

»Weil dafür Leute nötig sind, die zusammenarbeiten können, die sich gegenseitig vollkommen vertrauen und die keine Fehler machen. Wenn einer von uns einen Fehler macht, beißen wir alle ins Gras.«

»Das tun wir sowieso.«

Brock schwieg einen Augenblick, dann trat er rückwärts ins Freie hinaus. »Ich glaube, diesmal kriege ich dich, Sutherland.«

Er verschwand.

Sie setzten sich schweigend hin, dann schlug Sutherland mit der Faust auf den Boden.

»Nein! Zum Teufel, nein!«

Coney schüttelte ungläubig den Kopf.

Nur Frizzell nahm den Einsatz gelassen hin. »Es wird schon klappen. Landis ist gut, und Brock macht keine Fehler. Und wenn wir zurück sind, können wir fünf Tage abhaken.«

»Wenn wir zurück sind? Du Trottel, du kommst nicht zurück.« Sutherlands Wut entlud sich gegen Frizzell. »Weißt du, was du bist? Ein Baby-Brock. Ein verfluchter *old lifer* im ersten Jahr. Wenn du lange genug leben würdest – wenn du nicht auf dieser Patrouille ins Gras beißen würdest –, dann würdest du irgendwann einmal als Gunnery Sergeant enden, du dummes Schwein! Gunny Frizzell. Du Arschloch!«

Sutherland ließ sich zurückfallen. »Fünf Tage hinter den feindlichen Linien. Das halten wir nicht mal einen Tag lang durch. Das können die doch nicht machen. Die können uns doch nicht einfach da rausschicken.« Er setzte sich wütend auf. »Das ist Mord. Reiner Mord ist das.«

Er bebte vor Zorn, dann sagte er mit kalter Entschlossenheit: »Ich bring ihn um. Diesmal bring ich ihn um.«

Coney sah ihm ungerührt zu. Er hatte Sutherland schon oft in diesem Zustand erlebt; er wußte, daß Sutherland sich damit nur aufputschte und psychisch auf den Einsatz vorbereitete. Er reichte

ihm den Stift. »Hey, schreib auf, daß ich deine Leiche nach Hause bringen soll, wenn du diesmal draufgehst.« Er stieß Frizzell an. »Die werden dich in so viele Teile zerfetzen, daß der ganze verdammte Zug ein Stück nach Hause bringen kann.«

Sutherland warf seinen Helm nach ihm. »Du wirst nicht mal mehr 'nen Sarg brauchen, Coney. Was von dir übrigbleibt, das kleben wir einfach auf 'ne Postkarte und schicken es nach Hause.«

Brock kehrte in den Bunker zurück und schrieb seiner Frau. Er sagte ihr, der nächste Brief werde eine Weile auf sich warten lassen, weil er für mehrere Tage auf Patrouille gehen müsse; sie solle sich keine Sorgen machen, es sei nicht gefährlich, und er liebe sie sehr. Dann bereitete er seine Ausrüstung vor. Er nahm das Gewehr auseinander, ölte es gut ein, legte Verpflegung und Munition bereit.

Am Nachmittag wurde der Regen so stark, daß man kaum drei Schritt weit sehen konnte. Brock versuchte zu schlafen, aber schließlich gab er es auf. »Es hat keinen Zweck, bis heute abend zu warten. Es ist jetzt schon dunkel genug.«

Bishop saß vor ihm auf dem Boden, die Ellbogen auf die Knie gestützt. »Vielleicht braucht ihr keine fünf Tage.«

Brock brummte etwas. Über Funk rief er Landis und sagte ihm, er solle die anderen holen. Dann saß er ruhig da und wartete.

Die Leiter knarrte unter dem Gewicht der vier Männer. Sie kletterten in den Bunker herunter und stellten sich unbehaglich vor dem Leutnant auf.

Bishop gab ihnen die Nachricht zu lesen. »Es ist ein Befehl, und wir haben keine Wahl. Ich kann nichts daran ändern. Vielleicht findet ihr etwas, vielleicht auch nicht. Macht eure Arbeit so gut ihr könnt! Schießt nur, wenn es gar nicht anders geht! Ihr habt keine Chance, wenn die euch entdecken.«

Sie sahen ihn gebannt an. »Nehmt zwei Zusatzbatterien für das Funkgerät mit! Das Funkgerät darf auf keinen Fall naß werden. Wenn ihr den Funkkontakt verliert, ist der Einsatz geschmissen. Ihr könnt unmöglich ohne Funkkontakt da draußen bleiben. Ich habe es so eingepackt, daß es eigentlich trocken bleiben müßte.«

Er sah sie an, dann öffnete er die Hände. »Ich denke, das war's.«

Brock befahl den Abmarsch und folgte den vieren. Oben auf der Leiter zog er seine Brieftasche heraus und warf sie Bishop zu. »Schicken Sie die Pornos nicht mit!« sagte er und verschwand.

Bishop ließ sich ermattet auf eine Munitionskiste fallen. Lange hielt er die Brieftasche in der Hand, bevor er sie einsteckte.

Die fünf Männer waren bis auf die Haut durchnäßt, noch bevor sie den Sperrzaun erreicht hatten. Ohne einen Blick zurückzuwerfen, ließ Brock seine Leute hindurch. Dann gab er Coney Zeichen, die Nachhut zu übernehmen, und der Trupp setzte sich nordwärts in Bewegung.

Sie kamen nur langsam voran. Zweimal hielt Coney sie an, weil er meinte, sie würden verfolgt; sie bezogen rasch einen Hinterhalt, aber da war nichts.

Nach mehreren Stunden begann Landis unter der Last des Funkgeräts zu stolpern. Frizzell fand einen Bunker; sie krochen hinein und machten eine Stunde Pause. Landis lag erschöpft da, während die anderen sich aneinanderdrängten und wortlos aßen. Sie befanden sich östlich des Höhenzuges, den sie auf diese Weise umgingen, um sie her ein verkohlter Dschungel aus toten Bäumen. Brock gab über Funk seine Position durch, dann zogen sie weiter nach Norden. Sie tasteten sich vorsichtig durch das Gestrüpp, krochen fast und hielten alle paar Minuten an, um zu horchen, aber sie hörten nur den Wind, der den Regen durch das tote Astwerk fegte.

Kurz vor Mitternacht stolperte Sutherland und ließ das Maschinengewehr in den Morast fallen. Sie warteten eine Stunde, während er es im Dunkeln säuberte, den Schlamm aus dem Lauf entfernte und den Schlagbolzen wieder gängig machte. Danach übernahm ein anderer die Last, und sie marschierten drei Stunden weiter, bis Brock der Ansicht war, daß ihre Aufmerksamkeit nachließ.

Eine Stunde vor Sonnenaufgang gab er Frizzell den Auftrag, nach einem Unterschlupf zu suchen. Frizzell schlich davon; nach einer Weile kehrte er zurück und führte sie zu einer getarnten Höhle.

Landis übernahm die erste Wache. Er hockte hinter dem Maschinengewehr und starrte müde in die Dunkelheit. Am frühen Morgen weckte er Sutherland, und sie tauschten ihre Plätze.

Zitternd vor Kälte saß Sutherland am Eingang und stierte hinaus. Plötzlich sah er undeutliche Gestalten in dem nassen Grau auftauchen. Er warf sich auf den Bauch und zischte »Alarm! Alarm!«

Die anderen rappelten sich hoch.

Sutherland hantierte wie wild an dem Maschinengewehr und legte einen Munitionsgurt ein. Die übrigen entsicherten ihre Gewehre und suchten in dem engen Bunker nach einer Schußposition.

Brock huschte neben Sutherland an den Eingang. »Wie viele?«

Sutherland schüttelte heftig den Kopf, er konnte sie gar nicht alle zählen.

Brock schob sich noch ein wenig weiter vor und sah einen großen Trupp Soldaten auf ihr Versteck zukommen. Sutherland atmete schwer, sein Finger spielte am Abzug. Er blickte Brock an; noch nie hatte Brock solche Angst in Sutherlands Augen gesehen. Sutherland begann zu zittern, und seine Stimme brach. »Wir sitzen in der Falle. Jetzt brauchen sie nur noch eine Granate zu werfen. Wir können nichts machen.«

Brock beobachtete die Bewegung des Trupps, dann legte er Sutherland die Hand auf die Schulter. »Bleib ruhig! Sie haben uns nicht gesehen.«

Plötzlich wies der Führer der Einheit in ihre Richtung.

Brock hielt den Atem an. So weit draußen konnten sie unmöglich eine Patrouille vermuten. Als sie näher kamen, erkannte Brock, wie erschöpft sie waren. Sie gingen langsam, achteten kaum auf ihre Umgebung und hatten die Gewehre nachlässig übergehängt.

»Nicht bewegen! Nicht schießen!« flüsterte Brock.

Die Soldaten waren so nahe, daß die Männer ihre müden, gereizten Stimmen hören konnten. Der Truppführer trieb seine Leute an. Nach ein paar Minuten waren sie vorbeigezogen.

Weitere fünf Minuten wagte niemand sich zu rühren oder zu sprechen. Schließlich richtete Brock sich auf. Er nahm das Funkgerät, rief den Hügel und gab ihre Beobachtung durch. Als er fertig war, sah er die anderen an und zuckte die Achseln.

Sutherland wischte sich den Schweiß vom Gesicht und legte den Kopf auf das Maschinengewehr. »Wir müssen zurück, Brock. Das war nur eine Vorausabteilung. Wenn wir nur den Kopf rausstrekken, sind wir im Arsch. Wir können nicht weitergehen.«

»Jetzt reg dich wieder ab! Sie haben uns nicht gesehen.«

Sutherland brauste auf: »Verdammt, das waren vierzig Mann.«

Frizzell suchte nervös nach seinen Zigaretten; sie waren völlig durchnäßt, und er warf sie weg. »Glaubst du, sie gehen zum Hügel?«

Brock zuckte die Achseln, dann zeigte er auf ihn. »Du übernimmst die Wache. Wir bleiben hier, bis es dunkel ist.« Er legte sich zurück und lehnte den Kopf an einen Stein.

Sutherland kroch zu ihm. »Wir müssen zurück. Ich bin kein Feigling, aber wir haben keine Chance.«

Brock schloß die Augen und achtete nicht auf ihn.

Sutherland wurde wütend. »Kein Mensch merkt, wenn wir uns verpissen. Dieser beschissene Krieg hat überhaupt keinen Sinn, das weißt du genau.«

»*Ich* merke, wenn wir uns verpissen. Und vielleicht hat der Krieg doch einen Sinn.«

Sutherland explodierte. »Du Arschloch! Du bist ein saublöder Hund. Du bringst uns noch alle um.«

Die anderen warfen ihm warnende Blicke zu. Coney wandte sich ab in Erwartung des Ausbruchs, aber Brock öffnete nur die Augen und sah Sutherland ungerührt an. »Halt die Schnauze, Sutherland! Ich bringe diesen Einsatz zu Ende. Und ich sorge dafür, daß dein wertloser Arsch heil zurückkommt.«

»Sieh lieber zu, daß dein blöder Arsch heil zurückkommt! Ich gehe nicht weiter. Du hast doch deine Zukunft schon hinter dir. Du bist ein *old lifer,* weil du für einen richtigen Beruf in der wirklichen Welt draußen viel zu blöde bist.«

Brock wurde bleich.

Frizzell stieß Sutherland an, doch Brock legte nur seinen Kopf etwas bequemer und sagte ruhig. »Also gut, stimmen wir ab! Was sagt ihr dazu? Wie in so einer beschissenen Demokratie.«

Coney grinste. »Ich bin dafür, daß alle gehen, außer mir – das ist Demokratie.«

Brock warf ihm einen verächtlichen Blick zu, dann wandte er sich an die anderen. »Wer nicht mitmachen will, sagt nein. Ihr wißt genau, das ist euer Job, und es ist ein Befehl, aber wenn ihr nicht wollt, sage ich nichts.« Er sah jeden einzelnen an. »Okay, ich habe keine Ahnung. Sutherland hat recht, ich bin ein *old lifer,* und ich weiß nicht, was das alles soll, aber ein Mann...«

Die Worte – etwas Unbestimmtes und Geheimnisvolles wie Pflicht, Ehre und Tapferkeit, Angst und Männlichkeit – entfielen ihm. Ein bodenloser Abgrund tat sich vor ihm auf, und er begriff nicht, was ihn dorthin zog und ihm keinen Ausweg ließ.

Coney starrte in den Regen hinaus, ein Seidenvorhang, der die Welt vor ihm verbarg. Frizzell und Sutherland sahen ihn an – er, der Ältere, der Frau und Kind hatte, sollte entscheiden.

Ich begreife das alles nicht, dachte Coney. Ich weiß nicht, ob es

wichtig ist oder irgendeinen Sinn hat. Er seufzte. Werde ich sterben, weil ich zu dumm bin?

Er war vor dem College davongelaufen und vor seiner Ehe und überhaupt vor allem, was schwierig war. Aber das sollte ein Ende haben. Er würde zusehen, daß seine Ehe funktionierte, und er würde wieder aufs College gehen.

Er senkte den Kopf, spürte die vollkommene Stille, die in der Höhle herrschte. Und dann beschloß er, niemals mehr vor etwas davonzulaufen. Er blickte auf und sagte leise: »Ich gehe weiter.«

Frizzell nickte. »Ich glaube, es ist wichtig. Wir müssen es machen.«

Landis dachte an seine Angst, dachte an den Feind, der so nahe gewesen war, daß er seinen Atem hatte hören können. Aber dann dachte er an Martin, an seine Mutter und an ein Mädchen, deren Name ihm nicht einmal mehr einfiel. Und er dachte an den Wagen – schwarz, bösartig und gemein. Er lächelte. »Also los!« sagte er, denn auch er war gefangen in den Vorstellungen von männlicher Tatkraft und Tapferkeit, in all den Mythen und Geschichten, die er nicht einmal kannte – ein Keim tief in ihm, und alle Wege waren verschlossen, und er zuckte gleichfalls mit den Achseln. »Scheiße! So schlimm wird das Sterben auch nicht sein.«

Sutherland starrte sie an, dann trat er verlegen zurück. »In Ordnung. Wenn ihr alle dafür seid, gehe ich auch mit. Ich will nur nicht dabei draufgehen.«

Frizzell stieß ihn zurück. »Ich hab ja gewußt, daß du ein Feigling bist.«

Coney sagte ruhig: »Davor haben wir alle Angst.«

Landis sah ihn fragend an. »Was soll das heißen?«

Sutherland antwortete ihm hämisch: »Das soll heißen, daß du krepieren wirst, weil du den Helden spielen willst.«

»Nein.« Frizzell schüttelte den Kopf. »Wir sind Kumpels. Wenn wir zusammenhalten, kann uns nichts passieren.«

Brock schnaubte verächtlich, legte sich zurück und schloß die Augen. »Könnt ihr Kumpels jetzt mal das Maul halten? Ihr habt nur noch vier Stunden zum Schlafen.«

Sutherland stieß seinen Mittelfinger vor Brocks geschlossenen Augen nach oben.

Die anderen grinsten und legten sich hin, doch keiner konnte schlafen.

28

Mead hatte Angst, er könnte sich verspäten; so kam es, daß er schon um vier Uhr nachts, zwei Stunden zu früh, in der Botschaft war. Die Snackbar hatte noch nicht geöffnet; er konnte nicht einmal einen Kaffee bekommen. Die Flure waren verlassen, sämtliche Büros verschlossen, und unterwegs fiel ihm ein, daß er möglicherweise gar nicht in den abgetrennten Bürotrakt hineinkäme, weil die Sicherheitsschleuse nicht besetzt war.

Als er aus dem Aufzug trat, sah er, daß seine Befürchtung berechtigt gewesen war; er wollte schon umkehren, da bemerkte er, daß die schußsichere Glastür einen Spalt offenstand.

Vielleicht war eine Putzkolonne an der Arbeit, oder der Wachmann mußte auf die Toilette. Mead trat ein und sorgte dafür, daß die Tür wieder genauso stand wie vorher; dann ging er in sein Zimmer. Der winzige Raum hatte nicht einmal Licht; also zog er im Dunkeln seine Jacke aus und stellte das Gewehr in die Ecke.

Ihm fiel ein, daß Dolores eine Kaffeemaschine hatte, und er wollte sich schon auf den Weg in das Vorzimmer machen, um sich Kaffee zu kochen, da hörte er, wie jemand aus Marshalls Büro kam.

Der Botschafter konnte es unmöglich sein, dachte Mead: um diese Zeit – obwohl es ihm ähnlich gesehen hätte.

Er blieb still in dem dunklen Raum stehen und sah einen Mann vorbeigehen.

Es war das Phantom, Mr. Lord. Mead erkannte ihn sogleich, obwohl er rasch vorbeiging.

Fast wäre Mead hervorgekommen, um ihm von dem Franzosen zu berichten, aber dann zögerte er doch. Vielleicht mochte Lord es nicht, überrascht zu werden.

Überrascht wobei? kam ihm in den Sinn. Was suchte er überhaupt in Marshalls Büro?

Spionierte er dem Botschafter nach?

Mead blieb im Dunkeln stehen und versuchte, Ordnung in seine Gedanken zu bringen. Er wußte, daß es ihm nicht zustand, das Verhalten eines hohen Beamten wie Lord in Frage zu stellen, aber manches an dem, was Lord ihm gesagt hatte, war ihm nicht ganz klar.

Der Franzose, Lacouture, war schon seltsam und dazu noch ein Homosexueller, aber Mead hatte das Gefühl, was Lord über ihn gesagt hatte, könnte möglicherweise nicht stimmen. Der Franzose schien doch gar nicht so übel zu sein, ja, in gewisser Weise mochte Mead ihn sogar. Es war zwar nur ein Gefühl, aber er vertraute seinem Gespür.

Als er sicher war, daß Lord den Trakt verlassen hatte, ging Mead an Marshalls Bürotür. Sie war verschlossen. Er ging durch das Vorzimmer und das Büro von Colonel Waggoner an die zweite Tür. Sie war ebenfalls verschlossen.

Also hatte Lord einen Schlüssel. Warum? Und wußte Marshall davon?

Er machte Kaffee und suchte nach einer Antwort auf seine Fragen, aber er konnte sich keinen Reim darauf machen. Schließlich ging er daran, sein Gewehr noch einmal zu reinigen und seine Stiefel zu polieren, und um halb sechs klopfte Colonel Romer an die Glastür. Mead ließ ihn ein, erwähnte aber nicht, wie er selbst hereingekommen oder daß Lord dagewesen war.

»Ich habe Kaffee gemacht«, sagte Mead.

»Schön.« Romer gab ihm einige Dollar in Militärgutscheinen. »Holen Sie uns ein paar Krapfen!«

»Die Snackbar macht erst um sechs Uhr auf, Sir.«

Romer sah ihn mitleidig an.

»Jawohl, Sir«, sagte Mead. »Was für welche wollen Sie? Mit Marmelade?«

»Was Sie klauen können«, erwiderte Romer.

Mead ging hinunter. Er mochte Romer; der Colonel war fair und rücksichtsvoll und schien vor niemandem Angst zu haben. Und er hatte Humor. Mead hatte gehört, daß Romer der Sohn eines berühmten Generals sei, aber der berühmte Name war ihm nur vage vertraut. Außerdem schien der Colonel sich nicht viel daraus zu machen.

Nur eines war Mead aufgefallen: daß Romer dazu neigte, manchmal zu weit zu gehen, und das störte ihn. Die Krapfen waren ein Beispiel dafür. Colonel Waggoner hätte gewartet, bis die Snackbar öffnete, schließlich konnte es sich allenfalls um eine Viertelstunde handeln. Nur Romer konnte darauf bestehen, daß er die Krapfen stahl, wenn es nicht anders ging. Es war gewiß nicht wichtig, dachte Mead, aber bei einem Mann, in dessen Händen sein Schicksal lag, dennoch nicht zu vernachlässigen.

Wahrscheinlich hatte Lieutenant Bishop ihn aus einem ähnlichen Grund hierhergeschickt, überlegte Mead – Bishop hatte Angst, daß Mead umkommen könnte, weil er sich zu sehr in Gefahr begab. Mead glaubte nicht, daß er diesen Punkt erreicht hatte, aber etwas davon spürte er bei Romer. Er war froh, daß Romer nur mit Verwaltungsaufgaben betraut war. Er würde Krapfen für ihn stehlen, aber auf Patrouille wäre er nur ungern mit ihm gegangen.

Im übrigen brauchte er die Krapfen gar nicht zu stehlen, denn als Mitglied des Wachpersonals hatte er überall Zugang. Also ging er nur in die Küche und ließ sich die Krapfen geben.

»Gute Arbeit, Corporal«, lobte Romer und warf einen Blick in die Tüte, die Mead ihm brachte; dann ergriff er Meads Gewehr, hielt es mit einer Hand in die Höhe und sagte: »Auf geht's!«

Der Wagen wartete vor dem Haus. Mead setzte sich neben den Fahrer; Romer sprang auf den Rücksitz; genüßlich einen Krapfen kauend.

Als der Wagen um Punkt sechs Uhr vor Marshalls Villa hielt, wischte Romer den Staubzucker vom Sitz und stieg aus.

»Ist der echt?« fragte der Fahrer, als Romer draußen war. »Der ist ja überkandidelt. War das nun Zucker, was der gegessen hat, oder LSD?«

Sie sahen, wie die Tür der Villa sich öffnete und Marshall heraustrat; drinnen schien sich eine kleine Armee vietnamesischer Bediensteter versammelt zu haben, von denen Marshall sich mit einer leichten Verbeugung verabschiedete.

Mead und der Fahrer stiegen aus, um zu salutieren und die Wagentür aufzuhalten.

»Guten Morgen!« sagte Marshall und stieg in den Wagen. Er trug graue Hosen, ein weißes, kurzärmeliges Hemd ohne Krawatte und Mokassins. Er fühlte sich äußerst wohl und sogar ein wenig aufgekratzt, weil es jetzt ins Kampfgebiet ging. Seine Erwartungen waren nicht allzu hoch gesteckt; er wußte, daß er nur zu sehen bekommen würde, was Westmoreland und Abrams ihm vorzuführen bereit waren, aber immerhin konnte er endlich den Schreibtisch hinter sich lassen, und nun, da die Möglichkeit bestand, daß er mit der NVA zusammentraf und einen Durchbruch erzielte, machte es ihm nichts aus, wenn er seine Zeit verschwendete.

In dem frühmorgendlichen Verkehr kam der Wagen rasch

voran. Mehrere Militärjeeps nahmen sie in Tan Son Nhut in Empfang und geleiteten sie unter Sirenengeheul auf das Flugfeld, vorbei an einem gewaltigen Arsenal von Düsenmaschinen und Aufklärungsflugzeugen.

Marshall schüttelte verwundert den Kopf. »Wie können wir bei so einer Ausrüstung verlieren?«

»Das können wir nicht«, antwortete Romer. »Aber das Problem ist, daß wir nicht *gewinnen* können.«

Marshall wies mit der Hand über das Flugfeld. »Diese ganze Ausrüstung, und wir sollen nicht gewinnen können?«

»Das ist nur Material, Sir. Material sichert noch nicht den Sieg.« Romer klopfte auf seine Brust. »Darauf kommt es an: Herz. Sie waren doch an der DMZ, Corporal«, wandte er sich an Mead. »Können Flugzeuge und Bomben die Gooks schlagen?«

Mead wußte nicht, was er sagen sollte. Und Romer erwartete oder wollte auch gar keine Antwort, denn er fragte den Fahrer: »Und wie ist es mit Ihnen, Stokes? Was meinen Sie?«

Stokes drehte sich um und sagte grinsend zu Marshall: »Ich meine, Sie sollten lieber einen Helm und eine Schutzweste anziehen, Sir.«

Marshall lachte. »Wozu fahre ich eigentlich noch hier herum, wenn Sie mir alle meine Fragen schon im voraus beantworten?«

Am Ende des Flugfeldes stand ein einzelner Hubschrauber, der von sechs Militärpolizisten bewacht wurde. Er bot einen eindrucksvollen Anblick, wie er dastand, isoliert und hervorgehoben und ganz schwarz, bis auf die amerikanische Flagge auf dem Rumpf und das Staatswappen der Vereinigten Staaten auf dem Heck.

Als die Limousine heranbrauste, sprangen Lieutenant Magnuson und ein weiterer Mann aus dem Cockpit, und alle salutierten.

»Guten Morgen, Lieutenant«, sagte Marshall und gab Magnuson die Hand.

»Morgen, Sir. Das ist Chief Warrant Officer Jack Ridley; er ist Copilot und Bordschütze.« Magnuson zeigte auf die Maschine hinter ihm. »Das ist eine UH-1B, eine ›Huey‹, Sir. Sie faßt sechs Mann – auch wenn ich nicht für besonderen Komfort garantieren kann.«

Marshall nickte feierlich. »Am Komfort liegt mir nichts, solange ich sicher sein darf, daß Angriffe vom Boden und aus der Luft ihr nichts anhaben können. Ist das so?«

»Absolut, Sir.«

»Garantieren Sie mir das?«

»Ich zahle Ihnen den doppelten Einsatz zurück, Sir, wenn es nicht stimmt. Wenn Sie jetzt bitte alle einsteigen würden, wir werden gleich starten. Bis ins Delta ist es nicht weit, deshalb fallen Bordkino und Getränkeservice heute aus.«

»Wo ist Dolores, wenn man sie wirklich braucht?« fragte Marshall und stieg in den Hubschrauber.

»Das müssen Sie Lieutenant Magnuson fragen«, erwiderte Romer.

»Was?« fragte Marshall mit gespielter Entrüstung. »Wollen Sie damit etwa sagen, es gibt Fraternisierung unter den Mitarbeitern? Ist das erlaubt?« fragte er Romer.

»Dolores hat mich vorher um Erlaubnis gefragt«, erwiderte der Colonel. »Ich habe ihr gesagt, das sei schon in Ordnung.« Und an den verlegen dreinblickenden Magnuson gewandt, fügte er hinzu: »Daß Sie verheiratet sind, habe ich ihr allerdings nicht gesagt.«

»Sie haben meine Personalakte gelesen, Sir?« fragte Magnuson in herausforderndem Ton.

»Darauf können Sie Gift nehmen, Lieutenant. Wenn ich meinen Arsch schon jemandem in die Hand gebe, dann will ich über diese Hand auch Bescheid wissen.«

»Piloten haben's gut«, sagte Marshall, um die Spannung zwischen den beiden ein wenig zu dämpfen, und er legte die Sicherheitsgurte an.

Er war überrascht von Romers Verhalten gegenüber Magnuson. Zuerst dachte er, Romer sei eifersüchtig. Dolores war eine schöne Frau; sicher wurmte es Romer, daß sie seinen jungen Piloten attraktiver fand. Dann erinnerte er sich an Geschichten über Romers Vater, die ihn als einen überzeugten Christen auswiesen, der oft auf dem Schlachtfeld niederkniete und angeblich in seinem Jeep Zwiegespräche mit Gott hielt. Und ein Puritaner war er offenbar auch gewesen, von jenem unvereinbaren Gemisch aus religiöser Überzeugung und moralischer Prüderie geprägt, die häufig mit Blutbädern und Plünderungen einhergeht.

Nein, dachte Marshall, Romer war nicht eifersüchtig, er war empört, daß dieser verheiratete Mann sich mit anderen Frauen abgab.

Und er selbst? überlegte Marshall. Was empfand er dabei? Mora-

lische Entrüstung? Nein. Er war nicht empört. Er war ganz einfach eifersüchtig.

»Wir wollen uns zunächst einen allgemeinen Überblick verschaffen«, rief Romer gegen den Lärm der Maschine an und reichte Marshall eine Landkarte. »Wir fliegen über das Delta in das Gebiet des IV. Korps, damit Sie einen Eindruck von der Beschaffenheit des Geländes erhalten. In Can Tho sind Navy Riverine Forces und Seals stationiert und ein paar Army Special Forces. Heute nachmittag fliegen wir nach My Tho. Dort liegt Infanterie.«

Der Hubschrauber hob ab, drehte nach links weg und flog Richtung Süden.

Marshall sah sich die Karte an, dann blickte er aus dem Fenster. Die unzähligen Hütten des riesigen Slumgürtels um Saigon verschwanden bald; an ihre Stelle trat das intensive Blau und Grün von Sumpfland und Wasser. Unter ihnen lag ein großartiges Gemälde von hypnotisierendem Glanz – es sah so aus, dachte Marshall, als hätte ein lebhaftes, lebensfrohes Kind mit Wasserfarbe einen kräftigen grünen Klecks aufs Papier gemalt, durch den sich große blaue Schlangen wanden.

Er lächelte angesichts der Schönheit des Anblicks und auch, weil er sich über die Aussicht auf einen erfolgreichen Abschluß seiner Mission freute. Lacouture hatte ihm eine Möglichkeit eröffnet. Und er könnte Johnson überreden, diese Möglichkeit zu nutzen.

Nach anderthalb Stunden meldete Magnuson sich über Bordlautsprecher. »Wir fliegen die Küste entlang. Bei Vinh Binh an der Mündung des Deltas fliegen wir flußaufwärts Richtung Can Tho. Das ist hundertprozentiges Vietcong-Gebiet.«

Mead griff nach seinem Helm und setzte sich darauf. Als weder Romer noch Marshall seinem Beispiel folgten, löste er seinen Sicherheitsgurt und holte ihre Helme hervor.

Romer winkte verächtlich ab. Marshall nahm den Helm entgegen, wußte aber offensichtlich nicht, was er damit anfangen sollte.

»Zum Schutz für Ihre ... Geschlechtsteile«, rief Mead ihm zu.

Marshall nickte, setzte sich auf den Helm, balancierte einen Augenblick darauf, dann nahm er ihn weg und legte ihn unter den Sitz. Obwohl ihm die Perversität des Schicksals vertraut war, beschloß er dennoch, das Risiko einzugehen – zwei Kriege heil überstanden zu haben, hatte ihn eine gewisse Sorglosigkeit gelehrt.

Der Hubschrauber sank tiefer.

Das azurblaue Meer glitzerte so stark, daß Marshall die Hand über die Augen legen mußte; aber als sie sich der Mündung des Flusses näherten, wurde das Bild von einer Unzahl Sampans, Dschunken und Schnellbooten beeinträchtigt, die wie Wasserkäfer über die Fläche schossen. Das Sumpfland wirkte schmutzig und brackig, und von zahllosen Feuern stieg Rauch auf.

Der blaue Himmel verschwand hinter Rauchschwaden, und selbst im Hubschrauber spürte Marshall, daß seine Augen zu brennen begannen.

»Entlaubungsmittel«, rief Romer, wischte sich die Augen und zeigte auf die verödeten Ufer des Flusses.

Hunderte von Sampans und Dschunken füllten die Wasserwege und schienen kaum auf die riesigen Kampfboote zu achten, deren Geschützrohre von Zeit zu Zeit Feuer und Rauch spieen.

»Patrouillenboote«, rief Romer und zeigte auf eines der Kriegsschiffe.

»Die gehören zur Mobile Riverine Force – das ist Navy. Sie patrouillieren auf den Flüssen, um sie für den Handelsverkehr offen zu halten, für den ganzen Reis, der auf die Märkte geht.«

Der Hubschrauber ging noch tiefer hinunter und strich nun so niedrig über Wasser und Marschland hinweg, daß Marshall den Sumpf und Morast erkennen konnte, ein Gelände, das für Infanterie und Panzer völlig unzugänglich war. Er dachte an Blutegel und Moskitos, an Malaria und mit Geschwüren übersäte Füße.

Aber als sie in Can Tho landeten, sah er nur sauber gebügelte Uniformen, und mehrere höhere Offiziere von Army und Navy hielten ihm einen optimistischen Vortrag über die militärischen Operationen der letzten Zeit.

Es war, wie Marshall erkannte, derselbe Vortrag, den sie auch den Leuten von der COVIA-Studie gehalten haben mußten: Im Delta war man auf dem besten Wege, den Krieg zu gewinnen, Probleme gab es keine, aber natürlich konnten mehr Männer und mehr Material den unvermeidlichen Sieg nur beschleunigen. Die Moral war gut, die Verluste hielten sich in Grenzen, die Zivilbevölkerung war dankbar und hilfsbereit.

Marshall hatte genug vom Krieg gesehen, um die glatten Klischees zu durchschauen, doch schon nach einer Stunde im Kampfgebiet hatten sich seine schlimmsten Befürchtungen bestätigt: Man

präsentierte ihm ein gut vorbereitetes und gereinigtes Bild des Krieges, zeigte ihm nur, was das MACV ihn sehen lassen wollte. Obwohl er mit Schönfärberei gerechnet hatte, war er dennoch empört über die Naivität, die man bei ihm unterstellte.

Auf seine Fragen nach Agent Orange und den Entlaubungsmitteln sagte man ihm, es sei schon richtig, daß sie zu einer gewissen Reizung der Augen und der Haut führten, aber darin unterschieden sie sich kaum von den Pflanzenschutzmitteln, die zu Hause in den Staaten eingesetzt würden, und ganz gewiß seien sie nicht so gefährlich wie die Kugeln der Vietcong.

Als Marshall nach den fünfundzwanzig Prozent Rückgang in der Reisversorgung Saigons fragte, antwortete man ihm, angesichts der drei feindlichen Divisionen und elf Bataillone, die im Mekongdelta, einer der wichtigsten Bastionen des Vietcong, operierten, sei ein Rückgang von nur fünfundzwanzig Prozent durchaus als Erfolg zu werten, und außerdem ließen die Ergebnisse sich zweifellos noch verbessern.

Es gelang Marshall nicht, die Fassade zu durchdringen. Er sah einsatzbereites Material und wohlgenährte, hochmotivierte Soldaten in sauberen Uniformen. Er besuchte mehrere Einheiten – Navy Seals, Army Special Forces und Riverine Forces; er aß in einem Offizierskasino zu Mittag; man demonstrierte ihm die Feuerkraft der eigenen Truppen und führte ihm erbeutete feindliche Waffen einschließlich einer Kollektion von Minen vor, und stets war die Botschaft dieselbe: Man war dabei, den Krieg zu gewinnen, doch eine Verstärkung der Truppen würde den Sieg beschleunigen.

Das Delta war zu wichtig, als daß man es den Kommunisten überlassen durfte; es gehörte zu den ertragreichsten Reisanbaugebieten der Erde; ein Drittel der fünfzehn Millionen Südvietnamesen lebte dort.

Nach mehreren Stunden dieses aseptischen Schauspiels war Marshall am Ende seiner Geduld.

Bevor er seinen Hubschrauber bestieg, rief er Magnuson und Romer zu sich.

»Sagen Sie die nächste Station ab! Bringen Sie mich irgendwo anders hin! Ich habe nicht vor, mir noch so eine Zirkusvorstellung anzusehen. Wenn die im voraus wissen, wohin ich gehe, haben die ihre Kulissen immer schon aufgebaut. Wenn ich wirklich sehen will, was los ist, muß ich sie überraschen.«

»Aber Sir«, erwiderte Magnuson, »sämtliche Flugbewegungen müssen mit der Feuerleitstelle abgesprochen werden. Ich kann mir nicht einfach einen Ort aussuchen und hinfliegen. Der Flug muß erst freigegeben werden. Sonst könnte ich durch ein Gebiet fliegen, in dem ein Luftangriff geplant oder ein Artilleriebeschuß im Gange ist.«

»Lieutenant Magnuson hat recht, Sir«, schaltete sich Romer ein. »Wir könnten da in eine ganz schöne Scheiße hineinfliegen. Außerdem ist es möglich, daß irgendwelche Bodenoperationen – Spähtrupps oder Hinterhalte – durch einen unvorhergesehenen Hubschrauberüberflug in Schwierigkeiten geraten.«

»Ich sehe, worin das Problem besteht«, sagte Marshall. »Überwinden wir es. Ich will nicht weiter nach dem Fahrplan vorgehen. Ich will sehen, was wirklich der Fall ist, egal durch wieviel ›Scheiße‹ ich fliegen muß.«

Magnuson grinste. »Es gibt ein Sprichwort, Sir, danach – ich bitte um Verzeihung – bestimmt der größte Schweinehund die Spielregeln. Im ganzen Land steht niemand höher als Sie. Ich nehme an, selbst wenn Sie nach East-Gookville fliegen wollten, würden wir das machen können. Ich gebe denen einfach durch, daß wir unterwegs sind und daß sie das Feuer einstellen sollen.«

Marshall nickte zustimmend. »Das ist genau das, was ich hören wollte.«

Romer wandte sich an ihn. »Sie befinden sich auf einer äußerst sensiblen Mission, Sir. Es würde mir gar nicht gefallen, wenn niemand wüßte, wo Sie sind. Irgend jemand sollte immer Bescheid wissen, wo Sie sich gerade aufhalten.«

Marshall überlegte einen Augenblick, dann entschied er: »Ich gehe das Risiko ein. Keine im voraus festgelegten Stopps mehr! Wir bestimmen selbst, wohin wir fliegen.«

»Sir«, meldete Mead sich unsicher zu Wort. »Wenn wir jetzt über gefährliches Gebiet fliegen, dann sollten Sie vielleicht doch die Schutzweste anziehen und sich auf den Helm setzen. Nur zu Ihrem Schutz, Sir.«

Marshall nickte. »Die Schutzweste ziehe ich an, aber auf den Helm setze ich mich nicht. Das ist ja, als ob man ein Ei von einem Dinosaurier ausbrütet. Ich riskiere es, daß man mir in den Arsch schießt... oder sonstwohin.« Er wandte sich an Romer. »Also, Colonel, suchen Sie etwas aus!«

Romer wandte sich an Magnuson. »Hier in der Gegend operieren eine Menge kleiner Einheiten, vor allem Richtung kambodschanische Grenze. Fliegen Sie flußaufwärts, bis wir eine Einheit finden, die im Gelände unterwegs ist! Da gehen Sie dann runter.«

Magnuson nickte. »Das soll mir recht sein, Colonel, sofern der Botschafter sich im klaren ist, wie gefährlich das werden kann.« Und respektvoll sagte er zu Marshall: »Ich zahle Ihnen immer noch den doppelten Einsatz zurück, Sir, aber es ist trotzdem ein gutes Stück gefährlicher, wenn ich jetzt Richtung Kambodscha fliege. Da wimmelt es von Vietcong, und es könnte ganz schön haarig werden.« Er grinste. »Vielleicht setzen Sie sich doch lieber auf Ihren Helm, wie Corporal Mead es vorgeschlagen hat, Sir.«

Sie stiegen in den Hubschrauber, und wenige Augenblicke später hoben sie ab. Als sie in der Luft waren, gab Magnuson über Funk durch, daß sie ihr Flugziel geändert hätten und nicht mehr, wie vorgesehen, nach My Tho, sondern flußaufwärts flögen.

Innerhalb weniger Minuten entwickelte sich ein aufgeregter Funkverkehr, wobei sämtliche Kommandostellen in aufsteigender Reihenfolge auf der Einhaltung des ursprünglichen Flugplans bestanden. Jedesmal erwiderte Magnuson, daß »Viceroy«, so lautete Marshalls Rufzeichen, seinen Flug fortsetzen werde. Auf anderslautende Anweisungen reagierte er stets nur mit einem knappen »Negativ«.

Magnuson und Ridley grinsten nach jeder Abfuhr, aber Ridley zuckte zusammen, als das MACV, Westmorelands Hauptquartier, sich schließlich meldete.

»Was zum Teufel ist da los, Viceroy?«

Magnuson erklärte höflich, »Viceroy« selbst habe den Besuch in My Tho abgesagt und die gegenwärtige Flugroute bestimmt. Er teilte mit, daß er ihn auf die Gefahren aufmerksam gemacht habe, die eine solche Mißachtung der Regeln mit sich brächte, aber »Viceroy« habe sich uneinsichtig gezeigt. »Erbitte Anweisungen«, schloß er seine Durchsage.

»Wir melden uns wieder«, war die Antwort.

»Die werden sich nicht an uns ranwagen«, sagte Magnuson zu Ridley. »Die sind schon öfter mit Marshall aneinandergeraten.«

Minuten später meldete sich das MACV wieder. »Verfahren Sie wie gewünscht, aber halten Sie uns über Ihre Position auf dem laufenden! Melden Sie sich sofort nach der Rückkehr bei uns!«

Magnuson begann nun mit Ausweichmanövern, ständig veränderte er die Flughöhe und Geschwindigkeit und zog die Maschine in weiten oder engen Kurven über die Landschaft.

Marshall spürte plötzlich, wie Erregung in ihm aufkam, eine Urlust fast, etwas, das er seit Korea nicht mehr empfunden hatte, und obwohl er sich bemühte, es zu unterdrücken, ergriff es machtvoll Besitz von ihm.

Über den Flußläufen flog der Hubschrauber manchmal so niedrig, daß man den Gesichtsausdruck der Menschen auf den Sampans und Dschunken erkennen konnte, doch die zahllosen Dörfer, die unter ihnen auftauchten, überflogen sie in größerer Höhe.

Schließlich entdeckten sie eine Einheit, die sich in einem Gebiet durch das Sumpfland bewegte, in dem Magnuson den Hubschrauber sicher auf den Boden bringen zu können glaubte.

Die Männer sahen überrascht hoch, als der Helikopter ein paarmal über ihnen kreiste und dann langsam zur Landung ansetzte.

Magnusons größte Sorge war es, daß die Maschine in dem sumpfigen Gelände einsank und er sie nicht mehr hoch bekam. Er ließ sie eine Weile über dem Boden schweben, bevor er aufsetzte, und als der Hubschrauber nur ein wenig einsackte, atmete er erleichtert auf.

Einige von den Männern liefen auf sie zu, während die anderen einen Abwehrkreis bildeten – ein Hubschrauber war ein einladendes Ziel.

Als Magnuson und die anderen heraussprangen, waren die Soldaten noch mehr überrascht – Piloten und ein Mannschaftsdienstgrad von den Marines, ein Army-Colonel und ein Zivilist.

»Habt ihr euch verflogen, Leute?« fragte der Truppführer.

Marshall trat vor, seine Schuhe versanken im Morast. »Ich bin Botschafter Marshall«, sagte er und schüttelte den Soldaten die Hand. »Ich besuche Einheiten im Kampfgebiet, um zu sehen, was hier so läuft.«

»Wie wär's mit Grüßen, Männer?« sagte Romer streng. »Und wieso tragen Sie keine Schutzwesten und Helme?«

»Lassen Sie nur, Colonel!« unterbrach Marshall ihn und wandte sich an die Soldaten, denen die Abneigung gegen Romer ins Gesicht geschrieben stand. »Ich hätte mich gerne mit Ihnen unterhalten. Könnten Sie die anderen auch herholen?«

»Ja, Sir«, antwortete der Patrouillenführer. »Aber jemand muß

uns sichern. Ein Hubschrauber am Boden zieht einiges Interesse auf sich.«

»Geben Sie mir das Gewehr!« sagte Magnuson. »Ich übernehme das.«

Romer nahm gleichfalls ein Gewehr, untersuchte es sorgfältig und fragte dann abschätzig: »Sind Sie sicher, daß dieses dreckige Ding noch schießt?« Aber er ging dennoch damit hinaus in den Sumpf.

Der Truppführer, ein junger Army-Sergeant, warf Mead einen Blick zu und rollte mit den Augen, dann rief er die anderen zu sich.

Marshall versammelte sie um sich, sagte ihnen, sie sollten es sich bequem machen und rauchen, wenn sie Lust hätten.

»Ich möchte Ihnen ein paar Fragen stellen. Es gibt keine richtigen oder falschen Antworten darauf. Ich versuche nur, Informationen zu sammeln.«

Der Trupp bestand aus zwölf Soldaten – unglaublich jung, dachte Marshall, die meisten nicht älter als Ryan. Sie sahen müde und erschöpft aus von dem Dauerstreß, unter dem sie standen.

»Ich war gerade in Can Tho«, sagte er.

Ein großer schwarzer Soldat, der ein grünes T-Shirt trug, grinste breit. »Wissen wir – darum sind *wir* nicht da.«

»Ich verstehe nicht«, sagte Marshall.

Der Truppführer erklärte es ihm. »Wir sollten eigentlich gestern zurück, aber sie haben uns gesagt, wir sollen draußen bleiben. Die wollten nicht, daß wir das ganze Bild versauen.«

»Ich habe in Can Tho niemand mit schmutzigen Stiefeln gesehen.« Marshall lächelte. »Man käme gar nicht auf die Idee, daß da ein Krieg im Gang ist.«

»Genau«, sagte ein anderer und bestätigte, was ohnehin offensichtlich war.

Eine halbe Stunde sprachen sie miteinander. Marshall erfuhr, daß sie zur neunten Infanteriedivision gehörten, die den Auftrag hatte, das Gebiet zu sichern und von Vietcong frei zu halten – ein hoffnungsloses Unterfangen, wie sie meinten, angesichts der Beschaffenheit des Geländes und der mehr als viertausend Kilometer Wasserwege, angesichts der Entschlossenheit und der Fähigkeiten des Feindes und angesichts einer Bevölkerung, die entweder mit dem Gegner sympathisierte oder Angst hatte, ihm Widerstand zu leisten.

»Mein Gott«, sagte Romer, als sie wieder im Hubschrauber saßen. »Ein trauriger Haufen. Sie dürfen nicht glauben, die wären typisch für die Army, Herr Botschafter.«

»Mich haben sie beeindruckt. Ich würde ihnen gute Noten geben«, erwiderte Marshall. »Sie verstehen ihr Handwerk, und sie schienen mir ganz fähig zu sein. Sie waren nur erschöpft.«

Aber innerlich teilte er den Pessimismus der Soldaten: Sie hatten keine Chance zu gewinnen, nicht ohne massive Verstärkung. Er mußte mit der NVA Verbindung aufnehmen, dachte er; eine andere Möglichkeit gab es nicht.

Der Helikopter hob ohne Schwierigkeiten ab, und Magnuson wandte sich Richtung Norden, wobei er versuchte, stets sicheren Abstand von der kambodschanischen Grenze zu halten. Da es dem Botschafter darum ging, mit Leuten von der kämpfenden Truppe zu sprechen, hielt er nach einem Camp Ausschau, wo sie Kaffee und etwas zu essen bekommen könnten.

Nach einiger Zeit entdeckte er ein Dorf mit einer großen Zahl von Soldaten und einigen gepanzerten Mannschaftstransportern.

Als der Hubschrauber aufsetzte, kam niemand heran; die Soldaten stierten nur mit ausdruckslosen Gesichtern in ihre Richtung.

Mead sprang rasch heraus und rief dann, den Motorlärm übertönend, Marshall zu: »Bleiben Sie an Bord, Sir! Lassen Sie mich erst nachsehen!«

Magnuson stieg aus, um sich Mead anzuschließen, und auch Romer sprang aus dem Hubschrauber.

»Sie bleiben besser hier«, sagte Mead zu Magnuson.

»Warum?«

Mead zeigte auf Magnusons Rangabzeichen. »Glauben Sie mir, Lieutenant! Und sorgen Sie um Himmels willen dafür, daß der Colonel nicht näher kommt.«

Mead schlenderte zu den Männern auf einem der Mannschaftstransporter hinüber.

Während der Colonel mit den Leuten sprach, hatte Magnuson alle Mühe, Romer zurückzuhalten, und schließlich kam Marshall heraus und sah die beiden erstaunt an. »Was ist denn los?« fragte er.

»Ich weiß nicht«, erwiderte Magnuson. »Aber Mead hat gesagt, wir sollen hierbleiben.«

»Normalerweise nehme ich von einem Corporal keine Befehle entgegen«, sagte Romer.

Endlich kam Mead zurück. »Sir, wir sollten lieber wieder abfliegen.«

»Was ist hier los, Corporal?«

»Also, Sir, das hier ist ein ... Bumsdorf. Das ist ein Ort, wo ... also ...«

»Ich verstehe schon«, sagte Marshall. »Hierher kommen die Soldaten, um zu vögeln. Aber wozu die Vorsicht?«

Mead senkte die Stimme. »Nicht nur zum Vögeln, Sir. Sie kommen vor allem auch wegen Drogen. Offiziere sollten sich hier besser nicht blicken lassen. Die Männer glauben sonst, die wollen ihnen ... Schwierigkeiten machen. Und da können sie ganz schön wild werden.«

»Was für Drogen?« fragte Marshall.

»Alles, Sir. Haschisch, Heroin, Opium, Kokain.«

Marshall sah zu den Männern hinüber, die sie immer noch mißtrauisch beobachteten. »Werden viele Drogen genommen hier in Vietnam, Corporal?«

»Ja, Sir. Eine Menge. Und wenn sie unter Drogen stehen, sind sie gefährlich. Die Jungs hier sind alle zu, bis oben. Es hat gar keinen Zweck, wenn sie mit ihnen reden, weil die gar nichts mehr verstehen. Und die Sache könnte leicht außer Kontrolle geraten. Jemand könnte Sie mißverstehen oder einfach ausrasten.«

»Davon steht nichts in der COVIA-Studie, Colonel. Wie kommt es, daß ich nichts über die Bumsdörfer gelesen habe?«

Marshall hatte es eigentlich als Scherz gemeint, aber Romer nahm es ernst, und er war zutiefst entsetzt über alles, was Mead berichtet hatte. »Wenn das stimmt, was Sie sagen, Corporal, dann sollte man diese Leute auf der Stelle festnehmen und vors Kriegsgericht stellen. Am liebsten würde ich es selbst machen.«

»Die würden kaum alle in den Hubschrauber passen«, sagte Magnuson trocken.

»Wir sollten sofort nach My Tho fliegen und dem dortigen Kommandeur berichten, was hier vor sich geht«, versetzte Romer.

»Dann würden sie nur in ein anderes Dorf ziehen«, sagte Mead.

Marshall überlegte einen Augenblick, schließlich schüttelte er den Kopf. Alles, was er hier zu sehen bekam, zeugte von der Vergeblichkeit des Krieges. Es war, wie Lacouture gesagt hatte: hoffnungslos. Er drehte sich um und wandte sich wieder dem Hubschrauber zu.

Romer war wütend. »Hören Sie, Lieutenant! Bisher haben Sie uns nur ein paar unfähige Trottel und eine Horde Drogensüchtiger gezeigt. Was kommt als nächstes? Ein Massaker an Zivilisten vielleicht?«

»Colonel!« sagte Marshall beschwichtigend. »Ich habe gesehen, daß Navy Seals, Army Special Forces und Riverine Forces ausgezeichnete Arbeit leisten, um das Delta von Vietcong frei zu halten. Ich habe äußerst fähige junge Männer gesehen, die eine außergewöhnlich schwierige Aufgabe bewältigen. Ich habe hervorragende Dinge gesehen.«

Aber als er in den Hubschrauber stieg, konnte er sich nicht enthalten, Magnuson zuzurufen: »Bringen Sie mich zu einem Massaker, Lieutenant!«

Nach dem Besuch einer Sanitätseinheit, die sich um Zivilisten im Delta kümmerte, stießen sie am späten Abend auf eine weitere Infanterieeinheit, die an der Mündung des Rach Ba Rai in der Nähe von »Snoopy's Nose« operierte – einem Gebiet mit starken Vietcong-Aktivitäten. Dort zeigte man Marshall ein geheimes Waffenlager des Vietcong und Minen, die im Uferschlamm versteckt waren. Außerdem führten sie ihm vor, auf welche Weise sie die Tunnel untersuchten, die der Gegner im gesamten Sumpfgebiet gegraben hatte.

»Die Gooks lieben das Delta«, sagte man ihm. »Die können hier wie die Wasserratten durch die Gegend flitzen. Wir jagen sie in die Tunnel, und irgendwo kommen sie wieder raus, es gibt Hunderte von Ausgängen. Und dann verschwinden sie einfach im Schilf.«

Marshall fragte, ob die Südvietnamesen in der Lage seien, das Delta zu halten. Die Antwort lautete einhellig: Nein.

»Könnte eine massive Verstärkung der US-Truppen weiterhelfen?«

Ein Soldat wies über das weite Sumpfland und zeigte dann auf einen Tunnel vor ihm. »Sie könnten so viele herschicken, daß wir uns gegenseitig auf die Füße treten – die Gooks würden trotzdem im Sumpf verschwinden und irgendwann wieder auftauchen, ganz wie sie Lust haben.«

Dunst begann sich über das Mekongdelta zu legen.

»Sie brechen jetzt besser langsam auf, Sir«, sagte der Führer der Einheit.

»Gehört die Nacht dem Feind?« fragte Marshall.

»Sie gehört ihm nicht, aber sie sind wie Vampire – sie kommen nur nachts heraus. Die Nacht gleicht alles aus. Die ganzen Flugzeuge, Panzer und Kampfboote bringen im Dunkeln nicht viel, dann heißt es nur noch sie gegen uns. Wir könnten sie auch nachts schlagen, aber die da oben sind mehr für das große Getöse; sie werden nervös, wenn es Mann gegen Mann geht. Am Tag können Sie hier alle möglichen Generäle und Offiziere sehen, aber nachts lassen die sich nicht blicken. Und schon gar nicht hier draußen im Busch.«

»Das gilt besonders für Botschafter«, fügte Magnuson hinzu. »Er hat recht, Sir, wir sollten aufbrechen.«

Als Magnuson alle an Bord hatte, sah er auf die Uhr und brachte den Motor auf Touren. Die Flugzeit nach Saigon betrug eine Stunde; eine weitere Stunde mußte er für die Überprüfung der Maschine und das Ausfüllen des Bordbuchs einrechnen – dann konnte er niemals pünktlich bei Dolores sein.

Magnuson bekam eine Erektion bei dem Gedanken an sie und die vergangene Nacht. Er zog die Maschine so heftig hoch, daß Ridley ihn verwundert ansah.

»Hab noch 'ne Verabredung heute abend«, sagte Magnuson und grinste entschuldigend.

Sie waren zwanzig Minuten in der Luft, als Magnuson einen Leistungsabfall bemerkte.

»Scheiße, Mensch!« rief er, als überall auf der Instrumententafel rote Lichter aufleuchteten. Ein System nach dem anderen fiel aus.

Ridley starrte ungläubig auf die Instrumente, deren Zeiger schlaff auf Null zurücksanken. »Du heilige Scheiße«, sagte er leise.

Magnuson probierte eine Reihe von Notsystemen durch, um die Maschine wieder auf Touren zu bringen, aber nichts funktionierte mehr.

»Miststück!« schrie er seiner Maschine zu.

»Scheißnutte!« Er schlug mit der Faust gegen das Armaturenbrett. »Hurensau!«

Dann drehte er sich zu Ridley und sagte ungläubig: »Wir schmieren ab.«

Der Hubschrauber kam mitten in der Luft zum Stillstand, in einer Höhe von gut tausend Fuß. Der Motor stotterte, dann gab er den Geist auf.

Magnuson schüttelte den Kopf. »Jetzt ist der Abend wirklich am Arsch«, sagte er.

Hinten saß Mead steif und ruhig auf seinem Platz; er merkte, daß der Hubschrauber Geschwindigkeit verlor, ins Rütteln geriet und gefährlich absank. Sie stürzten ab, das war ihm klar. Er hatte die ausgebrannten Wracks von Hubschraubern gesehen, die abgestürzt oder abgeschossen worden waren, und er hatte gehört, der Aufschlag sei so hart, daß die Glieder vom Rumpf gerissen würden und der Kopf explodierte.

Er war dem Tod so nahe wie noch niemals zuvor. Das Gefühl war so seltsam, daß er es genauer untersuchen wollte, aber plötzlich merkte er, daß er überhaupt nicht denken konnte. Sung kam ihm in den Sinn, und nichts anderes hatte mehr Platz in seinem Kopf.

Ihm gegenüber runzelte Marshall verärgert die Stirn. Dann, als die Maschine zu rütteln und zu schaukeln begann und die Situation klar wurde, sah Mead, wie Marshalls Gesicht sich entspannte. Er schien vollkommen ruhig – keine Spur von Besorgnis oder Angst in seinem Gesicht. Selbst die gefalteten Hände rührten sich nicht.

Marshall wandte sich zum Fenster und blickte hinaus. Die Nacht war eine schwarze Leere, wie er sie vor Gualdacanal gesehen hatte, als sie in den Landungsbooten dem Tod entgegenfuhren, oder auf den dunklen Schneeflächen in Chosin, doch diesmal hatte er keine Angst. Er empfand eine Ruhe und eine Zufriedenheit mit seinem Leben, wie er sie nicht gekannt hatte, als er noch jung gewesen war. Keine Spur von Verzweiflung kam in ihm auf. Ein paar Dinge gingen ihm durch den Kopf, die ihm Kummer bereiteten, weil er sie nun nicht mehr zum Abschluß würde bringen können, weil er keine Zeit mehr haben würde, dem Krieg ein Ende zu bereiten.

Er wandte sich ab, und sein Blick traf den von Mead; er lächelte dem Jungen ermutigend zu.

Es war ein so warmes Lächeln, daß Mead, obwohl sich ihm der Magen umdrehte, gleichfalls lächeln mußte.

Dann ging es abwärts.

29

Brock kroch zum Eingang der Höhle und lauschte einen Augenblick, bevor er die anderen in die Dunkelheit des frühen Abends hinausgehen ließ. Der Regen hatte immer noch nicht nachgelassen. Sie befanden sich tief in der entmilitarisierten Zone, einem Gebiet, das man schon lange dem Feind überlassen hatte.

Frizzell übernahm die Spitze und führte sie über ein weites offenes Gelände in ein dichtes Waldstück, wo sie vorsichtig anhielten, denn sie wußten, daß ein großer feindlicher Stützpunkt von zahlreichen Horchposten umgeben sein mußte, die auszumachen sie im Dunkeln allerdings kaum eine Chance hatten; da war es schon wahrscheinlicher, daß sie selbst den Posten in die Arme liefen.

Er wollte gerade weiter, da hörte er ein Knacken im Gebüsch. Fußtritte kamen näher und entfernten sich wieder.

Sie warteten einen Augenblick, dann schlichen sie der feindlichen Patrouille nach.

Plötzlich ertönte eine Stimme in der Dunkelheit, und die Männer, denen sie gefolgt waren, riefen eine Antwort. Zwischen den Bäumen tauchte ein zweiter Trupp auf und schloß sich dem ersten an.

Brock rief den Hügel; die Funkverbindung war so schlecht, daß er Bishop kaum verstehen konnte.

»Wir haben gerade zwei Patrouillen ausgemacht. Sie gehen in eure Richtung, circa zwanzig Mann. Mit den anderen zusammen sind das schon sechzig, die zum Hügel unterwegs sind.«

Die Antwort ließ lange auf sich warten. »Roger. Sonst noch was?«

»In zwei Stunden sind wir bei der ersten Position. Ende.«

Sutherland übernahm die Spitze, und im Zickzack ging es weiter nach Norden. Kurz nach Mitternacht erreichten sie das erste Zielgebiet. Sie suchten das gut achthundert Meter im Quadrat messende Areal ab, fanden aber nichts.

Brock holte seine Leute zusammen. »Bist du sicher, daß wir hier richtig sind?«

Sutherland lag erschöpft unter einem Baum. »Das ist die Stelle. Ich weiß, was ich tue.«

Brock ließ die Karte sinken. »Scheiße! Wir machen fünfzehn Minuten Pause. Dann erweitern wir den Kreis. Es muß hier sein. Ich habe keine Lust, noch einen ganzen Tag zu der anderen Position zu laufen.«

Doch auch in der weiteren Umgebung blieb ihre Suche erfolglos. Also machten sie sich auf den Weg zu dem zweiten Planquadrat.

Als die Dämmerung anbrach, waren sie alle völlig erschöpft. Brock fand die Überreste eines ehemaligen feindlichen Camps, das wahrscheinlich noch aus französischer Zeit stammte. Er ließ sich in einen Bunker hinab, prüfte die morschen Balken, dann winkte er die anderen zu sich.

»Scheiße, das steht ja alles unter Wasser«, schimpfte Landis.

»Du kannst ja die erste Wache übernehmen«, sagte Brock zu ihm.

»Ich übernehme die Wache«, meldete sich Sutherland. »In so einem Wasserloch kann ich nicht schlafen. Außerdem hab ich mein Surfbrett vergessen.«

Brock zuckte mit den Achseln. »Mach, was du willst!«

Sutherland saß am Eingang und hörte, wie die anderen einschliefen. Seine Füße baumelten im Wasser; angewidert warf er kleine Steinchen hinein. Den Kopf gegen die Wand gelehnt, starrte er in das Grau hinein. Nur die Kälte und die Nässe hielten ihn wach; sein ganzer Körper schmerzte vor Müdigkeit, er wiegte seinen Oberkörper hin und her, um warm zu werden, und blies sich in die Hände.

Plötzlich schleuderte ihn eine gewaltige Explosion gegen die Wand, und der ganze Bunker bebte. Eine Kette von Detonationen erschütterte den hinteren Teil des Bunkers, die Balken ächzten, Erde und Steine fielen herab.

Die anderen fuhren aus dem Schlaf, legten die Arme schützend über den Kopf und drückten sich in das Wasser. Dann folgte eine weitere Kette von Explosionen, und mit lautem Krachen gab die Bunkerdecke nach.

Ein Balken stürzte auf Landis und klemmte sein Bein ein.

Er schrie laut auf. Die anderen kämpften sich unter den Trümmern hervor und begannen, an dem Balken zu zerren, bis sie Landis befreit hatten. Sie zogen ihn zum Bunkereingang, kauerten sich dort nieder und sahen auf die Lichtung, die sich vor ihren Augen in ein Inferno verwandelte.

Bäume und Felsbrocken flogen durch die Luft.

Oben setzten Flugzeuge zu einem weiteren Angriff an. Die Män-

ner warfen sich auf den Boden, und wieder rissen Bomben die Erde auf, schleuderten riesige Metallsplitter in den Bunker.

»Das sind unsere«, rief Frizzell, als die Jagdbomber über die Bäume hinwegfegten, ihre Salven in den verwüsteten Dschungel feuerten und abdrehten, um erneut anzugreifen. Noch zweimal kehrten sie zurück und zwangen die Männer, sich in den Dreck zu werfen und Wasser zu schlucken.

Der Lärm war unerträglich und nahm ihnen jede Orientierung.

Noch lange, nachdem die Flugzeuge verschwunden waren, zitterten die Männer. Coney übergab sich, und Sutherland hielt den Kopf zwischen den Knien; Frizzells Glieder zitterten unkontrollierbar.

Brock beugte sich über Landis und tastete sein Bein ab. »Kannst du laufen?«

Landis versuchte aufzustehen, aber mit einem Schrei fiel er gegen Brock.

»Schon gut. Bleib ruhig!« Brock ließ sich zu Boden sinken und sah ängstlich zu den restlichen Balken auf, die über ihnen ächzten und knackten.

Frizzell starrte fassungslos in die rauchende Lichtung hinaus. »Die hätten uns beinahe in die Luft gejagt. Unsere eigenen Leute.«

»Na und?«, fragte Sutherland spöttisch. »Wo ist der Unterschied? Tot ist tot. Ist doch egal, wer einen umbringt.«

»Die sind verrückt geworden, diese verdammten Hurensöhne.«

»Die sind nicht verrückt. Die stecken nicht bis zum Hals im Dreck, oder? Die sitzen schön trocken und kriegen was Warmes zu essen. Die gehen jetzt ins Offizierskasino und ...«

»Halt's Maul, Sutherland!« befahl Brock.

»Ist doch wahr«, erwiderte Sutherland. »Ich hasse Piloten. Die Hunde fliegen da oben in zehntausend Fuß Höhe rum und werfen Bomben auf die Leute. Nicht mal die Gooks haben so was verdient. Und wenn einer von denen mal abgeschossen wird und in Gefangenschaft kommt, dann sollen wir alle in Tränen ausbrechen. Scheißkerle!«

Brock krümmte sich zusammen und suchte nach einer bequemen Stellung; er sah den anderen zu, die sich stumpf, erschöpft und verdrossen in den Trümmern des Bunkers niedergelassen hatten. Sie brauchten unbedingt etwas Schlaf, sonst würden sie bald unvorsichtig werden und fatale Fehler machen.

Doch bevor einer von ihnen Schlaf fand, signalisierte Frizzell, daß eine feindliche Patrouille im Anmarsch war. Alle kauerten sich am Eingang nieder, bis die Patrouille vorbeigezogen war. Erst als Brock die Beobachtung an den Hügel durchgeben wollte, bemerkten sie, daß ihr Funkgerät verschwunden war. Zwanzig Minuten lang gruben sie in den Trümmern danach, dann fanden sie es, aber der Hörer war zerschmettert.

»Das wär's dann ja wohl«, sagte Sutherland erleichtert. »Ohne Funkgerät können wir nicht weiter. Außerdem kann Landis nicht laufen.«

Brock kniete sich neben Landis. »Kannst du aufstehen?«

Landis rappelte sich hoch, verzog das Gesicht, bemühte sich, nicht aufzuschreien. »Es wird schon gehen. Aber mithalten kann ich nicht mit euch, glaube ich.«

»Okay. Jetzt haltet mal alle das Maul!« sagte Brock. »Ich muß nachdenken.«

Sutherland rollte mit den Augen. »Da können wir uns auch gleich eine Kugel in den Kopf jagen.«

»Treib's nicht zu weit, Sutherland!« drohte Brock. »Eßt jetzt was, reinigt eure Waffen, und haltet alle den Mund!«

Brock betrachtete sie, während sie aßen. Keiner von ihnen hatte in den letzten zwei Tagen mehr als ein paar Stunden geschlafen; die Erschöpfung war ihnen anzumerken, ihre Augen verriet sie – und ihre Unachtsamkeit.

»So werden wir es machen«, sagte er schließlich.

Sutherland stellte sein Gewehr auf und drückte die Mündung an seinen Kopf.

»Landis, du kannst wählen: Entweder du bleibst hier, bis wir zurück sind, oder du machst dich schon mal allein auf den Rückweg, und wir holen dich dann ein. Wir anderen gehen zu der zweiten Position.«

»Das ist ja noch schlimmer, als ich gedacht hatte«, sagte Sutherland.

Brock achtete nicht auf ihn. »Was willst du machen, Landis? Auf uns warten oder zurückgehen?«

Landis schüttelte den Kopf. »Ich weiß nicht«, sagte er leise. »Wenn ich mich jetzt auf den Rückweg mache, kriege ich ein paar Stunden Vorsprung und halte euch nachher nicht so lange auf. Aber ...«

»Er wäre allein und könnte sich nicht wehren, und außerdem könnte er sich verirren«, vervollständigte Sutherland den Satz.

»Ja, genau«, sagte Landis. »Ich meine, da draußen laufen massenhaft Gooks rum und ...«

»Okay«, versetzte Brock. »Du bleibst hier, bis wir zurück sind.«

»Und wenn wir uns verirren?« fragte Sutherland. »Oder in einen Hinterhalt laufen? Was soll er dann machen?«

»Ich hab nicht gesagt, daß ich auf alles eine Antwort habe«, erwiderte Brock.

»Du hast überhaupt keine Antwort, du blöder alter Trottel«, schimpfte Sutherland.

»Paßt auf!« erwiderte Brock. »Wir sehen uns dieses andere Quadrat an, das ist alles. Wo wir schon so nah dran sind.« Er reichte Frizzell die Karte und zeigte auf die zweite Position. »Bring mich dahin! Landis, wir sind wahrscheinlich in drei, vier Stunden zurück. Halt die Ohren steif!«

»Tröstende Worte von deinem alten Gunny.«

»Halt's Maul, Sutherland!«

Schweigend warteten sie, bis es dunkel wurde, dann traten sie hinaus in den Regen und zogen in östlicher Richtung davon, Frizzell an der Spitze, Sutherland unter dem Gewicht des Maschinengewehrs wankend.

Nach einer Stunde überquerten sie eine große Lichtung, drangen auf der gegenüberliegenden Seite in den Dschungel ein, doch auch hier blieb die Suche ohne Ergebnis.

Brock holte sie unter einem Baum zusammen; er wischte sich Regen und Schweiß aus dem Gesicht. »Wir machen noch einen letzten Versuch. Jeder von uns geht in eine andere Richtung. Jeder wählt sich eine aus, und dann folgt er ihr mit dem Kompaß genau dreißig Minuten. Wenn ihr nichts findet, dreht ihr um, und wir treffen hier wieder zusammen.«

Sutherland richtete sich wütend auf. »Jetzt hör endlich auf! Wir finden gar nichts. Vielleicht ist auch gar nichts da. Und wenn wir uns aufteilen, finden wir niemals wieder zusammen.«

Brock wandte sich an Coney. »Und was meinst du?«

Coney schüttelte müde den Kopf. »Ich weiß nicht. Ich bin so fertig, ich kann überhaupt nicht mehr denken. Vielleicht hat Scott recht.«

»Frizzell?«

Frizzell lag auf dem Boden und atmete schwer; er war so erschöpft, daß er nicht einmal die Augen öffnete. »Ich weiß nicht. Kann sein, daß es nicht richtig ist, wenn wir jetzt aufgeben, aber ... Versprichst du, das ist der letzte Versuch?«

»Nur noch mal dreißig Minuten.«

»Und dreißig zurück«, warf Sutherland dazwischen, »wenn wir überhaupt zurückfinden. Und noch zwei Stunden, bis wir bei Landis sind. Und dann noch mal acht Stunden bis zum Hügel.«

»Was sind da schon dreißig Minuten?« fragte Brock.

»Also gut, meinetwegen«, sagte Frizzell. »Aber das ist es dann auch. Mehr nicht.«

»Coney?«

»Okay«, seufzte er.

»Dich frag ich erst gar nicht Sutherland. Dir befehle ich: Beweg deinen Arsch und hau ab!« Er zeigte in eine Richtung.

Sutherland rührte sich nicht; er funkelte Brock an. »Wenn du dein bißchen Verstand verloren hast, dann geh nur! Ich bleibe hier.«

Brock sah ihn scharf an; seine Augen verengten sich so sehr, daß Sutherland meinte, er hätte sie geschlossen. Doch dann bemerkte er, wie Brock sich anspannte, wie ein Zittern seinen ganzen Körper durchlief, und instinktiv stand er auf.

Brocks Stimme war so kalt, daß Sutherland den Blick abwandte. »Sag jetzt nichts mehr! Verschwinde!«

Sutherland ging. Brock zeigte Coney und Frizzell die Richtungen, in die sie marschieren sollten, und blickte ihnen nach. Dann sah er selbst auf seinen Kompaß und ging los.

Coney marschierte nordwärts; alle paar Minuten hielt er an, um die Richtung zu prüfen. Zuerst hatte er Angst, aber nach und nach gewöhnte er sich an das Alleinsein. Die Geräusche der Nacht erschienen ihm bald vertraut, und er bemerkte, daß er allein weniger Lärm machte als mit den anderen zusammen. Er hatte das Gefühl, aufmerksamer zu sein und weniger ausgeliefert.

Zweimal meinte er, eine Bewegung zu hören, aber es war nichts. Nach zwanzig Minuten legte er eine Pause ein. Er lehnte sich gegen einen Baum und horchte. Er hörte nur das Rauschen des Regens in den Blättern.

Allein in der Dunkelheit, mitten im Niemandsland, trat ihm plötzlich sein Leben vor Augen: Ich habe eine Frau, ein Kind und mein Leben, dachte er, sonst nichts – nichts, weswegen irgend

jemand wünschen würde, mich zu töten. Und niemand hat etwas, weswegen ich ihn töten würde. Was ich habe, ist mir genug. Und beinahe hätte er aufgelacht: Was habe ich also hier verloren?

Die Schlichtheit seiner Entdeckung kam ihm lustig vor.

Ich gehe nicht weiter, sagte er zu sich selbst. Er zitterte, nieste und wischte sich die Nase ab.

Im selben Augenblick hörte er, wie nur wenige Meter entfernt ein Gewehr entsichert wurde.

Coney erstarrte. Sein Herz klopfte wie wild, während er sich auf den Boden drückte. Um ein Haar wäre er einem Posten in die Arme gelaufen. Die Büsche vor ihm bewegten sich leicht; ein Stiefel zertrat Äste.

Bitte, bitte, lieber Gott, mach, daß er weggeht! betete er.

Er preßte sich noch fester auf den Boden, doch die Schritte kamen unabwendbar näher. Einen Augenblick lang sah er den Soldaten – ein erschrockener, angespannter Junge, dessen Augen das Gebüsch absuchten. Coney versuchte, Wut in sich aufkommen zu lassen, aber selbst so dicht am Tod konnte er keinen Haß empfinden. Er biß sich auf die Lippen. Bitte, lieber Gott, bitte!

Coney hörte den Atem des Soldaten über sich, er sah das Gewehr in seinen Händen; dann schwankte der Lauf in seine Richtung.

In diesem Augenblick erfüllte ein Dröhnen seinen Schädel, das jeden Gedanken daraus vertrieb. Eine unerhörte Kraft ballte sich in ihm zusammen, er sprang auf, schlug dem Mann das Gewehr aus den Händen und rammte ihm das Bajonett durch die Kehle.

Er zog die Klinge heraus, stieß sie noch einmal hinein, drückte sie mit seinem ganzen Gewicht nach unten und stürzte über ihn. Wieder riß er das Bajonett zurück und stieß es dem Mann in die Brust. Es traf auf eine Rippe und blieb stecken, aber als Coney sich ein wenig bewegte, glitt die Klinge am Knochen vorbei und drang ins Herz ein.

Der Soldat keuchte, dann war er still.

Blut spritzte auf Coneys Gesicht und rann ihm über die Hände. Er hörte, wie es sprudelte, und er roch es. Er versuchte, es wegzuwischen, aber er verschmierte es nur noch mehr. Mühsam zog er das Bajonett heraus, griff nach seinem Gewehr und rannte weg.

Fast zwei Kilometer war Brock Richtung Osten gegangen, doch gefunden hatte er nichts.

In einem Dickicht hielt er schießlich an und verfluchte den Regen, aber vor allem den Feind, der sich nicht blicken ließ. Er würde nicht als Held zurückkehren – alles, was er mit zurückbringen würde, waren die Blasen, die er sich in seinen völlig durchnäßten Stiefeln geholt hatte.

Sutherland hatte recht, er war nur ein blöder *old lifer,* dessen Zeit vorbei war. Fast zwanzig Jahre hatte er dem Korps gegeben, in zwei Kriegen hatte er gekämpft; doch dies würde sein letzter Krieg sein. Er würde es niemanden merken lassen, aber er würde das alles fürchterlich vermissen. Was sollte er denn tun? Er war zu alt für irgend etwas anderes.

Ja, Sutherland hatte auch damit recht; er war unfähig, etwas Richtiges in der wirklichen Welt draußen zu tun. Und was sollte er auch tun? Schuhe verkaufen?

Dieser verfluchte Sutherland! Zum Teufel mit seiner Jugend und seinem Spott. Zum Teufel mit ihnen allen – mit Coney und Frizzell und Sutherland, mit Landis und dem Lieutenant. Zum Teufel mit ihrer Jugend. Es war nicht fair. Er sollte jung bleiben; er wollte noch etwas länger kämpfen. Und saufen und ficken – und niemals alt werden.

Gott sollte niemanden zum Gunnery Sergeant machen, dachte er; er sollte uns alle Lance Corporals bleiben lassen.

Er wischte sich die Augen, und als er merkte, daß es nicht der Regen war, kam er sich dumm vor.

Er stand schwerfällig auf, spuckte in die Richtung, wo der Feind offenbar nicht war, und machte kehrt.

Sutherland ging nur ein paar hundert Meter weit, bevor er anhielt. Er starrte in die Dunkelheit und horchte angespannt, dann setzte er sich auf den Boden, zog die Jacke fester um sich und lehnte sich gegen einen Baum.

Scheiß drauf! sagte er zu sich selbst.

Die Schwärze um ihn war vollkommen; lange saß er da und horchte auf die Geräusche der Nacht. Er fror, war erschöpft und hatte Angst.

Und dann, wie immer, wenn er allein war, kamen die Toten zu ihm. Er versuchte, sich an jeden einzelnen zu erinnern, aber es gelang ihm nicht. Er ging die Namen durch, doch er wußte, daß er einige vergessen hatte.

Ein Schauder durchlief ihn; er preßte die Arme um seinen Körper. Und ich? Wenn ich sterbe, wie lange werden sie sich an mich erinnern? Wie lange wird es dauern, bis ich auch einer von diesen dummen Hunden bin, die tot und vergessen sind?

O Gott, er zitterte am ganzen Körper, laß mich nicht sterben!

Dann preßte er seinen Rücken trotzig gegen den Baumstamm. Ich werde nicht sterben, sagte er zu sich selbst. Ich komme durch, egal was passiert. Sollen die anderen nach dem Feind suchen! Diese Dummköpfe! Blöde, ahnungslose Trottel!

Aber schon meldeten sich Schuldgefühle. Sein Gewissen begann ihn zu plagen, und er fühlte, wie Scham in ihm aufstieg. Verdammt, dachte er und rappelte sich hoch.

Einen Augenblick blieb er unschlüssig stehen. Es wäre was anderes, wenn es für meine Eltern wäre oder wenn ich eine Frau hätte und es für sie oder für mein Land wäre, ich meine, wirklich für mein Land. Aber so ... für nichts sterben ...

Er begann zu weinen – aus Verzweiflung und Schuld, Angst und Trauer; doch dann wischte er sich über das Gesicht und ging weiter.

Landis fror, er war völlig durchnäßt, und sein Bein pochte. Er wollte, er hätte etwas gegen die Schmerzen gehabt; das Massieren half nichts.

Er dachte an seinen Wagen – seinen bösartigen, gemeinen, schwarzen Wagen.

Er dachte an seine Mutter. Und sogar an seinen Vater, der ihn immer geschlagen hatte.

Er dachte an ein Mädchen, ein ganz bestimmtes, dann an andere.

Er dachte an das Leben. Er wollte leben – und wie er es wollte! Er wußte nicht, was er mit seinem Leben anfangen würde: einfach Dinge tun – mit seinem Wagen fahren, eine Cola trinken, ein Mädchen haben.

Er dachte an Martin. An die anderen Jungs. Er wollte, er wäre bei ihnen. Er wollte, sie wären jetzt bei ihm.

Dann hörte er Geräusche.

Zweige wurden beiseite geschoben. Er hörte Schritte, viele Schritte – mehr als Coney, Frizzell, Sutherland und Brock.

Er horchte.

Sie kamen näher. Er hörte ihre Stimmen.

Das war der Feind. Sie hatten ihn entdeckt.

O Gott, er wollte leben. Sie kamen näher.

Sie waren direkt vor dem Bunker.

Und plötzlich wußte er, daß er niemals seinen Wagen haben würde, seinen wunderschönen, schwarzen, bösartigen, gemeinen Wagen. Und daß er niemals seine Mutter wiedersehen würde. Oder irgend jemanden sonst.

Sie waren am Bunkereingang.

Er sah auf sein zerquetschtes Bein. Er spürte seinen Körper. Er liebte seinen Körper. Er berührte seine Schulter. Seine Beine.

Sie kamen herein.

Er hob das Gewehr.

Frizzell wollte schon umkehren, als er auf eine große Lichtung stieß, die sich gut fünfhundert Meter weit vor ihm ausdehnte.

Auf der anderen Seite tauchte zwischen den Bäumen ein schwaches Licht auf. Er dachte schon, es sei eine Täuschung gewesen, aber dann sah er weitere Lichter.

Er hatte es gefunden. Er wußte, daß er es gefunden hatte.

Coney rannte durch den Dschungel. Als er die kleine Lichtung erreichte, war Sutherlands Gewehr auf ihn gerichtet.

»Mein lieber Mann, soviel Lärm hab ich noch nie gehört. Bind deinen Scheißelefanten an einen Baum, ja?«

»Wo ist Brock?«

»Du bist der erste. Warum rennst du so?«

»Wir müssen hier weg. Ich habe einen von ihnen getötet. Ich bin einem Posten in die Arme gelaufen. Er ist auf mich los, und ich hab ihn getötet.« Coney ließ sich gegen einen Baum fallen und rang nach Atem. Sein Gesicht und seine Hände waren blutverschmiert. Der Geruch des Blutes bereitete ihm Übelkeit. »Wir müssen hier weg. Die finden ihn sicher bald.«

»Wer findet wen?«

Coney und Sutherland sprangen auf, als sie die Stimme hörten, und hechteten in Deckung. Dann sahen sie, daß es Brock war.

»Wer findet wen?« wiederholte Brock.

»Ich hab einen von denen getötet«, sagte Coney ruhig. »Etwa eine Meile von hier bin ich einem Horchposten in die Arme gelaufen. Er hat mich gesehen; darum hab ich ihn mit dem Bajonett erstochen. Die Leiche liegt noch da.«

»Vielleicht war das der Bereitstellungsraum. Hast du was gesehen?«

Er schüttelte den Kopf.

»Welche Richtung?«

Coney zeigte nach Norden.

Sutherland stieß seine Hand beiseite und fauchte Brock an: »Was soll das? Wir müssen hier weg.«

Brock starrte in den Dschungel hinein, dann nickte er. »In Ordnung. Wir warten noch auf Frizzell, dann machen wir uns auf den Rückweg.«

Sutherland setzte sich erleichtert hin. Sie warteten weitere zwanzig Minuten in gespanntem Schweigen, bis sie Frizzell zwischen den Bäumen auftauchen sahen.

Brock pfiff leise, und Frizzell kam auf sie zu. »Ich hab sie gefunden – da waren Laternen, jede Menge Laternen.«

Brock sah auf die Uhr. »Wie lange brauchen wir bis dahin?«

»Eine Stunde vielleicht.«

Brock nahm seine Ausrüstung auf. »Na gut. Dann los!«

Sutherland rührte sich nicht. »Wohin?«

»Nachsehen, was Frizzell entdeckt hat. Wir haben noch Zeit. Es ist nicht mal Mitternacht.«

Sutherland explodierte. »Und was ist mit der Leiche? Du weißt, daß sie sie schon längst gefunden haben. Und was ist mit Landis? Der ist ganz allein da hinten. Und wenn Coney so weit draußen einem Horchposten in die Arme gelaufen ist, was meinst du, wie viele die erst näher dran aufgestellt haben? Und das Funkgerät, du Arschloch – wir haben keinen Funkkontakt.«

»Ich könnte euch zu der Lichtung führen«, sagte Frizzell zu Brock. »Aber ... Scott hat recht, die haben überall Horchposten.«

Brock sah sie der Reihe nach an. »Wir haben Befehl, nach dem Bereitstellungsraum zu suchen. Vielleicht hat Frizzell ihn gefunden. Aber wir müssen wissen, wie groß er ist, wie viele da zusammengezogen sind und welche Waffen sie haben. Das ist der Feind. Ihr wißt, daß sie versuchen, den Hügel zu nehmen und danach Khe Sanh. Für mich ist die Sache ganz einfach: Das ist der Feind, und ich bin ein Marine. Ihr könnt meinetwegen machen, was ihr wollt. Ich gehe jedenfalls hin.«

Und er machte sich auf den Weg in die Richtung, aus der Frizzell gekommen war.

»O Gott«, stöhnte Sutherland. »Was für ein Blödsinn. Das darf doch nicht wahr sein.«

Coney grinste. »Ich glaub, das hab ich schon mal im Kino gesehen.«

»Hoffentlich haben sie den Wichser umgelegt«, erwiderte Sutherland.

»Kommt schon!« sagte Coney und nahm sein Gewehr auf. »Wir müssen hinterher. Das wißt ihr ganz genau.«

»Ja«, brummte Frizzell. Er legte die Hand auf sein Herz und sagte mit gespieltem Ernst: »Ich meine, ich kann's nicht erklären, aber wir sind nun mal Marines, oder?«

Coney und Frizzell schlossen sich Brock an.

»Ihr Arschlöcher!« zischte Sutherland. Er wartete noch einen Augenblick, dann lief er hinterher.

30

»Mayday! Mayday!« rief Magnuson ins Funkgerät. »Hier Viceroy, wir stürzen ab.«

In nur wenigen Sekunden verlor der Hubschrauber mehrere hundert Fuß Höhe, bevor Magnuson ihn wieder so weit unter Kontrolle hatte, daß die Eigendrehung des Rotors einen Gleitflug ermöglichte. Die Zentrifugalkraft und die Luft, die von unten an den Rotorblättern vorbeiströmte, gaben der Maschine gerade so viel Stabilität, daß Magnuson sie im Gleichgewicht halten und steuern konnte, während sie weiter sanken.

So gut er konnte, schätzte er die Position ab, an der sie niedergehen würden, und gab sie durch.

»Schwingt euch auf die Pferde und kommt her! Das hier ist absolut feindliches Territorium.« Dann wandte er sich an Ridley und sagte mit kalter Wut: »Die Treibstoffleitung. Der Motor kriegt keinen Treibstoff.«

»Die hab ich nicht überprüft, bevor wir losgeflogen sind«, erwiderte Ridley. »Was kann damit passiert sein?«

»Weiß ich nicht, aber das sehe ich mir genau an, wenn ich es schaffe, diese Hure runterzubringen, ohne daß sie Feuer fängt.«

»Halten Sie sich fest, meine Herren!« rief er über den Bordlautsprecher. »Wir legen einen außerplanmäßigen Zwischenstopp im Delta ein, damit Sie ein wenig Sightseeing machen und sich die Füße vertreten können. Stellen Sie das Rauchen ein, und klappen Sie die Sitze hoch! Wir haben uns gefreut, daß wir Sie heute bei uns zu Gast hatten. Wir hoffen, daß Sie auch bei Ihren zukünftigen Reiseplänen an uns denken werden. Inzwischen passen Sie gut auf Ihren Arsch auf, und geben Sie ihm einen Abschiedskuß, denn, meine Herren, wir... schmieren... ab.«

Nachdem er den Bordlautsprecher abgestellt hatte, sagte er zu Ridley: »Scheiße! Ich kann überhaupt nichts erkennen da unten. Ist das Wasser, oder sind das Reisfelder?«

»Ich seh nur tiefe Finsternis, Jimbo.«

»Na gut. Diesmal haben wir nur einen Versuch. Ich glaube, es sind Reisfelder. Und das heißt, da sind Dämme, und das heißt, ich

krieg dieses Scheißding nicht horizontal runter. Halt dich fest, Jack! Es geht los.«

Der Hubschrauber kam mit hoher Geschwindigkeit herunter, schlug mit fürchterlichem Getöse auf, sprang mehrmals wieder hoch, streifte einen Damm und kam schließlich zum Stehen. Er kippte um, und die Rotorblätter gruben sich in den Schlamm.

Für Marshall war die ganze Bewegung nur ein undeutlicher Eindruck gewesen, und er hatte auch gar nicht das Gefühl, zum Stillstand gekommen zu sein, denn nahezu ohne Übergang wurde er aus dem Sitz gehoben und aus dem Hubschrauber gedrängt, gestoßen oder gezogen – er wußte selbst nicht, was davon zutraf.

Eine kräftige Hand bugsierte ihn zur Tür hinaus. Er landete im Wasser; es reichte ihm bis zu den Knien. Seine Beine wollten nachgeben, aber die Hand in seinem Nacken schob ihn vorwärts.

Dann legte sich ein Arm um seine Taille, und er wurde so kraftvoll mitgeschleift, daß seine Füße manchmal gar nicht mehr die Erde berührten. Schließlich wurde er auf den Boden geworfen, er versank in Wasser und Schlamm, und bevor er sich aufrappeln konnte, drückte ihn ein schweres Gewicht nieder.

»Nicht bewegen!« rief Mead.

Bewegen? dachte er. Ich kann nicht mal atmen.

Gerade als er dachte, er könnte es nicht länger aushalten, sprang Mead auf, packte ihn am Kragen seines Hemdes und zog ihn hoch. »Wissen Sie, wie man damit umgeht?« fragte Mead und drückte ihm eine M-16 in die Hand.

Bevor er antworten konnte, riß Mead sie wieder an sich, entsicherte sie und gab sie ihm zurück. »Sie brauchen nur den Abzug zu ziehen. Aber bewegen Sie sich nicht! Ich bin gleich zurück.« Dann war er verschwunden.

Auf halbem Weg zum Hubschrauber stieß Mead auf Romer. Er saß ein wenig benommen im Wasser und rieb sein Bein.

»Sind Sie okay, Sir?«

»Ja. Wo ist der Botschafter?«

Mead zeigte hinter sich. »Bleiben Sie hier! Ich hole die anderen.«

Magnuson kniete im Wasser und versuchte, unter den Hubschrauber zu kommen. Er fluchte fürchterlich. »Hurenfotze! Falsche Sau!«

Mead zog ihn am Arm. »Lieutenant, Sie müssen hier weg.«

»Irgendwas ist mit der Treibstoffleitung. Ich will wissen, was da los ist.«

»Vergessen Sie das, Sir! Wir haben jetzt andere Probleme. Die Gooks. Gleich wimmelt es hier von denen. Die schießen das Ding in Brand. Wir müssen eine Abwehrstellung bilden.«

Aus der Dunkelheit humpelte Ridley herbei. »Kriegen wir die wieder flott?«

Magnuson schüttelte den Kopf. »Sie steckt tief im Schlamm. Die Rotorblätter kriegen wir niemals raus.«

Mead sprang in den Hubschrauber, holte die Gewehre und Schutzwesten, die Romer und Marshall zurückgelassen hatten. »Ist ein tragbares Funkgerät an Bord?«

»Bei diesem nicht«, sagte Magnuson. »Aber wir haben unsere Position durchgegeben. Die werden bald hier sein.«

Mead sprang heraus. »Sind noch andere Gewehre da oder Handgranaten oder Leuchtraketen?«

»Im Cockpit. Ich hole sie«, sagte Magnuson. Als er zurück war, gingen sie durch das Reisfeld zu Romer und nahmen ihn mit zu Marshall.

»Irgendwas war mit der Treibstoffleitung nicht in Ordnung«, erklärte Magnuson. »Vielleicht ist sie gerissen, oder sie war verstopft, weil der Treibstoff verschmutzt war, oder sonstwas – jedenfalls hat der Motor keinen Treibstoff mehr bekommen. Wir hatten die ganze Zeit Funkkontakt, aber es kann trotzdem Stunden dauern, bis sie uns gefunden haben. Mehr kann ich Ihnen auch nicht sagen.«

Ridley wandte sich direkt an Marshall. »Ich möchte Ihnen sagen, Sir, das war wirklich eine Meisterleistung von Lieutenant Magnuson. Es gibt nicht viele Piloten, die einen Hubschrauber ohne Motor und Instrumente aus tausend Fuß Höhe sicher herunterbringen könnten, und das noch im Dunkeln.«

»Ja«, sagte Marshall, und seine Erleichterung grenzte an Euphorie. Daß er überlebt hatte, war ein gutes Vorzeichen. Das Schicksal hatte ihn verschont, damit er seine Mission erfüllen konnte. Er würde den Krieg beenden. »Ich bin heilfroh, daß ich noch ganz bin. Eine Zeitlang dachte ich, das wär's denn wohl.«

Er sah sich befriedigt in dem dunklen Gelände um. »Dann brauchen wir also nur noch zu warten, bis sie uns finden.«

Die anderen blickten sich verstohlen an.

»Ganz so einfach ist es leider nicht«, sagte Magnuson schließlich. »Sehen Sie, Sir, das MACV weiß, daß wir runtergehen mußten, und sie wissen auch etwa, wo, und sie werden sofort eine Suchaktion starten, um uns zu retten ...«

»Oder auch nicht«, warf Marshall ein. »Vielleicht lassen sie mich zur Strafe hier draußen schmoren.«

»Na ja, Sir, wir können jedenfalls sicher sein, daß der Feind eine Suchaktion startet. Sie hören unseren Funkverkehr ab und wissen, daß wir abgeschmiert sind. Außerdem haben sie Augen. Vielleicht haben sie uns eben runterkommen sehen. Die könnten schon ganz in der Nähe sein.«

»Genau, Sir«, meldete sich Mead zu Wort. »Darum sollten wir uns unbedingt verteilen. Wie wir hier zusammenhocken, genügt eine Handgranate, um uns alle in die Luft zu jagen. Aber auch nicht zu weit, damit sie uns nicht einzeln fertigmachen können. Und wir brauchen eine Parole; nachts kann eine Menge unheimliches Zeug passieren. Sie hören Stimmen und können schwören, daß da einer rumschleicht. Am Ende bringen wir uns noch gegenseitig um.«

»Ich habe die ganze Infanterieausbildung verschlafen«, sagte Magnuson. »Gebt mir ein Gewehr, und sagt mir, was ich tun soll! Ich bin Flieger und kein Stoppelhopser.«

Romer war der ranghöchste Offizier und außerdem noch Infanterist, aber er wußte, daß Mead in dieser Situation weit mehr Erfahrung hatte als er. »Ich schlage vor, wir tun, was Corporal Mead sagt. Übernehmen Sie doch das Kommando und setzen uns ein, wie Sie es für richtig halten, Corporal!«

Marshall hätte diesen Vorschlag gleichfalls gemacht, denn instinktiv hatte er zu Mead größeres Vertrauen als zu Romer, aber er sagte nichts. Er zog seine Schutzweste an und ergriff das Gewehr. Etwas schien von der Waffe in seine Hand zu strömen, ein altvertrautes Gefühl, und er drückte das Gewehr an sich. Es fühlte sich gut an, und eine verwirrend lustvolle Erregung lief durch seinen Körper.

Mead war überrascht, daß Romer ihm die Führung überließ. »Jawohl, Sir«, sagte er und wandte sich an die übrigen, wie er es als Führer einer kleinen Patrouille getan hätte. »Im Augenblick können wir nicht viel tun außer Sitzen und Warten. Die Gooks können den Hubschrauber gegen den Horizont erkennen, aber sie wissen nicht, ob alle tot sind oder verwundet oder ob wir uns alle davongemacht

haben. Sie können nur raten, und darum werden sie sehr vorsichtig sein. Aber wir wissen nicht, aus welcher Richtung sie kommen. Deshalb bilden wir eine Abwehrlinie – Abstand circa fünf Meter, die beiden Außenleute sichern nach den beiden Seiten, die drei in der Mitte nach vorn und hinten.«

»Keinen Kreis?« fragte Ridley.

»Zu gefährlich«, erwiderte Mead. »Nachher schießen wir noch auf die eigenen Leute. Eine gerade Linie ist besser, und wir können nach allen Seiten sichern. Jeder muß sich nur seine Nebenmänner merken. Schießen Sie nur, wenn es absolut nötig ist. Der Mündungsblitz würde uns verraten, und dann decken sie uns ein. Will jemand eine Handgranate? Ich habe sechs Stück.«

Romer, Magnuson und Ridley nahmen jeweils eine. Mead überprüfte sämtliche Gewehre, gab Munition aus und sorgte dafür, daß alle wußten, wie man mit der Waffe umging; dann wies er ihnen die Stellung zu.

»Welche Parole wollen wir nehmen?« fragte er.

»Motherfucker«, sagte Magnuson.

»Wie wär's mit ›Dolores‹?« fragte Romer maliziös.

»›Dolores‹ ist gut«, sagte Mead. »Da haben wir was, woran wir denken können.«

»Aber lassen Sie sich nicht zu sehr ablenken, Corporal! Oder Lieutenant!« warf Marshall ein. »Konzentrieren wir uns lieber darauf, meinen Arsch zu retten!«

Sie lachten und schwiegen dann, und die Stille war plötzlich höchst beängstigend, und alle spürten, wie verletzbar und wehrlos sie waren.

Marshall dachte fünfzehn Jahre zurück, als er das letzte Mal so dagesessen hatte, in Korea. Damals war er viel kaltblütiger gewesen – und ängstlicher. Nicht weil die Bedrohung damals größer gewesen wäre, nein, vielmehr weil er jetzt älter war. Der Tod schien einiges von seinem Schrecken verloren zu haben; es gab weitaus Schlimmeres. Das hatte er damals noch nicht gewußt; er war ganz auf sich selbst bezogen gewesen – eben zu jung.

Er saß mit untergeschlagenen Beinen im Reisfeld, das Gewehr im Schoß, und versuchte, seine Empfindungen zu ergründen. Nein, es war nicht Angst, was er empfand; vielmehr das Wiedererwachen eines beinahe vergessenen Gefühls erhöhter Lebendigkeit – als hätte er die ganzen Jahre geschlafen, seit er in Chosin im Schnee

gelegen, das Gewehr an sich gedrückt und darauf gewartet hatte, den Feind zu töten. Er ließ die Finger über den Lauf und das Schloß bis hin zum Abzugsbügel gleiten. Was er fühlte, war animalisch und wunderbar, und er hätte gewünscht, es nicht zu fühlen.

Nicht weit von ihm saß Mead; er war der einzige, der die wirkliche Gefahr kannte, und er wußte, daß Marshalls und ihrer aller Leben allein von ihm abhingen. Lieutenant Magnuson hatte den Hubschrauber heruntergebracht – wie, das war ihm ein Rätsel. Und jetzt war es an ihm, sie durchzubringen.

Hastig ging er sämtliche Möglichkeiten durch, und plötzlich wurde ihm klar, daß er einen Fehler gemacht hatte: Hier herumzusitzen war das Gefährlichste, was sie tun konnten. Der Feind würde sie sehr schnell aufspüren, wenn er erst einmal gesehen hatte, daß der Hubschrauber leer war. Dummkopf! dachte er.

Wenn sie den Funkverkehr mitgehört hatten, dann wußten sie, daß ein hohes Tier an Bord war, und sie würden alles daransetzen, vor dem Rettungstrupp da zu sein. Als erstes würden sie den Hubschrauber untersuchen – und dort war die beste Gelegenheit, sie zu überraschen.

Er kroch zu Magnuson.

»Wir müssen rüber zum Hubschrauber«, sagte er. »Sie und ich.« Magnuson war der einzige, dem er vertraute. Wer so eine Landung fertigbrachte, der würde auch in einem Feuergefecht nicht den Kopf verlieren. »Die Gooks werden direkt zum Hubschrauber gehen. Wir müssen ihnen da auflauern. Wir dürfen nicht warten, bis sie zu uns kommen.«

»Ich hab's mir anders überlegt«, sagte Magnuson. »Ich will doch lieber, daß Colonel Romer das Kommando übernimmt.«

Mead kroch zu den anderen und sagte ihnen Bescheid; dann schlichen er und Magnuson in Richtung Hubschrauber; gut fünfzehn Meter von ihm entfernt fanden sie eine Stelle, die ihnen Deckung und gute Sicht bot. Sie setzten sich Rücken an Rücken auf den Boden und warteten, die Gewehre im Schoß. »Wissen Sie, wie man eine Handgranate wirft?« flüsterte Mead.

»Man zieht den Stift, zählt bis fünf und wirft.«

»Richtig. Nur können Sie diesmal das Zählen vergessen. Wir müssen sehen, daß wir so weit wie möglich wegkommen. Wenn ich's Ihnen sage, laufen Sie zu den anderen zurück – aber vergessen Sie die Parole nicht! Sonst knallen die Sie noch über den Haufen; die

haben ganz schön Schiß. Also rufen Sie ›Dolores‹, wenn Sie zurückrennen!«

»Ist es nicht unglaublich, daß dieses Arschloch davon anfängt«, sagte Magnuson, »und meine Akte überprüft?«

»Bumsen Sie sie, Sir?« fragte Mead.

»Niemand bumst Dolores«, erwiderte Magnuson. »Sie ist eine Professionelle – die könnte sich einen Torpedo in die Fotze schieben und einen Feuerlöscher blasen. Wenn sie hier wäre, würde sie sogar die Kiste da wieder hochbringen; die bräuchte sich nur den Auspuff vorzunehmen.«

Mead lachte leise. »Piloten haben's gut.«

»Gut? Scheiß drauf. Heute morgen hätt ich's beinahe nicht mal mehr zum Flugplatz geschafft. Die macht einen fertig, kann ich Ihnen sagen. Ich bin abgehauen, als sie grad mal ihre Fotze kühlen ging.«

Magnuson verstummte, horchte, suchte die Dunkelheit nach verdächtigen Zeichen ab, doch Mead, für den ein nächtlicher Hinterhalt nichts Neues war, spürte sogleich, daß noch kein Feind in der Nähe war.

»Woher wußten Sie, daß ich von der DMZ gekommen bin, Sir?« fragte er Magnuson. »Ich weiß, daß Sie meine Akte nicht gelesen haben.«

Magnuson schwieg eine ganze Weile, dann sagte er schließlich: »Luke Bishop ist ein guter Freund von mir. Ich hab ihn in Da Nang getroffen, bevor ich hier runter gekommen bin. Er hat mir gesagt, wenn ich Sie sehe, soll ich Ihnen ›Hi‹ sagen.« Er machte eine kurze Pause. »Kann auch ›Bye‹ gewesen sein.«

»Sie kennen Lieutenant Bishop? Er ist ein guter Offizier.«

»Luke Bishop ist ein absoluter Trottel. Mein Gott, Sie hätten ihn in Da Nang sehen sollen. Beinahe wären wir im Bau gelandet.«

»Lieutenant Bishop?«

»Im College hat er immer nur Football gespielt und Mädchen aufgerissen. Ich glaub, der hat noch nie was gelernt. Und in Da Nang sah er beschissen aus. Was habt ihr da oben mit ihm angestellt?«

»Das war nur der Krieg, Sir.«

Sie schwiegen eine Weile, horchten gespannt in die Dunkelheit, doch es lag nichts in der Luft, und Geräusche gab es auch keine.

»Was ist mit Mr. Lord?« fragte Mead unvermittelt.

Es folgte eine lange Pause, dann drehte Magnuson sich um, so daß er Mead in die Augen sehen konnte. Ihre Gesichter waren nur Zentimeter voneinander entfernt. Sie blickten sich eine Minute unverwandt an, schließlich sagte Magnuson: »Holen Sie mich hier heil raus, dann sag ich es Ihnen. Wir setzen uns irgendwo hin und reden darüber. Das verspreche ich Ihnen. Das bin ich Ihnen schuldig.«

»Ich glaube, wir wären dann quitt, Sir. Ich schulde Ihnen was, weil sie uns heil runtergebracht haben.«

»Das ist mein Job.«

»Und das hier ist meiner.«

Magnuson grinste. »Hört sich an wie im Kino.«

Plötzlich legte Mead ihm die Hand auf die Schulter, ein fester Griff – und er drehte ihn Richtung Hubschrauber.

Magnuson hörte und spürte gar nichts – außer der unglaublichen Veränderung, die in Mead vorgegangen war. Er fühlte förmlich die Spannung, die geballte Ladung neben ihm, und dennoch wirkte Mead – für ihn ganz unverständlich – noch lockerer und entspannter als zuvor.

»Was ist los?« flüsterte er.

»Sie kommen. Ich kann sie riechen.«

Magnuson schnupperte. »Und ich dachte, Sie haben einen fahren lassen.«

Mead lachte. »Sie sind gut, Lieutenant. Aber ich kann sie wirklich riechen. Das ist wegen dem ganzen Fisch, den sie essen. Die können uns auch riechen; die meinen, wir stinken. Weil wir soviel Fleisch essen. Aber jetzt nicht; sie haben den Wind im Rücken. Konzentrieren Sie sich! Riechen Sie!«

Magnuson tat es. Und Mead hatte recht, man konnte sie tatsächlich riechen. Ein deutlicher Geruch nach Fisch. Und plötzlich hörte er auch die Veränderung – die plötzliche Stille; nur ein paar Frösche machten sich davon und sprangen platschend ins Wasser.

»Holen Sie mich hier raus! Okay?«

»Sie brauchen nur zu tun, was ich sage.«

»Dann sagen Sie es schnell! Und machen Sie's einfach, ja? Ich scheiße vor Angst gleich in die Hose.«

»Die auch«, sagte Mead.

»Hoffentlich.« Magnuson zitterte so heftig, daß er meinte, der Feind müßte das Wasser im Reisfeld plätschern hören. Ich bin völlig

unfähig, auch nur einen Finger zu rühren, dachte er. Dann spürte er Meads Hand im Nacken, einen festen, sicheren Griff, der seinen Kopf leicht zur Seite drehte, so daß er links am Hubschrauber vorbeisah. Er nickte. Zwei Männer krochen vorsichtig durch das Reisfeld. Mead ließ ihn los.

Seine flüsternde Stimme war ebenso fest und beruhigend wie sein Griff: »Sie schicken zwei Mann von jeder Seite zum Hubschrauber. Wenn die ihn untersucht haben, werden sie die anderen zu sich rufen. Sobald sie alle zusammen sind, um zu beraten, was sie als nächstes machen, werfen Sie die Handgranate auf den Hubschrauber. Versuchen Sie, ihn zu treffen! Machen Sie's auf mein Zeichen, dann laufen Sie, so schnell Sie können. Wenn wir etwas Glück haben, fliegt die Kiste in die Luft.«

Magnuson tastete unsicher nach der Handgranate. Er wußte, er würde sie ins Wasser fallen lassen, oder noch schlimmer: der Stift rutschte heraus und das Ding explodierte in seinem Schoß. Kein Wunder, daß Luke Bishop reif für die Klapsmühle war, dachte er. Dann spürte er wieder Meads Hand in seinem Nacken; sie drehte seinen Kopf nach rechts, und tatsächlich, genau wie er gesagt hatte, waren da noch zwei Mann, die aus der entgegengesetzten Richtung auf den Hubschrauber zuschlichen.

Mit Schrecken und Ehrfurcht verfolgte er den Pas de deux, den die beiden feindlichen Teams vollführten. Selbst in seiner Angst erkannte er die Schönheit der geschmeidigen Bewegungen – silhouettenhafte Gestalten auf einer dunklen Bühne, die sich an ein riesiges schlafendes Tier heranpirschten. Er hielt den Atem an, als sie sich dem schwarzen Drachen näherten, und plötzlich war er bei ihnen und spürte die Angst, die sie empfanden.

Die eine Gruppe bewegte sich vor, dann die andere, dann beide, bis sie bei dem havarierten Hubschrauber zusammentrafen. Sie umkreisten ihn rasch, sahen drinnen nach und sprangen wieder heraus.

Dann rief einer mit leiser, tiefer Stimme.

»Mein Gott!« flüsterte Magnuson, als er an die dreißig Soldaten aus dem Dunkeln auftauchen und auf den Hubschrauber zuwaten sah.

»Machen Sie sich fertig!« raunte Mead ihm zu.

Die Vietcong-Einheit war nun bei dem Hubschrauber, und Mead wußte, daß sie sich gleich in Suchtrupps aufspalten und in alle

Richtungen ausschwärmen würden. In der Ferne hörte er das dumpfe Dröhnen der Rettungshubschrauber.

»Jetzt!« sagte Mead, zog an dem Stift an seiner Handgranate, schleuderte sie weg und hatte schon den zweiten Stift gezogen, als Magnuson gerade seine erste warf. Er schleuderte seine zweite Granate und rannte hinter Magnuson her. Er hörte zwei Granaten auf den Hubschrauber aufschlagen und die dritte ins Wasser fallen. Er hörte erschrockene und ängstliche Schreie von den feindlichen Soldaten, dann automatisches Gewehrfeuer und Rufe.

»Dolores«, rief er, hechtete nach vorn, erwischte Magnuson an den Fußknöcheln und riß ihn zu Boden, als drei kurze Explosionen ertönten, gefolgt von einer ohrenbetäubenden Detonation und einem blendend grellen Lichtblitz.

Der Boden bebte, als der Hubschrauber explodierte; Splitter flogen über ihre Köpfe hinweg, und eine Stichflamme schoß zwanzig Meter in die Höhe.

Mead hörte Schreie, und als er sich auf die Seite rollte und zurückblickte, sah er brennende Männer, die aus dem Inferno zu fliehen versuchten und sich in das brackige Wasser warfen. Schmerzensschreie erfüllten die Luft.

Die Hitze war unerträglich, und sie mußten die Hände vor die Augen halten, um sie vor dem gleißenden Feuerball zu schützen.

Im selben Augenblick nahmen die Hubschrauber am Horizont Kurs auf sie, und Suchscheinwerfer strichen über die Reisfelder.

Mead sah, wie die feindlichen Soldaten ihre Verwundeten aufnahmen und in Richtung des Dorfes und des Dschungels davoneilten, die im Süden zu erkennen waren.

Plötzlich sprang Marshall auf.

Hundert Meter vor ihm, von der Glut der Explosion hell erleuchtet, waren drei feindliche Soldaten. Sie hatten sich dem Hubschrauber von hinten genähert und standen wie versteinert in dem gleißenden Licht.

Sie waren so nahe, daß Marshall den Schrecken und die Angst in ihren Gesichtern erkennen konnte; und dann, als sie angriffen, riß er das Gewehr an die Schulter und feuerte.

Einer der Männer stürzte zu Boden; Marshall schwenkte den Lauf auf den zweiten, feuerte nochmals und leerte schließlich das Magazin auf den dritten.

Noch bevor Marshall zu schießen aufhörte, war Mead aufge-

sprungen und rannte los. Er fand sie im Wasser liegend, zwei von ihnen das Gesicht nach unten, alle tot und alle in die Brust getroffen.

Als er zurück war, stand Marshall immer noch da, das Gesicht eine Maske. Mead reichte ihm wortlos das Gewehr; er sah auf seine Hände, dann wischte er sie an der Hose ab.

»Jesus...« begann Mead.

Aber Marshall sah an ihm vorbei, dorthin, wo die toten Männer lagen. Dann wandte er den Blick wieder Mead zu.

»Ich möchte nicht, daß Sie irgend jemandem davon etwas sagen.«

»Aber, Sir...«

»Kein Wort!« Dann wandte er sich an die übrigen. »Das ist ein Befehl. Haben Sie das verstanden?«

»Sir, Sie haben alle drei erwischt«, sagte Mead ehrfurchtsvoll. »Genau in die Brust. Die hätten uns fertigmachen können. Sie haben uns gerettet, ich meine, das war...«

Marshall schüttelte den Kopf. »Ich möchte, daß Sie niemals darüber reden. Ich meine das ernst. Das ist ein Befehl. Ich... Ich meine...« Dann verstummte er und starrte in die Dunkelheit, unfähig, seinen Gefühlen Ausdruck zu verleihen, ja, er wußte nicht einmal, was das für Gefühle waren.

Was *hatte* er denn gefühlt? fragte er sich. Nichts. Er erinnerte sich, daß er nichts gefühlt hatte. Es war instinktiv geschehen. Und was fühlte er jetzt? Keine Freude, keine Erleichterung. Nur tiefe Trauer. Ich dachte, die Zeiten wären endgültig vorbei, sagte er zu sich selbst. Ich wollte gar nicht wissen, daß ich noch dazu fähig bin. Nichts hat sich geändert, dachte er deprimiert. Das Töten geht weiter. Er sah auf seine Hände: Guadalcanal, Chosin und jetzt hier.

Er blickte die anderen an; er schuldete ihnen eine Erklärung.

»Ich kann mir nicht vorstellen, daß der Präsident erfreut wäre, wenn er erführe, daß sein Botschafter, der Mann, den er hergeschickt hat, damit er eine Lösung für den Krieg sucht, sich in Reisfeldern Feuergefechte mit dem Feind liefert. Das könnte die Dinge... komplizieren. Ich werde kaum Verhandlungen führen können, wenn der Gegner weiß, daß ich... also daß ich seine Leute...« Er konnte den Satz nicht beenden, konnte nicht »getötet habe« sagen, denn er wollte nicht mehr daran denken. Nie mehr.

»Ich will nie mehr davon hören«, sagte er. »Sie werden niemals darüber sprechen. Ist das klar?«

Sie nickten, und fast im selben Augenblick erdröhnte die Nacht vom Schlag der Rotorblätter, als die Helikopter von Norden her anflogen.

Mead löste eine Signalrakete von seiner Jacke und schoß sie in die Luft. Ein grüner Blitz leuchtete auf, dann schwebte die leuchtende Kugel über ihren Köpfen und sank langsam zu Boden. Bevor er eine zweite abfeuern konnte, ließen mehrere Hubschrauber von der Verfolgung der fliehenden feindlichen Soldaten ab und schwenkten zu ihnen herüber. Sie kreisten mehrmals über ihnen, dann kamen drei davon herunter, während die anderen in der Luft blieben und das gesamte Gelände mit ihren Suchscheinwerfern bestrahlten.

Aus dem riesigen CH-47 Chinooks sprangen mehrere Trupps Infanteristen und stürmten auf Mead und die anderen zu.

»Alles in Ordnung?« rief ein Offizier durch den Lärm der donnernden Motoren. »Wo ist Viceroy?«

Marshall trat vor.

»Sind Sie wohlauf, Sir?«

»Ja«, erwiderte Marshall. »Wir sind alle wohlauf.«

Der Offizier packte ihn am Arm. »Wenn Sie dann bitte mitkommen würden. Wir bringen Sie hier raus.«

Der Offizier gab zwei Gruppen den Befehl, dazubleiben und nach verwundeten feindlichen Soldaten zu suchen, dann führte er Marshall und die anderen zu einem der Hubschrauber, und sie hatten sich noch nicht angeschnallt, da hob die Maschine schon ab.

Marshall versuchte, alle Gedanken aus seinem Kopf zu vertreiben, aber das Bild der drei Soldaten in dem Augenblick unmittelbar vor ihrem Tod hatte sich in sein Gehirn eingebrannt. Ich will nicht daran denken, sagte er entschlossen zu sich selbst; er drängte das Bild beiseite und konzentrierte sich statt dessen auf seine Begegnung mit den Nordvietnamesen. Das Treffen mußte stattfinden, jetzt erst recht. Das Gemetzel mußte ein Ende haben.

Aber was würde der Gegner verlangen? Was würde Johnson zu geben bereit sein? Welche Zugeständnisse konnte er vom Norden erwarten?

Gespräche, es würde endlose Gespräche geben, Argumente und Gegenargumente, Vorschläge und Leerlauf. Alte Männer schwatzten, während junge starben.

Als erstes mußte ein sofortiger Waffenstillstand her, das war das Wichtigste – damit das Sterben ein Ende hatte. Das war der erste Schritt: Einstellung der Bombardierung, Schluß mit dem Gemetzel.

Er brachte imaginäre Vorschläge ein, als der Hubschrauber sich Saigon näherte und nach Tan Son Nhut einschwebte.

Als er aus dem Helikopter stieg, sah er eine Gruppe höherer Offiziere, die auf dem Flugfeld auf ihn warteten.

»Du lieber Himmel!« sagte er leise zu sich selbst, doch ohne Zögern ging er auf sie zu. Dann drehte er sich zu dem Hubschrauber um, neben dem die Besatzung und die Soldaten standen.

»Vielen Dank«, sagte er. »Sie haben ausgezeichnete Arbeit geleistet. Es war zwar nur eine Übung, aber ich bin sicher, wenn wir wirklich in Schwierigkeiten gewesen wären, hätten wir uns auf Sie verlassen können.«

Sie lachten anerkennend.

»Nochmals vielen Dank.« Dann winkte er Magnuson, Mead, Romer und Ridley zu sich und führte sie zu den wartenden Offizieren und Botschaftsbeamten.

»Ich wünsche, daß alle diese Männer eine Auszeichnung erhalten, nicht weil sie mir das Leben gerettet haben – was allerdings zutrifft –, sondern für außergewöhnliche Tapferkeit. Ich weiß nicht, wie Lieutenant Magnuson den Hubschrauber heruntergebracht hat. Und was er und Corporal Mead geleistet haben, war einfach heldenhaft. Sie haben zu zweit eine ganze Einheit feindlicher Soldaten in die Flucht geschlagen. Dann stürmten drei feindliche Soldaten von hinten auf uns los, und Colonel Romer und Mr. Ridley haben sie erschossen.«

Er wandte sich an die Männer. »Ich finde einfach keine Worte. Wie dankt man jemandem, der einem das Leben gerettet hat?« Er schüttelte jedem die Hand, dann legte er seine Arme um Mead und Magnuson und sagte zu dem Zweisternegeneral vor ihm: »Ganz besonderes Lob gebührt Corporal Mead und Lieutenant Magnuson.«

»Lob?« fragte Romer im Scherz. »Die gehören vor ein Kriegsgericht, Sir. Der eine fliegt seine Maschine zu Schrott, und dann jagt der andere sie in die Luft.«

»Das ist richtig – vorsätzliche Zerstörung von Staatseigentum. Vielleicht sollten wir die Kosten für den Hubschrauber von ihrem

Sold abziehen. Und jetzt, meine Herren... und Dolores«, fügte er hinzu, denn er hatte seine Sekretärin hinter Colonel Waggoner entdeckt.

»Himmel!« flüsterte Magnuson, als er sah, wie ängstlich sie zu ihm herüberblickte und dabei unbewußt die Nägel in Colonel Waggoners Arm grub.

«Dolores«, sagte Marshall. »Sie haben uns ebenfalls gerettet, denn Sie waren unser geheimes Kennwort. Ich bin sicher, wir lägen jetzt mit durchschnittenen Kehlen da draußen, wenn es Sie nicht gäbe. Und jetzt entschuldigen Sie mich bitte! Ich denke, ich werde für heute nacht frei nehmen und für morgen gleich dazu. Das gilt übrigens für alle. Daß mir niemand morgen kommt!«

Er nickte allen zu und ging zu seinem Wagen, der auf dem Flugfeld parkte. »Bringen Sie mich hier raus, Stokes!«

Die anderen sahen dem Wagen nach, dann wandte sich der General an Romer und die übrigen. »Bevor Sie Ihren Urlaub antreten, hätten wir gern einen Bericht, wenn es Ihnen nichts ausmacht. Vielleicht könnten Sie uns ein wenig informieren..., was zum Teufel da draußen los war.«

Gut zwei Stunden dauerte es, bis man Mead endlich entließ. Romer und Magnuson waren immer noch da, als er ging.

Vor dem Tor nahm er ein Taxi, und als er um zwei Uhr morgens vor seinem Haus ausstieg, waren genau vierundzwanzig Stunden vergangen, seit er sich in der vergangenen Nacht auf den Weg zur Botschaft gemacht hatte.

Er zahlte und stand noch eine Weile auf dem Gehsteig, er war zu müde, sich von der Stelle zu rühren. Da sah er Lacouture die Straße hoch auf sich zurennen. »Auch das noch!« sagte er leise zu sich selbst.

Lacouture rannte, sein Taschentuch schwenkend, und blieb entsetzt vor ihm stehen. »*Chéri*! Was ist passiert? Sie sind ja ganz naß. Und Ihre Kleider sind zerrissen. Ist alles in Ordnung? Sind Sie verletzt? Mein Gott! Bluten Sie?«

»Ich bin okay«, sagte Mead schroff. »Hören sie, Mr. La...«

»Bernard.«

»Ja. Bernard. Hören Sie, Bernard, ich bin wirklich kaputt. Es ist alles in Ordnung, wirklich, ich bin nicht verletzt – ich bin nur naß geworden. Ich will ja nicht unhöflich sein, aber können wir nicht ein andermal miteinander reden?«

Lacouture zupfte nervös an seinem Taschentuch. »Natürlich. Ich hätte Sie nicht belästigen sollen. Ich ... ich wollte Sie nur sehen. Ich wollte wissen, ob es stimmt ... daß wir Freunde sein können.«

Er blickte so traurig und verloren drein, daß Mead Mitleid mit ihm empfand. »Ja, sicher«, sagte er. »Ich bin nur jetzt gerade so müde, daß ich mich kaum noch auf den Beinen halten kann. Ein andermal, okay?« Er legte Lacouture die Hand auf die Schulter. »Ich verspreche es Ihnen.« Dann ging er die Treppe hinauf.

Lacouture sah ihm nach. Er spürte immer noch den kraftvollen Griff an seiner Schulter, kraftvoll, und dennoch zärtlich. Eine Woge von Glück ging durch seinen Körper. Vielleicht ist es ja doch wahr, dachte er.

Als Mead die Tür zu seinem Zimmer öffnete, sprang Sung von dem Schlafsack auf, der in der Ecke auf dem Boden lag. Das Licht war an, und der Raum erschien ihm noch weniger vertraut als am Tag zuvor. Eine Decke war über den Tisch gebreitet, und eine Vase mit Blumen stand darauf. Am Fenster hingen neue Vorhänge, und auf dem Boden lag ein Strohteppich.

Als sie ihn sah, schlug sie die Hände vor den Mund. »Bist du verletzt?« fragte sie.

Sie zu sehen erfüllte ihn mit einem unendlichen Glücksgefühl; er wollte sie an sich ziehen, aber statt dessen trat er zurück und sagte scheu: »Nein, mir geht's gut.«

»Aber dein Gesicht und ...« Sie sah auf seine durchnäßten, zerrissenen Kleider.

Er ging zum Spiegel. Sein Gesicht und sein Haar waren schlammverkrustet, und als er an sich hinuntersah, hatte er den Eindruck, als wäre er wirklich in einem Gefecht verletzt worden.

»Ich bin okay«, sagte er. »Wirklich.«

Er wollte sich hinsetzen, aber er fühlte sich zu schmutzig, und dann bemerkte er, daß er Dreck ins Zimmer getragen hatte. »Tut mir leid«, sagte er und blickte auf die Schlammspur. »Ich ziehe das wohl besser aus.« Aber er fühlte sich nicht wohl bei dem Gedanken, sich vor ihr auszuziehen, auch wenn er nicht verstand, woher dieses Gefühl kam.

Er zog seine Jacke aus und hielt sie in der Hand, denn er wußte nicht, wohin damit.

Schließlich nahm sie ihm die Jacke ab und wartete, bis er auch die Stiefel ausgezogen hatte. Sie stellte sie in die Ecke und kam zurück,

um seine Hose entgegenzunehmen. Dann ging er rasch durch das Zimmer, um frische Unterwäsche anzuziehen.

»Möchtest du etwas zu essen?« fragte sie. «Oder zu trinken? Ich habe Tee von dem Geld gekauft, das du mir gegeben hast.«

»Nein, danke«, sagte er und begann zu gähnen. Er ließ sich auf den Schlafsack fallen.

»Geht's dir gut?« fragte er.

»Ja«, sagte sie. Sie stand auf der anderen Seite des Zimmers und hielt seine Kleider in der Hand. »Es geht mir schon viel besser.«

Aber er hörte nicht mehr; er war schon eingeschlafen.

Es war fast drei Uhr morgens, als Magnuson endlich in seine Unterkunft zurückkehren konnte, nachdem er drei verschiedenen Gruppen: Militär, State Department und Geheimdienstleuten, einen lückenlosen Bericht erstattet hatte über sämtliche Ereignisse des Tages einschließlich aller Zwischenstopps, sämtlicher Äußerungen, die Marshall getan hatte, und aller seiner sonstigen Beobachtungen.

Er duschte sich und war gerade beim Abtrocknen, als es leise an die Tür klopfte.

O nein! stöhnte er innerlich und dachte an Dolores, aber trotz seiner Erschöpfung hatte er eine Erektion, als er an der Tür war.

Wilson Abbot Lord trat ein und schloß die Tür hinter sich; er warf einen Blick auf das aufragende Glied, das Magnuson hinter seinem Handtuch zu verbergen suchte.

»Ich wette, Sie haben jemand anderes erwartet«, sagte Lord. »Miss Toland vielleicht?«

»Mein Gott!« erwiderte Magnuson. »Haben die das heute in den Nachrichten durchgegeben. Ganz Vietnam scheint schon Bescheid zu wissen.«

Lord ging zu einem Sessel und setzte sich. »Wir wollen ein wenig plaudern, Lieutenant.« Er zeigte auf das Sofa vor ihm.

Magnuson band sich das Handtuch um die Hüften und setzte sich.

»Erzählen Sie mir, was mit dem Hubschrauber los war, Lieutenant!«

Das weißt du wahrscheinlich besser als ich, dachte Magnuson, aber er sagte: »Es war die Treibstoffleitung. Kann alles mögliche gewesen sein; so was kommt eben vor – verschmutzter Treibstoff,

ein Leck, Probleme mit der elektrischen Anlage. Das ließe sich nur klären, wenn man die Maschine untersuchen könnte.«

Lord nickte. »Und jetzt verschonen Sie mich bitte mit Bescheidenheit! Wieviel Glück war im Spiel, daß Sie die Maschine noch sicher gelandet haben?«

»Die Landung? Das war kein Glück – das war Können. Ich bin eben gut – und nebenbei: ich hatte auch keine Lust zu sterben.«

»Wie viele andere hätten das fertiggebracht?«

Magnuson zuckte die Achseln. »Nicht viele. Also das gilt für die Landung. Daß die Maschine beim Aufschlag nicht explodiert ist – das war Glück. Und daß wir danach durchgekommen sind, das war nun wieder kein Glück – das war Corporal Mead. Ohne ihn – oder mit jemand anderem – hätte der VC uns gehabt.«

»Es war also sehr knapp?«

Magnuson lachte. »Da war nur ein Schamhaar dazwischen, und der Präsident wäre seinen Sonderbotschafter los gewesen.«

Ob alle Piloten so reden? fragte Lord sich und dachte an Gibbon.

Lords Gesichtsausdruck und Stimme waren höflich. Er war wütend über das Geschehene, aber sein Zorn hielt sich in Grenzen, denn Pannen gehörten so sehr zu seinem Handwerk, daß sie eher die Regel als die Ausnahme bildeten. Der Plan war gescheitert; es hatte keinen Zweck, sich deshalb graue Haare wachsen zu lassen. Jetzt würde er den Reserveplan zur Ausführung bringen; jetzt hing alles davon ab, daß Lacouture das Treffen zustande brachte. Einen weiteren »Hubschrauberunfall« konnte er nicht riskieren. Und diesmal würde er sich selbst um die Einzelheiten kümmern.

Zuerst einmal mußte er Bui Cao Kim in seine Gewalt bringen. Er hatte ihn beschatten lassen und dabei herausgefunden, daß er Nachrichten zwischen Lacouture und den Kommunisten hin und her brachte – zu viele Nachrichten. Das und Lacoutures Zuversicht verstärkten seinen Verdacht, daß Lacouture ein falsches Spiel trieb. Wenn er Kim unter Druck setzte, würde der ihm schon sagen, was er wissen mußte, und dazu brauchte er Magnuson.

»Man hat Sie mir bestens empfohlen, Lieutenant. Jetzt werden wir sehen, ob Sie dieses Lob verdienen. Ich habe einen Sonderauftrag für Sie.«

Er sagte es so kalt, daß Magnuson gleich verstand, worum es sich handelte.

»Ich übe nur ungern Zwang aus«, fuhr Lord fort. »Kann ich auf Sie zählen?«

Als ob ich die Wahl hätte, dachte Magnuson, aber er sagte: »Ja, Sir.«

»Gut.« Lord stand auf und ging zur Tür. »Ich gebe Ihnen morgen Bescheid. Halten Sie sich für morgen abend bereit! Also keine sonstigen Verabredungen, ja?«

Er lächelte freundlich. »Träumen Sie was Schönes, Lieutenant!«

Marshall wachte erst um zehn Uhr morgens auf; er fühlte sich steif und zerschlagen und blieb noch eine Stunde länger im Bett.

Als er hinunterging, erschien ihm angesichts des Luxus um ihn her und der vielen Dienstboten der gestrige Tag eher als ein bizarres Feuerwerk in Breitwand und Technicolor, wie es samstags zur Kindervorstellung gegeben wird. Nur seine schmerzenden Glieder zeugten noch davon, daß alles Wirklichkeit gewesen war.

Der Frühstückstisch war mit Porzellangeschirr, Kristallglas und frischen Blumen gedeckt; die Tür zum Garten stand weit offen; der Ventilator an der Decke wehte kühle Luft und den Duft von tausend Blüten herein.

Die Botschaft hatte seine Post herübergeschickt; er sah sie oberflächlich durch, bis er auf einen Umschlag stieß, der von Hand adressiert war, dessen Stempel das Bild eines Soldaten der Special Forces zeigte und der aus Fort Bragg kam. Er riß ihn hastig auf.

Lieber Dad,

wie ist der Krieg? Sind wir am Gewinnen? Meinst Du, wenn ich rüberkomme, ist noch jemand übrig, den ich töten oder retten kann?

Die Grundausbildung war nicht so schlimm, wie ich gedacht hatte – mehr psychische Quälerei als physische Anforderungen, aber da ich in einem Klima ständiger psychologischer Kriegführung aufgewachsen bin, war ich darauf besser vorbereitet als die anderen. (Ist nur ein Scherz, Dad.)

Die zehn Prozent mit den besten Leistungen konnten wählen. Ich habe mich für die Special Forces entschieden. Hat doch keinen Zweck, halbe Sachen zu machen, oder?

Nach der Grundausbildung war ich ein paar Tage zu Hause, aber Mom hat nur geheult, und jedesmal, wenn ich reingekommen bin,

ist sie wieder in Tränen ausgebrochen wegen meinem rasierten Schädel. Ich habe Chris eine geknallt, weil er gesagt hat, mein Kopf erinnert ihn an seinen rechten Hoden; aber dann hat Sarah gesagt, das stimmt nicht, er sieht mehr so aus wie der linke Hoden von ihrem Freund (immer noch Bosco). Da bin ich dann lieber wieder abgehauen, und wahrscheinlich komme ich erst zurück, wenn der Krieg vorbei ist. Hast du eine Idee, wann das sein könnte?

Wäre schön, wenn ich Dich bald mal sehen könnte. Und hebe noch ein paar von den Roten für mich auf, ja?

Für Gott und den American Way, immer Dein Ryan

Mein Gott! sagte Marshall zu sich selbst, faltete den Brief zusammen und legte ihn unter den Stapel. Doch dann las er ihn noch zweimal.

Special Forces! Dieser blöde Trottel! Der Teufel soll ihn holen!

Er stand auf und wandte sich zur Tür; dann blieb er stehen.

Was sollte er tun? Hilflos blickte er um sich.

Nichts konnte er tun.

O mein Gott! dachte er. Ein Green Beret. Dieser saublöde Dummkopf! Er wird hier sterben.

Nein. Soweit würde es nicht kommen. Er würde es einfach nicht zulassen.

Er ging ans Telefon und rief General Tran im ARVN-Hauptquartier an.

Ein Adjutant teilte ihm mit, General Tran sei nicht da, aber wenn er seine Telefonnummer hinterlasse, könne der General ihn zurückrufen.

Noch bevor er wieder am Frühstückstisch Platz genommen hatte, klingelte das Telefon und General Tran war am Apparat.

»Nachdem ich meinem Adjutanten eingeschärft habe, jedem zu sagen, daß ich nicht da bin, scheint der Dummkopf das jetzt zu wörtlich genommen zu haben. Offenbar weiß er nicht, wer *jeder* ist. Was kann ich für Sie tun, Exzellenz?«

»Jemand möchte sich mit mir treffen und mit Ihnen auch. Man hat mir ein Wort genannt, das eine Bedeutung haben soll. Das Wort lautet ›Piepser‹.«

Am anderen Ende trat eine lange Pause ein – so lang, daß Marshall schon glaubte, sie wären unterbrochen worden.

»Ich fürchte, diese Leitung ist nicht sicher«, sagte Tran schließlich.

»Welche Leitung ist das schon? Aber auf das Wort dürfte das doch wohl zutreffen.«

»Richtig«, sagte Tran. »Es gibt nur noch einen ... einzigen Menschen, für den es etwas bedeutet.«

»Und was würden Sie ihm antworten?«

»Ich weiß nicht, ob er mich hören könnte. Oder wenn er mich hören könnte, ob ich mit ihm reden möchte.« Wieder folgte eine lange Pause. »*Goulue*«, sagte er schließlich mit bittersüßer Trauer in der Stimme.

»*Goulue*«, wiederholte Marshall. »*Français*?«

»Ja.«

»Vielen Dank, General!« sagte er aufrichtig. »Ich melde mich wieder bei Ihnen.« Die Dinge fügen sich zusammen, dachte Marshall. Er glühte innerlich. Lacouture war legitimiert, der Vorschlag für das Treffen echt. Er würde Johnson etwas Konkretes liefern können; ein sofortiger Waffenstillstand war denkbar. Und Ryan? Er bliebe verschont. Marshalls Herz schwebte in höchsten Höhen.

Als er aufgelegt hatte, holte er Lacoutures Visitenkarte aus der Brieftasche und wählte die Nummer.

»*Allô, allô*«, meldete sich Lacouture sogleich, und dies mit solchem Überschwang, daß Marshall unwillkürlich lächelte. Wenigstens ein Mensch in Saigon ist glücklich, dachte er.

»Monsieur Lacouture?«

»Ah, Exzellenz. Wie geht es Ihnen? Wie schön, daß Sie anrufen!«

»Ich habe eine Antwort. Das Wort lautet ›*goulue*‹!«

»*Pardon*?«

»*Goulue*.«

Es folgte eine Pause, dann: »*Bien*.«

»Ich hoffe, ich höre bald von Ihnen«, sagte Marshall und legte auf.

Als Lord wenig später die Bandaufzeichnung des Gesprächs abhörte, schrieb er das Wort nieder.

Goulue. Vielfraß auf französisch, er brauchte nicht einmal nachzuschlagen.

Er saß regungslos am Schreibtisch, konzentrierte sich auf das Wort. *Goulue*.

Irgend etwas war da, aber so undeutlich – eine sehr alte, erkaltete Spur.

Eine Frau. Ja, eine Frau. Aber seine Erinnerung blieb leer.

Er stand auf. Es würde schon kommen; es kam immer, wenn er so nahe daran war. Er durfte es nicht erzwingen.

Jemand klopfte an die Tür. »Herein!«

Jeff Gibbon trat ins Zimmer; er sah zerknirscht und ängstlich aus.

Lord wies auf den Stuhl und setzte sich hinter seinen Schreibtisch.

»Das ist das erste Mal, daß ich Scheiße gebaut habe«, begann Gibbon.

»Es war nicht Ihre Schuld; so was passiert eben. Daran müssen Sie sich gewöhnen. Der Pilot hat die Maschine runtergebracht, ohne daß sie explodiert ist. Und ein Marine-Corporal hat eine ganze Vietcong-Einheit in die Flucht geschlagen. Man kann Ihnen keinen Vorwurf daraus machen, daß Sie das nicht vorausgesehen haben.«

Gibbon nickte. »Danke. Es tut mir trotzdem leid, daß ich Sie im Stich gelassen habe.«

»Ist nicht so schlimm. Eigentlich war das mein Reserveplan. Jetzt nehme ich meinen ursprünglichen Plan wieder auf. Ich habe Lacouture dazu gebracht, ein Treffen zwischen Marshall und den Nordvietnamesen zu arrangieren. Marshall glaubt, er geht zu Friedensverhandlungen, aber in Wirklichkeit ist es ein Hinterhalt. Lacouture hat Marshall auch schon am Haken. Diese kleine schwule Kröte hat wirklich gut gearbeitet.«

Lord lehnte sich zurück, und sein Gesicht wurde hart. »Vielleicht auch zu gut. Er war mir etwas zu bereitwillig – und die Kommunisten auch. Die NVA braucht immer lange, bis sie reagiert; sie sind viel zu vorsichtig. Aber in diesem Fall hat es einen sehr schnellen Austausch kryptischer Botschaften gegeben, die dafür sprechen, daß sie Marshall treffen möchten. Ich glaube, Lacouture treibt ein doppeltes Spiel.«

Ein leichtes Lächeln huschte über Lords Gesicht. »Sie sehen, ich hätte beinahe auch ›Scheiße gebaut‹, weil ich nicht bedacht hatte, daß die NVA möglicherweise wirklich mit Marshall sprechen möchte, statt ihn in einen Hinterhalt zu locken. Ich habe mich so sehr von meinen eigenen Plänen und Strategien fortreißen lassen, daß ich ihre Pläne beinahe übersehen hätte. Das ist so, als spielte

man Schach, ohne auf die Züge des Gegners zu achten. Spielen Sie Schach, Jeff?«

»Ein wenig«, erwiderte Gibbon höflich.

»Ah. Sie müssen ein ausgezeichneter Schachspieler sein. Wir sollten bald mal eine Partie spielen.«

»Was wollen Sie wegen Lacoutures Doppelspiel unternehmen?« fragte Gibbon.

»Ich bin mir noch nicht sicher, daß es ein Doppelspiel ist. Das muß ich erst herausfinden. Ich muß sehen, daß ich jemanden in sein Bett bekomme, dem er seine tiefsten Geheimnisse zuflüstern kann.« Er sah Gibbon durchdringend an. »Das würden Sie machen, oder?«

Gibbon schluckte, wich seinem Blick aber nicht aus. »Wenn Sie es mir sagen, ja, Sir.«

Lord lächelte. »Ich habe schon jemanden, trotzdem vielen Dank. Und damit ich sicher sein kann, daß Lacouture kein doppeltes Spiel treibt, werde ich mir seinen Kurier Bui Cao Kim vornehmen.«

»Und was kann ich tun?« fragte Gibbon.

»Im Augenblick nichts, aber möglicherweise brauche ich Sie später noch. Am meisten können Sie mir helfen, indem Sie mir zuhören. Es ist schön, jemand zu haben, dem man vertrauen kann.«

Mead fuhr hoch, sah auf die Uhr, sprang von seinem Schlafsack auf und rannte in die Ecke, in der gewöhnlich seine Kleider lagen.

Es war ein Uhr nachmittags. Mein Gott, dachte er, jetzt habe ich verschlafen. Die stellen mich vors Kriegsgericht. Dafür will Waggoner meinen Arsch.

Aber wo waren seine Kleider? Und was war mit den Stiefeln los? Er nahm sie verwundert hoch. Sie waren geputzt, aber nicht auf Hochglanz poliert, wie er es immer tat, und außerdem waren sie naß. Dann schlug er sich gegen die Stirn und erinnerte sich an den vergangenen Tag und daß er gar nicht in die Botschaft brauchte.

Er drehte sich um und sah Sung, die ihn unsicher anblickte; sie saß am Tisch und flickte seine zerrissenen Sachen. Er stellte die Stiefel auf den Boden, ging zum Tisch und setzte sich ihr gegenüber auf einen Stuhl. »Danke«, sagte er.

Sie senkte den Kopf.

Er nahm ihr die Sachen aus der Hand. »Das brauchst du doch nicht zu machen.«

Sie sah nicht auf. »Ich ... habe sonst nichts zu tun.« Sie lächelte.

»Ich sage immer das Falsche. Ich hätte eigentlich sagen sollen: Das macht mir nichts aus.«

»Nein. So was darfst du nicht sagen. Sag nur, was du meinst! Und tu, was du tun willst! Auch wenn du nichts zu tun hast – nichts ist immer noch besser, als einem Kerl die Stiefel zu putzen und die Kleider zu flicken.«

»Hat deine Mutter das denn nicht für deinen Vater getan?«

»Doch. Aber sie hätte es nicht tun sollen. Und außerdem will ich nicht, daß du wie meine Mutter bist.«

Er stand auf und ging in eine andere Ecke, in der Marschverpflegung und Kaffeepäckchen lagen.

Er kam mit ein paar Dosen und etwas Kaffee zurück. »Hey, sollen wir heute mal ausgehen? Ich muß nicht zur Arbeit. Hast du Lust, irgendwohin zu gehen?«

Freudig erregt setzte er sich wieder hin. »Wir könnten in die Stadt gehen oder zum Fluß. Der Zoo! Hey, wie wär's mit dem Zoo. Bist du schon mal da gewesen?«

Sie schüttelte scheu den Kopf, immer noch ohne aufzublicken.

»Dann müssen wir unbedingt hin. Ich meine ... wenn du willst. Würdest du ... ich meine, willst du mit mir hingehen? Oder würdest du ... lieber nicht?«

Sie hielt den Kopf gesenkt, dann zeigte sie auf ihre zerrissene Bluse und sagte unsicher: »Meine Kleider ...«

»Ich hab dir doch gesagt, du sollst dir neue kaufen. Ich hab dir extra Geld dafür gegeben.«

Sie zeigte auf seine Hose, die auf dem Fußboden lag. »Ich habe dir das Geld in die Tasche gesteckt. Ich konnte es doch nicht für Kleider nehmen.«

»Ach, Unsinn!« sagte er. »Ich meine, ich möchte dir Kleider kaufen. Ich brauche kein Geld. Ich geb nie welches aus. Ich brauche gar nichts.«

Er stand auf, plötzlich sehr glücklich. »Gehst du mit, wenn du Kleider hast? Es wird bestimmt schön. Die haben da Tiere, die sind noch dümmer als ich.«

Er lachte. Das hatte sie noch nie gehört, und sie lächelte.

»Toll«, sagte er. »Komm! Wir leihen uns etwas von Han, dann können wir gleich los. Ich kauf dir dann später was zum Anziehen.«

Jemand klopfte an die Tür, und Sung huschte rasch in eine Ecke.

»Ja?« rief Mead.

Die Tür ging auf, und Jim Magnuson steckte den Kopf herein.

Mead sprang auf.

Magnuson sah sich um, lächelte Sung zu und sagte entschuldigend zu Mead: »Tut mir leid, daß ich so reinplatze, aber ich habe Ihnen versprochen, daß wir miteinander reden. Und heute ist es günstig, dachte ich. War ganz schön schwierig, Sie zu finden. Keiner von Ihren Kumpels wollte mir sagen, wo Sie wohnen. Warum sind alle so mißtrauisch gegenüber Offizieren? Wollen Sie mich nun reinbitten? Mein Gott, was für eine schöne Frau!«

Er schloß die Tür hinter sich.

Mead war zu überrascht, um auch nur ein Wort herauszubringen, aber schließlich wandte er sich an Sung. »Das ist Lieutenant Magnuson. Er ist... wir arbeiten zusammen... na ja, so ähnlich. Außer, daß er Offizier ist.«

Sie nickte Magnuson zu, dann sagte sie zu Mead: »Ich gehe zu Han.«

Als sie das Zimmer verlassen hatte, ließ Magnuson einen leisen Pfiff hören. »Wollen wir tauschen? Ich gebe Dolores und mein Offizierspatent für sie.«

Mead grinste. »Nein danke, Sir.«

»Verdammt!« sagte er. »Korporäle haben's gut.«

»Setzen Sie sich, Sir! Kann ich Ihnen etwas anbieten?«

Magnuson schüttelte den Kopf. »Das dauert zu lange. Ich will Sie auf keinen Fall von viel wichtigeren Dingen abhalten. Hey, tut mir wirklich leid, daß ich reingeplatzt bin, aber ich glaube, wir sollten miteinander reden.«

Mead bot ihm einen Stuhl an. Eine Weile blickten sie sich schweigend an, dann begann Magnuson: »Es wird etwas schwierig werden, weil keiner von uns beiden offen reden kann. In unserem Geschäft sollte man überhaupt nichts sagen, und man sollte verdammt noch mal niemandem trauen.«

Magnuson beugte sich über den Tisch. »Aber nach dem, was letzte Nacht passiert ist, vertraue ich Ihnen.«

Wieder schwiegen sie eine Weile, ohne die Augen voneinander zu wenden.

Schließlich sagte Magnuson: »Ich soll etwas tun, von dem ich nicht weiß, ob ich es tun will.«

Mead sah ihn ausdruckslos an. »Ich auch«, sagte er.

»Ich weiß nicht, ob es richtig ist«, fuhr Magnuson fort.

»Ich auch nicht«, erwiderte Mead.

Magnuson nickte nachdenklich. »Vielleicht sollten wir es für heute dabei belassen. Nur damit wir wissen, daß wir beide im Spiel sind – und vielleicht sogar auf derselben Seite.«

Magnuson hob seine Füße an. »Ich glaube, Corporal, es könnte sein, daß wir ganz schön in der Scheiße stecken. Wirklich blöd, daß wir den Hubschrauber in die Luft jagen mußten. Ich hätte mir zu gerne mal die Treibstoffleitung angesehen.«

»Warum, Sir?«

»Weil es noch eine andere Möglichkeit gibt, außer dem verschmutzten Treibstoff und den Schwierigkeiten mit der elektrischen Anlage. Es könnte ja sein, daß da jemand ein bißchen nachgeholfen hat. Aber das werden wir jetzt nie mehr rauskriegen.«

»Wer sollte so was machen, Sir?«

Magnuson blickte Mead durchdringend an. »Ja, darüber werden wir beide sehr sorgfältig nachdenken müssen. Und genau das will ich machen: Ich will herausfinden, was für ein Spiel das ist, und wer auf wessen Seite steht.«

Magnuson stand auf und reichte Mead die Hand. »Ich hoffe wirklich, daß wir in derselben Mannschaft sind. Ich glaube, wir sind es. Und wenn das stimmt, dann kommen wir da auch wieder raus. Wie letzte Nacht. Aber wir müssen vorsichtig sein, und bevor wir irgend etwas unternehmen – zum Beispiel das, was wir nicht wollen –, sollten wir miteinander sprechen.«

Sie schüttelten sich die Hände, dann schlug Magnuson Mead auf die Schulter. »Also bis morgen.« An der Tür drehte er sich noch einmal um. »Sind Sie sicher, daß Sie nicht tauschen wollen? Ich gebe Ihnen noch meinen Hubschrauber dazu.«

»Scheiße, nein, Sir.«

»Meinen neuen Hubschrauber – er steht auf dem Flugplatz.« Er grinste und ging hinaus.

Noch lange saß Mead reglos da. Vertraute er Magnuson? Was meinte er mit der Treibstoffleitung? Wer sollte ein bißchen nachgeholfen haben? Wer sollte Marshall umbringen wollen?

Er schüttelte den Kopf, versuchte, die Verwirrung aus seinen Gedanken zu vertreiben. Er wußte nicht, was er von alledem halten sollte.

Er vertraute Lord, und dennoch nagte ein Zweifel in ihm. Er glaubte, Magnuson zu vertrauen, aber was sollte seine Anspielung

bedeuten? Er wußte, daß Lacouture kein Ehrenmann war, und dennoch sagte ihm sein Instinkt, daß er diesem komischen kleinen Franzosen vertrauen konnte.

Das einzige, was er mit Sicherheit wußte, war, daß er Marshall beschützen wollte. Doch genau da stellte sich nun eine beunruhigende Frage: Beschützen vor wem? Plötzlich war alles so undurchsichtig, und er wußte nicht mehr, wer der Feind war.

Die Tür ging auf und Sung trat scheu herein; sie trug einen hellblauen *Ao-dai* von Han.

Er lächelte, als er sie sah, denn es gab noch etwas, das er mit Sicherheit wußte: Er hatte sich verliebt. Er sprang auf. »Mein Gott, du bist wunderschön«, sagte er.

Sie senkte den Kopf.

»Nur noch einen Augenblick! Ich zieh mir schnell was an.« Plötzlich fühlte er sich glücklich. Alles andere war vergessen. Jetzt zählte nur noch, daß er bei ihr war und mit ihr in den Zoo ging.

31

Frizzell führte sie an den Rand der Lichtung.

Die vier Männer schwärmten aus. Selbst in dem leichten Nieselregen konnten sie die flackernden Lichter in den Bäumen erkennen; sie waren nur ein paar hundert Meter entfernt.

Das war es, was sie gesucht hatten, da konnte kein Zweifel bestehen; aber es war weit größer, als Brock erwartet hatte, und wahrscheinlich auch größer, als irgend jemand in Khe Sanh es befürchtete.

Eine so große Einheit würde ganz sicher rundum Wachen und Horchposten aufstellen, doch er wußte auch, daß sie so weit im Norden nicht mit einem Spähtrupp rechneten. Ihre Sorge galt vor allem der Luftaufklärung und den Zufallsbombardements.

Bestimmt hatten sie seit Einbruch der Nacht gearbeitet; inzwischen würden sie müde und unvorsichtig geworden sein und sich beeilen, um vor Morgengrauen fertig zu werden. Jetzt war die beste Zeit für einen Vorstoß.

Er holte die anderen zu sich. »Ich will rüber. Ich glaube, es ist sicher.«

»Bist du blind oder senil?« zischte Sutherland. »Die Sache ist doch klar. Frizzell hat sie gefunden. Auftrag erledigt.«

Coney nickte zustimmend. »Da sind 'ne Menge Gooks, Gunny. Das ist Selbstmord, wenn wir noch näher rangehen.«

»Aber wir müssen wissen, wieviel es sind.«

»Viertausendsechshundertzwölf, ich hab's grade gezählt«, sagte Sutherland.

»Hört zu!« sagte Brock. »Das ist wichtig. Das ist plötzlich eine ganz große Sache geworden. Ich glaube, die in Khe Sanh haben überhaupt keine Ahnung, wie groß das hier ist.«

»Okay, es ist groß – das kann ich doch sehen. Also gehen wir zurück und erzählen denen das! Wir sagen denen, hier draußen ist der Teufel los. Die ziehen da eine ganze Scheißarmee zusammen. Ich bin ein Lance Corporal, und ich kann sehen, daß da 'ne Menge Schwierigkeiten im Busch sind. Bestimmt kann irgend so ein Scheißgeneral sich das genauso denken, oder?«

»Generäle wollen wissen, wie viele da sind und zu welchen Einheiten sie gehören und was für Waffen sie haben.«

Sutherland schob sein Gesicht an das von Brock heran. »Wenn die so verdammt neugierig sind, dann sollen die doch selbst herkommen und nachsehen. Dann können die denen meinetwegen die Schwänze messen, aber ich hab genug gesehen. Jetzt hör endlich auf mit diesem Scheiß und bring uns hier raus!«

Brock wich nicht zurück. »Wir gehen näher ran. Wir sehen uns genau an, was da los ist, und dann sagen du und ich dem CO in Khe Sanh persönlich, was es ist. Dann haben wir unseren Job erledigt und 'ner Menge Jungs den Arsch gerettet. Also, was ist jetzt? Willst du die Spitze übernehmen, oder soll Frizzell das machen? Aber eins sag ich dir: Ich will dich ab sofort *immer* vor mir haben, damit ich dich sehen kann – nur falls du auf die Idee kommen solltest, mir eine Kugel in den Rücken zu jagen. Nicht daß du das vorhättest, Sutherland – nur für alle Fälle, weil ich dich kenne und weil ich zwei Scheißkriege hinter mich gebracht habe und weil ich meine Frau wiedersehen möchte, aber vor allem weil ich genausowenig krepieren will wie du.«

Sutherland preßte die Lippen zusammen. »Soll Frizzell die Spitze übernehmen!«

Mitten auf der Lichtung blieb Frizzell plötzlich stehen. Er hatte die Orientierung verloren; der Regen war wieder stärker geworden, und nun konnte er die Lichter nicht mehr erkennen.

»Was ist los?« fragte Brock und schloß zu ihm auf.

Frizzell blickte verwirrt drein. »Ich weiß nicht, ich ...« Er schloß die Augen, schüttelte den Kopf, um klar zu werden, aber als er die Augen wieder öffnete, wußte er, daß er die Richtung verloren hatte. Er sah sich hastig nach allen Seiten um, dann war er plötzlich gelähmt vor Angst.

Brock winkte Sutherland zu sich.» Du übernimmst ab hier!«

Einen Augenblick stand Sutherland mitten in dem morastigen Gelände und rührte sich nicht von der Stelle. Ein intensives Bild des Todes – kalt, leer, erschreckend – drängte sich ihm auf; dort drüben zwischen den Bäumen wartete er auf ihn. Dann sah er seinen Sarg.

Er schloß die Augen und griff nach dem Amulett auf seiner Brust. Er strich heftig darüber und öffnete schließlich die Augen.

Der Sarg war verschwunden. Erleichtert atmete er auf, und seine Panik verflog. Er preßte die Lippen aufeinander, aber sein ganzer

Körper entspannte sich, als wollte er mit der Nacht und dem Gelände verschmelzen; dann ging er los – leichtfüßig glitt er durch die Dunkelheit.

Er bewegte sich so rasch voran, daß die anderen kaum mithalten konnten, und selbst als sie die Lichtung überquert hatten, blieb er nicht stehen, sondern drang unbeirrt in den Wald ein.

Plötzlich machte er halt und gab den anderen Zeichen, in Dekkung zu gehen. Sogleich ließen alle sich zu Boden fallen. Einen Augenblick lang hörte Brock nur den eigenen keuchenden Atem, und er legte den Kopf auf den nassen Boden.

Dann drangen Geräusche wie von grabenden Spaten zu ihm, darauf Stimmen, und als er es endlich wagte, den Kopf zu heben, sah er rund um sich her Laternen. Sie waren so nah, daß er sich am liebsten in der Erde verkrochen hätte. Er war zu erschrocken, um auch nur ein Wort herauszubringen oder sich zu rühren. Sutherland hatte sie mitten in die feindliche Stellung hineingeführt.

Sie konnten es nicht einmal wagen, nach einer besseren Deckung zu suchen. Brock wußte, daß der Feind schon bald unter die Erde gehen würde, doch im Augenblick hatte er Angst, ein Soldat könnte auf dem Weg in sein Versteck über sie stolpern. Es blieb ihnen gar nichts anderes übrig, als auf den Anbruch der Morgendämmerung zu warten.

Die Stimmen und Geräusche der feindlichen Soldaten wirkten beruhigend auf ihn; solange sie ungestört weiterarbeiteten, konnte er sicher sein, daß sie von ihrer Anwesenheit nichts bemerkt hatten. Doch kurz vor Morgengrauen entspann sich plötzlich ein heftiger Funkverkehr, und an der Stimme des Funkers konnte Brock erkennen, daß etwas passiert sein mußte.

Scharfe, verärgerte Befehle kamen aus dem Funkgerät und wurden an die arbeitenden Männer weitergegeben.

Stille breitete sich aus, es folgte ein ängstliches Getuschel auf allen Seiten.

Die Leiche. Natürlich. Sie hatten den Wachtposten gefunden, den Coney getötet hatte. Es war schon zu spät, das Gebiet abzusuchen; am Horizont zeigte sich bereits ein erster Lichtstreif.

Brock überlegte, was der Feind unternehmen konnte, jetzt, wo sie wußten, daß eine Patrouille in ihrer Nähe war. Würden sie Suchtrupps ausschicken? Oder Hinterhalte aufbauen? Oder würden sie sich in ihre Verstecke zurückziehen?

Panik ergriff ihn. Was, wenn sie Landis gefunden, das zerstörte Funkgerät entdeckt und einen Zusammenhang mit dem getöteten Wachtposten hergestellt hatten? Ein Soldat, der wegen einer Verletzung zurückgelassen worden war; ein zerstörtes Funkgerät; und keine Möglichkeit, die Information nach Khe Sanh durchzugeben.

Sie hatten es gar nicht nötig, nach ihnen zu suchen. Sie brauchten nur darauf zu warten, daß die Patrouille zurückkehrte, um den Verletzten mitzunehmen.

Er preßte das Kinn auf die Brust. Scheiße, was soll ich nur machen? Ich hätte niemals herkommen sollen, dachte er. Ich hätte den Rückmarsch befehlen sollen, als Coney den Posten getötet und bevor sie die Leiche oder Landis entdecken konnten.

Landis. Er stöhnte innerlich auf. Was würden sie mit ihm anstellen, wenn sie ihn fanden?

Aber sie hatten eben erst die Leiche entdeckt. Wenn sie schon vorher auf Landis gestoßen waren, hatten sie ihn einfach umgebracht. Wenn sie ihn erst fänden ... Mein Gott! er mußte unbedingt zu ihm.

Aber genau damit rechneten sie ja. Und sie würden dort auf sie warten. Scheiße! Scheiße! Scheiße! Was sollte er nur tun? Was würde Lieutenant Bishop tun?

Die Stimmen um ihn her wurden lauter; er war sicher, daß sie miteinander stritten.

Noch niemals in seinem ganzen Leben hatte Brock sich den Aufgang der Sonne sehnlicher herbeigewünscht; er hätte zum Horizont laufen und sie eigenhändig hochziehen mögen.

Nein! dachte er plötzlich. Vielleicht gingen sie gar nicht unter die Erde. Vielleicht hatten sie wegen des toten Wachtpostens beschlossen, auch bei Tage weiterzuarbeiten, und vertrauten darauf, daß es bei diesem Wetter keine Luftaufklärung geben würde.

Ach, Unsinn! Er machte sich nur selbst verrückt mit all seinem Nachdenken. Verdammt, wenn ich soviel überlegen muß, hätte ich ja gleich Offizier werden können.

Die Stimmen hörten auf zu streiten, Befehle wurden erteilt, und rundum kam reges Treiben auf. Brock hörte, wie Werkzeug und Geräte beiseite gelegt, Äste und Zweige bewegt wurden.

Sie tarnten die Baustelle. Sie gingen tatsächlich unter die Erde.

Einige der Soldaten liefen in nur wenigen Metern Entfernung an ihnen vorbei; der größte Teil aber zog nach Norden ab. Offenbar

ließen sie nur ein paar Mann zur Bewachung zurück. Die erste Stunde, dachte Brock, würde die sicherste für ihren Rückzug sein, denn im Augenblick waren die Posten am wenigsten wachsam, weil sie sich nach der nächtlichen Arbeit entspannten, etwas aßen, sich miteinander unterhielten und Vorbereitungen für den Tag trafen.

Nachdem der letzte Soldat verschwunden war, wartete Brock noch zehn Minuten, dann gab er das Zeichen zum Rückzug.

Im Abstand von zehn Metern krochen sie durch das Gelände. Selbst bei dem wenigen Licht und trotz der Versuche des Feindes, die Baustelle zu tarnen, konnten sie erkennen, was für eine gewaltige Anlage sie da vor sich hatten. Sie fanden Munitionsbunker, die teilweise schon mit Granaten und Raketen bestückt waren. Noch bedrohlicher war ein geschickt aus Ästen und Zweigen gebautes Blätterdach, unter dem sich eine nahezu fertig gebaute Raketenwerferstellung verbarg. Unter Blattwerk gut getarnt, fanden sie außerdem Flugabwehrgeschütze und schließlich noch ein großes Vorratslager mit Reis.

Offenbar zog der Feind hier Waffen und Nachschub für einen Großangriff zusammen; es mußte sich um das Sammel- und Verteilungszentrum für einen Angriff auf Khe Sanh handeln. Und ganz gewiß hätte schon ein Bruchteil des hier gehorteten Materials genügt, um ihre Stellung auf dem Hügel ohne Schwierigkeiten zu überrennen.

Brock wußte nicht, wie groß die Einheit war, die hier zusammengezogen wurde; doch aufgrund der Waffen und des Nachschubs schloß er auf mindestens ein Regiment – und ein Regiment der Marines verteidigte auch Khe Sanh.

Auf dem Weg durch die Stellung nahmen sie alles mit, was für Aufklärungszwecke dienlich sein konnte. Sie brauchten eine halbe Stunde, um das Gelände abzusuchen. Dann gab Brock Sutherland ein Zeichen und zeigte nach Süden.

Sie hatten schon fast zwei Kilometer zwischen sich und die Stellung gebracht, da ließ Brock sie anhalten und sich unter einem Baum sammeln.

»Wir müssen miteinander reden, weil das uns alle angeht. Ich bin sicher, daß sie die Leiche gefunden haben. Ich glaube, das war der Grund für die Funksprüche.«

»Ja, das hab ich mir auch gedacht«, sagte Coney.

»Wir müssen uns überlegen, was mit Landis los ist. Es kann sein,

daß sie ihn gefunden haben. Wenn sie ihn gefunden haben, dann haben sie sicher auch einen Zusammenhang mit dem toten Wachtposten hergestellt. Und dann wissen sie auch, daß wir zurückkommen, um Landis mitzunehmen.«

Brock blickte Sutherland an. »Das heißt, es kann sein, daß sie da auf uns warten.«

Die drei sahen Brock unsicher an, als verstünden sie nicht, wovon er sprach.

Schließlich fragte Coney: »Und weiter?«

»Ich will sagen, daß sie Landis vielleicht schon umgebracht haben oder daß sie ihn festhalten und auf uns warten. Ich will nur, daß ihr das wißt.«

Frizzell sah ihn verwundert an. »Du meinst doch nicht etwa, wir sollen ihn im Stich lassen, oder?«

»Nein.« Wieder sah Brock Sutherland direkt an. »Ich will nur, daß alle wissen, wie gefährlich es ist.«

»Ah, jetzt hab ich's kapiert«, entgegnete Sutherland. »Du meinst, ich sage jetzt, wir sollten ihn vergessen und unsern eigenen Arsch retten, was? Hör zu, Brock! *Ich* habe schon vor langer Zeit gesagt, wir sollen zu ihm zurückgehen.«

Sutherland nickte langsam. »Stimmt. Ich will meinen Arsch retten. Aber selbst wenn *du* in diesem Loch da stecken würdest, Brock, würde ich zurückgehen. Und nicht weil ich ein Held sein will, nein... aber man läßt seinen Kumpel nicht einfach im Stich... nicht mal wenn er so ein saublöder *old lifer* von Gunnery Sergeant wäre.«

Er wies mit dem Finger auf Brock. »Und du kannst mich jetzt am Arsch lecken. Ich übernehme die Führung und bringe euch dahin, und wenn die auf uns warten, dann kriegen sie uns nicht zu sehen, weil ich nämlich um sie rumkomme. Paß gut auf, alter Mann, daß du mitkommst!«

Er griff nach seinem Gewehr und war auch schon zwischen den Bäumen verschwunden. Coney und Frizzell hasteten ihm nach, und Brock mußte laufen, damit er den Anschluß nicht verlor.

Nur zweimal hielt Sutherland kurz an, um die Richtung mit dem Kompaß zu prüfen. Brock hatte keine Ahnung, wo sie waren, aber als er merkte, daß Sutherland sie in großen Zickzacklinien führte, da wußte er, daß sie in die Nähe des Bunkers kamen.

Schließlich blieb Sutherland stehen und machte den anderen

Zeichen, auszuschwärmen. Er wartete einen Augenblick, dann signalisierte er ihnen, sie sollten ihm Deckung geben, und robbte vorsichtig von hinten auf den Bunker zu.

Sie sahen, wie er sich unendlich langsam vorarbeitete; jeden Augenblick hielt er inne und untersuchte das umliegende Buschwerk. Dann machte er kehrt und schlich sich in der entgegengesetzten Richtung um den Bunker herum.

Schließlich kehrte er zu den dreien zurück und führte sie ein wenig vom Bunker weg.

»Sie sind dagewesen – eine ganze Menge.« Er zeigte ihnen eine Handvoll Blätter. »Seht ihr, die sind zertreten. Hier kann man den Stiefelabdruck erkennen, er ist anders als unsere. Und es ist noch nicht lange her. Die Blätter nehmen nämlich bald ihre alte Form an, aber die hier sind immer noch geknickt. Und dann ist Tau auf den Blättern – kein Regen, weil man die einzelnen Tropfen erkennt. Die sind also heute nacht gekommen, und entweder haben sie ihn nicht gefunden und sind wieder gegangen, oder sie haben ihn und warten da drinnen.«

Brock starrte verwundert und erschrocken auf die Blätter.

»Also Gunny, spuck's aus! Was sollen wir machen?«

Brock rieb sich das Gesicht und schüttelte den Kopf. »Was meint ihr denn?«

»Ich geh rein«, sagte Frizzell. »Gebt mir Deckung!«

Sutherland griff nach ihm und hielt ihn fest. »Nein, ich mach das.«

Brock stieß sie beide zur Seite. »Verdammt, das ist mein Job. Ich gehe. Wenn was passiert, dann haut ihr alle ab, verstanden? Das meine ich ernst. Bleibt bloß nicht hier! Jemand muß zurück und denen melden, was wir gefunden haben. Das ist wichtiger.«

Alle gingen sie los, dann übernahm Brock die Führung und arbeitete sich geradewegs auf den Bunker zu.

In all der Zeit, die er im Gefecht gewesen war, hatte er noch niemals solche Angst gehabt, nicht um sein eigenes Leben, vielmehr um das, was er finden würde.

Er näherte sich dem Bunker von links hinten. Als er die Seite erreicht hatte, lehnte er sich dagegen und horchte. Er horchte, bis ihm die Ohren dröhnten, aber kein Geräusch war zu hören außer dem Summen von Insekten und dem Rauschen des Windes in den Blättern.

Er kroch um die Ecke und robbte zum Eingang; dort erhob er sich auf die Knie und horchte wieder.

Schließlich flüsterte er leise: »Landis? Matt? Ich bin's, Brock.«

Keine Antwort. Er rief noch einmal.

Dann lauter. Doch wieder kam keine Antwort.

Erst jetzt bemerkte er die Spuren fremder Stiefel vor dem Bunker.

Und Blut.

Er schloß die Augen und wandte sich ab. O Gott! stöhnte er innerlich. Laß es nicht wahr sein!

Eine Blutspur führte aus dem Bunker heraus und endete dann abrupt – ganz so, als hätte jemand sich die blutigen Hände an der Hose abgewischt.

Er holte tief Luft und sprang in den Eingang, das Gewehr an der Hüfte.

Er sah Landis sofort – und wirbelte herum, um sich vor dem Anblick zu schützen.

Dann wandte er sich ihm wieder zu. Lange starrte er ihn an. Schließlich ging er zu der Leiche.

Landis Oberkörper war gegen einen Balken gelehnt; sein Kopf hing nach hinten; seine Genitalien hatte man ihm in den Mund gestopft. Sein Unterhemd war zerrissen und gab den Blick frei auf eine tiefe Wunde gleich über dem Herzen. Seine Hose war gleichfalls zerrissen; zwischen seinen Beinen klaffte eine blutige Wunde.

Brock ging vor ihm auf die Knie. »Mein Gott!« stöhnte er.

Dann waren die anderen bei ihm.

»Jesus!« flüsterte Coney.

»Diese Schweine!« zischte Sutherland; er trat an Landis heran und riß ihm die Genitalien aus dem Mund.

Frizzell kniete vor der Leiche nieder und untersuchte sie sorgfältig. »Sie haben ihn nicht getötet«, sagte er. Er nahm das Gewehr auf, das neben der Leiche lag, und tastete den Boden ab. Dann hielt er die leere Patronenhülse in die Höhe. »Er hat sich selbst erschossen. Verstümmelt haben sie ihn hinterher.«

»Tiere!« stieß Sutherland hervor. »Schwule Säue!«

Brock stand auf. Er ging zum Eingang und lehnte den Kopf gegen die Wand.

Sutherland trat neben ihn. »Wir müssen hier weg, Gunny.« Er legte Brock die Hand auf die Schulter.

Der Ältere wandte sich ihm zu. Lange sahen sie einander an.

Brock schloß die Augen und begann zu weinen. Dann weinte auch Sutherland. Er schüttelte den Kopf und sagte schluchzend: »Das ist nicht deine Schuld. Das ist dieser Scheißkrieg.«

»Komm, hilf mir!« sagte Coney zu Frizzell. »Ich trage ihn das erste Stück.«

Gemeinsam zogen sie die Leiche hoch, und Coney nahm sie auf den Rücken.

Frizzell übernahm die Führung, dann folgte Brock, dann Coney mit Landis' Leiche. Sutherland zögerte, als sie den Rand der Lichtung erreichten. Er drehte sich um und sah zu dem Bunker zurück, der in dem Gestrüpp kaum noch zu erkennen war. Er versuchte, sich vorzustellen, was geschehen war – der Feind, der Landis einschloß; die Angst und die Einsamkeit, die letzte Sekunde mit der Mündung des Gewehrlaufs an der Brust, der Druck auf den Abzug, dann nichts.

Er wollte sich nicht von dem Anblick losreißen, den Bunker wieder dem Dschungel überlassen – Landis aufgeben –, aber schließlich wandte er sich ab und eilte den anderen nach.

Schon nach kurzer Zeit mußten sie sich beim Tragen abwechseln.

Der Körper wurde immer sperriger, denn langsam trat die Leichenstarre ein, und sie selbst wurden immer erschöpfter. Schließlich machten sie eine kurze Rast. Da sie nichts hatten, womit sie Landis hätten bedecken können, legten sie ihn einfach zwischen sich.

Sutherland bemühte sich, wegzusehen, doch immer wieder wanderte sein Blick zurück zu der traurigen Gestalt, die reglos zu ihren Füßen lag, während Insekten sich auf das geronnene Blut stürzten.

Es war nicht Brocks Schuld gewesen, so wenig wie der Balken schuld daran war, daß er herunterstürzte, oder der Pilot, daß er die Bombe auf diese Stelle warf – es war einfach geschehen. Und auch Landis hatte keine Schuld daran, daß er genau dort gelegen hatte.

Auch ihm selbst konnte das jeden Augenblick passieren, und er hatte keine Möglichkeit, sich davor zu schützen.

Man konnte nur hoffen, daß einen das Glück nicht verließ; und man konnte versuchen, nicht unnötig in Gefahr zu geraten. Das ist das einzige, was du tun kannst, sagte Sutherland zu sich selbst: Du darfst nicht zulassen, daß irgendwer dich in die Scheiße reitet.

Nie mehr, das nahm er sich vor, nie mehr würde er zulassen, daß jemand sein Leben aufs Spiel setzte. Er würde nicht wie Landis

enden. Er schloß die Augen und schwor: »Den nächsten Bastard, der mich reinreiten will, bring ich um.«

Als Frizzell die Leiche trug, übernahm Coney die Nachhut. Er sah, wie Frizzell sich unter der Last abkämpfte; der Körper war nun steif wie eine Schaufensterpuppe und schaukelte bei jedem Schritt hin und her.

Coney wußte von Landis' Wagen. Alle wußten von dem »gemeinen, schwarzen Biest«, wie Landis ihn genannt hatte. Doch sonst wußte er fast nichts von ihm.

Aber was wußte er überhaupt von den anderen? Und was wußten sie über ihn? Was, wenn er es wäre, den sie da trugen? fragte er sich. Was würde es für sie bedeuten? Was bedeutete sein Leben für die anderen? Wem würde es überhaupt etwas ausmachen, wenn er umkäme. Seiner Frau, ja. Für Debby wäre es schlimm, denn es war einmal zuviel zwischen ihnen gewesen, als daß es sie kalt lassen könnte. Aber sie würde jemand anderen finden, und das wäre es dann gewesen. Ihr Leben würde weitergehen. Und für den Kleinen? Gar nichts. Nur eine Geschichte.

Dann fiel ihm der Mann ein, den er getötet hatte. Er hatte ihn schon fast vergessen. Wer würde um ihn trauern? Eine Frau hatte er wohl nicht; dazu war er zu jung. Eine Mutter würde weinen. Und seine Kameraden? Sie würden ihn so schnell vergessen, wie Landis vergessen werden würde.

O Gott, wie sehr wünschte er sich, er hätte ihn nicht getötet. Trotz Landis' Tod und dem, was sie ihm angetan hatten, wünschte er sich, er hätte den feindlichen Soldaten nicht getötet. Er war nun genauso tot wie Landis, und er hätte ebenso gerne leben wollen. Er fühlte die Hand am Bajonett, fühlte, wie die Klinge in das Fleisch eindrang, und er hörte den erstickten Todesschrei. O Gott, dachte er, ich will damit nicht leben müssen.

Wie kann ich das? Werde ich das jemals vergessen? Werde ich das Morden vergessen, wie ich Landis vergessen werde? Hoffentlich, dachte er.

Als Frizzell die Spitze übernahm, ließ Brock sich zurückfallen. Gram und Schuldgefühle überwältigten ihn. Er fühlte sich alt und zerschlagen; er mußte sich zwingen weiterzugehen. Es hätte ihm nichts ausgemacht, wenn man ihn zurückließ.

Er hatte so viele Fehler begangen. Landis hätte nicht sterben müssen; er hätte ihn retten können. Wenn er sich auf den Rückweg

gemacht hätte, als Landis verletzt und das Funkgerät zerstört worden war, dann wäre ihm nichts weiter passiert. Oder wenn er nicht darauf bestanden hätte, weiter zu suchen, wäre es vielleicht auch nicht zu spät gewesen. Er quälte sich mit immer neuen Möglichkeiten, die er immer wieder in Gedanken durchspielte.

Er fühlte sich so alt, und Landis sah so jung aus. Ein Junge, genau das war er, dachte Brock. Und das sind sie alle.

Er sah zu Sutherland, Frizzell und Coney hinüber. Sie sind zu jung dafür, dachte er. Sie sollten so etwas noch nicht sehen. Sie sind zu jung, um so mit dem Tod konfrontiert zu werden.

Was wird das ihnen antun? Welche Alpträume werden sie haben?

Wie sollten sie danach jemals wieder jung sein können?

Und dann war er an der Reihe, den Toten zu tragen, und er trug ihn den Rest des Weges bis zum Hügel.

32

»*Goulue*«, wiederholte Bui Cao Kim.

Lacouture nickte und schob ihn mit den Fingern fort. »Komm mit der Antwort zu mir, egal wie spät es ist!«

Dann holte er ihn noch einmal zurück. »Du mußt sehr vorsichtig sein«, warnte er – und überraschte Kim mit einer Besorgtheit, die fast ein wenig Angst verriet. »Wir müssen uns vor Wilson Abbot Lord in acht nehmen«, flüsterte er. »Paß auf, daß dir niemand folgt!«

Sie gingen auseinander. Es war früher Abend, und obwohl die belebte Tu-Do-Straße, auf der sie sich getroffen hatten, nur wenige Kilometer von Cholon entfernt lag, würde Kim mehrere Stunden brauchen, bis er sich nach vielen Umwegen sicher genug fühlte, die Adresse aufzusuchen, die man ihm gegeben hatte.

Er wurde verfolgt, das war ihm klar. Drei Vietnamesen beschatteten ihn – sie waren vom Geheimdienst, der mit der CIA zusammenarbeitete. Aber sie waren noch jung, Anfänger offensichtlich, mit denen Kim, der sich seit dreißig Jahren in den Straßen von Saigon und Cholon bewegte, keine Probleme haben würde. Schon nach einer Stunde hatte er sie abgehängt, doch er setzte seine Ausweichmanöver noch zwei weitere Stunden lang fort, bevor er an die Tür einer verfallenen, stinkenden Hütte in den Außenbezirken von Cholon klopfte.

Ein alter, krank aussehender Mann öffnete und ließ ihn in einen kleinen, schmutzigen Raum ein, der nur von einer Kerze erhellt wurde.

Der Mann in seinen schäbigen, zerrissenen Kleidern schlurfte zum Tisch und setzte sich auf einen wackeligen Stuhl.

In dem schwachen, flackernden Licht musterte Kim den dürren, hageren Mann, der sich kaum auf den Beinen halten konnte und aussah, als stünde er schon mit einem Bein im Grab, und Kim versuchte, nicht zu zittern, denn er wußte, wer der Mann war; es war General Xuan Tien Khanh selbst; es konnte niemand anderes sein. Ein großer General würde keinen alten, kranken Mann als Vertreter schicken; er würde eine Mission von solcher Wichtigkeit

keiner so hinfälligen Gestalt anvertrauen, ja, er konnte sie überhaupt niemandem anvertrauen – er würde selbst gehen.

Kim senkte respektvoll den Blick vor der Würde und Autorität, die der Mann trotz seiner Kleidung und der schäbigen Umgebung ausstrahlte.

Dann schloß er die Augen. Er wollte nicht, daß der Mann General Khanh war. Jetzt wußte er Dinge, die er gar nicht wissen wollte: Schon der geringste Verdacht eines solchen Wissens brachte ihn in höchste Gefahr.

»*Goulue*«, flüsterte er schließlich und blickte ängstlich auf.

Der Mann nahm das Wort zur Kenntnis, als hätte er es erwartet. Er ließ einen kurzen anhaltenden Laut hören, dann huschte ein wehmütiges Lächeln über sein Gesicht, das Kims Verdacht noch bestärkte, und sagte: »Nhay Dam.«

Der Mann stand auf, nickte ihm kurz zu als Zeichen, daß er entlassen war, und Kim verließ schnell den Raum.

Es war fast zwei Uhr morgens, als Kim sich die Treppe zu Lacoutures Haus hinaufstahl und leise an die Tür klopfte.

Riegel wurden zurückgeschoben, dann erschien Lacoutures verschlafenes Gesicht in der Tür.

»Nhay Dam«, flüsterte Kim.

»Nhay Dam?« wiederholte Lacouture.

Kim nickte.

Lacouture brummte etwas, das Kim nicht verstand; dann reichte er ihm ein Bündel Geldscheine; die Tür schloß sich wieder, und Kim verschwand in der Nacht.

Kim schlief unruhig, verängstigt wegen des Wissens, das er besaß, aber am Morgen fühlte er sich besser.

Die Nachricht war überbracht, er hatte sein Geld bekommen, und niemand wußte von dem Treffen. Er kam zu dem Schluß, daß keine Gefahr bestand.

Er nahm einen Geldschein aus dem Bündel, versteckte den Rest und machte sich ohne übertriebene Ängste auf den Weg zum Markt. Er würde Gemüse für eine Suppe kaufen, mit der er seinen Erfolg zu feiern gedachte; jetzt kam es allein darauf an, daß er den richtigen Kohl und ordentliche Karotten fand.

Die amorphe, anonyme Menge des schwarzen Marktes war beruhigend; ohne Schwierigkeiten bewegte er sich darin. Bald hatte er

gefunden, wonach er suchte, und er war so zufrieden mit dem Preis, daß er nicht einmal sonderlich erschrak, als zwei Polizisten ihn festhielten.

Zuerst dachte er, es handele sich um eine Verwechslung, doch noch bevor sie ihn abführten, erkannte er seinen Irrtum. Die Polizisten trugen zwar die weiße Uniform der Nationalpolizei, aber in Wirklichkeit gehörten sie zum Geheimdienst. Sie waren zu jung und zu hart für die Nationalpolizei, in ihrem ganzen Auftreten zu entschieden und zu professionell. In einem schmerzhaften Griff, der kein Entkommen gestattete, schob man ihn vorwärts. Als er sich durch Drehen und Winden zu befreien versuchte, wurde sein Nakken so brutal zusammengequetscht, daß er fast glaubte, sie brächen ihm das Genick; doch das war nichts im Vergleich zu dem Schmerz, den der nach hinten verdrehte und gegen das Rückgrat gepreßte Arm verursachte.

Auf der Straße stieß man ihn auf den Rücksitz eines wartenden Wagens, und noch bevor die Fahrt losging, stieß ihm ein dritter Mann eine Nadel in den Arm.

Das nächste, was in sein Bewußtsein drang, war, daß er wachgerüttelt, gefesselt, geknebelt, aus einem dunklen Raum nach draußen in die Dunkelheit geführt und schließlich in den Kofferraum eines Wagens gepackt wurde. Ein Mann sah auf ihn herunter, beugte sich tiefer, zog ihm grob die Lippen auseinander, um seine Zähne erkennen zu können, und nickte dann.

Obwohl Kim immer noch benommen von der Spritze war, schoß ihm doch durch den Kopf, als der Kofferraumdeckel geschlossen wurde, daß der Mann der amerikanische Spion sein mußte, den er zusammen mit Lacouture gesehen hatte.

In Tan Son Nhut winkte man Lord durch, und obwohl er auf dem Flugfeld von Wachen angehalten und sein Sonderausweis eingehend geprüft wurde, kontrollierte man seinen Wagen nicht, und er konnte ungehindert in den abgelegenen Bereich einfahren, in dem die Maschinen von Air America standen. Vor einer Huey hielt er an.

Jim Magnuson sprang aus dem Cockpit und ging zum Wagen. »Abend, Mr. Lord.«

»Morgen, Lieutenant«, korrigierte Lord. »Helfen Sie mir!«

Er öffnete den Kofferraum, sie zogen Kim heraus, stießen ihn in den Transportraum des Hubschraubers und schlossen ihn mit Handschellen in der Nähe der Tür an.

»Sie wissen, was Sie zu tun haben?« fragte Lord.

»Ja«, erwiderte Magnuson. Lord holte ein Lederetui aus der Tasche und öffnete es. Im kalten Licht der Flugfeldbeleuchtung blitzten die scharfen chirurgischen Instrumente bösartig auf. »Mein Gott!« flüsterte Magnuson.

»Das muß sein, Lieutenant«, sagte Lord ausdruckslos. Er hielt Kim das Etui vor die Nase, dann nahm er eine Zahnklemme und eine Zange heraus.

»Möglicherweise werden wir operieren müssen, Monsieur Kim«, sagte er auf französisch.

Das Entsetzen in Kims Gesicht zwang Magnuson, sich abzuwenden.

Anfangs, bei seinen ersten Einsätzen dieser Art, hatte er sich bemüht, seinen Ekel zu verbergen; er hatte sich selbst gezwungen, die Folterungen anzusehen und auf seinen eigenen Abscheu nicht zu achten. Nach dem dritten Mal sah er weg – er konnte es nicht mehr ertragen.

In Da Nang hatte er gehofft, damit sei nun Schluß. Ganz sicher hatte Air America in Saigon Piloten für diese Einsätze, aber er wußte zu gut Bescheid, als daß er gezögert oder seinen Unwillen gezeigt hätte, als Lord ihm befahl, sich um Mitternacht mit einem Hubschrauber bereitzuhalten, dessen Flugziel irgendwo über dem Südchinesischen Meer lag.

Allerdings wußte er, was er zu tun hatte, doch diesmal war es anders, denn er hatte noch nie mit einem so ranghohen Agenten und auch noch nicht mit einem einzelnen Mann zusammengearbeitet, denn gewöhnlich handelte es sich um ein Team von drei oder vier Leuten. Ansonsten jedoch war alles wie üblich – der Schrecken in den Augen des Vietnamesen und die kaltblütige Härte in denen des Amerikaners. Was Magnuson in Lords Gesicht sah, unterschied sich nicht von dem, was er in den Gesichtern der anderen in Da Nang gesehen hatte – eine kalte Entschlossenheit ohne jedes Mitleid und ohne Grausamkeit, der Blick unbeirrbarer Überzeugung, der ihn an den starren Ausdruck von Gläubigen beim sonntäglichen Gottesdienst erinnerte.

»Also los, Lieutenant!« sagte Lord und stieg zu Kim in den Transportraum.

Magnuson sah nicht die Grausamkeit in Lords Augen, wohl aber Kim. Es war keine sadistische Grausamkeit – er hatte in seinem

Leben schon so viel davon gesehen, daß er die verschiedenen Arten zu unterscheiden verstand. Nein, diese Grausamkeit war aus Haß geboren; da suchte jemand nach Rache.

Kim kannte die Position, die Macht und die Beziehungen dieses Amerikaners, und er wußte, es gab nur eine Chance für ihn, sein Leben zu retten; er mußte Lord davon überzeugen, daß er ihm lebendig nützlicher sein konnte.

Kim hatte keinen Zweifel, daß Lord vorhatte, ihn umzubringen, ganz gleich, was er versprechen mochte.

Er hatte von den nächtlichen Hubschrauberflügen gehört und daß noch nie jemand davon zurückgekehrt war. Er versuchte, nicht zu zittern, während er ängstlich zusammengekrümmt auf dem Boden lag.

Schon oft hatte er dem Tod ins Auge gesehen, bei den Japanern und den Franzosen. Doch diesmal war es schlimmer. Damals hatte sein Leben von den Launen seiner Peiniger abgehangen. Jetzt war sein Tod berechnet und vorausbestimmt. Dieser Mann war entschlossen, ihn zu töten. Ihn aus diesem Hubschrauber ins Meer zu stürzen.

Was sollte er nur machen? Was sollte er nur machen? schrie sein Verstand. Er würde getötet werden. Es sei denn, erkannte Kim, es sei denn, er konnte den Amerikaner davon überzeugen, daß er ihm noch weit wertvollere Informationen verschaffen konnte. Wenn er ein meisterhaftes Spiel bot und ihn mit dem Versprechen, ihm zu helfen, ködern konnte, dann würde er vielleicht überleben.

Aber er hatte keine Idee, was der Amerikaner wissen wollte. Wie konnte er nützlich sein, wenn er nicht einmal wußte, was der andere überhaupt wollte?

Seine Gedanken rasten, und vor Angst bekam er kaum noch Luft. Der Amerikaner wollte etwas über Khanh wissen, das war ihm klar. Ein Schauder durchlief ihn. Er mußte sehr vorsichtig sein.

»Sie haben wirklich schöne Zähne, Monsieur Kim. Gratuliere. Aber ich habe nie verstanden, warum Sie sich – bei Ihrer Tätigkeit – solch ein Markenzeichen leisten. Wie kommt das?«

Lord nahm Kim den Knebel aus dem Mund und wartete auf eine Antwort.

Kim achtete sorgfältig auf jedes Wort, vor allem auf die Intonation, und obgleich es ihm ein wenig Mühe bereitete, Lords Französisch zu folgen, verstand er dennoch die Frage. Er wußte auch, daß

er antworten mußte, daß er dem Mann nicht den unwissenden »Gook« oder den einfachen Bauern vorspielen konnte.

Er versuchte zu sprechen, doch zuerst kam nur ein erstickter Ton aus seinem trockenen, tauben Mund.

»Sie sind alles, was ich habe«, gelang es ihm schließlich hervorzupressen.

Lord nickte. »Es ist schon bemerkenswert, daß Ihre Zähne die Lager der Japaner überstanden haben. Und die der Franzosen auch. Aber vielleicht haben Sie gerade deshalb überlebt, weil Sie ihnen soviel Beachtung geschenkt haben. Da hatten Sie etwas, für das es sich lohnte, zu überleben.«

Kim musterte Lords Augen und Mund. Sein Gesicht war jetzt vollkommen ausdruckslos. Auch die Grausamkeit war veschwunden, oder vielleicht wurde sie nur durch Professionalität überdeckt.

»Schon möglich, daß sie Ihnen noch einmal das Leben retten«, sagte Lord. Er hielt Kim die Zange unter die Nase. »Ich möchte, daß Sie sich jetzt ganz auf Ihre Zähne konzentrieren, Monsieur Kim. Ich werde Ihnen ein paar Fragen stellen. Es wird wie bei einer Prüfung sein: Wenn Sie einen Fehler machen, reiße ich Ihnen einen Zahn aus. Falls Sie alle Fragen korrekt beantworten, sollen Sie Ihre Zähne behalten.«

Und wozu dann der Hubschrauber? dachte Kim. Wenn es nur um Folter ginge, könntest du das auch anderswo erledigen, sogar in dem dunklen Raum, in den ihr mich eben gesteckt hattet.

Der Motor wurde gestartet, der Rotor begann sich zu drehen, kam auf Touren, und der Hubschrauber erwachte dröhnend zum Leben.

Lord schob die Türe zu, der Lärm wurde ein wenig gedämpfter, und der Helikopter hob ab.

»Für den Anfang eine einfache Frage«, sagte Lord und spielte mit der Zange. »Piepser?«

»General Tran«, erwiderte Kim, ohne zu zögern.

»Das weiß ich, Monsieur Kim. Ich will wissen, was das Wort bedeutet. Welchen Sinn es hat.«

Ihm wurde plötzlich schlecht. Der Amerikaner wußte alles, und er würde ihn Dinge fragen, die er nicht wußte. Er hatte keine Verwendung für ihn; das Schicksal machte sich über ihn lustig.

»Ich weiß nur, was der Franzose meint.«

Lord wartete.

»Es ist ein Spitzname von General Tran. Er hat an der Universität in Hanoi bei General Giap studiert. Wenn Tran auf eine Frage antworten mußte, wurde seine Stimme piepsig wie bei einer Maus.«

Lord starrte ihn an und wartete, doch Kim hütete sich, seine Antwort noch weiter zu erläutern. Er hatte alles gesagt, was er wußte, und es würde akzeptiert werden oder nicht.

»*Goulue*«, sagte Lord schließlich.

Der Hubschrauber zog weit hinauf in den Himmel und war bald fern von der Stadt und dem Geflimmer der Lichter unten.

»Auch da weiß ich nur, was der Franzose meint. Er spricht mit mir wie mit einem Vogel im Käfig: Er will keine Antworten hören – er denkt nur laut nach.«

Lords Blick war unergründlich. Kim fand keine Spur von Ungeduld darin, aber er spürte, daß er die Zeit zum Antworten überzogen hatte.

»Goulue war der Name einer französischen Tänzerin in Paris.«

Lord schnippte mit den Fingern, so überraschend und laut, daß Kim verstummte.

»Toulouse-Lautrec. *Moulin Rouge*. Jane Avril.« Lord lächelte, aber dem Lächeln fehlte jegliche Wärme. »Ich werde alt, Monsieur Kim. Oder vergeßlich. Das hätte mir einfallen müssen. Und jetzt rede ich hier genauso mit Ihnen, wie der Franzose es tut, aber er hat recht, das war Goulue. Und welchen Zusammenhang sieht er zwischen den Codewörtern?«

»Der Franzose sagt, vor vielen Jahren gab es in Hanoi eine Tänzerin, die sich genauso nannte. Er sagt, nur die, die vor etwa vierzig Jahren in Hanoi waren, wüßten das.«

»General Tran war da und hat bei Giap studiert.«

»Ja.«

»Wer war noch da vor vierzig Jahren und weiß, wie Tran Fragen beantwortet hat und wer Goulue war?«

Es war eine rhetorische Frage. Lord wußte, wer ebenfalls dort gewesen war; es stand in den Akten über Trans Hintergrund.

Und Kim wußte ebenfalls, daß es eine rhetorische Frage war. Jetzt war die Linie gezogen, und sein Leben lag darauf. Er mußte die Linie verschieben oder sich davon zurückziehen.

»Da gibt es noch ein Wort.«

Lords Blick verriet plötzlich Interesse – und Argwohn.

Die Linie schwankte.

»Nhay Dam.«

»Das ist die Antwort.«

»Ja.«

»Und was bedeutet das – nach Ansicht des Franzosen?«

Kim bemühte sich, sein Zittern zu unterdrücken, aber es war so kalt, und als er einen Blick aus dem Fenster warf, sah er tanzende Lichter weit hinten am Horizont; sie flogen darauf zu – aufs Meer hinaus.

Kim wandte sich wieder Lord zu, und rasch zog er eine Linie. »Er hat es mir nicht gesagt, weil ich ihm das Codewort erst heute nacht gegeben habe, als ich zurückkam.«

Lord schwieg lange – so lange, daß Kim sich wieder dem Fenster zuwandte. Die Lichter der Dschunken und Sampans waren schon sehr viel näher.

»Was bedeutet Nhay Dam?«

»Ich glaube, es ist der Name eines Tanzlokals. Vor vielen Jahren gab es in Saigon ein Lokal, das auch so hieß. Der Name bezieht sich auf die hüpfende Art, in der die Franzosen tanzten.«

»Der Name des Lokals in Hanoi, in dem die Goulue aufgetreten ist?«

»Vielleicht weiß der Franzose das; wahrscheinlich sogar. Aber wir haben heute morgen nicht miteinander gesprochen. Ich habe ihm nur das Codewort gesagt.«

»Und wer hat es Ihnen gegeben?«

Kim wußte, sein Leben hing davon ab, wie er nun antwortete.

Lords Gesicht kam näher; seine Augen funkelten.

Sollte er vorsichtig sein und sagen: *Ich weiß nicht, ein alter, kranker Mann, aber einer, der sehr wichtig sein muß?*

Oder sollte er bluffen: *Er hat mir gesagt, daß er General Khanh ist?*

Die Lichter waren fast unter ihnen. Sie hatten die Küste erreicht.

Was sollte er tun? Er geriet in Panik. Der Vietcong würde bereits wissen, daß die Amerikaner ihn geschnappt hatten. Sie wußten alles und hatten überall ihre Spione. Was würden sie mit ihm machen? Sie würden ihn foltern, bis er ihnen sagte, was er dem Amerikaner gesagt hatte, und dann würden sie ihn umbringen.

Entsetzen trat in seine Augen. Aber die Amerikaner würden ihn zuerst umbringen, und der Vietcong würde nie erfahren, was er verraten hatte.

Er würde sterben; er sah den Drachen lachen. Es war von jeher so bestimmt gewesen; er hatte nie eine Chance gehabt.

Plötzlich wurde ihm ein harter Gummipfropfen in den Mund gestoßen, und er bekam keine Luft mehr. Er wurde gegen die Bank geschleudert, ein Knie drückte seine Brust nieder, und sein Kopf wurde ihm in den Nacken gedrückt. Und dann war da ein unerträglicher Schmerz, sein Mund wurde naß, Blut rann ihm durch die Kehle, der Gummipfropfen wurde herausgezogen, aber der Schmerz verschlimmerte sich noch, und seine Zunge fand die Lücke, wo sein Zahn gewesen war, und er schlug mit dem Kopf vor und zurück, vor und zurück, und er stöhnte und stöhnte, aber es war nicht wegen der Schmerzen.

»Zu langsam, Monsieur Kim. Wer?«

Doch Kim schüttelte nur den Kopf und stöhnte weiter. Was zählte das jetzt noch? Er hatte alles verloren. Das einzige, was für ihn zählte, war nicht mehr. Es war ihm gleichgültig, was nun geschah. Das einzige, was er besaß, war zerstört. Er dachte an die japanischen Lager und alles, was er dort durchgemacht hatte – wie er sein Zahnfleisch mit stumpfen Pflanzenborsten massiert und seine Zähne mit Bimsstein traktiert hatte. Und im französischen Internierungslager – auch dort wurde geschlagen, und nie aß er das Fleisch in dem Reis, den sie ihnen gaben, und immer wieder spülte er seinen Mund, um die Reste ihres schlimmen Essens loszuwerden, und er polierte seine Zähne, sooft es nur ging. Und danach, all das Elend und Leid, die Erniedrigungen und Demütigungen – aber seine Zähne waren ihm immer geblieben.

»Zu langsam, Monsieur Kim. Zu langsam.« Lord rammte ihm ein zweites Mal den Gummipfropfen in den Mund, drückte das Knie gegen Kims Brust und zog und zerrte mit der Zange, bis auch der zweite Schneidezahn heraus war. Er nahm das Gummi aus Kims Mund und wischte seine blutverschmierte Hand an Kims Hemd ab.

»Noch einmal, Monsieur Kim! Wer hat Ihnen die Nachricht für Lacouture gegeben?«

Aber auch diese Frage war rhetorisch, denn es konnte nur einer gewesen sein, und Lord wußte, daß Khanh seine Identität keinesfalls preisgegeben hatte. Kim konnte nur raten, und damit konnte er, Lord, wiederum nichts anfangen.

Immerhin war klar, daß Khanh lebte; die Berichte über seinen Tod waren nur ein Täuschungsmanöver gewesen. Sie hatten den

Südvietnamesen Mut gemacht; nur Giaps oder Ho Chi Minhs Tod wäre ihnen noch willkommener gewesen.

Nachdem er sich soviel Mühe gegeben hatte, den Feind von seinem Tod zu überzeugen, warum kam er nun wieder aus der Versenkung hervor? Die Codewörter sollten offensichtlich beweisen, daß er noch lebte. Aber warum?

Weil er mit Marshall zusammentreffen wollte; sein Angebot war echt. Er ging ein unglaubliches Risiko ein, um ein Treffen zustande zu bringen.

Lacouture trieb ein falsches Spiel, da war er sich nun sicher. Es sollte wirklich ein Treffen stattfinden. Die Kommunisten wollten Marshall nicht töten, sie wollten mit ihm verhandeln und bezahlten Lacouture für seine Vermittlung. Und Lacouture hatte ihn, Lord, dazu benutzt, an Informationen über Marshall zu gelangen. Er selbst hatte Lacouture von Marshalls Sohn, seiner schwachen Stelle, erzählt. Sehr clever, dachte Lord. Dieser Bastard.

Und Marshall würde auch darauf hereinfallen. Verdammt, fluchte er. Er sah die Szene direkt vor sich: Khanh, der ihm vom Tod seiner eigenen Söhne erzählt und daß er das Leid auf beiden Seiten nicht länger ertragen kann, und Marshall, der gierig jedes Wort aufsaugt, in Tränen ausbricht über all die toten Söhne und sein scheißliberales Herz ausschüttet. Dann rennt er zum Präsidenten und erzählt ihm von seinem geheimen Treffen mit dem kommandierenden General der gegnerischen Truppen, und wenn er, Johnson, nur zu einer kleinen Konzession bereit sei – einer Truppenverringerung und der Einstellung der Bombardierungen –, dann könne es ganz sicher zu Verhandlungen kommen, einem Sieg für den Frieden, der ganz nebenbei auch noch Johnsons Arsch retten und seine Wiederwahl sichern würde.

Dieser gerissene Hund! Alles paßte bestens zu den Gerüchten um Friedensgespräche in Paris, die sie jedem Dummkopf einbliesen, der dafür empfänglich war, wie dieser Palme in Schweden, und jedem Deppen von Journalisten, der sein Publikum hatte.

Er lachte über seine eigene Dummheit. Unglaublich! Er versprach Lacouture eine Riesensumme, wenn er ein Treffen zwischen Marshall und den Kommunisten zustande brächte, wenn er dafür sorgte, daß die Kommunisten Marshall töteten, während diese Hunde in Wirklichkeit alles andere wollten, als ihn umzubringen. Er hatte den Kommunisten die Aufgabe zugedacht, Marshall aus

dem Weg zu räumen, während sie tatsächlich nichts sehnlicher wünschten, als daß er ihren vergifteten Apfel mit nach Washington nahm.

Die Kommunisten hatten ihr Spiel so angelegt, daß sie gar nicht verlieren konnten. Ging man hier davon aus, daß Khanh tot war, dann war es ihnen gelungen, uns einzulullen und sich eine ausgezeichnete Ausgangsposition für eine Offensive zu schaffen. Glaubte man dagegen, daß er lebte, konnten sie Marshall und vielleicht auch Washington zu Zugeständnissen bewegen, die der Norden auf dem Schlachtfeld niemals erreicht hätte.

Das war Kunst, dachte Lord, ebenso fein gearbeitet wie die ineinander steckenden geschnitzten Elfenbeinkugeln. Was für ein Kopf, der sich das ausgedacht hat!

Und wir sind so dumm, unseren Gegner zu unterschätzen, dachte er. Sie sind viel cleverer als wir. Teuflisch und böse machen sie sich unsere Schwächen und unsere guten Absichten zunutze.

Aber konnte er Marshall davon überzeugen? Konnte er irgendeinen dieser Kriegsgegner und Liberalen überzeugen? Niemals. Mußte erst Vietnam fallen und Kambodscha noch dazu, bis sie etwas lernten? Oder sogar Afrika und Lateinamerika, die ganze dritte Welt, Malaysia und die Philippinen? Sie alle waren reif und würden eines Tages auf dem Prüfstand stehen.

Warum sahen sie das nicht?

Er dagegen, Wilson Abbot Lord, er kannte den Feind. Er würde das nicht zulassen. Er würde Marshall in den Arm fallen.

Und er würde mit diesem Bastard Lacouture abrechnen.

Er kannte den Feind. Seit zwanzig Jahren kämpfte er gegen ihn, und selten – o ja, viel zu selten – hatte er ihm eine wirklich empfindliche Wunde beibringen können.

Jetzt konnte er es.

Und er würde es tun.

Vorne klopfte Magnuson gegen die Trennwand und signalisierte damit, daß der Hubschrauber über dem Zielgebiet angelangt war und daß er nun dort kreisen würde, bis Lord seinerseits gegen die Wand klopfte.

Lord sah aus dem Fenster. Mondlicht schimmerte auf dem Wasser. Der Himmel war sternenklar. Und Lord fror. So war auch die Nacht gewesen, in der sie Brent Harwood gefangen und mit Stacheldraht gefesselt und ins Meer geworfen hatten.

O ja, er kannte den Feind.

Er beugte sich zu Kim hinüber und stieß hervor: »Zahltag, Monsieur Kim.«

Kim hörte ihn nicht und sah ihn auch nicht; er spürte nur einen dumpfen Schlag an seiner Schläfe, wo der Metallstock ihn traf. Er fiel nach vorne, nur die Handschellen hielten ihn noch, und als Lord sie löste, stürzte sein Körper zu Boden.

Lord schob die Türe auf und stieß den Körper hinaus; alles, was er sah, war ein kleiner dunkler Gegenstand, der durch den Himmel fiel und sich wieder und wieder überschlug.

Der Aufschlag würde ihn töten, jeden Knochen in seinem Leib brechen, das wußte Lord, dem es fast leid tat, weil er sich gewünscht hätte, daß die Haie zubissen, während Kim noch lebte.

Dann klopfte er gegen die Trennwand, und sogleich nahm der Hubschrauber Kurs auf die Küste.

Als der Hubschrauber gelandet war, sprang Lord hinaus und ging, ohne ein Wort an Magnuson zu richten, zu seinem Wagen.

Es war viel zu tun; er hatte eine Rechnung mit Lacouture zu begleichen und ein todsicheres Ende für Bradley Marshall zu arrangieren.

Magnuson blieb im Cockpit, bis Lord abgefahren war, dann ging er in den Passagierraum. Es war nur ein wenig Blut auf dem Sitz und dem Boden, und weder Urin noch Kot wie so viele Male in der Vergangenheit.

Was mochte der kleine alte Mann mit den perfekten Zähnen getan oder gewußt haben, daß er so enden mußte, fragte er sich.

Es hatte mit Botschafter Marshall zu tun, soviel war klar. Lord hatte ihn persönlich in die Sache hineingezogen und ihn auch getestet. Beim nächstenmal, da war Magnuson sicher, würde es um den Botschafter gehen. Und was würde er, Magnuson, der so tief drin steckte, tun? Wie würde er sich entscheiden? Was würde ihm passieren, wenn er ablehnte oder wenn er ihnen drohte, sie zu verraten?

Er ging in den Hangar und holte einen Eimer Wasser und Seife; dann wusch er das Blut ab.

Auf dem Boden fand er zwei blutige Zähne; er wickelte sie in ein Taschentuch und steckte sie in die Tasche. Als alle Spuren beseitigt waren, wusch er sich die Hände und ging.

33

Lacouture war in Panik; hastig packte er kostbare Elfenbein- und Jadestücke in eine Kiste. Er kniete auf dem chinesischen Seidenteppich im Wohnzimmer seiner Wohnung in einem immer noch vornehmen Viertel Saigons.

Aber wozu das alles noch? Wozu? jammerte er laut und sank auf dem Teppich zusammen.

Seit drei Tagen hatte er nichts mehr von Bui Cao Kim gehört. Er war tot, da gab es keinen Zweifel. Dieser elende kleine Gook hatte sich fangen und umbringen lassen, dachte er voller Verzweiflung.

Es war keine Stunde vergangen, da hatte er schon von Kims Festnahme erfahren, aber er brauchte noch den ganzen Tag, um herauszufinden, daß nicht die Nationalpolizei ihn verhaftet hatte, trotz der Uniformen, und daß niemand wußte, wo er festgehalten wurde.

Natürlich waren es die Amerikaner. Wer sonst sollte ein Interesse an dem dummen kleinen Mann haben. Wilson Abbot Lord steckte dahinter. Ganz gewiß hatte er alle Informationen bekommen, die er haben wollte, und dann hatte er ihn getötet. Dieser dumme, dumme Gook!

Aber er liebte Kim, und er vergoß Tränen auf seinen Teppich. Sie beide waren Überlebende, hatten die japanische Besetzung überstanden und kannten sich seit zwanzig Jahren. Sie waren fast wie Brüder, und er begann zu schluchzen in Gedanken an den lieben, lieben kleinen Mann.

Bestimmt hatten sie ihn gefoltert, ihm vielleicht sogar die Zähne ausgezogen – das wäre Lords Art. Und dann hatten sie ihn umgebracht. Der arme, arme Mann!

Er nahm sein Taschentuch heraus und wischte die Spuren seiner Tränen von dem Seidenteppich. Wer würde nun die Nachricht zurück zu General Khanh bringen? Natürlich mußte man ihm Bescheid geben. Was würde er tun, wenn er erfuhr, daß der Plan möglicherweise verraten worden war? Und was würde mit ihm selbst geschehen, jetzt, da Lord wahrscheinlich alles wußte?

Der verdammte Gook. Es war allein Kims Schuld, daß er sich

hatte fangen lassen. Auf dem schwarzen Markt, am hellichten Tage. Er hatte es verdient, daß man ihm alle Zähne ausriß – einen nach dem anderen.

Er seufzte tief und begann die Kiste wieder auszupacken. Er konnte nicht fliehen, und er konnte sich auch nicht verstecken. Er würde niemals aus Vietnam herauskommen, wenn die Amerikaner oder die Kommunisten hinter ihm her waren. Und wenn es ihm dennoch aufgrund eines unwahrscheinlichen Glücksfalles gelingen sollte, würde er niemals seinen Besitz herausbekommen, seine Schätze – sein Leben.

Wilson Abbot Lord würde jedes einzelne dieser Stücke vor seinen Augen zertrümmern. Das sah ihm ähnlich, diesem sadistischen Ungeheuer. Lachend würde er Lacouture zwingen, bei der Vernichtung seiner Kunstschätze zuzusehen.

Ein Schauder durchlief ihn bei dieser Vorstellung. Er drückte einen aus Nephrit geschnittenen Kranich der frühen Ming-Dynastie an seine Brust und schaute sich verzweifelt im Zimmer um. Nichts von alledem würde er retten können – die Gemälde und alten Rollbilder, die Vasen und Tempelschnitzereien, seine kostbaren Schnupftabakfläschchen, manche von ihnen mehr als siebenhundert Jahre alt, den Schmuck seiner Mutter, die Münzsammlung und die alten Uhren seines Vaters, die wertvollen Lack- und Emailarbeiten und nicht einmal die golddurchwirkten Seidengewänder, die einmal dem Kaiser gehört hatten.

Und dann seine Schallplatten – seine Carusos! Puccini! Verdi! Mozart! Donizetti! Er schluchzte auf, sah die Platten bereits gegen die Wand fliegen und in tausend Stücke zerbersten. Und Wagner! Ermüdend und endlos – aber was für Augenblicke! Die Splitter der zerbrochenen Platten regneten auf ihn nieder; er hob die Arme und legte sie schützend über den Kopf.

Nein! Das würde er nicht zulassen. Er mußte Lord aufhalten.

Er, Bernard Lacouture, würde die Kunst vor solcher Entweihung bewahren.

Aber was konnte er tun? Wie sollte er es machen? Wie konnte er das Treffen mit Khanh retten?

Er ging von der schlimmsten Möglichkeit aus – das tat er immer, denn das war der sicherste Weg. Kim war tot, und vor seinem Tode hatte er Lord genug gesagt, daß der sich nun ausrechnen konnte, was wirklich lief: daß Khanh lebte und daß Lacouture dabei war,

das Treffen zwischen dem General und Marshall zu arrangieren, das durchaus ernst gemeint und nicht als Hinterhalt gedacht war. Lord mußte eine mörderische Wut haben.

Marshall war Lords Hauptziel. Das würde so bleiben und sich noch verstärken, wenn Lord nun versuchen sollte, solch ein Treffen zu verhindern. Marshall war ein Gezeichneter, er war so gut wie tot. Und daran konnte er, Lacouture, überhaupt nichts ändern. Er konnte nicht zu Marshall gehen und ihm sagen, daß seine eigene CIA einen Mordanschlag auf ihn vorbereitete. Wer würde ihm das glauben? Welche Beweise hatte er denn? Und selbst wenn Marshall ihm glauben sollte, was würde das nützen? Das Treffen war kompromittiert; nichts war mehr zu erreichen. Lord wäre in jedem Fall der Sieger.

Ausgeschlossen, daß Khanh jetzt noch in ein Treffen einwilligte – nicht ohne noch weiterreichende Garantien, nicht ohne daß die Bedrohung, die Lord darstellte, beseitigt war.

Und er selbst? Sein Herz begann heftig zu schlagen, als er an die Wut dachte, die Lord empfinden mußte.

Es gab nur eine Möglichkeit, Lord aufzuhalten; er mußte ihn aus dem Weg räumen. Nur dadurch konnte er sich retten und zugleich Marshalls und Khanhs Dilemma lösen. Sie konnten sich treffen, er bekam sein Geld, und dann ab nach Cannes – mit seinen Schätzen.

Aber wie? Er konnte Lord schlecht wie ein Cowboy in den Straßen von Cholon herausfordern oder ihm in irgendeinem Hinterhof auflauern.

Er konnte auch kein Kopfgeld auf ihn aussetzen; das würde Lord sehr schnell erfahren. Und außerdem: Wer würde wohl so dumm sein, für Lacoutures Geld einen CIA-Agenten zu ermorden und damit sein Leben und das seiner ganzen Familie aufs Spiel zu setzen?

Er konnte es mit Lord und dem riesigen CIA-Apparat nicht aufnehmen. Er hatte gespielt und verloren. Aber hatte er denn eine Wahl gehabt? Lord hatte nie ernsthaft vorgehabt, ihn zu bezahlen. Er konnte es gar nicht zulassen, daß ein Mitwisser dieses Mordanschlags am Leben blieb. Deshalb war er, Lacouture, zu einem Deal mit den Kommunisten gezwungen gewesen. Außerdem mochte er Marshall, und vielleicht konnte solch ein Mann den Krieg sogar zu einem vernünftigen Ende bringen.

Nein, nein, er durfte nicht zulassen, daß Lord gewann. Es mußte einen Weg geben.

Wenn er nur jemanden hätte, zu dem er gehen konnte, jemanden, der ihm zuhörte, ihm half und sich um ihn kümmerte!

Wenn er nur einen Freund hätte!

Dann legte er die Hände in seinen Schoß und saß ganz still da.

Der Wilde hatte gesagt, er wolle sein Freund sein, und er hatte es nicht gesagt, um sich über ihn lustig zu machen. An seinen Augen und seiner Stimme hatte Lacouture erkannt, daß er aufrichtig war, daß da eine Freundlichkeit und Zärtlichkeit in diesem jungen Mann war, die sein Auftreten und seine Erscheinung Lügen straften.

Ja, zu dem Wilden konnte er gehen. Er konnte mit ihm reden, und er würde ihm zuhören. Aber würde er auch helfen?

Er war sich nicht mehr sicher, ob Mead mit Geld zu kaufen war. Vielleicht – mit viel Geduld und Schmeichelei und gutem Zureden, mit noch mehr Alkohol oder Drogen – würde er ihn am Ende in sein Bett bekommen – irgendwann einmal. Aber ihn zu einem Mord überreden? Zu einem Mord an einem Landsmann? Das war ausgeschlossen, da konnte er ihm noch soviel Geld anbieten.

Nein, für Geld würde Mead es nicht tun, aber vielleicht aus ideellen Gründen – für Vaterland, Familie, Religion oder woran er sonst hängen mochte. Und er würde es für seine Frau tun oder für seine Freunde.

Nein, einen Lustknaben würde er aus seinem Wilden nicht machen können, aber vielleicht einen Mörder.

Er ist schon einer, dachte Lacouture; und offenbar ein ziemlich geschickter.

Ja, der Wilde war seine Hoffnung – seine einzige Hoffnung.

Er sprang auf und lief in sein Ankleidezimmer, streifte rasch Weste und Jackett über, griff nach seinem weitkrempigen Strohhut, der vor dreißig Jahren einmal in Mode gewesen war, und nachdem er sämtliche Schlösser sorgfältig gesichert hatte, verließ er das Haus und winkte ein Taxi herbei.

Zwanzig Minuten später war er vor Meads Haus und lief die Treppe hinauf.

Als auf sein Klopfen niemand antwortete, öffnete er die Tür und steckte vorsichtig den Kopf hinein.

Eine junge vietnamesische Frau starrte ihn vom Fenster her ängstlich an und zog sich in die Ecke zurück.

»Verzeihen Sie!« sagte er auf französisch. »Ich suche einen Amerikaner namens Rod Mead. Wohnt er hier?«

Da sie nicht antwortete, wiederholte er seine Frage auf vietnamesisch.

Sie blickte ihn nur furchtsam an.

»Ich weiß, daß er hier wohnt«, sagte Lacouture auf vietnamesisch, schloß die Tür und nahm seinen Hut ab. Er wischte sich mit dem Taschentuch über die Stirn und setzte sich an den Tisch.

»Genau wie Kim es beschrieben hat«, sagte er auf Französisch zu sich selbst. Er glaubte nicht, daß sie es verstünde, denn sie war noch ein Kind gewesen, als die Franzosen aus Indochina abzogen, und die Jüngeren sprachen kein Französisch mehr. »Wunderschön. Wie eine Prinzessin. Eine wunderschöne Sklavenprinzessin für den Wilden.«

Sungs Angst ließ ein wenig nach; der kleine dicke Mann sah nicht so aus, als wollte er ihr etwas tun.

»Was wollen Sie denn?« fragte sie auf französisch.

»Oh!« sagte er. »Und gutes Französisch noch dazu.« Er sprang auf; allein schon die Sprache weckte den Kavalier in ihm. »Meine Liebe, bitte setzen Sie sich doch! Ich bitte um Verzeihung für mein Eindringen, aber es ist absolut lebenswichtig, daß ich Monsieur Mead spreche. Ich kann Ihnen gar nicht sagen, wie wichtig es ist. Es geht um Leben und Tod – und bedauerlicherweise um mein Leben.«

Sie kam nicht näher, aber ihre Angst war verschwunden. »Er ist nicht da«, sagte sie.

»Haben Sie etwas dagegen, wenn ich hier auf ihn warte?«

»Ich weiß nicht, wann er zurückkommt. Manchmal kommt er abends gar nicht nach Hause. Ich weiß nie, wann er kommt.«

»Aber ich muß ihn sofort sprechen.« Lacouture fühlte sich plötzlich sehr erschöpft; er setzte sich und fächelte sich mit dem Hut Luft zu.

»Vielleicht können Sie eine Nachricht hinterlassen. Ich werde sie ihm geben.«

»Sie sind sehr freundlich.« Er war den Tränen nahe und wischte sich mit dem Taschentuch über die Augen. »Verzeihen Sie, ich bin ziemlich erregt.«

Er zeigte auf einen Stuhl am Tisch. »Bitte setzen Sie sich doch! Es gehört sich nicht, daß ich sitze, während Sie stehen, aber ich bin zu aufgeregt zum Stehen. Also müssen Sie sich setzen.«

Sie nickte leicht, setzte sich und faltete die Hände im Schoß; sie saß sehr aufrecht.

»Sie sind wirklich eine schöne Frau. Und Ihr Französisch ist ausgezeichnet, so gut wie das des Botschafters. Wo haben Sie es gelernt?«

»Ich hatte einen Hauslehrer.«

»Ah«, sagte er, und er sah die ganze Geschichte vor sich. »Ihre Familie war sehr wohlhabend, nicht wahr? Und die Kommunisten sind gekommen. Und Sie mußten fliehen. Woher kommen Sie, meine Liebe?«

»Ban Me Thuot.«

»Eine sehr schöne Gegend.«

»Sie kennen es?« fragte sie und zeigte zum erstenmal seit der Zeit im Bordell einen Anflug von Interesse.

»O ja. Ich bin oft da gewesen. Meine Familie war auch sehr wohlhabend. Ich bin hier geboren. Als ich klein war, hat mein Vater mich oft nach Ban Me Thuot mitgenommen. Er hatte dort eine große Gummiplantage. Außerdem kaufte er für Michelin bei den Vietnamesen. Wahrscheinlich kannte mein Vater Ihren Großvater oder sogar Ihren Vater. Wie seltsam!«

Er schwieg einen Augenblick und hing seinen Träumen nach. »Es war eine herrliche Gegend, so ruhig und friedlich, und die Menschen dort schienen glücklicher zu sein als anderswo. Ich weiß noch, wie ich mit dem Rad durch die Dörfer und Felder gefahren bin. Ich bin schon so lange nicht mehr da gewesen.«

Lacouture zog eine Visitenkarte aus seiner Westentasche. »Wir müssen uns einmal in Ruhe miteinander unterhalten. Vielleicht kann ich Sie einmal zum Kaffee auf die Terrasse des Continental einladen. Ich würde Ihnen gerne die schönen Viertel von Saigon zeigen; sie würden Ihnen gefallen. Hätten Sie wohl Lust dazu? Ich bin sicher, Monsieur Mead hätte nichts dagegen – er dürfte wohl kaum eifersüchtig auf mich sein.«

Er drückte ihr die Karte in die Hand.»Ich habe mich nicht mal vorgestellt. Bernard Lacouture, und dort sind meine Adresse und Telefonnummer.«

»Ich bin Sung Le Vinh«, sagte sie.

»Sie werden meine Einladung doch annehmen, oder? Wir könnten einander soviel erzählen. Ich würde gern etwas über Ban Me Thuot hören, obwohl – die Erinnerung daran ist sicher schmerzlich für Sie, habe ich recht?«

Sie hielt den Kopf gesenkt.

»Ist Ihre Familie getötet worden?« fragte er.

»Ja«, sagte sie leise.

Er seufzte. »Das tut mir leid. Welch ein schrecklicher, schrecklicher Krieg. Wir – und ich meine uns, die Franzosen – haben soviel Unglück über dieses Land gebracht. Vielleicht wird es bald zu Ende sein.«

»Das sagt Ron auch immer. Er sagt, der Mann, für den er arbeitet, der mächtige Mann an der Botschaft, versucht den Krieg zu beenden. Glauben Sie wirklich, daß es so kommt?«

Lacouture faltete sorgfältig sein Taschentuch zusammen und steckte es in die Tasche. »Viele Leute versuchen, diesen Krieg zu beenden«, sagte er sanft, und mit unschuldigem Blick fügte er hinzu: »Aber dazu bedarf es schon eines mächtigen Mannes wie Botschafter Marshall.«

»Ron sagt, er ist sehr nett. Er mag ihn.«

Lacouture versuchte, seine Überraschung zu verbergen. »Ja, er ist sehr nett und sehr aufrichtig.«

»Sie kennen ihn?«

»Ja. Noch vorgestern abend habe ich ihn besucht. Leider habe ich etwas zuviel Champagner getrunken.«

»Ron sagt, sein Haus ist sehr schön, und er hat viele Diener, aber er ist trotzdem zu allen freundlich.«

»Das stimmt. Ich verstehe allerdings nicht, warum ich Monsieur Mead nie mit dem Botschafter zusammen gesehen habe. Vielleicht, weil meine Beziehungen zum Botschafter rein gesellschaftlicher Natur sind und ich ihn noch nie in der Botschaft besucht habe.«

»Wahrscheinlich. Ron ist sein Leibwächter und begleitet ihn nur, wenn er dienstlich unterwegs ist.«

Mein Gott, dachte Lacouture. Das kann doch nicht wahr sein. Am liebsten hätte er ihre Hand ergriffen und sie voll Dankbarkeit geküßt.

Doch dann fuhr er hoch. O Gott! Lord würde auch ihn umbringen. Als Leibwächter würde er Marshall zu dem Treffen mit General Khanh begleiten. Sein Wilder, der Beschützer dieses feinen Mädchens, ermordet!

Er war zu bestürzt, um auch nur ein Wort herauszubringen, und als die Türe nach einem kurzen, kräftigen Pochen plötzlich aufflog, fuhr er zutiefst erschrocken herum.

Ein kräftiger junger Kerl, nur mit Unterhosen bekleidet, stand in der Tür, ein Gewehr in der Hand.

»Was ist hier los?« polterte Bill Catton los und trat ins Zimmer, das Gewehr auf Lacouture gerichtet.

»Wer ist das Arschloch? Steh auf!«

Lacouture rappelte sich hoch und hielt sich am Tisch fest; er fürchtete, ohnmächtig zu werden.

»Was soll das hier? Sung, bist du okay?« Catton durchquerte rasch den Raum und stieß Lacouture den Lauf seines Gewehrs in den Bauch.

Sung sprang auf. »Bill, es ist alles in Ordnung. Er hat mir nichts getan. Er ist ein Freund von Ron.«

Catton musterte den zitternden Mann vor ihm. »Da bin ich mir nicht so sicher. Wer zum Teufel bist du, Fettarsch?«

Lacouture konnte kaum reden, aber schließlich gelang es ihm doch, ein paar Worte herauszubringen. »Es stimmt. Ich kenne Mr. Mead von der Botschaft her.«

»Ich arbeite auch in der Botschaft, du Tunte. Das hätte ich gemerkt, wenn einer wie du dagewesen wäre.« Und zu Sung gewandt, fragte er: »Erst Gooks und jetzt Schwule. Was ist hier los?«

»Bill, er wollte Ron sprechen. Er kennt Botschafter Marshall.«

Catton nahm rasch das Gewehr herunter. »Oh.« Dann sah er sich mißtrauisch um. »Wo ist Ron?«

»Er arbeitet noch. Ich habe Mr.... Lacouture gesagt, daß Ron vielleicht erst sehr spät zurückkommt. Dann haben wir uns auf französisch unterhalten, und er hat mir erzählt, daß er die Gegend kennt, wo ich früher gelebt habe.«

»Ja, ja«, setzte Lacouture rasch hinzu. »Ich wollte gerade gehen. Ich habe Miss... Vinh gebeten, Mr. Mead zu sagen, daß ich hier war, um mit ihm zu sprechen. Ich habe ihr gesagt, daß es sehr wichtig ist und daß es mit Botschafter Marshall zu tun hat.« Er zeigte auf den Tisch. »Sehen Sie, ich habe ihr meine Karte gegeben.« Er griff danach und reichte sie Catton, der einen kurzen Blick darauf warf und sie unter das Gummiband seiner Unterhose schob. »*Ich* werde sie ihm geben.«

»Selbstverständlich«, sagte Lacouture und zog eine weitere Karte aus seiner Tasche. »Ich gebe Miss Vinh noch eine. Für mich kommt es nur darauf an, daß er meine Nachricht erhält.«

Er rappelte sich zusammen und bemühte sich, soviel Würde zu

zeigen, wie er nur konnte. »Also, dann werde ich jetzt gehen. Es war mir ein Vergnügen, Sie kennenzulernen, Miss Vinh, und es würde mich freuen, Sie wiederzusehen. Und Ihnen einen guten Tag, Sir«, sagte er zu Catton, ging um ihn herum und eilte zur Tür.

Catton sah ihm nach, dann wandte er sich Sung zu, und ein breites Grinsen erschien auf seinem Gesicht. Er hob das Gewehr und zog am Abzug. Nur ein harmloses Klicken war zu hören. »Ich wollte mir eigentlich nur ein bißchen Öl ausleihen. Wo hat Ron sein Reinigungszeug?« Dann warf er Lacoutures Visitenkarte auf den Tisch. »Hoffentlich war der Schwule kein wichtiger Mann.«

Teresa Hawthorne stand vor der schußsicheren Glastür der Sicherheitsschleuse am Eingang der Botschaft. Seit Tagen hatte sie vergeblich versucht, Marshall zu erreichen, aber er war nie dagewesen, wenn sie anrief, und da sie selbst kein Telefon hatte, konnte sie keine Nummer hinterlassen.

Sie spürte die Gereiztheit der Sekretärin nach so vielen Anrufen, und sie hatte Angst, sie würde das Gespräch nicht einmal durchstellen, wenn Marshall da war. Deshalb hatte sie beschlossen, selbst zur Botschaft zu gehen.

Überall hatte sie nach Lin gesucht, aber niemand hatte sie gesehen.

Auch Pater Dourmant war mit seinen Bemühungen nicht weitergekommen. »Geben Sie auf, meine Liebe!« hatte er gesagt. »Sie können Lin nicht helfen. Aber anderen können Sie helfen. Beschäftigen Sie sich lieber damit!«

Doch sie konnte Lin und das Baby nicht aufgeben, und deshalb stand sie nun vor dem Eingang der Botschaft.

»Kann ich Ihnen helfen, Ma'am?« fragte der Wachsoldat.

»Ja, ich hoffe«, sagte sie. »Ich möchte zu Botschafter Marshall.«

»Sind Sie angemeldet, Ma'am?«

»Nein.«

»Das tut mir leid, Ma'am, aber Sie brauchen einen Passierschein vom Büro des Botschafters, sonst kann ich Sie nicht einlassen. Wir haben da strenge Vorschriften. Sie könnten sein Büro anrufen und sich einen ausstellen lassen.«

Sie schüttelte den Kopf. »Das klappt niemals.«

Sie wollte schon gehen, doch da fiel ihr Mead ein. »Vielleicht

können Sie mir doch helfen. Es gibt da einen jungen Mann, der für den Botschafter arbeitet, sein Leibwächter. Sein Name fällt mir nicht ein, aber er ist groß, größer als Sie, glaube ich, und sehr wild.«

Der Wachsoldat lächelte. »Ja, den kenne ich. Das ist Ron Mead.«

»Genau. Corporal Mead. Er kennt mich. Ich habe ihm einmal eine Ohrfeige gegeben – es war nicht seine Schuld, nur ein Mißverständnis... Oh, könnten Sie ihn für mich anrufen? Er würde mir helfen, ganz bestimmt.«

»Also, Ma'am, ich darf eigentlich nicht...« Er bemerkte ihren flehentlichen Blick, dann griff er zum Telefon. »Ich mach es. Wie sagten Sie noch war Ihr Name?«

»Teresa Hawthorne. Vielen, vielen Dank.«

Der Soldat sprach ins Telefon, wartete einen Augenblick und sprach wieder. Sie konnte nicht hören, was er sagte; sie sah ihn nur grinsen und wußte, daß er mit Corporal Mead redete. Dann hängte er ein und wandte sich wieder an sie.

»Er hat mir gesagt, ich soll mich vor Ihnen in acht nehmen und daß Sie eine gefährliche Rechte haben, aber er ist in ein paar Minuten hier. Sie können da drüben warten, wenn Sie wollen.«

»Oh, vielen Dank!« sagte sie. »Wie nett Sie alle sind.« Sie ging durch den äußeren Bereich der Eingangshalle und setzte sich.

Fünf Minuten später sah sie ihn durch den inneren Teil der Halle kommen. Der Wachsoldat zeigte auf sie, dann betätigte er den Türöffner, und Mead trat heraus.

Sie sprang von ihrem Stuhl auf, und in gespielter Angst nahm Mead die Hände schützend vors Gesicht.

»Wie lieb von Ihnen, daß Sie herunterkommen«, sagte sie und streckte ihm die Hand entgegen. »Vielen Dank!«

»Hallo, Miss Hawthorne. Wie geht es Ihnen?«

»Danke, gut. Es tut mir leid, daß ich Sie störe, aber ich kenne sonst niemanden, der mir helfen könnte.«

»Was kann ich für Sie tun?« fragte er.

»Ich muß Botschafter Marshall sprechen. Es ist sehr wichtig.«

»Haben Sie versucht, ihn anzurufen?«

»Schon oft, aber seine Sekretärin sagt immer, er ist nicht da.«

»Ja, das ist Dolores – ich meine, Miss Toland. Sie läßt niemanden zu ihm durch.«

»Ich muß mit ihm reden. Könnten Sie ihm eine Nachricht überbringen?«

»Natürlich. Sie meinen, jetzt?«

»Ist er da?«

»Ja, Ma'am. Ich sage ihm, daß Sie da sind. Ist das alles?«

Sie lächelte. »Das ist alles. Und es wäre ganz wunderbar von Ihnen, wenn Sie das für mich täten.«

»Kein Problem. Möchten Sie mitkommen. Ich kann Sie mitnehmen.«

»O nein, ich warte lieber hier. Vielen Dank.«

»Sind Sie sicher? Okay. Ich bin gleich zurück.«

Als er in das Vorzimmer trat, sagte er der Sekretärin, er müsse den Botschafter einen Augenblick sprechen.

»Colonel Waggoner ist bei ihm«, erwiderte sie, ohne aufzublikken.

»Es dauert nur eine Minute«, sagte er und ging durch ihr Büro.

»Warten Sie!« rief sie, aber er war schon weg.

Er klopfte an Marshalls Tür. Waggoner öffnete. »Wir sind beschäftigt«, sagte er, als er Mead sah.

»Ja, Corporal?« meldete sich Marshall vom Schreibtisch her. »Kommen Sie herein! Was gibt es?« fragte er, denn er wußte, daß Mead sie nicht stören würde, wenn es nicht wichtig war.

»Sir, Miss Hawthorne hat versucht, Sie zu erreichen. Sie sagt, es ist sehr wichtig.«

»Natürlich«, erwiderte Marshall und griff nach dem Telefon.

»Nein, Sir, sie wartet unten.«

»Oh, ja, dann bitten Sie sie herauf! Ach nein, lassen Sie!« sagte er und sah auf seine Uhr. »Wir werden zusammen essen gehen, das bin ich ihr schuldig. Colonel Waggoner, das hier können wir später fertig machen. Sagen Sie, kennen Sie ein gutes Lokal?«

Waggoner zuckte die Achseln. »Ich weiß nicht, Sir. Das Continental vielleicht.«

»Nein. Da ist zuviel Betrieb. Ein kleines Lokal wäre mir lieber. Es gibt doch bestimmt ein paar gute Restaurants in Saigon.«

»Ich kenne eins, Sir«, meldete sich Mead zu Wort. »Ein französisches.«

»Na wunderbar. Wie heißt es?«

Unter den durchbohrenden Blicken Colonel Waggoners begann Mead zu stammeln. »Also, Sir, das ist so ein komischer Name. Französisch glaube ich. So was wie...« Er blickte zu Boden, dann zur Seite. »So was wie... also wie Cock Oil, Sir.«

Waggoner schloß die Augen. »Ich glaube kaum, daß der Botschafter da speisen möchte.«

»Nein. Es ist wirklich schön. Da ist ein Huhn draußen, an der Tür meine ich. Ein goldenes.«

Marshall runzelte die Stirn, dann lächelte er. »Coq d'Or.«

»Ja, Sir, genau.«

»Cock Oil, großer Gott!« stöhnte Waggoner.

»Wunderbar«, meinte Marshall. »Sagen Sie Miss Hawthorne, daß ich gleich bei ihr bin! Der Fahrer soll sich bereithalten. Und sagen Sie ihm, wo das Restaurant ist!«

»Ja, Sir.«

Die Gegensprechanlage summte, und Marshall drückte den Knopf. »Ja, Dolores?«

»Herr Botschafter, Mr. Lord ist hier und möchte Sie gerne sprechen.«

»Oh, zum Teufel, das habe ich ganz vergessen.« Er sah Mead an. »Das dauert nur ein paar Minuten. Bitten Sie Miss Hawthorne, doch einen Augenblick zu warten!«

Er drückte auf die Sprechtaste. »Ich lasse bitten.«

Mead und Waggoner gingen gemeinsam hinaus. Im Vorzimmer kam ihnen Lord entgegen. Er nickte Waggoner zu und sah durch Mead hindurch. Er klopfte an Marshalls Tür und trat ein.

34

Marshall stand auf, um Lord zu begrüßen; dann wies er auf die Sitzgruppe in der Ecke, und sie setzten sich.

Es war ihre erste unmittelbare Begegnung, und beide taxierten einander ungeniert, selbstbewußt und entspannt.

Als Marshall Lacoutures Anruf mit dem Codewort »Nhay Dam« erhalten hatten, rief er sogleich General Tran an und gab die Nachricht weiter.

Tran zögerte, dann sagte er mit einem, wie Marshall zu erkennen meinte, seltsamen Gemisch aus Ärger und Trauer: »Er ist es.«

»Sind Sie sicher?«

Diesmal kam die Antwort ohne Zögern. »Ja.«

»Würden Sie sich mit ihm treffen?«

»Ich werde darüber nachdenken«, erwiderte Tran.

Bevor Marshall Lacouture anrief, um ihm seine Bereitschaft für ein Treffen mit General Khanh zu signalisieren, bat er darum, von der CIA über Lacouture ins Bild gesetzt zu werden. Man sagte ihm, Wilson Abbot Lord werde diese Aufgabe übernehmen.

Lord war der Mann, vor dem ihn Andrew Maynard in Washington so eindringlich gewarnt hatte: »Nimm dich in acht, Brad! Er *glaubt.*«

Obwohl Lord als Konsulatsbeamter geführt wurde, wußte Marshall, daß er der höchste CIA-Agent in Saigon war, und er hatte den Verdacht, daß Lord unabhängig von der örtlichen CIA-Leitung agierte und unmittelbar Langley unterstand.

An Lords durch und durch natürlichem Selbstvertrauen, das ohne jedes Auftrumpfen auskam, erkannte Marshall, daß Maynard recht hatte: Hier hatte er möglicherweise einen unerhört gefährlichen Gegner vor sich.

»Warum wird diese Angelegenheit auf so hoher Ebene behandelt?« fragte Marshall.

»Die Agency wird nervös, wenn Botschafter sich mit kleinen Gaunern und Lohnspitzeln einlassen.«

»Sehr beruhigend zu wissen, daß ihr Jungs eure Ohren überall habt«, sagte Marshall trocken.

»Wozu sind Telefone da, wenn nicht zum Abhören?« erwiderte Lord gelassen. »Lacoutures Telefon wird schon seit Jahren abgehört. Tatsächlich haben so viele es angezapft, daß man kaum noch ein freies Stück Leitung findet, wo man sich dranhängen kann: Franzosen, Vietcong, Südvietnamesen. Als auf dem Band kryptische Botschaften zwischen ihm und jemandem in der Botschaft auftauchten, wurden wir neugierig.«

»Erzählen Sie mir von Lacouture!« sagte Marshall.

Lord reichte ihm eine dicke Akte. »Wir beide haben Besseres zu tun, als all das durchzugehen, aber ich lasse sie Ihnen trotzdem hier, damit sie einen Blick hineinwerfen können.«

»Es genügt, wenn Sie mir die Highlights nennen, Mr. Lord.«

Lord lehnte sich bequem in seinen Sessel zurück. Da er Marshalls Gespräch mit Tran abgehört hatte, wußte er, daß es nun von ihm abhing, ob Marshall Lacouture ermächtigte, das Treffen zu arrangieren.

»Bernard Lacouture ist zweiundsechzig Jahre alt, intelligent, redegewandt. Ein Kunstkenner, ein gewiefter Geschäftsmann und geschickt im Umgang mit Menschen. Er hat Vermögen und bessert seine Einkünfte durch den Handel mit Informationen und durch Intrigen auf; über die Jahre hat er die Sûreté, die Japaner, die Vietminh, die NVA, die Vietcong, die Südvietnamesen und auch uns mit Informationen versorgt. Seine politische Einstellung ist fließend, absolut opportunistisch. Seine sexuellen Vorlieben gelten jungen Männern und tendieren ins Masochistische. Wir benutzen ihn als Sekundärquelle für die Verifizierung von Gerüchten und die Überprüfung primärer Quellen. Er hat alle Umstürze und Regimes vor allem deshalb überlebt, weil er im Grunde harmlos ist. Er ist nur ein kleiner Fisch, der es gar nicht verdiente, daß man sich, wie Sie es ausgedrückt haben, ›auf hoher Ebene‹ mit ihm befaßte, wenn es nicht den Anschein hätte, daß er sich über Codes mit dem persönlichen Beauftragten des Präsidenten verständigte. Sonst hat er es meist nur mit Dealern und kleinen Geheimagenten zu tun, die Spaß an geheimen Treffen und falschen Schnurrbärten haben.«

»Und an Codewörtern?« fügte Marshall lächelnd hinzu.

»Ja. An Sachen wie ›Piepser‹ und ›*goulue*‹ und ›Nhay Dam‹.«

»Und was bedeutet das alles?«

Lord zuckte die Achseln. »Ich hatte gehofft, Sie könnten mir das sagen.«

»Ich weiß nicht, was sie bedeuten«, erwiderte Marshall. Er sah Lord durchdringend an. »Sind Sie sicher, daß Sie es nicht wissen?«

Lord hielt seinem Blick stand. »Ich nehme an, es handelt sich um den Versuch, ein Treffen zwischen Ihnen und einem ›hochrangigen‹ Nordvietnamesen zu arrangieren, auf dem man mit Ihnen über die Möglichkeit von ›Friedensverhandlungen‹ sprechen möchte. Jedenfalls geht es meistens darum.«

»Meistens?«

Lord tat gelangweilt. »Die Nordvietnamesen bemühen sich auf vielen Wegen darum, die Einstellung der Bombardierungen zu erreichen und Verhandlungen über einen Truppenabzug in Gang zu bringen. Sie werden sich kaum die Chance entgehen lassen, jemanden wie Sie für ihre Ziele einzuspannen.«

Marshall beugte sich vor und verbarg seine Verärgerung nicht. »Jemanden wie mich? Einspannen?«

Lord, der mit Befriedigung feststellte, daß der Hieb gesessen hatte, und Marshall noch ein wenig mehr reizen wollte, zuckte nur mit den Schultern, als lägen die Absichten des Feindes und Marshalls Leichtgläubigkeit nur allzu deutlich auf der Hand.

»Und wer ist Ihrer Ansicht nach der ›hochrangige‹ Nordvietnamese?«

»General Xuan Tien Khanh.«

»Ich dachte, der ist tot.«

Lord zuckte wieder die Achseln. »Das MACV glaubt es jedenfalls.«

»Sie nicht?«

»Unsere Erkenntnisse weichen häufig voneinander ab. Es hätte seine Vorteile, wenn er tot wäre, aber wir ziehen es vor, guten Nachrichten zu mißtrauen, wenn sie nicht überprüft werden können.«

»Was raten Sie mir also?«

»Ich bin nicht in der Position, Ihnen einen Rat zu erteilen, Exzellenz.«

»Und wenn Sie es wären?«

»Dann würde ich Sie auf die Gefahren für Ihre persönliche Sicherheit hinweisen und Sie bitten, die Möglichkeit zu bedenken, daß man Sie um militärischer und politischer Vorteile willen manipuliert.«

Marshall lehnte sich zurück und musterte Lord einen Augen-

blick. »Sie sind schon lange in Vietnam, Mr. Lord – länger als irgend jemand sonst?«

»Es gibt gewiß jemanden, der schon länger hier ist als ich, aber es ist richtig, ich bin schon lange hier – viele Jahre.«

»Können wir diesen Krieg gewinnen, Mr. Lord?«

»Wir *müssen* diesen Krieg gewinnen, Mr. Marshall«, erwiderte Lord gleichmütig und ließ dabei bewußt den Titel in der Anrede weg.

»Und wie soll das geschehen?« fragte Marshall.

»Sind Sie wirklich daran interessiert?«

»Ich stelle keine rhetorischen Fragen, Mr. Lord. Wenn Sie mich darüber aufklären können, wie dieser Krieg zu gewinnen ist, dann werde ich Ihre Lösung dem Präsidenten persönlich vortragen.«

»Schicken Sie mehr Leute und Material! Erlauben Sie den Militärs, den Krieg so zu führen, wie sie es für richtig halten! Und greifen Sie den Feind auf seinem eigenen Territorium an!«

»Diese Lösungsvorschläge sind nicht gerade neu, Mr. Lord«, sagte Marshall gelangweilt.

»Ist es das, wonach Sie suchen, Herr Botschafter: eine neue Lösung? Eine, die keine Menschenleben mehr fordert und keine Opfer? Schnell und schmerzlos? Glatt und billig?« Lord verbarg seinen Abscheu nicht. »Nein, *Exzellenz*, so eine Lösung habe ich nicht. Meine verlangt Hingabe, Opferbereitschaft und Durchhaltevermögen – bei Prinzipien ist das immer so.«

»Ah ja«, sagte Marshall und paßte sich ihm im Ton an. »Und die Prinzipien sind – lassen Sie mich raten! – Demokratie und Unabhängigkeit, Unterstützung der freiheitliebenden Regierung Südvietnams, die sich der Wahrheit, der Gerechtigkeit und allem, was uns heilig ist, verpflichtet fühlt.«

Es klopfte an die Tür und Colonel Waggoner trat ein. »Ich bitte um Entschuldigung, aber ich habe gerade aus Washington die Nachricht erhalten, daß Präsident Johnson mit Ihnen sprechen möchte, Sir. Die Leitung wird gerade frei gemacht, in fünf Minuten kommt der Anruf. Sie müßten dazu hinunter in die ›Blase‹ gehen, ins abhörsichere Nachrichtenzentrum.«

»Verdammt!« sagte Marshall und sah auf die Uhr. »Schicken Sie jemanden zu Miss Hawthorne, und lassen Sie ihr ausrichten, daß ich etwas später komme.« Er stand auf. »Vielen Dank für Ihre Zeit und Ihre sachverständige Meinung, Mr. Lord.«

Sie gaben sich nicht die Hand, und Lord nickte nur kurz, bevor er das Zimmer verließ.

Eine gute und fein abgestimmte Vorstellung, dachte Marshall – außer der unbedachten Bemerkung über den »Piepser«. Dieses Wort war in seinen Telefongesprächen mit Lacouture nie gefallen, sondern nur während der persönlichen Unterredung in seinem Haus, und er hatte es Tran von seinem privaten Anschluß aus mitgeteilt. Offenbar hörte Lord auch dieses Telefon ab. Aber dann dachte er, ein Mann, der so inbrünstig »glaubte«, würde natürlich nicht davor zurückschrecken, ein Telefon anzuzapfen. Gab es überhaupt irgend etwas, fragte Marshall sich, wovor Lord zurückschrecken würde?

Nein, dieser Mann nicht. Er war so gefährlich, wie Maynard gesagt hatte. Er war ein Fanatiker, kaltblütig und gefährlich. In allen, die seine »Prinzipien« nicht teilten, sah er Feinde, dachte Marshall. Diesen Mann berührte es nicht, wenn junge Männer – Söhne – für seine »Prinzipien« starben.

Er war der Feind, erkannte Marshall, und er fühlte sich in seinem Vorsatz bestärkt, mit den Nordvietnamesen zusammenzutreffen, dem Krieg ein Ende zu setzen – und entschlossen verließ er sein Büro, um mit dem Präsidenten zu sprechen.

Auch Lord war mit seiner Vorstellung zufrieden. Ein Mann von Marshalls Intelligenz und Auffassungsvermögen würde sicher über den »Piepser« stolpern. Das, sein Mißtrauen gegenüber der CIA und sein überwältigender Wunsch nach »Friedensverhandlungen« würden schon dafür sorgen, daß er Lacouture ermächtigte, das Treffen zu arrangieren.

Das Verhalten von Schwächlingen war so leicht vorauszusehen, dachte er. Das machte sie nur noch verletzbarer. Leute wie Marshall waren die wirklichen Feinde von Demokratie und Freiheit; Leute, die von Prinzipien redeten, aber nicht bereit waren, auch Opfer dafür zu bringen; Leute, die sich über die Hingabe anderer lustig machten.

Vom nächsten Stockwerk aus rief er Gibbon an. Der meldete sich mit der Nummer seines Anschlusses.

»Jeff, gleich kommt ein wichtiger Anruf aus Washington herein. Ich möchte die Mitschrift sofort auf meinem Schreibtisch haben. Besorgen Sie sie mir!« Er hängte ein.

Jetzt blieb nur noch das Problem Lacouture – und das würde er persönlich in die Hand nehmen.

In der »Blase«, dem am stärksten bewachten, elektronisch besonders gesicherten Bereich der Botschaft, wurde Marshall vorbei an nachrichtentechnischen Geräten aller Art zu einer schallgeschützten Kabine geführt.

»Wo ist das Telefon?« fragte er, denn er erwartete eigentlich den Verwürfelungsapparat vorzufinden, den er von anderen Botschaften her kannte.

»Für seine Gespräche mit dem Weißen Haus benutzt Botschafter Bunker dies hier«, sagte ihm ein Botschaftsangestellter. »Sie brauchen sich nur hinzusetzen und zu sprechen, Sir. Wenn Sie fertig sind, drücken Sie auf diesen Knopf, und die Tür geht auf.«

Ein rotes Lämpchen leuchtete auf. »Der Anruf ist da, Sir.«

Marshall schloß die Tür und setzte sich an ein Tischchen; die Kabine war nicht größer als eine Toilette; die Wände waren mit Dämmplatten belegt.

»Bradley, sind Sie da, Bradley?« Johnsons Stimme drang mit solcher Lautstärke in die Kabine, daß Marshall buchstäblich von seinem Stuhl gehoben wurde.

»Himmel!« rief Marshall. »Stellen Sie doch die verdammte Lautstärke niedriger!«

»Was?« schrie Johnson. »Was haben Sie gesagt?«

O mein Gott! dachte Marshall, keiner hört mich, und ihm wurde klar, daß man die Lautstärke wegen Bunkers Alter so aufgedreht hatte. »Nichts, Mr. President. Ich habe mit jemand anderem gesprochen.«

»Ist da noch jemand?« rief Johnson. »Wo zum Teufel sind Sie denn, in einer öffentlichen Telefonzelle?«

»Nein, Sir – nur ein Mißverständnis. Was kann ich für Sie tun, Sir?«

Die Stimme des Präsidenten sank zu einem Flüstern herab, das allerdings immer noch die ganze Kabine erfüllte. »Sie müssen mir helfen, Bradley. Ich warte schon die ganze Zeit darauf, von Ihnen zu hören.« Er sagte es so, als säße er schon seit Jahren händeringend vor dem Apparat. Dann schlug er mit der Faust auf den Tisch und rief: »Ich hab hier diese verdammte CAVITY-Studie vor mir liegen, und ich weiß nicht, was ich machen soll. Die sagen mir, sie brau-

chen mehr Leute, mehr Panzer, überhaupt mehr von allem. Fehlt nur noch, daß sie Lady Bird mit Granaten ausstaffieren und rüberschicken. Bradley! Was soll ich tun? Sie müssen mir helfen. Ich hab Sie da rübergeschickt, damit Sie eine Lösung finden.« Die Stimme des Präsidenten versank in Schmerz und Enttäuschung.

»Ich kenne die COVIA-Studie, Mr. President. Ich habe ernsthafte Bedenken dagegen. Ich habe mit einem der Autoren dieser Studie Besuche im Feld unternommen, um herauszufinden, wie verläßlich diese Ergebnisse sind. Bisher habe ich noch nichts gesehen, was diese Ergebnisse rechtfertigen könnte. Ich fliege morgen wieder ins Kampfgebiet; wenn ich zurück bin, kann ich Ihnen Genaueres sagen. Die Lage ist nicht so kritisch, daß Sie Ihre Entscheidung nicht noch ein wenig aufschieben könnten.«

»Sie meinen, ich kann Lady Bird sagen, sie soll wieder auspakken?«

»Ja, Sir.«

»Na, das ist immerhin eine gewisse Erleichterung. Wissen Sie, Westmoreland und Bunker sind hier in Washington. Westmoreland hat im Kongreß gesprochen; jetzt sind sie da alle geladen, und er setzt mich mit dieser verdammten COFFEE-Studie unter Druck. Darum mußte ich Sie anrufen – Sie reden ja anscheinend nicht mit mir – und herausfinden, was da drüben los ist. Machen Sie überhaupt irgendwas, Bradley? Mir sitzt dieser verdammte Erpresservertrag im Nacken, und die Zeit läuft mir davon. Eigentlich sollten Sie mir ja *helfen*, Bradley.«

»Ich tue, was ich kann, Mr. President.« Marshall hätte ihm gerne von der Möglichkeit eines Treffens mit General Khanh erzählt, aber er wollte keine unrealistischen Hoffnungen wecken, obwohl er nun mehr denn je entschlossen war, Kontakt zur NVA aufzunehmen.

»Ich hoffe, ich habe schon bald etwas Konkretes und Positives für Sie«, sagte Marshall.

»Na, deshalb habe ich Sie ja losgeschickt«, erwiderte Johnson. »Beeilen Sie sich, Bradley! Die Wölfe sind schon verdammt nahe.« Er sagte es, als liefen die Wölfe bereits über den Rasen des Weißen Hauses.

»Diese CAVIAR-Studie ist also Unsinn, das wollten Sie doch sagen, ja?«

»Ich schlage vor, daß Sie die Entscheidung noch etwas aufschieben. Ich gebe Ihnen in Kürze meine Einschätzung dazu.«

»In Ordnung, Bradley. Ich halte durch. Ich zähle auf Sie, Bradley. Alles hängt jetzt von Ihnen ab.« Er sagte es, als stünde die Apokalypse bevor.

»Und Dak To?« donnerte er. »Ich will wissen, was da los ist.«

Dak To? dachte Marshall. Er wußte, daß dort gekämpft wurde, aber er hatte kaum etwas darüber gehört.

»Das ist das Ende der Welt, da oben«, rief Johnson. Dann sank seine Stimme wieder zu einem Flüstern herab.

»Westmoreland kürzt seinen Besuch ab. Ich weiß, daß es wegen Dak To ist. Mir sagt natürlich niemand was, ich bin ja auch nur der Oberbefehlshaber, also der letzte, der was erfährt.«

»Ich finde es schon heraus, Sir«, erwiderte Marshall, dann fügte er mit dumpfer Stimme hinzu: »Aber wenn es so schlimm steht, sollte Lady Bird sich vielleicht doch wieder in Montur werfen.«

Johnson kicherte, dann rief er: »Berichten Sie mir, was da los ist!« und hängte ein.

Marshall drückte auf den Türöffner und stelzte aus der Kabine; seine Ohren schmerzten.

»Es tut mir leid, daß ich Sie habe warten lassen«, sagte Marshall zu Teresa und begrüßte sie herzlich. »Aber ich finde es wunderbar, daß Sie mich zum Essen abholen.« Er nahm ihren Arm und führte sie zum Wagen. »Wir werden Corporal Mead für das Essen verantwortlich machen; er hat nämlich das Restaurant empfohlen.«

Sie blieb auf der Treppe stehen. »O nein«, sagte sie verlegen, »ich ... ich wollte ... Botschafter Marshall, ich ...«

»Brad, bitte. Irgend jemand muß mich mal wieder beim Vornamen nennen, ich habe ihn seit Wochen nicht mehr gehört. Ich glaube schon beinahe, ich existiere nur als Titel.«

Sie war sehr verwirrt. »Ich wollte Sie eigentlich nur einen Augenblick sprechen. Ich habe versucht anzurufen, aber ... essen ...«

»Sie haben doch noch nicht gegessen, oder?«

»Nein, aber ...«

»Ich auch nicht, und wir können miteinander reden, und ich sorge nachher dafür, daß Sie sich ohne ungebührlichen Verzug wieder an Ihr heiliges Werk machen können.« Er lenkte sie zum Wagen und schob sie hinein.

Während der kurzen Fahrt plauderten sie ein wenig. Als der Wagen vor dem Restaurant hielt, stiegen Marshall und Teresa aus.

»Und was auf der Speisekarte würden Sie uns empfehlen, Corporal?« fragte Marshall Mead.

»Die Ente ist wirklich gut, Sir. Mit so einer Art Orangenmarmelade.«

»Klingt sehr gut«, erwiderte Marshall. »Am besten warten Sie hier. Vielleicht kann man Ihnen auch etwas herausbringen. Oder der Fahrer besorgt etwas für Sie beide. Wir werden so etwa eine Stunde brauchen.«

Drinnen wurden sie vom Oberkellner respektvoll begrüßt – er hatte den Wagen vorfahren sehen – und an einen Tisch im hinteren Teil des Restaurants geleitet.

Als sie bestellt hatten – für Wein mochte Teresa sich nicht entscheiden –, berichtete sie ihm von Lins Verschwinden.

»Pater Dourmant meint, sie ist vielleicht wieder zurück ins Bordell gegangen, aber ich glaube das nicht. Ich fürchte, sie macht ihre Drohung wahr und verbrennt sich mit dem Kind vor der amerikanischen Botschaft.«

Marshall nippte an seinem Glas Chablis und versuchte, sie zu beruhigen.

»Selbst wenn sie sich und das Baby vor der Botschaft verbrennen wollte, glaube ich kaum, daß sie es schaffte. Die Sicherheitsvorkehrungen sind so streng, daß man sie abfangen würde, bevor sie es tun könnte.«

»Meinen Sie wirklich?«

»Ja. Die Botschaft wird gut bewacht, und in den Straßen rundum sind überall vietnamesische Polizisten postiert. Und außerdem, mit einer Dose Feuerzeugbenzin kommt man nicht weit, wenn man sich verbrennen möchte. Dazu braucht man schon einen ganzen Kanister. Ich glaube, die buddhistischen Mönche hatten Helfer, jemanden, der den Kanister getragen, das Benzin über sie geschüttet und sie in Brand gesetzt hat. Es klingt sicher schrecklich gefühllos, wenn man so über diese Dinge spricht, aber ich glaube kaum, daß eine Frau, die auch noch ein Baby bei sich hat, die logistischen Schwierigkeiten überwinden könnte, die der Versuch, sich und das Kind zu verbrennen, mit sich brächte.«

Teresa unterdrückte ein Lächeln. »Das klingt wirklich schrecklich, aber wahrscheinlich haben Sie recht. Darauf wäre ich nie gekommen.«

»Kein Taxifahrer würde sie mit einem Kanister Benzin vor der

Botschaft absetzen, und ich kann mir nicht vorstellen, daß sie ihn durch die ganze Stadt schleppen könnte, noch dazu, wo sie das Baby zu tragen hat.«

»Sie schaffen es, daß ich mich wirklich besser fühle«, sagte sie.

»Ich werde die Sicherheitsleute informieren; sie werden nach ihr Ausschau halten, falls sie es dennoch versuchen sollte. Die sollen sie dann festnehmen und mit dem Kind zu Ihnen bringen. Wie fänden Sie das?«

»Bei Ihnen hört sich alles so einfach an. Macht ist schon eine wunderbare Sache.«

»Sie könnte es sein«, erwiderte Marshall. »Aber sie ist es nur selten. Und die Dinge sind gewöhnlich auch nicht einfach. Oder wäre damit irgend etwas gelöst, wenn Lin und das Kind wieder bei Ihnen wären?«

»Jetzt machen Sie mich wieder mutlos«, sagte sie.

»Dann wollen wir lieber aufhören, von diesem Krieg zu reden. Wie wär's, wenn Sie ein Thema vorschlügen.«

»Ihre Familie. Erzählen Sie mir von Ihrer Familie. Sie müssen sie sehr vermissen.«

»Das ist schon wahr. Aber ich fürchte, das würde Sie nur langweilen.«

Sie lächelte. »Ich verbringe meine ganze Zeit mit kranken Frauen und Kindern. Ich habe keine Freunde und unterhalte mich mit niemandem außer Pater Dourmant. Ich habe noch nie in so einem Restaurant gegessen, und ich habe noch nie jemanden so wie Sie kennengelernt. Und da soll ich mich langweilen?«

Marshall überlegte einen Augenblick, dann sagte er leise: »Vielleicht sollten Sie zurück ins Kloster gehen, Teresa, ganz gleich ob Sie nun an Gott glauben oder nicht. Ich glaube, die wirkliche Welt verdient Sie gar nicht; sie ist zu brutal. Es wäre mir unerträglich, wenn man Ihnen weh täte.«

Sie senkte verlegen den Kopf.

»Also, meine Familie... Ich habe eine Frau und drei Kinder. Meine Frau ist auch eine Heilige – nicht so ätherisch wie Sie, eher der herrschsüchtige Typ einer Heiligen. ›Tu dies! Tu jenes! Das ist gut für dich; das wird den Armen helfen oder den Walen oder den Bäumen oder wem auch immer.‹ Eigentlich ist sie mehr eine gute Königin als eine Heilige. Sie ist eine wunderbare Mutter und ein guter Mensch.«

Er schwieg einen Augenblick. »Und, na ja, wahrscheinlich doch eine Heilige. Ich bin kein sonderlich guter Ehemann gewesen.«

»Sehen Sie«, sagte Teresa. »Das ist kein bißchen langweilig. Gleich werden Sie mir erzählen, daß Sie treulos gewesen sind und eine Menge Mätressen gehabt haben und daß Ihre Frau trotz allem zu Ihnen gehalten hat.«

Er lachte und winkte dem Kellner, damit er Wein nachschenkte. »Und Sie sollen ätherisch sein? Ich hatte ganz vergessen, daß Sie eine Slumheilige sind und daß Sie täglich mit Prostituierten und Soldaten und Drogen und unehelichen Babys zu tun haben.«

»Lieben Sie Ihre Frau noch immer?«

»O ja, und ich bewundere und achte sie. Aber statt nun sämtliche Belastungen der Ehe aufzuarbeiten und durchzustehen, war es leichter, sich in irgendein Abenteuer zu stürzen. Ich glaube, ich habe nicht viel Disziplin bewiesen.«

»Aber sie hat es verstanden?«

»Um Himmels willen, nein – weder verstanden noch vergessen, noch vergeben. Dazu ist sie viel zu stark und intelligent. Sie hat ihr Leben und ihre Interessen, ihre Angelegenheiten und ihre Projekte, und wir kommen ganz gut miteinander aus. Unsere Beziehung ist sehr erwachsen. Nur Leidenschaft gibt es keine.«

»Wie schade. Das tut mir leid.«

»Und meine Kinder? Großer Gott, ich sollte überhaupt nicht von ihnen reden, die treiben mich noch zum Wahnsinn. Ryan hat das College abgebrochen und ist zu den Special Forces gegangen; er kommt womöglich kurz nach dem Essen hier in Vietnam an, um sich töten zu lassen. Chris ist fünfzehn und homosexuell; oder vielleicht auch nicht, dann ist es pure Bosheit, um mich ins Grab zu bringen. Und Sarah ... sie ist sechzehn ... also, sie ist ein Alptraum für jeden Vater.«

»*Ich* war ein Alptraum für meinen Vater«, sagte Teresa. »Groß und unattraktiv, niemals etwas mit Jungen. Ich hatte keine einzige Verabredung. Doch, eine, aber das war nur eine Mutprobe für den Jungen.«

»So was nenne ich einen schlechten Traum, aber keinen Alptraum. Sarah ist ein Alptraum; schön und sexy, stark und eigensinnig und selbständig. Alle meine Kinder sind so.«

»Das klingt eigentlich so, als hätten Sie und Ihre Frau Ihre Sache gut gemacht.«

»Dumm, häßlich und respektvoll wäre mir lieber.«

»Das meinen Sie doch nicht ernst.«

»Im Augenblick schon. Ich kann den Gedanken nicht ertragen, daß Ryan herkommt. Wenn ihm irgend etwas geschieht...«

»Ist das der Grund, weshalb Sie sich so sehr bemühen, den Krieg zu beenden?«

Er überlegte. »Ich denke, es trägt dazu bei. Aber nein, ich will den Krieg beenden, weil er falsch ist. Der Krieg war ein großer Fehler. Und weil wir nicht gewinnen können. Noch mehr Kinder werden sterben, und es wird noch mehr Lins geben. Oder glauben Sie, daß wir gewinnen können?«

»Ich weiß nicht mal, was das heißen soll: ›gewinnen‹. Aber ich glaube auch nicht, daß es besser wird, wenn die Kommunisten kommen. Ich kann mir nicht vorstellen, daß sie etwas für die Waisenkinder tun werden.«

»Was werden Sie und Pater Dourmant tun?«

»Pater Dourmant ist ein alter Mann; er sollte nicht mehr so hart arbeiten, wie er es tut. Ich denke, die Kirche wird ihn in einem Heim unterbringen.«

»Und was ist mit Ihnen, Teresa?«

»Ich weiß nicht«, sagte sie. »Ich werde weiterarbeiten, solange ich kann. Danach... Es wird sich schon etwas ergeben.«

»Die Nachfrage nach Heiligen ist sehr groß. Es gibt viele Orte, wohin Sie gehen könnten: Indien, Afrika, Mittelamerika. Ja, wahrscheinlich gibt es sogar in Amerika Orte, an denen Armut, Unwissenheit und Krankheit herrschen.«

»Sie sollten sich nicht über mich lustig machen«, sagte sie leicht verletzt.

»Aber keineswegs; ich habe nur einen Scherz gemacht. Es tut mir leid, das wollte ich nicht. Ich glaube, es liegt daran, daß ich Menschen wie Sie nicht verstehe, Menschen, die gute Werke tun.«

Sie lachte. »Gibt es Menschen, die ›böse Werke‹ tun?«

»Allerdings. Alle, die ich kenne, sind von Neid oder Selbstsucht getrieben oder von der Aussicht auf Belohnungen irgendwelcher Art. Ich hatte bisher noch keinen Umgang mit Selbstverleugnern – mit wirklich selbstlosen Menschen.«

»Ihr Menschenbild ist einigermaßen entmutigend«, sagte sie traurig.

»Ich bin Diplomat. Ein optimistisches Menschenbild zahlt sich

da nicht aus. Verrückte kommen schnell unter die Räder – mitsamt ihren Prinzipien.«

»Ich glaube nicht, daß die Menschen so schlecht sind.«

»Das ist allerdings bemerkenswert, wenn man bedenkt, was Sie schon gesehen haben und womit Sie täglich umgehen.«

»Die Babys sind nicht schlecht und die Frauen auch nicht. Wahrscheinlich sind nicht einmal die Soldaten schlecht. Wie Sie selbst gesagt haben: Corporal Mead ist ein netter Junge, obwohl er schon viele Menschen getötet hat. Und er ist wirklich nett. Sie hätten sehen sollen, wie lieb und freundlich er zu mir war, aber ich glaube, er könnte morden und vergewaltigen und plündern.«

»Ich würde ihm jedenfalls nicht gerne in die Quere kommen«, bekannte Marshall und dachte an die Nacht im Mekongdelta.

»Aber Sie haben ihn doch – das meine ich natürlich bildlich – hergeschickt, damit er solche Dinge tut. Ich bin sicher, zu Hause würde er nicht morden. Er würde arbeiten, hätte eine Frau, würde Kinder großziehen und täte ganz sicher sein Bestes. Ich glaube, die meisten Menschen sind im Grunde freundlich und gut. Sie werden nur vom Wege abgebracht, wie Sie in Ihrer Ehe mit Ihren Seitensprüngen.«

Er sah weg. Vom Wege abgebracht. War das eine zutreffende Beschreibung? Nein, und plötzlich kam er sich abgestumpft und fast unsauber vor, beschmutzt von der Welt und allem, was er getan hatte. Er hatte so oft versagt, so viele Fehler begangen.

Er hatte das Gefühl, daß sie mit der Reinheit ihres Lichts in ihn hineinschauen, all die Verbiegungen, die Wurmlöcher, die verfaulten Stellen in ihm sehen konnte. Ja, sie würde nett zu ihm sein, aber sie war von einer anderen Dimension. Er gehörte zur Welt des schönen Scheins, der Cocktailpartys, der Königinnen und Berufspolitiker. Sie dagegen hatte sich viel höher entwickelt, war ein Wesen von wahrer Freundlichkeit und Mitmenschlichkeit. Sie war, was der Mensch sein *sollte*; er dagegen war im Sumpf versackt, beschränkt und unterentwickelt. Sie stand hoch über ihm – über den Königinnen und dem ganzen Gesellschaftskram und über Deborah von der Smithsonian Institution.

Teresa machte ihm angst. Catherine nicht. Catherine war trotz all ihrer Güte ein Teil seiner Welt. Aber Teresa schwebte darüber – über Bäumen und Walen und Kriegen. Sie lebte in einer Sphäre reinen Geistes, die er nur selten und dann auch nur kurz erreichte.

Er sah sie an, wie sie ihm dort am Tisch gegenübersaß, und er wünschte sich nichts mehr, als daß sie ihn mochte; er wünschte sich, daß sie ihn zu sich in ihre Welt hinaufhob.

Sie faltete die Serviette in ihrem Schoß zusammen. »Manchmal denke ich, es wäre schön, wenn ich einen Mann und Kinder und ein Heim hätte, und ich könnte Essen kochen und für sie sorgen. Aber ich habe nicht wirklich das Gefühl, daß mir etwas fehlt. Und ich bin glücklich.«

Sie legte die Serviette auf den Tisch und lächelte. »Schließlich sind gute Werke sehr befriedigend; sie tragen ihren Lohn in sich.«

Dann sah sie weg, wich seinem intensiven Blick aus.

Und ob ihr etwas fehlte. In diesem Augenblick fühlte sie es so stark wie selten. Sie wollte einen Mann und Kinder. Und Liebe. Danach sehnte sie sich am meisten – nach einem Menschen, der sie liebte. Alles nur Unsinn, die guten Werke, die Aufopferung und Selbstverleugnung. Wo war die Liebe?

O je, dachte sie. Liebe. Und sie errötete.

Aber genau das wollte sie. Und das empfand sie für diesen Mann. Er war gut und stark, freundlich und verständnisvoll, und er brachte sie zum Lachen. Noch nie war sie jemandem wie ihm begegnet – sonst hätte es vielleicht ein Heim und Kinder gegeben. Sie hätte gekocht und geputzt. Sie hätte geliebt und wäre geliebt worden.

Aber was konnte solch ein Mann in ihr sehen, häßlich und beschränkt, wie sie war, unauffällig und einfach und einfältig? Sie war unfähig, sich adrett zu kleiden und Konversation zu treiben. Wie sollte sie solch einen Mann anziehen?

Es war alles unmöglich. Sie seufzte und sah auf. Er blickte sie immer noch an.

Sie waren die letzten Gäste im Lokal.

Er saß schweigend da, hätte gerne ihre Hand ergriffen, aber er sagte nur: »Hätten Sie gerne noch etwas? Nachtisch oder Kaffee?«

»Ich könnte nichts mehr herunterbekommen. Ich esse nie so reichlich. Es war ein wunderbares Essen. Vielen Dank.«

Als Marshall die Rechnung verlangte, bestrich Teresa das restliche Brot, das noch im Korb war, mit Butter und packte es ein. »Bestimmt haben die beiden draußen noch gar nichts gegessen. Wir müssen schon seit Stunden hier sein.«

Marshall stand auf. »Ich hoffe, wir werden das bald wiederho-

len. Heute haben wir nur über mich gesprochen. Beim nächstenmal möchte ich etwas über Sie erfahren. Wird es ein nächstes Mal geben?«

Sie sah ihn an und sagte entschlossen: »Das fände ich sehr schön.«

Er hielt ihren Stuhl. Sie standen eng beieinander, dann sagte Marshall: »Danke.«

»Beim nächstenmal bin ich an der Reihe; dann suche ich das Restaurant aus.«

»Nein, ich«, erwiderte Marshall. »Diesmal hat Corporal Mead das Lokal ausgewählt; ich bin noch gar nicht an der Reihe gewesen.«

Draußen gab Teresa Mead und Stokes die Brote.

»Das war eine ausgezeichnete Empfehlung, Corporal«, sagte Marshall. »Vielen Dank.« Er hielt Teresa die Wagentür auf, und als sie eingestiegen war, beugte er sich hinein und sagte zu Stokes: »Fahren Sie Miss Hawthorne, wohin sie möchte! Corporal Mead und ich gehen allein zur Botschaft zurück.«

»Oh, das kann ich nicht annehmen«, wandte Teresa ein.

»Ich bestehe darauf«, erwiderte Marshall. »Außerdem brauche ich einen kleinen Spaziergang, damit ich nach dem Wein wieder einen klaren Kopf bekomme. Es hat mir sehr gut gefallen. Nochmals vielen Dank.«

Er winkte und ging davon, gefolgt von einem äußerst verwunderten Mead.

An der nächsten Straßenecke blieb Marshall stehen und sagte: »Ich hätte gerne, daß Sie etwas für mich erledigen. Es ist sehr wichtig.«

»Ja, Sir.«

Er holte seine Brieftasche hervor, nahm eine Visitenkarte und etwas Geld heraus und reichte beides Mead.

Sie gingen über die Straße, und Mead mußte genau hinhören, damit er Marshall verstand.

»Ich möchte, daß Sie heute abend zu der Adresse auf der Karte gehen. Achten Sie darauf, daß Sie von niemandem verfolgt oder gesehen werden. Es ist die Wohnung dieses Franzosen, nach dem Sie mich schon einmal gefragt haben, erinnern Sie sich?«

»Ja, Sir, der Mann, der bei Dolores angerufen hat.«

»Genau. Er heißt Bernard Lacouture; es steht auf der Karte. Ich

möchte, daß Sie ihm sagen, ich bin einverstanden. Er weiß, was ich meine.«

»Das ist alles, was ich ihm sagen soll?«

»Ja. Er wird ein Treffen für mich arrangieren. Sagen Sie ihm, er soll sehr vorsichtig sein, wenn er mir die Antwort zukommen läßt, und er soll mich auf keinen Fall anrufen.«

»Wird Ihr Telefon abgehört, Sir?« fragte Mead, der sich daran erinnerte, daß Lord an jenem Morgen aus Marshalls Büro gekommen war.

»Da bin ich ganz sicher, und von dieser Sache soll niemand etwas erfahren.«

»Sonst noch etwas, Sir?«

»Das wär's. Es tut mir leid, daß ich Sie da hineinziehe, aber es gibt sonst niemanden, dem ich vertraue. Sorgen Sie dafür, daß er die Nachricht erhält und daß niemand Ihnen folgt!«

»Wer sollte mir folgen, Sir?«

»Ich nehme an, dieselben, die mein Telefon angezapft haben. Sie wollen nicht, daß dieses Treffen zustande kommt.«

»Könnte das Treffen gefährlich für Sie werden, Sir?«

Marshall bahnte sich einen Weg durch die Passanten auf dem Gehweg. »Es gibt Dinge, die sind wichtiger als die persönliche Sicherheit. Ich nehme an, Sie verstehen das. Außerdem sind Sie ja immer bei mir. Was kann mir da schon passieren?«

»Soll ich mich heute abend bei Ihnen melden, wenn ich die Nachricht überbracht habe, Sir?«

»Nein. Es genügt, wenn Sie mir morgen Bescheid sagen – aber nicht in meinem Büro oder im Wagen. Ich bin sicher, die sind auch verwanzt. Und bitte seien Sie vorsichtig heute abend! Ich ziehe Sie wirklich nicht gerne da hinein, denn es könnte gefährlich werden.«

»Ich paß schon auf mich auf, Sir.«

»Da habe ich vollstes Vertrauen in Sie, Corporal, das dürfen Sie mir glauben. Ich betraue Sie mit einem Auftrag, der von lebenswichtiger Bedeutung ist – nicht nur für mich oder Präsident Johnson, sondern für viele Menschen, denen er vielleicht das Leben retten kann. Aber leider gibt es Leute, die nicht wollen, daß diese Mission Erfolg hat.«

»Ich bringe ihm die Nachricht, Sir, keine Sorge!«

Ja, dachte Marshall, Mead würde Lacouture die Nachricht überbringen, aber was danach geschah, das war weniger gewiß. Lacou-

ture war zweifellos geschickt, aber ob er es mit Lord aufnehmen konnte, war eine ganz andere Frage.

Mead neben ihm war stolz und besorgt zugleich – stolz, weil Botschafter Marshall solches Vertrauen in ihn setzte, und besorgt, weil alles so verwirrend für ihn war. Mr. Lord, das Phantom, hatte ihm gesagt, daß Lacouture ein feindlicher Agent war, der Marshall umbringen wollte. Mr. Lord wußte alles; er gehörte zur CIA. Warum sollte er lügen? Betrog Lacouture Marshall? Sollte er, Mead, dem Phantom alles berichten, was Marshall tat, um ihn vor sich selbst zu schützen?

Er hatte keinen Grund, Mr. Lord zu mißtrauen; bisher hatte er in allem recht behalten – alle seine Voraussagen waren eingetreten.

Er wollte nur das Richtige tun. Aber wie konnte er herausfinden, was das Richtige war? Er wünschte sich, er hätte jemanden, dem er vertrauen konnte; jemanden, der ihm sagen konnte, was er tun sollte.

Plötzlich dachte er mit großer Sehnsucht an Sung. Ihr konnte er vertrauen, da war er ganz sicher. Er hatte sich noch nie verliebt. Ist das Liebe? fragte er sich. Diese Sehnsucht? Nicht einmal sexuell, aber der Wunsch, bei ihr zu sein? Er wünschte, er wäre jetzt bei ihr. Alles würde gut werden, wenn er nur bei ihr war. Dann könnte er über alles genau nachdenken.

Das würde er machen, beschloß er. Er würde nach Hause gehen und danach erst zu Lacouture. Er würde nach Hause gehen, über alles nachdenken und dann entscheiden, ob er Mr. Lord davon erzählte.

Gerade in diesem Augenblick trat Marshall auf die Straße und winkte ein Taxi herbei; dann fuhren sie zurück zur Botschaft.

35

Es war schon sieben Uhr und fast dunkel, als Mead nach Hause kam. Er sprang die Stufen hinauf und stieß die Wohnungstür auf.

»He, Sung ...« Er brach abrupt ab, denn am Tisch saß Wilson Abbot Lord und sah ihn an. Sung stand neben dem Fenster.

»Sie soll verschwinden«, sagte Lord und wies auf Sung. »Wir müssen miteinander reden, Corporal.«

»Ich gehe zu Han«, sagte Sung; sie machte einen Bogen um Lord und ging zur Tür.

»Setzen Sie sich!« sagte Lord zu Mead, als sie gegangen war. »Sie sollten mir ein paar Informationen beschaffen, und zwar bevor der Krieg zu Ende ist, nicht wann es Ihnen gerade paßt, Corporal.«

»Jawohl, Sir«, erwiderte Mead nervös. »Ich habe es versucht, aber ...«

»Entschuldigungen sind wie Arschlöcher, Corporal – jeder hat eins. Ich bin an Ihrem genausowenig interessiert wie an Ihren persönlichen Problemen.«

»Ja, Sir.«

»Ich habe Sie gefragt, ob Sie mir helfen wollen, aber das war keine Bitte, Corporal. Ich habe erwartet, daß Sie mir die Informationen beschaffen, und jetzt sage ich Ihnen: Besorgen Sie mir die Informationen! Und zwar sofort! Wenn Sie dazu mit diesem Kerl ins Bett gehen müssen, dann tun Sie das! Verstanden? Ich habe mich um die Sicherheit unseres Landes zu kümmern, und das ist viel wichtiger als die Frage, ob Sie Lust haben, sich von diesem Bastard am Schwanz fummeln zu lassen. Das ist auch viel wichtiger als das Leben von irgend jemandem, egal wer es ist. Haben Sie das kapiert?«

»Ja, Sir«, erwiderte Mead eingeschüchtert.

Lord beugte sich vor, seine Augen funkelten. »Ich will's Ihnen noch mal sagen, damit das vollkommen klar ist: Diese französische Tunte arbeitet für die Kommunisten. Sie bezahlen ihn. Verstanden?«

»Ja, Sir.«

»Er ist ein bezahlter kommunistischer Agent. Er soll Botschafter

Marshall zu einem Geheimtreffen mit den Kommunisten überreden. Er will ihm weismachen, auf diesem Treffen ginge es um Friedensgespräche und die Beendigung des Krieges. Ich fürchte, es wird ihm gelingen, und der Botschafter fällt trotz unserer Warnungen darauf herein.«

Mead wollte Lord sagen, daß Lacouture bereits Erfolg gehabt hatte, aber Lord befahl ihm mit einer Handbewegung zu schweigen. »Der Botschafter ist ein guter Mann und bestimmt nicht dumm; er meint es gut, aber manchmal, wenn man etwas zu stark will – zum Beispiel diesen Krieg beenden –, dann beeinträchtigt das unser Urteilsvermögen. Sie wissen selbst, daß er nicht völlig ungeschützt in Cholon herumlaufen dürfte. Genau so etwas macht er im Augenblick mit Lacouture, und es ist verdammt gefährlich. Jetzt sagen Sie selbst, Corporal! Sie waren an der DMZ, Sie kennen den Feind. Sind die an Friedensgesprächen interessiert? Können Sie sich vorstellen, daß die über die Beendigung des Krieges ›verhandeln‹ wollen?«

»Nein, Sir.«

»Genau. Die locken ihn in eine Falle, um ihn umzubringen oder gefangenzunehmen. Und wie sähe das aus: der persönliche Vertreter des Präsidenten der Vereinigten Staaten vom Feind gefangen? Und Sie noch dazu, versteht sich.«

Mead nickte. Das war einleuchtend. Lord hatte recht, wie er bisher immer recht gehabt hatte.

»Aber ich werde das nicht zulassen, Corporal. Es ist mir ganz egal, ob der Botschafter zu diesem Treffen gehen will. Ich werde es nicht zulassen, daß er getötet oder gefangengenommen wird, und Sie werden mir dabei helfen.«

»Jawohl, Sir.«

»Ich habe gestern mit dem Botschafter gesprochen; Sie haben mich ja in seinem Büro gesehen. Ich habe ihn vor Lacouture gewarnt, aber ich glaube nicht, daß ich ihn überzeugt habe. Ich glaube, er ist entschlossen, mit den Kommunisten zusammenzutreffen, und er versucht, es vor uns zu verbergen. Sie allein werden ihm auch nicht mehr helfen können, wenn er erst mal von tausend Gooks eingeschlossen ist. Aber Sie können ihm vorher helfen. Sie sind wahrscheinlich der einzige, der das kann – und das nur wegen diesem unwahrscheinlichen Glücksfall, diesem unglaublichen Zufall, daß diese Tunte Lacouture sich in Ihren Arsch verliebt hat.«

Mead blickte verlegen zur Seite.
»Das hat er doch, oder?«
»Ja, also ... Ich glaube ja, Sir.«
»Sehen Sie, Corporal! In unserem Geschäft muß man jede Gelegenheit nutzen, die sich einem bietet. Die Dinge sind selten so einfach und bequem wie hier. Das ist ein Gottesgeschenk, und es ist unsere einzige Chance, herauszufinden, was los ist. Sie werden Lacouture dazu bringen, es Ihnen zu sagen, und es ist mir völlig egal, wie Sie das machen. Aber Sie *werden* es machen. Sie *werden* mir diese Information beschaffen. Es ist mir scheißegal, ob Sie ihn dazu in den Arsch ficken oder sich von ihm in den Arsch ficken lassen müssen, Sie beschaffen mir diese Information. Ist das klar?«
»Ja, Sir.«
»Ich will wissen, wann, wo und mit wem das Treffen stattfinden soll. Verstanden? Wann, wo, mit wem? Wiederholen Sie das!«
»Wann, wo, mit wem.«
»Noch irgendwelche Fragen?«
Mead schüttelte den Kopf, er war zu perplex, um irgend etwas zu sagen.
»Wir haben uns verstanden?« fragte Lord und sah Mead durchdringend an.
»Jawohl, Sir.«
Lord stand auf. »Gut. Dann besteht auch keine Notwendigkeit, irgendwelche Zwangsmittel anzuwenden. Ich kann also auf Drohungen und ähnlich grobe Mittel verzichten. Das freut mich. Ich schätze Vernunft und Intelligenz; rohe Gewalt liegt mir gar nicht. Wenn man Gewalt anwenden muß, heißt das, daß Vernunft und Verstand versagt haben. Ich bin froh, daß das hier offenbar nicht der Fall ist. Sonst würde es sehr unangenehm werden.«
Er sah zur Tür, dann zu Mead zurück; seine Augen wurden kalt und böse. »Und sie ist so eine schöne Frau.«
Seine bohrenden Augen zwangen Meads Blick nieder, dann verließ er das Zimmer und schloß leise die Tür hinter sich. Mead würde ihm die Information beschaffen, wenn es eine gab – da hatte Lord keinen Zweifel. Da Kim tot war, würden die Kommunisten das Treffen absagen, weil sie Angst hatten, es könnte verraten worden sein. Aber das war völlig belanglos, solange Marshall weiterhin glaubte, es würde stattfinden, und er, Lord, dafür sorgte, daß seine eigenen Leute in dem Hinterhalt warteten. Der südvietnamesische

Geheimdienst schuldete ihm noch etwas, und außerdem wurden sie ja von den Amerikanern bezahlt. Trotzdem mußte er unbedingt wissen, was zwischen Marshall und Lacouture ablief, damit, wenn Ort und Zeit verabredet waren, seine Leute und nicht die Kommunisten dort warteten.

Als Lord gegangen war, saß Mead eine Weile völlig regungslos da und versuchte, Ordnung in seine Gedanken zu bringen.

Hatte er eine Wahl? Nein, er mußte tun, was Lord von ihm verlangte.

Obwohl er Lord nicht ganz traute, fand er doch einleuchtend, was er gesagt hatte. Es sah Botschafter Marshall durchaus ähnlich, daß er in solch eine Falle lief. Und Lord hatte recht, die Gooks waren nicht an einer friedlichen Lösung interessiert – sie wollten den Sieg. Der Teil an Lords Geschichte, der Mead am meisten irritierte, war die Sache mit Lacouture. Er konnte sich nicht vorstellen, daß der komische kleine Franzose ein kommunistischer Agent war. Lacouture hatte zugegeben, daß er mit Informationen handelte, und das hieß wahrscheinlich, daß er auch von den Kommunisten Geld bekam. Aber das war doch eher wie bei Han, die mit jedem Marine ins Bett ging – nicht weil sie es wollte, sondern um zu überleben.

Wenn Lacouture ein Treffen zwischen den Kommunisten und Marshall arrangierte, dann tat er es wahrscheinlich für Geld. Es konnte ihm nicht darum gehen, Marshall umzubringen.

Aber was wußte er, Mead, schon? Er hatte sich in allem getäuscht. Und nachher würde er für Marshall eine Nachricht überbringen, die wahrscheinlich dazu führte, daß der Botschafter getötet oder gefangengenommen wurde.

Aber Gott sei Dank gab es Leute wie das Phantom, dachte er, Leute, die wirklich klug waren und wußten, wo es lang ging, die vorausdenken konnten und den Feind richtig einzuschätzen wußten. Ohne sie würden wir niemals gewinnen, dachte er, weil Leute wie er selbst nicht genug Grips hatten und Leute wie Marshall sich zu leicht täuschen und an der Nase herumführen ließen; aber das Phantom würde niemand so leicht hinters Licht führen. Er mochte Marshall sehr, und wahrscheinlich mochte er Lord eigentlich gar nicht, aber das zählte nicht – es gab schließlich Wichtigeres.

Sachen wie... die mit Lacouture. Homosexualität war ihm so

fremd wie Geometrie; er konnte es sich einfach nicht vorstellen. Wie konnte ein Mann sich für den Körper eines anderen Mannes interessieren? Daß sie sich küßten oder körperlich zusammen waren wie Mann und Frau, überstieg seine Vorstellungskraft. Es lag so sehr außerhalb seines Vorstellungsvermögens, daß er es nicht einmal abstoßend fand. Töten war schrecklich, aber das wußte er, und er konnte es sich vorstellen. Stehlen und Lügen und all die bösen Dinge verstand er – aber Homosexualität? Das war wie der Mißbrauch von Kindern; er wußte, daß es das gab, aber er konnte sich nicht damit identifizieren.

Lord hatte ihm befohlen, mit Lacouture ins Bett zu gehen. Konnte er das überhaupt? Konnte er ihn berühren oder sich von Lacouture berühren lassen?

Aber er mußte die Information beschaffen; er mußte Marshall retten. Von Tag zu Tag nahm seine Sympathie für Marshall zu. Es war gar nicht nötig, daß Lord ihm drohte, Sung etwas anzutun – obwohl er wußte, daß Lord es ernst meinte. Er hatte keinen Zweifel, daß Lord sich an Sung vergreifen würde, wenn er nicht tat, was Lord von ihm verlangte, und er hatte keine Möglichkeit, sie vor ihm zu schützen.

Er seufzte und legte den Kopf auf die Arme, die auf dem Tisch ruhten. Er wollte, er hätte mit alledem nichts zu tun. Es ging einfach über seinen Horizont. Alle benutzten ihn, und er verstand gar nichts.

Die Tür ging auf, und Sung kam leise herein. Sie trat neben ihn und berührte ihn zögernd an der Schulter.

»Ist alles in Ordnung?« fragte sie.

»Ja«, sagte er, ohne den Kopf zu heben. »Ich bin nur zu dumm für das alles hier. Die sollen mich alle in Ruhe lassen.«

»Das ist kein netter Mann«, sagte sie.

Mead schüttelte den Kopf. »Nein, ich glaube nicht. Aber wirklich nette Leute kommen auch nicht her, um Krieg zu machen, oder?«

»Du bist hergekommen. Und ich glaube, du bist nett«, sagte sie.

Er sah auf. Sie lächelte, und er war so überwältigt, daß er sich abwandte. Dann wandte er sich ihr wieder zu und lehnte den Kopf gegen ihre Seite.

»Ich bin so durcheinander. Ich weiß nicht mehr, was ich tun soll«, sagte er.

Sie streichelte ihm sanft über das Haar. »Tu, was du für richtig hältst, Ron!«

»Aber ich weiß nicht, was richtig ist«, erwiderte er gequält.

»Dir vertraue ich, daß du das Richtige tust, ganz gleich, was es ist.« Und nach einer kurzen Pause fügte sie hinzu: »Aber dem Mann eben nicht.«

Mead blickte auf. »Hat er dir etwas getan?«

Sie schüttelte den Kopf. »Er hat nur ... durch mich hindurchgesehen. Der andere Mann hat mir besser gefallen.«

»Welcher andere Mann?«

»Oh«, sagte sie verlegen. »Das habe ich ganz vergessen.« Sie zog Lacoutures Visitenkarte aus der Bluse und gab sie ihm. »Er war heute morgen hier. Ein seltsamer Mann, aber er hat mir gefallen.«

Dann legte sie die Hand auf den Mund und unterdrückte ein Lachen. »Er wollte mit dir sprechen. Er hat fast geweint, solche Angst hatte er. Er sagte, er muß mit dir reden, es ist sehr wichtig. Wir haben uns unterhalten, und dann ist Bill reingekommen. Er war fast nackt und hatte sein Gewehr dabei, und der kleine Mann ist fast vom Stuhl gefallen, so erschrocken war er, und Bill hat ihn ganz schrecklich behandelt.«

»Kann ich mir vorstellen«, sagte Mead und lächelte.

»Er ist Franzose, und ich soll dir unbedingt sagen, daß er mit dir sprechen muß.«

»Und er hat dir gefallen?« fragte Mead neugierig.

Sie überlegte einen Augenblick, dann nickte sie. »Ja, ich glaube, er ist nett.«

Mead grinste. »So wie ich?«

»Nein, nicht so wie du«, erwiderte sie mit einem Lächeln, »aber ich glaube, er ist nett.«

»Worüber habt ihr geredet?«

»Über Vietnam. Er hat fast sein ganzes Leben hier verbracht. Er kennt die Gegend, wo ich herkomme: Ban Me Thuot. Vielleicht hat sein Vater sogar meinen Großvater gekannt. Er spricht gut Vietnamesisch, und er war ... ja, er war höflich und nett.«

»Würdest du ihm vertrauen?«

Sie dachte einen Moment nach. »Weniger als dir, aber mehr als diesem anderen Mann.«

Mead atmete tief durch und stand auf. Also wo stand er nun? Er mochte Lacouture ebenfalls mehr als Lord, und vielleicht vertraute

er ihm auch mehr. Aber Lord hatte gesagt, er sei ein kommunistischer Agent und wolle Marshall töten. Was sollte er nun glauben?

Er zog Sung an sich. Sie sträubte sich nicht, und sie erstarrte nicht, aber sie reagierte auch nicht. Lange drückte er sie an sich; er beugte sich herunter zu ihr, so daß seine Wange auf ihrem Kopf ruhte.

»Mein Gott, ich will nicht weg«, sagte er und zog sie noch fester an sich. »Ich will das nicht.«

Sie schwieg, aber sie spürte seine Pein und sein Verlangen und schlang die Arme um ihn.

Er küßte ihr Haar und löste sich von ihr. Er nahm das Gewehr. »Bis bald«, sagte er und ging.

Nachdem Mead vor Lacoutures Haus aus dem Taxi gestiegen war, ging er zweimal die Straße bis zur nächsten Kreuzung hinauf und hinunter, aber er war so zerstreut, daß er Lord, der ihn aus einem Wagen heraus beobachtete, gar nicht bemerkte.

Schließlich betrat er den gepflegten Hof und klopfte an die Tür.

Es kam keine Antwort, aber Mead war sicher, daß jemand da war, denn er hörte leise Geräusche und sah einen Vorhang sich bewegen.

»Mr. Lacou ... Bernard, ich bin's, Corporal Mead.«

Sogleich entstand ein Scharren an der Tür, unzählige Riegel wurden zurückgezogen, dann sprang die Tür auf und Lacouture stürzte heraus.

Er flog Mead an den Hals und drückte sich an ihn. »Oh, Mr. Mead, lieber Mr. Mead, Sie sind da. Ich wußte, daß Sie kommen. Sie sind so nett, so wunderbar. Sie werden mich retten.«

Mead stand steif und unbehaglich da, aber er stieß Lacouture nicht zurück.

Lacouture hielt ihn umschlungen. Er zitterte, und als er aufsah, erkannte Mead, daß er verrückt vor Angst war und geweint hatte.

»Sind Sie in Ordnung?« fragte Mead.

Lacouture blickte sich rasch um, dann zog er ihn ins Haus und begann, sämtliche Riegel wieder vorzuschieben.

Als er damit fertig war, schlug er die Hände vor der Brust zusammen, dann drehte er sich zu Mead um und klatschte vor Freude in die Hände.

»Sie sind da. Sie sind wirklich zu mir gekommen.« Er umarmte Mead voller Dankbarkeit, und Mead zwang sich, stillzuhalten.

»Ich wußte, daß Sie kommen, ich wußte es einfach. Ich hatte

solche Angst, aber die ganze Zeit wußte ich, daß Sie kommen.« Er tätschelte Meads Hand. »Und Ihre Frau – sie ist wirklich nett.«

Lacouture drückte seinen Arm. »Sie müssen gut zu ihr sein. Das müssen Sie mir versprechen. Sie ist so eine reizende Person.« Er drückte Mead noch einmal. »Sie ist keine Hure.«

»Ich weiß«, sagte Mead und versuchte, nicht zu lachen. »Das habe ich Ihnen doch gesagt.«

Lacouture drohte ihm mit dem Zeigefinger. »Seien Sie immer gut zu ihr! Und keine Nutten mehr!« Er stieß mit dem Finger nach Meads Geschlecht. »Das lassen Sie in der Hose – außer bei ihr!«

»Sie mag Sie auch«, sagte Mead.

Lacouture legte die Hand auf sein Herz. »Wirklich?« Dann zog er sein Taschentuch hervor und tupfte sich über die Augen. »Sie ist so reizend.«

»Mein Gott«, sagte Mead. »Jetzt bin ich gerade eine Minute hier, und schon sind Sie am Weinen.«

»Ich weine immer.«

»Ich weiß«, sagte Mead. »Hilft es Ihnen?«

»O ja«, erwiderte Lacouture glücklich. »Anders könnte ich die Dinge gar nicht ertragen.«

Dann nahm er Mead beim Arm und führte ihn durch die Vorhalle. »Ich möchte Ihnen alles in meinem Haus zeigen – alle meine Schätze. Haben Sie schon gegessen? Ich werde Sie füttern – ich bin ein guter Koch. Hah! Das Gewehr. Wohin damit? Am besten in den Schirmständer. Stellen Sie es doch da hinein!«

Er tanzte nervös um Mead herum; immer wieder faßte er ihn an, als wollte er sich vergewissern, daß er wirklich da war.

»Wie wär's mit einem Drink?« rief Lacouture und schlug sich gegen die Stirn. »Was bin ich nur für ein Gastgeber? Was möchten Sie? Natürlich, Champagner.«

»Ein Bier wäre großartig.«

»Pah! Ich habe Champagner – wunderbaren Champagner, so gut wie der beim Botschafter. Haben Sie seinen auch schon getrunken?« Lacouture drohte ihm mit dem Zeigefinger und kniff ihm dann in die Wange. »Hah! Sie haben gedacht, ich wüßte das nicht, oder? Deswegen haben Sie mir nichts von Ihrer Arbeit erzählen wollen.«

»Sie wüßten was nicht?« fragte Mead.

»Daß Sie der Leibwächter von Botschafter Marshall sind.«

»Ganz im Gegenteil. Ich dachte, das ist der Grund, warum Sie den Gook zu mir geschickt haben. Sie wissen doch, der mit den Zähnen. Ich dachte, Sie versuchen über mich an den Botschafter heranzukommen.«

»O nein«, sagte Lacouture. »Ich war nur an Ihnen interessiert. Ich hab's Ihnen doch gesagt – Ihr Körper. Ich habe heute erst erfahren, daß Sie für Botschafter Marshall arbeiten.«

Er drehte sich ängstlich zur Tür um, dann sank er in einen Sessel und zog wieder sein Taschentuch hervor. »Und Kim, der arme, liebe Kim ist tot. Ermordet.«

»Der Gook?«

»Ja, der dumme kleine Gook«, schluchzte Lacouture. »Er war mein Freund, mein einziger Freund.« Er krümmte sich in seinem Sessel zusammen.

»Wer hat ihn umgebracht?« fragte Mead und setzte sich gleichfalls.

Lacouture sah auf, seine Augen blitzten. »Der boshafteste und widerwärtigste Mensch auf der Welt – derselbe, der auch mich töten will.«

»Wer ist das?«

Lacouture beugte sich vor und ergriff Meads Hand. »Ich meine das ernst: Er versucht, mich umzubringen. Darum bin ich zu Ihnen gegangen – damit Sie mir helfen. Sie sind der einzige, der mir helfen kann. Sie haben gesagt, Sie wollen mein Freund sein.«

Voller Verzweiflung drückte er Meads Hand, und seine Augen flehten. »War das nur Spaß? Haben Sie sich über mich lustig gemacht? Sie haben gesagt, Sie wollen mein Freund sein. Ich habe keine Freunde. Ich habe niemanden, den ich um Hilfe bitten könnte. Bitte, helfen Sie mir! Ich bin dumm und verrückt und ein abscheulicher Homosexueller, aber bitte, helfen Sie mir!«

»Mein Gott!« sagte Mead ratlos und versuchte, seine Hände zu befreien.

Lacouture hielt sie fest. »Werden Sie mir helfen?«

»Ja. Zum Teufel! Natürlich werde ich Ihnen helfen.«

Lacouture hob Meads Hände an seine Lippen und küßte sie wieder und wieder, bis Mead sie ihm entwand.

Lacouture fiel in seinen Sessel zurück und legte die Hand auf die Brust. »Sie wissen gar nicht, wie das ist, wenn man solche Angst hat. Sie sind mutig; Sie sind ein Held; ich nicht. Ich zittere in einem

fort. Sehen Sie meine Hände an; ich kann nicht mal ein Glas halten. Ein Wagen fährt vorbei, und ich ducke mich. Als Sie eben an die Tür geklopft haben, wäre ich fast ohnmächtig geworden.«

Mead wandte sich ab, um sein Lachen zu verbergen.

»Lachen Sie mich nicht aus! Es ist wahr. Mutige Männer können dem Tod ins Auge schauen; für sie ist alles anders. Als ich ein kleiner Junge war, bin ich vor allen davongelaufen, und alle haben mich ausgelacht. Ich konnte nicht anders. Mein Vater hat sich für mich geschämt, aber ich konnte trotzdem nicht anders. Ich war ein fürchterlicher Feigling, hatte Angst vor allem und jedem – und besonders davor, daß die Leute mich auslachten, weil ich so war, wie ich war. Ich wollte nicht so sein. Ich wollte keine komische Figur sein.«

Er vergrub das Gesicht in seinen Händen.

»Aber Sie haben es überwunden«, sagte Mead freundlich. »Sie haben den Mut gefunden, so zu sein, wie Sie sind.«

Lacouture sah auf. »Sie sind ein kluger junger Mann«, sagte er. Dann seufzte er. »Ich weiß nicht, ob das Mut war. Ich habe einfach gelernt, dem ins Auge zu sehen, mich so zu akzeptieren, wie ich war. Ich habe gelernt, den Hohn und den Spott zu ertragen.«

Er schüttelte den Kopf. »Aber sonst war ich immer nur ein Feigling. Ich habe nie kämpfen können. Ich könnte niemanden verletzen...«

»Wer will Sie umbringen? Und wer hat den Gook getötet?« unterbrach ihn Mead.

Die Uhr schlug, und Lacouture fuhr erschrocken herum. »Ein schrecklicher Mann, wirklich, ein Ungeheuer. Ich habe fürchterliche Angst vor ihm.«

»Wer?« fragte Mead.

Lacouture sah sich nervös um, als hätte er Angst, den Namen zu nennen. »Wilson Abbot Lord«, flüsterte er schließlich, und ein Schauder durchfuhr ihn.

»Wer?« fragte Mead.

»Wilson Abbot Lord. Ach, Sie kennen ihn nicht, aber er ist der schrecklichste Mensch, den es gibt. Er ist bei eurer CIA. Er hat den lieben armen Kim umgebracht, und jetzt versucht er, mich umzubringen.«

Lacouture war zu aufgeregt, als daß er Meads Überraschung bemerkt hätte. »Warum will er Sie umbringen?«

»Weil... Ach, es ist so kompliziert, aber ich will es Ihnen erklären. Sie *müssen* es wissen. Er will nämlich Botschafter Marshall töten. Und, *chérie*«, er ergriff wieder Meads Hand, »Sie will er auch töten.«

»Mich?« lachte Mead.

»Ja. Sie lachen, aber Sie wissen nicht, wie böse die Welt ist. Sie wissen nicht, wozu manche Menschen fähig sind. Töten bedeutet nichts für sie; ein Menschenleben zählt nicht. Weil wir anders sind, weil wir Mitgefühl haben, glauben wir, daß alle so sind. Aber das ist nicht wahr. Manche Menschen töten aus Habgier und Gewinnsucht, sie töten für sich selbst, und das sind ganz gewiß gefährliche Menschen – aber nur, wenn man etwas hat, was sie haben wollen, oder wenn man ihnen im Wege ist. Und dann gibt es Menschen, die töten, weil sie an etwas *glauben,* und sie rechtfertigen ihr Verbrechen mit einer gerechten Sache.«

Lacouture schauderte. »Das sind die wirklichen Killer, die wirklichen Teufel. Verstehen Sie, was ich meine? Wenn Sie jemanden aus Wut oder Eifersucht umbringen...« Er zuckte mit den Schultern. »Das können wir alle verstehen; es ist schrecklich und falsch, aber die Gefühle sind uns nicht fremd. Jemanden zu töten, weil man sein Geld will oder Juwelen oder sonst einen persönlichen Vorteil oder weil man einen Konkurrenten los sein möchte, das ist schrecklich, und wer das tut, gehört auf die Guillotine, aber es ist verständlich – wir alle sind habgierig und voller Ehrgeiz.«

Er hob den Finger. »Aber andere für eine Überzeugung, eine Sache oder eine Idee zu ermorden... das ist das Allerschlimmste, denn dann gibt es kein Unrecht und kein Schuldgefühl, sondern nur noch Selbstgefälligkeit und Selbstgerechtigkeit. Man kann Menschen für alles mögliche umbringen – für seine Religion, für sein Vaterland, weil man Juden oder Homosexuelle oder Zigeuner nicht ausstehen kann, weil man ihre politischen Vorstellungen oder ihre Kunst oder ihre Kleidung nicht mag, ganz egal. Man tötet Menschen, weil sie zum islamischen Gott beten oder eine andere Zeitung abonniert haben oder weil sie Sandalen tragen – das ist alles dasselbe. Man sagt: ›Ich habe recht, und du hast unrecht, und darum habe ich das Recht, dich zu töten.‹ Kriminelle, die ihres persönlichen Vorteils wegen töten, verursachen keine Kriege. Es sind nicht die Kriminellen, die Tausende und Millionen von Frauen, Kindern und jungen Männern töten, nein, es sind vielmehr die

Heiligen und Propheten, die Staatsmänner und Politiker, die *Gläubigen* aller Schattierungen – Menschen wie dieser Wilson Abbot Lord.«

»Ich begreife immer noch nicht, warum er Sie umbringen will – oder Botschafter Marshall oder mich.«

Lacouture stand auf. »Wir müssen darüber reden. Ich muß Ihnen ein paar Dinge erzählen – Dinge, von denen Sie eigentlich nichts wissen sollten, weil sie gefährlich sind. Jetzt müssen Sie das alles wohl erfahren. Aber zuerst sollten wir etwas trinken. Ich fühle mich soviel besser, seit Sie hier sind. Ich konnte nicht einmal etwas essen. Ich habe seit Tagen nichts gegessen, solche Angst habe ich.«

Er zog Mead hoch. »Und ich werde Ihnen meine Schätze zeigen, all die herrlichen Dinge, die ich besitze – obwohl ich weiß, daß Sie sich gar nicht dafür interessieren und sich fürchterlich langweilen werden.«

»Nein«, sagte Mead und schaute sich höflich um. »Ich möchte mir Ihre Sachen gern anschauen. Ich habe noch nie soviel ... Zeug gesehen.« Und er grinste.

»Kunst!« korrigierte Lacouture mahnend und breitete die Arme aus. »Schönheit. Schätze. Aber erst der Champagner.«

Er führte Mead in die Küche und zeigte auf den Kühlschrank. »Die Flasche müssen Sie öffnen. Ich sage Ihnen wie.«

Er holte Gläser, dann zeigte er Mead, wie er die Flasche unter dem Korken wegdrehen mußte. »Und jetzt die Schätze!« sagte er, als die beiden Gläser gefüllt waren.

»Jedes Stück hat eine besondere Bedeutung für mich«, begann er seine Führung durch das Haus. »Aber ich habe niemanden, dem ich sie zeigen könnte.«

»Sie sind wirklich sehr schön«, sagte Mead.

Lacouture nahm ein großes Bronzeobjekt in die Hand. »Das ist ein Weingefäß in der Form eines Büffels, mehr als dreitausend Jahre alt, und das ist eine Räuchervase aus Jade. Was soll ich damit anfangen? Sie demnächst als Urne für meine Asche benutzen?«

Er stellte die Vase ab und schüttelte den Kopf. »All diese Dinge haben mir viel Freude gemacht, aber sie gehören mir nicht. Ich bin nur ein Treuhänder; sie sind mir für kurze Zeit anvertraut. Das ist wie mit dem Land. Wie lächerlich ist doch der Gedanke, daß wir, die wir nur ein paar Jahre da sind, es tatsächlich *besitzen* könnten; daß irgendein unbedeutender Oberherr uns das Recht geben

könnte, es zu bombardieren oder zu verschmutzen oder zu zerstören.«

Er faßte Mead entschuldigend am Arm. »Verzeihen Sie mir, ich langweile Sie.«

Mead schüttelte den Kopf. »Nein. Sie und Botschafter Marshall sind die klügsten Menschen, die ich kenne. Ich höre gerne zu – auch wenn ich nicht immer alles verstehe.«

Lacouture sah ihn schweigend an, dann senkte er den Kopf. »Für Sie würde ich alles hergeben, was ich habe.«

Er seufzte und blickte im Raum umher, dann wieder zu Mead. »Alles hier ist schön. Es ist Kunst – die Bronzen, die Jadestücke, der Schmuck. Aber es ist nur Metall und Stein, kalt und leblos.«

Er streckte die Hand aus und berührte Meads Wange, dann strich er mit dem Finger über seine Lippen, und Mead rührte sich nicht.

»Aber das alles ist nichts im Vergleich zu Liebe und Gefühl. Es ist nicht wie eine Berührung. Es ist nicht warm. Es ist gar nichts – nicht einmal soviel wie ein falscher Kuß.«

Er trat zurück und nahm eine abgenutzte, zerschlissene Puppe in die Hand. »Und das hier ist mein liebstes Stück.«

»Es sieht auch sehr alt aus«, sagte Mead.

Lacouture lächelte. »O ja, sehr ... Ich habe damit gespielt, als ich ein Kind war. Es ist ein Pierrot.« Er drückte die Puppe an seine Brust und küßte sie zärtlich. »Früher hatte er eine Träne auf der Backe. Ich habe sie schon vor langer Zeit abgerieben, weil ich nicht wollte, daß er traurig ist. Meinen Pierrot habe ich mehr geliebt als irgend etwas sonst. Auch heute noch ist er mir mehr wert als alle meine Schätze. Ich habe mit ihm gesprochen und ihm alles erzählt, meine Geheimnisse und meine Träume. Und er hat mit mir gesprochen. Ich bin ganz sicher, daß er es getan hat.«

»Ich hatte auch so etwas. Es war ein Bär«, sagte Mead leise.

Beide schwiegen; dann seufzte Lacouture tief auf. »Es ist zu traurig. Wir brauchen noch mehr Champagner.« Er lief in die Küche, um die Flasche zu holen.

Er schenkte ein und hob sein Glas. »Auf Ihre Gesundheit! Nein. Auf *meine* Gesundheit!«

»Will er Sie wirklich umbringen?« fragte Mead.

»Ja. Und jetzt werde ich Ihnen davon erzählen.«

Lacouture drückte Mead in einen Sessel, zog einen weiteren

Sessel nahe heran und setzte sich ebenfalls. »Ich werde Ihnen alles erzählen, aber ich warne Sie, es ist gefährlich, das zu wissen.«

Er drückte sich in die Polster und schaute sich nervös um.

»Ich habe Ihnen schon gesagt, daß ich ein Spion bin – oder eigentlich kein echter Spion, sondern jemand, der Informationen kauft und verkauft. Ich habe immer schon hier gelebt; ich bin in Vietnam geboren. Ich kenne jeden; ich spreche alle Sprachen. Mit Politik habe ich nichts zu tun. Es fällt Ihnen vielleicht schwer, das zu glauben, aber ich stehe auf keiner Seite. Ich versuche nur, so gut durchzukommen, wie ich kann. Ich bin kein Amerikaner und kein Kommunist und kein Vietnamese – das ist alles nur Unsinn.«

»Okay, das habe ich verstanden«, sagte Mead.

»Die Leute kommen zu mir, weil ich in der Mitte stehe. Die Kommunisten kommen und wollen Informationen – ich verkaufe sie ihnen. Die von der CIA kommen und wollen Informationen – ich verkaufe sie ihnen. Wenn eine Seite der anderen eine Nachricht übermitteln lassen will, dann kommen sie zu mir, weil sie wissen, daß ich auf keiner Seite stehe, sondern dazwischen. Ich bin wie eine Hure. Alle kommen zu mir, weil sie meine Dienste haben wollen. Ich nehme ihr Geld, aber ich liebe sie nicht.«

»Das hab ich auch kapiert«, sagte Mead.

Lacoutures Stimme wurde leiser, und er hob warnend die Hand. »Jetzt kommt der Teil, der gefährlich ist – für Sie. Ein sehr bedeutender Kommunist will sich mit Botschafter Marshall treffen. Sie haben sich an mich gewandt, damit ich den Kontakt herstelle. Ich bin zu Botschafter Marshall gegangen. Kim hat als Bote für mich gearbeitet. Ich kann unmöglich selbst durch die Gassen schleichen.«

»Warum will der Kommunist mit Botschafter Marshall zusammentreffen?« Mead suchte nach der Schwachstelle in Lacoutures Geschichte. Die Kommunisten waren der Feind – Lord nicht.

Lacouture zuckte mit den Schultern. »Vielleicht wollen Sie ein Friedensangebot machen. Vielleicht hoffen sie, bei den Amerikanern durch einen Trick irgendwelche Konzessionen herauszuschlagen. Vielleicht ist dieser einzelne Kommunist auch mit der Führung in Hanoi nicht einverstanden. Schließlich gibt es auch in Ihrem Land Menschen, die mit dem Krieg nicht einverstanden sind; warum nicht auch bei den Kommunisten?«

»Aber vielleicht wollen sie den Botschafter töten oder gefangennehmen.«

Lacouture winkte ab. »Das ergäbe doch keinen Sinn. Was hätten sie davon?« Er beugte sich in seinem Sessel vor. »Entscheiden Sie selbst: Was hätten die Nordvietnamesen davon, wenn sie Botschafter Marshall töteten oder gefangennähmen? Würden die Amerikaner dann aufgeben? Oder ein Lösegeld zahlen? Oder würde das die Amerikaner nicht vielmehr wütend machen. Würden sie statt dessen nicht noch mehr Bomben werfen und noch mehr Soldaten schicken und noch länger und härter kämpfen?«

Mead runzelte die Stirn. Das klang einleuchtend. Aber alles, was man ihm erzählt hatte, war einleuchtend gewesen. Wenn Marshall mit ihm redete, dann glaubte er ihm. Wenn Lord mit ihm sprach, dann glaubte er Lord. Und jetzt klang das, was Lacouture ihm erzählte, glaubwürdig und vernünftig. Was hätte es für einen Sinn, Marshall zu töten oder gefangenzunehmen? Dadurch würde sich nichts am Krieg ändern. Marshall war wichtig, aber Mead sah, daß es keine Bedeutung hatte, ob ihm etwas geschah, sowenig es Bedeutung hätte, wenn General Westmoreland etwas geschähe. Sie würden ihn einfach durch einen anderen General ersetzen. Wenigstens in diesem Punkt bestand kein Unterschied zwischen einem Corporal und einem General, dachte er.

»Die Kommunisten würden Botschafter Marshall nichts tun; sie wollen dieses Treffen«, fuhr Lacouture fort. »Sie haben alles zu gewinnen, wenn das Treffen zustande kommt, und alles zu verlieren, wenn ihm dabei etwas zustieße. Botschafter Marshall will das Treffen ebenfalls, und zwar aus demselben Grund; er hofft, den Krieg beenden oder ihnen ein paar Konzessionen abhandeln zu können.«

Lacouture klopfte sich auf die Brust. »Und ich will das Treffen auch, vor allem, weil ich viel Geld bekomme, wenn ich es arrangiere, aber auch weil ich mir wünsche, daß der Krieg ein Ende hat. Bedenken Sie! Das hier ist auch mein Land. Ich bin hier geboren.«

»Also warum will der CIA-Mann Sie und Mr. Marshall umbringen?«

»Paß auf, *chérie,* und denk scharf nach! Wenn die Kommunisten das Treffen wollen und Marshall das Treffen will und ich es auch will, wer hätte dann ein Interesse daran, daß es nicht zustande kommt? Wer würde versuchen, Botschafter Marshall daran zu hindern, mit den Kommunisten zusammenzutreffen und mit ihnen über den Frieden zu verhandeln?«

»Jemand, der nicht will, daß der Krieg zu Ende geht. Oder jemand, der Angst hat, daß Marshall ... sich betrügen läßt. Oder einen Fehler macht.« Er atmete langsam aus. »Jemand wie ...«

»Mr. Lord. Die CIA. *Voilà.*«

»Ist das wirklich möglich?« fragte Mead fast ehrfurchtsvoll.

Lacouture lachte. »Ha! Fragen Sie ihn, was er mit dem armen Bui Cao Kim gemacht hat!«

»Hat er ihn wirklich umgebracht? Warum?«

»Dafür würde ich mein Leben verwetten. Warum?« Er klopfte mit der Hand gegen seinen Kopf. »Ich weiß, was Lord denkt. Ich kann mir vorstellen, was er vorhat. Er braucht die Information über das Treffen, und Kim war gerade von den Kommunisten zurückgekommen. Er braucht die Information, weil er Marshalls Ermordung vorbereiten will. Dann schiebt er den Kommunisten den Mord in die Schuhe, und Marshall steht als Dummkopf da, weil er ihnen vertraut hat.«

Lacouture schoß in seinem Sessel vor. »Und mich will er umbringen, weil ich das alles weiß. Und ich weiß es, weil er selbst – Mr. Wilson Abbot Lord – vor einem Monat zu mir gekommen ist; ich sollte Marshall glauben machen, daß solch ein Treffen stattfindet, damit er ihn umbringen konnte. Lord hat mir eine Million Dollar angeboten, wenn ich das arrangiere, und anfangs hat er wirklich geglaubt, daß ich ihm helfen würde. Wahrscheinlich war geplant, daß Marshalls Hubschrauber abstürzt oder abgeschossen wird. Aber das Unglaubliche daran war, daß Sie mit in dem Hubschrauber sein würden – und ich, der ich mich unsterblich in Sie verliebt hatte, wäre schuld an Ihrem Tod gewesen.«

Das war es also, was Lieutenant Magnuson mit der Treibstoffleitung gemeint hatte, dachte Mead verwundert; es war Sabotage gewesen. Marshall und alle anderen an Bord sollten umkommen. Aber Lord? War das möglich?

Lacouture schauderte. »Sehen Sie, ich habe ja gar nicht gewußt, daß Sie für Botschafter Marshall arbeiten, bis Ihre reizende kleine Freundin es mir gesagt hat.«

»Sie haben das wirklich nicht gewußt?«

»Nein. Ich wollte nur Ihren Körper. Sie sind in das Taxi gesprungen, in dem ich saß. Ich habe nicht wegen Ihnen angehalten, ich habe nichts arrangiert. Sie haben das Taxi angehalten und sind hereingesprungen. So bin ich an Ihre Adresse gekommen. Dann

habe ich Kim zu Ihnen geschickt, damit er mehr über Sie herausfindet, und dann habe ich Ihnen Geld angeboten. Und Sie haben gesagt, daß Sie mein Freund sein wollen. Noch nie hat das jemand zu mir gesagt. In meinem ganzen Leben hat noch niemand mir angeboten, mein Freund zu sein. Deshalb bin ich zu Ihnen gegangen – weil ich sehen wollte, ob Sie wirklich mein Freund sind und ob Sie mir helfen wollen.«

Mead schwieg eine ganze Weile, dann schüttelte er den Kopf. »Du lieber Himmel, das ist mir zu hoch.«

Lacouture rang nach Luft und warf sich in seinem Sessel zurück. »Dann wollen Sie mir nicht helfen? O mein Gott, was soll ich nur machen?«

»Nein, nein«, erwiderte Mead. »Ich meine, daß ist alles so verwirrend. Ich meine ... ich bin nur ein Corporal. Ich bin nicht klug. Quatsch, ich bin ein Dummkopf ... und das alles ...« Er sprang auf. »Verdammt! Ich weiß nicht, was ich machen soll. Ich weiß nicht, was ich glauben soll. Scheiße!«

Lacouture saß zusammengesunken in seinem Sessel. Er duckte sich unter Meads zornigem Blick.

»Mein Gott!« sagte Mead, schüttelte den Kopf und setzte sich wieder. »Ich tu Ihnen doch nichts. Und ich will Ihnen auch gerne helfen, aber ich weiß nicht wie.«

Lacouture schoß vor und ergriff Meads Hände. »Wirklich? Das wollen Sie wirklich tun?« Und er bedeckte Meads Hände mit Küssen.

Mead entriß sie ihm. »Lassen Sie das! Jetzt muß ich Ihnen etwas sagen. Ich habe eine Nachricht von Botschafter Marshall für Sie. Er sagt, sein Telefon wird abgehört; darum schickt er mich.« Er zog die Visitenkarte, die Marshall ihm gegeben hatte, aus der Tasche und zeigte sie Lacouture. »Ich soll Ihnen sagen, er ist einverstanden. Das waren seine Worte. Er meint damit das Treffen. Ich soll Ihnen sagen, daß er zu dem Treffen bereit ist.«

»Dann haben Sie alles schon gewußt, was ich Ihnen erzählt habe?«

Mead schüttelte den Kopf. »Ich habe nur gewußt, was Mr. Marshall mir heute nachmittag gesagt hat: daß Sie dabei sind, ein Treffen zu arrangieren und daß er zu diesem Treffen gehen will. Er hat mir auch gesagt, daß es Leute gibt, die nicht wollen, daß er zu diesem Treffen geht, aber er hat mir nicht gesagt, wer das ist. Und

ich glaube nicht, daß er fürchtet, deswegen umgebracht zu werden. Er hat nur gesagt, das Treffen ist wichtig und könnte vielen Menschen das Leben retten und daß es ein paar Leute gibt, die nicht wollen, daß seine Mission Erfolg hat.«

»Da hat er ganz recht, und diese Person ist Wilson Abbot Lord, und Sie sollten ihm das sagen.«

»Vielleicht weiß er es schon«, meinte Mead gelassen. »Er weiß, daß sein Telefon abgehört wird und daß vielleicht auch der Wagen verwanzt ist. Er ist wirklich ein kluger Mann.«

»Ja, das ist er. Aber kluge Leute gehen oft ganz unsinnige Risiken ein und sehen nicht, wie gefährlich die Dinge werden können. Die Klugen – und vor allem die guten – unterschätzen gerne die klugen Bösen.«

»Was soll ich ihm wegen dem Treffen sagen?«

»Das Treffen? Es wird kein Treffen mehr geben. Dafür hat Wilson Abbot Lord gesorgt. Er hat Bui Cao Kim umgebracht, und Kim war der Bote. Wie soll ich denn jetzt noch eine Nachricht zu den Kommunisten bringen? Und glauben Sie, die sind jetzt noch bereit, einen hohen Vertreter zu einem Treffen zu schicken, über das Lord und die CIA Bescheid wissen?«

Lacouture ließ sich in den Sessel zurückfallen. »Alles ist vermasselt. Ich werde nie zu meinem Geld kommen. Lord hat alles kaputtgemacht. Er ist wirklich clever. Er wollte nicht, daß Marshall mit den Kommunisten zusammentrifft, und jetzt wird nichts daraus werden, weil die Kommunisten eine Falle fürchten würden.«

»Also soll ich Mr. Marshall sagen, daß aus dem Treffen nichts wird?«

Lacouture überlegte. Er zog sein Taschentuch hervor, wischte sich die Stirn ab und fächelte sich Luft zu. Er dachte intensiv nach und wedelte immer schneller mit dem Tuch.

»Nein«, sagte er schließlich. »Sagen Sie ihm, es gibt noch keine Antwort. Ich werde alles tun, um Kontakt mit ihnen aufzunehmen und herauszufinden, ob sie immer noch zu einem Treffen bereit sind.« Er zuckte mit den Schultern. »Wir werden sehen, vielleicht ja, vielleicht nein. Ich werde es gleich morgen versuchen. Vielleicht kann ich mein Geld noch irgendwie retten. Ich werde es wenigstens versuchen, das können Sie mir glauben. Das ganze Geld – und mein Ruhestand in Cannes.«

Er lächelte traurig. »Ich wollte Sie mit dorthin nehmen. Ich hatte

so schöne Pläne und Träume. Sie werden niemals Wirklichkeit, oder?«

»Manchmal werden Träume wahr«, sagte Mead.

»War das so bei Ihnen?«

»Ich weiß nicht... Ich glaube, ich habe keine Träume. Mir fällt gar nichts ein. Oder doch, einer... er hat natürlich mit Sung zu tun. Irgendwie hoffe ich..., daß es gutgeht mit ihr.«

Lacouture nickte. »Das hoffe ich auch für Sie.« Er steckte sein Taschentuch ein und sagte nüchtern. »Meine Träume sind nie Wirklichkeit geworden. Sie können es gar nicht. Ich habe davon geträumt, geliebt zu werden, und daß sich jemand um mich kümmert. Ich habe davon geträumt, Freunde zu haben.«

»Ich bin Ihr Freund«, sagte Mead sanft.

»Ja. Das sind Sie. Ein sehr guter Freund.«

»Und ich will Ihnen helfen.«

»Danke!«

Sie sahen einander an. Lacouture spürte Meads überwältigende Kraft und Männlichkeit. Er schloß die Augen, dann öffnete er sie wieder und sah Mead an. »Würden Sie mir einen großen Gefallen tun?« fragte er.

Mead schwieg; schließlich sagte er leise: »Ja.«

Lacouture senkte den Kopf, dann sagte er zögernd: »Würden Sie heute nacht bei mir bleiben?« Er sah ihn flehend an. »Bitte! Ich habe solche Angst. Ich habe seit Tagen nicht geschlafen.« Er beugte sich vor. »Bitte, bleiben Sie bei mir! Ich werde Sie nicht belästigen. Sie können in meinem Bett schlafen. Ich schlafe auf dem Fußboden oder auf dem Sofa. Und ich wecke Sie morgen früh, damit Sie rechtzeitig zur Arbeit kommen. Ich mache Ihnen auch Frühstück. Bitte, bleiben Sie doch, damit ich einmal wieder schlafen kann. Bitte!«

Mead nickte. »Ja. Okay.«

Lacouture klatschte in die Hände. »Wirklich? Wie schön! Sie sind so lieb zu mir. So gut.«

»Aber ich muß früh raus. Ich muß um sieben in der Botschaft sein.«

»Ich stelle gleich alle Uhren. Es wird wie Notre-Dame sein, alle Glocken läuten.« Er lief durchs Zimmer und stellte überall das Läutwerk ein.

»Möchten Sie noch etwas essen oder trinken? Sagen Sie mir, was ich für Sie tun kann!«

»Nichts«, erwiderte Mead. »Es ist fast Mitternacht, und ich muß vor sechs Uhr aufstehen. Ich sollte jetzt ins Bett gehen.«

»Ja, natürlich. Ich zeige Ihnen alles.« Er führte Mead durch das Haus. »Das ist das Badezimmer – Handtücher und Seife. Eine Zahnbürste? O ja, da sind neue in der Schublade – und Zahnpasta. Alles, was Sie brauchen. Und hier ist das Schlafzimmer.«

»Donnerwetter!« sagte Mead. »So ein Bett hab ich noch nie gesehen. Das sieht ja aus wie ein Schiff... mit Segeln.«

»Das ist ein Himmelbett. Gefällt es Ihnen?«

»Na ja, es ist irgendwie... rosa und...« Er prüfte die Matratze. »Es ist okay.«

»Und ich werde dort schlafen.« Lacouture zeigte auf ein Zweiersofa mit reichverziertem Samtbezug.

»Aber da passen Sie doch gar nicht drauf«, sagte Mead.

»Es wird schon gehen. Ich werde wunderbar schlafen. Wenn Sie nur da sind, ist alles in Ordnung.« Er blickte besorgt um sich. »Außer daß ich gar nichts zum Anziehen für Sie habe, ich meine, keinen passenden Pyjama.«

»Ich trage nie einen«, sagte Mead; dann fügte er hinzu: »Ich meine, ich schlafe einfach in der Unterwäsche.«

»Oh, das ist wunderbar.« Lacouture huschte durch das Schlafzimmer, holte Bettücher und Decken für sein Sofa. »Seit drei Tagen habe ich kein Auge zugetan. Ich hatte solche Angst. Ich höre jedes Geräusch auf der Straße.«

Nachdem er sein Notbett hergerichtet hatte, holte er seinen Seidenpyjama hervor und sah Mead nervös an. »Wollen Sie zuerst ins Badezimmer?«

»O ja. Ich will nur pinkeln und mir die Zähne putzen.«

Als Mead zurückkam, hatte Lacouture sich bereits umgezogen und lag unter der Decke auf seinem Sofa.

Mead ging ans Fenster und sah hinaus. »Vielleicht sollten Sie hier lieber Gitter anbringen lassen«, sagte er. Es geht direkt auf die Straße, und jeder könnte herein.«

»Gitter könnten Wilson Abbot Lord auch nicht abhalten«, erwiderte Lacouture.

Mead sah die Straße hinauf und hinunter. Alles war ruhig; ein paar Autos parkten am Straßenrand, aber er konnte nicht hineinsehen. Er zog seine Jacke aus und die Stiefel, dann streifte er die Hose herunter.

Ein Schauer durchlief Lacouture bei Meads Anblick. »Sie sind so schön«, flüsterte er.

Überrascht drehte Mead sich zu ihm um, aber er wußte nicht, was er sagen sollte. Verunsichert ging er zum Lichtschalter, löschte das Licht und ging ins Bett.

Draußen sah Lord das Licht im Schlafzimmer ausgehen. Er wartete noch ein paar Minuten, schließlich startete er den Motor und fuhr davon. Morgen, dachte er befriedigt, würde Mead ihm die Information bringen – dann würde er sich den Franzosen für immer vom Hals schaffen.

Lange lag Mead wach. Er konnte nicht einschlafen, weil Lacouture vergeblich nach einer bequemen Stellung suchte. Schließlich sagte er: »Mr. La ... Bernard, Sie können da nicht schlafen. Um Himmels willen, kommen Sie doch ins Bett!«

»Aber ich ...«

»Es ist okay«, unterbrach ihn Mead.

»Ich werde auch auf meiner Seite bleiben«, sagte Lacouture und kam mit Decke und Kissen durchs Zimmer. Er kroch ins Bett und rollte sich ganz eng an der Kante zusammen.

Endlich schlief Mead ein, aber er wachte mehrmals auf, weil er Lacouture wimmern und aufschreien hörte.

Mead lag wach auf dem Rücken. Er sah zu Lacouture hinüber, der im Schlaf zitterte.

Niemand sollte in Angst leben, dachte er; es war schrecklich, einen Menschen so zittern zu sehen. Es gab soviel Leid in der Welt – Sung und Lacouture und all die Toten.

Dann kamen sie zu ihm, und er sah sie vor sich, wie sie starben; er hörte ihre Schreie, er sah die Männer, die er getötet hatte, und den Mann in dem Tunnel, der ihn anflehte, ihn zu töten.

O Gott, dachte er. Er verstand das alles nicht. Er wußte nicht, was er glauben und was er tun sollte. Was er Lord und Marshall sagen, wie er Lacouture helfen und was mit Sung geschehen sollte.

Scheiße! dachte er. Er wollte, er wäre niemals in diesen Krieg gegangen. Er wollte, er wäre nie erwachsen geworden.

Und dann dachte er an seinen Bären, einen kleinen, ausgestopften Teddybären, dessen Fell vom vielen Streicheln und Drücken schon ganz abgewetzt war. Seit Jahren hatte er nicht mehr an ihn gedacht. Lange schon hatte er nicht mehr an seine Kindheit zurückgedacht.

Es gab so vieles, was er nicht wußte und nicht verstand.

Neben ihm schrie Lacouture ängstlich auf und wimmerte.

Mead sah auf die traurige, zitternde Gestalt, dann griff er hinüber und zog Lacouture zu sich.

Er zog ihn eng an sich, bis Lacoutures Kopf an seiner Brust lag. Lacouture seufzte und drückte sich an ihn.

Mead legte den Arm um ihn, und als er hinunter auf den Kopf des schlafenden Mannes blickte, da erkannte er, daß er zwar vieles nicht wissen oder verstehen mochte – aber dennoch war nichts Falsches an dem, was er tat.

Dann schlief er ein.

36

Es war schon nach acht Uhr, als Mead in der Botschaft ankam. Lacouture hatte unendlich lange mit dem Frühstück gebraucht; umständlich hatte er – eine Schürze um den Bauch – den Tisch gedeckt, diverse Konfitüren und Brotsorten aufgetragen und Mead gedrängt, in Ruhe zu essen, bevor er aufbrach.

Dann blieb Mead im Verkehr stecken.

Als er das Büro betrat, flötete Miss Toland süßlich, aber laut: »Ach, Corporal Mead, was führt Sie denn her? Hat das PX heute wegen Inventur geschlossen?«

»Wo zum Teufel haben Sie gesteckt?« rief Colonel Waggoner, der Dolores' Stimme gehört hatte und aus seinem Büro kam.

»Sir, es tut mir leid, ich ... Ich habe keine Entschuldigung, Sir.«

»Natürlich nicht. Sie haben den Befehl, Botschafter Marshall zu beschützen. Das heißt, Sie haben hier zu sein. Wissen Sie zufällig, wo er im Augenblick ist?«

Mead zeigte auf Marshalls Büro. »Da drin, Sir?«

Waggoner schüttelte den Kopf. »Nein. Der persönliche Beauftragte des Präsidenten der Vereinigten Staaten wartet in Tan Son Nhut auf Sie. Der Fahrer wollte Sie heute morgen abholen, zuerst in der Unterkunft, dann in Ihrem Privatzimmer, aber Sie waren nicht zu finden. Wissen Sie, der Botschafter fliegt heute nach Cam Ranh Bay. Wir dachten, es wäre nett, wenn Sie ihn begleiten könnten.«

»Cam Ranh Bay, Sir?«

»Jawohl, Corporal – und danach ins zentrale Hochland. Sehen Sie, der Botschafter hat eine lange Reise vor sich und viele Orte, die er diesen Monat besuchen muß. Dummerweise haben wir Sie vorher nicht über seine Reisepläne informiert, und deshalb hat der Fahrer Botschafter Marshall alleine abgeholt. Er ist da, Colonel Romer ist da, der Pilot ist da, der Hubschrauber ist da – und alle warten auf Sie. Natürlich habe ich vorgeschlagen, sie sollten alleine losfliegen und es mir überlassen, Sie vors Kriegsgericht zu bringen, aber der Botschafter meinte, er wolle lieber warten. Ist es Ihnen vielleicht jetzt genehm, sich zum Flugplatz zu begeben?«

»Es tut mir leid, Sir. Ich habe nicht gewußt ...«

»Haben Sie gewußt, daß Sie jeden Morgen um sieben hier zu sein haben?«

»Ja, Sir.«

»Und?«

»Keine Entschuldigung, Sir«, erwiderte Mead und nahm Haltung an.

Waggoner schüttelte den Kopf. »Und wie Sie aussehen – unrasiert, Stiefel und Messingzeug nicht geputzt. Wo haben Sie sich nur rumgetrieben?« Dann fiel ihm ein, daß Dolores im Zimmer war. »Ach, lassen wir das! Vergessen Sie das Rasieren! Machen Sie, daß Sie fortkommen! Der Wagen bringt Sie zum Flugplatz.«

»Jawohl, Sir«, sagte Mead und wandte sich zur Tür; doch dann blieb er stehen und fragte: »Bleiben wir über Nacht, Sir?«

»Über Nacht? Corporal, Sie sind eine ganze Woche unterwegs.«

»Eine Woche, Sir?«

»Ja. Oder haben Sie andere Pläne, Corporal?«

»Ja, Sir... nein, Sir.« Und er lief zur Tür hinaus.

O nein, dachte Mead und rannte über den Korridor zum Aufzug. Eine Woche. Was sollte er mit Sung machen? Er hatte ihr kein Wort gesagt. Was sollte sie tun? Wer würde sich um sie kümmern? Und sie hatte nicht einmal Geld, gar nichts. Und Lacouture? Und Lord? Er mußte mit Lord sprechen. Lord hatte gedroht, Sung etwas anzutun, wenn er die Information nicht bekam. Mein Gott, dachte er voller Entsetzen.

Er mußte Sung benachrichtigen, damit sie sich keine Sorgen machte. Lacouture würde einfach warten müssen, und Lord würde schon erfahren, was geschehen war. Geld, dachte er nervös; er mußte Sung etwas Geld zukommen lassen. Er sah in seine Brieftasche und fand lediglich fünf Dollar in Militärgutscheinen.

Von der Wache aus rief er in der Unterkunft an. Bill Catton war nicht da, aber ein anderer Bekannter versprach ihm, zu Sung zu gehen und ihr Geld zu geben.

Mead lief zum Ausgang und sprang in den wartenden Wagen, der sogleich losfuhr. Im selben Augenblick bog Wilson Abbot Lord mit seinem Wagen in das Botschaftsgelände ein.

Lord sah Mead in Botschafter Marshalls Wagen davonfahren, aber Marshall selbst saß nicht darin. Ein Anruf genügte, und er wußte, daß Marshall zu seinen Besuchen bei der Truppe aufgebrochen war.

Obwohl Dak To nicht auf der Liste der angegebenen Flugziele stand, wußte Lord, daß Marshall dorthin fliegen würde, und er wußte auch, daß ein Besuch am Ort dieses militärischen Desasters die gesamte COVIA-Studie wertlos machen würde. Ohne konkrete Hinweise hatte Marshall bei Johnson erreicht, daß der seine Entscheidung über die Empfehlung der Studie aufschob. Lord hatte gesehen, welchen Einfluß Marshall beim Präsidenten besaß; ein deutlich negativer Bericht an Johnson würde jede Aussicht auf eine Truppenverstärkung zunichte machen.

»Scheiße«, sagte Lord – und er fluchte nur selten. Er brauchte die Information über Lacouture, aber jetzt war es zu spät, um noch an Mead heranzukommen. Er konnte unmöglich eine Woche lang auf seine Rückkehr warten, um endlich zu erfahren, was Lacouture vorhatte; und er konnte auch nicht so lange warten, um das »Treffen« zwischen Marshall und der NVA zu arrangieren: Marshall mußte diskreditiert werden; und er mußte sterben.

Es wäre nützlich gewesen, zu erfahren, was Mead herausbekommen hatte, aber unverzichtbar war es nicht; er konnte sich die Information auch direkt bei Lacouture besorgen. Das war zwar umständlicher, aber wenn er die Sache selbst in die Hand nahm, passierten wenigstens keine Fehler, und außerdem hätte er die Genugtuung, persönlich mit ihm abrechnen zu können. Dem sah er mit Freuden entgegen.

Mead kletterte hastig in den Hubschrauber und grüßte alle Anwesenden entschuldigend. »Es tut mir wirklich leid, Sir. Ich bitte um Verzeihung, daß ich Sie habe warten lassen. Ich ... ich habe keine Entschuldigung dafür, Sir.«

»Wirklich nicht?« lächelte Marshall. »Ich bin sicher, Sie könnten eine gute Geschichte erzählen, Corporal.«

Magnuson meldete sich über die Sprechanlage. »Die will ich auch hören, Corporal; also sprechen Sie laut!« Und maliziös fügte er hinzu: »Colonel Romer, da Sie sich ja so brennend für außerdienstliche Aktivitäten interessieren, sollten Sie Corporal Meads Freundin auch mal überprüfen. Da kommt Dolores nämlich nicht mit. Ich wundere mich, daß er sich überhaupt hier blicken läßt. Ich hätte das jedenfalls nicht gemacht.«

Mead wurde rot, aber Magnuson startete den Motor, und der Hubschrauber erwachte dröhnend zum Leben.

Mead schnallte sich an, dann konzentrierte er die Aufmerksamkeit auf seine Stiefelspitzen.

Marshall betrachtete ihn amüsiert; er war sich sicher, daß Mead mit Lacouture gesprochen hatte und ihm die Antwort übermitteln würde, sobald sie allein waren. Bestimmt würde Lacouture das Treffen bis zu seiner Rückkehr in einer Woche arrangiert haben. Das hieß, daß sein Aufenthalt sich bis nach Weihnachten hinziehen würde, aber das machte nichts, wenn eine Chance bestand, Friedensverhandlungen in Gang zu bringen. Selbst am Telefon hatte er mitbekommen, wie enttäuscht und frustriert Johnson war, aber durch den Besuch bei den Truppen würde er sich alle Informationen verschaffen, die er brauchte, und in Dak To hatte er die Chance, einen unmittelbaren Eindruck von den Kämpfen zu erhalten.

Marshall knüpfte hohe Erwartungen an seine Exkursion, weil er eine Übereinkunft mit General Westmoreland getroffen hatte: Er würde sich an die vorgesehene Route halten, und im Gegenzug hatte Westmoreland versprochen, daß man keine Potemkinschen Dörfer mehr für ihn aufbauen wollte.

»Ich habe allen befohlen, keine besonderen Vorbereitungen mehr für Ihren Besuch zu treffen. Wenn Sie den Eindruck haben, daß man Sie hinters Licht führt, lassen Sie es mich wissen, und ich bringe den verantwortlichen Offizier vors Kriegsgericht«, hatte Westmoreland gesagt.

Der Hubschrauber hatte das Meer erreicht und flog nun an der Küste entlang nach Norden. Der weiße Strand war wie ein Band, das den grünen Dschungel vom glänzenden Blau des Wassers trennte – es war so, als blickte man auf ein Südseeparadies hinunter. Strohgedeckte Hütten und kleine Fischerdörfer waren die einzigen Anzeichen menschlicher Besiedlung, und sie schienen ebensoweit vom Krieg entfernt wie Polynesien.

Die Farben waren hypnotisierend, und Marshall lehnte den Kopf gegen das Fenster – ein endloser, unberührter, goldener Strand, das blaue Meer, so weit das Auge reichte, und die Erde wie Jade.

Da unten konnte unmöglich ein Krieg im Gange sein, dachte er; es war zu vollkommen, und es gab genug Schönheit für alle; niemand brauchte darum zu kämpfen.

Er mußte mehr als eine Stunde hinausgestarrt haben, denn plötzlich bemerkte er die Veränderung – Spuren, die der Mensch hinterlassen hatte: Ölteppiche auf dem Wasser, Metall- und Plastikab-

fälle, dann Schrott und Baracken und die ganzen Abfälle, die ein großer Hafen mit sich brachte.

Als der Hubschrauber sich dem riesigen Militärkomplex Cam Ranh Bay näherte, konnte Marshall gar nicht fassen, daß dieser natürliche Tiefwasserhafen in der Cam-Ranh-Bucht sich in weniger als fünf Jahren von einem verschlafenen Fischernest in eine mehr als zwanzig Kilometer lange und acht Kilometer breite Militärbasis mit zwanzigtausend Mann verwandelt hatte, die nun der zweitgrößte Hafen und der drittgrößte Luftwaffenstützpunkt in Vietnam war.

Es gab weder eine Empfangszeremonie noch eine Ehrenwache bei der Ankunft, und die Kommandeure von Army und Navy versicherten ihm, er könne sich jederzeit alles ansehen, man habe keinerlei Vorbereitungen für seinen Besuch getroffen.

»Eben erst hat General Westmoreland mich angerufen«, sagte der Admiral. »Das letzte Mal, daß mir jemand mit dem Kriegsgericht gedroht hat, war während meiner Zeit als Fähnrich.«

Man zeigte ihnen ihre Zimmer im Besuchertrakt für Offziere; nur für Mead hatten sie die Mannschaftsunterkünfte am anderen Ende der Basis vorgesehen.

»Ich sehe keinen rechten Sinn darin, wenn mein Leibwächter ein paar Kilometer entfernt untergebracht ist; sicherlich finden Sie etwas für ihn, das wenigstens in Sprintnähe liegt. Außerdem muß ich ein Auge auf ihn halten, und einer von uns muß ihn morgen früh wecken; wir können es uns nicht leisten, noch einmal eine Stunde auf ihn zu warten.«

Während man ein Zimmer für Mead fertig machte, blieb er bei Marshall in dessen Raum.

»Sie sollten Poker spielen, Corporal, oder Diplomat werden – ich kann Ihrem Gesicht absolut nichts ansehen. Waren Sie bei Lacouture?«

»Ja, Sir. Ich habe ihm die Nachricht überbracht. Er hat gesagt, er will versuchen, ein Treffen zu arrangieren. Dann will er Ihnen Nachricht geben.«

»Ich danke Ihnen.«

Mead erzählte ihm nichts von Lacoutures Angst, von Kims Verschwinden und von dem, was Lacouture über Lord gesagt hatte. Er brachte es nicht fertig, das Phantom ins Spiel zu bringen – und außerdem hatte er ja nichts als Lacoutures Anschuldigungen, und wie ließen die sich beweisen?

Den Rest des Tages verbrachte Marshall mit der Besichtigung der Hafenanlagen, wo täglich viertausend Tonnen Nachschub entladen wurden – alles und jedes, von Patronen und Verbandsmaterial bis hin zu Stereoanlagen und Comic-Heften. Die Soldaten mochten fern der Heimat sein, sagte man ihm, da brachte man eben die Heimat zu ihnen, einfach alles – außer ihren Müttern und Freundinnen. Die amerikanischen Truppen in Vietnam waren die bestversorgten in der gesamten Kriegsgeschichte, sagten sie, und er zweifelte nicht daran. Er besichtigte die Meadowgold-Molkerei und -Eiscremefabrik, Kantinen, Kasinos, Freizeiteinrichtungen und die Zentralwäscherei.

Die ganze Zeit fragte er sich, was der Feind wohl machte. Wo hielten sie sich auf? Versteckten sie sich unter der Erde – und der Nachschub, transportierten sie den zu Fuß über Dschungelpfade?

Im Hafen sah er, wie riesige Schiffe entladen wurden; doch in seiner Vorstellung sah er einen barfüßigen Mann mit Artilleriegranaten auf den Schultern einen Pfad hinunterlaufen.

Am nächsten Tag wurde sein Bild ein wenig modifiziert, als man ihn über den Luftkrieg informierte. Man erzählte ihm, daß der Norden vor nicht allzu langer Zeit während einer sechstägigen Bombardierungspause insgesamt fünfundzwanzigtausend Tonnen Nachschub über den Ho-Chi-Minh-Pfad in den Süden gebracht hatte – eine Tagesleistung, die sogar die Entladekapazität von Cam Ranh Bay übertraf.

Die CIA stellte fest, daß die Bombardierung ineffektiv sei. Fast eintausend Flugzeuge waren im vergangenen Jahr abgeschossen worden, und die MiG-Jäger waren inzwischen so erfolgreich, daß die Hälfte der angegriffenen Air-Force-Maschinen – und deren Zahl ging in die Hunderte – ihre Bomben vor dem Ziel abwerfen mußten, um sich aus dem Staub zu machen. Selbst nach den optimistischsten Schätzungen brachte der Feind immer noch fünfmal soviel Nachschub in den Süden, wie seine Truppen dort tatsächlich verbrauchten.

Obwohl die Statistiken verwirrend waren und das Gesamtgewicht der abgeworfenen Bomben weit jenseits aller Vorstellungskraft lag, machte eine Zahl doch besonderen Eindruck auf Marshall: Es kostete zehn Dollar, um dem Norden einen Schaden von einem Dollar zuzufügen.

Später gestand Marshall Colonel Romer, daß seine Vorstellung

von dem barfüßigen Soldaten, der den Ho-Chi-Minh-Pfad hinunterlief, denn doch ein wenig naiv gewesen sei.

»So möchten sie gerne von allen gesehen werden«, sagte Romer. »David gegen Goliath. Nur verfügt dieser David über Boden-Luft-Raketen, Boden-Boden-Raketen, MiGs und ein ausgeklügeltes Nachschubsystem. Jane Fonda sieht Sabu nackt den Ho-Chi-Minh-Pfad runterlaufen: in Wirklichkeit fährt er einen Vierachser, der in Laos oder Kambodscha mit dem Gabelstapler beladen worden ist.«

Am nächsten Morgen flogen sie nach Nha Trang, dem Hauptquartier der Special Forces.

»Mein Sohn hat mir gerade geschrieben, daß er jetzt ein Green Beret ist«, erzählte er Romer während des Fluges.

»Mein Gott, was haben Sie mit dem Jungen bloß angestellt?« fragte Romer. »Selbst ich mit meinem verrückten Vater bin schön bei der Infanterie geblieben. Wahrscheinlich ist es besser, wenn Sie gar nicht wissen, was da läuft. Nicht daß die Ihnen das erzählen würden. Und ganz sicher werden sie es Ihnen nicht *zeigen.*«

Marshall blickte ihn fragend an.

»Das ist eine kleine Privatarmee der CIA. Manche Einheiten sind ja sauber, aber einige sind eher mit der SS zu vergleichen. Das war wohl der schlimmste Fehler der Green Berets – daß sie sich an die CIA verkauft haben. Zumindest wird das so gesehen. Und auf jeden Fall arbeiten sie sehr eng zusammen.«

Wie im Hauptquartier des MACV, so hatte Marshall auch hier bei seinem Eintreffen das Gefühl, in einen Film geraten zu sein, nur daß die Illusion noch bizarrer erschien. Tatsächlich war es eher Theater als Kino – Kabukitheater, dachte er, mit sonderbaren Kostümen und seltsamer Aufmachung, mit übertriebenen Bewegungen und Gesten. Niemand ging – sie stolzierten oder kamen mit wiegendem Gang daher, oder ihre Bewegung hatte etwas Verstohlenes. Und niemand redete normal – entweder schrien sie oder verständigten sich mit Handzeichen.

Man empfing ihn mit Stil – alles wurde hier mit Stil getan. Man zeigte ihm weder sein Zimmer, noch fragte man ihn, ob er sich frisch machen wolle, sondern schickte ihn sogleich auf eine Besichtigungstour.

Magnuson blieb bei seinem Hubschrauber; Romer und Mead wurden rasch von Marshall getrennt und in einen Begleitjeep ge-

packt, während drei Offiziere der Special Forces mit Marshall davonfuhren.

Das erste, was Marshall ins Auge fiel, war die Größe der Leute – noch nie hatte er so viele große Männer gesehen – und dann die ausgezeichnete körperliche Verfassung, in der sie sich augenscheinlich befanden. Eindrucksvoll war auch die Moral; die Begeisterung und der Kampfgeist waren nicht gespielt, dachte er; die waren echt. Diese Männer glaubten an das, was sie taten, und sie mochten es.

Er besichtigte ein Trainingslager, sah Nahkampfübungen und wie man Scheinangriffe auf Dörfer ausführte, Hinterhalte legte und Hindernisse aus Stacheldraht oder angespitzten Stöcken überwand. Es waren sehr harte junge Männer.

Am Spätnachmittag führte man sie zu ihren Zimmern, und als sie in der Offiziersunterkunft die Treppe hinaufgingen, kamen ihnen zwei junge Männer ohne Rangabzeichen entgegen. Sie lachten und stießen sich gegenseitig, doch als sie Magnuson sahen, blieben sie stehen und sprachen ihn an. »Hey Jimbo, wo hast du gesteckt? Lange nicht mehr gesehen. Spezialeinsatz, was?«

Magnuson ging hinter Marshall und Romer; deshalb konnten sie von seinen warnenden Gesten nichts sehen, aber Mead bemerkte sie. Die beiden begriffen sofort und gingen weiter.

»Was waren das denn für Typen?« fragte Romer, als die zwei verschwunden waren.

»Ach, ein paar Jungs, die ich kenne«, erwiderte Magnuson wenig überzeugend.

»Wie kommt es, daß Sie solche Typen kennen, Lieutenant? Sie sind doch aus Da Nang gekommen; jedenfalls haben Sie das gesagt. Erzählen Sie doch mal, woher Sie hier in Nha Trang zwei Kerle kennen, die ganz offensichtlich zur CIA gehören?«

»Worauf wollen Sie hinaus, Colonel?« fragte Magnuson und ging in die Offensive.

»Das war doch eine klare Frage, Lieutenant. Ich will wissen, woher Sie solche Typen kennen.«

»Was für Typen, Sir?«

»Spitzel, Schnüffler, CIA-Agenten, Spione, Lieutenant. Ich will wissen, was Sie mit denen zu tun haben.«

»Ich denke, das geht Sie nichts an, Colonel. Genauso wenig, wie es Sie was angeht, mit wem ich ficke. Alles, was Sie wissen müssen, steht in meiner Akte.«

Romer sah ihn scharf an, und einen Augenblick dachte Mead, die beiden würden gleich handgreiflich werden, doch Marshall sagte in scharfem Ton: »Meine Herren, könnten Sie Ihre Probleme ein andermal austragen?«

Romer drehte sich um und ging weiter die Treppe hinauf. »Darüber werden wir noch reden, Lieutenant.«

Magnuson zuckte die Achseln, sah Mead an und verdrehte die Augen.

»Statt die Zeit mit einem förmlichen Dinner zu vergeuden, Herr Botschafter«, sagte der Offizier der Special Forces, »möchten wir Ihnen soviel wie möglich von unserer Arbeit zeigen, und die meiste Zeit arbeiten wir nachts.«

»Ich habe schon einen nächtlichen Hinterhalt erlebt, vergangene Woche unten im Delta. Mein Bedarf an aufregenden Erlebnissen ist damit für diesen Krieg gedeckt. Danke.«

»An so etwas hatten wir eigentlich nicht gedacht, Sir. Wir wollten Sie in eines unserer Basislager fliegen. Wir arbeiten eine Menge mit den Eingeborenen hier.«

»Eingeborene? Sie meinen Vietnamesen?«

»Ja, Sir – Montagnards und andere. Es ist ganz ungefährlich und bestimmt sehr informativ. Sie können selbst den Ort auswählen und sehen, wie sie wirklich sind, wenn ich so sagen darf. Sie können sich ansehen, wie unsere jungen Soldaten mit den Einge... Vietnamesen arbeiten. Sie können auch draußen essen; es ist zwar nicht so luxuriös wie hier, aber ich glaube, es wird Ihnen schmecken.«

»Na ja, ich bin hier, um mir alles anzusehen. Also gut.«

»Ausgezeichnet, Sir. Da unsere Piloten sich hier besser auskennen, werden wir Sie in einem unserer Hubschrauber hinfliegen. Und Sie haben bestimmt keinen Leibwächter nötig, Sir. Ich glaube kaum, daß Sie einen Marine brauchen, wenn Sie bei uns sind.«

»Das soll mir alles recht sein, Colonel. Ich bin sicher, Lieutenant Magnuson und Corporal Mead blieben schon von sich aus lieber hier. Sie wissen bestimmt, wie sie sich die Zeit vertreiben können.«

»Gut, dann sind es nur Sie und Colonel Romer. Ist es Ihnen recht, wenn wir in dreißig Minuten losfliegen?«

»In Ordnung.«

Mead war gar nicht glücklich, als Marshall ihm sagte, daß er dableiben solle.

»Gerade im Feld müßte ich eigentlich bei Ihnen sein, Sir.«

»Schon richtig, Corporal, aber ich glaube, die Green Berets wären beleidigt, wenn ich einen Marine als Leibwächter mitnähme. Gehen Sie in die Kantine, und trinken Sie ein paar Bier! Sie haben heute abend dienstfrei. Aber lassen Sie sich auf keinen Streit mit den Green Berets ein! Wenn Sie das Bedürfnis haben, auf jemanden aufzupassen, dann halten Sie mir ein Auge auf Lieutenant Magnuson!«

»Auf mich, Sir? Ich wollte eigentlich etwas lesen. Vielleicht gehe ich auch in die Kirche.«

»Das ist schön. Dann können Sie Corporal Mead ja mitnehmen. Ich sehe Sie morgen früh.«

Genau dreißig Minuten später war der Colonel mit einem Jeep zur Stelle und brachte Marshall und Romer auf das Flugfeld. Er führte sie in eine Wellblechhütte und stellte ihnen einen Offizier der Special Forces und einen CIA-Mann vor.

»Wir möchten Ihnen einen kurzen Überblick geben, bevor wir losfliegen, Herr Botschafter«, sagte der Colonel, holte eine Karte hervor uund breitete sie auf dem Tisch aus.

»General Giap hat gesagt, wer das zentrale Hochland erobert und kontrolliert, der hat das ganze Problem Südvietnam gelöst. Das ist schon seit Jahren seine Strategie, und damit hat er die Franzosen geschlagen. Dieses ganze Gebiet bezeichnet man als das zentrale Hochland. Hier leben dreiunddreißig primitive Stämme; die Franzosen nennen sie ›Montagnards‹ – Bergvölker. Sie waren immer schon von der vietnamesischen Kultur getrennt, und die Kaiser haben sie in Ruhe gelassen. Die Franzosen hatten auch nicht viel mit ihnen im Sinn, und so sind diese Stämme für sich geblieben.«

Der CIA-Mann übernahm die Fortsetzung. »Für sich, aber keine Einheit. Es hat immer wieder Kämpfe zwischen den Stämmen gegeben, und einige von ihnen sind bitter miteinander verfeindet. 1946 unternahmen die Kommunisten entschiedene Anstrengungen, die Montagnards für sich zu gewinnen. Sie holten Tausende von ihnen in den Norden, bildeten sie zu Lehrern oder medizinischen Helfern aus und schickten sie als politische Agenten zurück in ihre Heimat. Obwohl die Kommunisten recht erfolgreich waren, haben sie die Stammesrivalitäten dennoch nicht ganz überwinden können.«

Nun übernahm der dritte Mann den offenbar gut einstudierten Vortrag. »Leider hat die südvietnamesische Regierung keine glückliche Hand im Umgang mit den Montagnards bewiesen. Ihr Vorge-

hen war schwerfällig und korrupt, und hinzu kommt, daß die Südvietnamesen die Angewohnheit haben, die Montagnards als ›Moi‹ zu bezeichnen, und das bedeutet ›Wilde‹.«

Der CIA-Mann knüpfte bruchlos daran an. »Unsere eigenen Bemühungen haben wir vor fünf Jahren aufgenommen, und wir haben gute Fortschritte gemacht, vor allem bei den Rhade, die Sie gleich besuchen werden, und bei den Hre. Unser Ansatz besteht darin, mit ihnen zusammenzuleben, ihre Methoden und Bräuche zu übernehmen und sie zu nichts zu zwingen. In dieser Schlacht haben wir jedenfalls die Nase vorn. Selbst die Montagnards, die die Kommunisten unterstützen, sehen inzwischen, daß ein Sieg des Nordens wahrscheinlich ihre Kultur vernichten würde und daß sie mit ihrem Wunsch nach Autonomie beim Süden besser aufgehoben sind.«

Der Colonel übernahm nun wieder den Vortrag. »Das größte Problem sind leider die Südvietnamesen. Es kostet uns verdammt viel Mühe, die Regierung und das Militär dazu zu bringen, die Stammes- und Eigentumsrechte der Montagnards zu respektieren.«

Marshall nickte. »Die Situation ähnelt wohl etwas unserem Umgang mit unseren eigenen ›Moi‹.«

Der CIA-Agent lächelte. »Genau. Und wir bemühen uns hier, ein zweites Little Big Horn zu verhindern. Haben Sie noch irgendwelche Fragen, Sir?«

Marshall schüttelte den Kopf. »Vielleicht nach dem Besuch.«

Der Colonel zeigte auf die Tür. »Meine Herren, gehen wir!«

Schon bald erkannte Marshall, daß er in der Tat keinen Marineleibwächter benötigte. In zwei Begleithubschraubern folgten ihnen zwei Züge Green Berets. Der ganze Aufzug war so ansteckend macho und hochgestimmt, daß Marshall sich an den Colonel wandte und sagte: »Vielleicht sollten wir den Besuch doch lieber streichen und nach Dak To fliegen. Ich habe gehört, die 173. Airborne steckt ganz schön in Schwierigkeiten.«

»Blöde Airbornebastards«, erwiderte der Colonel verächtlich.

Doch bevor er noch etwas hinzufügen konnte, unterbrach ihn der CIA-Mann. »Das ist nur Berufsstolz. Der Colonel meint, seine Green Berets würden die Schlacht schneller gewinnen.«

»Steht es so schlimm in Dak To?«

Der CIA-Mann zuckte mit den Schultern. »Nach allem, was ich gehört habe, ist es eine ziemlich große Schlacht.«

Dann hatte Johnson, dachte Marshall, das Ausmaß des Desasters

doch wohl genauer ermessen, als er geglaubt hatte. Er würde es morgen selbst sehen.

Als der Hubschrauber in das Dorf der Montagnards einschwebte, hatte Marshall den Eindruck, eine in grauer Vorzeit erstarrte Welt zu betreten.

Die Special Forces hatten einige junge Montagnards mit Tarnuniformen, Gewehren, Rucksäcken und Stiefeln ausgestattet und ihnen beigebracht, wie sie über Funk Artillerieunterstützung anfordern konnten; aber die älteren Männer, die Frauen und die Kinder gehörten noch zu einer Gesellschaft halbnackter Wilder mit Schmuck aus Bronze und Perlen, Körperbemalungen und Tätowierungen, Aberglaube und Zauberei.

Marshall saß am Feuer, in einem winzigen Dorf aus strohgedeckten Hütten, zusammen mit alten Männern und Frauen, die Pfeife rauchten und von Göttern oder Waldgeistern erzählten, während hinter ihm die Hubschrauber warteten, die ihn bald schon wieder fortbringen würden.

Nach einer Weile erschien ihm alles so unwirklich, und er konnte sich nicht mehr auf das konzentrieren, was er hörte, so überwältigend war der visuelle Eindruck: Luftangriffe, Bodycounts, der Ho-Chi-Minh-Pfad, Kommunisten, Demokratie – alles verflüchtigte sich mit dem Rauch des Feuers, an dem nackte Kinder und barbusige Frauen mit bis auf das Zahnfleisch abgefeilten Zähnen und durch Elfenbeinplatten gewaltig vergrößerten Ohrläppchen ihn neugierig anblickten und abwechselnd zu ihm und zu dem Hubschrauber in der Lichtung schauten.

Sie flogen erst sehr spät zurück. Marshall hatte keine Fragen mehr, als sie gelandet waren, und als er eingeschlafen war, hörte er Trommeln in seinen Träumen und die Musik von Schilfrohrflöten.

Ein gutes Stück früher hatte Magnuson an Meads Tür geklopft und war eingetreten. »Kommen Sie, wir gehen was trinken! Machen Sie die Rangabzeichen ab; dann können wir ins Offizierskasino. Niemand kennt uns, und niemand wird sich um uns kümmern. Sie müssen nur sehen, daß ich heil zurückkommme, okay?«

»Ja, Sir.«

»Und lassen Sie das ›Sir‹ und diesen Scheiß. Heute abend gibt's keinen Rangunterschied. Ich will mich nur besaufen. Morgen brauch ich nicht zu fliegen, und Sie brauchen niemanden zu be-

schützen, also lassen wir uns vollaufen! Und noch was: Passen Sie auf, daß diese beiden Typen von vorhin uns nicht anquatschen!«

»Sind das keine Freunde von ihnen, Si...?«

»Nicht mehr. Mit denen bin ich fertig. Mit der ganzen CIA-Scheiße bin ich fertig.«

Mead kam näher und schnüffelte. »Sie haben ja schon getrunken.«

»Allerdings. Glauben Sie etwa, Offiziere würden sich nicht besaufen? Du lieber Himmel, da hätten Sie aber Luke Bishop sehen sollen...«

»Vielleicht gehen wir besser nicht ins Kasino, Lieutenant. Wir könnten doch Ihre Flasche holen und uns hier hinsetzen und uns...«

»Spionagegeschichten erzählen? Erzählen Sie mir von Mr. Wilson Abbot Lord, Corporal?«

»Das mach ich, wenn Sie es auch tun, Lieutenant.«

»Hört sich an, als würden wir uns richtig einen runterholen, Ron.«

»Soll mir recht sein, Jimbo. Wenn Sie Lieutenant Bishops bester Freund sind, kann ich Ihnen trauen, glaube ich.«

»Und wenn Sie seinen nutzlosen Arsch gerettet haben, kann ich Ihnen auch trauen, glaube ich.« Magnuson schwankte zur Tür. »Ich hol die Flasche.«

Nach ein paar Minuten kehrte er zurück und schwenkte eine Flasche Bourbon. Er reichte sie Mead. »Fang an! Du bist ganz schön zurück. Außerdem will ich was von der Frau hören, mit der du zusammenlebst.«

»Erzählst du mir dann von Dolores?«

»Was gibt's da zu erzählen? Sie bläst und fickt und mag schmutzige Wörter. Was soll's. Ich bin ein verheirateter Mann.« Er hielt den ringlosen Ringfinger in die Höhe. »Oder etwa nicht?«

»Das steht jedenfalls in deiner Akte.«

Mead nahm einen großen Schluck aus der Flasche und gab sie Magnuson zurück, der sie an die Lippen setzte und trank. Ein paarmal wanderte die Flasche hin und her, ohne daß sie miteinander sprachen, dann ging Magnuson zum Waschbecken und kam mit Plastikbechern zurück. »Wir machen besser ein bißchen langsamer, sonst sind wir voll und haben noch kein Wort geredet. Sag mal, bist du wirklich ein Held?«

»Das steht jedenfalls in meiner Akte.«

Magnuson lachte. »Akten lügen. In meiner steht nichts von der CIA, Ronnie-bo.«

»In meiner auch nicht.«

»Dann reden wir doch mal über das, was nicht in den Akten steht!«

»Wer fängt an?«

»Ich bin der Ältere. Hey, ich bin sogar ein Scheißoffizier.«

»Ein verheirateter Scheißoffizier.«

»Allerdings!« sagte Magnuson und streckte den Mittelfinger in die Höhe. »Huch! Der falsche Finger. Also ich fang an. Ich hab noch nie mit jemandem darüber gesprochen, außer mit Luke. Das bleibt unter uns, ja?«

»Klar.«

Magnuson blickte ihn einen Augenblick schweigend an, dann nahm er einen Schluck aus dem Becher und begann: »In Da Nang habe ich ein paar Einsätze für die CIA geflogen.«

Dann erzählte er Mead, was er gemacht hatte. »Im Oktober haben sie mich nach Saigon geschickt – genau an dem Tag kam Luke von der DMZ runter.«

»Warum haben sie dich ausgesucht?«

»Ich weiß nicht. Ich hab erst in Saigon erfahren, daß ich den Botschafter fliegen soll.«

»An dem Tag habe ich dich in der Botschaft gesehen, als du aus Lords Büro gekommen bist.«

»Ja, ich weiß. Er hat mir gesagt, er hat mich ausgesucht, weil ich einen Spezialauftrag erledigen soll, aber er hat mir nicht gesagt, was es war. Dafür hat er mir ziemlich klargemacht, daß ich mich besser kooperativ verhalte. Das ist die Scheiße: Wenn du dich einmal darauf eingelassen hast, haben sie dich ganz schnell bei den Eiern, und du machst, was sie sagen; da brauchen sie nur leicht zuzudrükken. Es war nie davon die Rede, aber irgendwie hab ich von Anfang an geahnt, daß der Botschafter das Opfer sein soll – daß sie mich geholt haben, damit ich ihn ... abwerfe. Und dann, nach unserem kleinen Ausflug ins Delta, hat Lord mir gesagt, daß er einen Sonderauftrag für mich hat. Das war an dem Tag, als ich zu dir gekommen bin und dir gesagt habe, daß wir besser miteinander reden, bevor wir irgendwas machen, was wir nicht wollen.«

»Was war das, was du nicht machen wolltest?«

»Ich hab's schon gemacht.« Magnuson griff nach der Flasche und nahm einen Schluck daraus. Er schüttelte sich und fiel zurück aufs Bett. »Mein Gott, ich hatte gehofft, das wäre endlich vorbei.«

Er setzte sich wieder auf; sein Gesicht zeigte eine Mischung aus Zorn und Schmerz. »Ich bin jetzt beschissene zweiundzwanzig Jahre alt; ich komme aus dem gottverdammten Boll Weevil, Oklahoma, und ich habe Football gespielt. Das ist mein Leben; jetzt bin ich hier und werfe Leute aus Flugzeugen im Namen von ... Was war das noch? Demokratie? Freiheit? Scheiße! In ein paar Monaten geh ich zurück zu meiner Frau« – er hielt seinen ringlosen Ringfinger in die Höhe – »und laß mich gemütlich nieder... als was? Als Versicherungsvertreter? Vielleicht kriege ich einen Job bei einer Fluggesellschaft. Toller Lebenslauf! Besondere Qualifikationen: Gooks ins südchinesische Meer werfen.«

Er schüttelte den Kopf. »Das war's, was Lord von mir gewollt hat – sein Sonderauftrag vor ein paar Nächten. Ein armer alter Gook, die Hosen voll vor Angst, den er verhört hat. Traurig sah der aus, die Kleider nur noch Lumpen... wirklich armselig, nur die Zähne nicht – dieser arme alte Hund mit seinen blendendweißen Zähnen.«

Er griff in die Tasche und holte ein Taschentuch hervor. Er faltete es auseinander, warf Mead einen Zahn zu, und Mead fing ihn auf.

»Das ist alles, was von ihm übrig geblieben ist.«

Mead betrachtete den blutigen Zahn in seiner Hand. »Mein Gott«, sagte er; dann warf er den Zahn zurück. »Ich habe ihn gekannt.«

Magnuson starrte auf den Zahn. »Du kannst an einem einzigen Zahn erkennen, wer das war?«

»Was ist mit ihm passiert?« fragte Mead.

»Badeunfall. Er ist ins Meer gefallen. Tut mir leid, ich sollte keine Witze darüber machen, wenn er ein Freund von dir gewesen ist.«

»Er ist kein Freund von mir gewesen. Ich weiß nur, wer er war.«

»Willst du mir davon erzählen?«

Nun griff Mead nach der Flasche und nahm zwei tiefe Züge daraus. »Ja«, sagte er. »Ich muß darüber sprechen.«

Dann erzählte Mead seine Geschichte: von Kim und Lacouture, von den Gesprächen mit Lord und schließlich von dem Treffen, das Lacouture für Marshall arrangieren sollte.

Als er geendet hatte, schwieg Magnuson lange, dann nahm er die

Flasche und trank. »Großer Gott«, sagte er schließlich. »Mich bringen sie dazu, Gooks ins Meer zu werfen, und dich, mit Schwulen ins Bett zu gehen.« Er legte die Hand auf sein Herz. »Irgendein feinerer Instinkt sagt mir, das ist falsch.« Er hielt die Flasche in die Höhe. »Oder ist das nur der Stoff?«

»Ich hab nichts mit ihm gemacht«, wehrte Mead ab.

Magnuson hob seine Hände in die Höhe. »Hey, alles, was Spaß macht, ist erlaubt.«

»Scheiße!«

Magnuson lachte. »Sieh mal! Es geht doch nicht darum, was du gemacht hast, sondern was sie von dir wollten – und daß du es gemacht hättest. Außerdem brauchst du nicht so empfindlich zu sein; schließlich bin ich derjenige, der Leute für diese Schweine umgebracht hat.«

»Und was machen wir jetzt?« fragte Mead. »Ich kann überhaupt nicht mehr klar denken. Sollen wir alles Botschafter Marshall erzählen?«

Magnuson hielt seinen Kopf. »Ich kann auch nicht mehr klar sehen. Was hätten wir davon, wenn wir es ihm sagen – ich meine, außer daß sie mich wegen Kriegsverbrechen vor Gericht stellten und dich wegen Verbrechen gegen die Natur und die CIA uns für immer stillegt. Ich glaube, die nehmen so was ziemlich übel.«

»Ja, ich sehe schon, was du meinst. Aber irgendwas müssen wir tun.«

»Am besten versuchen wir erst mal rauszufinden, was Lord vorhat. Ich glaube, er will Marshall umbringen.«

Mead ließ den Kopf hängen. »Ich kann das immer noch nicht glauben. Ich meine...«

»Das ist doch unsere Regierung, und wir sind die Guten und dieser ganze Scheiß, ja?«

»Ja... genau. Ich meine, ich glaube an mein Land. Ich hab nicht viel Ahnung, aber... Ach, Scheiße.« Er wischte sich mit dem Ärmel über die Augen, und als er Magnuson ansah, weinte er. »Ich bin hier rübergekommen, da war ich achtzehn, und seit damals habe ich Menschen für mein Land getötet – einen in einem Tunnel mit den bloßen Händen, einen armen Hund, der überall blutete, sein Gesicht war halb weggerissen, und ich... ich will das nicht mehr. Ich will wieder nach Hause. Wenn's sein muß, geh ich sogar zurück auf die blöde Farm von meinem Alten in Arkansas.«

Magnuson atmete tief aus, dann schüttelte er den Kopf und blickte zur Seite. »Da steht uns noch was bevor, Mann.« Er stand auf, ging zu Mead und klopfte ihm auf die Schulter. »Das hier hat überhaupt nichts mit unserem Land zu tun, Mann. Das ist nur... Scheiße.«

Dann ging er in die Hocke, so daß sein Gesicht auf derselben Höhe war wie das von Mead. »Hey!« sagte er und wartete, bis Mead ihn ansah. »Es wird schon gutgehen. Ich bin froh, daß wir drüber geredet haben. Wir können den Wichser schlagen. Zwei Marines gegen dieses Arschloch. Der hat gar keine Chance. Wir überlegen uns noch, was wir morgen machen.«

Dann nahm er die Flasche und torkelte zurück in sein Zimmer.

Am nächsten Morgen teilte Marshall dem Kommandeur der Special Forces mit, daß er seinen Besuch abkürzen wolle.

»Ich habe alles gesehen, was nötig war. Es hat mich sehr beeindruckt, und ich gratuliere Ihnen zu Ihrer Arbeit, aber es gibt noch viele Dinge, die ich mir ansehen will, und meine Zeit ist leider sehr knapp. Ich danke Ihnen vielmals.«

Er schickte Romer los, damit er Magnuson weckte und ihn von der Änderung der Pläne unterrichtete.

Romer fand Magnuson nackt auf dem Bett liegend; er stank nach Alkohol. Romer rüttelte ihn wach.

»Lieutenant, heben Sie Ihren Arsch aus dem Bett! In einer halben Stunde fliegen wir los.«

Magnuson starrte ihn verständnislos an. »Was?«

»Glauben Sie, daß Sie Dak To finden, Lieutenant?«

Magnuson setzte sich auf. »Was?«

»Dak To, Lieutenant. Der Botschafter will sofort hinfliegen, Glauben Sie, daß Sie es finden?«

»Du lieber Himmel«, murmelte er. »Ich glaub nicht mal, daß ich meinen Hubschrauber finde.«

»Dafür werde ich schon sorgen. Und Sie erledigen den Rest. Hier ist ein Krieg im Gang, Lieutenant. Auf jetzt!« Er zog Magnuson hoch und stieß ihn unter die Dusche. Dann drehte er das kalte Wasser auf und zog rasch die Schiebetür zu, damit Magnuson nicht flüchten konnte.

»Sehen Sie zu, daß Sie nüchtern werden, Lieutenant! Und dann: Auf nach Dak To!«

37

Als Wilson Abbot Lord vom örtlichen CIA-Chef in Nha Trang die Nachricht erhielt, daß Marshall sich auf dem Weg nach Dak To befand, da wußte er, daß er unverzüglich handeln mußte.

Dak To war militärisch eine mittlere Katastrophe. Man hatte stets behauptet, der Feind sei nicht in der Lage, eine größere Offensive zu starten, aber dann hatte er es in Dak To dennoch getan, und trotz einer gewaltigen Gegenoffensive mit Luftangriffen und Artillerieeinsatz war es den US-Truppen nicht gelungen, ihn zurückzuwerfen.

Lord hatte die Schlacht aufmerksam verfolgt.

Ihm war klar, daß Marshalls Bericht an den Präsidenten negativ ausfallen würde, und Johnson war bereits äußerst besorgt wegen des vorangegangenen Angriffs auf Con Thien und wegen des massiven feindlichen Truppenaufmarschs bei Khe Sanh. Unter diesen Umständen mußten Marshalls Empfehlungen noch größeres Gewicht erhalten.

Aber nach seinem Besuch in Dak To würde Marshall seinerseits noch begieriger darauf sein, mit der NVA zusammenzutreffen; deshalb war es absolut unerläßlich, daß er, Lord, noch vor Marshalls Rückkehr aus Dak To diese vorgebliche Zusammenkunft arrangierte.

Den Rest des Tages verbrachte Lord mit diversen Vorbereitungen; am frühen Abend nahm er ein Tonbandgerät und fuhr durch Saigon in das vornehme Viertel, in dem Lacouture wohnte. Er parkte ein paar Straßen weiter.

Nachdem er sich vergewissert hatte, daß Lacouture zu Hause war – er sah ihn hinter zugezogenen Vorhängen nervös durchs Zimmer laufen –, ging er zur Eingangstür und klopfte.

Mit verstellter Stimme und zögernd, wie es Meads Art war, sagte er leise: »Mr. Lacou … Bernard, ich bin's, Corporal Mead.«

Riegel wurden zurückgezogen, und die Tür ging auf.

»Oh, Corporal Mead, lieber Corporal Me …« Lacouture schrie auf, als Lord die Tür vollends aufstieß und ihm eine Pistole vors Gesicht hielt.

»*Bonsoir, monsieur*. Tut mir leid, daß ich Sie enttäuschen muß. Wir haben etwas zu bereden.«

»Wie können Sie es wagen! Ich werde...«

Lord schob ihn zurück, die Pistole auf Lacoutures Stirn gerichtet, und schloß die Tür.

»Sie haben mich gar nicht hereingebeten, Monsieur Lacouture. Wie unhöflich! Eine wunderschöne Wohnung haben Sie hier. So viel herrliche Kunst! Sie müssen sehr stolz darauf sein.«

»Was wollen Sie?« schrie Lacouture außer sich vor Wut. »Mörder! Ich weiß, daß Sie Kim umgebracht haben.«

Lord ließ seinen eisigen Blick weiter durch den Raum schweifen. »Sehr bedauerlich. Ein schrecklicher Unfall. Er ist aus einem Hubschrauber gefallen.«

Lacouture schnappte nach Luft. Dann nahm er sich zusammen, versuchte, bei all seiner Angst noch soviel Würde wie möglich zu bewahren. »Was wollen Sie? Sie sind ein böser Mann. Ich werde nicht mit Ihnen zusammenarbeiten.«

Lord nahm eine Vase von einer Kommode und jonglierte sie auf einer Hand. »Großartig. Museumsqualität. Ach wie schade!« Er ließ sie fallen, und sie zersprang auf dem Marmorboden in tausend Stücke.

Lacouture beherrschte sich. »Ich habe gewußt, daß Sie das tun würden. Du lieber Himmel, was soll das?« Dann schüttelte er den Kopf. »Aber was bedeutet Ihnen schon die Kunst? Oder der Mensch? Oder ein Land? Oder das Leben?«

»Oh, eine Menge«, erwiderte Lord und stieß ein Stück Ming-Porzellan vom Schrank. »Gerade darum bin ich hier.«

»Das dürften die Nazis in der Kristallnacht auch gesagt haben.«

Lord lächelte. »Schmeicheln Sie sich nicht selbst! Und verschonen Sie mich mit Ihrer billigen Moral! Sie haben doch gar keine Moral und keine Grundsätze. Sie verkaufen doch jedem alles, was er haben will.«

Lord ergriff eine Figur aus Lapislazuli und warf sie gegen die Wand, wo sie zerschellte.

»Halt! Ich kann das nicht ertragen. Warum erschießen Sie mich nicht gleich, und die Sache ist erledigt?«

»Ich brauche Sie noch. Ich dachte, wir haben eine Abmachung.« Dann fügte er höhnisch hinzu: »Piepser, Goulue, Nhay Dam.« Er packte ein Räuchergefäß aus Jade und zerschmetterte es auf dem

Boden. »Erzählen Sie mir von dem ›lieben‹ Corporal Mead! Hat es Spaß gemacht, ihn zu ficken? Oder hat er Sie gefickt?«

»Sie sind widerlich«, erwiderte Lacouture ruhig.

»*Ich* bin widerlich? Das sagt mir ein Perverser.« Er griff nach einer Schale aus der T'ang-Dynastie, deren Glasur in vielen prächtigen Farben leuchtete, und schmetterte sie gegen die Wand. »Sie ficken Jungs, und mich nennen Sie widerlich? Ich weiß, daß Mead die Nacht hier bei Ihnen verbracht hat. Erzählen Sie mir davon!«

Lacouture kniete sich auf den Boden und las die Scherben auf. »Sie war über zwölfhundert Jahre alt«, sagte er ungläubig. Lord warf eine blaßgrüne Schale auf den Boden. »Erzählen Sie!«

Lacouture blickte sich resigniert in all der Zerstörung um. Lord würde ihn töten, da gab es nicht den geringsten Zweifel, aber seltsamerweise hatte er keine Angst davor; er sorgte sich mehr um seine Kostbarkeiten. Sie waren wichtiger und wertvoller als er. All die Kunst und Schönheit zerstört, alles, was er liebte und bewunderte, zerschmettert. Was war schon sein Leben im Vergleich dazu? Er wollte nicht leben ohne seine Schätze. Er wollte in keiner Welt leben, in der man Kunst und Schönheit mit Füßen trat.

Er wollte nicht sterben, nein, und wie sehr würde er alles vermissen – das Leben hielt so viele Freuden bereit.

Er weinte. Er würde nie nach Cannes kommen; er würde niemals seinen Wilden wiedersehen. Lieber Corporal Mead. Was für ein süßer Junge er war, und er hatte ihn in den Arm genommen, dieser wunderbare Mann, hatte ihn getröstet. Und da war dieser Lord, dieser verkommene, boshafte Mann, der etwas Häßliches, Schmutziges daraus machen wollte. Sein geliebter Wilder! Was würde Lord ihm antun? Er würde der nächste sein, dachte Lacouture. Lord würde auch ihn umbringen.

Nein, das würde er nicht zulassen. Sich selbst konnte er nicht retten, aber er konnte etwas für den Wilden tun. Er würde mutig für ihn sein.

Lacouture wischte sich die Tränen aus den Augen. »Ja, er ist hiergeblieben. Er hat die Nacht in meinem Bett verbracht. Und es hat Spaß gemacht, ihn zu ficken – wie Sie es ausdrücken. Er ist sehr schön, der Schönste, den ich kenne. Aber er ist sehr dumm. Er hat überhaupt nichts herausbekommen von dem, was Sie wissen wollen. Der Ärmste hat sich alle Mühe gegeben, aber es war einfach zu durchsichtig.«

»Das habe ich mir gedacht«, sagte Lord. »Es war wirklich ein ungleicher Kampf – er gegen Sie. Hat es ihm wenigstens Spaß gemacht?«

»Nein. Er mag Frauen. Er ist nicht mal gekommen, obwohl ich mir alle Mühe gegeben habe.«

»Und er hat nichts herausbekommen?«

»Nichts, was Ihnen weiterhelfen würde, tut mir leid. Deshalb habe ich eben gedacht, daß Corporal Mead an der Tür wäre. Ich dachte, er will es noch einmal versuchen.«

»Um so schlimmer für Sie. In vielerlei Hinsicht.« Er preßte den Lauf der Pistole gegen eine siebenhundert Jahre alte Bildrolle der Yuan-Dynastie, Bambuszweige mit Vögeln, und schlitzte sie der Länge nach auf.

»Erzählen Sie mir von dem Treffen, das Sie arrangiert haben!«

»Es gibt kein Treffen. Und es wird auch keins geben. Dafür haben Sie schon gesorgt, als Sie Kim umgebracht haben. Glauben Sie etwa, General Khanh wäre jetzt noch zu einem Treffen bereit?«

Lord lachte. »Nein. Aber Mr. Marshall weiß davon nichts, oder?«

Er zog den Recorder aus der Tasche und stellte ihn auf den Tisch. »Aber Sie werden ihm jetzt von einem Treffen erzählen.«

»Und wieviel Geld bieten Sie mir diesmal?« fragte Lacouture sarkastisch.

»Nein, Monsieur Lacouture. Kein Geld. Tut mir leid, dafür ist es jetzt zu spät.«

»Was dann? Was haben Sie mir denn für meine Mitarbeit zu bieten?«

»Daß Sie ein bißchen länger leben – und ein wenig von Ihren Kostbarkeiten retten können.« Mit sicherem Instinkt ging er zum Plattenspieler.

»Ich habe Opern eigentlich nie gemocht; eine Bildungslücke meinerseits, aber wie dem auch sei ... Ah, das kenne ich, *La Traviata*. Schrecklich langweilig.« Er zerbrach die Platte über dem Knie und nahm eine andere.

»Wagner. Das ist nun wirklich grauenhaft.« Er schleuderte die Platte auf den Boden. »Wir machen jetzt unsere eigene Aufnahme. Wie finden Sie das?« Er suchte nach einer weiteren Platte. »Caruso. O ja, ein berühmter Name und in einem sehr guten Zustand.« Er hob sie über den Kopf.

»Nein! Nicht Caruso!«

Lord zögerte; dann legte er die Platte zurück, nahm eine andere und warf sie gegen die Wand.

»Wir machen jetzt unsere eigene Aufnahme, aber Sie sind der einzige, der spricht. Sie werden folgendes sagen: ›Ich habe ein Treffen arrangiert für Freitag, den dreiundzwanzigsten Dezember, vier Uhr nachmittags, in der Nähe von Hong Ngu an der kambodschanischen Grenze, Planquadrat... Hier, ich habe es aufgeschrieben. Lesen Sie vor!«

Lacouture nahm den Zettel, die Augen nervös auf die Pistole gerichtet. Er las laut vom Papier ab.

»Noch einmal! Und diesmal nicht so hysterisch! Es hört sich an, als hielte Ihnen jemand eine Pistole unter die Nase. Sprechen Sie in dem eleganten, hochnäsigen Französisch, das Sie so wunderbar beherrschen! Ganz im Gegensatz zu meinem Französisch, das Ihnen zuwider ist, wie ich sehr wohl weiß.« Er griff nach einer weiteren Schallplatte und warf sie gegen die Wand.

»Sie machen mich zu nervös zum Lesen. Hören Sie endlich auf, Sachen gegen die Wand zu werfen!«

»Lesen Sie anständig, sonst demoliere ich das ganze verdammte Zimmer!« Lord sah sich um, und sein Blick fiel auf den Pierrot. Er nahm die Puppe in die Hand. »Was ist das? Wohl kaum ein Museumsstück.«

Lacouture schnappte nach Luft, lief zu ihm hin, entriß ihm die Puppe und drückte sie an die Brust.

»Ach, ich verstehe, ein Spielzeug aus Ihrer Kindheit«, sagte Lord höhnisch. »Na, vielleicht tröstet es Sie ein wenig. Hoffentlich tut es das, sonst reiße ich es nämlich in tausend Stücke. Das ist Ihre letzte Chance, Monsieur Lacouture. Lesen Sie!«

Lacouture hielt die Puppe an die Brust gedrückt und las vom Papier ab.

»Schon besser. Noch einmal!«

Lacouture las.

»Sehr gut. Jetzt die Aufnahme.«

Er drückte auf Knöpfe und hielt das Gerät Lacouture hin, der ruhig und mit geschlossenen Augen hineinsprach, während er die Puppe streichelte.

Lord spulte das Band zurück und ließ es abspielen.

»Ausgezeichnet«, sagte er. »Das wird mir weiterhelfen.«

Er zeigte auf die Schallplatten, dann auf die anderen Dinge im Raum. »Um Ihnen meine Dankbarkeit zu zeigen und damit Sie sehen, daß ich kein übler Kerl bin, werde ich all das verschonen.«

Dann hob er plötzlich die Pistole, setzte sie Lacouture auf die Stirn und drückte ab.

Die Kugel durchschlug sein Gehirn, schleuderte ihn gegen eine Kommode, und alles, was darauf stand, fiel durcheinander.

Lacouture lag auf dem Rücken, die Augen weit geöffnet, ein großes Loch in der Stirn, seine Hände umklammerten immer noch die Puppe.

Lord betrachtete die Szene mit klinischer Leidenschaftslosigkeit; er nahm das Papier und den Recorder an sich, steckte die Pistole ein, verließ das Haus und ging gemächlich zu seinem Wagen; dann fuhr er weg.

Am nächsten Morgen rief Lord in Marshalls Büro an; diesmal imitierte er die effeminierte Stimme und den starken Akzent Lacoutures.

Dolores Toland nahm den Anruf entgegen und erkannte sogleich den fürchterlichen Franzosen, der so oft angerufen hatte.

»Ist Botschafter Marshall da? Hier ist Bernard Lacouture. Ich habe schon einmal mit seiner Exzellenz gesprochen; er wartet *dringend* auf meinen Anruf.«

»Ja, ich weiß, wer Sie sind«, erwiderte Dolores mit unverhüllter Verachtung. »Aber Botschafter Marshall ist nicht da, und ich weiß nicht, wann er zurückkommt.«

»Ich habe eine Nachricht für ihn. Eine sehr wichtige Nachricht, die ich nicht über Telefon übermitteln oder an Sekretärinnen weitergeben kann. Ich schicke dem Botschafter ein Tonband. Die Sendung ist versiegelt, damit der Botschafter weiß, daß niemand sie geöffnet hat. Ich schicke sie Ihnen durch Eilboten. Sie werden sie dem Botschafter aushändigen, sobald er zurück ist. Ich versichere Ihnen: Falls der Botschafter bemerkt, daß es auch nur die geringste Verzögerung gegeben hat, möchte ich nicht in Ihrer Haut stecken. Haben Sie das verstanden?«

»Ja«, sagte Dolores, kochend vor Wut; sie hatte Mühe, an sich zu halten, und als der Anrufer eingehängt hatte, warf sie den Hörer auf die Gabel.

Eine Dreiviertelstunde später brachte ihr ein Wachsoldat das

Band. Er sagte, ein Eilbote der vietnamesischen Post habe die Sendung gebracht; man habe sie durchleuchtet, es sei ein Tonband darin.

Das Siegel war unversehrt, und Dolores schloß das Päckchen in den Safe.

38

»Anscheinend sind Sie gestern zusammen mit Lieutenant Magnuson in der Abendandacht gewesen«, sagte Romer hämisch zu Mead, der seine Qualen kaum zu verbergen vermochte, während der Hubschrauber heftig rüttelnd Richtung Dak To flog.

Marshall unterdrückte ein Lächeln. Sein Pilot und sein Leibwächter waren so offensichtlich verkatert, daß sie ihm leid taten, zumal er ihnen gestern selbst deutlich gesagt hatte, daß er sie heute nicht bräuchte.

»Sind Sie sicher, daß er in diesem Zustand fliegen kann?« hatte er Romer gefragt, als er Magnuson sah und dann noch erlebte, wie Mead gegen eine geschlossene Tür lief.

»Verraten Sie ihm nie, daß ich das gesagt habe, Sir, aber er ist ein phantastischer Pilot. Sogar betrunken ist er wahrscheinlich noch besser als andere nüchtern.«

Romer selbst befand sich, wie Marshall bemerkte, in einem Zustand erregter Erwartung; er drängte alle, an Bord zu gehen, kümmerte sich um jede Einzelheit, trieb sie zur Eile und redete dabei unablässig.

Marshall hatte noch nie jemanden gesehen, der so begierig darauf war, endlich ins Gefecht zu kommen – vielleicht weil er noch keines mitgemacht hatte, vielleicht auch, weil er von demselben Trieb besessen war wie sein berühmter Vater. Und es erschien in der Tat wie Besessenheit, dachte Marshall: Der Mann war irgendwie überdreht; Selbstkontrolle und Klarsicht waren vorhanden, aber alles hatte etwas Manisches.

»Viceroy erbittet Landeerlaubnis in Dak To«, meldete sich Magnuson über Funk, und seine Stimme war so unterkühlt, daß sie schon gelangweilt wirkte.

Romer hatte Magnuson befohlen, die Sprechanlage eingeschaltet zu lassen, damit er den Funkverkehr mithören konnte. Die Antwort kam unverzüglich und mit aller Entschiedenheit: »Negativ, Viceroy. Wiederhole: negativ. Landeerlaubnis abgelehnt.«

In derselben müden Stimme meldete sich Magnuson: »Hier Viceroy. Nähern uns von Sierra Whiskey, ETA etwa zehn Minuten.«

»Südwest, geschätzte Ankunftszeit«, erläuterte Romer fröhlich.

Die Stimme des Fluglotsen war eine Mischung aus Zorn und Hysterie. »Negativ. Wiederhole: Negativ. Landeerlaubnis abgelehnt. Sie können nicht landen, Viceroy. LZ ist heiß. Wiederhole: LZ heiß.«

»Landezone«, übersetzte Romer. »Die liegen unter Beschuß da unten.« Er sah aus dem Fenster und bemühte sich, etwas zu erkennen.

Mead, der in einer Ecke zusammengesunken war, wurde plötzlich lebendig. Er holte seinen Helm unter dem Sitz hervor, setzte sich darauf und schob ein Magazin in sein Gewehr.

»ETA neun Minuten«, meldete sich Magnuson und unterdrückte ein Gähnen.

Eine andere, sehr viel energischere Stimme drang aus dem Lautsprecher: »Hier Bodenkontrolle, Chefcontroller. Die LZ ist heiß. Ihre Bitte um Landeerlaubnis ist abgelehnt. Seid ihr schwer von Begriff da oben?«

»Sieben Minuten«, sagte Magnuson ungerührt. »Hey, ich seh 'ne Menge Rauch da unten. Was ist los? Macht ihr da 'ne Grillparty?«

»Du Arsch!« rief die Stimme. »Ich schieß dich eigenhändig ab.«

Dann meldete sich eine befehlsgewohnte Stimme im Funkgerät. »Viceroy, hier Thor. Sie sind in meinem Gebiet. Ich kenne Ihr Rufzeichen nicht. Bitte identifizieren Sie sich, und nennen Sie uns Ihren Auftrag!«

»Roger, Thor«, erwiderte Magnuson, der wußte, daß er mit dem Brigadechef oder Divisionskommandeur sprach, einem Ein- oder Zweisternegeneral oder einem noch höheren Dienstgrad. »Viceroy ist der persönliche Vertreter von US-Eins. Landeerlaubnis für Dak To wird nicht erbeten, sie wird befohlen.«

Es folgte eine lange Pause, dann meldete sich die Stimme wieder: »Roger, Viceroy. Habe Sichtkontakt. Bin östlich von Ihnen, etwa fünfhundert Fuß über Ihnen. Können Sie mich sehen?«

Magnuson sah nach Osten und bemerkte mehrere Hubschrauber, die in größerer Höhe flogen. »Roger, Thor. Ich sehe Sie.«

»Bitte folgen Sie mir zum Landeplatz!«

»Jetzt ist die Kacke am Dampfen«, meldete Magnuson sich über den Bordlautsprecher. »Wenn wir unten sind, weiß das MACV Bescheid. Nach dem Funkverkehr fliegen die übrigens gerade eine Menge Sanitätseinsätze; ziemlich schwere Verluste da unten.«

Als sie eine Viertelstunde später im Basislager außerhalb der Reichweite feindlichen Artilleriebeschusses landeten, liefen ein Zweisternegeneral und sein Stellvertreter zu ihnen herüber, um Marshall zu begrüßen. Hastige Nachprüfungen über die Kommandokette hatten ergeben, daß Viceroy in der Tat das Rufzeichen des persönlichen Beauftragten des Präsidenten war; daß er sich eigentlich auf dem Weg nach Pleiku befand, daß man sich jedoch nicht wundern durfte, wenn er statt dessen plötzlich in Dak To aufkreuzte.

»Wie soll ich den Hurensohn denn anreden?« bellte General Anthony Scarpoli ins Funkgerät. »Und wie zum Teufel soll ich einen Krieg führen, wenn hier Zivilisten einschwärmen wie die Mükken?«

»Nennen Sie ihn Herr Botschafter oder Exzellenz. Das MACV schlägt vor, daß Sie Zivilisten ein Gewehr in die Hand drücken und sie in die vorderste Linie schicken.«

»Herr Botschafter, welche Überraschung!« sagte der General und schüttelte Marshall die Hand. »Ich dachte, man erwartet Sie in Pleiku.«

Im Hintergrund hörte man das Donnern von Geschützen, und selbst in dieser Entfernung vom eigentlichen Schlachtfeld war die Luft mit Rauch geschwängert.

»In Pleiku wird nicht gekämpft«, erwiderte Marshall.

»Ich bin glücklich, Ihnen damit dienen zu können«, versetzte Scarpoli und versuchte erst gar nicht, seinen Sarkasmus zu verbergen.

Marshall lächelte. »General, es ist mir klar, daß während einer Schlacht nichts so unwillkommen ist wie der Besuch eines Würdenträgers ...«

»Noch mehr feindliche Truppen wären *möglicherweise* noch schlimmer«, unterbrach ihn Scarpoli ungerührt.

»Aber ich bin ausschließlich hier, um zu beobachten«, fuhr Marshall fort. »Ich habe nichts zu bewerten oder irgendwelche Urteile zu fällen. Der Präsident hat mich gebeten, Vietnam zu besuchen und ihm von meinen Eindrücken zu berichten. Da der Krieg heute nun einmal hier stattfindet und der Feind sich nur selten in offener Feldschlacht stellt, bin ich hergekommen.«

Der General nickte. »Wir werden Sie über das Kampfgebiet fliegen und Sie ausführlich über die Lage unterrichten.«

»Vielen Dank, aber ich möchte Sie nicht stören, wenn Sie die laufenden Operationen leiten.«

»Herr Botschafter, in einem kritischen Augenblick würde ich mich nicht einmal vom Präsidenten stören lassen, und wenn meine Anwesenheit erforderlich werden sollte oder wenn ich den Eindruck habe, daß es notwendig ist, Sie zurückzubringen, dann werde ich das tun. Das MACV hat mir Ihre Stellung sehr deutlich gemacht, aber das hier ist *meine* Schlacht, und hier gilt, was ich sage.«

»Wir haben uns vollkommen verstanden. Ich möchte nur darum bitten, daß Colonel Romer mich begleitet; er ist mein Adjutant.«

»Freut mich, Colonel«, sagte der General und schüttelte Romer die Hand, dann gab er einem seiner Adjutanten den Auftrag, Vorbereitungen für eine Übernachtung zu treffen.

»Herr Botschafter ...« meldete sich Mead.

»Glauben Sie, ich brauche einen Leibwächter, General?« fragte Marshall. »Corporal Mead sorgt sich um meine Sicherheit.«

»Dazu hat er offensichtlich auch allen Grund; aber ich glaube nicht, daß Sie ihn hier brauchen. Außerdem, wenn ich noch mehr von Ihren Leuten mitnehmen soll, brauche ich einen Jumbojet.«

Sobald Marshall und Romer zusammen mit General Scarpoli abhoben, kletterten Magnuson und Mead in den Hubschrauber und schliefen sofort ein.

Der Lagebericht war kurz und bündig. Vor zwei Wochen hatten vier NVA-Regimenter, etwa zwölf- bis fünfzehntausend Mann, die Stadt Dak To eingeschlossen. Die Kämpfe waren heftig gewesen, und erst vor kurzem hatte das Blatt sich gegen die Nordvietnamesen gewendet, die sich auf den umliegenden Höhen in gut ausgebauten Stellungen verschanzt hatten.

Die Verluste auf beiden Seiten waren hoch: fünfundsiebzig Tote und annähernd vierhundert Verwundete bei den Amerikanern; für die Nordvietnamesen lagen die Schätzungen beim Dreifachen.

Die heftigsten Kämpfe tobten um Höhe 875, die von den Nordvietnamesen gehalten wurde. Selbst massive Luftangriffe hatten sie nicht vertreiben können, und auch der Angriff eines Luftlandebataillons war erfolglos geblieben.

»Wir kriegen die Hunde«, sagte Scarpoli. »Und wenn ich den ganzen verdammten Berg plattmachen muß.«

Vom Hubschrauber aus sah Marshall die gewaltigen Zerstörungen. Nahezu dreihundert B-52-Einsätze und an die zweitausend

Angriffe durch Kampfbomber hatten das Gebiet in eine riesige Kraterlandschaft verwandelt. Einhundertfünfzigtausend Granaten, Napalm und Entlaubungsmittel hatten dafür gesorgt, daß kein bißchen Grün mehr zu sehen war.

Marshall konnte das Schlachtfeld, ein bergiges Gelände, gut überblicken; der Feind hatte sich auf den Höhen eingegraben; die Amerikaner griffen von den Tälern her an.

»Ich begreife nicht, was sie vorhaben«, sagte Marshall. »Können Sie es mir erklären, General?«

»Was soll ich erklären? Den Angriff auf Dak To? Diese Hurensöhne wollen die Stadt nehmen; damit hätten sie im zentralen Hochland Fuß gefaßt.«

»Aber sie haben noch nie versucht, sich irgendwo festzusetzen. Damit würden sie nur ihre Kräfte binden und in die Defensive geraten. Ich begreife nicht, was dieser Angriff soll. Sie haben immer darauf geachtet, daß sie in der Offensive sind; die Defensive widerspräche allem, was sie bisher getan haben.«

Scarpoli knurrte. »Ich glaube, sie haben gedacht, sie können Dak To ohne Schwierigkeiten einnehmen. Sie haben nicht mit unserer Fähigkeit zu schnellen Truppenbewegungen gerechnet. Wir können Bataillone und Regimenter innerhalb von Stunden verlegen; sie brauchen dafür Tage oder Wochen. Sie haben sich geirrt. Und dann konnten sie sich nicht schnell genug zurückziehen. Eine Gruppe oder ein Zug kann sich leicht davonmachen, aber fünfzehntausend Mann mit ihrer ganzen Ausrüstung und der ganzen Logistik, das ist nicht so einfach. Sie sind steckengeblieben. Die Nordvietnamesen sind ausgezeichnete Kämpfer, und ihre Strategie ist im wesentlichen gut, aber auch sie machen Fehler, und sie brauchen sehr viel Zeit, um ihre Pläne zu ändern.«

»Sie glauben, Dak To ist ein Fiasko für den Feind?« fragte Romer.

»Nein, Colonel, das glaube ich nicht. Das sind ausgezeichnete Truppen da oben. Meine Truppen sind das auch, und ich kann die NVA von dieser verfluchten Höhe vertreiben. Sie haben gute Offiziere, und ihre Führung ist hervorragend. Sie werden verlieren, aber eine verlorene Schlacht ist kein Fiasko. Wenn *ich* verlieren würde, wenn es mir nicht gelänge, sie mit allem, was ich zur Verfügung habe, von da zu vertreiben – das wäre ein Fiasko.«

»Können Sie sich nicht vorstellen, daß sie dieses Szenario einkal-

kuliert haben?« fragte Marshall. »Daß dies hier Teil einer Strategie ist, die uns aus unseren Hauptgebieten herauslocken und in Regionen binden soll, die eigentlich unbedeutend sind? Ich frage Sie: Was geschieht denn, wenn wir in Dak To gesiegt haben? Geht dann jeder dahin zurück, woher er gekommen ist? Oder bauen wir das hier zu einer großen Stellung aus, die wir dann auch halten wollen?«

Scarpoli lachte anerkennend. »Sie haben wohl Strategie studiert, Herr Botschafter.« Er schüttelte den Kopf. »Ich kann Ihre Frage nicht beantworten. Niemand kann das. General Westmoreland meint zu wissen, was General Giap vorhat. Andere Offiziere sind in diesem Punkt ganz anderer Ansicht, aber niemand weiß wirklich, was Giap will. Wir alle sind auf bloße Vermutungen angewiesen. Ein paar von uns werden am Ende falsch geraten haben – was auch noch kein Fiasko ist, übrigens – und irgend jemand wird recht behalten.«

»Und wie sieht Ihre Vermutung aus?«

»Sie erwarten doch nicht, daß ich meine Karriere für eine Vermutung aufs Spiel setze.« Der General lächelte. »Ich sage Ihnen, zu welcher Meinung ich nach reiflicher Überlegung gekommen bin. Die feindlichen Aktivitäten und die Infiltration haben in letzter Zeit hier und im Gebiet des Ersten Korps beträchtlich zugenommen. Da braut sich etwas Entscheidendes zusammen. Vor ein paar Monaten haben sie Con Thien angegriffen; jetzt Dak To; nächsten Monat werden sie in Khe Sanh angreifen und danach irgendwo anders. Wissen Sie, wo wir hier sind?«

»Er zeigte nach Westen. »Dreißig Kilometer von hier entfernt liegt Laos.« Er schwenkte nach Süden. »Vierzig Kilometer in dieser Richtung liegt Kambodscha. Dahin können sie sich zurückziehen, sich ausruhen, ihre Wunden lecken und anschließend frisch gestärkt zurückkommen. Was sollen wir machen? Wenn wir Laos und Kambodscha bombardieren, weichen sie eben nach China aus.«

»Das sind keine besonders guten Argumente für ein weiteres Engagement hier in Dak To, General«, sagte Marshall.

»Herr Botschafter, in ein paar Tagen haben wir die NVA aus Dak To hinausgeworfen. Khe Sanh wird nicht fallen; sie werden uns da nicht vertreiben. Also wird die NVA Dak To nicht haben, aber wir werden Khe Sanh halten.« Er sah Marshall mit einem verschlagenen Ausdruck an, der eines Medici würdig gewesen wäre, und zuckte schließlich mit den Schultern.

Marshall lachte. Er hatte verstanden: Ja, wir – die Generäle – können die Schlachten gewinnen. Wir können sie in Dak To besiegen und Khe Sanh halten. Aber wozu? Was haben wir davon? Es liegt in Ihrer Hand, Herr Botschafter, Herr Präsident und all ihr Damen und Herren Zivilisten, ob der Krieg gewonnen oder verloren wird. Wir, die Generäle, können diese Höhe und alle Höhen einebnen; wir können diesen und alle Hügel halten; aber damit ist der Krieg noch nicht gewonnen. Gewonnen oder verloren wird der Krieg in Washington und im restlichen Amerika. Sieg oder Niederlage hängen von politischen Entscheidungen ab, die von Politikern mit Blick auf die Wähler getroffen werden.

Und als wollte Scarpoli sichergehen, daß Marshall auch verstanden hatte, sagte er: »Wir hätten die Deutschen niemals besiegt, wenn wir in der Normandie stehengeblieben wären. Dann wären wir immer noch in der Normandie, und Hitler säße immer noch in Berlin. Wir hätten die Japaner nie geschlagen, wenn wir Hiroshima nicht bombardiert hätten. Dann säßen wir immer noch auf Iwo Jima, und der Tenno wäre immer noch in Tokio.«

»Da ist er heute noch, General.«

Das Medicilächeln kehrte wieder; Scarpoli zuckte leicht mit den Schultern und öffnete die Hände. »Das war eine politische Entscheidung. Sehen Sie, was ich meine?«

»Allerdings.« Marshall sah auf die verwüstete Landschaft unter ihm. »Ich nehme an, da haben einmal Menschen gewohnt. Wo sind sie jetzt?«

»Umgesiedelt. Die Bezirks- und die Provinzregierungen haben Land zur Verfügung gestellt, und wir haben die Leute dorthin gebracht.«

Marshall betrachtete die rauchenden Trümmer. Die Schlacht um Dak To würde noch eine weitere Woche toben, dachte er, dann würden die Nordvietnamesen sich zurückziehen und die Amerikaner einrücken. Nach und nach würden die Menschen wiederkommen, aber die Spuren der Zerstörung würden bleiben, solange diese Menschen lebten, die noch vor ein paar Wochen hier in Frieden gewohnt hatten. Es würde zwei Generationen dauern, bis das Land wieder fruchtbar war.

Als er ins Basislager zurückkehrte, fand Marshall seine Unterbringung zwar nicht gerade luxuriös, aber dennoch keineswegs primitiv. Zum Abendessen bekam er ein Steak, er sah *Für ein paar*

Dollar mehr und schlief in einem eigenen Zimmer auf einem bequemen Bett, auch wenn die unablässige Beschießung der feindlichen Stellungen seinen Schlaf beeinträchtigte.

Beim Frühstück sagte ihm Scarpoli, der Bataillonskommandeur an der Höhe 875 plane einen Großangriff.

»Das hat nichts mit Ihrem Besuch hier zu tun, und ich persönlich würde es unter ›präsidentieller‹ Aufsicht nicht riskieren, aber das ist seine Entscheidung. Ich rede den Kommandeuren nicht hinein, sofern es keine zwingenden Gründe gibt. Er meint, der Feind müßte nach dem Artilleriebeschuß der vergangenen Nacht hinreichend weichgeklopft sein.«

Marshall nickte. »Ich kann mir nicht vorstellen, daß letzte Nacht da oben irgend jemand geschlafen hat.«

Scarpoli lächelte voll falschen Mitgefühls. »Ich hoffe, *Sie* haben ungestört geschlafen.«

Romer war begeistert von dem bevorstehenden Angriff und sorgte eilends dafür, daß sie näher an das Geschehen herankommen konnten.

»Ich will gar nicht näher heran«, sagte Marshall. »Ich habe weder die Absicht noch den Auftrag, mich auf einen Nahkampf mit dem Feind einzulassen.«

Romer wischte den Einwand beiseite. »Jetzt haben Sie Gelegenheit, unsere Truppen im Einsatz zu beobachten. Was Sie bisher gesehen haben, war alles negativ«, sagte er mit einem Seitenblick auf Magnuson. »Hier können Sie nun einen klassischen Infanterie- und Luftlandeeinsatz gegen einen starken Gegner miterleben. Sie werden das Ganze in einem gepanzerten Mannschaftstransporter aus sicherer Entfernung beobachten können.«

Er war so begeistert und bestand so nachhaltig auf seiner Absicht, daß Marshall schließlich nachgab.

»Aber diesmal kommt mein Leibwächter mit.«

Kurz darauf holperten Marshall, Romer und Mead in einem Konvoi aus gepanzerten Fahrzeugen durch das felsige Gelände Richtung Höhe 875. Begleitet wurden sie von einem Zug Infanterie unter Führung eines jungen Leutnants, den es sehr nervös machte, daß er für die Sicherheit eines Präsidentenberaters zuständig war.

»Können wir nicht noch näher heran?« fragte Romer, als der Leutnant seine Einheit auf einem Hügel in einiger Entfernung vom Ort des Gefechts Stellung beziehen ließ.

»Es könnte haarig werden, wenn wir noch näher rangehen, Sir«, erwiderte Lieutenant Gould.

»Da hätte der Botschafter auch in Amerika bleiben und sich das Ganze in den CBS News ansehen können, Lieutenant«, höhnte Romer.

»Also, ich denke, wir könnten noch *ein bißchen* näher ran, Colonel.«

»Lieutenant, Sie machen besser, daß wir noch *ein ganzes Stück* näher rankommen. Ich will, daß der Botschafter das Gefecht sieht. Ich will, daß er Gook-Blut *riecht.*«

Als sie sich wieder in Bewegung setzten, sahen sie, daß die Höhe mit Sperrfeuer belegt wurde.

»Sie schießen die Höhe sturmreif, Sir«, sagte Romer zu Marshall. »Wenn der Artilleriebeschuß aufhört, greifen sie an.«

Romer drängte den Leutnant immer weiter, bis sie schließlich auf einer der Höhe 875 benachbarten Erhebung angelangt waren, von wo aus sie einen ausgezeichneten Blick auf das Geschehen hatten, aber auch dem feindlichen Feuer und einem möglichen Angriff ausgesetzt waren.

Wie Romer vorausgesagt hatte, begann der Angriff unmittelbar nach der Einstellung des Artilleriebeschusses. Mit einem Fernrohr konnte Marshall alles genau beobachten, und er sah, wie die Soldaten sich zu einer Angriffslinie formierten.

Das feindliche Feuer begann, und bald löste sich die Linie in Gruppen und Einzelkämpfer auf, die bergauf vordrangen. Er sah, wie Verwundete weggetragen wurden; das Knattern der automatischen Waffen und das Getöse der Granaten ließen ihn taub werden.

Marshall wandte sich ab und betrachtete die Männer um ihn her. Das Bild, das sich ihnen bot, nahm sie so sehr gefangen, daß sie zusammenfuhren angesichts des feindlichen Feuers, unter dem ihre Kameraden zu leiden hatten. Marshall hatte das Gefühl, als wohnte er einem grotesken Turnier bei, einem mörderischen Schaukampf, uralt und real, dem er selbst mit der stumpfen Indifferenz eines Gottes angesichts des Kampfes um Troja zusah.

Er wandte sich von allem ab und bemerkte, daß Mead – offenbar ohne jedes Interesse an der Schlacht, die auf der benachbarten Anhöhe tobte, und unberührt, wie nur ein Gott es sein konnte – dasaß und ihn beobachtete.

Ihre Blicke trafen sich, Staatsmann und Krieger, versuchten ein-

ander zu durchdringen. Was dachte er, was fühlte er? Lange starrten sie einander an – der König und sein Soldat, Zepter und Schwert Auge in Auge, das Schlachtfeld ein blutiger Wandteppich hinter ihnen.

Dann stürzten sich Kampfbomber auf die Höhe, und sie explodierte in einer unerhörten Kette von Detonationen, und plötzlich schrien die Zuschauer entsetzt auf.

Eine Fünfzentnerbombe, die zu früh ausgeklinkt worden war, stürzte auf die amerikanische Angriffstruppe und explodierte mitten im Bataillonsgefechtsstand. Selbst aus dieser Entfernung waren die Schreie der Verwundeten zu hören.

Eine Gruppe feindlicher Soldaten brach erschrocken aus ihren Stellungen am Kamm der Anhöhe hervor; sie liefen den rückwärtigen Abhang hinunter und stürmten in Richtung der Anhöhe, von der aus die Männer das Gefecht verfolgten.

Romer sprang erregt auf. »Das ist unsere Chance. Mir nach!« Er lief zu den Soldaten in seiner Nähe und zog sie auf die Füße. »Das ist ein Befehl. Vorwärts!«

Die Soldaten sahen verwirrt zu ihrem Leutnant hinüber, doch Romer war schon bei ihm und trieb ihn voran. »Wir holen uns die Hurensöhne. Los, vorwärts!« Er zog den Leutnant mit sich und lief den Abhang hinunter.

Als die Männer sahen, daß die beiden Offiziere dem Feind entgegenstürmten, sprangen sie auf und folgten ihnen.

Marshall ging an den Rand des Abhangs und sah hinunter. Mead war neben ihm, und wie zwei Götter betrachteten sie das unsinnige Treiben unter ihnen.

Als die feindlichen Soldaten Romer und die anderen auf sich zustürmen sahen, machten sie in ihrer Panik kehrt und liefen den Abhang wieder hinauf, hinter ihnen, in wilder Jagd mit ratternden Gewehren, die Amerikaner. Sie liefen, bis sie Deckung fanden; dann machten sie halt, erwiderten das Feuer und brachten Romers Angriff zum Stillstand. Seine Männer warfen sich in Deckung, und beide Seiten begannen ein wildes Feuergefecht.

Marshall beobachtete sie noch einen Augenblick, dann wandte er sich der leeren Anhöhe und den verlassenen Fahrzeugen zu.

»Mein Gott!« sagte er angewidert. Dann zeigte er auf die Fahrzeuge: »Ich habe keine Ahnung, wie man diese Dinger fährt. Wissen Sie das?«

Mead schüttelte den Kopf. »Nein, Sir. Aber die werden in ein paar Minuten zurück sein. Wenn die so weiterknallen, haben sie bald keine Munition mehr.«

Nach ein paar Minuten ließ das Feuer nach, bald waren nur noch vereinzelt Schüsse zu hören, dann sahen sie, wie die Männer sich zurückzogen und im Zickzack auf sie zuliefen.

»Ich sehe Colonel Romer nicht«, sagte Marshall.

»Wahrscheinlich ist er gleich bis zur Spitze durch gestürmt«, erwiderte Mead und fügte mißbilligend hinzu: »Das war ganz schön gefährlich.«

Dann sahen sie Romer; er kam als letzter auf sie zugelaufen.

Als alle die Anhöhe erreicht hatten, jubelte Romer: »Beinahe hätten wir die Hunde gehabt. Wenn uns nicht die Munition ausgegangen wäre, hätten wir die ganze verfluchte Höhe nehmen können.«

Noch eine Stunde verfolgten sie die Schlacht. Der Angriff wurde zurückgeschlagen; der Feind blieb in seinen Stellungen, während Sanitätshubschrauber die Verwundeten ausflogen.

»Ich habe genug gesehen, Lieutenant«, sagte Marshall traurig. »Ich möchte jetzt zurück zur Basis.«

Am Abend informierte man ihn über den Verlauf der Schlacht. Dreißig amerikanische Fallschirmjäger waren von der vorzeitig abgeworfenen Bombe getötet worden. Viele von ihnen waren zuvor schon verwundet und in die Nähe des Bataillonsgefechtsstandes gebracht worden, wo die Bombe dann detoniert war.

General Scarpoli machten keinen Versuch, das Ausmaß des Desasters zu verheimlichen. »Das ist das Schlimmste, was ich im Gefecht erlebt habe, Herr Botschafter.«

Marshall hatte den Verbandsplatz besucht und die Folgen des Gemetzels gesehen. Er wußte, daß Worte hier versagten. »Mir tut es auch leid«, sagte er und schüttelte ihm die Hand. »Ich werde jetzt abfliegen. Auf die zusätzliche Last meiner Anwesenheit können Sie gewiß verzichten.«

»Ein wirkliches Fiasko«, sagte Scarpoli und schüttelte traurig den Kopf.

»Es hat nicht hier begonnen, General. Und leider wird es auch nicht hier enden.«

Auf dem Landeplatz sagte er Magnuson, er solle losfliegen; es sei ihm egal, wohin.

»Wenn Sie wollen, Sir, kann ich Sie heute noch nach Saigon bringen. Es wird spät werden, aber es geht.«

»Ja«, sagte Marshall. »Fliegen wir zurück!«

Vielleicht war es Lacouture gelungen, ein Treffen zu arrangieren. Hoffentlich, dachte er. Das muß ein Ende haben.

39

Kurz vor ein Uhr nachts brachte Magnuson den Hubschrauber in Tan Son Nhut herunter.

»Ich glaube, wir können alle einen freien Tag brauchen«, sagte Marshall und verbot ihnen, am Morgen zum Dienst zu erscheinen.

Mead begleitete Marshall zurück zu dessen Haus; dann hielt er ein Taxi an. Er wollte nach Hause, aber er hatte Angst, Sung könnte gegangen sein, und da er diese Aussicht nicht ertragen konnte, beschloß er, zunächst nach Lacouture zu sehen.

Er hatte keine Möglichkeit gehabt, den Franzosen von seiner Abreise zu informieren, und inzwischen waren sechs Tage vergangen. Er wußte, daß Lacouture sich die ganze Zeit Sorgen gemacht hatte. Auf keinen Fall würde er die Nacht über bei ihm bleiben, sosehr Lacouture auch betteln mochte. Er wollte nur nachsehen, ob es dem Franzosen gut ging und ob er eine Nachricht für Marshall hatte.

Als das Taxi hielt, sah er, daß die Lichter im Haus brannten. Er ging zur Eingangstür und klopfte laut an. »Ich bin's, Mr. Lac... Bernard. Corporal Mead.«

Als keine Antwort kam, klopfte er noch einmal. »Hier ist Corporal Mead, Bernard.«

Immer noch keine Antwort. Er drückte auf die Türklinke. Zu seiner Verwunderung war die Tür, die sonst mit so vielen Riegeln gesichert war, offen.

Er steckte den Kopf zur Tür hinein. »Bernard? Mr. Lacouture?«

Dann sah er die zertrümmerte Vase auf dem Boden der Halle.

»Mein Gott!« murmelte er. Er entsicherte sein Gewehr und trat vorsichtig ein.

Überall lagen Scherben, und er wußte, was er gleich finden würde.

Das Gewehr im Anschlag, ging er langsam in den Salon. Der Boden war übersät mit Scherben und Splittern von zertrümmerten Schalen, Vasen und Schallplatten.

Und mitten darin sah er Lacouture liegen.

Mead kniete sich neben der Leiche auf den Boden. Der Körper war kalt; er mußte seit mehreren Tagen tot sein.

Mead senkte den Kopf. »Es tut mir leid. Es tut mir so leid«, sagte er.

Er sah die Puppe in Lacoutures Händen, und er versuchte, sich seinen Tod vorzustellen; deutlich sah er die Qual und den Hohn und den kaltblütigen Mord. Er wandte sich ab; Tränen füllten seine Augen.

Dann stand er auf. »Dieser Bastard! Dieses Schwein!« stieß er hervor, und zu Lacoutures Leiche gewandt, sagte er: »Ich kriege ihn. Das verspreche ich.« Er drehte sich um, ging hinaus und zog die Türe hinter sich zu.

Es war fast drei Uhr morgens, als er seine Wohnung erreichte.

Lange stand er auf dem Gehsteig vor dem Haus und wagte nicht hineinzugehen.

Vielleicht war sie gegangen, dachte er. Oder Lord hatte ihr etwas getan.

Er sah zu dem dunklen Fenster hinauf. Bitte! Bitte, laß Sung da sein! Bitte mach, daß ihr nichts passiert ist!

Das Zimmer war dunkel, als er die Tür öffnete, aber er hörte eine Bewegung. Er hob das Gewehr, schaltete das Licht ein und rief: »Keine Bewegung!«

Sung schrie erschrocken auf und schlug die Hände vors Gesicht.

Mead ließ das Gewehr fallen und lief zu ihr. »Ich wollte dich nicht erschrecken. Es tut mir leid. Es tut mir leid. Bist du okay?«

Sie zitterte, und er ließ sich vor ihr auf die Knie nieder. »Ich wollte dir nichts tun ... Ich hatte nur ... Ich hatte nur Angst, daß du ... O mein Gott, ich bin so froh, daß du da bist.« Er legte die Arme um sie und drückte sie fest an sich.

Sie stand reglos und steif da, doch als sie seine Arme spürte, begann sie sich langsam zu entspannen. »Du hast mich erschreckt«, sagte sie leise.

»Das tut mir leid.« Er stand auf und legte ihre Arme um seinen Hals. »Ich bin so froh, dich zu sehen.« Dann küßte er sie. Sie reagierte nicht, aber es machte ihm nichts aus.

»Ich hatte solche Angst, daß dir was passiert ist.«

Er trat einen Schritt zurück. »Du siehst ... Mein Gott, du bist so schön.«

Sie senkte den Kopf. »Danke.« Dann hob sie die Augen. »Du siehst ... müde aus.«

»Ja«, sagte er. »Ich bin auch müde. Es war verdammt… Ich meine, es war eine harte Woche. Ist hier alles in Ordnung?«

»Ja«, sagte sie. »Deine Freunde haben mir etwas zu essen und Geld gebracht; sie waren sehr nett zu mir. Wir haben so viel da. Hast du Hunger? Soll ich dir etwas holen?«

Er schüttelte den Kopf, überwältigt von ihrer Schönheit und glücklich, daß sie da war. »Ich könnte gar nichts runterkriegen. Mensch, bin ich fertig.« Und plötzlich fühlte er sich erschöpft und ausgepumpt; er ließ sich auf den Schlafsack fallen und seufzte zufrieden.

Nach ein paar Minuten war er eingeschlafen. Nur undeutlich bekam er mit, daß ihm Stiefel und Kleider ausgezogen wurden, und er bemerkte nicht, daß sie ihn betrachtete, während er schlief – auf ihrem Gesicht ein Ausdruck von Ratlosigkeit und Verwirrung, denn sie verstand das Gefühl nicht, das sie empfand; noch nie hatte sie einen Mann gern gehabt.

Es war Nachmittag, als er aufwachte. Er ächzte und streckte sich und sah durchs Zimmer zu ihr hinüber und zu seinen Kleidern und den Stiefeln, die ordentlich in einer Ecke standen. Erstaunt bemerkte er, daß er nackt war, und er drehte sich rasch auf den Bauch, preßte sein erigiertes Glied gegen den Boden.

»Ich habe Kaffee gemacht«, sagte sie und brachte ihm eine Tasse.

»Danke.« Er nippte an der Tasse und nahm sie rasch wieder vom Mund.

»Zu heiß?« fragte sie besorgt.

»Nein.«

»Nicht gut?«

Er lächelte. »Du trinkst keinen Kaffee, oder?«

Sie schüttelte den Kopf. »Ich mag lieber Tee.«

Er stellte die Tasse auf den Boden. »Ich werde dir beibringen, wie man ihn macht. Der hier ist ein bißchen stark.«

Dann griff er nach ihr und zog sie zu sich auf den Schlafsack.

Sie ließ es geschehen, aber sie konnte seine Umarmung nicht erwidern.

»Ich brauche dich«, sagte er, drückte sie an sich und preßte seinen Kopf gegen ihre Brüste. »Mein Gott, ich brauche dich. Es war so schlimm.«

Sie spürte sein Verlangen und seine Qual; zögernd hob sie die Hand und streichelte seinen Kopf.

Er sah zu ihr auf. Sie lächelte ihn zärtlich an, und er lächelte auch; dann legte er die Hand in ihren Nacken, zog sie zu sich herunter und küßte sie auf den Mund.

Er zog sich zurück und sah ihr in die Augen. »Ich werde dir nicht weh tun«, sagte er.

Sie nickte; dann knöpfte sie langsam ihre Bluse auf und streifte sie ab.

Er beugte sich vor und küßte ihre Brüste; zärtlich nahm er eine Brustwarze in den Mund; ihre Wärme und ihre Weichheit ließen ihn erschauern.

Sie zog ihre Hose aus; dann lag sie still neben ihm. Er betrachtete ihren Körper; lange wagte er nicht, sie zu berühren, aus Angst, er könnte ihr weh tun mit seiner unerhörten Kraft und dem heftigen Verlangen, das er spürte.

Dann streckte er langsam eine Hand aus und berührte ihr Gesicht. Ihre Augen waren geschlossen, nicht ängstlich zusammengekniffen, sondern wartend. Er streichelte mit den Fingerspitzen über ihre Wange, beugte sich über sie und küßte ihren Hals.

Er wollte ganz langsam machen, wollte zärtlich sein, wollte versuchen, an sich zu halten, aber dann – das Gefühl ihrer Haut, ihr Duft, und weil er so lange keine Frau gehabt hatte und weil er sie so sehr begehrte – konnte er sich nicht beherrschen; er zog sie heftig an sich und schob sich auf sie.

Sie öffnete ihre Schenkel für ihn, und er drang sogleich ein. Sie war trocken, der Schmerz war heftig, aber sie sagte nichts, als er in sie hineinstieß, und er stieß noch lange, nachdem er zum Orgasmus gekommen war, die Augen fest geschlossen, die Lippen über die Zähne gezogen, in einem Ausdruck von Schmerz oder Lust, sie wußte es nicht zu sagen.

Endlich öffnete er die Augen, und sie zuckte zusammen, so sehr erschrak sie über die tierische Wildheit, die darin funkelte; doch dann, fast übergangslos, trat ein verlegener, entschuldigender Blick an deren Stelle.

»Es tut mir leid«, sagte er. »Ich wollte nicht... Es ist schon so lange her...«

Er zog sich aus ihr zurück und legte sich neben sie. Einen Augenblick lag er still da; dann begannen seine Hände ihren Körper zu streicheln. Er drängte sich an sie, drückte seine Lippen auf ihr Ohr, und seine Zungenspitze drang ein.

Sie lag reglos da, während er mit der Zunge ihre Lippen nachzeichnete. Sein Mund wanderte über ihr Kinn bis zu ihrer Kehle, und zärtlich zupfte er mit den Zähnen an ihrer Haut.

Er kniete sich über sie, küßte ihre Brüste, saugte an ihren Brustwarzen und zog zärtlich daran.

Mit geschlossenen Augen gab sie sich ihren Empfindungen hin, befreite sich von allem, was einmal geschehen war, überließ sich der Lust – tief in ihrem Inneren hatte sie immer gewußt, daß es sie geben mußte.

Langsam begann ihr Körper zu reagieren, als sein Mund tiefer wanderte, ihren Bauch liebkoste; und als er sie zwischen den Schenkeln küßte, nahm sie die Beine auseinander und hob ihren Leib an. Er ließ sich Zeit, badete sie mit seiner Zunge, und als seine Zunge endlich eindrang, stöhnte sie in lustvoller Überraschung auf. Er vergrub sein Gesicht zwischen ihren Schenkeln, und sie griff in sein Haar, zog ihn in sich hinein und drängte ihm entgegen.

Schließlich stieß sie seinen Kopf zurück, faßte ihn bei den Schultern, zog ihn auf sich, und diesmal suchte sie ihn und schrie auf, als er eindrang. Er zog sich bis zur Spitze zurück, doch sie folgte ihm, bog ihren Leib aufwärts, sie griff mit beiden Händen nach seinen Hüften, zog ihn an sich und begann zu stoßen. Er hielt still, während sie sich an ihn drängte; dann begann er selbst mit langsamen, tiefen Stößen in sie einzudringen, wurde schneller, als er ihren Orgamus kommen fühlte, fand zu ihrer Wildheit und explodierte in ihr, während machtvolle Schauer durch ihren Leib liefen; und sie sanken erschöpft aufeinander.

Lange lagen sie ruhig da; dann wandte er sich zu ihr. »Ich glaube, ich war noch nie so glücklich«, sagte er.

Sie sah ihn an, immer noch verwirrt von den Gefühlen und ihrer Reaktion, dann blickte sie zur Decke hinauf.

»Du bist das einzige Schöne, was ich je erlebt habe. Du bist das einzige Gute in meinem Leben«, sagte er.

»Nein, Ron, das ist nicht wahr«, erwiderte sie und sah ihn an.

»Es *ist* wahr. Ich habe nichts, weder hier noch anderswo. Du bist das einzige, darum hatte ich solche Angst, daß du fort warst. Ich wollte dich nicht verlieren. Das hätte ich nicht ertragen können, nicht nach all dem anderen.«

Er stützte sich auf seinen Ellbogen und blickte sie an. »Das meine ich wirklich so; du bist das einzige Gute in meinem Leben.« Er

atmete tief ein. »Weißt du, was ich gemacht habe, seit ich hier bin? Ich habe Menschen getötet. Genau das hab ich gemacht: Menschen getötet.«

Sie schloß die Augen und wandte den Kopf zur Seite, aber er zwang sie, ihn anzusehen. »Ich bin ein Tier – genauso wie diese Schweine, die deine Familie umgebracht haben. Wir sind alle gleich. Ich bin nichts anderes als ein dummes Tier, das Menschen umbringt. Das war mein Leben hier, und ich kann es nicht mehr ertragen.«

Seine Stimme war voller Bitterkeit; so hatte sie ihn noch nie gesehen. Er zeigte auf den Seesack in der Ecke. »Irgendwo in diesem verdammten Ding ist ein Orden, den der Präsident der Vereinigten Staaten mir persönlich angesteckt hat. Die haben mich von der DMZ nach Cam Ranh Bay geschickt, als der Präsident da war. Er hat mir die Hand geschüttelt und mich mit seinen glasigen Augen angesehen, und dann hat er eine Rede gehalten. Ich habe genau zugehört. Es war alles Scheiße. Er hat es nicht geglaubt, ich hab es nicht geglaubt, niemand hat es geglaubt, und die Gooks auch nicht. Also warum hat er diese Scheiße erzählt? Ich hab dagestanden wie so ein dummer Hund, der rauskommt, um sich Unsinn anzuhören, den niemand glaubt, und dann wieder zurück in den Käfig trottet. Guter Ron, lieber Ron, blabla. Aber ich wußte schon, was los war. Neun Monate an der DMZ haben mir alles gezeigt, haben mir gezeigt, wer ich bin: ein dummmes Tier.«

Sie sah, wie schrecklich verletzt er war, und fragte leise: »Warum bist du hergekommen?«

Er lachte verächtlich. »Ich hatte keine andere Wahl. Ich bin aus Arkansas, Sung. Mein Vater ist nur ein beschissener Farmer, und das Land gehört ihm nicht mal. Wir haben in einer Hütte mit Blechdach und ohne Klo gelebt. Gegessen haben wir wie die Schweine. Scheiße, wir könnten genausogut Gooks sein. Verglichen mit mir, hast du wahrscheinlich wie eine Königin gelebt. Du kannst besser reden. Ich kann kaum lesen. Ich habe nichts gelernt, Sung. Ich bin dumm. Ich kenne nur zwei Bücher, die Bibel und ein Buch über König Arthur. Meine Großmutter hat mir daraus vorgelesen, von Rittern und Ehre und Damen und Ritterzügen. Davon habe ich geträumt, als ich ein Junge war, von Rittern und Ritterzügen, aber als ich hergekommen bin, da hab ich gesehen, daß da gar keine Ritter waren, nur dumme Marines und dumme Gooks, und die Damen waren alle Huren, und König Arthur ist ein Arschloch.«

Er schwieg einen Augenblick, dann sagte er leise: »Ich habe alle möglichen Orden bekommen. Darum bin ich an der Botschaft, weil ich ein Held bin und weil ich denen an der Front Angst einjagte. Sie haben herausgefunden, was ich schon lange wußte: Das Töten machte mir nichts aus. Manchmal hat es mir sogar gefallen.«

Sie betrachtete aufmerksam sein Gesicht. Plötzlich schloß er die Augen und senkte den Kopf, und als er die Augen wieder öffnete, sah sie Tränen darin.

»Aber ich hasse es auch. Ich will nicht so sein. Ich war noch ein Kind, als ich hergekommen bin. Ich habe noch an was geglaubt. Jetzt bin ich kein Kind mehr, und ich glaube an gar nichts. Das ist so, wie wenn du herausfindest, daß es keinen Gott gibt und daß da niemand ist, an den du glauben kannst, außer dir selbst. Und ich weiß, wer ich bin. Ich dachte, ich weiß, was ein Mann ist – ein Soldat, ein Marine, der rumhurt, soviel er kann. Das habe ich auch gemacht, aber dann habe ich es sein lassen. Das war auch nur tierisch.«

Er zog sie an sich. »Bis eben – das war nicht tierisch. Und darum bist du das einzige Gute in meinem Leben, das einzige, was nicht tierisch ist. Darum könnte ich es nicht aushalten, wenn du weg wärst.«

Er weinte fast. »Ich will damit aufhören. Ich will anders werden. Ich will keine Menschen mehr umbringen, und ich will keinem mehr weh tun. Ich will ... ich will ... ich will lieben. Und du bist der einzige Mensch, den ich lieben kann. Ich wache mitten in der Nacht auf und träume von Blut. Mein ganzes Leben lang werde ich diese Alpträume haben. Ich komme nie darüber hinweg. Aber ich will nicht, daß das alles ist. Ich will auch etwas Gutes und Schönes.«

Er senkte den Kopf und atmete tief ein. »Ich will hier nicht sterben, Sung. Ich meine, da drin. Hilf mir, Sung!«

Er ergriff ihren Arm und sah sie an. »Ich möchte, daß du mich heiratest. Willst du?«

»Heiraten?« flüsterte sie und starrte ihn an. Sie schwieg einen Augenblick, dann lächelte sie und berührte sein Gesicht. »Ron, du kannst mich nicht heiraten.« Sie beugte sich zu ihm und küßte ihn auf den Mund. »Ich habe nie gedacht, daß es jemanden wie dich geben könnte. Du bist ein guter Mensch. Aber du kannst mich nicht heiraten. Du mußt nach Hause zurück und in Amerika ein nettes Mädchen finden und süße Kinder mit ihr haben. Ich ... Ich kann

dich nicht heiraten. Ich kann nicht nach Amerika. Das hier ist meine Heimat. Vietnam.«

»Unsinn!« sagte er. »Es gibt kein Vietnam mehr, und ich will niemand heiraten, nur dich, und ich will auch keine süßen Kinder, außer mit dir. Und warum kannst du nicht mit nach Amerika kommen?«

Sie lachte über seinen Zorn, der ganz real war, aber so harmlos, denn sie wußte nun, er würde ihr niemals weh tun. »Was sollte ich denn in Amerika machen?«

»Ehefrau sein.«

»Was tut man als Ehefrau?«

»Ich weiß nicht, ich hatte noch nie eine. Ich glaube, man beschäftigt sich irgendwie.«

»Ach, Ron, das kann nicht sein.«

»Doch! Verdammt noch mal! Paß auf, ich sag dir hier nicht die Zukunft voraus, ich frage dich nur, ob du mich heiraten willst.«

Sie blickte weg, sah durch das Fenster ins Licht hinaus, und Tränen traten in ihre Augen Sie hatte nicht geglaubt, daß sie jemals glücklich sein würde, aber jetzt war sie es – in diesem Augenblick war sie glücklich, obwohl nichts von dem, was er sagte, Wirklichkeit werden konnte. Aber in diesem Augenblick war sie da... ja, wie er gesagt hatte: Liebe.

»Ich weiß, das ist eine ziemlich große Sache und ein bißchen plötzlich«, sagte er. »Aber ich meine es ernst, und ich möchte, daß du drüber nachdenkst, ja?«

Sie wandte sich ihm wieder zu. »Ja. Ich denke darüber nach.«

»Ich meine, wirklich drüber nachdenken.«

»Ja. Wirklich.« Sie lächelte.

Er drehte sich ihr zu und preßte sein steifes Glied gegen ihre Hüfte. »Wo wir jetzt verlobt sind oder praktisch schon fast verheiratet, wollen wir uns da nicht ein bißchen aneinander gewöhnen?« Er schob sich auf sie, und sein Mund suchte den ihren; sie wandte sich ab, kichernd, doch nur für einen Augenblick, dann drehte sie den Kopf zu ihm und suchte seinen Mund.

40

Weder am nächsten noch an den folgenden zwei Tagen bekam Mead den Botschafter zu Gesicht. Marshall war ständig in Besprechungen mit Militärs oder Leuten vom State Department, und anschließend kehrte er sofort in sein Haus zurück.

In der Zwischenzeit hing Mead im Büro herum oder erledigte Aufträge für Colonel Romer und Colonel Waggoner.

Als er einmal allein mit Colonel Waggoner war, brachte er das Gespräch nervös aufs Heiraten und die dazu erforderliche Genehmigung.

»Heiraten?« fragte Waggoner. »Genehmigung? Sie brauchen doch keine Genehmigung. Wenn Sie wieder zu Hause sind, können Sie heiraten, wen Sie wollen. Das geht niemanden was an. Wie heißt sie denn?« fragte er, diesmal etwas freundlicher.

»Sung Le Vinh, Sir. Und das ist das Problem, Sir. Sie ist nicht zu Hause, sie ist hier.«

»Sie meinen, sie ist eine Gook? Sie wollen eine Gook heiraten?«

»Eine Vietnamesin, Sir.«

»Unmöglich, Corporal. Ausgeschlossen. Das können Sie vergessen.«

Darauf ging Mead in die Kaserne und versuchte es über den Dienstweg.

»Sag das noch mal, Mead!« verlangte Gunnery Sergeant Robson Holman. »Du kommst hier in mein Büro und willst die Erlaubnis, eine Gook-Fotze zu heiraten. Du bist wohl besoffen, was?«

»Ich will einen Antrag stellen, Gunny«, erwiderte Mead ruhig.

Holman kam hinter seinem Schreibtisch hervor und trat nahe an Mead heran. »Das kannst du natürlich machen. Ich geb dir ein Formular und den Schreiber, damit du's ausfüllen kannst, aber eins sag ich dir, du Wichser, ich sorge persönlich dafür, daß der Antrag abgelehnt wird. Du wirst deine Gook-Nutte niemals heiraten.«

»Sie ist keine Nutte.«

»Natürlich nicht. Ich wette, sie ist 'ne Prinzessin. Wo hast du sie getroffen? Das muß alles in den Antrag, Dummkopf. Wo hat diese ›Verbindung‹ begonnen?«

»Okay, ich hab sie im Puff getroffen, aber …«

»Mach, daß du wegkommst, Mead!«

»Ich möchte mit dem CO sprechen.«

»Na klar, du Mistkerl. Er wird gern mit dir reden.«

Auch beim Kommandeur seiner Einheit kam Mead nicht weiter. Der Major war freundlich und amüsiert, aber unerbittlich.

»Wissen Sie, wie viele solcher Anträge ich hier bekomme, Corporal?«

»Nein, Sir.«

»Etwa drei pro Monat. Da geht so ein Trooper raus, trifft eine Fotze, die ihn hypnotisiert, ihm die Stiefel auszieht, und plötzlich hat er sich verliebt. Suzy Sinkhole zu Hause in Jerkyville, Tennessee, kann längst nicht so gut blasen und ficken, und weil es darauf ja nun mal ankommt im Leben und in der Ehe – hab ich recht? –, will er das hübsche kleine Ding gleich heiraten. Und Mama in Jerkyville kriegt einen Herzinfarkt, wenn ihr süßer kleiner Junge, den sie zu den Marines geschickt hat, mit einer bemalten Drachenlady nach Hause kommt.«

Er schob das Antragsformular über den Tisch zurück zu Mead. »Und darum, Corporal Mead, werde ich den Antrag nicht genehmigen – weder Ihren noch den von irgendeinem meiner Leute. Sie sind ein erwachsener Mann, und eigentlich sollten Sie tun dürfen, was Sie wollen. Aber wir sind hier im Ausland, und die Frau, um die es geht, ist Ausländerin. Also gelten hier die Bestimmungen des Außenministeriums und des Marinekorps, und die sind alle darauf ausgerichtet, euch vor eurem eigenen Schwanz in Schutz zu nehmen. Die Heirat können Sie vergessen, das kommt nicht in Frage. Sie können gehen.«

Mead war perplex. Alle taten so, als wäre die ganze Sache nur ein Scherz. Aber in solchen Dingen besaßen seine Vorgesetzten absolute Macht; ohne ihre Erlaubnis konnte er nicht heiraten. Er konnte Sung nicht einfach mitnehmen; sie konnte nicht nach Amerika.

Was sollte er tun? Er war verzweifelt. Er liebte sie; das war Wirklichkeit und kein Scherz oder die schmutzige Angelegenheit, die sie daraus machten.

Es mußte einen Weg geben, aber es fiel ihm nichts ein. Er wäre nie auf den Gedanken gekommen, Botschafter Marshall um Hilfe zu bitten. Marshall war freundlich zu ihm gewesen, aber er gehörte einer anderen Welt an, einer Welt von Präsidenten und Generälen,

Krieg und Frieden. Da ging es um Macht und Autorität, um große Ideen und solche Sachen, dachte Mead, nicht um kleine Korporäle und ihre Frauen, nicht um Liebe.

Mead brachte es nicht einmal fertig, Marshall von Lacouture und Lord zu berichten. Er hätte es getan, wenn Marshall den Franzosen noch einmal erwähnt hätte, aber das war nicht geschehen. Er, Mead, verstand nicht, was da vor sich ging; das alles war ihm viel zu hoch.

An diesem Abend wußte er nicht, was er Sung sagen sollte, und er hatte Angst, ihr gegenüberzutreten. So ging er in die Stadt, um sich zu besaufen.

Immer wieder hörte Marshall sich Lacoutures Band an, und er kam zu dem Schluß, daß es echt war, auch wenn die Stimme des Franzosen angespannt klang und er den Eindruck hatte, daß Lacouture den Text ablas. Er hätte die Echtheit der Nachricht gerne nachgeprüft, aber er sah keine Möglichkeit dazu, wenn er das Treffen nicht gefährden wollte. Er konnte Lacouture nicht anrufen, und Mead wollte er nicht noch einmal als Boten einsetzen; der Corporal war zu auffällig. Es blieb ihm nichts anderes übrig, als der Nachricht auf dem Band zu vertrauen.

Sein Instinkt sagte ihm, daß Vorsicht geboten war, und er zwang sich wiederholt, die Dinge genau zu durchdenken. War es eine Falle? War er zu sehr auf dieses Treffen aus? Täuschte er sich selbst?

Schließlich entschied er sich für das Treffen. Er mußte das Risiko eingehen; es war die beste und vielleicht die einzige Chance für den Frieden. Was zählte da schon seine persönliche Sicherheit? Sollte er aus Vorsicht oder gar aus Angst davor zurückschrecken, wenn er doch die Möglichkeit hatte, dem Gemetzel ein Ende zu setzen?

Er beschloß, seinem eigenen Urteil zu folgen. Er würde das Treffen wahrnehmen und niemandem etwas davon sagen.

In der Zwischenzeit arbeitete er an seinem Bericht für Johnson und ließ sich im MACV über die Lage informieren.

Dak To war zurückerobert, sagte man ihm. Der Feind war vertrieben; der Angriff hatte den Gegner dreihundertzweiundzwanzig Tote und an die tausend Verwundete gekostet. Zwar hatte man Höhe 875 nicht einnehmen können, aber am Ende war der Feind unter dem Dauerbeschuß geflohen.

»Und wohin sind sie nun?« fragte Marshall.

Vielleicht nach Khe Sanh, glaubte das MACV, denn dort bereitete der Feind offenbar eine größere Offensive vor. Die Aufklärung berichtete von einer Verdopplung des Lkw-Verkehrs auf dem Ho-Chi-Minh-Pfad und einer Truppenkonzentration entlang der entmilitarisierten Zone. Außerdem hatte der Spähtrupp eines Außenpostens vor Khe Sanh eine große Aufmarschstellung innerhalb der DMZ entdeckt. Bei dem Einsatz war ein Marinesoldat getötet worden.

»Khe Sanh wird die Entscheidungsschlacht«, sagte General Westmoreland; dort werde er Giap vernichten. »Dafür setze ich meine Karriere ein – Khe Sanh wird niemals fallen.«

»Dann werde ich dort ja sicher sein«, erwiderte Marshall und lächelte. »Ich habe nämlich vor, dort kurz Station zu machen.«

General Abrams beugte sich zu Westmoreland hinüber und sagte mit gedämpfter Stimme: »Vielleicht sollten wir unsere Strategie überdenken und sie diesen Hügel einnehmen lassen.« Dann wandte er sich an Marshall und fragte unschuldig: »Wann wollen Sie nach Khe Sanh?«

Nach dem Informationsgespräch bat Marshall General Westmoreland um einen Posten als Bataillonskommandeur für Colonel Romer.

»Ich werde mich persönlich darum kümmern«, antwortete Westmoreland.

Zurück in der Botschaft, rief Marshall seine Frau an und erfuhr, daß Ryan seine Ausbildung bei den Special Forces bald abgeschlossen haben würde und Weihnachten zu Hause verbringen wollte. Unmittelbar danach würde er nach Vietnam kommen.

»Kannst du ihn nicht irgendwo einschließen?« fragte er.

»Ich dachte, du wolltest den Krieg beenden«, erwiderte sie.

»Ich versuch's doch, mein Gott, aber schließ ihn für alle Fälle trotzdem ein!«

»Ich bin sicher, mit seinen neuerworbenen Kampftechniken ist er in der Lage, die Tür mit bloßen Händen aufzubrechen. Am Ende massakriert er uns alle noch in seiner Wut.«

»Catherine, ich habe dich angerufen, um dir fröhliche Weihnachten zu wünschen, und nicht, um mir hysterische Phantasien anzuhören.«

»Mein Sohn geht als Green Beret in den Krieg – als Green Beret,

Brad. Mein Sohn, der untröstlich war, wenn ein Fisch in unserem Aquarium gestorben ist. Mein Sohn, Brad, mein armes Baby, zieht in den Krieg, damit sie ihn umbringen, und du nennst mich hysterisch?«

»Ich hoffe, du hast ein schönes Weihnachtsfest, Catherine.«

»Brad?«

»Ja, Catherine?«

»Ich könnte es nicht ertragen, wenn ihm etwas passiert.«

Er seufzte. »Ich auch nicht, Catherine.«

»Danke für den Anruf, Brad. Chris und Sarah sind nicht da. Sie treiben sich irgendwo herum, ich will gar nicht wissen, wo.«

»Was soll das heißen? Wo sind sie?«

Sie lachte. »Dich kann man so leicht ins Bockshorn jagen, Brad. Ich kann mir nicht vorstellen, daß der Feind irgendwelche Schwierigkeiten mit dir hat.«

»Die sind längst nicht so teuflisch wie du, Catherine. Das sind bloß Männer.«

»Dann sollte ich vielleicht besser an deiner Stelle sein.«

»Das habe ich doch schon immer gesagt. Also, ich rufe Weihnachten wieder an. Vielleicht ist dann ja jemand da.«

»Laß das Telefon ein paarmal klingeln! Vielleicht sind wir alle draußen auf dem Rasen, weil Ryan uns Nahkampf beibringt.«

»Bis bald, Catherine.«

»Bis bald, Brad.«

Großer Gott, dachte er, als er aufgelegt hatte. Ryan würde in weniger als einem Monat hier sein. Alles schien unausweichlich – wie eine schreckliche griechische Tragödie, und er und Ryan waren Figuren darin. Die Handlung lag fest, das Ende war vorausbestimmt, ihr Schicksal besiegelt. Sie spielten nur noch Rollen.

Dennoch gab es eine Chance, das tragische Ende abzuwenden: das Treffen, das Lacouture arrangiert hatte.

Lord war beeindruckt, wie kühl Marshall sein Spiel trieb. Der Botschafter hatte nichts von seinen Plänen oder Absichten durchblicken lassen. Aber Lord kannte seinen Mann; Marshall hatte angebissen; er würde sich mit der NVA treffen.

Ein Mann mit weniger Selbstsicherheit und Erfahrung als Lord hätte die Dinge vielleicht voranzutreiben versucht. Gibbon hätte wahrscheinlich der Versuchung nicht widerstanden, die Schraube

noch ein wenig fester anzuziehen oder noch etwas deutlicher mit dem Köder zu locken, aber das hätte Marshall nur abgeschreckt.

Das Warten war immer der schwierigste Teil; sich in Geduld zu fassen war qualvoll; aber die gefährlichsten Raubtiere waren niemals die schnellsten Läufer, sondern jene, die geduldig auf dem Anstand liegen und warten konnten.

»Die dastehen und warten, tun nicht nur ihre Pflicht – sie leben auch am längsten und ernähren sich am besten«, hatte er einmal zu Gibbon gesagt.

»Genau das hat auch Milton gedacht, glaube ich«, erwiderte Gibbon.

»Jeffrey, Sie erstaunen mich – ein belesener hübscher Junge als Spion.«

Jetzt brauchte Lord nur noch zu warten. Der südvietnamesische Geheimdienst hatte seine Leute an Ort und Stelle, und sie würden Marshalls Hubschrauber mit einer russischen Rakete abschießen, deren Zielsuchsystem auf Hitze reagierte; und am Boden würden sie Spuren hinterlassen, die auf die NVA hinwiesen. Der Geheimdienst schuldete der CIA noch etwas wegen der Unterstützung bei der Ermordung Diems. Jetzt waren sie an der Reihe, ihm einen Gefallen zu tun.

Den Morgen des dreiundzwanzigsten verbrachte Marshall mit seiner gewohnten Arbeit; dann, kurz vor Mittag, bat er Colonel Romer, Magnuson auszurichten, er solle sich in einer Stunde mit dem Hubschrauber bereithalten.

»Wohin wollen Sie fliegen, Sir?«

»Ich fliege allein, Colonel.«

»Und darf ich fragen, wohin, Sir? Jemand sollte Bescheid wissen.«

»Nein, Colonel, das braucht niemand zu wissen. Sobald wir in der Luft sind, sage ich Lieutenant Magnuson, wohin es gehen soll. Ich ordne strengste Geheimhaltung an. Niemand soll erfahren, daß ich weg bin.«

»Sir, ich glaube nicht, daß das klug ist.«

»Vielleicht nicht, aber so lauten meine Befehle.«

»Nehmen Sie wenigstens Corporal Mead mit, Sir! Nur für den Fall, daß etwas passiert.«

»Ich werde ihn nicht brauchen, Colonel.«

»Gewiß nicht, Sir, aber wie wir beide wissen, ist er ein guter Mann, und es kann nicht schaden, wenn er im Notfall zur Stelle ist.«

»In Ordnung. Sagen Sie ihm, er soll sich in einer halben Stunde bereithalten.«

Romer ging über den Flur in Meads winziges Zimmer. »Machen Sie sich fertig, da ist etwas im Busch. Der Botschafter fährt in einer halben Stunde los, und er will niemandem sagen, wohin er fliegt. Das gefällt mir gar nicht. Ich möchte, daß Sie auf alles gefaßt sind, verstanden?«

»Ja, Sir.«

Mead hatte kaum Zeit, sein Gewehr und die Magazine zu überprüfen, da brach der Botschafter schon auf. Anders als sonst nickte er ihm nur kurz zu, und während der ganzen Fahrt nach Tan Son Nhut schwieg er nachdenklich.

Lord war bereits auf dem Flugplatz, als Gibbon ihm über Funk mitteilte, daß Marshall gerade die Botschaft verlassen hatte.

Er wußte, daß er nun eigentlich den Dingen ihren Lauf lassen sollte, aber er konnte der Versuchung einer letzten Konfrontation mit Marshall nicht widerstehen. Er wollte seinen Einspruch gegen den Flug aktenkundig machen, sich persönlich von dem distanzieren, was dann geschehen würde. Aber er wollte auch die Schraube noch um eine letzte Umdrehung anziehen und zusehen, wie Marshall den Haken mitsamt Köder verschluckte.

Auf dem Flugfeld grüßte Magnuson Marshall und sagte, der Hubschrauber sei startbereit. »Wohin fliegen wir, Sir?«

»Das sage ich Ihnen, wenn wir in der Luft sind.«

Sobald sie eingestiegen waren, startete Magnuson die Maschine, und der Rotor begann sich zu drehen.

In diesem Augenblick kam Lord angefahren und stoppte seinen Wagen unmittelbar vor dem Hubschrauber. Er gab Magnuson Zeichen, er solle warten, dann ging er zum Passagiereinstieg und öffnete die Tür. Mead griff nach seinem Gewehr, als er ihn sah, und sprang auf.

»Herr Botschafter, ich möchte gegen diesen Flug protestieren.«

Erstaunt über den Haß des Mannes, starrte Marshall ihn leidenschaftslos an und sagte: »Ich wüßte nicht, daß es zu Ihren Aufgaben gehört, gegen irgend etwas zu protestieren, was ich tue, Mr. Lord.«

»Ich habe meinen Protest gegen diese Mission schriftlich niedergelegt«, erwiderte Lord arrogant. »Sie ist gefährlich und liegt nicht im Interesse der Vereinigten Staaten.«

»Wer sind Sie, daß Sie mir sagen könnten, was im Interesse unseres Landes liegt?« fuhr Marshall ihn an.

Lord lächelte wissend. »Der Franzose und die NVA haben Sie hereingelegt. Das Treffen, zu dem Sie fliegen, ist eine Falle. Sie haben sich übers Ohr hauen lassen. Man wird Sie umbringen. Ich bin hier, um das zu verhindern.«

»Sie sind hier, weil Sie den Frieden verhindern wollen«, versetzte Marshall. Dann wurde ihm klar, wie sehr er sich im Zorn hatte gehen lassen, und er faßte sich wieder. »Ich nehme Ihren Protest zur Kenntnis«, sagte er knapp und beherrscht. »Und jetzt gehen Sie!«

Neben Marshall meldete Mead sich ängstlich zu Wort: »Welches Treffen, Sir? Sind wir dahin unterwegs – zu dem Treffen, das Mr. Lacouture arrangieren sollte?«

»Ja, Corporal«, erwiderte Marshall ungehalten, weil nun alles offenbar war. »Also Mr. Lord. Guten Tag.«

»Sir, es gibt kein Treffen«, warf Mead ein. »Mr. Lacouture ist tot, Sir. Er hat kein Treffen arrangiert.«

»Was?« Marshall drehte sich zu Mead; er glaubte, er hätte nicht richtig gehört.

Mead begann zu stammeln: »Ich wollte es Ihnen sagen, aber Sie haben nie, ich meine... ich dachte, Sie...«

Lords Hochgefühl schwand, und er erkannte, daß er überreizt hatte. Er hatte sich gegen bessere Einsicht zu einer Unbesonnenheit hinreißen lassen. Nun mußte er möglichst besänftigend einschreiten und die weitere Diskussion unterbinden, bevor er selbst kompromittiert wurde. »Oh, es gibt schon ein Treffen, Corporal. Lacouture hat eines arrangiert, aber dort soll der Botschafter getötet werden.«

»Sie lügen. Sie haben Lacouture umgebracht, als wir in Dak To waren.«

Marshall war verwirrt. Was sollte das alles?

»Corporal, ich habe ein Tonband von Mr. Lacouture erhalten, als wir zurückgekommen sind. Dolores hat mit ihm gesprochen.«

»Da war er längst tot, Sir. Das Band ist eine Fälschung. Mr. Lord hat ihn schon vorher umgebracht.«

Lord schüttelte mißbilligend den Kopf. »Eindrucksvoll, was Sie

da zustande gebracht haben, Herr Botschafter. Und so professionell: Geheimtreffen, kindische Codewörter, lächerliche Mittelsmänner und ein Dummkopf von einem Corporal, der hochoffizielle Verhandlungen einfädeln soll.«

Marshall, der völlig aus dem Gleichgewicht geraten war und sich vergeblich bemühte, einen Sinn in das alles zu bringen, und der dazu noch fürchtete, er könne zu spät am verabredeten Treffpunkt erscheinen, blickte gereizt von Lord zu Mead.

»Herr Botschafter, ich... ich hätte es Ihnen sagen sollen, aber an dem Abend, als ich zu Mr. Lacouture gegangen bin, als wir aus Dak To zurück waren, da war er tot, Sir, und ich wußte nicht, was ich machen sollte, und ich...«

Lord zuckte die Achseln. »Ihr Leibwächter hatte ein sehr vertrauliches Verhältnis zu Lacouture, einem feindlichen Agenten, Herr Botschafter. Er hat viel Zeit mit ihm verbracht. Sie standen sich sehr nahe, Exzellenz. Lacouture hat Corporal Mead dafür bezahlt, daß er mit ihm schlief.«

»Das ist eine verdammte Lüge«, rief Mead und sprang auf.

Magnuson meldete sich über die Sprechanlage. »Herr Botschafter, Corporal Mead hat mir erzählt, daß er die Nacht über bei dem Franzosen war. Er sagt die Wahrheit, Sir.«

Marshall blickte abwechselnd auf Lord und Mead. Natürlich log Mead nicht, das war ihm schon klar; aber es war ebenso klar, daß Lord das Treffen verhindern wollte. Warum sollte er ihn drängen, nicht hinzufliegen, und ihn vor einem Hinterhalt warnen, wenn es gar kein Treffen gab? Er sah auf die Uhr. Er hatte keine Zeit zu verlieren; er mußte augenblicklich losfliegen oder auf das Treffen verzichten.

»Mr. Lord«, sagte er und entschloß sich, das Durcheinander unterwegs zu entwirren, »ich benötige Ihre Dienste für den Präsidenten der Vereinigten Staaten. Sie werden mich begleiten. Schnallen Sie sich bitte an! Lieutenant, fliegen Sie los!«

Eine Sekunde lang schien Lord zu zögern, dann gehorchte er gelassen.

»Wohin, Sir?« fragte Magnuson, als sie in der Luft waren.

»Hong Ngu in der Nähe der kambodschanischen Grenze. Planquadrat sieben-acht-vier-acht-sieben-sechs-fünf.«

Mead löste seinen Sicherheitsgurt und hockte sich vor Marshall. »Sir, ich habe Mr. Lacouture Ihre Nachricht überbracht.«

»Und Sie haben die Nacht bei ihm verbracht«, fügte Lord höhnisch hinzu.

»Na und?« fuhr Mead ihn wütend an; dann wandte er sich wieder Marshall zu, seine Stimme flehte um Verständnis. »Und in der Nacht, als wir aus Dak To zurückgekommen sind, bin ich zu seinem Haus gegangen. Die Wohnung war verwüstet, und er war tot. An dem Abend, als ich ihm Ihre Nachricht überbracht habe, da hat er mir gesagt, daß es kein Treffen geben würde, weil die CIA einen Gook-Kurier getötet hat, und daß die NVA jetzt Angst hätte wegen des Treffens. Er hat gesagt, er will es noch einmal versuchen, aber er glaubt nicht, daß es klappt. Dann ist er umgebracht worden. Mr. Lord hat ihn umgebracht. Er hat auch den Gook-Kurier umgebracht.«

Lord lachte und streckte gemütlich die Beine aus. »Das ist ja äußerst skurril. Sind alle Ihre diplomatischen Missionen so bizarr, Exzellenz?«

Noch nie hatte Marshall einen Menschen so gehaßt wie Lord in diesem Augenblick. Dennoch verstand er nicht, welches Spiel er spielte.

»Das mit dem Gook stimmt«, meldete sich Magnuson über den Bordlautsprecher. »Ich habe mitgeholfen, ihn umzubringen. Ein paar Tage vor Dak To hat Mr. Lord mir befohlen, einen Gook aufs Meer hinaus zu fliegen und ihn runterzuwerfen. Ich habe für die CIA gearbeitet, Sir, oben in Da Nang. Darum haben sie mich Ihnen als Pilot zugeteilt. Ich weiß nicht, was hier gespielt wird, Sir, aber an Ihrer Stelle würde ich Corporal Mead eher glauben als Mr. Lord.«

»Fliegen Sie nicht weiter, Sir!« bat Mead. »Kehren Sie um!«

Marshall blickte von Mead zu Lord und wieder zurück zu Mead. »Corporal, ich glaube alles, was Sie mir gesagt haben, aber ich muß das Risiko eingehen. Der Friede – und auch die geringste Aussicht darauf – ist wichtiger als irgend etwas sonst. Und außerdem: Mr. Lord wehrt sich so entschieden gegen diesen Flug; vielleicht findet doch ein Treffen statt.«

Mead schüttelte den Kopf. »Das ist auch nur ein Trick, Sir. Wir fliegen in einen Hinterhalt.«

»Ich muß diese Chance nutzen«, erwiderte Marshall. »Wenn es ein Hinterhalt ist, wird Mr. Lord mit uns abstürzen. Aber all das zählt nicht, unser Leben zählt nicht, wenn es um den Frieden geht.«

Er klopfte Mead auf die Schulter und dirigierte ihn auf seinen Sitz

zurück. »Lieutenant, fliegen Sie zu dem Ziel, das ich Ihnen genannt habe!« Er sah aus dem Fenster und bemühte sich mit aller Kraft, eine gelassene, staatsmännische Haltung an den Tag zu legen.

Lord lehnte sich bequem zurück und schloß die Augen. Er hatte einen Fehler gemacht, und dafür würde er jetzt zahlen. Er hätte das Schicksal nicht herausfordern sollen, aber dennoch würde alles seinen geplanten Gang gehen: Der Hubschrauber würde abgeschossen werden, Marshall und seine Mission würden diskreditiert sein.

Sein Verstand suchte hastig nach einer Möglichkeit, wie er sich retten konnte, aber es gab keine, die nicht zugleich auch die Rettung für Marshall und seine Mission bedeutet hätte.

Er hatte einen dummen Fehler begangen – und einen tödlichen dazu. Aber wenn das der Preis war, dann würde er ihn zahlen. Er war fast entspannt; der Tod traf ihn nicht unvorbereitet. Er war schon so oft bereit gewesen zu sterben; seit zwanzig Jahren hatte er sein Leben eingesetzt – und jetzt war der Augenblick gekommen. Er hatte sich nie Illusionen über die Gefahren seines Berufes gemacht; er hatte immer gewußt, daß er eines Tages den kürzeren ziehen würde.

Ihm gegenüber analysierte Marshall alles, was er gehört hatte. Wahrscheinlich gab es kein Treffen, dachte er. Vielleicht flog er in einen Hinterhalt. Vielleicht war er ein Dummkopf und hatte sich täuschen lassen, von Lacouture, der NVA oder der CIA – was zählte das jetzt noch? Aber möglicherweise – möglicherweise gab es eine Chance für den Frieden. Würde er dafür sein Leben aufs Spiel setzen? Wenn er sein Leben gegen die Gewißheit, andere zu retten, eintauschen könnte, dann, ja dann würde er es ohne Zögern tun. Aber diese Gewißheit gab es nicht. Er mußte ein Risiko eingehen – und würde sein Leben vielleicht sinnlos verlieren. Dennoch mußte er es tun, um der bloßen Möglichkeit willen, so gering sie auch sein mochte: um anderen das Leben zu retten.

Er sah aus dem Fenster auf das verschwommene Grün der Erde hinunter. Vielleicht fliege ich in den Tod, dachte er. Damals, vor vielen Jahren, vor Guadalcanal, da war er ganz sicher gewesen, daß er in den Tod fuhr. Und welche Angst er damals gehabt hatte! Und wie wenig Angst hatte er jetzt!

Mead betrachtete die beiden und wunderte sich über ihre Gelassenheit. Sie waren beide bereit zu sterben – zwei Männer, die

absolut überzeugt waren, daß sie recht hatten, und zu keinem Kompromiß bereit waren. Und es gab nichts, was er tun konnte. Er saß in der Falle.

Sie flogen schon eine Stunde; niemand sagte ein Wort, und weder Marshall noch Lord zeigten auch nur die geringste Spur von Anspannung oder Angst.

»Wir nähern uns Hong Ngu. In zehn Minuten sind wir da«, meldete Magnuson sich.

Lord gähnte und streckte sich. Marshall wandte sich vom Fenster ab.

»Irgendwann heute kam mir Milton in den Sinn«, sagte Lord. »Erinnern Sie sich an die Lehre von *Paradise Lost*?«

»Stolz, nicht wahr?« erwiderte Marshall.

»Ja.«

»Ist das auch die Lektion, die es hier zu lernen gibt?« fragte Marshall.

Lord lächelte, denn genau das hatte er gedacht: daß sein Stolz und seine Hybris schuld an seinem Untergang sein würden; daß er ohne sie nicht in diesem Hubschrauber säße. »Alle diese lehrreichen Geschichten sind so abgedroschen, nicht wahr?«

»Sagen Sie, Mr. Lord, in welcher Rolle sehen Sie sich selbst, wenn Sie an *Paradise Lost* denken?«

»Nun, da Sie sich in der Rolle des gerechten Gottes sehen, werde ich wohl Luzifer sein.«

Marshall schüttelte den Kopf und lächelte schwach. »Viel zu grandios, Mr. Lord. Viel zu melodramatisch – eine verbreitete Unart bei Fanatikern. Ich fürchte, wir beide sind nur zwei niedere Engel mit kleinen Rollen.«

»Noch fünf Minuten«, verkündete Magnuson über den Bordlautsprecher.

»Lieutenant, Sie müssen umkehren«, rief Mead. »Wir fliegen in einen Hinterhalt.«

»Ganz ruhig bleiben, Corporal!« erwiderte Magnuson gelassen. »Ich fliege das Ding, okay?«

Marshall blickte Lord an und sagte: »Ich habe einen Sohn, der auf dem Weg hierher ist.«

Lord hielt dem Blick stand. »Ich habe einen Sohn, der schon hier ist.«

»Aha.« Marshall verstand. »Verrückt! Väter kämpfen anstelle ihrer Söhne.« Er lächelte. »Vielleicht sind wir doch keine niederen Engel. Wir könnten Erzengel sein.«

»Noch zwei Minuten«, meldete sich Magnuson.

»Ich tue das für meinen Sohn«, sagte Marshall.

»Und ich tue es für meinen«, erwiderte Lord. »Dieser Krieg ist gerecht, und wir können ihn gewinnen.«

Marshall schüttelte den Kopf. »Er ist nicht gerecht, und wir können ihn nicht gewinnen.«

»Eine Minute.«

»Wir sind unversöhnliche Gegner«, sagte Lord.

Marshall nickte. »Feindliche Erzengel, Hektor und Achill, und so weiter und so weiter. Sie haben ganz recht, Mr. Lord: Es ist alles sehr abgedroschen.«

»Mein Gott!« stöhnte Mead und drückte sein Gesicht gegen das Fenster.

»Seine Glaubensstärke beweist nicht, wer für den Glauben zu töten, sondern wer für ihn zu sterben bereit ist«, sagte Lord und lehnte sich zurück.

»Allerdings«, erwiderte Marshall und lehnt sich gleichfalls zurück. »Das ist die älteste Lektion von allen. Äonen älter als die von Kain und Abel.«

»Es ist immer dasselbe«, sagte Lord und blickte Marshall an. »Stolz.«

Marshall hielt seinem Blick stand. »Liebe«, sagte er mit Nachdruck.

»Sie sind beide verrückt«, fuhr Mead wütend dazwischen.

Marshall lächelte sanft. »Ah, das ist die älteste Geschichte – die von Gott.«

»Null – und auf geht's«, sagte Magnuson.

Dann sah Mead sie. »Gott im Himmel!« rief er. »Eine Rakete. Die haben gerade eine Rakete auf uns abgefeuert.«

Magnuson sah sie ebenfalls – den Feuerstoß und den Rauch am Boden, dann die Spur der auf sie zurasenden Rakete mit dem Wärmesensor an der Spitze.

Er schaltete den Motor aus und drückte auf einen Knopf, mit dem er seinerseits eine Rakete abfeuerte.

Der Hubschrauber stürzte in freiem Fall in die Tiefe, die Boden-Luft-Rakete zischte an ihnen vorbei, raste hinter der anderen Ra-

kete her, erreichte sie nach wenigen Sekunden, und beide explodierten in einem gewaltigen Feuerball.

Magnuson startete sogleich wieder den Motor, die Eigendrehung stabilisierte den Rotor, und Magnuson fing die Maschine ab. Dann zog er sie nach links und war bald außer Reichweite.

»Jetzt sind wir quitt«, sagte er mit derselben ruhigen Stimme zu Mead. »Wie du siehst, bist du nicht der einzige beschissene Held in diesem verfluchten Krieg.«

»Sehen Sie, Exzellenz«, wandte Lord sich an Marshall. »Ich habe Ihnen gesagt, daß Sie in einen Hinterhalt fliegen, daß Lacouture und die NVA Sie hereinlegen wollten.«

»Dieses Schwein!« rief Mead. »Er lügt. Er hat das gemacht.«

»*Ich,* Corporal? Ich habe den Botschafter gewarnt. Ich bin extra nach Tan Son Nhut gefahren, um gegen diesen Flug zu protestieren. Ich habe ihm oft genug gesagt, daß der Feind ihn zu töten versucht.«

»Das war nicht der Feind, das waren Sie.«

»Corporal«, sagte Lord heiter, »das ist nur eine Ausgeburt Ihres *beschränkten* Verstandes und Ihrer wilden Phantasie. Und ganz bestimmt unbeweisbar. Mein Protest und meine Warnung sind aktenkundig.«

»Du Wichser! Du Mörder!« schrie Mead und stürzte sich auf Lord; er rammte ihm das Knie in den Bauch und würgte ihn.

Lord konnte sich nicht rühren, er wußte, sein Genick würde gleich brechen. Mit wilden Augen sah er Marshall an, aber der betrachtete ihn ungerührt.

Mead packte fester zu, drückte das Leben aus ihm heraus.

In letzter Sekunde schritt Marshall ein. »Nein!« Dann lauter: »Nein, Corporal!«

Mead reagierte nicht.

»Halt!« hörte Marshall sich rufen. »Lassen Sie ihn los!«

Mead ließ von ihm ab. Er drehte sich zu Marshall. »Das Schwein verdient es, zu sterben«, stieß er hervor. »Mehr als irgend jemand sonst. Lassen Sie mich ihn töten!«

Marshall schüttelte den Kopf. »Dann wären wir auch nicht besser als er.«

Lord fiel nach vorne, schnappte nach Luft und hielt sich den Bauch.

Nach einer Weile richtete er sich wieder auf und sagte bitter: »Sie sind nicht besser.«

Marshall wandte sich zum Fenster; dann schloß er die Augen angesichts der Verzweiflung, die ihn überkam. Er hatte verloren; er würde dem Krieg kein Ende setzen.

Wut stieg in ihm auf, und voller Zorn sah er Lord an. »Ich sollte Sie selbst umbringen.«

»Dazu sind Sie zu schwach«, höhnte Lord.

Fasziniert bemerkte Mead, wie Marshall zu einer unglaublichen Selbstbeherrschung fand, etwas, das er selbst auch oft erlebt und das ihm schon mehrmals das Leben gerettet hatte.

Marshall atmete tief ein und lehnte sich zurück. »Nein, Mr. Lord. Sie sind schwach. Alle Fanatiker sind schwache, verzweifelte Menschen. Was Sie glauben, ist falsch. Was Sie tun, ist falsch. Das Töten muß ein Ende haben. Und es wird ein Ende haben, hier und jetzt.«

Er sprach mit kalter Entschlossenheit. »Sie haben einen Punkt gemacht, Mr. Lord, aber nicht das Spiel gewonnen. Ich werde Sie vernichten. Und ich will, daß Sie dabei zusehen.«

Dann wandte er sich dem Fenster zu. Seine Hoffnungen waren zerstört; er würde keinen Erfolg haben. Wieder atmete er tief ein. Aber er würde es noch einmal versuchen.

Das war die einzige Hoffnung, die der Mensch hatte: niemals aufzugeben, es immer wieder aufs neue zu versuchen. Und er würde es tun, beschloß er.

»Fliegen Sie zurück nach Saigon!« befahl er Magnuson.

41

Lord sah dem Reißwolf zu, der die letzten Stücke vernichtete. Es war vier Uhr morgens, und er war der einzige auf dem ganzen Flur. Er räumte sein Büro aus; in ein paar Stunden würde er in die Staaten zurückfliegen.

Er hatte seinem Sohn einen Kuß gegeben, dann packte er ein paar Sachen zusammen und sagte Ahne, daß er verreisen müsse.

»Das ist ein Abschied für immer«, sagte sie.

»Nein«, erwiderte er.

»Diesmal kommst du nicht zurück, Wilson.«

Er lächelte. »Ich gehe fünf-, sechsmal im Monat auf Reisen. Wie kommst du darauf, daß ich diesmal nicht zurückkomme?«

»Weil du Dinge einpackst, die du noch nie mitgenommen hast. Kleider kann man überall kaufen«, sagte sie und hielt einen Umschlag mit Fotos in die Höhe. »Aber die Vergangenheit kann man sich nicht im Laden kaufen.«

»Oh, Ahne«, seufzte er und zog sie an sich.

»Ich weiß, du würdest es nicht tun, wenn es nicht sein müßte«, sagte sie. »Und ich habe immer gewußt, daß es einmal so kommt.«

Sie zog sich von ihm zurück und sah ihm in die Augen. »Es wird schon gehen. Mach dir wegen uns keine Sorgen. Ich gehe zu meiner Familie zurück.«

Er senkte die Augen und schüttelte den Kopf. »Ich habe vergessen, wie man weint«, sagte er.

Der Reißwolf spuckte die letzten Schnipsel aus, dann kehrte er zu einem leisen Summen zurück und wartete auf neues Futter.

Hinter Lord öffnete sich die Tür. Er hob den Kopf, drehte sich aber nicht um. Noch nie hatte jemand sein Büro betreten, ohne anzuklopfen. Ein kalter Schauer lief ihm über den Rücken. Schließlich wandte er sich um.

Gibbon stand in der Tür und sah ihn mit seinen Kobraaugen an.

Eine ganze Minute schwiegen sie beide, dann sagte Lord: *»Et tu, Brute?«*

Gibbon schloß die Tür hinter sich und lehnte sich dagegen; sein Ausdruck war eisig.

»Nein, Mr. Lord. Sie tun mir unrecht. Ich bin Antonius.«

Gibbon zog eine Pistole aus dem Jackett und hielt sie locker in der Hand. »Sie haben mir einmal gesagt, ich habe das Recht und manchmal sogar die Pflicht, einen Befehl zu verweigern.«

Er ging zu Lords Schreibtisch und legte die Pistole darauf.

Lord atmete langsam aus. »Dann ist der Befehl also gekommen.« Er lächelte schwach. »Daraus kann man etwas lernen, Jeffrey: Mach keine Fehler!«

»Diese Lektion kenne ich schon, Mr. Lord.«

Gibbons Ausdruck blieb unverändert, und er wandte den Blick nicht von Lord. »Ich bin Ihnen Loyalität schuldig. Das bedeutet mir etwas.«

»Mir auch, Jeff.«

»Es tut mir leid, daß es so endet, Mr. Lord.«

»Aber, aber«, erwiderte Lord mit leichtem Spott. »Ein belesener und *empfindsamer* hübscher Junge als Spion? Das darf nicht sein. Ich nehme an, das wissen Sie auch.« Dann schüttelte er den Kopf. »Das Verrückte an der Sache ist, daß ich Erfolg gehabt habe. Ich habe denen bestens gedient, die jetzt...« Er sah auf die Pistole. »Ich habe getan, was sie wollten.«

»Auch daraus kann man etwas lernen, Mr. Lord.«

»Und das wäre?«

»Denke daran: Was von oben nach unten fließt, ist selten Loyalität. Meistens ist es Scheiße.«

Lord lächelte. »Das habe ich einmal gewußt. Ich muß es vergessen haben... Also hat Marshall Johnson angerufen, Johnson hat Langley angerufen und...« Er nickte in Richtung der Pistole. »Die Scheiße begann zu fließen – und hat bei Ihnen haltgemacht.«

Gibbon schüttelte den Kopf. »Nein. Sie ist an mir vorbeigeflossen. Sie wird irgendwo anders haltmachen, bei jemandem, der ein anderes Verständnis von Loyalität hat.«

»Damit hätte ich rechnen sollen. Aber ehrlich gesagt, das habe ich nicht erwartet.« Lord sah plötzlich viel älter aus, zum erstenmal auch verletzlich, und seine starre Fassade fiel in sich zusammen. »Sie haben die... Exekution hinausgezögert. Ein kurzer Aufschub.« Er seufzte. »Ich hätte nicht geglaubt, daß es so kommt. Aber ich weiß zuviel. Sie haben Angst, ich könnte sie mit meinem Wissen... kompromittieren.«

Dann riß er sich wieder zusammen. »Eigentlich war das kein

schlechter Schachzug für Ihre Karriere, daß Sie den Befehl verweigert haben, Jeff.«

Gibbon lächelte kalt. »Ich weiß. Die Sache wird trotzdem erledigt. Irgend jemand wird es machen.«

»Und Sie haben sich die Hände nicht schmutzig gemacht. Loyal. Man wird Ihnen vertrauen.«

»Genau.«

Lord nickte. »Sie waren ein gelehriger Schüler, Jeff.« Er stellte den Reißwolf ab. »Das wär's. Alle Beweise sind vernichtet. Jetzt brauchen sie nur noch mich möglichst sauber zu beseitigen ... Wie werden sie es machen? Eine Bombe im Wagen? Ein Heckenschütze in einer dunklen Gasse? Gift? Und wann? Sicher bald, nehme ich an.«

Gibbon nickte. »Das denke ich auch. Kann ich noch etwas für Sie tun?«

Lord sah ihm in die Augen. »Würden Sie das?«

Gibbon wich seinem Blick nicht aus. »Ja.«

»Dann ... Könnten Sie sich um Ahne und meinen Sohn kümmern?«

»Das werde ich machen.«

Lord nickte ihm zu. »Danke.« Er sah sich ein letztes Mal im Zimmer um. »Das wär's.«

»Vielleicht hat Marshall nun doch gewonnen«, sagte Gibbon.

Lord überlegte. »Nein. Er ist nur mich losgeworden. Und wer übernimmt meinen Platz? Sie. Das dürfte in seinen Augen wohl kaum eine Verbesserung sein.«

Gibbons Augen leuchteten auf. »Vielleicht *ist* es eine Verbesserung.«

Lord lächelte. »Das können Sie mir ja erzählen, wenn wir uns wiedersehen – in der Hölle.«

Gibbon lachte. »Sind Sie sicher, daß alle Spione in die Hölle kommen?«

»Das will ich doch hoffen. Ich hätte jedenfalls keine Lust, die Ewigkeit in Gesellschaft von Heiligen zu verbringen. Sie etwa?« Er warf einen Blick auf die Pistole, die kalt und endgültig auf dem Schreibtisch lag. »Sie können mir keinen Hinweis geben, wann sie zuschlagen?«

»Ich würde eher früher als später damit rechnen. Ich denke, sehr bald. Ich fürchte, Ihre letzten sicheren Augenblicke werden hier in der Botschaft sein.«

Gibbon streckte Lord die Hand entgegen und sah ihm tief in die Augen. »Adieu, Mr. Lord.« Dann schloß er die Tür hinter sich und ging.

Lord starrte lange auf die Pistole, dann verließ er das Büro und ging den leeren Korridor hinunter. Nachdem er die Wache passiert hatte, zögerte er eine Weile, hinauszugehen.

Lange stand er unter dem Portikus und starrte in die Nacht hinaus. Schließlich ließ er dem Schmerz freien Lauf, den er so viele Jahre unter Kontrolle gehalten hatte. Er stöhnte leise auf, ging die Treppe hinunter und humpelte in die Dunkelheit hinaus.

Marshall bezog nur begrenzte Befriedigung aus Lords plötzlichem und unerwartetem Verschwinden, denn er erkannte rasch, daß Lord weit mehr als einen Punkt gemacht, sondern vielleicht das ganze Spiel gewonnen hatte.

Was hatte er Johnson schon anzubieten? Ein paar Einwände gegen die COVIA-Studie, ein paar persönliche Beobachtungen und die Empfehlung, den Krieg zu beenden – das war wohl kaum als Durchbruch zu bezeichnen.

Jetzt gab es nur noch eine Chance: Er mußte Johnson überreden, sofort in Friedensverhandlungen einzutreten. Marshall hatte das Gefühl, er könne es schaffen. Nur mußte die militärische Pattsituation weiterhin anhalten. Wenn der Norden jetzt angriff und Johnson in die Defensive drängte, wäre der Präsident auf keinen Fall zu irgendwelchen Konzessionen bereit.

Wie erwartet, war es über Weihnachten und Neujahr zu einer Waffenruhe gekommen, und General Westmoreland war davon überzeugt, daß der Norden auch das Tet-Fest achten würde. So hatte Marshall die Hoffnung, daß er die nötige Zeit finden würde – ein paar Wochen nur, um seine Mission abzuschließen, den Bericht fertigzustellen und die Gräber der Kaiser in Hue zu besuchen, wie er es Lacouture versprochen hatte. Bis dahin würde auch Ryan in Vietnam eintreffen, und er hätte die Möglichkeit, ihn zu sehen.

Die letzte Woche seiner Mission war angebrochen, da erhielt Marshall einen dringenden Anruf aus dem Weißen Haus.

»Schlimm, Bradley. Wirklich sehr, sehr schlimm. Warum rufen Sie mich überhaupt nicht an?« jammerte Johnson. »Ich warte und warte, aber Sie lassen nichts von sich hören. Sie wissen doch, daß die Regierung das Telefon bezahlt.«

»Ich habe Sie nicht angerufen, weil ich in Kürze zurückkomme, und ich hatte eigentlich vor, persönlich mit Ihnen zu reden, Sir.«

»Zurückkommen?« rief Johnson. »Wie meinen Sie das? Sie können jetzt nicht herkommen.«

Wie das? fragte er sich, aber er brachte nur ein »Sir?« heraus.

»Bradley, die Apokalypse ist ausgebrochen.«

»Wo? In Washington?« fragte Marshall ungläubig.

»In Khe Sanh«, rief Johnson.

»In Khe Sanh?« wiederholte Marshall.

»Bradley, Sie sind einen Steinwurf vom Ende der Welt entfernt und wissen nichts davon? Was machen Sie überhaupt da drüben?«

»Mr. President«, begann Marshall ruhig. »Da hat wohl jemand die Lage in Khe Sanh ein wenig übertrieben dargestellt. Entlang der gesamten DMZ zieht der Gegner zur Zeit Truppen zusammen, aber niemand glaubt ernsthaft daran, daß Khe Sanh fallen könnte. General Westmoreland hat weitere fünfzehntausend Mann in das Gebiet des Ersten Korps geschickt, so daß unsere Truppen dort jetzt etwa genauso stark sind wie der Gegner – ungefähr vierzigtausend Mann.«

»Und was ist mit diesen feindlichen Offizieren in den Uniformen der Marines? Die sind direkt im Sperrzaun erschossen worden. Was haben die denn da gewollt?« verlangte er zu wissen. Und gab sich selbst die donnernde Antwort: »Die wollten sich die Sache selbst ansehen! Die wollen angreifen! Das ist nichts anderes als ein zweites Dien Bien Phu. Da bin ich sicher.«

»Mr. President«, erwiderte Marshall geduldig. »General Westmoreland wünscht sich nichts lieber als einen richtigen Angriff auf Khe Sanh. Er ist absolut überzeugt, daß er die Stellung halten kann. Und ich bin sicher, die Joint Chiefs sind ebenfalls dieser Meinung. Haben die Ihnen denn nichts gesagt?«

»Nein. Na ja, die kommen hier dreimal am Tag reinspaziert und erzählen mir, wie gut alles läuft, und dabei tätscheln sie mich wie einen altersschwachen Jagdhund, dem sie gleich den Gnadenschuß geben wollen. Aber ich sehe doch, was los ist. Das ist Dien Bien Phu. Wir fahren hier schon die Wagen zu einer Wagenburg zusammen, Bradley.«

»Ich dachte, die NVA ist in den Sperranlagen vor Khe Sanh und nicht im Rosengarten.«

»Bradley«, versetzte Johnson mit trauervoller Stimme, »machen

Sie sich nicht über mich lustig! Meine Präsidentschaft steht auf des Messers Schneide.«

»Was soll ich für Sie tun?« fragte Marshall.

»Fahren Sie hin! Sagen Sie mir, was da vor sich geht. Ich kann hier niemandem trauen. Da sind die in unseren Uniformen mitten im Sperrzaun, und die Joint Chiefs sagen mir, sie haben alles unter Kontrolle. Diese Hurensöhne.«

Johnsons Stimme sank zu einem konspirativen Flüstern herab. »Aber ich habe sie festgenagelt, diese Hunde. Sie haben mir schriftlich geben müssen, daß Khe Sanh nicht fällt.«

»Und was soll ich dann noch tun? Soll ich auch so einen Wisch unterschreiben?«

»Bradley, machen Sie sich nicht lustig über mich! Wissen Sie nicht, welche Last auf meinen Schultern ruht?«

»Mr. President, ich glaube, es wäre hilfreicher, wenn ich gleich zurückkomme. Ich habe meine Mission hier abgeschlossen. Ich habe konkrete Vorschläge und Empfehlungen für Sie. Ich sehe eine Möglichkeit, aber ich muß persönlich mit Ihnen sprechen. Es gibt einen Weg aus diesem Krieg.«

»Das weiß ich«, rief Johnson. »Wenn Khe Sanh fällt, ist der Krieg zu Ende. Dann bin ich der erste Präsident, der einen Krieg verloren hat. Ich werde für immer zum Gespött der Leute werden. Man wird mich verachten. Ich kann das nicht ertragen.«

Dann herrschte völlige Stille. Mein Gott, dachte Marshall, er wird doch keinen Herzschlag bekommen haben.

»Bradley.« Die Stimme des Präsidenten war ein ersticktes Flüstern. Es hörte sich an, als zöge er sich mühsam vom Boden wieder in den Sessel. »Das lastet auf mir, ich kann schon gar nicht mehr klar denken. Sie müssen dahin fahren und mir sagen, was los ist. Im Augenblick ist es das einzige, was zählt. Das ist die wichtigste Schlacht seit Valley Forge.«

Großer Gott, dachte Marshall und schüttelte den Kopf. »Also gut, Mr. President. Ich fliege hin.«

»Oh, Bradley, Sie wissen gar nicht, was das für mich bedeutet. Es ist einfach fürchterlich. Alle reden nur noch von Khe Sanh. Die Zeitungen sind voll davon. Ich kann schon gar nicht mehr schlafen. Ich laufe durch die Korridore wie Lincolns Geist. Ich sehe all die toten Jungs...« Seine Stimme wurde heftig. »Ich hasse diesen verfluchten Krieg.«

»Ja, Sir, ich weiß. Aber ich glaube nicht, daß Sie sich wegen Khe Sanh allzu große Sorgen machen müssen. Ich denke, die militärische Lagebeurteilung ist korrekt. Khe Sanh wird nicht fallen. Aber ich fliege natürlich, und wenn der geringste Anlaß zur Sorge besteht, melde ich mich sofort bei Ihnen.«

»Ich danke Ihnen. Danach kommen Sie gleich zurück und sagen mir, wie ich diesen Krieg beenden kann. Ich werde Ihnen zuhören, Brad. Das verspreche ich Ihnen.«

Die Verbindung brach ab.

Marshall saß noch eine Weile reglos da. Er verstand, daß Johnson auf Khe Sanh fixiert war und an nichts anderes denken mochte, wenn eine Großoffensive bevorstand. Aber damit waren auch ihm sämtliche Möglichkeiten aus der Hand genommen, erkannte Marshall. Er würde Johnson seine Überlegungen nicht vor dem Tet-Fest vortragen können. Jetzt lag alles bei den Nordvietnamesen.

Er kehrte in sein Büro zurück und gab Romer Anweisung, die nötigen Vorbereitungen für den Flug nach Khe Sanh zu treffen.

An diesem Morgen lagen sie, nachdem sie sich geliebt hatten, noch still beieinander, und Sung sagte Mead, daß ihre Periode ausgeblieben sei.

»Sung«, rief er freudig aus und drehte sich zu ihr, ohne sie jedoch zu berühren, als fürchtete er, er könnte etwas beschädigen. Aber die Freude verwandelte sich sogleich in Angst und dann in Verwirrung. Ein Kind, dachte er – ein Kind hätte er gerne von ihr. Aber das war ganz unmöglich. Sie konnte kein Kind haben; er würde bald wegmüssen. Und was sollte sie mit einem Kind allein in Vietnam?

»Sung«, sagte er noch einmal. »Was sollen wir machen? Ich meine, was willst du tun?«

»Ich dachte... vielleicht kannst du mir helfen. Bist du mir böse?«

»Böse? Nein, natürlich nicht. Ich hätte gerne ein Kind, aber... also, vielleicht wäre es besser, keins zu haben.«

»Ja«, sagte sie. »Ich glaube nicht, daß es gut wäre, hier ein Kind zur Welt zu bringen.«

»Ich... ich höre mich um, ja? Aber mach dir keine Sorgen, alles wird gut werden.«

Er machte sich unverzüglich auf den Weg zu Teresa Hawthorne und ließ sogar sein Gewehr zu Hause, um die Frauen nicht zu erschrecken.

Eine ganze Weile drückte er sich vor der Klinik herum, dann nahm er seinen ganzen Mut zusammen und ging hinein.

Er fand sie in der Küche; sie trank Tee mit Pater Dourmant.

»Oh, Corporal Mead«, sagte sie und lächelte ihn an. »Wie nett, Sie zu sehen.«

Pater Dourmant hob abwehrend die Hände. »Ich bin unbewaffnet. Sagen Sie ihm, daß ich unbewaffnet bin, Teresa!«

Mead hätte am liebsten kehrtgemacht. »Oh, ich wollte Sie nicht stören... Ich meine, ich habe nicht gewußt, daß Sie beschäftigt sind. Ich komme ein andermal wieder.«

»Setzen Sie sich doch zu uns!« sagte Teresa. »Wir trinken gerade Tee.« Sie lächelte wieder. »Sie sehen nett aus – ohne ihr Gewehr. Finden Sie nicht auch, Pater?«

»Hätte ihn kaum wiedererkannt«, brummte der Priester.

»Nein, ich komme...« Mead begann zu stammeln und wollte sich zurückziehen.

»Nun setzen Sie sich!« befahl Pater Dourmant.

Mead nahm Platz.

»Wie geht es Ihnen?« fragte Teresa. »Trinken Sie eine Tasse Tee mit uns!«

»Nein, danke, ich kann nicht bleiben. Ich...«

»Trinken Sie!« befahl der Priester und schob ihm eine Tasse hinüber.

Teresa goß ihm Tee ein. Hartnäckig hielt er den Kopf gesenkt; Teresa und der Priester lächelten sich gegenseitig an. »Was führt Sie her?«

Er nippte an der Tasse, nippte noch einmal und noch einmal, den Kopf weiterhin gesenkt, und sagte schließlich in seine Tasse hinein: »Also, ich... Ich meine... Ich habe ein Problem. Das heißt, ich nicht, aber... dieses Mädchen, sie...«

»Ich verstehe«, sagte Teresa feierlich. »Sie ist schwanger.«

Mead errötete bis in die Haarspitzen. »Ja, so was Ähnliches.«

»So was Ähnliches?« fragte Pater Dourmant.

Endlich hob Mead den Kopf. Er atmete tief ein. »Ich meine, sie hat es gerade herausgefunden. Ihre Periode ist ausgeblieben, wissen Sie, und... Also, ich liebe sie. Ich liebe sie wirklich. Ich will sie heiraten, aber ich kann nicht. Ich meine, die lassen mich nicht... Ich weiß nicht, was ich machen soll.«

Teresa nickte. »Und darum denken Sie...«

Pater Dourmant steckte sich die Finger in die Ohren.

»... an eine Abtreibung?«

»Ja. Ich meine, sie sollte allein kein Kind haben, und die erlauben mir nicht, sie mit nach Amerika zu nehmen. Ich will sie mitnehmen, ich ... ich liebe sie, ich liebe sie wirklich, aber alle sagen mir, das ist unmöglich, weil sie eine Vietnamesin ist.«

»Ja«, sagte Teresa. »Ich weiß, sie lassen solche Heiraten einfach nicht zu.«

»Warum nicht?« fragte Pater Dourmant. »Was hat Liebe denn mit der Nationalität zu tun? Ich dachte nur Haß und Mord sind Sache der Nationalität. Liebe hat doch mit irgendwelchen Grenzen nichts zu tun. Oder mit Religion.«

Teresa steckte sich die Finger in die Ohren.

»Ja, auch nicht mit Religion«, wiederholte der Priester. »Ich habe schließlich nicht umsonst so lange gelebt. Und Sie Dummkopf« – er griff in seine Soutane, zog ein paar Päckchen hervor und schob sie zu Mead hinüber –, »Sie benutzen in Zukunft gefälligst diese Dinger, ja? Natürlich erwarte ich von Ihnen, daß Sie sich ganz enthalten, aber falls Sie doch einmal vom Pfad der Tugend abweichen, dann benutzen Sie um Gottes willen Kondome.«

Verlegen sammelte Mead die Päckchen ein und saß weiterhin mit gesenktem Kopf da wie ein gescholtenes Kind.

»Schicken Sie sie doch einmal zu mir!« sagte Teresa. »Ich werde mit ihr reden. Pater Dourmant und ich werden beide mit ihr reden. Ich bin sicher, daß alles sich zum Guten wenden und daß sie ... medizinische Hilfe erhalten wird, wenn sie es wünscht.«

Mead stand auf. »Danke. Vielen Dank. Ich sorge dafür, daß sie kommt. Und was das Geld angeht ... ich sorge für alles.«

Teresa lächelte. »Darüber wollen wir uns jetzt keine Gedanken machen.«

Mead ging, sich mehrmals bedankend, rückwärts hinaus, und noch am selben Abend erzählte er Sung von der Klinik und schrieb ihr Namen und Adresse von Teresa Hawthorne auf.

»Ich komme mit, wenn du willst, aber vielleicht gehst du auch lieber allein. Das sind wirklich nette Leute.«

»Ich werde hingehen«, sagte sie. »Danke.«

Dann erzählte er ihr, daß er die nächsten paar Tage mit dem Botschafter wegmußte. »Es ist wirklich schrecklich, daß ich dich allein lassen muß, aber ich ... ich muß gehen, wenn sie das sagen.

Ich laß dir Geld da und... Kommst du zurecht?« fragte er. »Ich meine, schwanger und... Ich könnte versuchen... Ich darf dich eigentlich nicht alleinlassen...«

Sie lächelte. »Es ist schon in Ordnung. Und ich bin hier, wenn du zurückkommst.«

Marshall saß in seinem Salon, ein Glas Wein in der Hand. Es war fast neun Uhr. Er war traurig und deprimiert, und zum erstenmal seit langer Zeit fühlte er sich einsam.

Er wollte, er hätte jemanden, dem er sich anvertrauen, bei dem er sein Unglück abladen konnte – der zuhörte und ihm verständnisvoll-mitleidig zunickte. Schlimm, wirklich schlimm, würde sie sagen und ihm über die Stirn streichen. Wie hart du gearbeitet hast, wie sehr du dich bemüht hast, wie edel deine Bemühungen gewesen sind!

Der Diener betrat den Raum und wartete schweigend, bis Marshall aufblickte.

»Exzellenz, eine Dame möchte Sie sprechen, eine Miss Teresa Hawthorne.«

Marshall fuhr hoch. Er stellte das Weinglas auf den Tisch und stand auf. »Führen Sie sie herein!«

Er zog seine Kleidung zurecht und prüfte den Sitz seiner Krawatte.

Der Diener führte Teresa herein und schloß die Türen hinter sich.

Marshall ging ihr rasch entgegen, sehr glücklich und voller Erwartung. »Wie schön, daß Sie da sind!« Er blieb vor ihr stehen und streckte ihr verlegen die Hand entgegen.

Sie nahm sie, und unwillkürlich richteten sich ihre Blicke auf diesen Körperkontakt. Marshall zog seine Hand als erster zurück. »Ich bin so froh, daß Sie gekommen sind.«

»Vielen Dank, daß Sie mich empfangen«, erwiderte sie. »Hoffentlich störe ich Sie nicht bei irgend etwas.«

»Nur in meiner Verzweiflung. Ich war gerade dabei, mich selbst zu bemitleiden. Sie sind ein gnädiger Engel.«

Sie errötete leicht und strich sich übers Kleid, aber dann wußte sie nicht mehr, was sie mit ihren Händen anfangen sollte, und schließlich hob sie sie an den Mund, um das Lachen zu verbergen, das auf ihren Lippen zu erscheinen drohte.

Sie hatte sich so dumm angestellt, dachte sie, hatte sich Sorgen

wegen ihrer Erscheinung gemacht, hatte alle ihre fünf Kleider anprobiert, ihr Haar wieder und wieder umfrisiert, ja, sie hatte sogar etwas Rouge aufgelegt – und schnell wieder abgewaschen. Und kurz bevor sie die Klinik verließ, war Pater Dourmant gekommen, und als er sie sah, hatte er gesagt: »Na, das kann ja nur Liebe sein.«

Sie war so rot geworden, wie kein Rouge es jemals hätte bewirken können, und sie hatte geantwortet: »Das ist doch töricht.«

Er hatte gelächelt. »Liebe ist niemals töricht, Teresa. Liebe ist etwas Wunderbares. Menschen wie Sie sollten unbedingt lieben – und geliebt werden.«

»Pater!«

»Warum wollen Sie es nicht zugeben?«

»Es ist nicht Liebe. Es ist nur ... ein gutes Gefühl.«

»Das reicht.«

»Ich bin alt«, sagte sie. »Und ich bin nicht schön.«

Er lachte. »Das hat doch mit Liebe nichts zu tun.« Dann lächelte er. »Sie sind eine schöne Frau, Teresa, die schönste, die mir je begegnet ist.«

Sie war sehr verlegen.

»Sehen Sie«, sagte er, »das ist Liebe.«

»Hören Sie auf!«

Teresa nahm die Hände herunter. »Ich bin nur gekommen ... Also, es gibt einen Grund.«

Marshall lächelte. »Mir wäre fast lieber, Sie wären ohne Grund gekommen.« Er zeigte auf einen Sessel und geleitete sie dorthin. »Darf ich Ihnen etwas anbieten? Einen Drink? Kaffee? Bitte!«

Sie zögerte. »Ein Drink wäre ganz gut«, sagte sie schließlich.

»Wein?«

»Ja. O ja, das wäre schön.«

Er schenkte ihr ein Glas ein und setzte sich ihr gegenüber in einen Sessel.

»Ich bin so froh, daß Sie gekommen sind. Ich habe eben in Selbstmitleid geschwelgt; es war wirklich dumm. Während Sie in Ihrer Klinik arbeiten – ich bin beschämt.«

Sie lachte. »Jetzt fangen Sie nicht wieder von der Heiligen an! Es ist falsch und macht mich verlegen. Wir haben alle unseren Platz in der Welt und tun, was wir können. Ich habe meinen Platz hier in Vietnam gefunden. Ich bin glücklich – und sehr beschäftigt.«

Sie lächelte. »Deshalb bin ich hier. Ich habe lange mit mir gekämpft. Ich breche damit nämlich eigentlich meine Pflicht zur Verschwiegenheit, obwohl der Betreffende mich nicht ausdrücklich gebeten hat, es für mich zu behalten. Aber ich meine, Sie sollten es einfach wissen.«

»Worum handelt es sich?«

»Corporal Mead war bei mir.«

Marshall lachte. »Bei Ihnen auch? Mein Gott, dieser Junge ist überall. Was wollte er von Ihnen?«

»Er ist verliebt. Er hat sich in ein vietnamesisches Mädchen verliebt, und sie ist – wie hat er es ausgedrückt? – ›so was Ähnliches wie schwanger‹.«

»Großer Gott«, sagte Marshall und schüttelte den Kopf. »Wo nimmt er all die Kraft her?«

»Er ist jung. Junge Leute haben eine Menge Kraft.«

Marshall seufzte. »Ich muß es Ihnen wohl glauben – für mich ist die Jugend nur noch eine schwache Erinnerung.«

»Das klang schon einmal anders. Sie mit all Ihren Seitensprüngen. Ich dachte, Sie haben einiges an Kraft übrig.«

»Jetzt hören Sie sich fast wie meine Frau an. Haben wir nicht gerade von Corporal Mead gesprochen?«

»Ich wollte nur, daß Sie es wissen. Er hat mich um Hilfe gebeten. Ich habe ihm gesagt, er soll das Mädchen zu mir schicken. Pater Dourmant und ich werden mit ihr reden und uns um sie kümmern, so gut es geht.«

Dann fügte sie geradeheraus hinzu: »Er will das Mädchen heiraten.«

»Wirklich?«

»Er sagt, er liebt sie. Er glaubt es jedenfalls. Ich weiß, es ist alles sehr kompliziert, aber vielleicht können Sie ihm helfen. Er könnte einen gutgemeinten väterlichen Rat brauchen, und Sie wären eine wunderbare Vaterfigur für ihn.«

»Vielen Dank«, erwiderte er trocken. »Das wollte ich schon immer sein – eine Vaterfigur für einen zwanzigjährigen Jungen mit einer schwangeren Freundin.« Dann lächelte er. »Ich werde natürlich mit ihm reden.«

Sie war sehr froh. »Ich wußte, daß Sie helfen würden. Sie sind so nett.« Verlegen senkte sie den Kopf über ihr Glas. Schließlich blickte sie auf und bemerkte, daß er sie intensiv betrachtete. »Ja,

also .. das war's, weswegen ich gekommen bin«, sagte sie. Sie trank ihr Glas aus und stand auf. »Ich glaube, ich sollte jetzt gehen.«

»Nein!« Er sprang auf. »Ich meine, bitte, gehen Sie noch nicht!«

Sie standen einander gegenüber, dann sagte Marshall: »O Teresa!«

Er ging zu ihr. Eine Weile sagten sie gar nichts, dann berührte er ihr Haar und flüsterte: »Sie sind schön.«

Sie senkte den Kopf und lächelte. »Ist das eine Verführung?«

Er schüttelte den Kopf. »Ich wüßte gar nicht, wie ich das bei Ihnen anstellen sollte. Sie dürfen sich nicht über mich lustig machen, Teresa.«

»Das tue ich nicht. Ich bin nur noch nie verführt worden.«

Er lachte. »Bei Ihnen klingt das, als wäre es unmoralisch.«

Sie überlegte einen Augenblick. »Ich weiß nicht einmal mehr, was moralisch ist. Vielleicht bin ich amoralisch.«

»Nein«, erwiderte er. »Sie stehen über diesen Dingen. Sie sind supramoralisch.«

Er nahm sie in die Arme und sagte leise: »Ich liebe Sie.«

Sie senkte den Kopf und lächelte. »Ich glaube, Sie verlieben sich ziemlich oft.«

»Nein.« Er strich ihr übers Haar und ließ die Finger über ihre Wangen gleiten. »Ich war noch nie so verliebt.«

»Ihre Frau«, flüsterte sie.

»Ja. Das war Liebe. Und ist es noch.« Er seufzte. »Aber ... es ist so viel geschehen. Da hat sich so viel angesammelt. So viele Verletzungen und Wunden. Aber das ...«

Er hob ihren Kopf und legte seine Lippen auf die ihren. Es war ein langer, sanfter Kuß, und als sie sich voneinander lösten, sahen sie sich in die Augen, als suchten sie sie zu ergründen, aber es gab kein Maß für solche Tiefe.

Er nahm ihre Hände, zog Teresa sanft an sich, führte sie aus dem Zimmer, und sie gingen die Treppe hinauf.

Das Schlafzimmer war dunkel; nur durch die geöffneten Fenster drang schwaches Licht aus dem Garten herein.

Sie trat auf den Balkon. Die Blüten von Bougainvilleen, Oleander und Orchideen schwammen auf der glatten Fläche des Teiches, der im Mondlicht schimmerte.

Die Schönheit des Anblicks ließ sie tief aufatmen. »So sollte die Welt sein«, sagte sie.

»Nein«, flüsterte er. Er stand hinter ihr und legte die Arme um sie. »Wie du sollte die Welt sein.«

»Das wäre eine schwere Last, wenn es stimmte«, sagte sie, schloß die Augen und lehnte sich gegen ihn.

In seinen Armen fühlte sie sich so sicher und geborgen wie noch nie. In diesem Augenblick gab es keine Sorgen und Mühen mehr und niemanden, der zu trösten und zu pflegen war. Dieser Augenblick gehörte ihr ganz allein, und er war vollkommen.

Alles war ruhig und warm, und die Liebe, die sie immer geahnt hatte, stieg in ihr auf, und ganz kurz kam ihr die Vision eines anderen Lebens – Liebe und Kinder und ein Heim, Prüfstein einer Welt, die sie nicht kannte und wohl niemals kennenlernen würde. Aber es war gut so. Sie hatte diesen Augenblick; er war wie ein Zwischenspiel, eine kurze Atempause von den Sorgen und Kämpfen; es hatte keine Bedeutung, daß er nicht von Dauer sein würde.

Er würde seine Frau nicht verlassen und sie nicht ihre Klinik; die Wellen, die auseinandergetreten waren, würden bald wieder über ihrem Leben zusammenschlagen, aber dieser Augenblick war voller Frieden und Zufriedenheit. Er war ein Blick in eine andere Welt, ganz wie der Anblick des Gartens. Es war nicht die reale Welt; dort herrschten immer noch Krieg und Elend und Leid, aber in diesem Augenblick war auch der Garten real – eine stille Insel inmitten einer tobenden See.

Was machte es schon, daß der Garten sterben und dieser Augenblick vergehen würde? Jetzt war er da, und dieser Mann war freundlich und gut. Sollte sie den Augenblick abweisen, nur weil er nicht von Dauer war?

Ihr Herz schwang sich empor. Sie fühlte sich voller Leben und Liebe; sie wollte geben und empfangen, und sie wandte sich ihm zu.

Sie standen da und sahen auf den Garten hinunter; ihre Lippen berührten sich fast, und er sagte: »Ich habe noch nie mit einer Heiligen Liebe gemacht. Wie macht man das?«

Sie legte ihm einen Finger auf die Lippen. »Sanft.«

Er lehnte die Stirn gegen ihren Kopf, dann lächelte er und flüsterte: »Ehrfürchtig.«

Sie küßten sich, und er führte sie zum Bett, das in das sanfte Licht aus dem Garten getaucht war.

Am nächsten Morgen gab es weder Zurückhaltung noch Verlegenheit. Beim Frühstück redeten und lachten sie miteinander, als hätten sie sich schon seit Jahren gekannt. Erst als sie fertig waren, trat ein trauriges Schweigen ein, denn jenseits der Tür warteten die Klinik und der Krieg.

Er ging mit ihr zu seinem Wagen, aber sie sagte, sie wolle lieber ein Taxi nehmen. »Ich verstehe«, sagte er; dann beugte er sich vor und küßte sie auf die Wange. »Muß ich dir sagen, was du mir bedeutest?« Zur Antwort schüttelte er selbst den Kopf.

»Auf Wiedersehen!« sagte er, und sie ging davon.

An diesem Nachmittag machte Marshall sich Vorwürfe wegen Khe Sanh. Es war sehr viel wichtiger, daß er nach Washington zurückkehrte. Wenn die NVA am Tet-Fest angriff, würde Johnson niemals verhandeln; es gäbe keinen Truppenabzug und keinen Frieden.

Je mehr er über Khe Sanh nachdachte, desto stärker wuchs in ihm die Überzeugung, daß es sich um ein Ablenkungsmanöver handelte.

Er rief General Tran an und fragte ihn, ob er immer noch der Meinung war, daß eine Offensive der NVA bevorstand.

»Mehr als jemals zuvor. Abgefangene Dokumente über Truppenbewegungen und Truppenzusammenziehungen zeigen, daß es militärische Angriffe, koordiniert mit Erhebungen in den Städten, geben wird. Westmoreland kennt diese Dokumente, aber er glaubt, sie sind nur ein Täuschungsmanöver. Ich halte sie dagegen für echt, und zwar wegen des Nachschubs an Lebensmitteln, Waffen und Munition, den die NVA in letzter Zeit hergeschafft hat.«

Am späten Nachmittag traf Marshall mit Westmoreland zusammen und teilte ihm seine Befürchtungen wegen einer Tet-Offensive mit, aber Westmoreland tat sie als unbegründet ab. Er meinte, der Feind sei zu einer massiven, über das ganze Land verteilten Offensive gar nicht in der Lage, zumal er damit gewaltige Verluste riskiere. Die Bedrohung richte sich gegen Khe Sanh, aber Khe Sanh werde niemals fallen.

»Der Präsident ist... besorgt«, sagte Marshall.

Westmoreland lachte. »Wir stehen deswegen in ständiger Verbindung mit ihm.«

»Das kann ich mir vorstellen«, erwiderte Marshall. »Ich habe versucht, ihn zu beruhigen, aber er möchte, daß ich mir persönlich

ein Bild von der Lage mache. Ich habe ihm gesagt, das sei gewiß nicht notwendig, aber er hat darauf bestanden. Ich mache mir eher Sorgen wegen einer Tet-Offensive.«

»Sie sind … übertrieben besorgt«, sagte Westmoreland.

Am Morgen des Tages, als Marshall nach Khe Sanh abflog, näherte sich eine Patrouille aus Khe Sanh Hügel 881 und geriet unter feindliches Maschinengewehrfeuer. Innerhalb einer Minute fielen zwanzig Mann. Als die Marines sich bereitmachten, den Hügelkamm mit aller Kraft anzugreifen, wurden sie nach Khe Sanh zurückbeordert.

Gegen zwei Uhr nachmittags erschien ein NVA-Offizier mit weißer Fahne vor dem Sperrzaun. Der Leutnant sagte, er wolle sich ergeben, und überreichte den Soldaten einen vollständigen Satz von Operationsplänen, aus denen hervorging, daß eine Streitmacht von beträchtlicher Größe auf dem Sprung war, Khe Sanh zu überrennen, durch die nördlichen Provinzen nach Süden vorzustoßen und die alte Hauptstadt Hue einzunehmen. Der Angriff sollte kurz nach Mitternacht beginnen.

Man gab den Fund sogleich an Westmoreland durch, der Marshall davon in Kenntnis setzte und ihn dazu überredete, seine Reise aufzuschieben.

In dieser Nacht begann, ganz wie der übergelaufene Offizier behauptet hatte, der Beschuß der Außenposten von Khe Sanh. Dreißig Minuten nach Einstellung der Beschießung griffen dreihundert NVA-Soldaten den drei Kilometer vor dem Hauptcamp gelegenen Hügel 861 an.

Die Marines gingen zum Gegenangriff über, und es entfaltete sich ein Nahkampfgefecht, das sich bis fünf Uhr morgens hinzog.

Zwanzig Minuten, nachdem die NVA-Soldaten sich zurückgezogen hatten, geriet Khe Sanh selbst unter massives feindliches Feuer. Eine feindliche Rakete traf den zentralen Munitionsbunker, jagte fünfzehnhundert Tonnen Munition in die Luft, fegte Hubschrauber über den Landeplatz und ließ Gebäude zusammenstürzen.

Eine weitere Rakete traf das Depot mit den Tränengasgranaten, und binnen kurzem war das gesamte Camp in Dunst gehüllt.

Die Feuer brannten stundenlang, und ein Teil der Landebahn war zerstört. Innerhalb der ersten Stunden der Belagerung wurden mehr als neunzig Prozent der Munitionsvorräte vernichtet.

Am folgenden Tag konnten nur fünfzehn Prozent der erforderlichen hundertsechzig Tonnen Nachschub eingeflogen werden.

Schon nach dem ersten Tag des feindlichen Angriffs befand Khe Sanh sich in einer prekären Lage.

Da Marshall wußte, daß Johnson einem Schlaganfall nahe sein mußte, beschloß er, trotz der Gefahr und gegen Westmorelands ausdrücklichen Rat, ins Kampfgebiet zu fliegen.

Wegen der Entfernung ging es zunächst mit dem Flugzeug nach Dong Ha, dem Hauptquartier der III. Marinedivision. Nach einer kurzen Einweisung in die militärische Lage im nördlichen Bereich des I. Korps, stieg Marshall in einen Hubschrauber um und startete zu einem Informationsflug über die Stellungen entlang der entmilitarisierten Zone.

Die gesamte entmilitarisierte Zone war verbrannte Erde. In der Nähe der Küste war das Gelände flach und sandig, weiter nach Westen zu, Richtung laotische Grenze, wurde es bergiger und felsiger. Entlang der entmilitarisierten Zone hatten die Marines ein Netz von Stellungen eingerichtet, von denen aus sie die Infiltration aus dem Norden zu verhindern versuchten. Die jeweils auf den höchsten Erhebungen angelegten Stellungen wirkten auf Marshall wie häßliche, schmutzige Forts belagerter Überlebender in einer feindlichen Landschaft.

Khe Sanh war die letzte Basis in dieser Kette, nur ein paar Kilometer von der laotischen Grenze entfernt. Die weiträumige Höhe lag auf einem verwüsteten Plateau, das von höheren Bergen umgeben war.

Das Wetter war kalt und diesig, als Marshalls Hubschrauber landete. Der Kommandeur von Khe Sanh, Colonel Lownds, ein mittelgroßer Mann, ein paar Jahre älter als Marshall, mit Helm und Kampfanzug, begrüßte ihn und drängte ihn rasch zu einem Laufgraben in der Nähe des Landeplatzes.

Sekunden später kreischten Artilleriegeschosse über ihre Köpfe hinweg und explodierten jenseits des Flugfeldes.

»Wie oft werden Sie hier beschossen?« fragte Marshall.

»Das ist jetzt der achte Tag. Einmal haben sie fünfzig Granaten an einem Tag reingeschossen, ein andermal waren es fünfhundert; meistens sind es ein paar hundert am Tag. Seit acht Tagen erwarten wir den richtigen Angriff. Die Vorstellung, daß da draußen Tau-

sende von feindlichen Soldaten darauf warten, uns zu töten, macht die Leute nervös. Nachts bleiben alle wach, weil der Feind nur nachts angreift, und am Tag, wenn man ein wenig zu schlafen versucht, beschießen sie uns mit Raketen und Artillerie.«

»Die Belagerung fordert ihren Preis?« fragte Marshall.

»Das ist bei Belagerungen immer so. Wir Marines sind dafür nicht ausgebildet; wir sind ganz auf Angriff eingestellt. Ich hasse es, auf diesem gottverdammten Hügel herumzusitzen und darauf zu warten, daß diese Hunde zuschlagen, wann immer sie Lust dazu haben. Ich würde viel lieber raus und sie mir schnappen.«

»Werden die Sie überrennen?« fragte Marshall.

»Herr Botschafter, man kann jede Stellung überrennen, wenn man bereit ist, genügend Männer dafür zu opfern, aber ich mache mir da keine Sorgen. Um uns hier rauszuwerfen, müßten sie drei Divisionen aufmarschieren lassen, und sie würden fürchterlich dezimiert werden. Das macht kein Kommandeur – und schon gar nicht für ein so wertloses Stück Land wie diesen elenden Hügel hier. Niemand hier glaubt daran. Ich weiß, jeder zieht die Parallele zu Dien Bien Phu, aber da gibt es überhaupt keine Ähnlichkeit. Die Franzosen waren völlig isoliert und hatten weder Artillerie noch Luftunterstützung. Wir dagegen beherrschen den Luftraum und haben massive Artillerieunterstützung. Im Grunde ist Khe Sanh uneinnehmbar, es sei denn, sie werfen alles nach vorne, verheizen ihre Leute mit einer Angriffswelle nach der anderen; aber das ist kaum machbar.«

»Na denn, Colonel, zeigen Sie mir Ihren uneinnehmbaren Hügel.«

Den Rest des Tages sah Marshall sich die drei Kilometer im Durchmesser messende Basis an, die von zwei Bataillonen Marines, von Special Forces und südvietnamesischen Rangers gehalten wurde.

Das ganze Gelände war von mehr als zwei Meter tiefen Gräben durchzogen. Khe Sanh wirkte wie eine primitive unterirdische Stadt oder wie ein Rückfall in den Ersten Weltkrieg. Und in der Tat, angesichts des zerbombten und von jeder Farbe entblößten Landes, der Männer in ihren ausgebleichten Uniformen, des grauen Dunstschleiers, den die ständige Beschießung niemals aufreißen ließ, und der Sandsäcke in allen Richtungen wirkte Khe Sanh auf Marshall wie eine Fotografie von der Westfront vor nun fast fünfzig Jahren.

Nachdem er jedoch stundenlang von Stellung zu Stellung gegangen war und sich die Verteidigungsanlagen angesehen hatte, teilte Marshall Westmorelands und Lownds' Überzeugung: Khe Sanh konnte nicht überrannt werden. Der Feind mußte in offenem Gelände bergauf gegen einen Gegner anrennen, der sich tief eingegraben hatte und darüber hinaus die eindeutige Luftüberlegenheit und massive Artillerieunterstützung besaß.

Natürlich wollte Westmoreland, daß die NVA angriff, dachte Marshall; aber es wäre der Gipfel des Wahnsinns, wenn sie es täten, und so verrückt konnten sie nicht sein.

Aber wozu dann diese massive Truppenkonzentration bei Khe Sanh, fragte Marshall sich. Was konnte es denn anders sein als ein Täuschungsmanöver, ein taktischer Zug, der die Aufmerksamkeit von anderen Angriffszielen ablenken sollte?

An diesem Abend sprach er vom Kommandobunker aus über Funk mit Westmoreland.

»Ich denke, die haben die Lage hier unter Kontrolle«, sagte Marshall.

»Darf ich das an den Präsidenten weitergeben?« fragte Westmoreland.

»Ich bitte darum. Ich mache mir keine Sorgen wegen Khe Sanh. Ich fürchte eher, der Feind könnte am Tet-Fest anderswo angreifen.«

»Wir beobachten alles sehr genau, Herr Botschafter. Wir sind zuversichtlich, daß es keine Offensive geben wird. Das Tet-Fest ist der höchste vietnamesische Feiertag. Der Norden hat für diese Zeit um Waffenruhe nachgesucht – und er wird sich daran halten.«

Dann hätte er die Zeit, die er brauchte, dachte Marshall. Er könnte Johnson wegen Khe Sanh beruhigen und ihn dazu drängen, aus einer Position der Stärke heraus Verhandlungen aufzunehmen.

Vielleicht ging ja doch noch alles gut. Er würde zwei Tage in Hue verbringen, sich den Palast und die Grabmäler ansehen, wie Lacouture ihm empfohlen hatte, dann würde er nach Saigon zurückkehren und mit Ryan zusammentreffen. In der darauffolgenden Woche konnte er dann schon in Washington sein und den Präsidenten zu Friedensverhandlungen bewegen.

Vom Kommandobunker aus sah Marshall die Hügel, die Khe Sanh im Vorfeld verteidigten.

»Hügel acht-einundsechzig ist letzte Woche beinahe von dreihundert NVA-Soldaten überrannt worden«, sagte Lownds. »Diese Woche ist es da ziemlich ruhig geblieben.«

»Glauben Sie, daß die NVA die Tet-Waffenruhe einhält.«

»Bisher haben sie sich noch immer an eine vereinbarte Waffenruhe gehalten. Aber für uns hat das keine Bedeutung; wir machen hier Dienst wie immer.«

»Wo ist Hügel sieben-zweiundvierzig?« fragte Marshall, die Stellung, die zu besuchen er Mead versprochen hatte.

»Sie können ihn von hier aus nicht sehen; er liegt hinter Hügel acht-einundsechzig. Das ist unser nördlichster Außenposten. Wir haben da einen Zug stehen.«

»Warum ist er nicht angegriffen worden, als die NVA Hügel acht-einundsechzig beinahe überrannt hat. Er ist doch noch stärker isoliert und schwächer besetzt.«

Lownds zuckte die Achseln. »Vielleicht gerade deshalb. Vielleicht wollten sie einen größeren Außenposten überrennen. Lieutenant Bishop würde natürlich sagen, sie wagen einfach nicht, ihn anzugreifen. Bishop hat da das Kommando – ein guter Offizier. Sie haben schon einiges hinter sich, und es kann schon sein, daß die NVA ihn lieber in Ruhe läßt.«

Am Nachmittag des folgenden Tages – nach mehrfach unterbrochenem Schlaf, und zweimal hatten hereinkommende Runden ihn aus dem Feldbett geworfen – gab er Magnuson Anweisung, den Hubschrauber startklar zu machen; er hatte gesehen, daß für Khe Sanh keine Gefahr bestand, und es hatte keinen Sinn, noch länger zu bleiben.

»Wir machen einen Zwischenstopp auf Hügel sieben-zweiundvierzig«, sagte er zu Magnuson, der wußte, daß dort Bishops Einheit lag.

»Ich habe sechs Kästen Bier eingeladen, Sir. Lieutenant Bishop und ich waren zusammen auf dem College.«

»Na, dann wird das ja ein Wiedersehen für Sie und Corporal Mead.«

Ohne jemandem ihr Ziel bekannt zu geben, verließen sie wenig später Khe Sanh.

Nachdem sie die Vorposten abgeflogen hatten, um sich ein letztes

Mal einen Überblick über die Gefechtspositionen zu verschaffen, näherten sie sich Hügel 742.

»Bravo eins, Bravo eins«, sagte Magnuson ins Funkgerät; er hatte den Bordlautsprecher eingeschaltet, so daß alle mithören konnten. »Hier ist Viceroy. Bitte melden!«

»Viceroy, hier ist Bravo eins alpha. Sprechen Sie!«

»Das ist Gunny Brock«, sagte Mead aufgeregt.

Magnusons Stimme klang gelangweilt wie immer. »Roger, Bravo eins alpha. Viceroy landet in etwa zwei Minuten.«

Es folgte eine Pause.

Im unterirdischen Befehlsstand auf Hügel 742 sah Luke Bishop schläfrig zu Brock hinüber, der hastig in Papieren kramte und nach der Auflösung für das Rufzeichen suchte. Aber er fand nichts.

»Wer zum Teufel ist Viceroy?« fragte er Bishop.

Bishop gähnte und rollte sich auf die andere Seite. »Was weiß ich? Jedenfalls nicht von der Kompanie oder vom Bataillon, und vom Regiment oder von der Division auch nicht. Also scheiß drauf!«

Brock nahm den Hörer des Funkgeräts wieder auf. »Viceroy, habt ihr hier was zu tun? Wir machen gerade Siesta. Also haut lieber ab, wenn's nicht wichtig ist.«

»Roger, Bravo eins. Wir wollten nur auf ein Bier vorbeikommen. Wir haben sechs Kästen an Bord. Sollen wir später wiederkommen?«

»Negativ, Viceroy. Sie können sofort landen.«

Brock warf den Hörer hin und rannte gegen Bishop, der gerade von seinem Schlafsack aufgesprungen war. Die beiden, die nur Unterhosen trugen, kämpften sich die Leiter hinauf.

Alle auf dem Hügel hatten das Gespräch über das interne Funknetz mitgehört. Jetzt kletterten überall Männer aus den Bunkern und begrüßten den Hubschrauber, der bereits zur Landung mitten zwischen ihnen ansetzte.

42

Die Männer auf dem Hügel drehten dem aufgepeitschten Sand den Rücken zu, als der Hubschrauber aufsetzte. Der Motor wurde abgestellt, dann sahen sie einen Lieutenant Colonel der Army in gebügeltem Kampfanzug aus der Maschine springen.

»Scheiße!« stieß Gunny Brock leise hervor, und laut fragte er: »Haben Sie sich verirrt, Sir? Das hier ist eine Marinestellung.«

»Hab ich mir doch gedacht«, erwiderte Romer. »Wir von der Army sind gewöhnlich angezogen. Wer ist hier der Obernackte?«

»Das bin ich, Sir. Lieutenant Luke Bishop. Sind Sie Viceroy, Sir?«

»Nein. Viceroy ist Botschafter Bradley Marshall, der persönliche Beauftragte des Präsidenten der Vereinigten Staaten.« Er zeigte auf Marshall, der gerade aus dem Hubschrauber stieg. »Das ist Viceroy.«

Vollkommene Stille trat ein.

Dann sprang Magnuson aus dem Cockpit und nahm seinen Helm ab. »Hey, Luke, wie geht's? Botschafter Marshall wollte wissen, warum wir den Krieg verlieren. Ich hab ihm gesagt, er braucht bloß herzukommen, dann weiß er Bescheid. Schön, daß du mich nicht enttäuscht hast.« Er wandte sich an Marshall. »Na bitte, Sir. Haben Sie schon mal so einen unmöglichen Haufen gesehen?«

Bishops Kinnlade fiel herunter, doch bevor er reagieren konnte, begann Marshall zu reden.

»Eigentlich bin ich wegen Corporal Mead hergekommen. Er hat mir gesagt, er möchte ein paar von seinen Kumpels wiedersehen.«

Mit einem breiten Grinsen auf dem Gesicht sprang Mead aus dem Hubschrauber.

»Das gibt's doch nicht!« rief Sutherland. »Das ist ja Mead.«

»Wir haben auch Bier mitgebracht«, sagte Marshall. »Ich hätte auch für Uniformen gesorgt, wenn ich gewußt hätte, daß ihr welche braucht.«

Bishop sah sich im Kreis seiner Männer um, die fast alle nur in Unterwäsche waren, und er stammelte: »Sir, wir haben Uniformen. Aber tagsüber ... also, es ist sehr heiß, und wir ...«

Marshall trat vor und begrüßte die Männer mit Handschlag,

dann sagte er: »Meine Herren, ich bin Bradley Marshall. Ich bin im Auftrag von Präsident Johnson hier, aber dieser Besuch ist inoffiziell und informell. Also bitte, stehen Sie bequem!«

Niemand rührte sich, und niemand wußte, was er tun sollte.

Magnuson zog einen Kasten Bier aus dem Hubschrauber. Er warf Bishop eine Dose zu. »Luke, entspann dich! Es ist okay. Also wirklich, du siehst noch schlimmer aus als das letzte Mal.« Er wandte sich an Mead. »Das war, als er auf Knien durch Da Nang gekrochen ist und ganz allein einen ganzen Puff auseinandergenommen hat. Luke, du siehst wirklich beschissen aus. Du machst besser, daß du hier wegkommst.«

Bishop war so perplex, daß er sich immer noch nicht rühren konnte. Er stand da, die Bierdose in der Hand, und starrte Marshall an.

Marshall nahm eine Bierdose von Magnuson und öffnete sie. Er nahm einen großen Schluck aus der Dose, um die Situation zu entspannen, dann schaute er über den Hügel. »Ich denke, ich mache einen kleinen Spaziergang. Der Feind ist in dieser Richtung, oder?« Er zeigte auf die entmilitarisierte Zone, dann ging er in der entgegengesetzten Richtung davon.

»Ich komme mit Ihnen, Sir«, sagte Romer, nahm sich eine Bierdose und folgte ihm.

Als sie fort waren, stürzten sich alle auf das Bier und drängten sich um Mead.

»Der Lieutenant hat recht«, sagte Mead, »ihr seid wirklich ein armseliger Haufen.«

»Ja?« rülpste Sutherland, der eine Bierdose geleert hatte und nach einer zweiten griff. »Wir haben eben kein richtiges Essen und keine richtigen Weiber gehabt wie du. Wir machen hier Krieg, du elender Etappenhengst.«

»Hey«, rief Mead. »Wer ist noch hier? Ich sehe Coney und Frizzell, Martin, Whitley, Dorlander... Wo ist Landis? Und Snags?«

Dann berichteten sie ihm, was mit Snags und Landis und den anderen geschehen war.

Während die Männer redeten, zog Bishop Magnuson beiseite. »Wer zum Teufel ist das, und was will er hier?«

»Marshall? Na, wie er gesagt hat.«

»Und wie lange will er bleiben?«

»Das weiß man bei ihm nie. Ich könnte dir ein paar Geschichten erzählten, das glaubst du gar nicht. Der schüttelt sie ganz schön durch...« Er lachte. »Frag ihn, ob er bis morgen hierbleibt! Wahrscheinlich macht er es; dann können wir reden, und ich könnte dir ein paar tolle Kriegsgeschichten erzählen. Ich bin ein Held, Luke. Vielleicht krieg ich sogar 'nen Orden.« Er legte die Hand auf die Brust und schüttelte den Kopf. »O Mann, wenn du wüßtest, was ich durchgemacht habe.« Dann legte er die Hand über sein Geschlecht und grinste. »Es war die Hölle, Luke.«

»Davon will ich nichts hören, Magnuson. Hey, paß auf, daß die mir noch ein paar Dosen übrig lassen, ich muß mich mal um den Botschafter kümmern. Er sollte hier nicht allein rumlaufen. Wer ist der Colonel bei ihm?«

»Sein Adjutant. Bin mir noch nicht klar, was das für einer ist. Manchmal ist er okay, und manchmal ist er völlig von der Rolle. Schon mal vom rasenden Romer gehört?«

»Der General aus dem Zweiten Weltkrieg?«

»Ja. Das ist sein Sohn. Er ist ganz lustig, aber er kann auch ein richtiger Scheißkerl sein. Man weiß nie, wo man bei ihm dran ist. Wir sind schon ein paarmal aneinandergeraten. Er nimmt die ganze Militärscheiße ziemlich ernst, aber Marshall hält den Daumen drauf.«

»Wie muß ich ihn anreden? Herr Botschafter?«

»Ja – oder Exzellenz. Das ist die offizielle Anrede. Ich sage einfach ›Sir‹ oder ›Mr. Marshall‹ zu ihm.«

Als Bishop den Botschafter und Romer erreichte, standen die beiden am nördlichen Abhang und sahen über die Ebene zu dem Höhenzug hinüber.

»Gehen Sie jemals da rüber?« fragte Romer.

»Früher haben wir das gemacht, Sir, aber jetzt ist es zu gefährlich. Die könnten uns den Rückweg abschneiden. Seit die da drüben Truppen zusammenziehen, haben wir Befehl vom Bataillon und vom Regiment, uns nicht weiter als fünfhundert Meter vom Sperrzaun zu entfernen.«

Marshall sah Bishop an. »Ich habe Colonel Lownds gefragt, warum die NVA Ihren Hügel nicht überrannt hat, als die vor kurzem Hügel acht-einundsechzig angegriffen haben. Er hat gesagt, Sie glauben, die wagen es nicht, Sie anzugreifen. Stimmt das?«

Bishop grinste. »Na ja, Sir. Wir sind nur eine Horde Sand-

schweine, und wir tun unser Bestes, daß der Feind uns nicht überrennt.«

»Und wie ist es heute nacht? Glauben Sie, die werden uns heute nacht überrennen?«

Romer sah Marshall scharf an. »Was meinen Sie mit ›uns‹, Sir? Sie können nicht hierbleiben, Herr Botschafter.«

»Warum nicht? Haben die keinen Platz hier? Sie haben doch nichts dagegen, Lieutenant, wenn wir bis morgen bleiben?«

»Also, Sir... nein, überhaupt nichts, aber... es ist ziemlich primitiv hier, Sir.«

Marshall schaute sich um, dann lächelte er. »Ich mag... Einfachheit. Außerdem haben Sie dann Gelegenheit, mit Lieutenant Magnuson zu reden, und Corporal Mead kann sich ausgiebig mit seinen Freunden unterhalten. Das bin ich ihm schuldig. Eigentlich muß ich auch Ihnen danken, Lieutenant.«

»Mir? Wofür?«

»Soviel ich weiß, haben Sie doch Corporal Mead nach Saigon geschickt.«

»Das ist richtig, Sir.«

»Na, und auf diese Weise ist er mein Leibwächter geworden. Er hat mir mindestens zweimal das Leben gerettet.«

»Ja, Sir. Mir hat er auch schon das Leben gerettet.« Dann sah Bishop, wie Frizzell über den Hügel lief, die Hände voller Bierdosen, und er rief: »Hey, Frizzell! Nur zwei Dosen, ja? Sie sind nicht mal alt genug zum Trinken. Nachher sind Sie so blau, daß Sie mir den Abhang runterfallen; dann brauchen die Gooks nicht mal mehr herzukommen.«

Frizzell ließ die Dosen fallen, dann bückte er sich und sammelte sie wieder auf. »Ja, Sir. Ich wollte sowieso nur zwei trinken. Die anderen hebe ich mir für morgen auf.«

»Bekommen Sie denn hier nicht regelmäßig Bier? Ich dachte, es gibt eine Bierration von zwei Dosen pro Tag«, sagte Romer.

»Das kann ja sein«, erwiderte Bishop. »Dann schulden sie uns jedenfalls eine Menge Bier. Ich habe noch nie gehört, daß die kämpfende Truppe Bier bekommt. Wahrscheinlich gibt's das nur in der Etappe.«

Marshall nickte. »Ich habe schon bemerkt, daß der Krieg an Orten wie Da Nang oder Cam Ranh Bay oder Saigon ganz anders ist, Lieutenant. Ich nehme an, das ist immer so. Ich habe ein bißchen

im Zweiten Weltkrieg und in Korea gekämpft, und ich weiß noch, daß wir für die in der Etappe nur Verachtung übrig hatten. Das war sicher schon in Troja und Jericho so.«

»Ich werde den Gunny fragen«, sagte Bishop. »Der war sicher damals schon dabei.«

Marshall lachte. »Gunnery Sergeants ändern sich nie, oder? Die sind eine Sorte für sich.« Und Leutnants ändern sich auch nicht, dachte er, als er Bishop anschaute und dann sich selbst in einem anderen Krieg vor nun fast zwanzig Jahren sah.

Er ließ den Blick über die Ebene schweifen, und plötzlich überkam ihn Traurigkeit. Nichts ändert sich, gar nichts. Und die jungen Männer sterben weiter.

»Ich glaube, ich sollte jemandem Bescheid sagen, wo wir sind«, meinte er schließlich zu Bishop.

Im Kommandobunker teilte Bishop dem Kompaniechef mit, daß Viceroy bei ihnen sei und über Nacht bleiben wolle. Er bat darum, die Nachricht an das Bataillon weiterzugeben.

Ein paar Minuten später knackte das Funkgerät, und eine kultivierte Stimme sagte ruhig: »Bravo eins, hier Dragon sechs.«

»Du lieber Himmel, das ist der Regimentskommandeur, der hat sich noch nie gemeldet«, sagte Brock.

»Dragon sechs, hier Bravo eins, bitte sprechen Sie!«

»Habe gehört, Sie haben einen Gast, einen Victor und so weiter.«

»Richtig, Dragon sechs.«

»Gut. Kann ich mit ihm sprechen?«

Bishop reichte den Hörer an Marshall weiter. »Hallo?«

»Hallo!« meldete sich Colonel Lownds ohne weitere Förmlichkeiten. »Was ich Ihnen über Sicherheit und uneinnehmbare Stellungen gesagt habe, gilt nur für meine Stellung, nicht für die, in der Sie sich gerade befinden. Ich rate dringend dazu, Ihre Pläne für den Abend zu überdenken.«

»Vielen Dank«, sagte Marshall. »Ich bin zwar offenbar etwas overdressed, aber ansonsten fühle ich mich ganz sicher.«

»Ich werde das Mike Alpha Charlie Victor mitteilen müssen.«

Marshall sah Bishop fragend an.

»MACV, Sir.«

Marshall drückte auf die Sprechtaste. »Grüßen Sie sie von mir! Auf Wiedersehen!«

Bishop lachte. »Junge, Junge! General Westmoreland wird ...«

»Ziegelsteine scheißen«, setzte Brock den Satz fort. »Entschuldigung, Sir!«

»General Westmoreland und ich verstehen uns bestens«, sagte Marshall. »Oder jedenfalls hat er verstanden, welche Stellung er hat.« Er sah sich zufrieden um. »Und was machen wir jetzt? Noch ein paar Sandsäcke füllen?«

»Also, Sir«, sagte Bishop, »wir haben wirklich nichts zu tun. Wir sitzen nur rum und warten, daß die Gooks angreifen. Dann schlagen wir zurück, und sie machen sich davon, und wir warten, bis es wieder losgeht...« Er zuckte die Achseln. »Das ist es dann schon. Die übrige Zeit hören wir uns die blöden Geschichten an, die der Gunny erzählt.«

»Und heute abend?« fragte Marshall.

»Die Männer wollen mit Mead quatschen. Ich möchte erfahren, was Jim... Lieutenant Magnuson getrieben hat...«

»Er soll Ihnen was von Dolores erzählen«, unterbrach ihn Romer.

»Und der Gunny kann dem Botschafter vielleicht erzählen, wie das damals in Jericho war.«

Plötzlich kreischte eine fürchterliche Salve Artillerie über sie hinweg. Alle duckten sich instinktiv, aber die Granaten flogen weiter und explodierten auf dem gegnerischen Höhenzug.

Bishop lachte. »Das ist heute abend wahrscheinlich der sicherste Ort in ganz Vietnam. Sie haben Angst, daß dem Botschafter was passiert. Darum werden sie den Feind jetzt kräftig eindecken. Heute nacht können wir eigentlich freinehmen.«

Offenbar hat er recht, dachte Marshall, denn Artilleriebeschuß und Luftangriffe wechselten sich in kurzen Intervallen ab.

Da Marshall die anderen nicht stören wollte und die Luft in dem unterirdischen Bunker recht stickig war, ging er gelegentlich hinaus, spazierte über den Hügel, setzte sich an den Rand des Abhangs und starrte in die Richtung, wo der Feind wartete.

Der Hügel war überaus spartanisch, fast reinigend, dachte Marshall. Er legte sich zurück und blickte in den Himmel. Die ersten Sterne waren schon sichtbar; er schloß die Augen; er hörte Lachen und das Geräusch von Transistorradios. Alles erschien so unschuldig, bis der Artilleriebeschuß von neuem begann und die Explosionen auf dem Höhenzug sichtbar wurden.

Allein in der Dunkelheit sitzend, dachte er viele Jahre zurück – an

den jungen Mann, der ängstlich in den Himmel über dem Pazifik gestarrt hatte vor einem Landungsunternehmen; der sich gefragt hatte, ob er sterben würde, ob er bald mit dem Gesicht nach unten im Wasser treiben würde wie so viele andere, und der später, in Chosin, frierend unter seinen Umhang gekauert, in die schwarze Leere gestarrt hatte, wohl wissend, daß nur ein Herzschlag ihn davon trennte, endgültig mit dieser Leere zu verschmelzen.

Er stand auf und beschloß, die Posten zu besuchen, um sich mit den Männern zu unterhalten.

Der erste Bunker, den er fand, war der von Coney, Frizzell und Sutherland. Als er den Kopf hineinstreckte, sprangen die drei hastig auf.

»Habt ihr nichts zu essen für mich?« fragte er. »Seit ich hier bin, hat mir noch niemand was angeboten. Ich bin fast am Verhungern.«

»Sir, wir haben nur Marschverpflegung da.«

»Ja und? Stimmt was nicht damit? Außer natürlich, daß sie wie Scheiße schmeckt?«

Sie lachten. »Nein, Sir. Sonst ist sie in Ordnung – außer daß sie ... na ja, wie Sie gesagt haben. Wir haben Schweinebraten und Rinderbraten – jedenfalls steht das auf den Dosen – und Bohnen und Frankfurter, und Schinken und Limabohnen.«

»Rinderbraten«, sagte Marshall, setzte sich auf den Boden und lehnte sich gegen die Sandsäcke. Er nahm die Dose und den Büchsenöffner, und überrascht sahen die drei, daß er damit umgehen konnte. »Dasselbe Ding haben wir schon in Korea gehabt«, sagte er. »Zu Schinken und Limabohnen haben wir damals ›Schinken und Motherfuckers‹ gesagt. Wie nennt ihr das Zeug heute?«

»Genauso, Sir«, erwiderten sie und setzten sich ebenfalls.

»Das hab ich eben noch zu Lieutenant Bishop gesagt: Es ändert sich nichts.« Er schob sich eine Scheibe Braten in den Mund und trank etwas von dem Bratensaft dazu.

Frizzell fragte zögernd: »Sir, könnten Sie mir sagen, was ein Botschafter macht?«

»Das hab ich selbst noch nicht ganz herausbekommen«, erwiderte Marshall. »Ich arbeite noch dran. Wir hören eine Menge zu. Sehen Sie, Präsident Johnson hat mich gebeten, hierherzukommen, mir anzusehen, was hier los ist, und es ihm dann später zu erzählen.«

»Kennen Sie Präsident Johnson wirklich, Sir?« fragte Coney.

»Ja. Er flucht noch schlimmer als ihr Jungs hier. Mensch, hab ich einen Durst. Habt ihr nichts zu trinken für mich?«

Frizzell holte eine seiner Bierdosen hervor. »Sie können die hier haben, Sir.«

»Danke«, sagte Marshall und öffnete die Dose. »Ich sorge dafür, daß ihr noch mehr bekommt. Versprochen.«

Bald redeten die drei ganz ungezwungen mit Marshall, und schon nach kurzer Zeit hatte sich der Bunker mit weiteren Männern gefüllt, die gehört hatten, daß der Botschafter dort war und mit den Leuten redete und Bier trank.

»Geht mal jemand zu Lieutenant Bishop und sagt ihm, daß wir hier mehr Bier brauchen? Ich habe sechs Kästen mitgebracht, das sind hundertvierundvierzig Dosen, also etwa fünf Dosen pro Nase. Davon wird niemand betrunken, und ich will auch meinen Anteil.«

Marshall sah sich in dem engen Bunker um und fragte: »Was macht ihr Jungs denn gewöhnlich, um euch die Zeit zu vertreiben? Spielt jemand Karten?«

Ein Geheul war die Antwort, und aus dem Nichts tauchten gleich mehrere Kartenspiele auf.

»Worum spielen wir?« fragte Marshall.

»Wir können Ihnen doch kein Geld abnehmen, Sir.«

»Aha, lauter Berufsspieler, was? Ich werd mich schon zu wehren wissen.«

Sie bildeten einen großen Kreis und spielten, wobei einige jeweils aussetzten, und während sie spielten, unterhielt Marshall sich mit ihnen über ihre Gefühle und Sorgen, hörte sich ihre Probleme und Klagen an und nahm ihnen nach und nach ihr ganzes Geld ab.

Während des Spiels spürte Marshall, wie eindringlich manche der Männer ihn ansahen. Ihre Blicke waren nicht feindselig, nur prüfend, als besäße er die Antwort auf Fragen und Zweifel, die sie plagten, und er fürchtete sich vor dem Augenblick, da einer von ihnen die unmögliche Frage stellen würde: Warum?

Und schließlich tat einer es. Martin hatte schon vor einer Stunde sein ganzes Geld verloren, und er wandte den Blick nicht von Marshall, selbst dann, wenn Marshall aufsah und ihn anlächelte.

Es war schon nach elf Uhr abends, als der letzte von ihnen, Sutherland, aufgab. Marshall strich das Geld ein. »Ihr Jungs habt mich gewinnen lassen, nicht? Das war doch nur Höflichkeit, oder?«

»Haben Sie gemogelt, Sir?« fragte Coney.

»Wahrscheinlich ist er so zu seinem Botschafterposten gekommen«, meinte Sutherland verbittert. »Er hat ihn beim Kartenspiel gewonnen.«

Marshall lachte. »Meine Herren, ich habe schon Karten gespielt, da wart ihr noch gar nicht geboren. Das haltet ihr vielleicht nicht für möglich, aber ich bin noch älter als euer Gunnery Sergeant.«

Sie taten erstaunt.

»Ist hier jemand vor 1942 geboren? Na bitte! Da war ich PFC bei den Marines und habe gepokert wie ihr jetzt. Wie ihr seht, bin ich euch ein paar Schritte voraus.« Er zeigte auf die Pin-ups an den Bunkerwänden. »Wir hatten auch solche Bilder. Da war noch nicht soviel Fleisch drauf zu sehen, aber es ging trotzdem um dieselben Dinge, von denen ihr jede Nacht träumt, und wir haben auch davon geträumt. Und wir hatten auch Mütter und Väter und Frauen und Freundinnen, und wir waren einsam und hatten Heimweh und Angst.«

Völlige Stille herrschte im Bunker.

Und dann redete Martin. »Sir, mein bester Kumpel ist gefallen. Er hieß Matt Landis. Ich möchte wissen, warum er gestorben ist. Ich möchte wissen, ob er für irgend etwas gestorben ist.«

Und da war sie, die schreckliche Frage.

Er sah von Martin zu den anderen, die alle schwiegen und warteten.

Marshall schloß die Augen, und als er sie wieder öffnete, warteten sie immer noch.

»Ich werde Ihnen die denkbar schrecklichste Antwort darauf geben«, sagte er schließlich. »Ich weiß es nicht. Mein Sohn, mein ältester Sohn – er ist genau in Ihrem Alter, und ich liebe ihn sehr – kommt nach Vietnam, diese Woche, glaube ich. Ich habe alles getan, um es ihm auszureden. Ich habe ihn angeschrien, ich habe ihn angefleht, und ich könnte es nicht ertragen, wenn ihm etwas geschähe. Wenn doch, werde ich dieselbe Frage stellen wie Sie; aber ich hätte trotzdem keine Antwort darauf.«

Er atmete tief ein und lehnte sich gegen die Sandsäcke zurück. »Ich denke, das ist eine Frage, die jeder für sich selbst beantworten muß. Das ist wie mit der Religion oder auch mit den Frauen. Was Sie in religiösen Dingen glauben, unterscheidet sich wahrscheinlich von dem, was ich glaube, und was ich glaube, ist wahrscheinlich

etwas anderes als das, was irgendeiner von Ihnen hier glaubt. Ich kann nicht sagen, das, was ich glaube, ist das Richtige; genausowenig könnte ich sagen, die Frau, die ich mir ausgesucht habe, wäre die richtige für jeden, oder das Mädchen, das Sie sich ausgesucht haben, ist besser als das von irgend jemandem sonst.«

Er sah jeden einzelnen im Bunker aufmerksam an. »Ich mag diesen Krieg nicht. Ich will nicht, daß mein Sohn herkommt. Ich will nicht, daß ihr hier seid. Ob Ihr Freund für irgend etwas gestorben ist? Ich hoffe – und wenn es nur darum ist, daß etwas von ihm in Ihnen weiterlebt. Jeder, der stirbt, kann in uns weiterleben. Wir können ihn mit uns nehmen und von ihm lernen. Wir können die Frage, die Sie stellen, auf viele verschiedene Weisen beantworten, ohne daß sein Tod völlig bedeutungslos würde. Wenn Sie meinen, die Antwort ist nein, der Krieg ist falsch, dann können Sie mit dieser Erinnerung leben und dafür sorgen, daß so etwas nicht noch einmal geschieht – daß nicht noch einmal jemand in einem Krieg stirbt, der falsch ist.«

Er schüttelte traurig den Kopf. »Ich habe schon lange befürchtet, daß jemand diese Frage stellt. Ich wünschte, ich könnte Ihnen eine bessere Antwort geben. Ich wünschte, ich könnte Ihnen von wunderbaren Dingen erzählen wie Opfer und Ruhm, aber ich kann nicht. Verzeihen Sie mir!«

Er stand auf und wandte sich dem Ausgang zu.

»Ihr Geld, Sir«, sagte jemand.

Er wandt sich um und sah auf das Geld an seinem Platz.

»Würdet ihr mir einen großen Gefallen tun? Wenn ihr von diesem Scheißhügel hier fortkommt, würdet ihr euch dafür so viel Bier kaufen, wie ihr dafür kriegt, und euch ganz fürchterlich besaufen?«

Dann ging er hinaus.

Erschöpft und leer wanderte er über den Hügel. Romer stand am Rande des Abhangs und sah hinaus auf die mondbeschienene Ebene.

»Eine wunderbare Nacht, nicht wahr, Sir?«

Marshall schwieg eine Weile mit ihm; die Dünen sahen aus wie ein friedliches Meer.

»Ja, Colonel«, sagte er schließlich und nickte. »Gute Nacht!«

Romer nahm kaum wahr, daß er wegging.

Das war es, was seinen Vater angezogen hatte, dachte Romer. Jetzt verstand er ihn. Es war schön und wunderbar. Er war sein

Vater, und sein Vater war ein Krieger aus längst vergangenen Zeiten. Der alte Mann hatte das geglaubt; oft hatte er gesagt, er sei die Inkarnation des Kriegers – sie alle lebten in ihm, seit unvordenklichen Zeiten sei er auf den Schlachtfeldern, das Blut aller Soldaten der Vergangenheit fließe in seinen Adern. Er hatte seinen Vater ausgelacht, aber sein Vater hatte recht gehabt. Und jetzt floß es in seinen Adern. Er fühlte die Gegenwart seines Vaters. Der alte Mann stand direkt neben ihm und sah verächtlich auf die Ebene hinunter – bereit zur Schlacht.

Ein mythischer Ort, dieser Hügel und die Ebene davor, dachte Romer.

Er verstand seinen Vater und dessen Liebe. Und jetzt empfand er dieselbe Liebe. Er gehörte hierher.

Am nächsten Morgen, nach einem überraschend langen und ruhigen Schlaf, verschlang Marshall ein paar Rationen Marschverpflegung, putzte sich die Zähne mit dem Finger und hatte gar keine Lust aufzubrechen.

Kurz bevor sie abflogen, nahm Romer ihn beiseite. »Ich möchte Sie um einen großen Gefallen bitten, Sir, obwohl Sie schon mehr als genug für mich getan haben, indem Sie mir den Posten als Bataillonskommandeur verschafft haben. Ich möchte die zwei Tage, die Sie in Hue verbringen, gerne hierbleiben. Sie brauchen mich dort doch nicht.«

»Was wollen Sie denn hier?« fragte Marshall.

Romer zeigte über die Ebene und auf den Höhenzug im Norden. »Ich kann es nur schwer erklären. Es gefällt mir einfach hier. Ich habe keine große Lust, mir Hue und die alten Paläste und die Gräber anzusehen. Außerdem wäre das hier bestimmt eine wichtigere Erfahrung für mich, wenn ich in ein paar Tagen mein Bataillon übernehme. Ich glaube, ich bekäme ein besseres Gefühl für die Männer und für kleine Einheiten.«

»Ich habe nichts dagegen«, sagte Marshall. »Meine Arbeit ist getan. Ich will mir nur noch ein paar historische Sehenswürdigkeiten anschauen. Ich bin einverstanden. Aber Sie sollten das mit Lieutenant Bishop und seinen Vorgesetzten abklären.«

»Ich glaube nicht, daß es da Probleme gibt.«

»Dann ist ja alles in Ordnung – solange Sie... wie soll ich es ausdrücken?«

»Solange ich mich um meine eigenen Angelegenheiten kümmere und denen hier nicht ins Handwerk pfusche.«

»Genau. Das ist Lieutenant Bishops Hügel.«

»Alles klar. Ich werde mich strikt aufs Beobachten beschränken.«

»Gut. Ich sorge dafür, daß Lieutenant Magnuson Sie übermorgen abholt, bevor wir nach Saigon zurückfliegen.«

Nach einem letzten Rundgang bedankte Marshall sich bei Bishop und Brock und stieg in den Hubschrauber.

Die Männer kamen, um Mead zu verabschieden, und nach allseitigem Händeschütteln und ein paar freundschaftlichen Püffen zwischen Magnuson und Bishop hob der Helikopter ab.

»Was ist mit Colonel Romer?« fragte Mead.

»Er bleibt noch ein paar Tage hier, während wir uns Hue ansehen.«

Mead sah aus dem Fenster auf den Hügel hinunter, der rasch entschwand. Er legte die Stirn in so tiefe Falten, daß Marshall ihm beruhigend auf die Schulter klopfte.

»Es ist schon in Ordnung. Am Tet-Fest herrscht Waffenruhe. Es kann gar nichts schiefgehen.«

43

»Was zum Teufel sollen wir mit ihm anfangen?« fragte Brock, als Romer den Kommandobunker verlassen hatte, um sich auf dem Hügel umzusehen.

Bishop zuckte die Achseln. »Er soll hier nur beobachten.«

»Gefällt mir nicht, daß er hier rumhängt«, sagte Brock. »Bestimmt will er raus. Ich wette, der nervt uns gleich, wir sollen eine Patrouille rausschicken.«

»Hab ich mir auch schon gedacht, Gunny. Von mir aus soll er ruhig. Ich schick ihn mit drei Mann raus. Dann können die sich meinetwegen fünfhundert Meter vor den Zaun setzen, und wir haben unsre Ruhe.«

»Hmmm«, machte Brock, und das hieß, wie Bishop wußte, daß er sich ärgerte, weil er nicht selbst auf die Idee gekommen war.

»Der will Action sehen. Okay, versteh ich – dann soll er sich ruhig die Nacht da draußen um die Ohren schlagen. Er kann ja nirgendwohin. Schließlich sagt der Befehl: fünfhundert Meter und keinen Schritt weiter! Dann ist er glücklich, und wir sind es auch.«

»Wer soll denn mit ihm gehen?« fragte Brock.

»Coney, Frizzell und Sutherland. Die werden schon mit ihm fertig.«

Brock schwieg eine Weile, dann schüttelte er den Kopf. »Das ist vielleicht doch keine so gute Idee, Lieutenant. Ich werde ja nicht mal mit den dreien fertig, und ich bin Gunnery Sergeant. Er ist ein Army-Colonel – der schafft das nie.«

»Ich will auch gar nicht, daß er mit ihnen fertig wird. Sie sollen mit ihm fertig werden, damit er keinen Unsinn anstellt. Oder glauben Sie, Sutherland macht mit, wenn der sie tiefer in die DMZ oder zum Höhenzug rüberführen will?«

Ein »Hmmm« war alles, was Brock darauf zu erwidern wußte.

»Phu Bai«, sagte Magnuson über den Bordlautsprecher. »Wir landen in ein paar Minuten.«

»Könnten Sie erst einmal eine Runde über Hue drehen?« fragte Marshall.

»Roger, Sir«, erwiderte Magnuson und zog den Hubschrauber nach links.

»Phu Bai ist die große Basis«, sagte Magnuson wie ein Fremdenführer. »An der Nationalstraße eins, knapp zehn Kilometer von Hue entfernt. Sie können die Straße unten sehen.«

Marshall sah aus dem Fenster; auf der anderen Seite tat Mead es ihm nach. Magnuson flog so niedrig, daß sie einen ausgezeichneten Blick auf die gesamte Landschaft hatten, auf Felder und Wälder, die der Krieg bislang anscheinend verschont hatte.

Dann tauchte Hue auf. Die vergoldeten Dächer der Pagoden, der Tempel und des Kaiserpalastes glänzten in der Sonne.

Magnuson ging fünfhundert Fuß höher und hielt die Maschine auf der Stelle, damit sie die ganze Schönheit der Hue umgebenden Landschaft bewundern konnten – das Gewirr der Lagunen, die Hue von der nur fünf Kilometer entfernten Küste des Südchinesischen Meeres trennte, und die smaragdgrünen Berge im Westen, die sie den »Schutzschild der Könige« nannten. Durch die Stadt schlängelte sich der Fluß der Düfte; vom See herab nahm er seinen Weg vorbei an den Gräbern der Kaiser, knapp zehn Kilometer vor der Stadt.

»Dahin möchte ich«, sagte Marshall.

»Zu den Gräbern müssen Sie einen Wagen oder ein Boot nehmen, Sir. Ein Hubschrauber wäre ein allzu einladendes Ziel.«

»In Ordnung«, erwiderte Marshall. »Dann fliegen Sie jetzt zurück nach Phu Bai!«

Der Empfang war wie überall auf ihrer Rundreise – eine respektvolle Begrüßung durch die leitenden Offiziere und das Angebot, ihm alles zu zeigen, was er zu sehen wünschte. Aber er sagte ihnen, sein Besuch sei rein privater Natur, er benötige lediglich einen Wagen, damit er die Stadt und die Gräber besichtigen könne.

»Möchten Sie einen Führer, Sir, der Ihnen den Kaiserpalast und einige Tempel zeigen kann?«

»Ja, das wäre gut. Vielen Dank!«

»Und eine bewaffnete Eskorte?«

Marshall schüttelte den Kopf. »Ich habe Corporal Mead. Glauben Sie, es ist so gefährlich, daß ich eine Eskorte brauche?«

»Hue ist wahrscheinlich die sicherste Stadt in ganz Vietnam«, erwiderte der Kommandeur. »Erst recht am Tet-Fest.«

»Sie rechnen nicht mit Schwierigkeiten?« fragte Marshall.

»Nein, Sir. Tet ist ihr Neujahrsfest und ihr höchster Feiertag. Da herrscht Waffenruhe; sie werden nicht angreifen. Das wäre so, als würden wir an Weihnachten eine Offensive starten – ganz ausgeschlossen.«

Am Nachmittag begann Marshall seine Besichtigungstour; man hatte ihm eine schwarze Limousine mit einem vietnamesischen Fahrer zur Verfügung gestellt, dazu einen hochgebildeten Fremdenführer, der sich als Alptraum für jeden Touristen erwies. Mit unendlich viel gutem Willen und Energie, einem gewaltigen Wissen und nicht zu bremsendem Redefluß, voller Stolz auf Kultur und Geschichte wechselte er zwischen Unterwürfigkeit und Tyrannei und ließ Marshall keinen Augenblick Zeit zum Nachdenken oder Genießen.

Zur Zitadelle wollte er Marshall heute nicht führen, das mußte man morgens tun; und zu den Gräbern ebenfalls nicht, denn die durfte man erst nach der Besichtigung der Zitadelle besuchen. Statt dessen schleppte er Marshall zu Tausenden von Tempeln und Pagoden und erzählte von der Geschichte der Stadt.

Obwohl Hue als »Alte Stadt« bezeichnet wurde, begann die Epoche seiner kulturellen wie politischen Bedeutsamkeit erst 1802.

Gia Long hatte Hue zur Hauptstadt gemacht, weil es auf halber Strecke zwischen Saigon und Hanoi lag, den Metropolen von Cochinchina und Tonkin; es war ein Kompromiß zwischen den äußerst verschiedenen Völkern im Norden und im Süden gewesen.

Aber die Unabhängigkeit der Vietnamesen war nur von kurzer Dauer. Schon 1847 trafen die Franzosen ein, und bis 1883 hatten sie das Land vollständig unter ihre Herrschaft gebracht. Der letzte Nguyen-Kaiser, Bao Dai, hatte 1955 abgedankt und lebte jetzt in Paris.

Am Ende des Tages überreichte der Führer Marshall einige Bücher und trug ihm auf, sie sich anzusehen, bevor man morgen zur Besichtigung der Zitadelle und der Gräber aufbrach.

Als Marshall in sein Quartier in Phu Bai zurückkehrte, hatte er heftige Kopfschmerzen. Er ließ sich das Essen aufs Zimmer bringen und gab Anweisung, dem Fremdenführer für den nächsten Tag, den letzten vor dem Tet-Fest, abzusagen; nur der Fahrer solle um neun Uhr mit dem Wagen auf ihn warten. Diesmal wollte er die Sehenswürdigkeiten allein und ungestört genießen.

»Ich frage mich, Lieutenant«, sagte Romer, der kaffeetrinkend im Kommandobunker saß, »warum Sie nicht nachts eine Patrouille ausschicken oder einen Hinterhalt legen.«

Bishop warf Brock einen raschen Blick zu, dann erklärt er: »Also, Sir, wir haben Befehl vom Regiment und von der Division, uns nicht weiter als fünfhundert Meter vom Sperrzaun zu entfernen. Ich habe keine Angst, daß ein Stoßtrupp uns überraschen könnte. Wir haben so viele Stolperdrähte und Minen gelegt, daß nicht mal Houdini sich hier reinschleichen könnte. Ich fürchte eher einen richtigen Angriff. Eine Patrouille draußen vorm Zaun würde uns dann nur Schwierigkeiten machen, weil wir erst mal zusehen müßten, daß sie heil zurückkommen, bevor wir richtig zurückschlagen können.«

Es klang so vernünftig, daß Brock, der in seiner Ecke saß, schon Angst hatte, Bishop könnte den Bogen überspannt haben. Wenn Romer jetzt nachgab und dablieb, würde er ihnen die ganze Nacht auf die Nerven gehen.

»Kann es denn schaden«, fragte Romer, »wenn man eine Patrouille rausschickt?«

»Ich kann keine Patrouille rausschicken, Sir. Eine Patrouille bedeutet Bewegung, und wie ich schon gesagt habe, dürfen wir uns nur fünfhundert Meter vom Sperrzaun entfernen. Ein Hinterhalt oder ein Horchposten wären allerdings möglich.«

Romer sprang sogleich darauf ein. »Ich möchte gern da draußen sitzen, Lieutenant. Dagegen habe ich keine Lust, hier drinnen zu hocken.«

»Ich könnte Ihnen drei Mann mitgeben, Sir«, erwiderte Bishop. »Aber Sie müssen sich an die Vorschriften halten – nicht weiter als fünfhundert Meter vom Sperrzaun. Den Befehl habe ich sogar schriftlich bekommen.«

»Ich habe schon verstanden, Lieutenant. Ich möchte nur ein Gefühl dafür bekommen, bevor ich wieder aufbreche. Ich habe so lange in Saigon herumgesessen, daß ich mich schon schäme. Hier draußen an der DMZ zu sein, das ist schon was für mich.«

»Sie können etwa in einer Stunde losgehen«, sagte Bishop. »Ich sage den Männern Bescheid.«

Bishop verließ den Bunker und ging langsam über den Hügel. Die Nacht war kalt und dunkel; es waren noch zwei Tage bis zum Neumond, und kein Stern war zu sehen.

»Meine Herren«, begann er und ließ die drei in ihrem Bunker

hochfahren, »Ihr Auftrag für heute abend, falls Sie so freundlich sind, ihn anzunehmen...«

»Abgelehnt«, sagte Sutherland.

Bishop tat zutiefst verletzt und legte die Hand auf die Brust. »Wollen Sie Ihr Land im Stich lassen? Und mich? Und Ihre Mütter, Frauen und Freundinnen?« Er zeigte auf die Pin-ups an der Wand. »All diese tollen Fotzen?«

»Der wird auch jeden Tag verrückter«, sagte Coney zu Frizzell.

»Also, ihr drei habt einen Sonderauftrag. In einer Stunde geht ihr mit diesem Army-Colonel raus, hockt euch ein paar Stunden da draußen vor den Zaun, und dann kommt ihr wieder zurück.«

Sie starrten ihn verständnislos an. »Warum?« fragte Sutherland schließlich.

»Weil er gerne mal raus möchte. Er hat noch nie in einem Hinterhalt gesessen. Er meint, das wäre eine gute Erfahrung. Nächste Woche übernimmt er ein Bataillon, und er möchte was lernen.«

»Das erste, was der blöde Hund lernen sollte, ist, daß man einen sicheren Platz nicht verläßt, um sich draußen vor dem Zaun rumzutreiben«, maulte Sutherland.

»Das ist keine gute Idee, Sir«, sagte Coney zweifelnd.

»Sie haben recht, aber es ist auch nicht gefährlich. Ich würde es auch nicht machen, wenn er es nicht unbedingt wollte. Und vielleicht hat es ja auch sein Gutes; vielleicht lernt er, daß es unnötig ist. Wenn er dann selbst das Kommando hat, schickt er seine Leute dann später vielleicht nicht wegen nichts los.«

Bishop setzte sich zu den dreien. »Ich würde euch nicht rausschicken, wenn es gefährlich wäre. Dafür würde ich euer Leben nicht aufs Spiel setzen, aber im Augenblick gibt es keine Feindbewegungen und keinen Funkverkehr. Alles ist ruhig. Und dann sind es ja nur fünfhundert Meter. Wißt ihr, wie weit fünfhundert Meter sind?«

»Genau von hier bis zur Hölle?«

»Fast, aber nicht ganz. Zur Hölle ist es eine Meile – also bis zum Höhenzug. Fünfhundert Meter sind ein Drittel davon. Und so weit sollt ihr gehen. Tatsächlich dürft ihr gar nicht weiter. Wenn ihr durch den Zaun seid, macht ihr fünfhundert Schritte – aber richtige Schritte, Sutherland, keine Schrittchen. Dann setzt ihr euch da hin. Mehr braucht ihr nicht zu machen. Einfach nur ein paar Stunden rumsitzen. Meinetwegen könnt ihr ihm 'ne kleine Show bieten, ihm

ein bißchen Angst machen. Sagt einfach, ihr riecht Gooks, oder ihr hört sie. Das kann doch ganz lustig sein, oder? Aber keinen Schritt weiter als fünfhundert Meter! Vielleicht will er weiter gehen. Gerade deswegen habe ich euch ausgesucht. Er ist ein Colonel; wenn ich andere losschicke, bringt er sie vielleicht dazu, was zu machen, was sie eigentlich nicht dürfen. Aber ihr würdet da nicht mitmachen. Ist doch so, oder?«

»Wohl kaum«, sagte Coney. »Auf keinen Fall gehe ich weiter als... Was haben Sie gesagt, Lieutenant? Fünfzig Fuß?«

»Also, in einer Stunde«, erwiderte Bishop. Er stand auf, stellte sich vor eines der Pin-ups, seine Nase direkt an ihrem Geschlecht. »Das Mädchen kenn ich doch.« Er schnupperte. »Ja, das ist sie.«

Romer machte solch ein Theater um das Reinigen und Ölen seines Gewehrs, das Aufziehen der Handgranaten und das Schwärzen seines Gesichts, daß Brock es nicht mitansehen konnte und den Bunker verließ. Als die drei dann zur Einsatzbesprechung erschienen und Romer sahen, mußten sie an sich halten, daß sie nicht losprusteten. Er sah aus, als wollte er bis Hanoi durchmarschieren. Er schüttelte ihnen feierlich die Hand.

»Wer nimmt das Funkgerät?« fragte Bishop.

»Ich«, sagte Coney.

»Und wer übernimmt die Spitze?«

Frizzell und Sutherland sahen sich an; dann zuckten beide die Achseln. Bishop warf eine Münze; Sutherland verlor. Frizzell entschied sich dafür, die Spitze zu übernehmen.

Bishop zeigte ihnen die Position des Hinterhalts auf der Karte und schärfte ihnen noch einmal ein, auf keinen Fall weiter zu gehen.

»Es ist zwar den ganzen Tag ruhig geblieben, aber ihr Jungs wißt ja, was das bedeutet – gar nichts. Bald haben die hier das Tet-Fest. Uns liegen keine Beobachtungen oder Warnungen vor, aber nach allem, was ich oder General Cushman weiß, kann es genausogut sein, daß da draußen zehntausend Gooks in den Startlöchern knien, um heute nacht loszuschlagen. Okay, noch Fragen?«

»Ich möchte noch mal auf die Sache mit den fünfhundert Metern zu sprechen kommen«, sagte Sutherland.

»Ich denke, das haben wir alle verstanden«, erwiderte Bishop. »Das Rufzeichen ist... Hat jemand einen Vorschlag?«

»Peggy«, sagte Romer. »Das ist meine Frau.«

Betretenes Schweigen folgte, dann sagte Frizzell: »Sir, wir können keinen Mädchennamen nehmen, das ist...«

»Das ist nur so ein Aberglaube, Colonel«, unterbrach ihn Bishop. »Niemand weiß, wie das überhaupt angefangen hat, aber in dieser Einheit ist es schon immer tabu gewesen, einen Frauennamen als Rufzeichen zu nehmen.«

»Dann soll jemand anders eins aussuchen«, sagte Romer gut gelaunt und ohne jede Verstimmung.

Aber die drei Männer waren verstimmt. Der Aberglaube war angesprochen worden,wenn auch nur kurz; das Tabu war gebrochen. Sie blickten sich nervös an.

»Dodgers«, sagte Bishop rasch, um die Situation zu entschärfen und um Sutherland zu beruhigen, der aus Los Angeles stammte.

»Tigers«, sagte Coney, der aus Detroit kam.

»Sie tragen das Funkgerät – also Tigers«, entschied Bishop.

Sie verließen den Bunker, probierten das Funkgerät aus und überprüften gegenseitig Gewehr und Ausrüstung, dann gingen sie den Hang hinunter zu dem Durchlaß im Sperrzaun, als erster Frizzell, dann Coney mit dem Funkgerät, dann Romer und schließlich Sutherland.

Die drei hatten die ganze Angelegenheit als Witz betrachtet – bis zu Romers Ausrutscher. Daß er das Tabu gebrochen hatte, veränderte alles. Plötzlich war es eine sehr ernste Sache, und es wurde immer schlimmer, je mehr sie darüber nachdachten, denn anscheinend liefen die Dinge immer dann schief, wenn man es am wenigsten erwartete. Sutherland spürte das deutlich. Er mochte Lieutenant Bishop, ja er vertraute ihm sogar, doch diese Patrouille war nur ein Scherz für den Lieutenant, und für den Colonel war sie ein Spiel, aber sie war kein Spiel – sie war sein Leben.

Nach Landis' Tod hatte Sutherland sich geschworen, nie mehr zuzulassen, daß jemand mit seinem Leben spielte.

Und auch für die Gooks war das alles kein Spiel. Sie waren da draußen, um ihn zu töten.

Der Tod wartete jenseits des Sperrzauns, und er sah ihn deutlich vor sich – einen silbern schimmernden Sarg, der Deckel geöffnet. Er schloß die Augen und griff nach seinem Amulett.

Sie waren am Sperrzaun angelangt. Die anderen drei schlüpften hindurch, aber Sutherland zögerte so lange, bis Frizzell und Coney umkehrten und zu ihm zurückgingen.

Gespannt warteten sie mit ihm, versuchten zu erspüren, was vor ihnen lag.

»Wir müssen weiter«, sagte Frizzell schließlich.

»Die sind da draußen«, erwiderte Sutherland.

Wieder warteten sie, denn sie wußten, wie wichtig es war, dem Gespür zu vertrauen, wenn man überleben wollte – vor allem bei einem Mann wie Sutherland, der sich nicht leicht einschüchtern ließ.

Sie sahen zu Romer hinüber, der geduldig wartete.

»Das ist ein Unglücksrabe.«

»Er hat es nicht gewußt«, beschwichtigte Coney. »Es war keine Absicht.«

»Ja«, sagte Frizzell. »Vielleicht macht es gar nichts bei jemand, der nicht zu uns gehört.«

Sutherland zögerte immer noch. Er hatte sich aufmerksam angehört, was Marshall zu Martin gesagt hatte. Wenn dieser Mann schon dachte, daß der Krieg falsch war – was sollte das alles dann? Warum war er hier? Warum riskierte er sein Leben? Das andere – daß man die Toten in sich trägt –, das waren nur Worte. Was hatte Landis davon oder Miller oder Snags und all die anderen? Tot war tot. Und tot war nichts.

Er würde nicht so enden; er würde nicht sterben, weil jemand sich einen Spaß erlaubte oder ein wenig spielen wollte.

Er blickte über den Sperrzaun hinweg. Der Sarg war immer noch da. »Nein«, sagte er.

Coney berührte ihn am Arm. »Wir müssen.«

»Komm schon, Scott«, zischte Frizzell. »Es passiert schon nichts.« Er zog ihn, und schließlich gab Sutherland nach und schlüpfte durch den Sperrzaun. Die Dunkelheit hüllte sie ein, aber immer noch sah er den Sarg. Er wußte, so nahe wie jetzt war er dem Tod noch nie gewesen.

Frizzell übernahm wieder die Spitze; sie gingen langsam den Abhang hinunter und weiter Richtung Westen.

Sonst hatten sie sich immer schnell und sicher vorwärtsbewegt, so vertraut war ihnen das Gelände; doch diesmal kam Frizzell nur langsam voran, denn er spürte, daß etwas nicht stimmte. Und es war nicht einmal wegen Romers Tabuverletzung. Irgendwie war die Nacht anders als sonst; sie war dunkler; es lag etwas in der Luft, und selbst der Boden schien feindlich.

Die Nacht war so schwarz, daß sie fast die Orientierung verloren. Weder der Höhenzug noch der Hügel waren zu sehen. Sie waren so fern von allem und so isoliert, als trieben sie durch den Weltraum.

Als sie sich der für den Hinterhalt vorgesehenen Stelle näherten, ging Frizzell voraus, um die Lage zu prüfen. Er entfernte sich kaum dreißig Schritt von ihnen, und dennoch hatte er Schwierigkeiten, sie wiederzufinden.

Auch nachdem sie ihre Stellung bezogen hatten, ließ ihre Anspannung nicht nach, denn es war ihnen unmöglich, auch nur das geringste Maß an Kontrolle über ihre Umgebung zu gewinnen. Es war ihnen, als hingen sie wie Spinnen an einem einzigen dünnen Faden über einer unendlichen Leere.

Romer konnte nicht wissen, daß die drei sich anders fühlten als sonst. Für ihn war dies die erste Patrouille in feindlichem Gelände, und es war erregend. Sein Geist und sein Körper vibrierten vor Konzentration. Er war das Wesen des Seins, destilliertes und purifiziertes Ich – frei von jeder Last, ohne Vergangenheit und ohne Zukunft, allein im Dunkel des Universums, kein Teil davon, nicht in Harmonie damit, sondern auf ehrfurchtgebietende Weise losgelöst, das einzige Wesen im ganzen Universum – alles.

Das rauschhafte Gefühl breitete sich aus, verlieh ihm ein Bewußtsein der Allmacht, bis er kaum noch stillsitzen konnte.

Bei den anderen blieb die Beruhigung aus, die gewöhnlich einsetzte, wenn ein Hinterhalt eingerichtet war. Je länger sie dasaßen, desto unbehaglicher wurde es ihnen. Unglück lag in der Luft.

Es war nichts zu riechen oder zu hören.

Es war nicht der Feind.

Das spürte Sutherland deutlich: Es war nicht die Anwesenheit von Gooks, sondern etwas weit Schlimmeres; nicht der Feind, sondern das Feindliche schlechthin, etwas Furchtbares und Schreckliches, eine Macht von verheerender Stärke, die sie wie Zwerge erscheinen ließ; eine göttliche Macht von niederschmetternder Brutalität.

Sutherland erschauerte davor. Auch er war allein, war destilliertes Sein, aber ihm erwuchs kein Allmachtsgefühl daraus; er duckte sich unter dem Gewaltigen, das über ihm lauerte.

Nach zwei Stunden konnte Romer es nicht mehr aushalten. Der Feind würde nicht kommen – also mußte er zu ihm gehen.

»Los, wir gehen!« sagte er plötzlich und schreckte die anderen auf. »Hier passiert doch nichts.«

Sie dachten, er meinte, zurück zum Hügel. Coney nahm das Funkgerät und flüsterte: »Ich muß denen Bescheid sagen, daß wir kommen, damit die uns nicht abknallen.«

»Nicht zurück«, versetzte Romer. »Weiter vor.«

»Was?« sagte Sutherland und dann rasch: »Nein.«

»Nur ein Stück weiter Richtung Höhenzug. Da sind sie.«

»Scheiße, nein«, erwiderte Sutherland. »Natürlich sind sie da, und wir bleiben hier.«

»Colonel!« flüsterte Coney. »Wir können nicht weiter vor. Wir sind schon so weit, wie wir dürfen.«

»Außerdem«, fügte Sutherland nicht sonderlich respektvoll hinzu, »bewegt man einen Hinterhalt nicht, wenn er erst mal steht. Man bleibt da, bis man sich zurückzieht.«

»Ich will näher an den Höhenzug heran«, sagte Romer, der es als Offizier nicht gewöhnt war, sich von ein paar Wehrpflichtigen belehren zu lassen, die gerade halb so alt waren wie er.

Coney versuchte es mit Vernunft. »Sir, wir können nicht. Es ist gegen den Befehl, und Scott hat recht, man verlegt einen Hinterhalt nicht, wenn er eingerichtet ist; das ist zu gefährlich. Der Feind könnte es sehen, falls er da ist. Man muß schon warten, daß er kommt.«

Frizzell schaltete sich besänftigend ein. »Meistens sitzt man nur da, und es passiert nichts. Wir haben fast nie Feindberührung, Sir, vielleicht einmal auf fünfzig Einsätze. So ist das nun mal.«

»Also, die sind da draußen«, sagte Romer mit Nachdruck. »Wir wissen, daß sie da sind, und wir werden nicht darauf warten, daß sie herkommen; wir gehen zu ihnen. Man wartet doch nicht, bis jemand einem in die Eier tritt – dann ist es zu spät. Wir gehen los und holen sie uns.«

Die drei schwiegen eine ganze Weile. Natürlich kam es nicht in Frage, daß sie den Hinterhalt verlegten, aber alle dachten fieberhaft nach, wie sie die bedrohliche Situation abwenden konnten, die sich offensichtlich entwickelte. Sie waren einfache Soldaten, Wehrpflichtige; er war Lieutenant Colonel und stand Lichtjahre über ihnen.

Es bestand die Gefahr, daß er ihnen einen ausdrücklichen Befehl gab, das war ihnen klar – einen, der falsch, gefährlich und wahr-

scheinlich ungesetzlich war, aber dennoch ein Befehl, und wenn sie ihn mißachteten, liefen sie Gefahr, daß Romer sie vors Kriegsgericht brachte. Sie waren lediglich einfache Soldaten. Auf wessen Seite würden die Militärs sich wohl stellen? Welche Chance hatten sie schon, wenn ihre Richter gleichfalls hohe Offiziere sein würden?

»Sie übernehmen die Spitze«, sagte Romer zu Frizzell, »und führen uns Richtung Höhenzug.«

»Verdammt noch mal, nein!« erwiderte Sutherland. »Wir bleiben hier.«

»Das ist ein Befehl, Soldat«, drohte Romer.

»Hör zu, du Wichser ...«

»Scott!« zischte Frizzell warnend. »Colonel, das dürfen wir nicht, wir ...«

»Vorwärts!« sagte Romer. »Ich übernehme die volle Verantwortung.«

»Du verdammter Hurensohn!« fuhr Sutherland ihn an. »Ich scheiße auf deine Verantwortung. Die knallen uns ab, wenn wir denen zu nahe kommen. Geht das nicht in deinen verdammten Schädel rein?«

Romer packte Sutherland am Kragen, riß ihn hoch und stieß ihn Richtung Höhenzug. Sutherland machte kehrt und versuchte, an seinen Platz zurückzukommen, doch Romer stieß ihn noch einmal, so daß er aus dem Gleichgewicht geriet und hinfiel.

Romer, der über Coney und Frizzell stand, sagte in barschem Ton: »Vorwärts jetzt!«

Bevor sie irgend etwas tun oder sagen konnten, hörten sie, wie ein Gewehr entsichert wurde, dann folgte ein fürchterlicher Knall, und Romer brach neben ihnen zusammen, von der Wucht der Kugel nach hinten geschleudert.

Und dann stand Sutherland über ihnen. Er ließ sich auf den Boden fallen und begann sogleich, in die Dunkelheit zu feuern.

»Feuer!« rief er Frizzell und Coney zu.

Sie dachten keinen Augenblick nach, sondern schossen gleichfalls blind in die Nacht.

Das Funkgerät knackte. »Tigers, Tigers, Bravo eins, Bravo eins.«

Coney rief in die Sprechmuschel: »Feindberührung.« Dann schoß er weiter, bis er sein Magazin wechseln mußte.

»Wo sind sie?« fragte Frizzell. »Wie viele? Ich kann überhaupt nichts sehen.«

Zwischen zwei Salven sagte Sutherland: »Da ist niemand. Ich hab den Scheißkerl erschossen. Schieß weiter!« Er griff nach dem Gewehr, das Romer hatte fallen lassen, und zog am Abzug – nichts.

»Das Ding klemmt. Blöder Hund!«

»Mensch, Scott«, sagte Frizzell. »Du hast ihn umgebracht.«

»Verdammt noch mal, ja.«

»Tigers, Bravo eins. Was ist los?« hörten sie Bishops Stimme.

Coney sah Sutherland an. Einen endlosen Augenblick lang starrten sie sich an, dann drückte Coney auf die Sprechtaste. »Die haben uns von zwei Seiten in die Zange genommen. Wir haben mindestens einen Verwundeten. Wir müssen hier raus.«

Frizzell und Sutherland feuerten noch ein paar Salven.

»Er ist aufgestanden, okay? Wir haben ihm gesagt, er soll unten bleiben, aber er dachte, er hat was gehört, und ist aufgestanden. Und genau da haben die geschossen, und wir haben zurückgeschossen. Macht ihr jetzt mit oder nicht?« fragte Sutherland.

»Natürlich«, erwiderte Frizzell. »Wir sind doch Kumpels, oder?«

»Ja, ja«, sagte Coney. »Aber die Geschichte muß sitzen. Wir haben was gehört, okay? Geräusche, irgendeine Bewegung. Und plötzlich wollte er los und auf sie drauf. Wir haben ihm gesagt, er soll unten bleiben, aber er ist hoch, und dann haben sie ihn abgeknallt, und wir haben zurückgeschossen. Wir müssen alle genau dasselbe erzählen, und niemand darf was dazutun. Okay?«

»Ja, ja, ich hab's schon kapiert«, versetzte Sutherland.

Plötzlich hörten sie vom Höhenzug her das Krachen mehrerer Mörser.

»Scheiße!« rief Sutherland. »Weg hier! Die haben das Mündungsfeuer gesehen.«

»Nehmt ihn!« schrie Coney, kämpfte sich hoch, das schwere Funkgerät auf dem Rücken, und rief in die Sprechmuschel: »Wir kommen rein. Wir kommen.«

Frizzell packte Romer, wuchtete ihn sich auf die Schultern und begann zu laufen.

Die ersten Granaten verfehlten den Hinterhalt knapp, aber die Druckwelle der Explosionen warf Frizzell zu Boden, und da Romer auf ihm lag, kam er nicht wieder hoch.

»Helft mir!« schrie er. Sutherland war sogleich bei ihm und half

ihm hoch. Sie liefen weiter, zogen die Leiche hinter sich her, während auf dem Höhenzug eine weitere Salve abgeschossen wurde. Und plötzlich hörten sie auch das Knattern von Maschinengewehren hinter sich.

»Scheiße!« schrie Coney. »Die sind hinter uns. Runter!«

»Nein!« rief Sutherland. »Die Mörser. Weiter!«

Diesmal trafen die Granaten genau die Stelle des Hinterhalts, und Splitter flogen ihnen um die Ohren.

»Sag denen, daß wir von vorne reinkommen!« rief Frizzell. »Wir schaffen es nicht hintenrum.«

»Bravo eins, Bravo eins, hier Tigers. Wir kommen rein. Noch nicht schießen! Wir kommen direkt von vorn. Noch hundert Meter. Nicht schießen!«

Jetzt konnten sie den Sperrzaun sehen, aber der Feind verlegte das Ziel des Mörserbeschusses nach jeder Salve um hundert Meter Richtung Sperrzaun.

»Negativ! Negativ!« schrie Bishop ins Funkgerät. »Die halten die Mörser direkt auf euch. Das schafft ihr nicht. Ihr müßt hintenrum kommen. Nach links! Sofort!«

Sie wechselten sogleich die Richtung und liefen nach Westen, aber es war, als wateten sie durch Wasser; unter dem Gewicht, das sie trugen, versanken ihre Stiefel im Sand, und als die nächste Salve hereinkam, warf die Druckwelle sie alle zu Boden. Doch sofort rappelten sie sich wieder hoch, liefen weiter nach Westen und um den Hügel herum.

Die nächste Salve landete direkt im Sperrzaun, genau dort, wo sie jetzt gewesen wären. Aber sie waren in Sicherheit, der westliche Abhang schützte sie vor den Granaten, und nun nahm auch die Artillerie in Khe Sanh den Höhenzug unter Beschuß; riesige 105- und 155-Millimeter-Granaten durchpflügten die feindliche Stellung und trieben die Mörsermannschaften unter die Erde zurück.

Die drei schleppten sich zum Sperrzaun, wo Brock und ein paar andere sie in Empfang nahmen und ihnen hindurchhalfen. Brock rief: »Wen hat's erwischt? Wer ist getroffen?«

Doch keiner von den dreien konnte ihm antworten; sie ließen sich zu Boden fallen, wälzten sich auf den Rücken und schnappten nach Luft.

»Der Army-Colonel«, rief Martin erleichtert. Brock und die anderen drängten sich um sie und fragten immer wieder: »Seid ihr

okay?« »Alles in Ordnung?« »Ist sonst noch jemand verletzt?« »Mensch, wir dachten, diesmal seid ihr dran.«

Dann brachte Sutherland keuchend hervor: »Die sind auf uns zu gekommen. Wir haben ihm gesagt, er soll unten bleiben, aber er ist hoch, er wollte auf sie los, und dann haben sie ihn erwischt, und wir haben geschossen, und ...«

»Laß das jetzt!« sagte Brock. »Geht jetzt zurück auf eure Posten! Vielleicht greifen sie an. Zwei von euch nehmen die Leiche und bringen sie zum Bunker.«

Als der Artilleriebeschuß eingestellt wurde und keine Gefahr eines feindlichen Angriffs mehr zu bestehen schien, rief Bishop die drei zu sich in den Bunker.

Er bat jeden von ihnen, die Geschichte zu erzählen, und hörte zu, ohne ein Wort zu sagen. Dann ließ er sie abtreten.

In ihrem Bunker saßen die drei nervös beisammen und rauchten.

»Er hat uns nicht geglaubt«, sagte Sutherland. »Er hat gemerkt, daß wir lügen.«

»Er hat mich immer so angestarrt«, meinte Frizzell. »Der weiß, daß wir ihm was vormachen. Was meinst du, Dennie, was wird er machen? Die können uns dafür hängen. Was meinst du, was er macht?«

Coney zog an seiner Zigarette und blies den Rauch heftig aus. »Nichts. Wir haben zu Scott gehalten, und der Lieutenant wird zu uns halten, das ist alles.« Er seufzte und lehnte sich erschöpft gegen die Bunkerwand. »Der Colonel hatte keinen, der zu ihm gehalten hat. Der arme Hund war allein.« Dann schüttelte er den Kopf. »Mensch, Scott ...«

Sutherland senkte den Blick. »Tut mir leid«, sagte er schließlich, und dann zu ihnen gewandt: »Danke.«

»Was denken Sie, Gunny?« fragte Bishop, als die drei gegangen waren.

Brock schüttelte den Kopf. »Ich bin nur ein blöder *old lifer*, Lieutenant, ich denke nicht. Werden Sie denken, Lieutenant?«

Bishop rieb sich die Wange und fuhr mit der Hand durchs Haar. »Nein«, sagte er dann. »Ich werde auch nicht denken.« Er seufzte. »Das würde auch nichts nützen, oder?«

»Denken nützt nie was, Lieutenant. Jedesmal, wenn ich's versuche, läuft was schief.«

»Dieser blöde Hund«, sagte Bishop wütend. »Das hätte er uns auch ersparen können. Er hätte gar nicht erst herkommen sollen, verdammt!« Und er schüttelte den Kopf. Aber seine Wut galt ihm selbst, weil er zugelassen hatte, daß die Dinge außer Kontrolle gerieten.

»Ach, vergessen Sie das, Lieutenant!« sagte Brock. Er stand auf, ging zu einem Haufen leerer Konservendosen, nahm eine auf und zeigte sie Bishop.

»Aprikosen«, sagte er. »Die hat er gegessen. Ich hab ihm gesagt, er soll es seinlassen. Ich hab ihm gesagt, daß alle draufgegangen sind, die das gemacht haben. Er hat mich ausgelacht, Lieutenant.«

Brock ließ die Dose fallen. »Es mußte so kommen, Lieutenant. Vielleicht war's sein alter Herr, vielleicht waren's die Aprikosen. Aber es mußte so kommen.«

Bishop stand auf. Er brauchte frische Luft. Am Bunkereingang drehte er sich um. »Mehr war es nicht, Gunny? Nur ein paar Aprikosen?«

Brock zuckte die Achseln. »Lieutenant, das hat genausoviel Sinn wie alles andere, oder?«

Bishop starrte ihn an, dann wandte er sich zur Leiter und stieg hinauf. Der Leichensack lag neben dem Bunker. Er warf einen Blick darauf, dann ging er an den Rand des Abhangs. Die Nacht war schwarz, der Höhenzug nicht zu sehen, der Feind verborgen.

»Aprikosen«, sagte er leise in die Dunkelheit. Dann seufzte er. Ja, das war wohl der ganze Sinn, der darin steckte.

44

Die Gärten des kaiserlichen Palastes waren verwahrlost, die Teiche voller Binsen und brackigem Wasser, die Mauern in desolatem Zustand, die ehemals leuchtenden Rot- und Goldtöne verblaßt und matt, aber dennoch fand Marshall die Zitadelle nicht traurig oder deprimierend.

Der Palast war keine Ruine, sondern nur ungepflegt und vernachlässigt, als hätten seine Bewohner sich auf eine lange Reise begeben und das zurückgebliebene Personal wäre zu müde oder zu alt, um alles in Ordnung zu halten.

Am Vormittag war Marshall bei der Zitadelle angekommen und hatte alles verlassen vorgefunden. Es war der Tag vor dem Tet-Fest, aber wahrscheinlich kamen auch sonst nur wenige Besucher her. Der Palast war kein Monument vergangener Größe, kein Tempel liebenden Angedenkens und kein Symbol zukünftiger Hoffnung; er war bedeutungslos, war im Denken und Fühlen der Menschen ebenso verblaßt wie in seiner äußeren Erscheinung.

Aber Marshall mochte den Palast. Er verbrachte mehrere Stunden darin, nachdem er den Burggraben überquert und die erste der konzentrisch angelegten »Städte« innerhalb der Befestigungsanlage betreten hatte.

Auf die äußere »Hauptstadt« folgte, gleichfalls durch eine Mauer getrennt, die »Königsstadt«. Er wanderte über die Kieswege der verwahrlosten Gärten, vorbei am »Palast der Geister der sechs Kaiser«, dem »Tempel der Generationen« und der »Halle des Mondscheins und des Glanzes der Sonne«. Auf einer Brücke über einen Teich blieb er stehen und sah den Karpfen zu, deren Schuppen im Sonnenlicht schinmmerten; die Spiegelbilder von Tempeln schwammen auf der Wasseroberfläche.

Obwohl nicht vorausgeplant, war es fast Mittag, als er das Zentrum der Zitadelle betrat, den Tu Cam Thanh, die »Verbotene Purpurstadt«, hinter der dritten konzentrischen Mauer, wo einst die Kaiser mit ihren Familien und Konkubinen in völliger Abgeschiedenheit gelebt hatten. Hier war der Thai Ho, der »Palast des vollkommenen Friedens«, die Mittagssonne ließ das Rot der

Wände leuchten, das steile vergoldete Dach stieg wie eine Flamme in den Himmel, und die Drachen spien Feuer.

Auf der anderen Seite des Hofes stand der »Palast des langen Lebens«, in dem die Mütter der Kaiser gelebt hatten.

Mead hielt sich in respektvollem Abstand hinter Marshall; er freute sich über die wärmende Sonne, das Gewehr nachlässig über die Schulter gehängt. Er hatte nicht die mindeste Vorstellung von dem Leben, das hier einmal geherrscht hatte; für ihn glich alles einer Postkarte.

Doch Marshall spürte dieses Leben; im wärmenden Sonnenschein auf den Stufen des Palastes stehend, fühlte er sich zurückversetzt in eine heitere, friedvolle Zeit, als kostbar gekleidete Mandarine das Land für einen Herrscher regierten, den der Himmel in sein Amt berufen hatte und vor dem jeder Sterbliche sich niederwerfen mußte.

Kaiser waren in diesen Gärten gewandelt, ihre langen Gewänder streiften über den Boden, den man sorgfältig gesäubert hatte, damit das Sinnen und Schauen der hohen Herren nicht durch menschliche Unvollkommenheit gestört würde; in gehörigem Abstand folgten ihnen barfüßige Wachen mit langen Spießen, ganz in Gelb gekleidet, der Farbe, die dem Gefolge des Kaisers vorbehalten war.

Und nun war er hier, allein, ein ausländischer Gesandter an einem verlassenen Hof, dessen eigene Wache Steinchen in den Teich warf, aus purer Langeweile.

Er sah sich staunend um. Die Kaiser und Mandarine, die Eunuchen und Konkubinen waren verschwunden, und die Drachen sahen ihn mit gespielter Wildheit an.

»Hat es Ihnen gefallen?« fragte Marshall Mead, als sie die Verbotene Stadt verließen.

»Haben hier wirklich einmal Menschen gelebt?« fragte Mead.

»O ja. Die Mutter des letzten Kaisers soll sogar noch irgendwo in Hue leben. Völlig verbittert, wie ich gehört habe. Aber vor nicht allzu langer Zeit hat sie dort gewohnt.« Er zeigte auf den »Palast des langen Lebens«.

»Und der letzte Kaiser, Bao Dai, ist sogar noch sehr lebendig. Er ist Mitte Fünfzig und lebt in Paris, aber früher hat er auch hier gelebt. Wie alle Kaiser. Es waren insgesamt dreizehn – keine glückliche Zahl für ein Reich, aber in der einen oder anderen Form hat es bis vor etwa zwanzig Jahren bestanden.«

Marshall schüttelte den Kopf. »Wie sollen wir ein Land verändern, das noch vor kurzem von einem Kaiser regiert wurde, der Eunuchen und Konkubinen hatte?«

»Glauben Sie, wir werden das schaffen, Sir?«

Am Tor blieben sie stehen und sahen zurück. Selbst in seinem verblichenen Glanz war es noch großartig – exotisch und unendlich fremd.

»Glauben Sie es, Corporal?« fragte Marshall.

»Nein, Sir.«

Als sie wieder im Wagen saßen, öffneten sie die Lunchpakete, die man ihnen mitgegeben hatte.

»Es ist schon spät, Exzellenz«, sagte der Fahrer. »Vielleicht wäre es besser, wenn Sie die Gräber morgen besuchen. Wir werden erst gegen vier Uhr da sein; die Straße ist sehr schlecht. Selbst wenn Sie sich nur kurz dort aufhalten, wird es dunkel sein, bevor wir zurück sind.«

»Nein, ich muß heute noch hin«, erwiderte Marshall. »Ich bleibe nicht lange. Ich weiß, daß morgen Tet ist und daß Sie nach Hause zu Ihrer Familie möchten, aber wenn ich die Gräber nicht heute nachmittag besuche, dann werde ich sie nie sehen.«

»Sie können sie nicht alle ansehen, Exzellenz, es sind zu viele, und sie sind auch nicht alle am selben Ort.«

»Ja, ich weiß. Ich will mir nur zwei ansehen, das von Minh Mang und das von Tu Duc. Es sollen die bemerkenswertesten sein.«

Wegen des Feiertages herrschte nur wenig Verkehr, und da der Fahrer es eilig hatte, näherten sie sich schon bald dem Grab von Minh Mang, dem zweiten Kaiser der Nguyen-Dynastie. Er war ein entschiedener Gegner ausländischer Einflüsse und verfolgte eine Politik der Abschließung gegenüber dem Westen. Seine traditionell-konfuzianische Bildung veranlaßte ihn, das Christentum zu bekämpfen, und er begann, die Missionare zu verfolgen, womit dann auch die Konfrontation zwischen Franzosen und Vietnamesen ihren Anfang nahm.

»Den Rest müssen Sie zu Fuß gehen«, sagte der Fahrer. »Es ist noch ziemlich weit, aber ich kann mit dem Wagen nicht näher heran.« Er sah nervös auf die Uhr. »Sie müssen sich beeilen.«

Mead und Marshall stiegen aus und folgten einem schmalen Pfad, der einen kleinen Hügel hinaufführte.

»Mein Gott«, sagte Marshall, als er die Spitze des Hügels erreichte und in das Tal hinunterblickte.

Unten, am Ufer des Flusses der Düfte, lag eine der schönsten Landschaften, die er jemals gesehen hatte, und er erkannte, daß er eigentlich auf dem Fluß hätte herkommen sollen, wie es auch der Kaiser von Hue aus getan hätte.

Vom Landesteg am Ufer erstreckte sich ein Hain aus Banyanbäumen bis hin zu dem weiten, sichelförmigen »See des funkelnden Glanzes«, über dem eine Reihe auf roten Pfeilern ruhender Pavillons den Weg zur Begräbnisstätte wies – einem Komplex aus Tempeln und Schreinen und einem Garten, der in der Form des chinesischen Schriftzeichens für Ewigkeit angelegt war.

»Das ist ein Grab?« fragte Mead ungläubig.

»Ja«, sagte Marshall. »Aber es ist mehr als das. Die Kaiser haben ihre Grabmäler selbst erbaut, und sie kamen noch zu Lebzeiten häufig dorthin. Manche haben dort sogar gelebt, als wären es Sommerpaläste. Das habe ich gestern abend gelesen.«

Sie gingen hinunter, doch Marshall erkannte, daß er Stunden brauchen würde, um sich die gesamte Anlage anzusehen. Obwohl alles gut gepflegt schien und dazu zweifellos zahlreiche Arbeiter erforderlich waren, konnten sie niemanden sehen.

»Dort ist er begraben«, sagte Marshall und zeigte auf einen Hügel, der von einem dichten Gewirr aus Bäumen und Büschen bedeckt war.

Die spätnachmittägliche Sonne stand nur wenig über dem Hügel, und Marshall betrachtete die wild durcheinanderwachsenden Bäume, die den oberen Teil des Hügels beherrschten. Sie hatten etwas Ungezähmtes, fast Gewalttätiges, als bräche die Natur aus der Erde hervor und wollte mit dem Himmel kämpfen. Er wußte, wenn die Sonne noch tiefer sank, würde es so aussehen, als verstrickte sie sich im Gewirr der Äste und Stämme, und nachts würde auch der Mond gefangen. Und darunter, verstrickt in den Wurzeln, lag der tote Kaiser.

Die Vorstellung nahm ihm den Atem: Mensch, Erde, Himmel, Sonne und Mond – alle miteinander verflochten, alle eins und in Harmonie miteinander.

Lange stand Marshall da und schaute – staunend angesichts des Reichtums und der Komplexität, die ein paar Bäume mitzuteilen vermochten, die Ewigkeit in einen Hain auf einem Hügel gebannt.

Und er achtete nicht auf die Zeit. Erst als Mead ungeduldig mit den Stiefeln im Kies zu scharren begann, wurde ihm klar, daß er aufbrechen mußte. Aber auch auf dem Rückweg schaute er sich immer wieder um, und als sie schließlich die Höhe erreichten, warf er einen letzten Blick zurück und sah, daß die Bäume endlich nach dem glühenden Feuerball griffen, den sie nun in die Erde hinabziehen und nicht vor morgen früh wieder freigeben würden.

»Zu lange«, sagte der Fahrer vorwurfsvoll, als Marshall in den Wagen stieg. »Jetzt haben wir keine Zeit mehr für andere Gräber.«

»Doch«, erwiderte Marshall. »Ich muß unbedingt noch eines sehen.«

Der Fahrer klopfte auf seine Uhr. »Zu spät. Es wird gleich dunkel, Exzellenz. Sie können im Dunkeln nicht hier draußen bleiben, das ist zu gefährlich. Heute abend...« Er war sehr nervös, ängstlicher als er eigentlich sein durfte, dachte Mead, aber Marshall bemerkte es nicht.

»Das ist mir egal«, sagte Marshall. Er nahm seine Brieftasche heraus und reichte ihm ein paar große Scheine. »Fahren Sie mich zu dem anderen Grab!«

Als sie die Grabstätte von Tu Duc, dem vierten Nguyen-Kaiser und letzten Herrscher über ein unabhängiges Vietnam erreichten, war es schon fast dunkel.

»Dreißig Minuten«, sagte der Fahrer. »Nicht mehr!« Der respektvolle Ton war verschwunden, und Mead ärgerte sich über das Auftreten des Mannes, aber Marshall bemerkte es nicht; er hatte sich schon auf den Weg gemacht.

Als er auf dem Hügel anlangte, bot sich ihm ein majestätischer Anblick unten am Ufer des Flusses.

Er war genau zur rechten Zeit gekommen; der Kaiser selbst hätte solch einen Augenblick gewählt, wenn die Schatten am längsten waren und die letzten Sonnenstrahlen auf dem Wasser schimmerten.

Die Schönheit war atemberaubend, und einen Augenblick lang hielt er den Atem an, während er die vergoldeten Pavillons und Tempel bewunderte, die, von Lagunen umgeben, inmitten eines Kiefernwäldchens standen – Mensch und Natur in eben dem Augenblick eingefangen, der den Tag von der Nacht schied. Und wieder sah er es – Mensch, Erde, Zeit, das Universum in ein einziges Ganzes von vollkommener Harmonie gefaßt.

Marshall überquerte die Lagune auf einer gedeckten Brücke und trat durch das Bronzetor, hinter dem die Bäume und die Tempel lagen. Er ging über einen sorgfältig geharkten, mit Kieselsteinen belegten Hof und wollte gerade die Stufen zur kaiserlichen Grabstätte emporsteigen, als Mead ihn zurückhielt.

Dann wirbelte Mead herum. »Du lieber Himmel!« Und er begann zu laufen.

»Was ist los?« rief Marshall.

»Der Wagen. Der Bastard haut ab. Warten Sie hier!« Er lief aus dem Tor und über die Brücke den Pfad hinauf und verschwand.

Marshall blieb einen Augenblick auf der Treppe stehen und sah ihm nach, dann schaute er sich um.

Wunderschön, dachte er, aber nicht gerade der Ort, an dem ich nachts allein gelassen werden möchte – eine verlassene Grabstätte meilenweit von jeder menschlichen Siedlung entfernt.

Er ging zum Tor zurück, und in der Dämmerung sah er Mead zurückkommen.

»Der Hurensohn!« rief Mead schon auf der Brücke. »Der ist tatsächlich abgehauen.«

Vor Marshall blieb er stehen und sagte ungläubig: »Er ist weg, Sir. Einfach weggefahren.«

»Hat er wenigstens was zu essen dagelassen? Ich habe Hunger.«

Mead sah Marshall verwundert an; er hatte nicht gewußt, wie Marshall reagieren würde, aber solche Seelenruhe hatte er nicht erwartet. Schließlich lächelte er. »Nein, Sir, der Schweinehund hat uns nicht mal ein Butterbrot dagelassen.«

Marshall schaute sich um, dann sagte er zu Mead: »Also gut, Corporal. Wie wollen Sie mich jetzt aus diesem Schlamassel herausholen?«

Mead blickte über das Gelände, auf die Bäume rundum und den dunklen Himmel, und er schüttelte den Kopf. »Ich glaube, Sir, das einzige, was wir tun können, ist warten.«

»Meinen Sie nicht, wir sollten zu Fuß zurückgehen?«

»Nein, Sir«, erwiderte Mead mit aller Entschiedenheit. »Das wäre das letzte, was wir uns leisten könnten, nachts zu Fuß auf der Straße. Wir haben eigentlich keine Wahl, Sir. Am besten warten wir, bis jemand kommt. Der einzige Weg hierher geht über die Brücke – wenn sie nicht durch die Lagune schwimmen wollen.«

»Sie denken an Vietcong?«

»Ja, Sir. Der Fahrer war schon den ganzen Nachmittag sehr nervös. Er wollte gar nicht hier rausfahren. Ich glaube, er weiß, daß irgendwas im Busch ist. Und daß er uns hier zurückläßt... Ich meine, was soll er denn sagen, wenn er den Wagen nach Phu Bai zurückbringt, und Sie sind nicht dabei? Der fährt nicht nach Phu Bai zurück, weder heute noch irgendwann.«

Marshall überlegte einen Augenblick. »Also weiß niemand, wo wir sind.«

»Nur der Fahrer. Und die, denen er das erzählt. Aber egal, wem er es erzählt, sie müssen über die Brücke, und da werde ich auf sie warten. Das Problem ist aber, ich habe nur zehn Magazine, das sind zweihundert Schuß. Damit kommen wir nicht weit.«

Marshall war dennoch keineswegs besorgt, die Situation war nichts im Vergleich zu dem Hubschrauberabsturz im Mekongdelta.

Er ging wieder zurück durch das Tor. »Ich schaue mir Tu Ducs Grab an, solange ich noch etwas sehen kann. Vielleicht finde ich ein Speiseopfer – sonst wird es eine lange hungrige Nacht.«

Aber es gab kein Speiseopfer, nur Räucherstäbchen lagen vor dem rot und schwarz lackierten Altar, und da er wegen der Dunkelheit kaum noch etwas von dem Gebäude sehen konnte, kehrte er sogleich wieder zu dem Bronzetor zurück, wo Mead inzwischen aus Steinen und Zaunpfählen eine kleine Befestigung gebaut hatte.

»Vielleicht sollte ich was mit der Brücke machen«, dachte Mead laut nach. Dann wandte er sich an Marshall: »Meinen Sie, ich sollte sie zerstören, damit niemand rüber kann? Das wäre bestimmt viel sicherer.«

Marshall spürte keinerlei Gefahr in der Dunkelheit. Die Situation erschien ihm geradezu absurd. »Glauben Sie wirklich, daß es gefährlich ist? Meilenweit im Umkreis scheint niemand zu sein, und wenn der Fahrer ein feindlicher Agent gewesen wäre, dann hätte er den ganzen Nachmittag Zeit gehabt, etwas zu arrangieren. Und außerdem ist morgen Tet; vielleicht wollte er nur nach Hause. Alle sagen, es besteht überhaupt keine Gefahr, daß der Feind am Tet-Fest angreift.«

»Ich mach's«, sagte Mead. »Die Brücke muß weg.«

Marshall hielt ihn zurück. »Können Sie sie nicht verbarrikadieren oder verminen? Es gefällt mir gar nicht, hier solche Schäden anzurichten. Es ist ein heiliger Ort.«

Mead dachte nach, dann nickte er. »Ich könnte sie mit einer Handgranate sichern. Wenn jemand kommt, jagt er die Brücke in die Luft. Aber dazu brauche ich Draht.«

Dann erinnerte er sich an den Zaun. »Ich weiß, wo ich welchen finde.«

Er brauchte eine halbe Stunde, um die Handgranate so an der Brücke anzubringen, daß der Stift herausgezogen wurde, wenn jemand über den Draht stolperte. Dann kehrte er zurück und suchte sich eine gute Schußposition.

»Das wird eine lange Nacht«, sagte er schließlich, als er mit seiner Stellung zufrieden war und sich zurücklehnte, um zu warten. »Es ist erst halb zehn. Wenn Sie schlafen möchten, dann machen Sie das ruhig, Sir!«

»Es ist komisch, aber ich bin gar nicht müde«, sagte Marshall. Dann lachte er. »Und Colonel Romer dachte, es wäre ihm zu langweilig hier.«

»Ich wette, der geht denen ganz schön auf die Nerven«, sagte Mead.

»Bestimmt, aber Ihr Lieutenant sah mir ganz so aus, als würde er schon mit ihm fertig werden – und der Gunnery Sergeant auch. Sie haben mir alle gut gefallen. Sind gute Männer da oben. Tut mir leid um die Freunde, die Sie verloren haben.«

Mead schwieg eine Weile, dann seufzte er. »Snags habe ich am besten gekannt. Wir sind fast zur selben Zeit da oben angekommen. Ich hätte nie gedacht, daß ihm was passiert. Und Landis war ein feiner Kerl; er hat immer von dem Auto geredet, das er sich kaufen wollte – schwarz. Wir haben ihn damit aufgezogen und gesagt, das ist bestimmt ein Leichenwagen.« Er seufzte noch einmal. »Jetzt hat er ihn.«

Er stützte die Ellbogen auf die Befestigung und starrte auf die Brücke. Schließlich sagte er: »Das ist nicht richtig, Sir.«

Marshall antwortete nicht. Er betrachtete den jungen Mann neben sich, dann sah er zu der Silhouette des kaiserlichen Grabmals hinüber. Es gab nichts zu sagen.

Lange saßen sie schweigend da; dann sagte Marshall: »Ich kann mir meinen Sohn hier draußen gar nicht vorstellen.« Er lachte leise. »Natürlich ist das ungerecht – Väter sind nun mal so –, aber wenn er an Ihrer Stelle hier bei mir wäre, dann würde ich mich wohl erschießen.«

»Kommt er wirklich her, Sir?«

»Vielleicht ist er sogar schon da. Ein Green Beret – das kann ich mir gar nicht vorstellen. Das ist ja das Ungerechte: Eltern sehen in ihren Kindern immer hilflose und verletzliche Wesen. Ich habe mich jedesmal gewundert, wenn er heil zurückgekommen ist, auch wenn er nur um die Ecke im Laden war. Wir erinnern uns an all die kleinen Dummheiten und können uns gar nicht vorstellen, daß unser Kind allein durchs Leben kommen könnte.«

»Bestimmt ist er in Ordnung, Sir.«

»Ich weiß nicht«, erwiderte Marshall. »Er ist ganz anders als Sie.«

Mead lächelte. »Mein Alter konnte sich bestimmt auch nicht vorstellen, daß ich hier zurechtkomme. Nicht daß ihm das was ausgemacht hat – vielleicht hat er sogar schon vergessen, daß ich hier bin.«

»Aber, sehen Sie, gerade das hat Sie wahrscheinlich auf das Leben hier vorbereitet. Armer Ryan, er meint, es ist alles nur ein Spiel. Er hat keine Ahnung, was hier los ist.« Und voller Verzweiflung setzte er hinzu: »Mein Gott, er konnte nicht mal einen Baseball werfen. Wie zum Teufel kann er dann ein Green Beret sein?«

Er vergrub sein Gesicht in den Händen. »Ich habe solche Angst.«

Mead hatte Marshall noch nie so schutzlos erlebt, die ruhige, zuversichtliche Fassade hatte Risse bekommen; er war sehr bewegt und wünschte, er könnte etwas tun oder sagen, um ihn zu trösten.

»Ich habe mich so bemüht, diesen Krieg zu beenden. Ich wollte ja helfen. Aber ich habe nichts erreicht.«

»Das ist nicht Ihre Schuld, Sir.«

»Doch. Ich habe es zugelassen. Ich habe nichts gesagt, damals, vor langer Zeit, als man ihn hätte verhindern können, noch bevor er richtig begann. Ich hätte es besser wissen müssen, nein, ich habe es besser gewußt. Aber ich habe nichts gesagt. Ich habe geschwiegen. Und ich habe zugelassen, daß all der Unsinn und all die hohlen Phrasen Politik wurden, und selbst als schon Söhne starben, habe ich nichts gesagt, nein, erst als mein eigener Sohn an der Reihe war. Ryan hat schon vor mir erkannt, daß dieser Krieg nicht richtig ist; er war klüger und mutiger als ich. Und jetzt stirbt er vielleicht dafür.«

Marshall blickte auf; Tränen standen in seinen Augen, und er lachte traurig. »Wie soll er denn durchkommen, wenn er nicht mal

eine Handgranate werfen kann? Ich bin sicher, er hätte diese Brücke niemals verminen können, ohne sich selbst in die Luft zu sprengen. Dieser blöde Hund«, stieß er wütend hervor. »Warum muß dieser Dummkopf auch herkommen?« Dann lächelte er. »Vielleicht hat Catherine ihn ja doch im Keller eingesperrt – das ist meine Frau. Sie wäre dazu fähig.«

Er schüttelte den Kopf. »Wissen Sie, das einzige, was ich wollte, ist, daß meine Söhne Football spielten. Ist das nicht verrückt? Ich wollte nur, daß sie normale Jungs sind und hinter einem Ball herrennen. Sie haben's nie gemacht.«

Er blickte Mead an. »Sie haben natürlich Football gespielt.«

»Ja, Sir.«

Marshall seufzte.

»Aber mein Vater hat sich nie darum gekümmert. Er ist auch nie gekommen, wenn ich ein Spiel hatte. Ich kann mich nicht mal erinnern, daß er irgendwann was Nettes zu mir gesagt hat – oder zu meinen Geschwistern oder zu Mom. Er hat uns einfach nicht beachtet, oder er kam reingestürmt und hat jedem eine verpaßt, der im Weg stand.«

»Immerhin haben Sie dabei gelernt, schnell zu sein. Vielleicht hätten Ihr Vater und ich eine Zeitlang die Kinder tauschen sollen. Die Frauen auch – an Catherine hätte er sich nur einmal vergriffen.«

Mead lachte. »Ihre Frau ist wohl ziemlich in Ordnung, Sir. Ich meine, sie ist stark und interessant.«

»Ja, das ist sie bestimmt. Sie ist eine gute Frau, eine sehr gute Frau. Viel zu gut für mich – da wäre sie die erste, die Ihnen das sagte.«

Mead schwieg eine Weile, dann atmete er langsam aus. »Mein Alter hat nie was Nettes über meine Mutter gesagt. Vielleicht, als sie jung waren, da war es okay, aber in all den Jahren, an die ich mich erinnern kann, hat er sie … wie ein Stück Scheiße behandelt.« Er schüttelte den Kopf und bemühte sich, die Tränen zurückzuhalten. »Das hat sie nicht verdient; sie war immer so freundlich und hat sich nie beklagt – ich meine, wir hatten nie was, und sie hat nie … Ach, Scheiße!« sagte er und wischte sich die Tränen aus den Augen. Dann lachte er. »Ich glaube, wir passen besser auf, Sir. Wenn wir hier beide heulen, kommen die Gooks noch über die Brücke, und wir merken gar nichts davon.«

Marshall lächelte. »Sie haben sie doch vermint, erinnern Sie sich?«

Dann sagte er sanft: »Würden Sie mir einen großen Gefallen tun, Corporal Mead?«

»Ja, Sir«, erwiderte Mead ohne Zögern.

»Erlauben Sie mir, daß ich Ihnen helfe!«

»Mir helfen, Sir?«

»Ich habe hier noch überhaupt nichts zustande gebracht – was den Krieg angeht oder die Klinik von Miss Hawthorne, deshalb möchte ich gerne etwas für Sie tun.«

Marshall holte tief Luft. »Es wäre sicher einfacher, wenn Sie mich selbst um Hilfe bitten würden, aber ich weiß, das wäre nicht Ihre Art. Deshalb muß ich Sie darum bitten. Miss Hawthorne hat mir von Ihrem Besuch erzählt.«

Mead fuhr auf. »Das sollte sie nicht.«

»Sie wollte Ihnen helfen. Darum hat sie mir von Ihrer Freundin erzählt, als wir uns das letzte Mal getroffen haben.«

Mead blickte verlegen zur Seite.

»Sie sagt, Sie lieben Ihre Freundin und wollen sie heiraten.«

Mead brachte es nicht fertig, Marshall anzusehen. »Also, ja, Sir, das stimmt.«

»Sie haben sich das gut überlegt?«

Mead wandte sich zu ihm und sagte in ernstem Ton: »Ja, Sir, das habe ich. Ich habe mit allen deswegen geredet, aber sie tun so, als ob ich nur ein geiler Kerl wäre, der von nichts 'ne Ahnung hat, und sie eine Hure, die ... Aber das ist sie nicht, sie ist ... sie ist ... Also, ich liebe sie. Sie ist klug und kann viel besser reden als ich, und sie ist gut und freundlich, und sie ist keine Hure. Ihre Familie ist umgebracht worden und ...«

Marshall legte ihm die Hand auf den Arm. »Wollen Sie sie heiraten?«

»Ja, Sir«, sagte er mit Entschiedenheit. »Ich liebe sie.«

»Na wunderbar. Wenigstens etwas, das ich tun kann.«

»Sie können mir helfen, Sir?«

Marshall lachte. »Das will ich doch hoffen. Ein Botschafter taugt ja nicht allzuviel, aber eine Hochzeit sollte er doch wohl noch zustande bringen«, sagte er feierlich. »Ich denke, ich kann genügend Fäden ziehen, daß Sie die Genehmigung für die Heirat bekommen.«

Mead war zu überwältigt, als daß er etwas hätte sagen können. Er setzte mehrmals an, aber jeder Versuch endete in einem unverständlichen Gestammel.

»Die Sache hat nur einen kleinen Haken, Corporal.«

»Welchen, Sir?«

»Sie müssen uns erst hier rausholen. Die Braut ist in Saigon. Der Bräutigam und sein Trauzeuge sind hier – wo immer das sein mag.«

»Trauzeuge? Sie würden...« Und wieder endete der Satz in unverständlichem Gestotter.

»Ich will doch hoffen, daß Sie mich darum bitten.« Dann legte er nochmals die Hand auf Meads Arm. »Ich möchte Ihnen so gerne helfen. Ich möchte, daß Sie glücklich sind.« Er blickte zum Himmel hinauf und zu dem Mond, der sich ganz schmal abzeichnete, dem neuen Mond, dem ersten Mond im Jahre des Affen. »Ich wollte, ich könnte allen helfen. Ich wollte, alle könnten glücklich sein. Aber ich bin auch schon zufrieden, wenn ich einem Mann und einer Frau, die sich lieben, helfen kann. Das ist bestimmt nicht wenig.« Er lächelte. »Vielleicht ist es sogar alles.«

Er sah in die Nacht hinaus und zu dem Grabmal hinter ihm.

»Ich habe nicht viel mehr erreicht als der arme Tu Duc. Er hat sein Reich verloren, weil er nicht kämpfen wollte. Er gab den Franzosen nach, und seither kämpfen seine Nachfahren um ihre Freiheit. Soviel ich weiß, war er ein guter Mensch, gewitzt und intelligent, und eigentlich wollte er für sein Volk nur Zeit gewinnen. Er hat sicherlich nicht gewußt, daß damit hundert Jahre Sklaverei und Krieg begannen.«

Marshall wandte sich zu Mead und lächelte. »Versprechen Sie mir, daß Sie nie auf die Politiker hören und daß Sie niemals Ihre Frau schlagen!«

Mead lachte. »Das verspreche ich Ihnen, Sir.«

»Was will ich mehr! Und Sie werden wahrscheinlich ein glückliches Leben haben.« Er sah auf die Uhr. »Es ist schon nach Mitternacht. Ein frohes Tet-Fest, Corporal! Eigentlich ist das ein gutes Vorzeichen, jedenfalls für mich.«

»Wieso, Sir?«

»Die Vietnamesen glauben, was das neue Jahr ihnen bringt, hängt von dem ersten Menschen ab, dem sie am Tet-Fest begegnen. Ich halte Sie für ein gutes Omen.«

»Also, ich Sie auch, Sir.«

»Na, dann wird es ja vielleicht ein gutes Jahr«, sagte Marshall. »Ich könnte mir jedenfalls keinen besseren Anfang vorstellen.« Er blickte sich um und lächelte. »Na ja, vielleicht doch – vielleicht aber auch nicht.« Er gähnte. »Ich glaube, ich habe mich müde geredet.«

»Warum legen Sie sich nicht etwas hin, Sir? Ich wecke Sie, wenn etwas passiert.«

»Aber lassen Sie mich hier nicht allein, ja? Und wenn Sie müde werden, wecken Sie mich! Ich kann zwar nicht viel tun, aber ich würde es wahrscheinlich merken, wenn die Brücke in die Luft fliegt.«

Marshall legte sich auf den Boden, versuchte, es sich bequem zu machen, und hatte nicht einmal mehr Zeit, überrascht zu sein, wie schnell er eingeschlafen war.

Lange saß Mead da, dachte an Sung und schwelgte in seinem Glück. Er versuchte, sich die Zukunft vorzustellen, sich sein Leben mit ihr auszumalen, Kinder zu sehen und ein Haus, aber es gelang ihm nicht. Doch das war schon in Ordnung; er hatte sich noch nie die Zukunft vorstellen können; er plante nie voraus, weil er zu wenig Kontrolle über sein Leben zu haben schien. Was geschah, das geschah einfach. Er erwartete nie, daß etwas, das er sich wünschte, Wirklichkeit würde.

Doch nun sollte das Schönste, was er jemals hätte erhoffen können, wahr werden. Er hatte niemals wirklich geglaubt, daß er sich verlieben könnte, und nun war genau das geschehen und dazu noch an dem denkbar schrecklichsten Ort inmitten eines Krieges, und sie ... ja, vielleicht liebte sie ihn nicht, aber das war schon in Ordnung – vielleicht käme es mit der Zeit. Und jetzt würde er sie heiraten und ... So weit konnte er es sich vorstellen, doch weiter nicht. Aber das war mehr als genug, viel mehr, als er erwartet hätte – so viel, wie er nur erhoffen und erträumen konnte.

Irgend etwas stimmte nicht.

Er fuhr hoch und hielt sein Gewehr fester.

Irgend etwas war los. Er hörte und spürte und fühlte es, und es war etwas Gewaltiges, Überwältigendes. Die Luft war wie aufgeladen; noch nie hatte er solche Spannung verspürt, aber er konnte es nicht erkennen; es war amorph und allgegenwärtig. Und bedrohlich.

Er sah auf die Uhr. Es war drei Uhr fünfundzwanzig.

Dann hörte er Geräusche, die ihm vertraut waren: Truppenbewegungen auf dem Wasser und am Ufer; er hörte leise Stimmen und Befehle.

Er wollte schon Marshall wecken, aber die Geräusche kamen nicht auf sie zu; sie entfernten sich in Richtung Hue.

Um genau drei Uhr vierzig erhellten Blitze den Himmel, und Sekunden später erbebte der Boden von unzähligen Explosionen.

Marshall fuhr hoch und sah zum Horizont, der zu zerreißen schien. »Was zum Teufel... feiern die?«

Mead schüttelte den Kopf. »Das ist kein Feuerwerk, Sir. Das ist Artillerie. Das sind 122-Millimeter-Geschütze von den Gooks. Schwere Artillerie.«

»Mein Gott«, sagte Marshall. »Die greifen die Stadt an. Die zerstören sie.«

Selbst in dieser Entfernung waren die Detonationen ohrenbetäubend; dann wichen sie Mörsern und leichten Waffen, was bedeutete, daß die Truppen den Angriff auf die Stadt begannen.

Endlos zog der Beschuß sich hin, flaute ab und schwoll wieder an, und der Horizont stand in Flammen.

»Das ist der schlimmste Gefechtslärm, den ich je gehört habe«, sagte Mead. »Die werden die Stadt einnehmen. Die Gooks haben eine ganze Division da unten, und wir haben nur ein paar Marines in Phu Bai. Die kommen niemals rechtzeitig hin, wenn sie überhaupt hinkommen.«

»Was meinen Sie?« fragte Marshall.

»Ich habe eben eine Menge Bewegungen gehört, auf dem Fluß und am Ufer. Wir sind südlich der Stadt – und Phu Bai auch. Die werden jede Einheit aufhalten, die in die Stadt will.«

»Dann hat er es also gewußt«, sagte Marshall. »Der Fahrer, meine ich.«

»Ja – wahrscheinlich ist er einer von den Mörserleuten.«

Die Kämpfe ließen erst gegen Morgen etwas nach, aber auch dann waren immer noch leichte Waffen zu hören. Gegen acht Uhr schwoll der Lärm wieder an, diesmal hauptsächlich Maschinengewehrfeuer.

»General Tran hat recht gehabt«, sagte Marshall. »Die haben das MACV mit der Tet-Waffenruhe an der Nase herumgeführt. Jetzt ist alles vorbei.«

»Der Krieg?« fragte Mead ungläubig.

»Nein«, erwiderte Marshall resigniert. »Der Frieden und die Hoffnung auf Frieden. Der Krieg wird weitergehen. Der Präsident wird jetzt nicht mehr auf mich hören. Und das Sterben wird weitergehen.«

Marshall horchte auf den Lärm der Schlacht, dann wandte er sich ab und ging über den Hof zu dem Grabmal. Lange saß er unter dem Portikus, die Hände im Schoß, den Kopf gesenkt.

Mead wußte, daß sie in der Falle saßen. Sie konnten nicht fort und mußten warten, bis man sie befreite.

Den ganzen Morgen tobte die Schlacht weiter.

»Wenn die NVA in der Zitadelle ist, brauchen die Wochen, um sie wieder rauszuwerfen – und das im Nahkampf«, sagte Mead.

»Bestimmt hat uns bis dahin jemand gefunden«, erwiderte Marshall.

»Niemand weiß, daß wir hier sind, außer dem Gook-Fahrer.«

Dann hörten sie plötzlich einen Hubschrauber, der sich vom Fluß her näherte, und nach kurzer Zeit tauchte der unverwechselbare schwarze Helikopter in extrem gefährlicher Höhe über den Bäumen auf. Vor Erleichterung und Freude schrien sie auf.

Mead lief die Treppe des Grabmals hinauf und winkte ihm; Marshall blieb im Hof stehen und schwenkte heftig die Arme.

Magnuson brachte den Hubschrauber im Hof herunter. Als Marshall und Mead zu ihm hinliefen, sahen sie, daß die Verkleidung von Kugeln durchlöchert war.

Noch während Mead sich hineinschwang, hob Magnuson ab. »Haben Sie Ihre Besichtigung beendet?« fragte er über die Sprechanlage. »Ich wollte nicht drängen.«

Als Mead sich anschnallte, bemerkte er den grünen Leichensack unter dem Sitz.

»Was ist passiert?« fragte Marshall außer Atem, doch bevor Magnuson antworten konnte, fragte er: »Wie haben Sie uns gefunden? Woher wußten Sie, wo wir waren? Und so dumm das klingen mag, Lieutenant – danke.«

»Ich auch«, rief Mead gegen den Lärm der Maschine. »Jetzt schon für zweimal.«

»Sagen wir, wir sind quitt«, erwiderte Magnuson. »Und jetzt hören wir mit dem Scheißspiel auf, ja?«

»Unbedingt«, sagte Marshall. »Und überlegen Sie sich, was ich

Ihnen zum Abschied schenken soll. Was immer Sie wollen, es gehört Ihnen, Lieutenant.«

»Corporal Meads Freundin.«

»Zu spät«, lachte Marshall. »Die beiden werden heiraten. Das ist mein Geschenk für ihn. Suchen Sie sich etwas anderes aus! Und keine andere Frau! Sie haben schon eine. Colonel Romer hatte ganz recht. Ich habe Ihre Akte auch gelesen. Wo ist er? Ihm würde das hier bestimmt gefallen.«

Es entstand eine Pause; dann zog der Hubschrauber nach links, so daß sie freien Blick auf Hue hatten. »Ich kann nicht näher ran, aber sehen Sie die Zitadelle? Die Fahne der NVA weht darüber. Sie haben die Stadt letzte Nacht eingenommen, und alle anderen Städte im Land haben sie auch angegriffen, sogar Saigon. Sie sind sogar in die Botschaft eingedrungen und haben mehrere Wachen getötet. Sie haben überall zugeschlagen, nur nicht in Khe Sanh. Ein ganz schönes Desaster.«

»Woher wußten Sie, wo wir sind?« fragte Marshall.

»Sie haben mir erzählt, daß Sie die Gräber besuchen wollten. Wir flogen über eins weg, erinnern Sie sich? Und ich habe gesagt, es wäre sicherer, mit dem Wagen oder einem Boot hinzufahren. Als die mir in Phu Bai gesagt haben, daß Sie nicht zurückgekommen sind – die springen natürlich im Sechseck; die glauben nämlich, Sie sind in der Zitadelle –, da bin ich zu den Gräbern geflogen. Wissen Sie, wie viele es davon gibt? Das eben war das sechste, bei dem ich gewesen bin.«

»Sind davon die Einschüsse?« fragte Mead.

»Welche Einschüsse?« fragte Magnuson mit unbewegtem Gesicht.

Mead schnallte sich los und lehnte sich gegen die Wand zum Cockpit. »Ist alles in Ordnung? Bist du verwundet?«

»Nicht der Rede wert«, sagte Magnuson. »Gut, daß kein Copilot dabei ist; seinen Sitz haben sie auseinandergenommen.«

Mead schob die Tür zum Cockpit auf. Überall war Blut verspritzt. »Mein Gott!«

Magnuson wandte sich ihm zu, sein Gesicht war kreidebleich. »Ich bin okay, nur ein Streifschuß.«

»Unsinn«, erwiderte Mead und ließ sich in den Copilotensitz fallen. Die Tür und die Plexiglasscheiben waren von Kugeln durchsiebt.

»Verschwinde aus meinem Cockpit, blöder Stoppelhopser!«

Mead zog die Schiebetür zu, damit Marshall nichts sehen konnte. »Hältst du durch?« fragte er.

Magnuson hob den Arm und zeigte auf sein Bein. »Ich bin okay. Die Wunden sind nicht schlimm.«

»Was ist mit Colonel Romer passiert?«

Magnuson schüttelte den Kopf. »Beim Hügel. Er hat eine Patrouille rausgeführt. Sie sind angegriffen worden.«

»Wer noch?« fragte Mead ängstlich.

»Er war der einzige. Als ich gestern hingeflogen bin, war die Leiche schon in Dong Ha. Ich hab denen gesagt, daß ich ihn mitnehme, weil der Botschafter das so will, und dann bin ich zum Hügel geflogen, um rauszufinden, was passiert ist. Ich habe ein langes Gespräch mit Luke gehabt – Lieutenant Bishop. Nur unter uns – ich glaube, Romer war selbst schuld. Ich glaube, er hat's herausgefordert.«

»Einer der Männer hat ihn erschossen?«

»Das würde Luke nie sagen. Offiziell war es ein feindlicher Angriff.«

»Und alle anderen sind okay? Sind sie letzte Nacht angegriffen worden?«

Magnuson schüttelte den Kopf. »Keine einzige Kugel ist da abgefeuert worden. Das war alles nur ein Täuschungsmanöver.«

Er verzog das Gesicht und griff sich an den Schenkel.

»Mein Gott!« sagte Mead und fügte besorgt hinzu: »Ist wirklich alles in Ordnung?«

»Scher dich hier raus, verdammt noch mal!« schimpfte Magnuson. »Sandschweine im Cockpit, das ist ja noch schlimmer als Pech – das ist schon ein Fluch. Und außerdem, wenn ich nicht in Ordnung wäre, könntest du das Ding hier fliegen, Corporal?«

Mead betrachtete die Tausende von Instrumenten und Kontrolllämpchen. Er lächelte. »Nein, Sir.«

»Also verschwinde, und sag dem Botschafter, was mit Colonel Romer los ist!«

Mead spähte durch die Tür; Marshall war eingeschlafen, den Kopf gegen das Fenster gelehnt.

»Warum versuchst du nicht auch zu schlafen?« fragte Magnuson. »Das wird ein langer Flug. Das Baby ist ein bißchen schwach auf der Brust. Aber wir schaffen's schon.«

»Laß dir Zeit!« sagte Mead und verließ das Cockpit.

Magnuson hielt ihn zurück. »Glückwunsch! Wann ist die Hochzeit?«

»Sobald wir zurück sind.«

Magnuson lächelte. »Dann will ich mal sehen, ob's nicht ein bißchen schneller geht.« Und er gab Gas.

45

Als Marshalls Hubschrauber in Tan Son Nhut landete, hatte man die Botschaft bereits wieder für sicher erklärt.

Um ein Uhr dreißig in der Nacht hatte ein Vietcong-Kommando den Präsidentenpalast angegriffen, war jedoch von den Wachen zurückgeschlagen worden; sie zogen sich in ein Apartmentgebäude auf der gegenüberliegenden Straßenseite zurück, wo sie zwei amerikanische MPs töteten und deren Maschinenpistolen erbeuteten.

Um zwei Uhr dreißig überfiel eine weitere Gruppe Vietcong die US-Botschaft. Wegen der Tet-Waffenruhe hielten nur zwei MPs Wache am Haupttor des mit einer zwei Meter fünfzig hohen Mauer umgebenen Geländes, und innerhalb des Gebäudes befanden sich weitere drei Marinesoldaten.

Die Vietcong töteten die beiden MPs und stürmten zum Botschaftsgebäude. Zwei der Marines konnten gerade noch die schweren Teakholztüren schließen, bevor Panzerabwehrraketen durch die Halle fegten. Der dritte Wachsoldat flüchtete sich mit einer Pistole und sechs Schuß Munition aufs Dach, konnte vorher jedoch noch über Funk seine Einheit von dem Überfall unterrichten. Bald darauf rückte Verstärkung an und tötete die Eindringlinge oder nahm sie gefangen.

Obwohl Vietcong und NVA zahlreiche Ziele in der ganzen Stadt angegriffen hatten – allein drei Bataillone versuchten, Tan Son Nhut zu erstürmen –, war Saigon schon am Morgen wieder sicher. Nur in Cholon konnte der Feind sich festsetzen und mit einer systematischen Zerstörung beginnen.

Kurz vor der Morgendämmerung näherte sich eine einzelne Frau der US-Botschaft. Sie achtete nicht auf die Kämpfe, die überall in der Stadt ausgebrochen waren. Auf dem Rücken trug sie ein Baby und in der Hand einen Kanister Benzin.

Immer wieder mußte Lin stehenbleiben, denn die Last war schwer, und sie war sehr schwach.

Einen ganzen Monat hatte sie gebraucht, um das Geld für den Kanister und das Benzin auf den Straßen zusammenzubetteln.

Zweimal hatten Kinder ihr das Geld gestohlen, und was sie an einem Tag zusammenbekam, reichte meistens gerade, um sich und das Baby zu ernähren. Aber schließlich hatte sie doch genug beisammen, und das Tet-Fest war die beste Gelegenheit für ihr Opfer. Es war ein hohes religiöses Fest, und Buddha würde in seiner Güte mit Wohlwollen auf ihre Tat blicken.

Als sie sich der US-Botschaft näherte, nahm der Lärm des Gewehrfeuers zu; erstaunt war sie jedoch, daß gar keine Fernsehkameras da waren. Sie hatte eine große Menschenmenge erwartet, wie sie stets da gewesen war, wenn buddhistische Mönche sich verbrannt hatten. Sie verstand nicht, warum sie zu den Mönchen gekommen waren, zu ihr jedoch nicht.

Lin hatte keine Angst vor dem Tod. Sie war zu dem Schluß gelangt, daß es für sie und das Baby besser war, zu sterben. Ihr Leben war ohne jede Bedeutung, aber ihr Tod würde einen Sinn haben. Die Welt würde aufmerken; ihre Tat würde die Menschen aufrütteln, das wußte sie. Aber sie verstand nicht, warum keine Kameras da waren.

Einen Block vor der Botschaft sah sie gepanzerte Fahrzeuge und einen Kordon aus Polizisten und Soldaten.

Sie würden versuchen, sie aufzuhalten, das war ihr klar, also begann sie zu laufen, den Kanister in ihren Armen.

Plötzlich hörte sie Schreie; die Soldaten riefen etwas, dann liefen sie auf sie zu.

Sie blieb stehen und öffnete den Kanister.

Die Soldaten machten halt und wichen zurück, während sie sich über den Kanister beugte. Sie riefen ihr zu, sie solle aufhören, aber sie tat es nicht, und plötzlich hörte sie Schüsse, und sie fühlte einen unglaublichen Schmerz und noch einmal und noch einmal, und das Benzin floß über den Boden, und Kugeln spritzten funkensprühend über den Asphalt, und plötzlich schossen Flammen hoch, schlossen sie ein, und sie hatte nur noch die Zeit und die Kraft, nach dem Baby auf ihrem Rücken zu greifen und es in die Arme zu nehmen.

»Eine schwere Niederlage für den Feind«, sagte Westmoreland bei der nachmittäglichen Lagebesprechung zu Marshall. »Sie haben versucht, das Land zu überrennen, und überall sind sie gescheitert.«

»Hue?« fragte Marshall.

»Das ist bald vorbei. Wir müssen die Stadt nur noch säubern.«

»Khe Sanh?«

Westmoreland seufzte. »Das war wohl nur ein Ablenkungsmanöver. General Tran hatte recht: Sie wollten gar nicht angreifen. Aber wenn ich den Hügel nicht verstärkt hätte, wäre er überrannt worden.«

»Also eine aussichtslose Situation für beide Seiten«, sagte Marshall. Wie dieser ganze Krieg, dachte er.

»In zwei Tagen verlasse ich Vietnam«, fuhr er fort. »Das erste, wonach der Präsident mich fragen wird, ist die Tet-Offensive.«

Westmoreland lächelte niedergeschlagen. »Wir stehen in ständiger Verbindung mit ihm. Er hat den Eindruck, hier ist jetzt der Teufel los. Und ich fürchte, das ist genau die Botschaft, die unsere Medien verbreiten werden: daß es eine große Niederlage für die Vereinigten Staaten gewesen ist. Meine Hauptsorge ist, daß man es als einen Sieg des Feindes darstellen wird. Aber es ist kein Sieg, Herr Botschafter. Sie haben uns überrascht, das gebe ich zu. Aber was haben sie schon erreicht? Sie haben die Zitadelle von Hue erobert. Sonst ist keine einzige Stadt gefallen. Es gab keine Volkserhebung; die Menschen haben loyal zur südvietnamesischen Regierung gehalten. Der Feind hat Tausende seiner besten Soldaten verloren, ohne irgend etwas zu gewinnen.«

»Sie haben etwas gewonnen«, sagte Marshall. »Daß man sie für stark hält und die ganze Aktion für einen Sieg.«

»Wie es dargestellt wird, so wird es auch wahrgenommen. Ganz gleich, was die Medien daraus machen, es wird das geschichtliche Urteil bestimmen. Wenn alle Fernsehgesellschaften und Zeitungen berichten, der Feind hätte gesiegt, dann werden der Präsident und das Volk dieses Urteil akzeptieren – trotz aller Beweise des Gegenteils. Sie müssen dem Präsidenten sagen, was hier wirklich geschehen ist; daß der Feind überall im Land angegriffen hat, aber nur Hue ist gefallen. Sonst haben wir sie überall zurückgeschlagen. Und noch schlimmer als die militärische Niederlage ist für sie die Tatsache, daß die Armee und das Volk der südvietnamesischen Regierung treu geblieben sind.«

»Das habe ich verstanden, General, aber ich habe meine Zweifel, ob der Präsident oder das Volk die Dinge ebenso sehen werden. Leider hat man dem Präsidenten und dem Volk nur allzuoft vom Licht am Ende des Tunnels und dem bevorstehenden Sieg erzählt. Sie werden das jetzt nicht mehr glauben; sie werden erkennen, daß noch ein langer Kampf bevorsteht.

Wenn die Söhne zu sterben beginnen und immer mehr Särge zu Hause eintreffen, dann nimmt man Worte und Phrasen nicht mehr so ungeprüft hin. Man wägt die Worte gegen die Särge ab. Das ist ein sehr präziser Maßstab, General, und ein paar hohle Worte mehr können die Waagschale überhaupt nicht mehr beeinflussen. Ein einziger Sarg wiegt schwerer als alle Phrasen, und alle Worte zusammen reichen nicht aus, um ein einziges Grab zu füllen.«

Westmoreland wirkte müde und abgehärmt; die feindliche Offensive hatte ihn augenscheinlich schockiert, und Marshall konnte sich vorstellen, welchem Druck aus Washington er ausgesetzt war.

»Ich werde Präsident Johnson Ihre Lagebeurteilung vortragen«, sagte Marshall, »und ich werde Ihre Auffassung unterstützen, daß die Tet-Offensive kein Sieg für den Feind war. Aber bevor ich abreise, möchte ich Sie noch um zwei Dinge bitten. In Cholon gibt es eine Amerikanerin, Teresa Hawthorne, die eine Klinik für uneheliche Kinder amerikanischer Soldaten leitet. Ich möchte, daß sie und die Kinder gerettet werden.«

»Versprochen«, sagte Westmoreland. »Und das zweite?«

»Mein Sohn Ryan ist gerade hier angekommen. Er ist bei den Green Berets. Ich möchte ihn gerne sehen, bevor ich abfliege.«

Westmorelands Miene verwandelte sich in aufrichtige Teilnahme. »Natürlich, Exzellenz. Ryan Marshall? Special Forces? Ich werde mich gleich darum kümmern.«

»Vielen Dank! Ich werde Sie jetzt nicht länger belästigen, General. Ich danke Ihnen für Ihre Hilfe und für Ihren Rat. Ich wünsche Ihnen viel Erfolg und alles Gute.«

»Willst du mich heiraten?« fragte Mead Sung. Sie lagen erschöpft auf dem Schlafsack. »Eigentlich frage ich dich gar nicht, ich sage dir einfach, daß wir heiraten und daß du in ein paar Tagen mit mir nach Amerika zurückfliegst, und wenn du mich oder Amerika nicht magst und du deine Meinung änderst, dann kannst du dich scheiden lassen und zurückkommen.«

Sung lachte und zog ihn an seinen Brusthaaren, dann folgte sie dem Haarwuchs über den Bauch hinunter bis zu den Schamhaaren. »Du bist wie ein Bär«, sagte sie.

»Hast du gehört?« fragte er.

»Natürlich. Das war der längste Satz, den du jemals herausbekommen hast.«

»Und?«

Sie zog an dem Haar um seinen Nabel. »Das ist eine komische Stelle für Haare.«

»Verdammt, laß das jetzt!«

Sie setzte sich auf. »Hast du das ernst gemeint?«

»Ja.« Er setzte sich gleichfalls auf und nahm ihre Hand. »Bitte, heirate mich! Ich... Ich meine... Ach, Scheiße, ich bring das nie richtig raus. Das war mein großer Satz eben. Ich will, daß es für immer ist. Ich weiß, ich bin nicht gut genug für dich, und, zum Teufel, vielleicht findest du Amerika fürchterlich. Aber ich verspreche dir, wenn es nicht klappt, dann kannst du wieder zurück.«

Sie lächelte. »Du bist ein sehr, sehr lieber Mensch. Wahrscheinlich hätte ich in Ban Me Thuot nie so einen Mann wie dich gefunden. Und bestimmt keinen, der so haarig ist.«

»Soll das heißen, daß du mich heiratest?«

Sie nickte feierlich. »Ja.«

Er jauchzte vor Freude; dann küßte er sie und zog sie auf den Schlafsack zurück.

»Wie wär's mit morgen?« fragte Marshall Mead. »Ich fliege übermorgen ab. Das mit den Einwanderungspapieren und dem Visum habe ich schon erledigt, da wird es keine Komplikationen geben. Auf den übrigen Kram, Gesundheitszeugnis, Befragung, Familiendokumente, haben sie verzichtet, Ihre Braut braucht nur noch die Formulare zu unterschreiben. Und heiraten natürlich. Also, wie wär's mit morgen?«

»Ja, Sir. Ganz wie Sie wollen.«

»Gut. Kümmern Sie sich darum, und sagen Sie mir Bescheid, wann und wo es stattfindet! Ich bringe den Champagner mit. Vielleicht wird Miss Hawthorne auch da sein. Sie holen sie heute raus.«

»Wer, Sir?«

»Die Army.«

»Ach, die bauen doch nur Scheiße. Verzeihung, Sir, aber es ist wahr. Ich hole sie.«

»Ein Bräutigam sollte keinen Kampfeinsatz übernehmen. Überlassen wir das lieber der Army, Corporal!«

»Sir, ohne Miss Hawthorne gäbe es die Hochzeit gar nicht. Ich muß zu ihr, bitte, Sir!«

»Das gefällt mir überhaupt nicht. Ich hätte niemals zulassen dürfen, daß Colonel Romer auf dem Hügel bleibt. Wenn Ihnen jetzt etwas passiert...«

»Mir passiert nichts, Sir. Ich heirate morgen, ich lasse einfach nicht zu, daß was passiert. Und ich muß Miss Hawthorne einfach da rausholen.«

Bei der Army-Einheit war man froh, daß Mead mitkam, weil er wußte, wo die Klinik lag, und weil er sich dort auskannte, aber als sie sich Cholon näherten, erkannten sie, daß die Kämpfe weitaus heftiger waren, als man ihnen gesagt hatte.

Cholon war ein einziges Schlachtfeld; Barrikaden versperrten die Straßen, und feindliche Kommandos deckten alles, was sich bewegte, mit Raketen und Handgranaten ein.

Zweimal forderte die Einheit über Funk Verstärkung an und wartete, bis gepanzerte Mannschaftstransporter mit 40-Millimeter-Kanonen und noch mehr Maschinengewehren herangebracht worden waren.

Schließlich hatten sie sich bis zur Klinik durchgekämpft; sie sicherten den Block nach beiden Seiten ab, während Mead und andere in das Gebäude eindrangen.

Drinnen entstand ein fürchterlicher Tumult, als die Soldaten hereinstürmten. Teresa Hawthorne glaubte, feindliche Truppen wollten die Klinik stürmen und alle umbringen; darum blockierte sie mit zwei anderen Schwestern den Eingang.

»Es ist okay, Miss Hawthorne«, rief Mead. »Wir wollen Sie alle hier rausholen. Sie müssen uns helfen. Sagen Sie den Frauen, sie sollen ihre Kinder nehmen und zu den Lastwagen laufen!«

Teresa wollte protestieren, aber Mead packte sie und legte ihr die Hand über den Mund. »Verdammt! Kein Wort jetzt! Sagen Sie allen, daß sie raus zu den Lastwagen gehen sollen. Wenn nicht, holen wir sie mit Gewalt. Da draußen sterben Männer, wenn wir nicht schnell machen. Und jetzt sagen Sie denen, sie sollen mit dem verdammten Geschrei aufhören und machen, daß sie rauskommen. Los!«

Teresa sah ihn an, überrascht zunächst, dann mißbilligend. Noch nie hatte jemand so mit ihr gesprochen oder ihr gar die Hand auf den Mund gelegt.

Dann ließ seine Wildheit nach, und er blickte sie fast flehend an.

»Kommen Sie, Miss Hawthorne, machen Sie uns die Arbeit nicht schwer! Vertrauen Sie mir! Vertrauen Sie Botschafter Marshall!«

Sie drehte sich um und sprach auf vietnamesisch zu den Frauen, dann lief sie zu ihnen, beruhigte und drängte, und nach ein paar Minuten machten sich alle auf den Weg zu den Lastwagen, ihre Kinder und ein paar Habseligkeiten an die Brust gedrückt.

»Ich muß Pater Dourmant holen«, sagte Teresa und wandte sich zur Tür.

Mead hielt sie am Arm zurück. »Miss Hawthorne, dafür haben wir keine Zeit. Wir müssen hier weg. Im Stehen sind die Lastwagen die reinsten Zielscheiben.«

»Ohne ihn gehe ich nicht weg«, sagte sie entschlossen.

»Verdammt!« fluchte Mead und rief den Soldaten zu, er sei in ein paar Minuten wieder da. Sie versuchten, ihn zurückzuhalten, aber Teresa war schon durch die Tür verschwunden, und er rannte hinter ihr her.

Sie war schockiert, wie verwüstet die Straßen waren. Im ganzen Viertel brannte es, und riesige Rauchwolken stiegen in den Himmel. Überall lagen Schutt und Glasscherben.

Sie lief los, blieb aber erschrocken stehen, als ganz in der Nähe eine Granate explodierte und Gewehre abgefeuert wurden.

Mead packte sie am Arm, und gemeinsam liefen sie durch Straßen und Gassen, bis sie die Kirche erreicht hatten. Sie stieß das Tor auf und lief die Treppe zum Pfarrhaus hinauf.

»Pater Dourmant«, rief sie und klopfte an die Tür.

Nichts rührte sich. Sie klopfte noch einmal.

Dann warf Mead sich gegen die Tür und brach sie auf. Mit erhobenem Gewehr lief er hinein und stürmte in die Kirche.

»*Sacré Dieu!*« stieß Pater Dourmant hervor und kippte die Teetasse über den Tisch, an dem er saß.

Teresa war gleich hinter Mead. »Pater, Sie müssen sich beeilen. Sie haben uns Lastwagen geschickt. Die ganze Stadt brennt. Sie müssen mit uns kommen.«

Der Priester sah sie an, als wären sie beide verrückt geworden, dann begann er, den verschütteten Tee aufzuwischen.

»Pater ...« begann Teresa von neuem.

»Teresa, meine Liebe, ich freue mich, daß Sie und der da meinetwegen gekommen sind, aber es geht mir gut. Ich bin vollkommen sicher hier, und ich habe nicht vor ...«

Mit einem Satz war Mead bei ihm und zog ihn hoch.

Pater Dourmant setzte zu einem Protest an, doch Mead warf ihn sich über die Schulter und lief hinaus. Dabei drückte er Teresa das Gewehr in die Hand. »Tragen Sie das für mich! Und sagen Sie ihm, er soll das Maul halten! Bitte!«

Dann stürmte Mead hinaus, den zappelnden Priester über der Schulter, und Teresa lief hinter ihm her, das Gewehr in Armeslänge von sich weg haltend.

»Weinst du bei Hochzeiten?« fragte Marshall Teresa. Sie waren in dem für Empfänge bestimmten Raum der Botschaft, den man rasch für die Zeremonie hergerichtet hatte.

»Ich war erst auf zwei Hochzeiten«, sagte sie. »Da habe ich nicht geweint. Weinst du auf Hochzeiten?«

»Ich versuche, es nicht zu tun, aber heute bin ich mir nicht ganz sicher«, erwiderte er. »Ich habe so wenig Kontrolle über mich. Wenn ich anfange zu heulen oder zu stottern, dann unterbrich mich, ja? Wie geht's den Kindern?«

»Sehr gut. Es ist alles so ungewohnt für die Frauen. Wir sind in einer Art Wohnheim untergebracht, die Toiletten funktionieren, es gibt genügend Wasser und jede Menge zu essen. Ich kann dir gar nicht genug danken. Ich habe gehört, in Cholon wird immer noch gekämpft. Ich weiß nicht, was aus uns geworden wäre, wenn wir da geblieben wären.«

»Wahrscheinlich schicken die euch zurück, wenn es vorbei ist«, sagte Marshall. »Aber das wird noch etwas dauern, und bis dahin seid ihr im bürokratischen Versorgungssystem.«

»Ja, sie haben Ärzte und Schwestern geschickt. Pater Dourmant ist ganz unglücklich, weil er feststellen muß, daß es auch gute Amerikaner gibt.«

»Ich wundere mich, daß er angeboten hat, die Trauung vorzunehmen«, sagte Marshall. »Ich dachte, das ist gar nicht erlaubt. Ich meine, das ideale katholische Paar sind die beiden nicht gerade.«

»Sie ist wirklich süß, nicht?«

»Wunderschön«, pflichtete Marshall ihr bei. »Und Corporal Mead hat recht, sie spricht besser englisch als er. Ich bin sehr glücklich. Ich glaube, das ist die einzige sinnvolle Sache, die ich hier zuwege gebracht habe.«

Er wollte sie berühren, sie fest an sich drücken, nahe bei ihr sein,

aber er konnte nicht. »Danke«, flüsterte er ihr zu, »für all das Gute, was geschehen ist.«

Sie war überrascht, sah aber nicht zu ihm hoch.

»Ich werde dich wiedersehen«, sagte er.

Sie blickte ihn an und lächelte; sie wußte, daß es so sein würde, denn er war ein Mensch, der Pläne in die Tat umsetzte.

Pater Dourmant kam aus einem Nebenraum, gefolgt von Mead im Kampfanzug und Sung in einem weißen Ao-dai.

Ein Tisch diente als Altar. Davor standen zwei Reihen Stühle für Gäste – alle, die in Marshalls Büro arbeiteten, Meads Freunde und Han mit mehreren vietnamesischen Frauen.

»Ich werde keine Messe lesen«, sagte Pater Dourmant zu den versammelten Gästen. »Wir werden uns mit einer... verkürzten Version des Sakraments begnügen.«

Er sah Mead an. »Sind Sie katholisch?«

Mead schüttelte den Kopf. »Nein, Sir.«

Pater Dourmant runzelte die Stirn, dann wandte er sich an Sung. »Sind Sie katholisch?«

»Nein«, sagte sie.

Der Priester nickte. »Gut. Einen Katholiken und eine Nichtkatholikin hätte ich nicht trauen dürfen, aber ich kenne keine Vorschrift, die es mir verbietet, zwei Nichtkatholiken zu trauen. Also würden Sie sich bitte alle erheben, während dieser Mann und diese Frau den heiligen Bund der Ehe eingehen unter dem liebenden, aufmerksamen und wahrscheinlich einigermaßen erstaunten Blick unseres Herrn Jesus Christus.«

Als die Trauung vorüber war und Pater Dourmant das Paar gesegnet hatte, rief Magnuson: »Und jetzt küß die Braut!«, und nachdem Mead das getan hatte, traten alle vor und beglückwünschten die beiden, während Marshalls Dienstpersonal Champagner und etwas zu essen reichte.

»Ich habe ein kleines Geschenk für Sie«, sagte Marshall zu Mead und Sung und reichte ihnen einen Umschlag. »Ein Hochzeitsgeschenk sozusagen.«

Mead öffnete den Umschlag und zog zwei Flugtickets heraus.

»Nicht gerade luxuriös«, sagte Marshall. »Nicht einmal erste Klasse – leider nur zwei Plätze auf dem morgigen MAC-Flug zurück nach Amerika. Ihre Dienstzeit hier ist offiziell beendet.«

Alle klatschten Beifall und wünschten ihnen Glück und tranken

den ganzen Champagner und aßen alles auf, und Marshall sah, daß Teresa ein paar Tränen in den Augen hatte, und einen kurzen Augenblick lang war auch er sehr glücklich.

Am Ende kam Lieutenant Magnuson, einen dicken Verband um das Bein, zu Mead gehumpelt. »Ich habe kein Geschenk. Der PX war zu. Soll wohl ein Krieg in der Gegend scin, aber hier ist meine Adresse in den Staaten. Ich bin nicht besonders sentimental, aber ich fände es schön, wenn wir in Verbindung bleiben. Das meiste von diesem Scheißkrieg möchte ich möglichst schnell vergessen, aber ein paar Dinge möchte ich auch in Erinnerung behalten, und dich und Luke Bishop möchte ich nicht aus den Augen verlieren. Irgendwann sehen wir uns wieder, und dann reden wir über all das, und wir besaufen uns und lachen und erzählen uns Geschichten, und dabei werden wir nicht mal lügen müssen, oder?«

»Nein«, sagte Mead. »Aber wahrscheinlich werden wir es irgendwann einmal selbst nicht mehr glauben.«

Sie schüttelten sich die Hand. »Darf ich der Braut einen Kuß geben?« fragte Magnuson.

»Nein, Sir.«

Magnuson lachte, dann beugte er sich vor und küßte Sung auf die Wange.

Kurz bevor die Feier zu Ende ging, ließ Mead Sung allein und kam zu Teresa.

Er war überglücklich. »Ich wollte Ihnen nur danken, Miss Hawthorne. Das alles verdanken wir nur Ihnen.«

»Aber nein«, erwiderte sie mit einem Lächeln.

»Doch.« Er ergriff ihre Hand, drückte sie fester, als er selbst bemerkte, und sagte so inbrünstig, wie er es wirklich empfand: »Sie haben mir mein Leben geschenkt. Sie und Mr. Marshall. Ich wollte, ich könnte etwas für Sie tun.«

Sie fühlte, wie ihr die Tränen in die Augen traten, und sie bebte vor Liebe und Freude. »Oh, das haben Sie doch schon, Corporal Mead.« Dann wischte sie sich die Tränen ab. »Bei Hochzeiten muß ich immer weinen«, sagte sie.

Er sah sie mit einem traurigen, mitfühlenden Blick an. »Ich habe gehört, Weinen hilft.«

Sie drückte ihm beide Hände. »O ja, das tut es, Corporal Mead. Das tut es.«

Marshall lief nervös im VIP-Raum des Flugplatzes Tan Son Nhut auf und ab. Durch das Fenster sah er seine Maschine, die gerade beladen wurde. Ein einzelner silbriger Sarg wurde in den Frachtraum gehoben. Er nahm Romers sterbliche Überreste direkt mit nach Washington zurück, wo sie auf dem Heldenfriedhof in Arlington gleich neben denen seines Vaters begraben werden sollten.

Gestorben wegen seines Vaters? fragte Marshall sich. Getrieben von einem Minderwertigkeitsgefühl, weil er vergeblich danach gestrebt hatte, den Ruhm und das Ansehen seines Vaters zu erreichen? Vielleicht, dachte er. Aber gab es einen Unterschied zu all den anderen toten Söhnen, die im Sarg nach Hause zurückkehrten? Auch sie waren zweifellos von ihren Vätern getötet worden – durch Schweigen oder bewußte Einwilligung, durch Phrasen oder Dummheit, aber tot waren sie dennoch.

Und Ryan? Es war seine, Marshalls, Schuld, daß Ryan hier war. Er, der Vater, hatte zugelassen, daß es soweit gekommen war. Väter brachen Kriege vom Zaun, die ihre Söhne dann auszufechten hatten.

An einem herrlichen Tag mit strahlendem Sonnenschein war er in Saigon angekommen; jetzt, wo er wieder abflog, standen Teile der Stadt in Flammen, und Rauchwolken zogen über den Himmel. Cholon befand sich immer noch in der Hand des Vietcong.

In Hue hielt der Feind immer noch die Zitadelle besetzt; das »Säubern« dauerte bereits fünf Tage.

Nach ersten Schätzungen waren während der Tet-Offensive im ganzen Land etwa vierzehntausend Zivilisten umgekommen, die Zahl der Verwundeten lag beim Doppelten, und eine halbe Million Menschen befanden sich auf der Flucht. Die Schäden beliefen sich auf mehrere hundert Millionen Dollar. Einige Städte wie Hue, Ben Tre, Ban Me Thuot und Da Lat waren in einem Maße zerstört, daß an einen Wiederaufbau nicht zu denken war.

Hinter ihm klopfte es an die Tür. Er wandte sich um und sah einen jungen Mann in der Uniform der Green Berets – einen großen, kräftigen, athletisch gebauten Jungen, sauber rasiert, die Haare kurz geschnitten, an dem ihm nichts vertraut war außer dem warmen, entschuldigenden Lächeln in seinem Gesicht.

»Dad?«

Marshall suchte Halt an einem Stuhl. »Also hat deine Mutter dich doch nicht im Keller eingesperrt.«

»Nein. Aber sie hat eine große Show abgezogen – mit Weinen und Schluchzen und In-Ohnmacht-Fallen: ›Ich seh dich niemals wieder. Ich seh dich niemals wieder.‹ Mein Gott, ist das vielleicht eine Art, seinen Sohn in den Krieg zu entlassen – ein toller Vertrauensbeweis. Und du, Dad? Willst du auch so eine Show abziehen?«

Marshall starrte ihn an, dann schüttelte er den Kopf. »Dazu habe ich nicht mehr die Kraft. Dein alter Herr ist ziemlich am Ende, Ryan.«

Sie gingen aufeinander zu, und Marshall legte die Arme um ihn. »Ich werde versuchen, tapfer zu sein. Allerdings, wenn es irgendeinen Zweck hätte, würde ich auch weinen und in Ohnmacht fallen wie deine Mutter.«

Sie lösten sich voneinander und betrachteten sich gegenseitig.

»Du siehst nicht besonders gut aus, Dad. Du siehst müde aus.«

»Hör zu! Ich bin froh, daß ich noch auf den Beinen bin. Ein paar Tage länger hier, und sie könnten mich im Frachtraum zurücktransportieren.« Dann seufzte er voller Selbstmitleid. »Und du – du siehst blendend aus.« Er schüttelte den Kopf. »Wirklich toll in dieser Uniform. Du blöder Hund.«

Ryan lachte. »Das ist schon besser.«

»Wo bist du stationiert?«

»In Nha Trang.«

»Ich will gar nichts davon hören.«

»Anscheinend hast du da ziemlichen Eindruck gemacht, Dad.«

»Aber von der CIA hältst du dich fern, Ryan. Das sind Wahnsinnige.«

Ryan lächelte nachsichtig. »Sonst noch Ratschläge?«

»Jede Menge. Aber würdest du darauf hören? Hätte das irgendeinen Zweck?«

»Etwa soviel wie In-Ohnmacht-Fallen.«

Marshall zog ihn wieder an sich. »O Ryan, Ryan!« Er lehnte den Kopf gegen Ryans Schulter. »Ich werde es doch nicht schaffen, tapfer zu sein. Mein Gott, sei vorsichtig! Bitte! Bitte!«

Marshall trat einen Schritt zurück; er weinte unverhüllt. »Ich liebe dich. Mehr als mein Leben, mehr als irgend etwas sonst. Wenn dir etwas passiert... ich würde nicht weiterleben wollen.«

Dann sagte er lachend durch seine Tränen hindurch: »Am liebsten würde ich dir dieses lächerliche Käppi vom Kopf reißen, mir

dein Gewehr schnappen und deinen Platz in Nha Trang einnehmen.«

»Hey, die Show ist mindestens so gut wie die von Mom.«

»Hör auf, ja? Mach dich nicht über mein Unglück lustig! Das ist der schlimmste Augenblick meines Lebens. Wie kannst du da lachen?«

Ryan lachte. »Dad, ich *komme* wieder nach Hause. Ich will das schöne Melodram ja nicht verderben, aber ich habe wirklich vor durchzukommen. In einem Jahr bin ich wieder zu Hause.«

Elend und zusammengesunken stand Marshall vor seinem Sohn.

Ryan klopfte ihm auf die Schulter. »Es wird alles gut gehen, Dad.«

Schließlich blickte Marshall auf. »Weißt du, ich glaube, ich habe erst jetzt diese Geschichte von Gott und seinem Sohn verstanden – du weißt schon, er hätte die Welt so sehr geliebt, daß er seinen eigenen Sohn hingab und zusah, wie er gemartert und gekreuzigt und getötet wurde. Nur daß er, weil er ja allwissend ist, auch gewußt haben muß, wie es am Ende ausgeht – mit der wunderbaren Auferstehung und der Himmelfahrt. Er hatte immerhin diesen Trost. Aber die Idee ist da – das fürchterliche Leiden und die Qual und das Opfer eines Vaters.«

»Du lieber Himmel!« sagte Ryan. »Ich bin es, der sterben wird. Und du bist das bemitleidenswerte Opfer? Ich sterbe, und du wirst zur tragischen Figur? Verschon mich damit, ja? Wenn ich umkomme, dann will ich nicht, daß du und Mom euch auf meinen Sarg stürzt und mir mein Unglück raubt. Klaut mir nicht den Abgang, okay? Lassen wir die Geschichte, wie sie ist. Das ist *mein* beschissener Tod.«

»Verdammt, rede gefälligst nicht so!«

»Du hast damit angefangen.«

Sie funkelten sich gegenseitig an, dann lachten sie.

»Du siehst besser zu, daß du heil nach Hause kommst«, sagte Marshall. »Sonst würde ich dir nie verzeihen.«

Ryan streckte ihm die Hand entgegen. »Auf Wiedersehen, Dad!«

Marshall holte tief Luft und richtete sich auf; dann schüttelte er seinem Sohn die Hand. Er setzte an, um noch etwas zu sagen, doch er besann sich anders, drehte sich um und ging zur Tür hinaus.

Er nickte dem salutierenden Wachsoldaten zu, stieg die Gangway hinauf, setzte sich auf seinen Platz und blickte entschlossen nicht

aus dem Fenster, dachte auch entschlossen nicht an den Sarg im Frachtraum, als die Maschine an den Start rollte, abhob und Richtung Meer davonflog.

In einem anderen Flugzeug, das auf dem Flugfeld auf den Abflug der Präsidentenmaschine wartete, saßen Mead und Sung nebeneinander.

Sie sprachen wenig, und in ihrer Aufregung drückte Sung die Puppe an sich, die Mead ihr geschenkt hatte.

Endlich erteilte man der Maschine die Starterlaubnis.

Sie hielten sich nicht die Hand, als die Maschine an den Start rollte, sondern saßen steif da wie auf einer alten Fotografie – eine Großnichte des letzten Kaisers von Vietnam neben dem Sohn eines kleinen Pächters aus Arkansas – und sahen aus dem Fenster auf das Land, das draußen vorbeihuschte.

D1931362